KB202899

예수와 신학적 인간학

예수와 신학적 인간학
ㅡ 감정, 욕망, 향유, 생명의 복음을 향하여

2022년 9월 15일 처음 펴냄

지은이   차정식
펴낸이   김영호
펴낸곳   도서출판 동연
등록   제1-1383(1992. 6. 12.)
주소   서울 마포구 월드컵로 163-3
전화/팩스   02-335-2630, 02-335-2640
전자우편   yh4321@gmail.com

ISBN 978-89-6447-824-0   93230

감정
욕망
향유
생명의 복음을
향하여

예수와
신학적 인간학

차정식 지음

동연

머리말

부족한 지력이나마, 신약성서 학자로서 지난 10년간 진행해온 연구물을 이제 또 하나의 저서로 꾸려 이 세상에 내놓는다. 회고해 보니 지난 10년간의 연구뿐 아니라 그 이전부터 내 학문적 관심의 중요한 초점이 '인간'이라는 존재에 맞추어져 왔음을 부인할 수 없다. 나 스스로 인간이면서 인간을 탐구한다는 것은 어찌 보면 자기모순일지 모르나 가장 가깝고 내밀한 것을 가장 모르는 게 인간의 자가당착적 실존 아닌가 싶기도 하다. 그만큼 인간은 다양한 개체 또는 전체로서 복잡다단한 미로를 감추고 살고 있으며, 그 인간의 한계 내에서 존재의 근원으로서 신/하나님을 탐구해야 할 숙명을 타고난 것 같다.

이 책의 주제가 신약성서라는 거울에 비추어본 '신학적 인간학'일 수밖에 없는 사유가 대강 이 맥락에 걸쳐 있다. 성서적 프리즘 속에 투과된 신을 통해 인간을 조명하고 그렇게 탐구해온 인간의 심연에 신학의 담론을 개입시켜 신의 정체, 하나님의 얼굴을 추적하는 작업이 이러한 연구의 의도와 맞물려 있다.

예수는 신약성서, 나아가 성서 전체의 주인공이면서 기독교 신앙의 핵심 인물로서 인류사에 유의미한 위상을 점유해 왔다. 그러나 그가 예언하고 돌보며 조명한 인간의 모습은 이후 교리신학의 얼개 속에 너무 단순화된 틀 속에 갇혀버렸거나 피상적인 동어반복 속에 지루하게 자맥질하기 일쑤였다. 이러한 상투화한 연구(라기보다 '자기최면'에 가까운 인간에 대한 앎의 역사)의 한 끄트머리에서 나는 근대 이후 인간의 세계를 급격하게 팽창시켜 그 앎의 지평을 넓히고 심화하는 데 이바지한 몇 개의 핵심 개념에 주안점을 두어 신학적 인간학의 매개항으로 삼고자 했다. 그것이 바로 이 책의 부제에 첨가된 감정, 욕망, 향유 등의 개념이다. 예수의 복음은 이러한 인간의 요소들을 무시하지 않았다. 오히려 이러한 실존의 핵자들을 율법의 족쇄에서 해방시키고자 부단히 애썼는데, 그 후예들은 '신앙'과 '충성'의 이름으로 그것들을 억압하고 왜곡시키는 데 앞장서 온 측면이 없지 않다. 그 어긋난 길의 후유증을 반성하면서 이 책은 예수 당대에 가장 중요한 율법이었던 안식일마저 사람을 위해 존재함을 설파한 그 지적인 정직성과 용기의 교훈을 살려 신학적 인간학의 지향을 날카롭게 벼려보고자 하였다.

이 책에 담긴 논문들은 1부에서 인간, 복음, 예수의 연계망 속에 일차로 묶였고, 2부에서 감정, 상처, 치유의 의미망 속에 또 한 묶음이 제시되었으며, 3부에는 욕망, 향유, 극기의 연결고리 속에 마지막 열매들이 엮어졌다. 이러한 열쇳말들이 암시하듯이 이 세상의 삶은 혼돈의 아수라 속에 격렬한 감정이 부대끼면서도 합리적 이성으로 분식의 가면을 만들기에 급급하고, 대부분의 중요한 상처는 감추어져 복류하고 있다. 또 욕망은 좀 더 안락하게 누리고자 향유의 촉수를 내밀며 꿈틀거리지만, 극기와 절제의 미덕마저 쉽사리 억압과 폭력의 현실에 떠밀려 그 진가를 잃기 쉬운 세태다.

그 와중에 인간은 점점 더 생존의 벼랑 끝에서 신음하거나 복음은 그 능력을 상실한 채 주인 없는 말들의 구호로 떠돈 지 오래되었다. 그리하여 예수는 교회에서도 하나의 자기 정당화의 클리셰로 전락해 낡은 아이콘처럼 구태의 먼지를 뒤집어쓰고 신음하는 듯하다. 나는 이 오래된 농담 같은 인간 세상에 작은 조약돌 하나라도 던져 파문이라도 일으키고 싶었다. 희생과 헌신의 신학적 이데올로기 속에 순수한 열정과 정성 어린 신실함마저 폭력의 빌미가 되는 그 이중구속의 체제 속에 행복하게 숨 쉬는 법을 보여 준 예수의 인간적 온기와 그 숨결을 재생시켜보려는 뜻에 입각해서 말이다. 그것은 당장 이루어질 수 없는 꿈만 같은 목표이기에 더욱 간절한 희망으로 이 거친 코로나 세상을 가로지르면서 우리 앞에 현전한다.

이 책에 실린 논문들은 그때마다 필요를 좇아 작성된 것도 있지만 다수는 내 나름의 문제의식과 방향성을 의식하면서 일정한 주제를 축으로 삼아 연구된 것들이 대다수다. 영어로 쓴 것들을 국문으로 번역하며 다듬은 것들도 몇 편 있다. 국내 성서학자들의 주된 연구 업무가 서구의 선진적 연구 성과를 국내에 번역하고 요약, 정리하여 논문으로 국내에 소개하고 평가하거나 이를 출발점 삼아 찬반양론의 소박한 자기 논평을 덧입히는 차원에서 진행되어온 게 사실이다. 근대 이후 서양 중심주의의 세례를 입은 학문적 식민성과 그 후유증으로 인해 각자의 '주도적'('주체적'이 못 된다면) 문제의식으로 출발점을 전혀 다른 곳에서 찾아 연구를 시작하는 데 생래적인 두려움과 낯섦이 작용하는 탓이리라. 이 책은 이처럼 줄기차게 외곬의 루트로 '따라가기'에만 급급해 '가로지르기'에 서툰 우리 성서학자들의 버릇에 대한 소박한 자기 비판적 성찰의 몫도 담겨 있다. 백년하청(百年河淸)의 현실이 갑갑하고 힘들면 다른 지형에 속하는 조그만 계류로 고의로라도 옮겨가 작업을 하면 그것도 일생의 학문이 되지 않겠는가.

건조한 책을 만드는 자체가 부담일 텐데 너끈히 감당해 주신 동연출판사 김영호 대표님과 김율, 박선주 두 분 선생님께 감사드린다. 이분들께 여러 차례 은혜를 입어 아무래도 이 땅에서 그것을 갚기 어려울 것 같다. 하나님의 선한 은혜의 손길이 임하길 빌어 마지않는다.

2022년 8월 31일
온고을 서재에서

차 례

1부

인간, 복음, 예수

1장
인간 예수의 자화상과 그 신학적 함의*

I. 문학적 장르로서의 자화상

대개 자화상은 화가들의 관심 영역으로 알려져 있다. 실제로 자화상은 화가들이 창의적 영감으로 그들의 최대치 에너지를 진지하게 쏟아부어 이루고자 하는, 가장 열렬히 추구하고 마지막으로 희망하는 유형의 작품이다. 자화상을 통해 예술가들은 현재 시점에 축적된 자신의 삶을 고농도로 압축하는 특정한 이미지를, 그것이 실존적인 삶의 일부이든 전문적인 공생애의 차원이든, 제 나름대로 찍어내고자 애쓴다. 그러나 그들에게 자화상은 단순히 그들의 실제 삶의 반영물도 아니고 그것이 지향해야 할 당위적 목표의 재현물도 아니다. 많은 경우 자화상의 '자'에 해당하는 부분은 화가의 정신세계 속에 형성되는 과정에 있기에 늘 부유하거나 무정형의 특질을 드러내는 것 같다. 이러한 까닭에 화가들은 그들이 흠모하는 이상적인 인물이나 특정 사상을 모방하여 담아내는 방식으로 자신을 조형하길 좋아하고, 아니

---

* 이 논문은 저자가 쓴 영어 논문 Jung Sik Cha, "Jesus' Self-portrait as a Human and Its Theological Implications," *Korea Journal of Christian Studies* 51(2007), 101-116을 번역하여 내용을 보완한 것이다.

면 렘브란트가 사도 바울의 초상에 자신을 담아냈듯, 자신의 이미지를 다른 사람의 초상 속에 조탁하길 즐겨한다. 이러한 방식으로 그들은 자신의 삶이 처한 현 상태를 압축적으로 드러내면서 그들 자신이 누구인지, 어떤 사람이 되고 싶은지 등의 근원적인 질문을 제기하며 그들 자신과 자화상을 매개로 소통하고자 하는 것이다. 간단히 말해 자화상은 자아의 숨겨진 부분과 꾸준히 접촉하는 가운데 드러난 자아와 감춰진 자아 사이를 조율하고자 애쓰면서 자신이 누구이며, 무엇일 수 있고, 무엇이 되어야 하는지 씨름하는 회화적 재현의 방식이라고 할 수 있다.

자화상의 '회화적' 부분은 문학적 자화상에도 그대로 적용된다. 가시적인 문자와 비가시적인 상상력을 사용하면서 문학작품은 오랫동안 자화상을 형상화하는 가능성을 추구해 왔다. 그 결과 그 가능성은 개연성으로 진전하였고 마침내 확실성의 층위를 확보하기에 이르렀다. 특히 서구사회에서 근대 이후 '문학적' 자화상이라 이름 붙일 만한 무수한 작품들이 생산되고 그에 대한 다양한 이론이 구축되면서 뚜렷한 문학적인 장르로 확립되어왔다. 회화예술의 일부로서 자화상은 일찍이 르네상스 시기부터 예술가들이 자신의 개별적인 인격을 표현하는 열정을 드러내면서 많은 관심을 끌기 시작했다. 특히 라파엘(Raphael)과 뒤러(Dürer)는 자화상을 고전적인 예술 장르로 확립하는 데 크게 기여했다.[1] 그러나 문학적인 장르로서 자화상이 고대로부터 유행한 표현 양식이었다는 사실을 주목한 학자는 별로 없다.

예컨대 유명한 고대의 스토아 사상가 루키안(Lucian)에 의하면, 초상화는 강력한 말보다는 주목할 만한 생생한 이미지에 초점을 맞춘 회화적 스케치였다.[2] 그렇다고 이 표현 방식이 당시 화가나 조각가에 의해 독점되었다

---

1 르네상스 시대 자화상의 발전과 관련해서는 미셸 투르니에/김화영, 『짧은 글, 긴 침묵』 (서울: 현대문학사, 2004)에서 '자화상' 부분.
2 Lucian, IV, *Essays in Portraiture Defended* [LCL].

는 것은 아니다. 이 장르는 오히려 시인과 철학자에게도 개방된 장르였다. 루키안은 이상적인 의미로 생각할 때 초상화가 자신의 신체적인 아름다움과 (스토아 사상의 미덕을 포함하는) 영혼의 고결함이 좋은 균형을 이룬 상태를 포착하는 데 목표를 두어야 한다고 믿었다. 이에 따라 당시 초상화 업자들은 조야한 과장과 역겨운 세부 요소들을 다 제거한 채 주어진 모델을 진정성 있게 그려내도록 요청받았다. 그레코-로만 고전기에는 초상화 작품 제작이 죽은 자의 특정한 이미지를 살아남은 자의 기억 속에 영속적으로 보존하는 매개체로 융성하였는데, 그 취지인즉 대체로 신이나 위대한 철인들, 특히 그들의 불멸성을 모방하려는 데 있었다.

문학적인 장르로서 자화상은 자서전(autobiography)과 부분적으로 겹쳐지지만 어떤 점에서는 불일치하기도 한다. 자서전과 달리 자화상은 자신의 가장 극적이고 특징적인 삶의 단면을 보다 간결하고 축약된 이미지의 형태로 전달하는 데 목표를 둔다. 가령, 자화상은 자서전이 즐겨 쓰는 방식인 특정 인물의 생애에 대한 연대기적 서술이나 어떤 역사적 성취에 대한 장황한 열거와 전혀 무관하다.3 이와 달리 초상화와 자화상은 마치 사진 밑의 표제처럼 특정인의 전 생애를 담아내되, 특히 그의 생활 스타일과 철학 사상 등을 강조하면서 극적으로 압축된 이미지로 표상하는 역할을 한다. 그러한 특기할 만한 이미지는 그 당사자의 대표적인 타이틀, 독특한 인상, 간결한 캐리커처 또는 상징적인 몸짓이나 죽음 앞의 기도문 등 가운데 포착된다.

이러한 배경 아래 이 논문은 자화상이라는 문학적인 장르를 예수의 역

---

3 가령, 바울 서신에서 이런 자서전의 장르는 갈라디아서 1-2장에서 탐지되는 것으로 조명된 바 있다. Paul E. Koptak, "Rhetorical Identification in Paul's Autobiographical Narrative: Galatians 1. 13.~2. 14.," *JSNT* 40(1990), 97-115; B. R. Gaventa, "Galatians 1 and 2: Autobiography as a Paradigm," *NovT* 28/4 (1986), 309-326. 아울러 빌립보서 3:1b-21도 '자전적 비망록'(auto- biographical memorandum)이라는 장르로 규명되기도 한다. Hans Dieter Betz, "An Autobiographical Memorandum (Phil 3:1b-21)," *Studies in Paul's Letter to the Philippians*, WUNT 343 (Tübingen: Mohr Siebeck, 2015), 47-67.

사적인 이미지를 재구성하는 데 적용하고자 한다. 지극히 당연한 사실이지만 저자가 특별히 궁금해하는 것은 예수의 언행 가운데 표상된 인간으로서 그의 자화상이다. 의심의 여지 없이 그는 정상적인 인간이었다. 그런데 그 사실에 대해 무슨 새로운 게 있는가? 예수에 대한 과거 연구사를 길게 돌이켜 살펴보면 질문들이 그리 간단한 답으로 넘어갈 수 있는 정황은 아니다. 니케아 공의회에서 찍어낸 교리적인 공식에 의하면 예수는 '한 인격체 속에 두 본성'을 지닌 분으로 "온전한 신성과 온전한 인성이 조화를 이루고" 있다. 바로 이 고전적 공식은 이제 현대신학의 맥락에서 역사적 성찰과 함께 진지하게 재론되고 비평적으로 검토되어야 할 것이다. 해당 교리공식의 엄중한 언어적 수사에도 불구하고, 그 '조화'라는 것이 실제로는 탐지되지 않고 '온전한' 인성의 자취도 희미하여 그 본질이 무엇인지 온전하게 조명받지 못하였다. "예수가 온전한 인간이 되었다고 우리가 고백하는 것이 애당초 무엇을 의미했으며 오늘날 무엇을 의미하는가?"라는 문제를 깊이 탐사하기보다, 그리스도인 신자들은 그의 온전한 인성이 그의 온전한 신성이라는 포장지에 감싸져 있는 정도로 만족해왔다. 이와 같이 고착된 성향은 성서학자와 신학자들이 예수의 인성(인간됨)을 현대의 신학적 인간학적 관점에서 추가로 심층 탐구하는 데 장애물이 되었다. 그 결과 예수의 인성은 압도적인 그의 신성 속에 삼켜져 두 본성 모두를 오히려 불완전하고 부자연스럽게 만들어버렸다.

이 논문은 과거 2천 년 가까이 반복되어온 기독론적 이해의 뒤틀린 전통을 합리적으로 교정해 보려는 시도이다. 이 연구가 결론에 다다를 때 역동적인 변용 가운데 소용돌이친 예수의 인성이 그 어떤 다른 본성으로 환원될 수 없는 독립적인 영역을 품고 있었음을 나 자신과 다른 사람들에게 확인시켜줄 수 있길 기대한다. 이를 위해 집중해야 할 주요 과제는 복음서의 관련 구절들을 중심으로, 예수의 인성에 내장된 인간학적 측면의 신학적 깊이를 조명하는 방식으로 재해석하는 작업이 될 것이다. 이는 더 나아가 오늘날 우리에게 예수가 온전한 인간이었다는 것이 무엇을 의미하는지 해명하고 개연성 있게 추론하도록 이끌어줄 것이다.

II. 예수의 인간적 욕망

야고보의 신학적 틀에 비추어보면 '생성의 바퀴'를 선회하면서 인간의 삶을 꾸준히 굴러가게 하는 것은 혀다.[4] 사실 인간 욕망의 핵심 메타포로서 혀(언어)는, 야고보서의 주장대로 그 에너지가 지옥에서 올라오든 요한복음 의 통찰대로 그 뿌리가 신적인 로고스에 터해 있든, 인간으로서 우리의 정 체성을 유의미하게 규정하는 형이상학적 도구를 제공한다. 인간을 영어로 'human being'이라고 표현하는데 심지어 그 'being'이라는 존재의 층위조 차도 모든 인간 생명에게 자동으로 주어지는 선험적인 사실이 아니다. 그것 은 오히려 자신의 생명이 기본적인 필수 영양분으로 채워질 때 인간으로 "생성되어가는"(becoming) 꾸준한 과정에 가깝다. 이와 같이 인간을 정의하 는 방식은 예수라고 해서 예외가 될 수 없다. 인간의 본래 욕망이 관련되는 한 예수 또한 다른 인간들과 공통된 영역이 분명 존재하기 때문이다.

신약성서의 자료가 증언하는 대로 예수는 유대교의 율법 아래, 여성에 게서 혈과 육을 가진 남성으로 태어났다(갈 4:4; 마 1:25). '율법 아래'라는 문 구가 암시하듯이, 그는 명백하게 유대인의 혈통을 타고 유대민족의 일원으 로 이 세상에 온 것이다. 다른 평범한 유대인들처럼 그 역시 태어난 지 여드 레 만에 할례를 받았고(롬 15:8) 각종 제의적 규례를 존중하면서 토라의 훈육

---

4 혀의 이러한 이미지에 대해서는 저자의 논문 Jung-Sik Cha, "Beyond the World of Evil: The Jacobian Theology of the Tongue in James 3:1-12," *CTC Bulletin* 15/1(1998), 73-86.

분위기 가운데 성장했을 것이다. 그는 또한 자신의 종교적 경건을 하나님께 표현하기 위해 다른 동족들과 같은 언어를 구사하면서 고대 아람어로 그의 이웃들과 소통하며 대화했다. 마찬가지로 그의 동시대 유대인들이 그러했 듯이, 예수 역시 헬레니즘으로 특징지어진 이교도의 문화에 호의적이기보 다 적대적인 자세를 취한 게 분명하다.[5] 이 사실은 그가 시종일관 인류 전체 를 향해 개방적 보편적 비전을 품고 코스모폴리탄 이념을 지향한 세계주의 자가 아니었고, 오히려 특정한 민족 집단의 일개 구성원이었음을 시사한다. 동시에 그는 율법을 모르는 이방인들과 달리 언약 백성의 일원으로 유대교 전통의 위상을 자랑스럽게 여긴 게 틀림없다(마 5:47, 6:7, 6:31-32). 이러한 관점은 그가 '율법과 선지자'(마 5:17, 7:12)라고 칭한 종교 문화적 전통을 왜 소중하게 여겼는지, 나아가 위대한 왕의 도시로서 예루살렘의 상징적인 중 요성을 왜 수긍했는지(마 5:35) 적절히 설명해준다.

유대인의 언약과 토라를 중심으로 하는 이러한 유대교적 배경을 강조하 면서 나는 그가 여타의 다른 인간들과 유사하게 인간의 보편적 욕망, 가령 식욕과 수면욕, 성욕, 쉼의 욕구 등을 당연하게 공유했음을 부인하는 것이 아니다. 반대로 그는 동시대인들이 그들의 몸으로 느낀 감각적 욕망에 흔쾌 히 반향하고, 자연스러운 인간됨의 여러 층위에 정직하게 공감하면서 그들 과 적극적이고 개방된 소통의 노력을 아끼지 않았다. 내 보기에 그가 가난 한 사람들의 현실을 그 고통과 슬픔까지 껴안으면서 깊은 연민의 정으로 품어주는 겸비한 인간적 삶의 방식을 추구하고 발전시킨 것은 바로 이러한 욕망의 공감대에 기인한 바가 컸다. 명백하게 그는 때로 절박한 상황에 처 하여 굶주림과 목마름으로 고통을 겪었다(막 11:12; 마 4:2; 요 19:28). 다른 인간 육체와 마찬가지로 그의 육체 또한 오랜 여독과 과로로 지친 나머지 피곤기

---

5 헬레니즘과 이교 문화와 관련된 예수의 이런 정치적인 태도에 대해서는 차정식, "예수의 반 (反)헬레니즘과 탈식민성," 「한국기독교신학논총」 24(2002), 101-138.

를 느꼈다(요 4:6). 때로 그는 극심한 피로로 인해 자신과 제자들이 탄 배가 갑작스러운 폭풍과 거친 파도로 침수와 파선의 위기에 당면했을 때조차 깊은 수면에 빠져 있을 정도였다(막 4:35-41).

예수가 그러한 기본적인 인간 욕망에 정직하게 반응했다는 점에서 그는 가령 강인한 금욕주의자였던 세례자 요한과 상당히 달랐다. 인간에게 일상의 향유를 선사하는 먹고 마시는 욕망에 충실하게 응하고 잔치 지향적 삶의 스타일을 적극적으로 추구한 그에게 항간의 소문 가운데 "먹을 것을 탐하고 술 취한 자, 세리와 죄인들의 친구"라는 별명이 널리 퍼진 것은 어찌 보면 자연스럽고 당연한 귀결이었다. 예수에게 이러한 특별한 꼬리표를 붙인 소문은 아마도 애당초 적대자들이 악한 의도로 초래한 우발적인 해프닝이었을 것이다. 그러나 역설적이게도 이러한 꼬리표는 인간 예수의 진면목을 회화적으로 묘사한 매우 생동감 넘치는 자화상으로 치환해도 무방할 듯하다. 부정적으로 보면 그의 이미지를 이와 같이 찍어낸 것은 자신을 의롭고 경건하며 정결한 자로 간주하면서 모든 다른 외인들을 배타적으로 적대한 자칭 '정상적인' 유대인 집단에 대해 불만의 의도를 드러낸 것으로 볼 수 있다. 그러나 긍정적으로 재조명해보면 이는 인간 이하로 취급받던 사람들에 대한 예수의 열린 마음과 인간적인 연민을 역설적으로 드러내는 초상이기도 하다. 이러한 극적인 이미지 속에 예수의 양면적인 생활 스타일이 합류하는데, 이로써 그는 당대 종교적 관습 속에 만연했던 성과 속의 이분적인 관념을 돌파해나간 것이다.

예수는 비록 식욕과 성욕, 수면욕 등 기본적인 본능을 느꼈지만, 그것에 집착하거나 매여 살았던 것 같지 않다. 예컨대 그는 돌을 빵으로 만들어 식욕을 해소하라는 유혹을 받았지만 이로써 하나님을 시험하는 데까지 나아가지 않았다(마 4:1-4). 그것은 하나님의 신실하심을 의심하지 않으려는 예수의 신실함이 충실하게 나타난 증거이다. 동일한 신실함의 준거는 무엇을 먹고 마실까, 무엇을 입을까 염려하는 문제에서도 고스란히 적용된다(마 6:25). 이러한 기준 아래 그의 제자들은 그들의 "전대에 금이나 은이나 동을 가지지 말고 여행을 위하여 배낭이나 두 벌 옷이나 신이나 지팡이를 가지지 말라"(마 10:9-10)고 권고받았다. 그러나 그는 주변의 다른 사람들에게 그런 욕구를 포기하거나 아주 제거해버리라고 강권하지 않았다. 합리적으로 추론컨대, 인간이 혈과 육을 지닌 인간으로 존재하는 한 그것이 실현 불가능하다는 것을 그가 알았기 때문이다. 비록 그가 혼인하지 않고 평생 독신자로 살았다 할지라도 적어도 이 정도로 그는 철저한 금욕주의자가 아니라 유연한 현실주의자였다. 예수는 비록 쾌락주의자가 아니었지만 자연스러운 삶의 향유를 박탈당한 사람들과 함께 하루하루의 일상적 삶을 어떻게 즐겨야 하고 즐길 수 있는지 알았다. 그는 식탁 교제라는 개방된 사회적 사귐의 욕구에 기꺼이 공감하고 이를 실천함으로써, 인간이 그 죄악 가운데 철저하게 타락하고 부패하여 그 실존이 불안해진 이후에도 그 생명 자체는 하나님의 선한 창조의 선물이라는 역설에 근거하여 나름의 현실주의적인 확신을 몸소 체현했다.

이러한 현실주의적인 지혜의 일환으로 예수는 아마도 다음의 어록에 적극 공감했을 법하다.

이에 내가 희락을 찬양하노니 이는 사람이 먹고 마시고 즐거워하는 것보다 더 나은 것이 해 아래에는 없음이라. 하나님이 사람을 해 아래에서 살게 하신 날 동안 수고하는 일 중에 그러한 일이 그와 함께 있을 것이니라(전 8:15).

너는 가서 기쁨으로 네 음식물을 먹고 즐거운 마음으로 네 포도주를 마실지어다. 이는 하나님이 네가 하는 일들을 벌써 기쁘게 받으셨음이라(전

9:7).⁶

　이러한 현실주의적인 교훈을 그의 일상적인 모임 가운데 구현하면서 예수는 세리 마태와 만났고(마 9:9), 세리장 삭개오의 초대를 기꺼이 수락했으며(눅 19:1-10), 어린아이들을 환영하였고(막 10:13-16; 마 19:13-15; 눅 18:15-17), 사마리아 여인과 친밀한 대화를 나누었다(요 4:1-42). 음식과 음료는 서로 다른 이질적인 타자들이 섞여 어울리는 교제의 현장에서 새로운 관계를 구축하는 매개체로 작용했고, 그 가운데 예수는 '먹을 것을 탐하는 자와 술 취한 자', '세리와 죄인들의 친구'라는 인상적인 이미지로 각인된 극적인 초상을 항간에 남겼다.⁷ 피상적으로 보면 당대의 인습적인 규범에 저항하는 예수의 반종교적인 언행은 얼핏 그의 대적들이 공격한 대로 불경하고 신성모독적인 레토릭으로 보인다. 그러나 더 깊이 파고 들어가 보면 그것은 화석화한 인간성을 거듭나게 하여, 하나님의 창조에 담긴 태초의 원시적 비전을 통찰하고 보편적 구원을 위한 하나님의 숨겨진 뜻을 발견하여 그에 걸맞게 살도록 동기를 부여하는 파격적인 모험이자 전복적인 도전이었다.

　예수의 내면적인 인간 욕망은 그가 한 여인의 사치스러운 사랑을 수용

---

6 이러한 어록들은 물론 육체적 향락의 무절제한 추구를 용인하는 쾌락주의적 삶의 자세를 장려하고자 제시된 것이 아니다. 전도서는 그러한 행태를 미친 짓으로 본다(전 2:2). 여기서 말하는 인간의 삶의 일상적 향유는 오히려 그것이 하나님으로부터 주어진 선물로 충분히 용인된 것이라는 신학적 토대를 갖추고 있다. Roland Murphy, *Ecclesiastes*, WBC 23A (Dallas, TX: Word Books, 1992), 86; Choon-Leong Seow, *Ecclesiastes*, AB (New York: Double-day, 1987), 295. 놀랍게도 일상생활이 음식 잔치와 정갈한 옷, 머리 위에 바른 기름, 가족과 함께 풍성히 향유되어야 할 대상이라는 인식(전 9:7-9)은 길가메시 서사시(iii 6-14)에 지시된 사항들과 동일한 것이다(Choon-Leong Seow, *Ecclesiastes*, 305-306).

7 이 호칭이 비록 외부인에 의한 악의적인 소문으로 유통되기 시작했겠지만, 이후에는 예수 자신이 적극적으로 이런 행보를 통해 일종의 자발적으로 체현한 '자기 낙인찍기'(self-stig-matization)의 효과를 유발했을 가능성도 없지 않다. Stephan Witeschek, "The Stigma of a Glutton and Drunkard: Q 7, 34 in Historical and Sociological Perspective," *Ephemerides Theologicae Lovanienses* 83/1(2007), 135-154.

하고 자신의 제자들과 마지막 만찬을 나눌 때 그 정점에 달한다. 뿌리가 같은 이야기의 네 가지 버전을 합류시켜보면(막 14:3-11; 마 26:6-13; 눅 7:36-50; 요 12:1-8), 이 여인은 자신의 순전한 사랑을 표현하기 위해 매우 값비싼 나드 향유, 눈물, 입술, 머리털 등을 동원하였던바, 그 모든 것은 예외 없이 자신의 여성성을 구성하는 필수적인 매개물들이었다. 마가복음의 예수가 제시한 논평에 의하면, 그녀가 선보인 일련의 행동들은 예수 자신의 장례를 미리 준비하는 성격의 서비스였다(막 14:8). 그 장례의 대상은 예수의 신체였고, 바로 그 몸이 아직 살아 있는 동안 예수와 그녀 사이에 개입한 물질적인 소품들을 매개로 그는 상호 간의 신체적인 접촉을 통해 매우 감각적으로 위로받았다. 오늘날까지 지속하는 고대의 문화적인 전통에 따르면 죽음에 직면한 사람은 그의 생명 마지막 순간에라도 매우 특별한 방식으로 최선의 향유를 제공하는 관용이 베풀어지는 경향이 있다.[8] 가장 즐길 만한 식사와 의복과 함께 소중한 물건의 활수한 사용이 정당화되는 것은 바로 이와 같은 특별한 문화사적 맥락에서다. 마찬가지의 문화적인 정념 속에 예수가 제자들과 나눈 마지막 식사도 죽어갈 자와 살아남는 자들 사이에 혈맹적인 의리를 확증하면서, 죽음 앞에서 자신의 마지막 생명의 의미를 기리고 전 생애를 압축적으로 기념하는 상징적인 사건으로 해석될 수 있다.[9] 죽음에 임박한 자로서 예수는 이와 같이 그 마지막 순간에서조차 육신의 식욕을 달래는 동시에 자신의 내면에서 인간으로 살아 있는 순간을 끝까지 감각하고 긍정했던 것이다.

---

8 예수의 수난 이야기의 맥락에 이러한 문화적 요소를 적용하여 해석한 최초의 시도는 차정식, "향유(香油) 그리고 향유(享有)," 『묵시의 하늘과 지혜의 땅: 예수신학 비평』 (서울: 대한기독교서회, 2001), 287-298.

9 이러한 문화적 관습에 대해서는 A. J. Saldarini, "Last Words and Death-bed Scenes in Rabbinic Literature," *JQR* 68(1977), 28-45.

III. 예수의 개인적 감정들

얼굴에 어떤 색조를 자극하든지 하나님의 창조 생명에 통합적 일부를 이루는 모든 감정은 어느 결정적인 지점에서 인간성을 구성하는 필수적인 요소이다. 그것이 인간의 가슴에서 발원하여 그 속으로 흡수되는 한, 어떤 감정도 그 자체로 부정적이거나 긍정적이지 않다. 오히려 감정은 각자의 심리적 또는 병리적인 질곡 속에 요동치는 흐름에 우발적으로 관여하면서 때로 부정적이거나 긍정적으로 기능할 뿐이다. 예를 들어 우리가 긍정적인 감정으로 거론하는 기쁨, 평화, 사랑 등이 파동치는 양상으로 표현될 때, 그것이 항상 바람직한 마음 상태로 귀착되는 것은 아니다. 마찬가지의 이치로 흔히 부정적인 감정으로 운위되는 비애, 염려, 분노 등이 혼란스러운 내면의 마음 상태를 명징하게 정리해주는 데 일조하기도 한다. 모든 인간 감정은 이와 같이 자신의 내적인 심사와 불화하며 거칠게 긁어대는 순간에도 그 외적인 환경과의 상호 작용을 멈추지 않는다. 의심의 여지 없이 하나님이 세상을 해체하고 재통합하는 것과 비견되는 방식으로 신학도 인간의 감정을 배제하지 않고 다양한 맥락에서 의미화한다. 마찬가지로 감정은 내면의 관념과 환상을 예상치 못한 양상으로 표출함으로써 고정된 자아 이미지를 탈피하는 돌파구를 열어준다. 그리하여 신학적 인간학의 관점에서 볼 때 인간의 감정은 자신의 본능적 동물성과 문화적 인격성 사이에 긴장을 제공하여 자기성찰적인 역량을 배양하기도 한다.

예수의 인성을 구성하는 데 특징적인 다양한 감정은 그에게 어떤 실질적인 동작을 유발하는 동기를 부여하였다.[10] 그것은 역으로 당시 강제된 정신성의 체계에 창조적인 충격을 가함으로써 예수의 인간성을 고양하는

---

10 복음서에 나타난 예수의 감정에 대한 포괄적인 연구는 Stephen Voorwinde, *Jesus' Emotions in the Gospel* (London: T&T Clark, 2011).

결과로 이어졌다. 예수의 인간적 욕망은 그의 개인적인 감정을 진솔하게 표현하는 적극적인 에너지원으로 작용하였다. 각종 수사학적 장치로 인해 탐지하기 어려운 그의 지적인 사유 역량과 달리, 그의 감정적 표현은 직설적이고 즉각적으로 비평적 과녁을 정조준하여 정확하게 타격하는 효과를 수반했다. 복음서의 이야기들은 그가 인간의 감정, 특히 가장 심오하다고 여겨지는 비애의 감정에 얼마나 민감하게 반응했는지 여실히 보여준다. 그는 친구 나사로의 죽음에 슬픔의 눈물을 흘리며 울었다(요 11:35). 이러한 그의 울음 행위는 그의 인성을 증명하는 반가현설(anti-docetism)의 교리적인 알짬에 선행하여 나사로의 죽음에 비통한 감정을 토로한 마리아와 다른 이웃들에게 연민의 공감대를 형성하면서 순전한 인간적 비애의 감정을 표현한 것이었다(요 11:33-35). 이와 같이 예수는 몸과 마음에 상처받아 신음하는 가난하고 병든 사람들에게 강렬한 연민의 감정을 드러내는 것을 꺼려하지 않았다. 그러한 사람들을 불쌍히 여기며 자신의 연민을 표할 때 종종 사용된 헬라어 단어 '스플랑크니조마이'(σπλαγχνίζομαι)는 '내장'(σπλάγχνα)이 꼬이고 뒤집어지는 통증을 연상시켜준다.[11] 그에게 슬픔이란 심리적인 증상이기에 앞서, 눈앞의 생명이 처한 비통한 현실에 자신의 몸이 개입하면서 신체적인 반응으로 즉각 표출되었다. 예수의 슬픔은 이처럼 감상적인 동정이 아니라 자신의 통증으로 내면화된 깊은 연민을 수반하는 것이었다. 이런 연고로 그는 슬픔 이후 단계에 도래할 삶의 비전을 전망하면서 애통하며 슬피 우는 자들의 복을 선포했다(마 5:4).

예수의 공생애 사역을 통틀어 그는 마치 예언자적 비관주의를 그의 가슴에 구현하는 것처럼 비애 어린 표정의 얼굴로 대체로 진지했던 것 같다.

---

11 이 헬라어 용어는 예수가 곤경에 처한 군중이나 개인 앞에서 자신의 신적인 자비로 메시아적 권세를 표현하는 기적 이야기의 맥락에서 종종 사용된다(막 1:41, 6:34, 8:2, 9:22). Köster, "σπλάγχνον κτλ," *TDNT* VII, 548-559.

그럼에도 불구하고 비록 복음서의 기록에서는 드문 경우지만 그에게 기쁨의 감정 표현이 전혀 없었던 것은 아니다. 가령 그는 자신의 제자 70명이 선교 현장에서 돌아와 성공적인 축귀 사역을 보고할 때 성령 안에서 기쁨을 표하였다(눅 10:21). 그의 슬픔과 마찬가지로 그의 기쁨도 그저 감상적인 기분의 표출이 아니라 일관되게 성령에 사로잡혀 인간성의 실존적인 심연을 아우르는 순수한 열정의 표현이었다. 바로 이런 영적인 계몽의 원천 가운데 그는 핍박받는 자들에게 복을 약속하며 기뻐할 이유를 찾을 수 있었다(5:11-12).

나아가 예수는 분노할 줄 아는 인간이었다. 그는 타락한 인간 사회를 탄식 어린 분노 가운데 꾸짖으면서 불의한 '이 세대'를 향한 혹독한 비판을 쏟아냈다. 그의 그 분노 감정은 경우에 따라 주체할 수 없는 열정을 동반하며 신적인 저주의 의도를 담은 일련의 저주 선포로 이어졌다(마 11:20-24, 23:25, 27). 극단적으로 치닫는 경우 그의 분노는 폭력적인 에너지의 화염에 휩싸이기도 했는데, 대표적인 사례가 하나님을 사모하는 열정이 그를 부추겨 예루살렘 성전 청결의 동기를 부여했을 때였다(요 2:13-17). 또 다른 경우 심리적인 좌절감에 사로잡혀 그의 이러한 분노는 더러 깊은 탄식으로 발현되기도 하였다(마 16:5-12). 많은 경우 그의 분노는 하나님 나라의 복음에 대한 갈릴리 사람들의 부정적인 반응이나 적대감에 기인하는 바 컸지만, 더욱 심각하게 그것은 망가진 인간성에 대한 고발이었다(막 7:34). 그의 탄식 어린 분노 또는 분노 어린 탄식은 예수가 하나님의 언약 백성들, 특히 죄악에 물든 예루살렘 주민들의 본성이 철저하게 까발려진 현실을 증언할 때 더욱 깊어졌다(눅 13:31-35). 그러나 분노와 탄식의 감정은 예수 자신과 주변 사람들에게 자기 해체적이었을망정 나쁜 의미로 파괴적인 것은 아니었다. 그것이 궁극적으로 동시대인들의 사회적 기풍을 성찰할 수 있는 분위기를 조성하고 그 본질을 재구축할 수 있는 기반을 닦을 수 있도록 기여한 바가 있기 때문이다. 동시에 예수의 열정적인 감정 표현은, 전통적인 유대교 신학이 퇴락한 인간 세계에 대안을 창출하는 데 실패했던 그 자리에서, 자신의 치열한 삶을 동반한 자신의 신학이 형성되고 후대에 계승 발전되는 과정에서 풍성한 자양분을 제공한 것으로 보인다.

겟세마네에서 예수의 기대에 반하여 제자들은 그의 기도 싸움에 함께하지 못했고 함께할 수도 없었다. 예수의 진단대로 제자들의 영은 의욕이 있었지만, 피로에 찌든 그 육신이 약하여 그와 함께 깨어 있을 수 없었다(막 14:38). 이 대목에서 주목할 점은 예수가 제자들 앞에서 토로한 공포, 슬픔, 고뇌, 이 세 가지 감정의 연쇄적 표출이었다(막 14:33-34).[12] 먼저 공포(ἐκθαμ-βέομαι)의 감정은 임박한 죽음에 직면하여 나타난 즉각적인 반응으로 외곬의 선택이었고, 예수에게 기도의 직접적인 동기를 부여한다.[13] 여느 평범한 사람들처럼 예수 또한 자신의 생명이 곧 끝나는 불운을 맞게 되리라는 사실로 인해 극심한 두려움에 사로잡혔다. 그 감정적인 충격은 그의 죽음이 단순히 생물학적 종말이 아니라 폭력적인 박탈로 경험되리라는 예감으로 인해 더욱더 컸을 것이다. 그와 함께 연이어 슬픔(λυπεῖν)이 죽음으로 인한 공포의 충격을 경감시켜주기 위해 개입하는데, 이로써 그의 영혼이 깊은 탄식을 매개로 감정적인 정화 효과를 얻게 되었을 법하다. 마지막으로 '고뇌'(ἀδημονεῖν)의 감정은 그를 심리적으로 상충하는 갈등 상황으로 끌어들여 그 가운데 자신과 심층적인 내면의 대화를 나누도록 유도했을 것이다.

---

12 죽음에 임박한 사람의 감정적 표현에 대해서는 Lucy Bregman, *Death in the Midst of Life: Perspectives on Death from Christianity and Depth Psychology* (Grand Rapids, MI: Baker Book House, 1992); Jürgen Moltmann, *Jesus Christ for Today's World*, tr. by Margaret Kohl (Minneapolis: Fortress Press, 1994), 50-53.

13 라너(K. Rahner)가 말했듯이, "기도는 우리가 두려움에서 도피할 수 있도록 해주는 상상상의 사다리가 아니다. 그렇다고 그것이 우리의 두려움을 억압하거나 극복해주는 것도 아니다. 무엇보다 우선적으로 기도는 우리에게 두려움을 허용한다." Karl Rhaner & Johann Baptism Metz, *The Courage to Pray* (London: Burns & Oates, 1980), 15-16.

이 세 가지의 다른 감정은 상호 작용을 하면서 예수 자신이 현재 어떤 상황에 놓여 있으며 그 상황을 의미심장하게 감당하기 위해 무엇을 해야 하는지 명징하게 확인시켜주었고, 나아가 그의 무의식 속에서 하나님의 뜻과 자기 뜻 사이에 분기점을 분별하기 시작했을 것이다.[14] 겟세마네 기도에 반영된 이러한 예수의 내면적 대화 과정은 자신이 당면한 죽음의 엄중한 현실을 직시하게 하고 내면에 억압된 심리를 카타르시스적 방식으로 해소시켜줌으로써 그의 인간화에 기여한 것으로 평가된다. 이러한 견지에서 보면 개인적 감정에 근거한 예수의 자화상은 삶과 죽음 사이에서 요동하는 교차로에 선 순전한 한 인간을 집중 조명하고 있다.

IV. 기도하는 인간 예수

확연하게 겟세마네에서 압도적인 예수의 자화상은 기도하는 인간의 모습이다. 예수의 온전한 인성을 예증하는 것으로 예수의 기도 수행보다 더 설득력이 있는 것은 없다. 예수가 하나님 앞에 기도했다는 것은 하나님이 기도를 듣고 응답하는 분이라고 인식했다는 증거다.[15] 적어도 이 지점에서는 예수가 하나님과의 영적인 연합을 도모하거나 확인할 목적으로 기도했다는 가능성을 배제하는 게 필요하다. "아버지(=하나님)와 나(=예수)는 하나

---

14 프로이트(S. Freud)에 의하면 인간의 무의식 층위에서 죽음에 대한 두 가지의 상반된 태도가 있다. 하나는 죽음을 생명의 종말로 수긍하는 태도이며 또 다른 하나는 그것을 비현실적인 것으로 부인하는 태도인데 통상 이 두 가지는 죽어가는 자의 내면에서 충돌하여 갈등의 상황으로 치닫는다. S. Freud, "Our Attitude towards Death," *The Complete Psychological Works of Sigmund Freud*, ed. by James Strachey, vol. XIV (London: The Hogarth Press, 1995), 289-300.

15 예수의 기도와 기도에 대한 예수의 가르침과 관련해서는 고전적인 저작인 Joachim Jeremias, *The Prayers of Jesus* (London: SCM Press, Ltd, 1967); Oscar Cullmann, *Prayer in the New Testament*, tr. by John Bowden (Minneapolis: Fortress Press, 1995), 12-69.

이다"라는 요한복음 식의 신학적 공식은 예수가 자신의 신성을 취하는 대가로 인간됨을 포기했다는 증거로 택해서는 안 된다. 앞서 살펴본 대로 예수는 자신의 인간적 본성을 정직하게 드러내면서 그의 필요와 욕구에 민감하게 감응했다. 추론컨대 예수는 자신의 인간적 기본 욕망이 충분히 채워지지 않았을 때 자신의 결핍을 느끼며 무심코라도 인지했을 것이다. 충분한 만족의 결여를 허용함으로써 인간성은 자연스럽게 온전해지거나 온전하게 자연스러워지는 법이다. 그렇다면 예수가 육체적 갈증뿐 아니라 하나님의 의가 이 땅에 편만해지고 그 은혜가 지상에 풍족하게 실현되는 목표를 향해 영적인 굶주림을 느꼈다고 해도 전혀 이상하지 않다. 바로 이런 연유로 그가 하나님 앞에 기도하였고 무엇을 어떻게 기도해야 할지 제자들에게 가르쳐 주었다고 볼 개연성은 충분하다.

하나님과의 관계에서 예수가 취한 개인적 입장은 예수를 '선한 선생'이라 칭하며 무엇을 하여야 영생을 얻을 수 있겠냐고 물었던 한 부자 청년에게 그가 했다는 다음의 대답 가운데 간결하게 제시되어 있다: "네가 어찌하여 나를 선하다 일컫느냐? 하나님 한 분 외에는 선한 이가 없느니라"(막 10:18).[16] 여기서 예수가 자신의 선함을 부인한 것에 반하여 예수의 신적인 선함을 방어하고자 하는 모든 변증 노력은 그 수사학적 의도에 어긋날 뿐 아니라 그 신학적인 메시지란 견지에서도 비평적인 독자들을 잘못 인도할 뿐이다. 맞다. 이 구절은 예수의 수사학적 진술을 담아내고 있다. 그러나

---

16 주석가들은 이 구절에 내포된 신학적으로 골치 아픈 상황을 피하려는 경향이 있다. 가령, 에반스에 의하면 예수의 이 문제적 어록은 그 자신이 하나님보다 덜 선하거나 불완전함을 뜻하려고 의도된 것이 아니다. 오히려 예수는 이 어록을 통해 사람들이 구원하시고 치유하시고 용서하시고 회복하시고 영생을 주시는 하나님 한 분께만 집중하도록 한 것이다. Craig A. Evans, *Mark 8:17-16:20*, WBC 34B (Nashville: Thomas Nelson Publishers, 2001); 한국어판, 김철 역 (서울: 솔로몬출판사, 2002), 243. 이 논지에 대해서 그닐카도 회피적인 언급과 함께 유사한 입장을 취한다. J. Gnilka, *Das Evangelius nach Markus* (Zürich, Eisiedeln, Köln: Benziger; Neutirchen-Vluyn: Neukirchener Verlag, 1979); 한국어판, 편집위원회 역 (서울: 한국신학연구소, 1986), 118.

이는 그저 예수의 겸손한 제스처를 암시하는 의미로 단순화해서 이해할 수
있는 내용은 아니다. 그렇다고 변증 이유로 종종 추론되는 대로, 이 구절이
부자 청년의 구도자적 신앙심을 시험하기 위한 심층적인 의도를 담고 있는
것도 아니다.[17] 수사학적으로도 그렇고 교리적으로도 마찬가지지만 이 구절
은 예수의 온전한 인간성을 가리키는 의미로 취하면 아무런 문제가 없고
가장 명료하게 이해된다. 하나님의 선하심에 비해 상대적으로 자신의 선함
이 부족하다고 깨닫는 것이야말로 인간됨의 또 다른 증표라고 할 수 있다.
이는 1세기 당대의 경건한 유대인이라면 하나님의 신실하심을 앙망하는 신
실한 예배자로서, 또 자신의 구원을 갈망하는 겸손한 기도자로서 인간의
위치에서 누구나 수긍할 만한 역사적 사실이고 인간학적 진실이다. 그러므
로 상기 진술은 예수가 하나님의 선하심을 닮아가고자 그 앞에서 기도해야
하는 존재로서 자신의 인간 본성을 정직하게 수긍한 이상도 이하도 아니다.

예수의 기도 행위는 그의 신성의 경우가 그러하듯 그의 온전한 인성이
'존재론적' 개념이 아니라 '목적론적'(teleological) 개념이라는 명백한 증거
이다. 예수의 기도가 겨냥한 그 선교적 '목표'나 '목적'(τέλος)은 하나님께
간구하고자 하는 그의 반복적인 충동에 따라 촉진되었던 것 같다. 안타깝게
도 우리는 예수가 지상에 머무는 동안 정확하게 무엇을 위해 매일 기도했는

---

17 마가복음의 이 본문(10:17-31)에 등장하는 이 부자 청년이 구도자적 진정성을 가지고 있었
   고 그래서 예수가 호의를 보였다는 종래의 해석과 달리 이 부자가 선악의 분별력이 없고 '선
   한 선생'이라 부른 예수를 따를 의지도 없는 '환자'로 여겼다는 관점이 근래 제기되었다. 이
   에 따라 예수는 가난한 자들을 착취한 결과로 갖게 된 그의 물질적 부의 소유 자체를 비판하
   였을 뿐 아니라 사회경제적 안녕에 대한 관심을 드러냈다는 것이다. 한철흠, "마가복음
   10:17-31 다시 읽기—부자는 진정한 구도자였나?," 「한국기독교신학논총」 110 (2018),
   107-134. 그 밖에 이 본문 이야기의 기독교윤리적, 편집비평적, 구원신학적 의미 등이 그동
   안 다양한 관점에서 조명되어 왔다. Gerald P. McKenny, "The Rich Young Ruler and
   Christian Ethics: A Proposal," *Journal of the Society of Christian Ethics* 40/1(2020),
   59-76; 전병희, "마가가 본 예수의 부자상과 마가공동체의 이중전략: 마가복음 10:17-27을
   중심으로," 「신약연구」 10/1(2011), 89-112; Alan P. Stanley, "The Rich Young Ruler and
   Salvation," *Bibliotheca sacra* 163/649(2006), 46-62.

지 충분한 정보를 갖고 있지 못하다. 단지 우리가 아는 것은 그가 고적한 장소에서 은밀하게 혼자 기도했다는 사실일 뿐이다. 마가복음의 서사 구도에서 겟세마네 이전 예수가 드린 두 번의 기도 행위는 마을에서 동떨어진 산과 광야에서 이루어졌다(막 1:35, 6:46). 그중에 한 경우는 그 시간적 배경이 제시되었는데 곧 해 뜨기 전 새벽 미명이었고, 이는 즉각 외진 장소라는 공간적 배경과 만난다. 복음서가 성전이나 회당에서 기도하는 예수의 모습을 보여주지 않은 점은 주목할 만하다. 이는 어찌 보면 경건의 행위로서 기도는 하나님이 보시는 은밀한 가운데 드려져야 한다고 강조한 기도에 대한 그의 가르침(마 6:6)에 잇닿아 있다고 볼 수 있다. 이렇듯, 그에게 고적한 산이나 광야는 기도의 골방에 해당되는 표상적인 공간이었다.

물론 합리적으로 추론해볼 때 예수는 마귀를 내쫓고 병자를 고칠 수 있는 영적인 권능을 재충전하기 위해 기도했다고 말할 수 있다. 또는 예수의 기도에는 하나님께 그가 나가야 할 앞길에 대해 그의 계시적 뜻을 묻고 경청하고자 하는 의도가 담겨 있었다는 추측도 가능하다. 그런가 하면 누가복음에 탐지되는 예수의 기도에 대한 많은 언급(눅 3:21, 5:16, 6:12, 28, 9:18, 28-29, 11:1, 22:41, 44)을 근거로 기도하는 예수의 초상이 후대에 경건한 그리스도인의 모델로 제시한 것이라고 주장할 수도 있다.[18] 그러나 예수의 겟세마네 기도 장면이 나오기까지 예수의 기도 내용은 충분히 공개되지 않는다. 그의 메시아 사역에 앞서 예수가 광야에서 시험을 당할 때부터 그는 하나님

---

18 실제로 누가복음에는 성령의 주제와 더불어 유난히 기도에 대한 메시지가 상대적으로 강조되고 있다. 이와 관련해서는 다양한 관점의 연구에서 그 특징과 의미가 조명받아 왔다. 유은호, "누가복음에 나타난 기도의 영성," 「신학과 실천」 32(2012), 571-606; 김수천, "누가의 문서에 나타난 기도의 신학—역사 변혁의 원동력으로서의 기도," 「신학과 실천」 28(2011), 353-379; David Crump, *Jesus the Intercessor: Prayer and Christology in Luke-Acts* (Tübingen: J.C.B Mohr, 1992); P. T. O'Brien, "Pryaer in Luke and Acts," *Tyndale Bulletin* 24(1973), 111-127; Kyu Sam Han, "Theology of Prayer in the Gospel of Luke," *Journal of the Evangelical Theological Society* 43/4(2000), 675-693.

의 신적인 뜻과 자신의 인간적 욕망 사이의 내면적 갈등과 씨름하고 있었다. 전자는 그가 가령 인류의 구원과 같은 공공의 선을 위해 희생적 죽음을 감당하도록 떠밀었을 터이고, 반대로 후자는 그 생명을 정상적으로 이어가며 이왕이면 건강하고 행복한 삶을 살도록 부추겼을 것이다. 그때 기도는 궁극적인 결정 지점에 도달하기까지 내면의 심리적 균열을 통과하며 싸워야 하는 전투장이었다. 그 가운데 그는 감정적인 격발로부터 시작하여 당면한 곤혹스러운 정황과 맞붙어 씨름해야 했을 것이다.

기도를 유혹이나 시험(또는 시련)과 맞서 싸우는 무기로 인식하는 통찰은 추가로 제자들에 대한 예수의 교훈 대목에서 나타난다. 이 교훈의 핵심 메시지 일부는 기도가 자신의 실존적 상태에 대한 예리한 자의식과 함께 깨어 있게 하는 긴요한 수단이라는 것이다(막 13:33, 35, 14:34). 이러한 정신적 각성의 의욕은 기도하는 자들의 입장에서는 삶과 죽음 사이의 종말론적 긴장을 전제한다. 이러한 기준을 예수의 기도에 적용하면, 수난에 직면한 순간조차도 자신이 어떤 치명적인 운명에 수동적인 대상으로 종속된 것이 아니라 오히려 능동적이고 적극적인 주체로 그 운명조차 과감하게 태클한 함의를 띤다. 인간적인 연약함이 있기에 그는 내면의 복잡한 감정에 휩싸여 은폐된 고적한 공간으로 퇴거했지만, 그의 기도는 다시 그를 전향적으로 밀어붙여 주어진 현실에 대처하여 돌파해나가도록 견인했던 것이다. 이렇듯 예수에게 기도는 안락한 내면의 공간으로 도피하여 모든 고통스러운 현실을 망각하는 수동적인 방어책이 아니었다. 오히려 그것은 자신의 삶이 종착지에 근접함을 예민하게 의식함에 따라 깨어 있는 마음으로 자신의 주어진 현실과 솔직하게 부대껴보고자 하는 전인격적인 몸부림이었다. 그렇게 그는 평범한 인간의 의식과 감각으로 삶의 무게와 동시에 죽음의 짐을 감당하고자한 것이다. 그러나 동시에 그는 죽음이라는 엄중한 현실을 초월하는 척하지 않고 그로 인한 공포에 휘둘리지도 않은 채 매우 비범한 방식으로 그 현실을 현실감 있게 관통하였다. 요컨대, 다가오는 죽음이 환기하는 내외적인 모든 여건과 싸워가면서 기도하는 예수의 자화상은 우리 삶의 마지막 순간을 진지한 방식으로 갈무리하는 대안적인 길을 제공한다. 이 얼마나 소중한 유산인가.

V. 결론: 인간론으로서의 기독론

기독론은 지금까지 신약성서 연구에서 주요한 관심사 중 하나로 다루어져 왔다. 그것은 성서를 통틀어 예수 그리스도가 가장 중요한 인물로 공인받은 이래 일관된 기조였다.[19] 그리스도 중심의 신학은 기독교의 종교적 정체성을 견고한 신학적 토대 위에 정립하기 위하여 아무리 강조해도 지나치지 않다고 볼 수 있다. 그러나 그러한 방향으로 우리의 신학을 일방적으로 몰아붙이는 흐름 속에는 잃어버리는 것도 많다는 걸 알아야 한다. 무엇보다도 우리는 역사적 인물로서의 예수에 대한 문화적 심리학적 통찰을 포함하여 기독론 쟁점들의 인간학적 측면들에 내장된 중요성을 잃었다. 인간 예수의 자화상을 재구성하고자 한 저자의 이러한 시도는 예수에게 그의 애당초 역사적 의도와 무관하게 교리적으로 뒤집어 씌워진 온전한 인간 본성이라는 개념에 담긴 불가사의한 함의들에 대한 새로운 통찰을 제시하고자 한 것이다. 예수의 온전한 인간적 본성이란 게 어떻게 그리고 얼마나 자연스러우며 온전하다는 것인가? 우리가 예수를 인간으로, 또 하나님의 아들이라고 부르는 것은 신학적으로 무엇을 의미하는가?

이 논문에서 이러한 근본적 질문들은 전통적인 기독론의 쟁점들에 다양

---

19 신약성서의 기독론에 대해서는 Richard N. Longenecker, *Contours of Christology in the New Testament* (Grand Rapids, MI: Eerdmans, 2005).

한 인간학적 궁금증을 유발하면서 인간으로서 예수의 위상에 대한 일련의 탐사를 가능케 하였다. 인간으로서 예수의 자화상은 반가현설적(anti-docetic) 기독론에 정당성을 부여하는 데 일조할 수 있는가? 아니면 정반대로 그것은 예수의 신성 결여를 주장한 켈수스(Celsus)의 논리를 신빙성 있는 것으로 증명하는 데 힘을 실어주는가?[20] 예수의 인간적 욕망과 개인적 감정들, 고뇌 어린 기도의 행위는 많은 고대 교부들이 해석한 대로 구속론적 목적 아래 그의 신앙적 추종자들에게 교훈적인 모범을 보여주기 위한 의도로 연출된 것일까? 복음서가 그리스도교 신앙 형성 이전 단계에 땀내 풍기며 지상을 걸어 다닌 육신의 인간 예수의 초상을 함유하고 있다면, 이는 오히려 인간 예수의 초상을 스스로 구원하고 구원받기 위해 애써 나름대로 노력한 그의 삶을 반영한 결과물은 아니었을까? 그렇다면 부활 신앙 이후의 구원자인 그가 자신의 개인적인 삶을 운영해나간 생생한 현실의 여정 속에서, 나아가 그 앞에 당면한 때 이른 죽음의 실존과 씨름하면서 어떻게 자신을 구원할 수 있었을까?

이러한 껄끄러운 질문들에 답하는 차원에서 우리는 다음과 같이 몇 가지로 요약하여 결론적인 논평을 할 수 있다.

첫째, 예수의 다양한 인간적 욕망은 하나님의 인간 창조의 뜻에 비추어 생명의 향유적 가치에 대한 낙관적인 함의를 담아내고 있으며 이를 전적으로 수긍하는 의의를 띤다는 것이다. 특히 "먹을 것을 탐하고 술에 취한 자, 세리와 죄인들의 친구"로서 예수의 역설적인 초상은 오늘날에도 여러 가지 이유로 이질적인 타자인 양 차별받고 배제되며 소외당하는 이웃들에게 개

---

20 초기 교부들뿐 아니라 당시 기독교에 비판적인 로마의 지식인들에게도 겟세마네의 예수상은 매우 당혹스럽거나 문제적인 관심사였다. 교부들은 예수의 이 치열한 기도 싸움과 감정적 열정을 대체로 대속적인 가치로 이해했던 데 비해 로마의 지식인들은 겁쟁이 예수의 모습을 부각시켜 기독교 복음을 미신으로 폄하하고자 주력했다. Karl Olav Sandnes, *Early Christian Discourses on Jesus' Prayer at Gethsemane Courageous, Committed, Cowardly?* (Leiden; Boston: Brill, 2016).

방성을 권고하는 기독론적 근거로 주효하다. 그것은 나아가 우리의 평화스러운 인간관계를 훼방하는 인습적인 종교 이데올로기에 담긴 모든 종류의 화석화한 배타적 장벽들을 해체하는 사회비평적인 기능을 수행할 수 있다. 그리하여 예수의 인간적 욕망은 특정 개인과 집단을 배제하고 억압하는 폭압적 기제가 아니라, 하나님의 창조 안에서 모든 생명의 가치를 발견하고 그 본래 목적을 충족시키는 합리적인 표상으로 재조명되어야 할 것이다. 물론 이와 같은 욕망의 긍정적 측면은 예수의 생활 스타일 속에 극단적인 쾌락주의와 금욕주의를 가로지르며 절제와 극기의 미덕과 함께 공존할 수 있다.

둘째, 예수의 개인적 감정은 우리에게 자기 삶의 주체였던 그의 내면적 심성의 복잡한 사정을 깊이 이해하며 공감할 수 있는 근거를 제공한다. 그가 어떤 경우에 어떤 특정한 감정의 색깔을 드러냈는지 관찰해보면 그가 동시대 동료 인간들과 어떻게 어울리며 그들을 어떻게 이해했는지를 알 수 있다. 예수는 다양한 삶의 자리에서 그들과 만나면서 기쁨과 탄식으로, 온유함과 분노로, 핍절한 사회적 방외인들에게 극진한 연민으로 자신의 표정을 다양하게 바꾸어갔다. 겟세마네에서 그가 드러낸 공포, 고뇌, 슬픔 등세 가지의 감정은 통상적으로 부정적인 범주로 분류되지만, 그의 내면 깊숙이 죽음이라는 엄중한 현실을 민감하게 의식하고 이를 당차게 극복하는 심리적인 기제로 활용되었다. 그러나 그의 감정이 당면한 현실을 깨닫는 데 장애물이 되기보다 촉매제가 되었듯이, 생명에 집착하는 예수의 인간적 욕망은 하나님의 뜻을 압도하지 못했고 압도할 수도 없었다. 예수의 감정적 자기표현이 격렬한 자기 파괴의 동력으로 전개되지 않았다는 점에서 바로 그 예수의 초상은 미학적인 미덕을 발현한다. 절체절명의 순간에 임하여 발휘된 바로 이 절제와 조율의 감각이야말로 예수가 자신의 격한 고통의 감정과 충돌하여 극단으로 치닫는 그레코-로만의 영웅들과 구별되는 기준

점이다. 이러한 예수의 자화상은 또한 다른 극단의 경우, 가령 자신의 죽음 앞에서 초연한 무관심(άδιάφορα)의 태도로 일관한 소크라테스나 그를 죽음의 방식에서 고전적인 모범으로 추앙하며 닮고자 한 스토아 사상가들과 차별화된다.[21]

셋째, 고적한 자리에서 홀로 기도하는 인간 예수의 초상은 오늘날 주류 사회의 통합적인 기능을 수행하는 각종 제도권 종교와 그 규범적인 제의에 대하여 비판적인 제동장치로서의 의의를 지닌다. 특히 예수가 새벽 미명이나 컴컴한 밤중에 외떨어진 고적한 자연 공간에 들어 기도했다는 점을 고려할 때 이러한 표상은 자못 주목할 만하다. 겸손한 기도의 행위로써 예수는 자기 스스로 하나님의 도움이 필요한 존재임을 자각하고 하나님을 닮아가야 할 필요가 있는 연약한 인간임을 체현하였다. 아마도 그의 기도의 목적/목표(τέλος)는 주기도문에 암시된 대로 하나님 나라의 통치가 실현되어야 할 여러 조건을 하나님께 상기시켜드리는 동시에 그것이 곧 자신이 지상에서 수행해야 할 선교적 대상임을 스스로 각인하는 것이었을 터이다. 그러나 이러한 사명감이 예수가 하나님의 도움이 필요한 실존적 상황을 배제하지는 않았던 것 같다. 이러한 사정은 그가 당시의 대적자들과 사사건건 불화할 때나 불리한 생활 여건으로 육체적·정신적 곤핍 가운데 시달릴 때, 무엇보다 특히 그가 예루살렘에서 자신의 마지막 선교 여정을 마무리하면서 죽음의 현실과 부대껴 싸울 때 자신의 불안한 마음을 극복하기 위해서라도 더욱 절박했을 법하다. 그리하여 그는 공포스럽고 비통한 생사의 갈림길에서 그 냉혹한 현실과 기도로 싸우면서 즉각 아무런 화끈한 응답이 주어지

---

21 이러한 소크라테스의 초연한 죽음관은 후대 스토아, 씨닉 사상가들에게 일관된 영향을 끼쳤으며 이들과 동시대의 문화적 사상적 분위기를 공유한 사도 바울에게도 비록 "그리스도 안에서"라는 조건부의 단서가 붙지만 이러한 기본적인 영향의 흔적이 탐지된다. 이와 관련하여 조흥만, "『변론』에서 소크라테스의 죽음관에 대한 새로운 조명," 「철학연구」 132(2014), 185-208; James L. Jaquette, "Life and Death, "Adiaphora," and Paul's Rhetorical Strategy," *NovT* 38/1(1996), 30-53.

지 않았지만, 하나님의 침묵마저 견뎌내면서 그것을 자기 내면의 확신으로 치환하여 유의미한 기회로 선용했던 것이다.

2장
예수의 여행 경로와 그 동양 신학적 함의*

I. 서론: 왜 예수의 여행 경로가 문제시되는가?

"그러나 오늘과 내일과 모레는 내가 갈 길을 가야 하리니 선지자가 예루살렘 밖에서는 죽는 법이 없느니라"(눅 13:33). 이 구절에서 시간과 공간은 예수의 길과 나란히 언급된다. 이 어록은 갈릴리 분봉왕 헤롯 안티파스의 살해 협박에 일부 바리새인이 예수에게 떠나라고 권한 대목에서 예수가 보인 반응의 일부다. 다소 비꼬는 듯한 어투로 예수는 헤롯왕의 교활한 성품을 암시하는 듯 그를 '여우'라고 부르며, 그의 사역이 "오늘과 내일과 그 다음 날에 마귀를 쫓아내고 치유를 행하는" 데 있음을 시위한다. 이는 어떤 식으로도 예수의 사역을 방해할 수 없는 헤롯의 정치적 위협에 대한 예수의 강인한 대결 의식의 표현임이 분명하다.[1] 위의 어록에서 '오늘과 내일과 모

---

* 이 논문은 필자의 영어 논문 Jung-Sik Cha, "Jesus' Travel Route and Its Theological Implications as Reflected in the Tao Concept," *Scripture and Interpretation* 2/2(2008), 190-199를 번역하고 그 내용을 대폭 보완한 것이다.

1 주석가들은 여기서 '신적인 칙령'이나 '신학적 필연성'에 초점을 맞춰 그 원인을 설명하고, 선지자들이 살해당한 장소로서 예루살렘의 위상을 조명하려는 경향이 있다. 그러나 반대로 그러한 시간의 연속적 흐름 가운데 제시된 그 '길'의 신학적 함의는 논평하지 않는다. Alfred Plummer, *A Critical and Exegetical Commentary on the Gospel According to St. Luke*

레'라는 특정한 시간 단위에 대한 언급은 자신의 하나님 나라 사역이 현재 시점부터 예수의 죽음에서 부활로 이어지는 도상에서 온전히 실현되어야 함을 암시하면서 반복되는 일종의 수사학적 패턴이다. 이 완성의 삼중적 시간대는 예루살렘에서 구현될 것이지만, 그가 꾸준히 그 목표점을 향해 움직인다는 전제 아래서만 가능한 현실이라는 것이다.

실제로 예수는 자신을 따르고 마침내 부활 이후 그를 주로 경배한 자들을 위한 '그 길'이 되기에 앞서 끊임없이 길 위에서 기동했다. 꾸준히 자신의 길로 움직인 예수가 훗날 그 길이 되었기에 초기 그리스도인들은 역설적으로 '그 길'을 따른 자들로 칭해졌다(행 9:2). 물론 그 길은 이어지는 "예루살렘아, 예루살렘아…"(눅 11:34)라는 탄식에 드러난 대로 장애물이 없지 않았다. 예수와 그 추종자들은 예수의 길을 새로운 역사의 지평으로 만들기 위한 그들 몫의 비용을 치러야 했다. 이와 같이 그의 길은 제자들로 하여금 그가 머물고 선교를 수행한 장소로부터 새로운 시대를 창조할 수 있도록 견인했다. 다시 말해, 그 길 위에서 예수의 신체적 현존은 역동적인 신학적 함의와 함께 새로운 시간 속으로 통합되기에 이른 것이다. 그것은 단순히 예수의 초월적인 본성에 대한 교리적인 추론만을 염두에 둔 것이 아니라, 그가 걸었던 구체적인 길들과 연관된 '장소-신학적인'(topo-theological) 함의라 불릴 만한 성격을 가리킨다. 그러므로 그 '길'의 개념은 한편으로 보행이라는 신체의 물리적인 운동을 내포하는 동시에 다른 한편으로 여행자의 태도를 포함하여 지속적인 여정의 어떤 이미지를 상기시켜줌에 따라 형이상학적 함의를 수반한다.[2]

(Edinburgh: T&T Clark, 1977), 350-351; Joseph A. Fitzmeyer, *The Gospel According to Luke X-XXIV* (AB; Garden City: Doubleday, 1985), 1029.

2 예수의 갈릴리 지역 선교가 노정한 길과 이로써 성취한 진리의 그 길[道]의 신학적 상관관계에 대한 통찰로, 차정식, "한국에서 신학의 길 찾기—예수의 그 길에 기대어," 「기독교사상」 562(2005/10), 264-281. 아울러, 인간의 신체적 보행에 담긴 그 형이상학적 의미에 관한 철

이 논문은 예수의 여행 경로에 투영된 '길'이라는 개념의 풍성한 의미를 탐색하고자 한다. 비록 요한복음의 저자가 예수를 그 '길 자체'라고 주장했음에도 불구하고(요 14:6) 역사적으로 그는 갈릴리 호수 언저리를 바지런히 걸으면서 오히려 '길 위'에 있었다. 그에게 그 길은 그저 지리적인 개념이나 생활 스타일의 메타포가 아니었고 하나님의 나라를 완성에 이르게 하는 신학적 표상이었다. 비록 그가 사변적인 담론 속에 그것을 개념화하지는 않았으나 그의 여행 경로는 그의 마음속 깊이 들끓었을 신학적 비전을 추적하는 투시경을 제공한다. 주지하듯, 고대 중국의 도가사상은 일련의 어록 형식으로 길, 즉 도(道)가 무엇을 의미하고 무엇을 지향하는지 세밀하게 조명하는 데 관심을 표한다. 따라서 동양사상의 도 개념이, 예수가 그 선교 지형과 경로 속에 선포한 메시지와 별개로 자신의 몸으로 움직여나가면서 무엇을 보여주고자 했는지 이해하는 데 도움이 된다면 이는 종교 간의 대화를 위한 또 한 가지 시도로 유의미할 것이다. 나아가 이러한 시도는 그 상호 비교를 통해 유사점과 차이점을 숙고하면서 예수의 여행 경로에 구현된 그의 길을 신학적으로 조명하는 데 유익하리라 본다.

II. 예수의 여행 코스와 그 장소신학적 패턴

1. 복음서에 나타난 예수의 여행 경로

신약성서의 네 복음서 서사의 흐름에 따르면 그 가운데 나타난 예수의 여행 동선은 각기 다음과 같이 요약된다.[3]

학적 탐구로, 김영민, 『보행』 (서울: 철학과 현실사, 2001).
3 아래에 제시된 예수의 선교 동선 요약과 그 패턴 분석은 저자가 생산한 다음의 선행 논문에서

마가복음

● 갈릴리 일대에서의 동선: 갈릴리 나사렛(1:9) → 요단강(1:9) → 갈릴리 해변 (1:16) → 가버나움 회당(1:21) → 온 갈릴리(1:39) → 가버나움(2:1) → [갈릴리] 바닷가 (2:13) → 회당(3:1) → 갈릴리 바다 → [가버나움?] 집(3:20) → 바다 건너편 거라사인의 지방(5:1) → 뱃길(5:18) → 고향[나사렛](6:1) → 뱃길 (6:32) → 게네사렛(6:35) → 두로 지경(7:24) → 시돈, 데가볼리, 갈릴리 호수 (7:31) → 달마누다(8:10) → 벳새다(8:22) → 가이사랴 빌립보(8:27) → 갈릴리 지역(9:30) → 가버나움 집(9:33)

● 유대와 예루살렘에서의 동선: 유대 지경과 요단강 건너편(10:1) → 여리고 (10:46) → 감람산 벳바게, 베다니(11:1) → 예루살렘, 성전(11:11) → 베다니 (11:12) → 예루살렘, 성전(11:15) → 성 밖으로(11:19) → 예루살렘, 성전(11:27) → 성전 밖(13:1) → 베다니(14:3) → 감람산(14:26) → 겟세마네(14:32) → 대제사장 앞(14:53) → 빌라도 앞(15:1) → 골고다(15:22)

마태복음과 누가복음

● 마태복음에서의 동선: 베들레헴(2:1) → 애굽(2:14) → 갈릴리 지방(2:22) → 나사렛 지방(2:23) → 요단강(3:13) → 광야, 예루살렘 성전(4:1, 5) → 나사렛, 가버나움(4:13) → 갈릴리 해변(4:18) → 온 갈릴리(4:23) → 산(5:1, 8:1) → 가버나움(8:5) → 뱃길(8:23) → 가다라(8:28) → 뱃길(9:1) → 갈릴리 인근의 여러 동네(11:1) → 빈들(14:13) → 산(14:23) → 뱃길(14:32) → 게네사렛

인용, 참조된 것이다(차정식, "생성기 기독교의 선교지형에 비추어본 지방화와 세계화의 문제," 「한국기독교신학논총」 40(2005), 129-162).

(14:34) → 두로, 시돈(15:21) → 갈릴리 호숫가, 산(15:29) → 마가단(15:39) → 가이사랴 빌립보(16:13) → 높은 산(17:1) → 갈릴리(17:22) → 가버나움 (17:24) → 요단강 건너 유대 지경(19:1) → 여리고(20:29) → 감람산 벳바게 (21:1) → 베다니(21:17) → 감람산(24:3) → 겟세마네(26:36) → 대제사장 앞 (26:57) → 빌라도 앞(27:2) → 골고다(27:33)

● 누가복음에서의 동선: 나사렛, 베들레헴(2:4) → 예루살렘(2:22) → 갈릴리 나 사렛(2:39) → 예루살렘(2:43) → 나사렛(2:51) → 요단강 부근(3:3, 21, 4:1) → 광야(4:1) → 예루살렘(4:9) → 갈릴리 여러 곳, 회당(4:14) → 나사렛(4:16) → 갈릴리 가버나움(4:31) → 갈릴리 여러 회당(4:44) → 게네사렛 호숫가 (5:1) → 한적한 곳(5:16) → 평지(6:17) → 가버나움(7:1) → 나인(7:11) → 각 성과 촌에 두루 다님(8:1) → 뱃길(8:22) → 갈릴리 맞은 편 거라사인의 땅 (8:26) → 벳새다(9:10) → [변화]산(9:28) → 사마리아(9:52) → 어떤 마을 (10:38) → 각 성, 각 촌(13:22) → 여리고(19:1) → 감람원의 벳바게, 베다니 (19:29) → 감람산(19:37) → 대제사장 앞(22:54), 헤롯 앞(23:7), 빌라도 앞 (23:1, 13) → 골고다(23:33) → 엠마오(24:13)

요한복음

● 요한복음에서의 동선: 갈릴리(1:43) → 가나(2:1) → 예루살렘(2:13) → 유대 지역(3:22) → 사마리아, 수가성(4:5-6) → 갈릴리(4:45) → 예루살렘(5:1) → 갈릴리 바다 건너편(6:1) → 가버나움(6:24) → 갈릴리(7:9) → 예루살렘행 (7:10) → 감람산(8:1) → 솔로몬 행각(10:23) → 요단강 저편, 요한이 세례 주 던 곳(10:40) → 베다니(11:1, 12:1) → 예루살렘(12:12) → 기드론 시내 저 편 (18:1) → 대제사장 앞(18:24), 빌라도 앞(18:29) → 골고다(19:17) → 디베랴

바다(21:1)

이러한 예수의 동선에 비추어 우리는 여기서 복음서별로 몇 가지 패턴을 읽어낼 수 있다. 이는 마가복음의 서사적 공간이 지리적 공간의 신학적 함의와 밀접하게 연계되어 있다는 측면에서 유의미한 패턴이다.[4] 먼저 마가복음의 경우 예수의 사역은 철저하게 갈릴리 호수 주변을 선회하면서 점진적으로 주변부로 확장되어가는 패턴을 보여준다.[5] 그 지리적 반경 내에서 그의 선교 루트는 가버나움에서 시작해서 가버나움에서 일단락되는 패턴을 보여준다. 일찍이 나사렛에서 자란 예수는 가버나움에 가족을 위한 거주공간으로 집을 하나 마련하면서 그곳으로 이사한 것으로 보인다(막 3:20).[6] 그 집을 근거지 삼아 그는 육로로 또는 뱃길로 갈릴리 호수의 주변 마을들을 다니면서 치유와 축귀를 통한 생명 회복의 사역에 매진한다. 가버나움에서는 회당이 당시 유대교의 중심 장소였지만 그는 그 제도권의 공간을 들락거리며 활발하게 이동하였다. 그곳을 중심으로 예수는 좌우의 인근 지역에 위치한 벳새다와 게네사렛 등의 마을로 먼저 움직였고, 갈릴리 호수를 중심으로 그 좌편의 달마누다와 호수 건너 우편에 거라사 지역으로 그 행동반경을 확대해나간다. 이따금 그는 휴식과 제자 훈련을 목적으로 원족의 여행을

---

4 마가복음의 서사 공간과 그 구체적인 지명은 이 점에서 지리적 지형적인 함의와 함께 신학적인 은유로 작용한다. 박노식, "마가복음의 공간 함의: 신학과 은유," 「신약논단」 21/4 (2014), 925-954.

5 예수의 복음 사역 현장으로서 갈릴리의 신학적 위상에 대해서는 이동수, "구속사에서 갈릴리의 위치," 「생명과 말씀」 20(2018), 75-104.

6 이 집이 실제로 역사적 예수가 이사한 가족의 소유 주택이었는지, 아니면 베드로의 집에 예수의 가족을 모시며 공동 거주 형식으로 살았는지는 고고학적 발굴 현장의 조사분석과 해석 결과에 따라 지금까지도 논쟁이 진행 중이다. "The House of Peter: The Home of Jesus in Capernaum?," https://www.biblicalarchaeology.org/daily/biblicalsites- places/ biblical-archaeologysites/the-house-of-peter-the-home-of-jesus-in-capernaum/[2 021-08-05 검색].

떠나는데, 그 동선은 멀리 갈릴리 주변부 지역을 경유하여 사방으로 확대되어간 패턴을 읽을 수 있다. 북서쪽 해안 수리아 주의 영토인 두로와 시돈이 그 가운데 등장하고, 정북 쪽으로는 빌립보 가이사랴가 대표적인 종착지이며, 동편으로는 호수 건너 헬레니즘의 식민도시 데가볼리가 이방인의 영토로 예수의 활동 무대가 된다.

한편 여리고를 경유하여 예루살렘에 이르는 예수의 사역은 갈릴리 지역과 대조적으로 치유 및 축귀 사역이 드문 데 비해 논쟁과 갈등 상황을 중심으로 펼쳐진다. 갈릴리에서 예수의 생명 회복 사역이 주조를 이루었다면, 예루살렘은 종교적 기득권 세력과의 긴장과 갈등이 고조되면서 그 정점에서 예수의 수난과 죽음이 발생하는 곳으로 집중 조명된다.[7] 그 숨 막히는 상황에서도 그나마 예수 일행의 안식을 위한 공간이 그 변두리 지역의 베다니에 마련된다. 갈릴리 지역의 동선 패턴에 나타난 대로 예루살렘에서도 예수는 적대자들과의 부대낌 속에 치고 빠지며 다시 목적지를 순환하는 패턴의 동선을 드러낸다. 갈릴리 지역에서 그 사역의 동선이 가벼나움을 주축으로 선회하였듯이, 예루살렘 일대 사역에서는 베다니라는 인근 마을을 중심으로 그곳의 지인들과 함께 머물면서 사역을 시작하고 매듭짓는다. 그러나 그사이의 공간에 해당하는 감람산 겟세마네에서 예수의 수난 위기는 절정에 달하고 마침내 예루살렘의 재판을 거쳐 성문 밖 골고다에서 그의 사역은 종지부를 찍는다.

마태복음의 경우는 기본적으로 마가복음의 서사 구도를 따라 편집되었기에 예수의 동선 또한 이와 유사한 패턴을 드러낸다. 한 가지 차이점은 예수의 탄생 이야기를 서두에 삽입한 터라 예수의 어린 시절 이야기와 맞물

---

7 마가복음에서 갈릴리와 예루살렘의 신학적 대칭 구조는 국내 학자들에 의해 여러 관점으로 연구되어 왔다. 김선욱, "마가복음에 나타난 갈릴리와 예루살렘의 공간 구도와 역학 관계에 대한 연구사적 이해,"「신약연구」14/3(2015), 341-370; 박노식, "마가복음의 공간 전이에 관한 연구: 갈릴리와 예루살렘 성전을 중심으로,"「신약연구」15/2(2016), 330-352.

려 베들레헴과 애굽이라는 지명이 등장한다는 것이다. 예수의 갈릴리 사역 기간과 관련해서 특기할 점은 가버나움이 마가복음의 경우와 달리 핵심적인 근거지로 강조되지 않는다는 것이다. 그 대신 산과 광야 등 익명의 자연 지형이 등장하여 예수의 활동 반경을 확대하면서 그 동선을 유연하게 확산시키는 기능을 하고 있다. 유대 땅과 예루살렘의 동선에서는 마가복음의 경우와 달리 베다니라는 안식 친화적 공간이 예루살렘이라는 적대적 공간과의 대척점에 선명하게 부각되지 않는다. 아울러, 예수가 예루살렘-베다니 사이를 반복적으로 오가면서 인상적인 등장과 퇴거의 동선을 보여주지도 않는다.

누가복음에서도 여러 지명이 생략되었지만, 갈릴리 지역의 선교 루트와 예루살렘으로의 이동이란 점에서 마가복음과 마태복음의 서사적 구도에 드러난 패턴과 유사하게 예수의 동선이 진행된다. 다만 앞부분에서 예수의 소년 시절을 소개하는 이야기가 삽입되면서 그의 예루살렘 방문이 마태복음보다 두 번이나 더 등장한다. 마태복음과 유사하게 누가복음에서도 마가복음과 달리 가버나움의 비중은 약해지는 반면, 예수의 고향 격인 나사렛에 대한 언급이 네 차례나 등장할 만큼 그곳에 예수의 동선이 집중되는 인상이 짙다. 게다가 나사렛 남동편의 나인이라는 마을로 예수가 이동한 모습을 보여주거나 본격적인 사역은 없지만 사마리아 지역에 대한 우호적인 시선 등은 누가복음만의 특징으로 주목할 만하다.

요한복음의 경우 공관복음에서 보여준 갈릴리 중심 예수의 선교 동선과 비교하여 파격적이라 할 만큼 예루살렘 중심의 패턴이 두드러진다. 갈릴리라는 지명이 요한복음에서 중요한 것은 예수의 하나님 나라 사역이 그곳에서 출발하여 예수의 부활 이후 그곳에서 마무리되는 수미일관의 지형적 구조를 드러내는 맥락에서다. 갈릴리 지역과 관련하여 요한복음은 가버나움과 그 서쪽 외곽의 가나라는 동네를 언급할 뿐 대부분의 예수 사역은 유대와 예루살렘 중심으로 이루어진 것처럼 재편되어 나타난다. 이는 예수의 '때'와 십자가 죽음의 '영광'을 강조한 요한 신학의 특수성에 연유하는 바 크다.[8] 그 결과 예수의 선교 동선이 갈릴리의 주변부적 의미와 결부되기보다 예수의 죽음과 부활 사건이 발생한 예루살렘의 중앙집중적 성격을 부각시킨 것으로 판단된다.

2. 예수의 여정에 드러난 장소신학적 특징

예수 동선에 대한 이상의 분석으로 미루어볼 때 신학적으로 재구성한 요한복음의 패턴보다 역사적인 서사를 따라 편집된 공관복음의 패턴이 장소신학적인 의미 해석에 더 유효하다고 판단된다. 이 모든 동선 가운데 공통되는 점은 예수가 자신의 하나님 나라 운동을 위해 의미심장한 행보로 꾸준히 움직였다는 사실이다. 이 운동은 앞서 드러난 대로 특히 예수의 신학적 지향점과 관련하여 몇몇 주목할 만한 특징을 시사한다.[9] 즉, 그의 여행 경로는 팔레스타인 경계 내에 국한된 것이었지만, 그가 밖으로 나가고 다시 돌아오며 한 걸음 더 떼어 그가 한번 머물렀던 곳을 넘어 좀더 멀리 나가는

---

8 이와 같이 요한복음이 수난과 죽음을 초연한 자세로 수용하고 오히려 영광의 사건으로 인식하는 것은 공관복음의 경우에서 드러난 갈릴리에서 예루살렘으로의 수평적 공간 이동과 달리 하강 임재와 상승 초월이란 수직적 도식으로 예수의 선교를 이해한 데서 연유한다. Godfrey C. Nicholson, *Death as Departure: The Johannine Descent-Ascent Schema*, SBLDS 63 (Chico: Scholars Press, 1983).

9 고대에 지리는 역사서술에서 특정한 이데올로기를 퍼트리는 데 중요한 역할을 하였다. 마찬가지로 지리적인 관심사는 특정한 신학적 지향점을 반영하는 것으로 보인다. 이것이 저자가 "지형학적 신학"(topographical theology), 축약하여 '장소신학'(topo-theology)이라 부르고자 하는 것이다. 지리적인 관심사가 고대의 역사서술에서 어떻게 작용했는지는 비록 에스라-느헤미야서의 경우를 다룬 것이지만 다음의 논문을 참조할 것; Thomas B. Dozeman, "Geography and History in Herodotus and in Ezra-Nehemiah," *JBL* 122(2003), 449-466.

원환적 패턴을 보여준다. 점진적 확장의 패턴으로 압축되는 이러한 그의 동선은 일차적으로 가버나움에서 시작하여 갈릴리 호수 주변의 마을들을 선회하며 움직였다. 때로 예수는 비교적 먼 거리의 여정을 떠나는데 북쪽으로는 빌립보 가이사랴까지, 북서쪽으로는 두로와 시돈까지 나아갔다. 또 동쪽으로는 데가볼리 지역으로, 남쪽으로는 사마리아와 마침내 예루살렘까지 나아간 것이 그 원족 여행의 대표적인 사례다.10 두로 지역에 가서 예수는 호젓한 곳에서 쉼을 얻고자 사람들의 이목에 띄지 않길 원했지만 수로보니게 출신 이방 여인에게 노출되고 말았다. 그녀는 예수에게 귀신 들린 자신의 딸을 깨끗하게 해달라고 간청했다(막 7:24-30). 데가볼리 지역 게라사네에서 예수는 부정한 영에 사로잡힌 또 다른 이방인과 부대꼈다(막 7:31-37). 요한복음 전통 속에서 특히 사마리아는 세례 요한과 예수 모두에게 중요한 선교 현장으로 알려져 있었다. 사마리아가 부정한 피로 악명 높은 지역이었고 두로와 게라세네 지역은 유대인 영토와 멀리 떨어진 곳에 자리했다. 그럼에도 예수가 이곳을 두루 다녔다는 것은 그가 의식적이든 무의식적이든 유대적 경계를 집적이며 적지 않은 이방인에게 진출했음을 암시한다.

흥미롭게도 상기 구절들에 예시된 대로 애당초 안식과 휴양의 기회였던 예수의 원족 여행은 이후에 그가 유대 전통과 무관한 이질적인 사람들과 접촉하는 동기 부여의 촉매제가 되었다. 경건한 유대인 남자가 사마리아인이나 이방인을 만나는 것이 관례적이 아니었던 점을 고려할 때 예수의 이러한 여행 경로는 당대 사회의 규범적인 관습에 비추어 매우 도전적인 행위로 비쳤을 게 분명하다. 예수가 부지불식간 도전받아 횡단하게 된 그 경계는 단순히 지리적, 종족적, 언어적, 문화적인 차원에 국한되지 않았고, 더 중요

---

10 예수의 여행 경로와 관련한 이 지리적인 언급의 신학적 의의에 대해서는 앞서 제시했다. 차정식, "생성기 기독교의 선교지형에 비추어 본 지방화와 세계화의 문제," 129-162.

하게는 토라 규범으로 인해 생겨난 심리적이고 영적인 장벽이었다. 그의 이러한 만남 가운데 예수는 "목자 없는 양과 같은"(막 6:34) 사람들을 단지 교훈할 뿐 아니라 회복시키는 위치에 서 있었다. 때로 그는 예기치 않은 어떤 것을 알게 돼 놀랐는데, 이로 인해 그는 매우 심각한 도전에 직면하기도 하였다. 다시 말해 그의 동선에 따른 공간적 확장의 경험이 유대인으로서 자신의 편견을 허물면서 본래의 사고방식을 계몽하고 혁신하는 계기가 되었다는 것이다. 그런 외부적인 충격에 반응하여 예수의 내적인 성향 또한 자신이 친숙했던 것들을 넘어 낯선 길들에 자신을 개방하는 방향으로 나아가며 추가적인 도약을 향하여 혁신적인 자기 균열을 감수하였던 것 같다. 이러한 자기 발전의 방식은 이스라엘 백성들이 족장 시대부터 부단하게 하나님을 개별적인 가부장적 씨족신의 단위에서 광범위한 전 세계의 신으로 그 공간적 인식의 영역을 확대해나간 긴 역사적 진화 과정과 맞물려 있다.

그의 여행이 완료되는 그 길의 끝 지점에서 그는 그곳이 집이든 다른 숙박지이든 안식의 장소에 들었다. 짧은 여정의 경우, 예수는 광야나 산과 같은 고적한 곳으로 물러나 기도했다는 복음서의 증언대로 은밀한 장소를 확보해 그 여정의 닻을 내렸다. 그가 원거리 여행을 마치며 낯선 세계로 또 다른 선교 여정을 꾸릴 때 그러한 은폐된 장소로의 한시적인 퇴거는 추론컨대 하나님과의 영적인 소통을 위한 기회를 제공하면서 신적인 계시의 채널이 되었을 것이다. 이처럼 자기 나름의 장소로 간헐적으로 퇴거한 피정은 은밀한 중에 보시는 하나님을 본받는 차원에서(마 6:6) 은밀한 기도의 공간으로 거듭났다. 비교적 근거리 여행 가운데 탐지되는 이러한 자기성찰적 동선은 새로운 선교 경로를 탐색하는 동시에 자신의 영혼을 재충전하는 '내적인' 동기를 부여했을 것이다. '광야'나[11] '산'으로[12] 언급된 이러한

---

11 신구약성서를 통틀어 학자들은 중요한 신학적 메시지를 전달하는 대표적인 장소로 광야의 모티프를 주목해왔다. 그중 한 가지 공통점은 하나님의 백성들은 광야에서 현재의 곤경을

무명의 장소들은 예수가 자연환경에 둘러싸여 인간이 아닌 다른 이웃 피조물을 친밀하게 느낄 기회를 얻는 접촉점을 제공했다는 점에서 의미심장하다. 특히 그가 새벽 미명에 일찍 깨어 기도하러 고적한 곳으로 나아갔을 때 그의 피정은 어둠 속 침묵으로 특징지어진다. 이러한 명상적 공간과 시간은 앞으로 나아가는 예수의 선교적 동선을 일단 멈추게 하며 새로운 출발을 예비하는 기능을 한다.[13]

갈릴리 지역에서 예수의 선교 경로에 초점을 맞춰 보면 그가 많은 여정을 시작한 중심지가 가버나움이라는 사실에 주목하게 된다. 그러나 가버나움의 중심지 지위는 그가 예루살렘을 마지막으로 방문하여 십자가에 죽게 되면서 자신의 선교를 종료함에 따라 그리 오래 지속되지 않았다. 복음서 저자들은 정상적인 기대와는 딴판으로 당시 가장 발전한 도시 세포리스를[14] 예수의 사역과 관련하여 집중 조명하기는커녕 서사의 배경으로 언급

벗어나는 새로운 길을 찾아 그들의 삶을 갱신하도록 인도받거나 권유받는다는 것이다. G. I. Davies, "Wilderness Wanderings," *ABD* 6, 912-914; Thomas B. Dozeman, "The Wilderness and Salvation History in the Hagar Story," *JBL* 117(1988), 22-43; J. B. Gibson, "Jesus' Wilderness Temptation According to Mark," *JSNT* 53(1994), 3-34; N. T. Wright, "Paul, Arabia, and Elijah (Galatians 1:17)," *JBL* 115(1996), 683-692.

12 산 또한 성서 내에서 서사의 공간적 배경을 제시하는 문학적 장치와 신학적 상징으로서 중요한 모티프로 작용하는데 특히 마태복음의 경우가 그렇다. Terence L. Donaldson, *Jesus on the Mountain: A Study in Matthean Theology* (JSNTSup 8; Shefield: JSOT Press, 1985); 마찬가지의 관점에서 마태복음의 산상수훈을 연구한 나요섭, 『산, 예수, 그리고 하늘나라』 (대구: 나의주, 2000).

13 마커스에 의하면 최소한 마가복음 내에서 '광야'는 그것이 기도와 쉼을 위한 고적한 공간으로 드러나기에 앞서 주의 길에 새로운 출애굽을 핵심적으로 암시하는 의미심장한 신학적 모티프로 제시된다. Joel Marcus, *The Way of the Lord: Christological Exegesis of the Old Testament in the Gospel of Mark* (Louisville: Westerminster/John Knox Press, 1992), 12-47.

14 세포리스, 가버나움, 갈릴리 등의 지리적 위치와 역사적 의의, 신학적 함의에 대해서는 James F. Strange, "Sepphoris," *ABD* 5, 1090-1093; Virgilio C. Corbo, "Capernaum," *ABD* 1, 866-869; Peter Richardson, "What has Cana to to with Capernaum," *NTS* 48(2002), 314-331; Seán Freyne, "Hellenistic/Roman Galilee," *ABD* 2, 895-901;

조차 하지 않는다. 이러한 견지에서 보면 가버나움은 예수의 동선이 갈릴리 경계 내에서 활성화되는 기간 내에 국한하여 갈릴리 지역 내 헬레니즘의 중심지 세포리스를 생략하면서 일종의 탈중심화한 중심지로 부각시켰다고 할 수 있다. 마찬가지로 당시 유대교의 중심지였던 예루살렘은 마지막 종말의 때에 재앙이 도래하리라는 예언자적 경고를 위한 한시적인 길 위의 현장에 불과한 만큼, 예수의 사역에 결코 활력 있는 장소로 등장하지 않았다. 정작 예수가 그의 지인들과 함께 어울리면서 친밀한 교제를 나눈 곳은 오히려 베다니 같은 변두리 마을이었다. 복음서의 보도에 따르면 이러한 패턴은 예수의 탄생지에도 적용된다. 예루살렘에서 동떨어진 작은 마을 베들레헴은 예수의 구원 이야기가 전개된 출발점으로서 어떻게 변두리 장소가 집중 조명되는지를 보여주는 생생한 증거이다. 예수의 활동을 통틀어 보면 길 위에 드러난 그의 신체적 현존은 한 장소를 중심화해가면서 다른 장소를 탈중심화해나가는 과정에서 서로 다른 두 장소를 연결하는 역할을 한다. 뒤집어 보면 이것은 이러저러한 도시들이 가장 중요하다는 당대의 통념 속에 똬리를 튼 다수의 견해를 뒤집어버리는 전복의 모티프를 드러낸 또 다른 증거로 이해할 수 있다. 이러한 흐름 속에 그들의 당대 표준으로 강력하고 매우 영향력 있는 것으로 알려진 고정된 중심지들은 그 비중을 상실하고 그 대단해 보이는 위상을 다른 무명의 장소들에 이양한다.

복음서의 서사 전개상 사실이 그렇다. 예수는 예루살렘에서 죽도록 운명지어져 있었고, 바로 이러한 이유로 예루살렘은 예수가 탄식하는 주요 대상이 되었다. 반대로 갈릴리는 그 안의 작은 마을들을 포함하여 예수의 생명 회복 선교를 상기해주는 매개로서, 나아가 그의 사후 뿔뿔이 흩어진

[idem], "The Geography of Restoration: Galilee-Jerusalem Relations in Early Jewish and Christian Experience," *NTS* 47(2001), 289-311; Richard A. Horsely, *Galilee: History, Politics, People* (Valley Forge: Trinity Press International, 1995).

그의 제자들을 다시 모아 결속시키는 미래 희망을 위한 장소신학적 중심지로 확정되어갔다. 이러한 소소한 마을들은 길 위에서 꾸준히 움직여간 예수의 사역과 동떨어진 무의미한 장소가 아니었다. 이와 반대로 예수는 자신의 선교 여정 가운데 그 신체적 동선을 매개로 각 마을을 자신의 사역과 긴밀하게 연계지었다. 간혹 그가 자신의 자유 시간에 그저 걷고 쉬는 것 외에 아무 일도 안 했다고 할지라도 예수가 자신의 공생애를 구현한 역동적인 그 일대의 길들은 사람들이 복음을 경험하고자 진지하게 모여든 장소와 성읍과 마을을 두루 활력 있게 변화시켰다. 복음 사역의 우선권이라는 견지에서 보면 그의 설교와 가르침은 치유 사역과 나란히 나타났는데 그것이 오직 그의 신체적 이동과 함께 이루어질 수 있었다는 점이 중요하다.

장소신학적인 관점에서 예수의 걸어 다닌 발이 하나님 나라의 길을 냈으며 그 길은 경직된 길이 아니라 유연한 길이었다. 다시 말해 예수의 여행 경로에 반영된 그 길은 이질적 타자들의 다양한 관심사가 함께 어우러져 소통되고 새로운 일련의 가치를 창출하는 공간, 이를테면 가라타니 고진이 말한 '교통 공간'(association space)으로서 작용했다는 것이다.[15] 이러한 과제는 예수의 길이 자폐적이지 않고 개방적으로 성령의 바람처럼 흘러나갔기에 꽤 성공적으로 실현될 수 있었다. 마찬가지의 이치가 예수의 장소 감각에도 적용된다. 그 감각은 당대의 핵심 장소를 예수의 선교 대상에서 탈락시키고 변두리 장소를 부각시키는 방식 가운데 체현된 것으로 평가할 수 있기 때문이다.

---

15 필자는 이 전문용어를 다음의 자료에서 빌려 쓰고 있다: Karatani Kojin, *Architecture as Metaphor: Language, Number, Money*, tr. by S. Kohso (Boston: The MIT Press, 1995).

III. 동양의 도(道)와 예수의 ‘길’(ὅδος)의 신학적 맥락

복음서에서 꽤 많은 구절이 물리적이거나 형이상학적 의미로 헬라어 ‘호도스’(ὅδος)를 사용한다. 물리적인 의미로 이 단어는 사람들이 걷고 다니는 일상의 생활 노선을 뜻한다. 형이상학적 의미로 그것은 자신의 도덕적 행위와 영적인 성향을 포함하는 삶의 방식을 가리킨다. 이 용어의 물리적인 함의는 가령 예수의 선교여행의 지속적인 경로란 맥락에서 역동적인 기동성을 동반할 때 형이상학적 차원으로 승화되기도 한다. 다시 말해 물리적인 길 위에서 움직여간 예수의 신체적 동선의 길은 자연스럽게 신학적 윤리적 맥락에서 그 길 위에서 설파한 형이상학적 차원의 교훈과 직결되어 나타난다는 것이다. 이는 구약성경에 종종 등장하는 ‘주의 길’의 개념과 의미론적으로 동질적이다.[16] 나아가 이는 ‘길’의 개념이 어떻게 다양한 맥락에서 그 기능을 수행하는지 보여주는 보편적 방식이기도 하다. 예컨대 좁은 문으로 들어가는 것은 거친 길을 걷는 것과 병치되어 더 높은 삶의 목표를 추구하는 알레고리로 제시된다(마 7:13-14). 다시 말해 예수의 길을 따르는 자들은 바리새인들과 서기관들의 의보다 더 나은 의를 행할 준비가 되어 있어야 한다는 것이다.[17]

예수가 설파한 의의 바로 그 ‘더 나음’이라는 가치는 그의 길이 하나님 나라 사역을 통해 재현한 특징적인 면모를 상기시켜준다. 더 나은 의를 행하기 위해서 무엇보다 그는 토라의 문자적 이해로 소급되는 일련의 경직된 진리 주장을 재해석하고 제의적 규례의 형식주의적인 적용을 혁파해야 했

---

16 마가복음 내의 이러한 통찰에 대해서 Joel Marcus, *The Way of the Lord*, 37-41.

17 역사적 예수에게 그 의(*dikaiōsynē*)는 물론 토라의 의였다고 봐야 한다. 그러나 가령 마태복음의 경우 그 의미는 구원론과 윤리라는 보다 확장된 맥락에서 적용될 수 있다. Hung-Sik Choi, “A Study of δικαιωσυνή in Matthew,” *Korea Journal of Christian Studies* 39(2005), 47-64.

다. 예수가 당대 유대교의 관점에서 그 전통의 승계자로 '랍비'라 불렸던 것은 역사적 사실이지만, 성전과 회당 중심으로 운영된 당대의 종교 시스템에 과감하게 균열을 내면서 그 배타적인 경계를 사려 깊게 침식해나간 것도 분명한 사실이다. 요컨대 예수는 토라의 자폐적인 문자주의를 깨고 다양한 하나님 나라의 맥락에서 삶의 자유를 풍요하게 부양하는 방식으로 진리를 재구성함으로써 창조적인 담론의 질서를 세우고자 한 것이다. 이러한 목적으로 그는 특히 안식일이나 음식 법규와 연관된 동시대의 종교적 관행과 인습을 위반하는 것이 필연적이었다.[18]

둘째, 예수에게 더 나은 의의 실행 방식은 수직적인 인간관계를 재구성하고자 한 그의 노력 가운데 명시적으로 드러난다. 그리하여 정결한 것과 부정한 것, 고귀한 것과 천박한 것, 자기 의를 내세운 의인과 정죄당한 죄인들 사이의 과도한 간격은 급진적으로 도전받았다. 나아가 높은 사람이 종과 같이 되어 낮은 사람을 겸손하게 섬기는 대안적 인간관계를 확립하고자 함으로써 그 장벽은 하나님 나라의 자장 안에서 결국 해체의 수순으로 나아갔다. 크로산이 일관되게 주장한 대로 그러한 평등주의적 대안 체제에는 꿍꿍이속으로 기만하는 그 어떤 종교적 정치적 거간꾼도 개입할 여지가 없었고,[19] 심지어 예수 자신도 그 스스로 그 왕국의 왕으로 자처하지도 않았다. 도리어 그 자신은 자신을 겸손하게 낮춰 가르침과 치유와 식사 교제 등의 활동을 통해 제자들과 방황하는 무리를 섬겼다. 이러한 그의 사역에 담긴 전복적인 성격은 일찍이 그의 메시자 취임 선포 전후로 이사야의 예언이 선포될 때 메시아적 선교라는 견지에서 이미 복선이 깔린 바 있다.

---

18 이 율법 규례를 둘러싼 예수 그룹과 바리새파 그룹 사이의 갈등적인 상황이 마가복음과 갈라디아서에 잘 반영되어 있다. James D. G. Dunn, Jesus, *Paul and the Law: Studies in Mark and Galatians* (Louisville: Westminster/John Knox Press, 1990).

19 John Dominic Crossan, *The Historical Jesus: The Life of a Mediterranean Jewish Peasant* (San Francisco: Harper, 1991).

셋째, 더 나은 의의 범주에 해당하는 예수의 활동들은 민족주의 이데올로기에 근거한 배타적인 유대교의 구원론을 해체하는 데 집중되었다. 당시의 율법적인 정의와 별도로, 의를 실현하는 예수의 방식은 궁극적으로 모든 아웃사이더를 포용하는 방향으로 나아가면서 주변부로 소외된 다양한 개인과 집단을 겨냥하였다. 이와 관련해 주목할 만한 사실은 정통 유대교과 유대인 됨의 배타적인 경계를 넘어서고자 한 예수의 모험적인 도약이 미래의 이방인 선교에 선구적인 길을 개척한 측면이 있다는 것이다. 이러한 관점에서 조망하면 예수의 여행 경로는 그 모험적인 동선 가운데 역설적으로 그의 선교론과 구원론의 포용적인 성격을 두드러지게 보여준다. 자신의 개인적 종족 배경이나 종교적 태반을 탈락시키기보다 예리하게 버리면서 예수는 하나님의 구원사가 펼쳐지는 그 왕국을 지상에 더욱 편만하게 구현하기 위해 주어진 길을 넘어 일종의 전위적 길을 개척한 셈이다.

동양의 도(道) 개념은 하나의 형이상학적 원리로 음(陰)과 양(陽)의 상호작용 속에 모든 피조물을 생성하는 유(有)와 무(無) 등의 모든 종속적인 원리들을 포괄한다. 가령, 도덕경의 서두에 선포한 대로 도(道)라는 것은 형체가 없지만, 영원한 우주적인 영이다: "밟을 수 있는 도는 지속적이고 불변하는 도가 아니다."[20] 요한복음에 의하면 예수는 길인 동시에 생명과 진리와 동일시된다. 다시 말해 요한복음의 예수는 선험적으로 진리와 생명에 이르는 그 길이었다기보다, 사실상 그의 공생애 여정 모든 발자취 속에 진리와 생명이 되었다는 것이다. 이는 예수가 그 '길'이 되기 위해 중요한 무엇인가를 했다는 것을 암시한다. 내 해석에 의하면 그 중요한 '무엇'은 예수가 자폐적인 경계를 넘어 자신의 선교적인 이념을 확장해나가고 그 연장선상에서 하나님 나라의 역사적 비전을 풍성하게 구현한 바로 그 여행 경로에 배태되어

---

20 *The Texts of Taoism*, Part I: *The Tao Te Ching of Lao Tzu, The Writings of Chuang Tzu* (Books I-XVII), tr. by James Legge (New York: Dover Publications, 1962), 47.

있었다는 것이다.

이러한 맥락에서 신학적 원형으로서 예수의 그 길은 다소 서늘하게 체감되는 도덕경의 그 '도'에 비해 따뜻하게 다가온다. 왜냐하면 예수가 움직이며 개척한 그 길은 단순히 형이상학적 원리가 아니라 자신의 신체적인 운동과 함께 땀을 흘리는 인간적 에너지를 요청하였기 때문이다. 반면 도덕경을 위시한 동양사상 속에 묘사된 도는 우주 만물 가운데 운행하면서 초월적 무관심(ἀδιάφορα)이나 무정념(ἀπάθεια)의 방식으로 개입하기에 인간 삶의 모든 세부적 현실과 유리되는 감이 없지 않다. 비록 이러한 도가 성육화의 방식으로 그 가운데 발현된다고 주장할 수 있지만, 그조차도 비가시적이고 차가운 방식으로서만 가능해진다. 이러한 의미에서 예수의 그 길과 동양의 도는 유사하면서도 상이하다고 할 수 있다. 그 둘은 자유로운 존재 방식과 활동 양식이란 점에서 기본적인 구성인자들을 공유하지만 시간과 공간속에 그 본래 가치가 체현되는 방식에서는 각기 다르다.[21] 예수의 그 길은 역사 속에서 기동하는 반면 동양의 도는 대체로 우주 만물과 함께 어우러져 작용한다.

비록 예수의 그 길은 그의 활동을 통해 제한된 공간에 관여했다고 할지라도 그는 그것을 특정한 장소로 구체화하여 역사적으로 기억할 만한 극적인 사건으로 의미화한다. 그리하여 하나님의 나라라는 이름으로 제시된 예수의 모든 활동은 그가 많은 익명의 공간들을 의미 있는 장소로 변화시켜나

---

21 이 점에서 동양의 '도'(道) 개념이 단순히 노장사상이나 도교의 중추적인 원리일 뿐 아니라는 사실을 주목해야 한다. 사실 도(道)라는 개념은 도교의 생성 이전에도 다양한 맥락에서 존재했었다. Martin Palmer, *The Elements of Taoism* (Rockport: Element Books, 1991); Max Kaltemark, *Lao Tzu and Taoism*, tr. by Roger Greaves (Stanford: Stanford University Press, 1965). 게다가 도(道)는 유교와 불교 등의 다른 동양 철학과 종교에서도 편만하게 스며들어 변용된 개념으로 운용되어왔다. 예컨대 김흡영은 유교와 기독교의 대화란 맥락에서 도와 예수 그리스도를 동일시한다. Heup Young Kim, *Christ & the Tao* (Hong Kong: Christian Conference of Asia, 2002), 특히 76.

간 길들의 자취를 반영한다.[22] 간단히 말해 그의 그 길은 그의 사역이 특정한 장소에서 활달한 사건들과 함께 풍성한 결실로 나타나도록 이끌었다는 것이다. 내 시각에서 보자면, 예수의 하나님 나라 사역에 투사된 역동적인 길의 본성(wayness)과 장소성(placeness)의 효능은 동양 전통의 도의 원리를 끊임없이 성육화하고 역사화하는 포괄적인 이미지로 연상된다. 이러한 방식으로 그 '길'과 연루된 세밀한 개념의 입자들이 동양사상의 도와 만나 창조적인 대화의 장을 만들어낸다면 다양한 방식으로 얽히고설킨 관계의 미로 속에 끼어들어 분투하는 피조 생명을 진정시키고 평화의 길로 인도하는 데 이바지할 수 있을 것이다. 인격적인 길과 비인격적인 도, 역사적인 길과 탈역사적인 도, 그들 중 어느 것이 우리 신학의 구성에 더 나은 대안이 될 수 있을지는 불투명하다. 그러나 우리가 오늘날 하나님의 이름으로 소환하고 신학의 범주 속에 논의하는 모든 것들에 대해 더 나은 비전을 창출하고 고통당하는 생명을 생육하고 번성케 하는 데 협력할 준비만 되어 있다면 일단 족하리라 본다.

IV. 결론: 신학함에 있어서 '길'과 '장소'라는 변수

신정론의 문제는 하나님의 절대적인 주권과 인간의 전적 부패 교리 사이에 쉽게 타협될 만한 성질의 것이 아니다. 시대와 맥락을 바꾸어가면서 그러한 이분법적인 관점과 견해는 이 문제와 관련된 쟁점들을 해결하기보다 더욱 복잡하게 만들어온 감이 없지 않다. 이에 따라 신정론에 대한 현대

---

22 추상적 공간이 인간의 구체적 삶과 만나 만들어가는 이러한 장소성의 의미와 현대인이 그 의미로부터 소외되어 겪는 장소 상실에 대한 현상학적 통찰과 관련해서는 에드워드 렐프/ 김덕현·김현주·심승희, 『장소와 장소 상실』 (서울: 논형, 2005).

의 신학적 탐구는 과거 플라톤과 고작해야 아우구스티누스 유의 서구적 준거점을 선회하면서 딱 부러진 결론 없이 도돌이표 행보를 반복해왔다. 그 와중에 놓쳐버린 것을 되찾기 위해 우리에게 필요한 것은 길과 장소에 초점을 맞춘 신학적 감각이라는 또 다른 해석학의 층위에 눈뜨는 일이다.

역사적 예수가 그의 여행 경로를 통해 환기시킨 신앙과 삶의 장소성과 길의 메타포는 우리에게 신학함의 핵심 방식을 재구성하는 묘처를 설파해준다. 역사적 예수 당시 중추적인 가치체계로 작동한 유대교 전통의 '길'은 그들의 인습적인 경계를 넘어서고자 한 예수의 도전과 모험 속에 분열하고 마침내 해체되어 또 다른 길로 그 돌파구를 찾아가야 했다. 당시의 종교적인 관례에 뿌리박힌 세밀하고 억압적인 도그마들은 또 다른 거칠고 좁은 예수의 길을 매개로 극복되어야 할 것이었다(마 7:13-14). 이러한 두 가치체계의 충돌은 아이러니하게도 그의 제자들이 훗날 사해동포주의적 수용성과 환대의 정신으로 우주적인 구원의 비전을 창출할 정도로 새로운 신학의 지형을 개척하면서 보편성의 가치로 결실되었다.

그러므로 하나님을 본받아 행보한 예수를 닮고자 할 때 우리는 '위로부터' 난 자들이 바람처럼 기동하듯이 모든 인간 실존의 심연을 탐구하고 포용하면서 예수의 그 길에 함축된 도(道)처럼 움직이며 사는 동기를 부여받을 수 있다. 가령 우리가 개척한 어떤 장소 감각은 겟세마네와 십자가의 예수와 같이 전적으로 자유롭게 탄식하며 인간으로 당면한 각종 고통을 깊이 느끼는 다양한 독립적인 장의 발견으로 이어질 수도 있다. 나아가 구태의연한 옛적의 가부장주의적 신론으로 포장된 하나님의 선한 의도라는 것조차 애당초 잘못된 기반 위에 정초한 것이거나 빈약한 방향으로 설정된 것일 수 있다는 회의적 물음까지 충분히 허용된다. 이러한 극한의 도전을 무릅쓰면서 우리는 그 치열한 길 위의 예수처럼 백해무익한 유혹과 시험으로 우리를 끌어들이지 말라고 감히 하나님께 요청할 수도 있을 것이다. 그 철저한 대화와 소통의 과정에서 중요한 것은 명료한 단 하나의 모범답안을 확정하는 게 아니라 갱신된 약속의 길 위에서 상호 신뢰를 재확인하는 것이다. 이것이 바로 하나님의 '비밀' 속에 숨은 것을 찾아 모험적인 순례를 포기하지 않으면서 끊임없이 전후좌우로 걷는 사람들의 숙명이다. 그것이 그들에게 예언자 전통의 '프로메테우스적 요소'를 살아내도록[23] 호소하는 필수적 이유이자 명분이라 할 수 있다. 예수가 담대하게 묻고 찾고자 한 그러한 비밀은 우리의 일상생활 속에서 부대끼는 평범한 길과 장소의 비범한 특징을 투시하는 합리적 근거를 제공한다. 그것은 나아가 지금 우리 앞에 놓은 미지와 미답의 길, 무한과 영원으로 열린 그 길을 개척하며 충만을 향해 걸을 수 있게 하는 존재 이유로 우뚝하다.

---

23 성서의 이러한 전통에 대해서는 Sheldon H. Blank, "Men against God: The Promethean Element in Biblical Prayer," *JBL* 72/1 (1953), 1-13.

3장
'그리스도의 죄수'
― 바울의 자화상과 그 신학적 맥락*

I. 문학적 장르로서의 자화상

고대 서구의 지식인들이 죽음에 즈음하여 극적인 이미지를 남기면서 다양한 방식으로 자신의 존재 이유를 확인하고자 하는 것은 관례적이었다. 자신의 인정 욕구를 충족시키기 위해서든, 후세에 자신의 평생을 특징짓는 정신적 유산은 물려주기 위해서든, 특히 자신의 삶이 종료될 무렵 전 생애를 통틀어 자신이 가장 중요하다고 생각하거나 가장 의미 있다고 여기는 사건을 진지하게 드러내고자 애썼다. 그러한 심리적인 욕구는 그들에게 자신의 전 생애를 간결한 자기표현의 방식으로 압축하려는 동기를 부여하였다. 이와 관련하여 가장 대표적인 형식이 저자가 '자화상'이라고 부르는 유형으로, 이는 예나 지금이나 그림을 전문으로 삼는 화가들의 몫으로 간주되었다. 그러나 고대로부터 자화상의 장르는 회화적인 재현뿐 아니라 문학적인 묘사라는 방식으로 시도된 것으로 알려져 있다.1 화가들이 자신의 예술

---

*이 논문은 필자가 쓴 영문 논문 Jung Sik Cha, ""Prisoner of Christ": A Pauline Self-Portrait in Its Theological Matrix," *Korea Journal of Christian Studies* 57(2008), 121-141을 번역하

작품 속에 어떤 식으로든 자신의 형상을 포함시키려는 경향이 있는 것처럼 글을 쓰는 작가들 또한 자신의 특정한 이미지를 그들의 문학작품 속에 새겨 보려는 유혹을 종종 받는데, 이러한 과정에서 자화상이 탄생하는 것이다.

　　고대 장르로서 이른바 '문학적 자화상'은 이와 같이 독립적인 장르로 규정할 수 있다. 그것은 자신의 전 생애를 통틀어 특기할 만한 유별난 점을 집중 조명할 목적으로 한 인간을 명징하게 묘사하는 것을 목표로 한다. 서구의 일반 문학사에서도 문학적인 자화상은 특정한 캐릭터의 자전적인 생애를 몇 가지 간략한 시각적 이미지에 초점을 맞춰 간결하게 재구성하거나 극적으로 조명하는 중요한 매개 수단으로 확립되었다.[2] 그러나 성서 연구에서 문학적인 장르로서 자화상은 진지한 학문적인 토론의 대상으로 다루어진 선례가 거의 없다. 이는 자화상과 유사한 자서전(autobiography)의 장르가 성서 연구의 일각에서 활용된 경우와 비교해도 매우 뒤처진 감이 있다. 가령, 바울은 갈라디아서에서 자신의 과거 사역을 회고하는 수사학적 단위(*narratio*)를 통해 이전의 선교적 생애를 재구성하면서 자전적인 형식을 차용한 것으로 주목받았다.[3] 그럼에도 불구하고 긴 서사적 형식인 자서전은

여 보완한 것이다.

1 자화상이라는 문학적 장르가 정의되고 그 사례가 탐지되는 것은 고대 그레코-로만 시대로 소급된다. 예컨대 스토아 사상가인 루키안(Lucian)은 그의 글 모음집 *Essays in Portraiture Defended*에서 어떻게 시인과 철학자들이 문학적 초상을 생산하는 데 참여할 수 있는지 설명한다. 나는 이 장르를 신약성서 연구의 맥락에 끌어들여 예수의 인간성을 탐구하는 데 적용해 보았다. Jung-Sik Cha, "Jesus' Self-portrait as a Human and Its Theological Implications," *Korea Journal of Christian Studies* 51(2007), 101-116. 사도 바울에 적용된 이 '자화상'에 대해서는 역시 시범적인 연구인 다음 필자의 논문을 참조할 것: 차정식, "바울의 자화상," 『바울신학 탐구』 (서울: 대한기독교서회, 2005), 15-61.

2 근대 이후 문학적인 자화상의 역사에 관해서는 Michel Beajour, *Poetics of Literary Self-Portrait* (New York: NYU Press, 1992).

3 갈라디아서의 회고적인 부분을 자전적인 양식의 관점에서 연구한 사례로는 Paul E. Koptak, "Rhetorical Identification in Paul's Autobiographical Narrative Galatians 1:13-2:14," *JSNT* 40(1990), 97-115; B. R. Gaventa, "Galatians 1 and 2: Autobiography as Paradigm," *NovT* 28/4(1986), 309-326. 아울러, 빌립보서 3:1b-21이 '자전적인 비망록'(autobio-

사진의 표제처럼 각인된 짧은 문학적인 이미지에 어울리는 자화상과 구별되어야 한다.

이러한 자화상의 예를 성서 문헌에서 찾아보는 것은 그리 어렵지 않다. 특히 바울 서신에서 바울의 삶과 사역을 부분적으로 또는 전반적으로 특징짓는 표제와 같은 타이틀이 많이 탐지된다. 그것들 가운데 특별한 주목을 받는 것은 '죄수' 바울의 이미지이다. 이는 바울의 사도적 리더십에 진정성을 담보하는 일관된 기준을 제공해주는데, 그것이 예수의 경우와 비슷하게 그에게 공공의 선을 위하여 '고난받는 종'의 이미지를 각인시켜주기 때문이다. 바울의 일생을 통틀어 그가 감옥에 갇힌 죄수의 신분으로 머물던 때가 있었다는 것은 단순히 문학적인 장치가 아니라 역사적인 사실이다. 그의 공생애에 걸쳐 바울은 이방인에게 복음을 전한다는 이유로, 토라의 해석과 적용에서 특별한 신학적 지향점을 견지하며 주류 유대교 세력과 다른 관점을 취했다는 이유로 여러 차례 이방인들과 동족들에게 핍박을 받았고 몇 차례 감옥에 갇히는 수인의 신세가 되었다. 그러나 그의 말이나 행동으로 유발된 특정한 상황 가운데 죄수로서 고난을 받는다는 것이 사실의 문제라면, '그리스도의 죄수'로 자칭하거나 기억되었다는 것은 신학적 의미를 수반하는 또 다른 관심사이다. 바울에게 자신의 투옥 경험들은 반복적으로 구술되고 회고되는 동안 그의 자의식을 사로잡으면서 경우에 따라 자신의 공적인 정체성의 핵심 요소를 주변에 시위하는 방식으로 일정한 감정적 파동을 야기했던 것 같다.

나아가 사도 시대가 끝날 무렵 후대의 추종자들이 바울의 사후 그의 유산을 연속적인 전승 가운데 보존하는 것이 필요하다고 느꼈을 때 그의

---

graphical memorandum)이라는 장르로 규정되기도 한다. Hans Dieter Betz, "An Autobiographical Memorandum(Phil 3:1b-21)," *Studies in Paul's Letter to the Philippians*, WUNT 343 (Tübingen: Mohr Siebeck, 2015), 47-67.

사역을 환기시켜주는 중요한 일부로서, 바로 이 죄수 이미지를 떠올렸을 법하다.4 이러한 배경에서 죄수로서의 바울 이미지가 역사 속에 생겨났고 신학적인 태반을 확보하면서 의미심장한 교회의 유산으로 자가 발전해나갔을 것이다. 이러한 전제를 깔면서 이 논문은 죄수로서의 바울의 자화상이 그의 실제적인 투옥 경험에서 '그리스도의 죄수'라는 표상적인 이미지로 풍성하게 채워지기까지 독립적인 문학 장르로 어떻게 발전해나갔는지 탐구하고자 한다. 그 가운데는 후기 바울계 기독교의 집단 기억이 취사 선택되고 특정한 요소가 특정한 방향으로 응집된 과정이 반영되었을 것이다. 나아가 나는 어떤 수사학적 맥락에서 예의 자화상이 그 나름의 기능을 수행했는지, 또 저자는 그 자화상 안팎의 모든 수단을 총체적으로 동원하여 어떤 신학적인 메시지를 전달하고자 의도했는지 탐색해볼 것이다. 앞으로 전개될 내 주장과 관련하여 두 개의 요점을 미리 밝혀둘 필요가 있다. 첫째, 죄수로서의 바울의 자화상은 '고난받는 종'이라는 공통된 이미지를 통해 불가분하게 예수와 연계된 사도적 운명을 집중적으로 조탁하려는 취지를 담고 있었다는 것이다. 둘째, 바로 이 자화상은 바울의 영성에서 의미심장한 일부를 포착하려는 저자의 의도로 고안되었는데 이에 따르면 영적인 자유는 신체적으로 감금되었을 때 더욱 큰 담대함과 함께 더 잘 활성화된다는 것이다.

---

4 이와 관련하여 다음의 논문이 제공하는 논지는 설득력이 있다. Martinus C. de Boer, "Images of Paul in the Post-Apostolic Period," *CBQ* 42(1980), 359-380. 드보어는 사도 시대 이후 형성된 바울의 독특한 네 개의 이미지를 선별하여 다음과 같이 제시한다: '이방인의 사도', '그의 성취와 고난', '구속함을 받은 핍박자', '권위 있는 교회의 선생' 이 네 가지 중에 '그리스도의 죄수' 이미지는 고난의 영역과 포개지고 권위 있는 선생의 역할에도 일조했을 것이다.

II. 바울의 투옥: 역사적 기억에서 시각적 이미지로

바울이 감옥에 갇혔었다는 사실은 그 스스로 변증적인 방식으로 긴 고난 목록을 열거하는 한 진술 가운데 증언한 바 있다(고후 11:21-27). 이 기록에서 그는 자신의 육체적 배경과 위상을 자랑한 이른바 '지극히 큰 사도들'에 대항하여 그의 "훨씬 더 많은 투옥"(고후 11:23) 경험을 근거로 자신의 대적자들을 '거짓 사도들'로 타격하면서 고린도교회 일부 교인들에게 의혹의 대상이 된 자신의 사도적 권위를 방어한다.5 이 지점에서 바울은 수사학적 전략의 일환으로 명확하게 정곡을 찌른 셈이다. 그는 여기서 자신의 '훨씬 더 많은' 노역과 고난의 경험을 대적자들의 경우와 비교해 훨씬 더 우월한 것으로 제시하며 그것을 자신의 사도직과 관련된 더 나은 신뢰의 준거로 간주한다.6 자기 변론적인 이 수사학적 진술 속에서 바울의 투옥 경험은 채찍의 매질, 돌에 맞음, 파선, 여행 중 겪은 다양한 경험들과 나란히 그러나 서로 우열의 비교는 하지 않은 채 자세하게 열거된다. 고린도후서 2장 14-15절에서도 명사 '죄수'(δέσμιος)라고 직접적인 언급을 하지 않지만, 바울은 독자들에게 죄수와 연관된 이미지를 연상시켜준다. 그러나 여기서 죄수는 감옥에 갇힌 수인이 아니라 전쟁 포로로 잡혀 개선 행진의 대열에서 걷고 있는 특정 유형의 죄수다. 그 본문을 사역하면 다음과 같다: "그러나 그리스도

---

5 일부 주석가들은 이 구절 "훨씬 더 많은 투옥" 경험의 진술을 다른 참고 자료(고전 15:32; 고후 1:8)에 근거하여 바울이 에베소에서 겪은 죽을 지경의 고난과 연계짓는 경향이 있다. 그러나 이러한 연결은 상기 진술을 설명하는 근거로 충분하지 않다. 앞의 증거보다 클레멘트1서 5:6이 더 나은 증거를 제시하는데, 이에 따르면 바울은 일곱 차례 감옥에 갇힌 적이 있었다고 한다. C. K. Barrett, *The Second Epistle to the Corinthians* (Peabody, MA: Hendrickson Publishers, 1973), 296.

6 이러한 몇몇 군데 외에도 고린도전서, 나아가 바울 서신을 통틀어 '고난'이라는 주제는 그리스도의 십자가를 푯대로 삼아 살고자 했던 바울에게 자신의 사도적 정체성이 발현되고 신학이 배태되는 삶의 자리였다고 볼 수 있다. 이 주제와 관련해서는 최영숙, "바울의 고난과 하나님의 능력,"「신약논단」17/2(2010), 395-425.

안에서 개선 행진의 대열 가운데 (전쟁 포로와 같은) 우리를 항상 인도하시며 우리를 통해 모든 곳에서 그를 앎으로부터 생기는 향기를 전파하시는 하나님께 감사합니다. 왜냐하면 우리는 구원받는 자들과 멸망 당하는 자들 가운데 하나님께 그리스도의 향기가 되기 때문입니다." 이 번역문에서 "개선 행진의 대열 가운데 (전쟁 포로와 같은) 우리를 인도하시며…"는 한 헬라어 분사 '트리암뷰온티'(θριαμβεύοντι)를 의역한 것인데 이 단어의 의미가 그리 간단명료하지 않다. 종교사적 관점에서 보면 두 가지의 상이한 배경이 이 장면에 합류되어 있음을 간파할 수 있다.[7] 첫째, 이 대목에서 바울은 그리스도가 장군이고 자신이 포로된 죄수들의 우두머리인 어떤 전쟁 후 개선 행진의 상황을 염두에 두었을 가능성이 있다.[8] 그때 그 거리 행진이 끝나면 장군인 그리스도의 승리를 기념하는 정점에서, 황제에 해당하는 하나님의 영광을 위하여 포로 죄수 중 우두머리가 처형되는 것이 상례였는데, 그 자리가 바로 바울 자신의 몫이라고 상상했으리라는 것이다. 그러나 현재 이 서신을 쓰고 있는 시점에서 바울은 그의 마지막 종점에 다다르기까지 모든 곳에서 복음을 전파하면서 앞으로 나아가야 하는 선교적 사명을 의식하고 있었던 셈이다.

둘째의 배경으로 군사적 개선 행진과 함께 그레코-로만의 종교 축제에서 종종 발견되는 이른바 '현현 행진'(epiphany procession)이 제시된다. 이러한 행진에서 디오니시우스와 이시스 등과 같이 대중적인 신들은 승자로 인

---

7 이 구절의 그레코-로만 배경과 관련해서는 Paul Brooks Duff, "Metaphor, Motif, and Meaning: The Rhetorical Strategy behind the Image "Led in Triumph" in 2 Corinthians 2:14," *CBQ* 53(1991), 79-92. 유대교 신비주의 전통에 초점을 맞춘 상이한 배경 분석은 다음의 논문에서 제시되었다: J. M Scott, "The Triumph of God in 2Cor 2.14: Additional Evidence of Merkabah Mysticism in Paul," *NTS* 42(1996), 260-281.

8 이 해석에 반대하여 바렛은 알로(L. S. Allo)와 큄멜(Kümmel)의 견해에 동의하면서 바울이 이 대목에서 자신을 승리한 장군의 병사 중 1인으로 그 승리의 영광에 동참하는 위치에 자리매김하고 있다고 주장한다. Barrett, *Second Corinthians*, 98.

식되었고 열광적인 헌신자들은 각자의 봉헌물을 가지고 이러한 신들을 환영하고 축원하는 행렬에 동참하였다. 바로 이러한 배경에서 종교적인 제의에 필수적인 요소에 해당하는 '향기' 이미지가 등장하는 것은 당연하다. 이 장면에서, 특히 '그리스도의 향기'라는 이미지와 함께 바울과 그의 동역자들은 그들의 신격체인 그리스도를 위해 봉헌되는 희생제물로 묘사된 것이다. 이 모든 복합적인 이미지를 통합적으로 조망하면 고린도후서의 자기 변론적 맥락에서 죄수라는 바울의 초상은 '하나님의 말씀의 많은 행상꾼'(고후 2:17)에 대적하여 자신의 사도적 리더십을 옹호하면서 동시에 자신의 사역에 담긴 진정성과 정당성을 옹호하고 있는 셈이다.9 어쨌든 이 대목에서 바울이 그리스도를 위한 그의 죄수를 자처하는 포즈는 그의 선교사역 전반에 걸쳐 폭넓게 드리워져 있음을 알 수 있다. 그러나 그것이 아직은 독특한 그만의 자화상으로 견고하게 형상화되지 않은 상태로 보인다.

한편 사도행전에서 바울의 투옥에 대한 기록들은 그가 부대낀 다른 유형의 고난이나 위험에 비해 많이 나오는 편이다. 여기서도 바울은 감옥에 갇힌 수인으로 묘사되지만, 그것이 앞의 고린도후서 경우처럼 비유적 의미나 암시적인 대목으로 제시된 것은 아니다. 사도행전의 기록에 관한 한 바울의 투옥은 비록 나름의 문학적인 고안 장치 속에 신학적인 의미를 담고 있지만 꽤 사실적인 경험으로 냉정하게 다루어진다. 사도행전의 저자는 여기서 바울 서신보다 훨씬 더 자주 바울의 투옥 사실을 언급한다(행 16:23-24, 20:23, 23:29, 26:29, 31). 바울이 그의 동역자 실라와 함께 처음 투옥된 곳은 빌립보였다(행 16:23-24). 그러나 바울보다 앞서 언급된 다른 사도들의 투옥

---

9 그 정당성과 진정성은 이 서신의 편집설에 의거하여 제일차 변론 서신이라 일컬어지는 독립적인 편지 조각(고후 2:14-6:13, 7:2-4)에서 자기 현현의 양식을 통해 자신의 정체성을 '질그릇'으로 언급하고(고후 4:7) 나아가 자신의 사역을 "그리스도의 죽음을 짊어지고 다니는"(고후 4:10) 것에 비유한다. 이에 대해서는 Paul Brooks Duff, "Apostolic Suffering and the Language of Processions in 2 Corinthians 4:7-10," *BTB* 21/4(1991), 158-165.

(행 5:17-26, 12:1-19)과 달리, 바울의 경우 감옥에 갇힌 사도들이 초자연적인 방식으로 풀려나는 기적의 모티프는 그 맥락이 다르다. 바울 이전의 경우 사도들이 풀려나는 기적은 부당한 억압의 족쇄에 묶여 있는 그들을 해방시 켜주는 하나님의 주권에 초점이 맞춰진다. 그들은 감옥 문을 벗어나 천사의 인도하에 안전한 장소를 찾아간다. 가령 베드로의 경우 저자는 신적인 구원 의 행위 자체로써 해방의 모티프를 강조한다. 이에 비해 다른 사도들의 경 우는 그 해방의 '목적'에 초점을 둔다. 이를테면 그들이 감옥에서 풀려난 것은 그들이 "가서 성전에 서서 생명에 대한 메시지를 모든 사람에게 전하 는"(행 5:20) 데 그 해방의 목적이 있다는 식이다.

이와 대조적으로 바울과 실라는 빌립보에서 신적인 기적이 작용해 감옥 문이 열렸지만, 그 뒤에도 무덤 문을 벗어나 달아나지 않았다.[10] 오히려 그 들은 그 기적을 감옥의 간수와 그 가족들에게 복음을 전파하는 기회로 활용 하였다(행 16:31). 흥미로운 사실은 신적인 은혜가 임하여 감옥 문이 열렸음 에도 이로써 그들이 그곳을 벗어나는 자유의 기회로 삼지 않고 감옥 안에 그냥 죄수의 신분으로 머무는 쪽을 택했다는 점이다. 우리는 이러한 근거에 착안하여 바울이 범사에 개인적인 자유보다 오히려 그리스도의 복음을 위 해 죄수로 머무는 쪽을 자발적으로 선호한 암시적인 흔적을 찾아볼 수 있 다. 이 사건 이후 사도행전의 저자는 바울의 투옥을 기적을 행하는 하나님 의 권능을 드러내는 수단이나 개인적인 자유를 얻는 기회로 묘사하지 않는 다. 빌립보 에피소드 이후 바울의 투옥에 대한 언급은 한결같이 바울이 직 면해야 할 핍박의 현실이라는 주제로 초점이 맞추어진다.

이와 같이 사도행전에서 바울은 예루살렘에서의 체포와 이어지는 심문

---

10 이 기적에서 감옥의 바닥이 흔들리고 수인들의 족쇄가 기적적으로 떨어져 나가는 것은, 가 령 *Baccae* 455 등에 예시되듯이 당시 대중적인 문학 모티프로 상용되었다. Ernst Haenchen, *The Acts of Apostles: A Commentary* (Philadelphia: The Westminster Press, 1971), 497.

의 서사적 클라이막스를 예견하면서 그리스도의 복음을 위해 감옥에 갇힌 죄수로서의 현저한 이미지로 채색된다. 그에게 투옥은 어쩌다 생기는 예외적인 사건이 아니라 그의 순교에 이르기까지 감당해야 할 지속적인 현실이었음을 강조한 것이다. 바로 이러한 연유로 저자는 고별설교에서 "모든 도시에"(행 20:23) 항존하는 핍박의 현실과 나란히 다가오는 그의 투옥에 대한 복선을 깔면서 장차 당면할 어두운 상황 가운데 바울을 묘사한 것이다.[11] 심지어 성령마저도 이러한 사실을 증언하면서 그가 직면해야 할 여정의 현실을 추인할 정도다. 특히 그가 가는 모든 도시마다 감옥에 결박되어 환란을 당하리라는 성령의 예언적 고지는 자료비평적인 관점에서 보면 바울 선교에 대한 특징적인 기억을 회고적으로 투사한 결과로 볼 수 있다. 이 순간 저자는 아마도 바울이 이미 순교의 죽음으로 세상을 떠났다는 사실을 알고 있었을 것이다. 그러나 이 역사적인 사실은 바울이 이후로도 계속 선교 현장에서 일하는 상황을 설정함으로써 그 수사학적 포장 속에 미지의 가능성으로 가려지고 있을 뿐이다. 그 사실을 저자가 굳이 직접 드러내지 않고 간접적으로 암시한 것은 당시 로마의 공권력으로부터 호의적인 후원이나 관용을 얻어내려는 정치 외교적인 의도에 기인한 것으로 볼 수 있다. 이러한 집필 상황이나 선교적 현실이 특별히 바울의 경우에 적실하게 해당된다고 추론하는 것은 초창기 기독교 선교가 '정치적 정적주의'의 장막 속에 당면한 제국의 억압적 현실을 감당하며 생존하는 것이 중요했기 때문이다.[12] 바로 이러한 분위기 가운데 저자는 감옥에 갇힌 수인(囚人) 바울의 극

---

11 교차대구적 구조 속에 바울은 이 고별설교를 통해 예루살렘에서 당면할 현실에 대한 불길한 예고(20:22-24), 나아가 거짓 선생들이 출현하리라는 또 다른 불길한 예고(20:26-20)와 함께 자신이 가는 곳마다 부대껴야 하는 핍박이라는 현재 상황을 직시하고 있다. E. Exum & C. Talbert, "The Structure of Paul's Speech to the Ephesian Elders (Acts 20:18-35)," *CBQ* 29(1967), 233-236.

12 이러한 '정치적 정적주의'(political quietism)의 입장은 바울이 로마서 13:1-7에서 공권력에 순응하고 복종하라는 권면을 상기시켜준다. 이러한 측면에서 후대에 미친 바울의 신학적

적인 이미지를 소환함으로써 역사적 기억을 재구성할 필요를 느꼈을 것이다.

사도행전의 다른 자료들에서 투옥의 모티프는 법적인 절차의 맥락에서 다루어진다. 바울이 거기서 감옥에 갇히는 것은 법적인 송사 과정에서 최종 재판과 처형의 예비적 단계로 가해지는 징벌의 일환으로 인식된다. 최종 판결이 유죄든 무죄든, 바울의 현재 투옥 상태는 그 스스로 꾸준히 자신의 처지를 변호해야 하는 불확실한 미래의 불안정한 증표이기도 하다. 사도행전의 서사가 종료 시점에 가까워질수록 저자는 바울의 죄수 신분을 그의 무죄를 변증하며 동시에 복음의 정당성을 옹호하기 위한 수단으로 활용한다. 가령 바울은 그를 심문하는 아그립바 왕 앞에서 자신의 몸을 묶고 있는 족쇄가 자유를 속박하는 부정적인 표상임을 인정한다. 그러나 동시에 그는 담대한 자기 변론을 통해 그리스도 신앙과 복음에 관해서는 왕이 자신을 본받기를 권고함으로써 자신이 죄가 없음을 증명하고자 한다(행 26:29).[13]

사도행전에서 바울의 죄수 이미지가 아이러니한 것은 그가 한때 "많은 성도를 감옥에 가두고" 그들을 죽음으로 내몰 정도로 핍박했다(행 26:10)는 사실 때문이다. 이제 상황은 뒤바뀌어 그가 감옥에 갇히게 되었고, 한때 그의 반기독교적 사명을 후원했던 자들에 의해 핍박을 받기에 이른 것이다. 그러나 핍박하는 자에서 핍박당하는 자로 그의 위상이 뒤집어진 사실은 사도행전에서 그의 고난이 그의 의로운 명분을 조명하는 방향에서 언급됨에 따라 궁극적으로 그의 명예를 실추시키기보다 강화해준다. 이러한 해석 작업이 유의미하고 설득력이 있도록 저자는 바울의 회심담을 세 군데 다른

인 영향력이 이 부분뿐 아니라 사도행전 전반에 걸쳐 폭넓게 탐지된다는 주장이 나름대로 설득력이 있어 보인다. Philipp Vielhauer, "On the "Paulinism" of Acts," John Knox, "Acts and Pauline Letter Corpus," Leander E. Keck & J. Louis Martyn, ed., *Studies in Luke-Acts* (Philadelphia: Fortress Press, 1980), 33-50, 279-287.

13 여기서 바울의 몸을 속박하는 족쇄는 단순히 그의 투옥 사실만을 암시하는 객관적 상관물이 아니다. 핸첸에 의하면 그것은 "이 사람[=바울]이 그의 저명한 청중 앞에서 쇠사슬에 묶인 채 서 있어야 한다는 게 얼마나 몽매한 것인지" 드러내준다. Haenchen, *Acts*, 690.

곳에 반복적으로 편집해둠으로써 바울이 왜 죄수가 되었고, 왜 죄수가 되어야만 했는지에 초점을 맞춘다. 과연 그렇다. 사도행전에 의하면 바울은 그리스도의 부르심에 신실하게 응답하기 위해 죄수가 되었다. 그러나 그 최초의 단계에서 바울의 투옥 경험은 그의 선교 사역의 결정체를 충분히 구현하지 못했고, 바울의 사역이 비로소 역사적인 유산으로 정착되는 후대에 하나의 생생한 자화상으로 응축되어 명징한 결정체로 탄생하게 된다.

III. "그리스도의 죄수" ― 자화상의 탄생

신약성서 비평학의 대세에 따르면 바울의 옥중서신 중 빌립보서와 빌레몬서만이 바울의 친필 서신으로 수용되는 경향이 있다. 바울이 죄수의 이미지를 복합적인 수사학적 의도와 함께 발전시키고 있는 것도 이 두 서신서에서다. 빌립보서에서 바울은 자신의 투옥 사실을 날카롭게 의식하면서 이를 자신의 공적 사역과 연관 지어 반복적으로 언급한다. 예컨대 이 서신의 감사기도 부분에서 무엇보다 먼저 자신의 투옥 사실을 '복음의 변증과 확증'에 연계시켜 나란히 언급한다(빌 1:7). 그의 견해에 의하면 자신의 투옥, 특히 그 안에 담긴 의미를 하나님의 은혜로 공유하는 것도 복음에 참여하는 방식이다. "모든 제국의 수비대와 다른 모든 사람에게 알려진" 대로 그의 투옥은 결과적으로 복음을 사방에 퍼트리는 데 도움이 되었다(빌 1:12).[14] 요컨대 그가 투옥된 사건은 아무런 쓸모가 없었던 게 아니라 그리스도를 나타내는

---

14 이는 그의 투옥이 결국 그리스도를 위한 것인 터라 사람들의 주목을 끌고 "악평의 관심사로" 궁금증을 자극했음을 암시한다. Marvin R. Vincent, *The Epistle to the Philippians and Philemon* (Edinburgh: T & T Clark, 1976), 16. 이러한 까닭에 그는 '그리스도 안에서 나의 결박'이라고 말하지 않고 '그리스도 안에 나타난(φανερός) 나의 결박'이라고 표현한 것이다. 다시 말해 그의 투옥은 그의 의도와 무관하게 일종의 선전 선동적 기능을 수행한 셈이다.

데 상당한 긍정적 효과를 수반했다는 것이다. 따라서 그의 투옥은 이러한 계시적인 기능과 함께 부끄러워해야 할 사실이 아니라 수반되는 그 효과와 함께 감옥 바깥사람들에게 오히려 드러내야 할 사건으로 그 의미가 증폭된다.15 빌립보서 관련 본문에 대한 저자의 분석에 의하면 바울은 세 가지 다른 맥락에서 자신의 죄수 이미지를 심화한다. 이 세 가지는 '고통의 코이노니아'(κοινωνία παθημάτων, 빌 3:10)라는 핵심 주제 안에 긴밀하게 연동되어 있다.

첫째, 투옥과 관련된 바울의 자의식은 사는 것과 죽는 것 사이에서 선택을 망설이면서 내적인 갈등으로 인한 실존적 고민을 가중한다. 그에게는 자신 안에 사는 분이 그리스도였기에 심지어 죽는 것도 유익일 수 있었다(빌 1:21). 그는 자신의 투옥이 초래한 여러 복잡한 상황에 짓눌린 상태에서 한편으로 명예롭게 자살을 선택하든, 순교의 방식으로 죽든, 불안한 순간 속에 심리적 압박을 받고 있었던 것 같다.16 그렇지 않았다면 그는 자신의 투옥이라는 현실과 부대껴 고민하면서 더러 그런 방향으로 비관적인 감정을 표출했을 가능성이 있다. 이러한 내면적 갈등은 추론컨대 바울이 자신의

---

15 고대 로마 시대에 투옥의 경험은 그 감옥의 기능과 상태, 투옥의 이유, 간수의 성향, 투옥자의 정치 사회적 신분 등에 따라 매우 다양하게 나타났다. 이러한 차이에도 불구하고 분명한 공통점은 감옥에 갇힌 자의 경험이 자유의 일상과 유리된 독특한 것이었고 그것이 바울의 빌립보서와 빌레몬서의 언어 표현과 태도에 반영된 독특한 수사학적 정황을 조성했으리라는 것이다. Craig S. Wansink, *Chained in Christ: The Experience and Rhetoric of Paul's Imprisonments* (Sheffield: Sheffield Academic Press, 1996).

16 바울이 감옥에 갇혀 있는 동안 경험했을 어떤 불명예나 수치를 극복하는 하나의 수단으로 자살의 유혹을 받았을 가능성을 추론하는 연구가 일각에서 이루어져 왔다. Hans Dieter Betz, *Paul's Concept of Freedom in the Context of Hellenistic Discussions about the Possibilities of Human Freedom*, a Print Book, Protocol of the 26th Colloquy (Berkely, CA, 1977); Arthur J. Droge, "MORI LUCRUM: Paul and Ancient Theories of Suicide," *NovT* 30(1998), 263-286. 이후 이러한 관점의 견해에 반대하여 바울의 자살 유혹 반박설을 주장하는 연구도 제출된 바 있다. N. Clayton Croy, ""To Die Is Gain" (Philippians 1:19-26), Does Paul Contemplate Suicide?," *JBL* 122/3(2003), 517-532.

영과 깊은 대화를 통해 바깥 교우들의 신앙에 진보와 기쁨을 위해 살아남는 쪽이 낫겠다는 확신으로 일단락된다(빌 2:25). 이와 같이 내적 갈등과 이어지는 자기와의 대화를 통해 바울은 현재의 절박한 상황을 어떻게 갈무리해야 할지 자기 성찰적인 공간을 확보했을 것이다.

둘째, 바울의 투옥 사실은 빌립보 교인들과 심지어 다른 사람들도 주를 확신케 되어 "큰 담대함으로 두려움 없이 하나님의 말씀을 전하는"(빌 1:14) 역동적인 계기를 만들어냈다. 그 역동적인 탄력성이 만들어낸 상황 일부가 바로 바울 주변의 선교사 집단들 사이의 분열이다. 그의 리더십이 부재한 상태에서 다른 경쟁 집단들이 자신들의 선교 영토를 확장하여 영향력을 증대하려는 이기적인 야심으로 복음을 선포했기 때문이다. 물론 이와 반대로 친 바울 집단의 사람들은 그의 선교를 확장하려는 선한 동기로 복음을 전함으로써 그의 육체적 부재 상황을 분발의 기회로 활용했다. 요컨대 "거짓된 동기든, 참된 동기든 모든 곳에서 그리스도가 전파되니 나는 기뻐한다"(빌 1:18)고 말함으로써, 바울은 선교 현장에 복음 전파의 열정을 자극하고 상황을 뜨겁게 달구는 방식으로 자신의 투옥 상황을 최대한 바람직하게 수용한 셈이다. 이와 같이 그는 외적인 상황을 자신의 관심사에 맞춤하게 끌어들여, 그것이 어떤 유형이든 여러 집단의 사람들로부터 뜨거운 반응을 유발할 수 있었다.

셋째, 죄수로 갇힌 바울의 현 상태는 빌립보 교인들을 훈계하는 자신의 목회적 권위를 강화하는 데 일조하였다. 이와 관련하여 주목할 만한 것은 바울이 유오디아와 순두게에게 같은 마음을 품으라고 권고한 대목이다(빌 4:1-2). 이 개인적인 권면은 빌립보 교인들이 어떤 정치적인 갈등이나 분열에 휘말리는 것을 방지하고 똘똘 뭉치게 한 실천적인 목표와 함께 그의 목회적 권위가 투옥 상황에서 더 고양된 적절한 사례이다. 바울이 투옥으로 부재한 상황에서 그들은 "자신의 구원을 두려움과 떨림으로 이루어나가기 위해" 열심을 내고 있었다(빌 2:12). 그리스도 찬송시(빌 2:6-11)에 예표된 대로,[17] 급진적인 자기 겸비와 겸허한 섬김으로 그들은 바울의 선교적 달음박질과 수고를 헛되이 돌리지 않도록(빌 2:16) 노력해야 했다. 그것은 바울이 자신을 "그들의 희생제물과 믿음의 봉헌물 위에 전제로 부으리라"(빌 2:17)는 기대 가운데 그들 상호 간의 헌신과 코이노니아 사역을 확증하는 방식이었다. 개인적인 상상이든 실제의 요청이든, 빌립보서의 교훈적인 권면에 담긴 모든 말들은 바울이 그리스도를 위한 죄수로 머물러 있다는 사실에 의해 그 진정성이 담보되고 실현 가능성이 극대화될 수 있었으리라는 것이다.

우호적인 교인들에 대한 권면보다 한층 더 과격한 것은 빌립보 교회 내부 또는 주변에서 활동하던 일부 적대자들을 향한 바울의 수사학적 일침이다. 그 적대자들은 '개들', '사악한 일꾼들', '그들의 육체를 훼손한 자들'(빌 3:2)이라는 꼬리표와 함께 부정적으로 묘사된다.[18] 바울은 그들의 성향과 관련하여 '그리스도 십자가의 원수'(빌 3:18)로 살아가고 그들의 '마음이 세상적인 것에 쏠려 있는 자들'(빌 3:19)이라 지적하며 할례당에 속하는 집단으로 규정한다.[19] 이러한 공격적인 비판들은 바울이 모든 유대인의 특권을

---

[17] 이른바 '그리스도 찬송시'(빌 2:6-11)는 그 역사적 기원, 문학적 양식과 구조, 신학적 특징, 예전적 배경 등과 관련하여 대단한 주목을 받아온, 빌립보서에서 가장 논쟁적인 구절이다. Ralph P. Martin, *A Hymn of Christ: Philippians 2, 5-11 in Recent Interpretation and in the Setting of Early Christian Worship* (Downers Grove, IL: Intervarsity Press, 1983); 김덕기, "빌립보서 2:6-11절의 최근 연구 동향—형식, 배경사, 신학적 윤리를 중심으로," 「장신논단」 44/1(2012), 33-58.

[18] 이 대적자들의 역사적 정체는 논란의 대상이다. 이들 범주 모두가 어떤 특징적인 면에서 일치할 수 있겠지만 각각의 범주가 정확하게 동일한 집단의 사람들을 지칭한 것 같지는 않다. '개들'은 유대인이 이방인들을 가리킬 때 사용한 비하적인 용어이다(마 15:27). 그러나 여기서 이 단어는 부정한 것에 대한 경멸의 의미를 담아, 특히 "진실한 그리스도인과 대조적인 거짓 교사들의 세속적인 특성"을 지닌 유대인과 이방인 모두에게 적용되는 것 같다. '사악한 일꾼들'은 특히 바울의 이신칭의 복음을 반대해왔으며, 그 행실과 도덕적인 자질에서 그릇된 모습을 드러낸 일군의 사람들을 가리키는 것 같다. "그들의 육체를 훼손한 자들"은 할례의 복음으로 바울계 교회의 그리스도인들을 미혹시킨 유대주의 그리스도인들을 지칭한 문구임이 분명하다. Vincent, *Philippians and Philemon*, 92.

내려놓은 자발적인 포기와 그리스도의 고난과 죽음을 본받아(빌 3:10) 주를 따르고자 하는 당찬 결의에서 비롯된 사도로서의 권위에 기초한 것이다.[20] 다시 말해 바울의 투옥은 여기서 그리스도와 같이 되고자 하는 그의 노력의 결과로 해석된다. 그리스도를 닮는 자가 되려는 이 철저한 시도는 그가 다음과 같이 권고할 수 있는 대리적인 권위를 그에게 제공한 것이다: "너희는 함께 나를 본받으라. 그리고 너희가 우리 안에 갖고 있는 모범을 따라 사는 자들을 눈여겨보라"(빌 3:17).

바울이 자신을 죄수의 이미지로 규정짓는 초상 속에서 자신의 사도적 권위를 드러내는 방식은 빌레몬서에서도 탐지된다. 이 개인 서신의 앞머리에서 바울은 자신을 '예수 그리스도의 죄수'(몬 1:1)라고 명확하게 표현하고, 뒷부분에서 다시 그는 그가 감옥 안에 갇혀 있다는 사실을 강조하며 에바브라를 '나의 동료 죄수'(몬 1:23)라고 칭한다. 그리스도의 죄수! 이것이야말로 정확하게 바울이 자신의 특수한 이미지를 강조하기 위해 도입한 최초의 그리고 아마도 최고의 자화상이다. 이 특정한 이미지와 함께 그는 후대에 자신의 모습이 기억되길 원했다. 빌립보서에서 바울의 죄수 됨은 앞서 살펴본 대로 여러 가지 수사학적 목적으로 처음 언급되었고 그것은 추후 의미와 내용을 채워가면서 상세하게 설명되어야 할 자아상이었다. 그러나 이제 빌레몬서에서 수사학적 포장 속에 덮인 모든 교훈적인 메시지는 '그리스도의

---

19 빌립보서에 투영된 바울의 대적자들이 갈라디아서 계통의 유대주의자들이라기보다 앞의 1장에 근거하여 고린도후서에 반영된 대적들과 유사한 성향의 승리주의자 내지 번영주의자였을 가능성이 제기되기도 하였다. 이들은 바울의 투옥과 에바브로디도의 질병을 근거로 그들의 사역이 하나님께 인정받지 못한 것이라는 의심을 빌립보 교인들에게 은근히 유포시켰을 것이라 추론된다. 그러나 바울은 역설적으로 그 고난의 경험이 바로 그리스도의 십자가를 본받는 것임을 역설함으로써 자신의 사도적 권위와 진정성을 옹호하려 했다는 것이다. 이러한 견해로 박영호, "다시 돌아보는 빌립보서의 집필 동기: 바울의 대적자들의 정체와 에바브로디도의 수사적 기능," 「피어선신학논단」 5/2(2016), 24-47.

20 빌립보서의 '본받음'(imitatio) 모티프에 대해서는 현경식, "빌립보서에 나타난 본받음의 윤리," 「신약논단」 22/3(2015), 781-808.

죄수'라는 단 하나의 표제어 속에 시각적 이미지로 용해되고 있다. 여기서 '그리스도의'라는 속격 수식 문구는 바울 자신이 죄수가 된 것이 어떤 죄의 당연한 대가가 아니라 그리스도에 사로잡혀 그의 포로로 살아온 신실한 삶의 자연스러운 결과임을 암시하는 명예로운 표지이다.[21] 다시 말해 그가 그리스도의 죄수가 되었다는 것은 그의 공적인 사역을 통해, 그 안에서 온 힘을 다해 그리스도를 섬기기 위한 단 하나의 목표로 수렴된다는 뜻이다.

그리스도로 인하여 갇힌, 그리스도에 사로잡힌 죄수로서 그가 사람들보다 하나님을 기쁘게 하며 그리스도를 따르는 것은 당연한 귀결이다.[22] 그러므로 그가 족쇄에 채여 감옥에 갇혔다고 할지라도, 감옥에서 그에게 강요된 자유의 결핍은 그가 그리스도 안에서 영적인 자유를 얻기 위해 자발적으로 그리스도에게 복종하기로 결단했다는 역설적인 증거로 볼 수 있다. 또한 그가 그리스도의 죄수라는 자화상 속에 암시된 것은 그리스도가 이전에 고난과 죽음으로 걸어간 발자취를 따르기 위해 그리스도의 영에 사로잡혔다는 사실이다. 이 모든 신학적 함의와 함께 보면 바울이 왜 오네시모를 위해 간청하면서 빌레몬 앞에 "그리스도의 죄수로서"(몬 1:10)라는 문구를 사용했는지 충분히 이해할 만하다. 그는 마치 곧 감옥에서 풀려날 사람처럼 자신을 위해 숙소를 하나 마련해줄 것을 부탁하면서 빌레몬에게 개인적인 호의를 구한다(몬 1:22).[23] 이는 오네시모를 형제로 용납해달라는 자신의 요청에

---

21 이러한 관점에서 '그리스도의'라는 소유격은 단지 "'그리스도에게 속한 죄수'나 '그리스도를 위한 죄수'라는 의미보다는 그리스도가 포로로 사로잡은 자"라는 뜻으로 풀이된다. Vincent, *Philippians and Philemon*, 184.

22 이 점에서 그리스도의 죄수 이미지는 갈라디아서에 표현한 그리스도의 노예 이미지와 겹쳐지는데, 두 경우 모두 바울이 자신을 부른 분에게 충성을 다해야 한다는 견지에서 보면 그렇다. Brian J. Dodd, "Christ's Slave, People Pleasers and Galatians 1.10," *NTS* 42(1996), 90-104.

23 그러한 수사학적 일침의 복선을 깔기라도 하듯, 바울은 이미 빌레몬서 1:1에서 "즉각적으로 특별한 관심과 동정을 자극하면서" "그리스도의 죄수"라는 자화상을 들이대며 자신이 제시할 요청에 대해 미리 준비한다. Vincent, *Philippians and Philemon*, 175.

빌레몬이 자신의 형제로서 긍정적으로 응답해야 한다는 간접적인 메시지로 읽힌다.[24] 그러한 기대의 이면에는 '그리스도의 죄수'라는 자화상을 통해 빛을 발하는 풍성한 신뢰로 자신의 말을 권위 있게 인증하고자 하는 수사학적 노림수가 탐지된다.

IV. 후기 바울 서신에 나타난 '죄수'의 자화상

이른바 후기 바울 서신에서 죄수로서의 바울을 표현한 자화상은 그의 공적 사역에서 개인적인 정황과 관련된 특정한 경우에 밀착되어 있지 않다. 사진이나 그림의 표제처럼 그가 겪은 신산한 삶의 고난과 여정을 핵심적으로 요약하듯이 죄수 바울의 자화상은 그가 누구이며 그가 어떤 유형의 사람을 표상하는지 간결하게 압축해 보여준다. 이는 후대로 갈수록 죄수 바울의 자화상이 현실적인 생동감을 박탈당한 채 바울계 기독교 그룹에서 널리 인식되어온 타이틀로 고착되어간 추이를 대변한다. 그렇다면 그의 이 자화상이 여전히 권위 있는 리더십의 표상으로 그의 현존을 환기시키는 기억장치로 작용했으리라고 보는 것이 합리적이다. 그 기억장치가 바울의 서신을 읽는 독자들의 마음에 인상적인 이미지를 연상시켜주었다면, 그리스도의 죄수라는 바울의 자화상은 그의 추종자들의 역사적인 기억 속에 각인되어 사도 바울의 중요한 공적인 유산으로 보존되었을 법하다. 이와 같이 그 기억을 명예로운 미덕으로 치환한 결과, 그리스도의 죄수라는 자화상은 바울

---

24 바울이 빌레몬을 형제로 호칭하고 빌레몬에게 오네시모라는 도망노예를 형제로 용납해달라는 이 간청 속에는 초기 기독교 공동체성이 형제 우애와 사랑의 관계 속에 구성원들 사이에 가로놓인 종교와 인종, 계급과 지위의 장벽을 넘어 평화와 공존의 사해동포주의적 가치를 지향했음을 시사한다. 서동수, "바울 서신에 나타난 유토피아의 상징인 '형제' 개념—빌레몬서의 사례에 비추어," 「신학과 사회」 27/2(2013), 175-216.

사도를 상징적으로 재현하는 한정적인 타이틀로 정착되기에 이른 것이다.

디모데후서에서 저자는 그가 감옥에 이전부터 갇혀 있었다는 사실을 언급한다.[25] 그러나 이 서신을 액면 그대로 바울의 작품으로 수용한다고 할지라도 그가 죄수로 투옥된 시점이 모호하다. 그가 현재 이 서신을 감옥에서 쓰고 있다는 것인지, 아니면 그의 이전 투옥 경험을 회고하면서 이 서신을 쓴 것인지 불분명하기 때문이다. 저자가 자신의 순교 시점이 가까이 다가왔다고 암시하고 있음에도 불구하고(딤후 4:6-8), 곤경에 처한 바울에 대한 옛 기억을 끄집어내서 독자들을 훈계하는 데 무게를 더하려 그 이미지를 활용한 것으로 보는 게 더 자연스럽다.[26] 이러한 수사학적 전략 속에 저자는 바울의 그 자화상을 현재 복음 사역에서 직면한 대적들을 공박하기 위한 의로운 명분과 연계시켜 제시한다. 이에 따라 제시된 쟁점과 저자의 훈계는 다음과 같다: "그러므로 너는 내가 우리 주를 증언함과 또는 주를 위하여 죄수(τὸν δέσμιον)가 된 나를 부끄러워하지 말고 오직 하나님의 능력을 따라 복음과 함께 고난을 받으라"(딤후 1:8). 이 구절에서 저자로서의 바울과 주는 둘 중에 한 사람이 다른 한 사람을 대체하거나 대리할 수 있는 동격 관계에 있다. 놀랍게도 이러한 유형의 대체적 대리적 관계는 바울이 로마라는 나라의 죄수가 아니라 주의 죄수 되었다는 사실에 근거해 가능해진다.[27] 바울과 주의 이러한 동격 관계를 천명한 후 저자는 즉각 독자들에게

---

25 이 사실을 바울의 전 생애에 대입하여 연대기적으로 추적할 때, 그가 당시 어느 도시에서 갇혀 있었는지는 여전히 논란의 대상이다. 어떤 학자는 바울이 에베소 감옥에 갇혀 있을 때로 추정하는 반면 다른 학자는 그의 투옥이 로마에서 유폐되어 있었던 상황을 반영한다고 주장한다. 그러나 디모데후서 전체를 바울 사후에 생산된 후대의 저작으로 돌리면, 그의 투옥 장소는 기껏해야 바울이 이전에 투옥된 역사적 사실을 반추하여 회고적으로 투사한 결과에 불과하다.

26 디모데후서의 집필 배경에 대해서는 노태성, "디모데후서의 저작 상황—겉옷과 책 그리고 데마가 떠난 이유를 중심으로," 「신약논단」 14/1(2007), 135-158.

27 오덴의 주장한 대로 "바울이 로마의 감옥을 벗어날 수는 없지만, 내면적 또는 영적으로 그것의 함정에 빠지는 것은 거부할 수 있었다." Thomas C. Oden, *First and Second*

복음을 위한 자신의 고난에 동참하라고 권고한다. 이 훈계의 연장선상에서 주의 죄수로서 바울은 그 이후 대목에서도 일관되게 그 자화상의 권위에 의탁하여 비중 있게 교훈한다. 깊은 영성의 심층에서 보면 독자들은 하나님의 권능에 의탁하여 현재의 고난을 감내하며 주의 복음 증언하는 것을 부끄러워해서는 안 된다. 그러나 당시의 역사적 상황에 직면하여 피상적인 층위에서 보면 그들이 그 선교적 목회적 과제를 감당할 힘을 얻고 격려받은 것은 죄수 바울의 자화상을 의식함으로써 가능해졌을 것이다. 그것이 바로 위대한 이방인의 사도에 대한 역사적 기억이 재현되는 현장에서 정확하게 바울의 자화상이 작동한 방식이었다.

마찬가지로 디모데후서 2장 9절에서도 저자인 바울은 투옥의 모티프를 바울의 실제 상황과 무관한 맥락에서 사용한다. 거기서 지나가는 짧은 논평 속에 바울은 자신이 겪은 과거 투옥의 기억을 현재 겪고 있는 역경의 현실을 조명하는 수단으로 다시금 끄집어낸다.[28] 그 가운데 그는 일종의 신조 공식에 기초한 간결한 훈계와 함께 자신의 복음을 다음과 같이 요약한다: "다윗의 후손이요 죽은 자 가운데서 부활한 예수 그리스도를 기억하라ー이것이 나의 복음이다."[29] 이 교리적 진술은 복음과 자신의 고난이 서로 불가

Timothy and Titus (Louisville: John Knox Press, 1989), 127. 다시 말해 이 지점에서 중요한 것은 요한 크리소스톰이 다음과 같이 주장한 대로 그 투옥의 사실이 아니라 그 사실의 이유 혹은 명분이다: "그들에게 죽음과 투옥과 족쇄는 수치와 비난의 문제다. 그러나 우리 앞에 그 명분이 보태지고 그 신비가 즉각 조명될 때 그들은 위엄으로 가득 찬 모습으로 나타난다"(앞의 책, 127에서 재인용).

28 옥중에서 결박당한 채 고난을 받는 바울에 대한 저자의 이러한 묘사가 "자기 연민의 증표나 자학적인 성향 또는 자기의 결박을 낭만화하려는 의도"와 전혀 무관하다는 오덴의 주장에 나는 동의한다. Oden, *First and Second Timothy and Titus*, 50.

29 이 교리적 진술을 위해 저자는 아마도 서로 상충하는 기독론적 자료의 두 가지 전승에서 해당 자료를 취했을 가능성이 있다. 그 하나가 로마서 1:3f의 경우와 마찬가지로 부활, 승귀 이후 인준받은 아들의 위상을 강조하는 전승이라면, 다윗의 언약에 뿌리를 둔 왕실 신학에 기초하여 그 아들의 지상적 위상에 초점을 맞춘 전승이 또 다른 하나이다. Martin Dibelius & Hans Conzelmann, *The Pastoral Epistles*, tr. by Philip Buttolph and Adela Yarbro

분하게 엮여 있다는 것을 보여주기 위해 이 둘을 연계지으면서 다음의 문장을 이어가는데, 저자가 자신의 죄수 됨을 언급하는 곳이 바로 이 지점이다. 그에게 결박당한 몸으로 감옥에 갇힌다는 것은 외관상 범죄자에게나 어울릴 법한 모습이다. 피상적으로 보면 이것만으로도 충분한 수치의 이유가 된다. 그러나 그 수치는 동시에 무엇을 위한 고난인가에 따라 충분히 제거될 수도 있다.[30] 다시 말해 그가 쇠사슬에 결박당해 있다는 것은 하나님의 말씀이 결박당하지 않아 그가 그 말씀을 대변하며 마음껏 담대하게 말할 수 있다(딤후 4:17)는 역설적인 증표이다.[31] 복음과 예수 그리스도처럼 감옥의 족쇄와 역사화한 바울도 긴밀하게 접속되어, 이와 같이 그리스도의 죄수라는 신학적 이미지 속으로 형상화되어갔던 것이다.

골로새서를 옥중서신의 범주로 분류하는 통상적인 견해에도 불구하고 이 견해를 확증할 만한 본문 상의 증거는 희박하다. 이 서신에서 저자가 감옥에 있다는 정보는 말미에 저자가 "나의 매인 것을 기억하라. 은혜가 너희에게 있을지어다"(골 4:18)라고 말하면서 안부 인사를 남길 때뿐이다. 저자의 직전 진술에 의하면 이 부분이 이 편지에서 저자가 자필로 쓴 유일한 대목이다(고전 16:21; 살후 3:17). 디모데에게 예수 그리스도를 기억하라고 권고하듯이 이제 그는 골로새 교인들에게 그들이 바울의 결박을 기억해야 한다고 마지막으로 명한다. 이 훈계 배후의 현재 상황에서 바울이 죄수 신분이라는 사실은 무슨 행동을 요구하는 게 아니라 명심하여 기억해야 할 대상이다. 여기서 주목할 만한 점은 바울이라는 인물을 기억하는 것은 죄수로서 그의 결박을 기억하는 것 외에 어떤 다른 게 아니라는 사실이다. 바울

(Philadelphia; Fortress Press, 1972), 108.

30 이러한 투옥과 관련하여 정당화할 만한 명분은 디모데전서 1:9의 경우와 동일하다.

31 빌립보 교회의 경우처럼(빌 1:12-18) 여기서도 바울의 투옥이 역동적인 반응을 유발했음을 알 수 있다(딤후 4:9-12). Walter Lock, *A Critical and Exegetical Commentary on the Pastoral Epistles* (Edinburgh: T & T Clark, 1973), 95.

이 누구였는지를 드러내는 상징적 기표로써, 그 결박의 쇠사슬을 기억함으로써 골로새 독자들에게 여전히 살아 있는 그의 권위를 존중하고 순종하는 동기가 부여되었을 것이다.[32] 그러므로 그의 결박을 기억하는 것은 그가 이 서신에서 말한 모든 것을 명심해야 한다는 암시나 다를 바 없었다. 이러한 바울의 자화상은 또한 마지막 축원 인사에 나타난 대로, 저자가 교회공동체의 회중을 은혜로 축복할 수 있는 자격을 부여하는 선결 조건이기도 하다.

빌레몬서 1장 1, 9절과 유사하게 '그리스도의 죄수'로서 표제처럼 달랑 제시된 바울의 또 다른 자화상은 에베소서에서도 발견된다. 저자는 이 이미지를 이 서신의 세 군데에 적절하게 배치하여 각기 다른 수사학적 목적을 실현한다. 그가 3장 1절에 첫 번째로 '그리스도 예수의 죄수'라는 호칭으로 자신을 언급한 것은 그리스도를 찬양하는 송영구(엡 1:3-14)와 중보기도(엡 1:15-19)에 연이어 그리스도의 구원 사역과 관련한 긴 주해적 설명(엡 1:20-2:22)을 제시한 직후 잠깐 숨을 돌리는 대목에서다. 아울러 이 자화상은 저자가 그리스도의 화해 사역을 '비밀'(μυστήριον)이란 견지에서 주제 삼아 자신의 논증을 심화시켜나가기(엡 3:1-13) 직전에 위치한다.[33]

신적인 섭리 가운데 하나님의 가족에 속한 다른 성도들과 더불어 모든

---

32 이 간결한 이미지로 저자는 아마도 거짓 가르침의 위험으로 인해 그의 근심을 유발했을 골로새서의 수신자들 쪽에 주의와 기도를 당부하는 요청을 상기시켜주는 효과를 기대했을 법하다. 그러나 그 가공 상의 장면을 사실적인 상황으로 다음과 같이 간주하는 것은 지나친 억측 같다: "우리가 '그의 결박'에 대해 읽을 때 그를 묶었던 쇠사슬이 그가 쓴 지면 위로 움직인다. 그의 손은 그를 지켰던 병사에게 결박당해 있었다." T. K. Abbott, *A Critical and Exegetical Commentary on the Epistles to the Ephesians and to the Colossians* (Edinburgh: T & T Clark, 1977), 307-308.

33 이 연쇄적인 본문들은 역설로 가득 찬 현저한 특징들과 함께 묶여 있다. 바르트에 의하면 "그것은 은혜, 계시, 사도직, 민족들이란 소주제를 긴밀하게 짜인 단위 속에 함께 엮어둔다. 나아가 그것은 포로됨과 고난을 영광으로 연결시킨다. 그것은 권위적인 자의식의 사소한 관심사 이상을 드러낸다." Markus Barth, *Ephesians 1-3*, AB 34 (Garden City, NY: Doubleday, 1982), 356-357.

에베소 교인들은 "그리스도 예수 자신을 모퉁잇돌 삼아 사도들과 선지자들의 토대 위에서 지어져간다."(엡 2:20) 여기서 구약의 선지자들과 같이 바울 자신을 포함하는 신약의 사도들도 과거의 역사 속에 통합된다. 그리스도의 구원이 완성되어가는 장대한 구조와 긴 역사의 흐름 속에 바울은 그것을 자신의 이방인 선교를 통해 실현되도록 만드는 '그리스도의 죄수'로 우뚝 서 있다. 그가 "너희 이방인을 위한 그리스도의 죄수"라는 이 자기 선언적 공식은 앞서 예시된 자화상과 동일한 범주이지만 약간의 변용이 가해진 또 다른 사례로 주목할 만하다.[34] 그 변용은 "너희들 이방인을 위해"라는 문구의 첨가와 함께 이루어진 것으로 판단된다. 이 대목에서 우리는 바울이 그리스도의 죄수 된 것이 당시 아웃사이더였던 이방인들에게 그리스도의 '비밀'(μυστήριον)을 나타내기 위한 것이라는 점을 충분히 수긍할 수 있다. 이를 위해 그리스도는 할례받은 유대인과 할례받지 않은 이방인들 사이에 가로놓인 분리 장벽을 과감하게 무너뜨려 두 족속을 하나로 통합하였다. 연이어 바울은 그리스도 안에서, 그리스도에 의해 개시된 이 화해의 사역이 풍성하게 결실하도록 이방인들을 위해 그리스도의 '비밀'을 확연하게 조명하는 사명을 지닌 자로 제시된다. 바울 사역의 이 정당한 측면은 그가 이방인을 위한 그리스도의 죄수로 자처하는 이미지의 도움으로 좀 더 강화되고 있다.

에베소서 4장 1절에서 "주 안에서 죄수"라고 자칭하는 바울은 4장에서 자신의 사도적 권면을 시작하기 위해 나름의 명분을 구축하기 위한 방향으로 예의 이미지를 사용한다. 그가 "주 안에서" 죄수가 되었다는 것은 자신을 신적인 안전망 속에 숨기고 투옥이라는 수치스러운 사실을 감추기 위한 수

---

34 매우 자의식 넘치는 타이틀이 자기 비하와 결부된 자기의 중요성에 대한 확신과 함께 역설적인 존재를 표상한 것이라는 바르트의 주장이 옳아 보인다. 앞의 책, 357. 그러나 그는 그 타이틀에 담긴 역설적인 의의를 한 걸음 더 나아가 문학적인 자화상의 견지에서 해석하지 않는다.

사학적 장막이다. 바울이 이방인을 위한 그리스도의 죄수가 되라는 하나님의 부르심에 신실하게 응답하였듯이, 에베소 교회의 이방인들도 그들을 향한 부르심의 뜻에 걸맞게 살아야 한다(엡 4:1). 독자들을 권면하는 그의 사도적 권위에 진정성을 입히는 이 수사학적 기제는 6장 20절에서도 "결박당한 사신"이라는 약간 다른 표현으로 지속된다. 이 자화상은 특히 그리스도와 이방인들을 중개하는 바울의 대리 역할을 집중적으로 부각시킨다.

저자가 복음의 '비밀'이 무엇인지 드러내는 바울의 해석적 과제를 이 자화상과 연계시키는 것은 전혀 혼란스럽지 않고 오히려 일관된 전략이다. 나아가 이는 자신의 사역을 위해 그들의 관심을 활성화하는 수단으로 그들의 중보기도 요청을 강화하는 기능을 수행한다. 다른 곳에서도 확인할 수 있듯이 이 자화상은 저자가 죄수로 머물러 있기 때문이거나, 무슨 말을 하든 담대하게 할 수 있는 동기를 부여한다. 어떤 면에서 죄수의 이미지는 에베소서 본문에서 선행하는 전사의 이미지(엡 6:13-17)와 날카롭게 대립된다.[35] 그런데 그는 하나님의 전신갑주를 입은 전사의 이미지를 에베소 교인들에게 적용할 뿐 정작 자신을 위해서는 연약한 죄수의 이미지를 덧씌운다. 이로부터 우리는 교회 구성원들 앞에 바울이 누구였으며 무엇을 어떻게 하였는지 에베소 교인들이 지속하여 숙지하도록 기획한 자화상에 관련된 수사학적 전략을 읽어낼 수 있다(엡 6:21). 현재 시점에서 역사가 재현될 때마다 전사인 동시에 죄수로서 자신의 존재를 의식했을 그들은 고난받는 죄수 바울에 대한 성찰과 묵상을 되풀이했을 것이다. 그 가운데 그 이미지의 역설적인 성격은 그들이 유기체로서 서로를 필요로 하면서 긴밀하게 연계되어 있다는 단순하지만 의미심장한 사실을 떠올렸을 것이다.

---

35 이러한 이미지들이 본문의 신학적 윤리적 맥락에서 어떻게 상호 작용하는지에 대해서 Robert A. Wild, "The Warrior and the Prisoner: Some Reflections on Ephesians 6:10-20," *CBQ* 46(1984), 284-298.

V. 죄수의 자화상이 신학적인 자장 안에서 어떻게 작동하는가?

미셸 푸코에 의하면 서구 세계에서 감옥은 효율적인 감시와 처벌을 위한 최고의 기계적인 시스템이었다.[36] 이 시스템이 고도로 발전한 단계의 정점에는 한 사람이 모든 죄수를 중앙에서 통제하는 팬옵티콘(panopticon)이라는 원형 감옥이 자리한다. 사실 감옥은 가정, 학교, 공장, 병원, 군대 등과 같은 다양한 형태로 근대 조직체에 내부 구성원을 조종하는 시스템으로 광범위하게 퍼져 있다. 감옥에 대한 역사비평적 연구로 푸코는 그 안에 갇힌 죄수들의 죄책에 대해 면죄부를 주거나 그들을 의도적으로 정당화하려 한 것이 아니다. 그 대신, 그는 그들이 왜 그리고 어떻게 지배적인 사회 시스템에 종속된 특정 유형의 인간으로 길들여지도록 강요당했는지 해석하고자 한다. 결과적으로 그 죄수들이 감옥에 갇혀 인권을 박탈당하면서 학대를 받아왔음이 드러난다.

푸코의 이런 통찰은 '의로운 죄수들'이라 칭할 만한 자들의 명분을 윤리적으로 옹호하는 데까지 나아가지는 않는다. 그러나 감옥 시스템에 대한 역사 비평적 분석과 별개로 현대 서구사회뿐 아니라 고대에도 의를 위하여 투옥이라는 고통을 겪은 사람들이 분명 존재했다.[37] 어느 다른 시기의 다른 인간 사회와 마찬가지로 전근대 아시아 사회에서도 죄수로 감옥에 갇힌다는 것은, 자유의 박탈, 소외, 불명예, 수치, 불편한 환경 등으로 고난을 감수해야 하는 현실을 의미했다. 그러나 이러한 부정적인 이해의 다른 편에서 그 투옥과 감금이 그 당사자의 의로운 언행에 기인하는 매우 긍정적인 죄수

---

36 이 주제에 대해서는 Michel Foucault, *Discipline and Punish: The Birth of Prison* (New York: Vintage Books, 1995).

37 고대 그리스에서 '의로운 죄수'라는 범주에 해당하는 고전적인 인물은 당연히 소크라테스다.

의 사례들도 얼마든지 찾아볼 수 있다. 구약성서에서 이러한 '의로운 죄수' 유형을 대표하는 인물은 보디발의 아내에 의한 거짓 고변으로 감옥에 갇힌 요셉이다(창 39:7-23). 그는 그 투옥의 고난을 하나님의 의로운 계명을 지킨 대가로 기꺼이 감내했다. 유다왕국의 말기 선지자 예레미야는 왕국의 멸망을 예언하고 침략국 바빌론에 투항할 것을 독려한 그의 도전적인 언행으로 인해 투옥의 고난을 겪었고, 결국 이집트로 추방되었다. 신약성서에서는 세례자 요한이 이 범주에 꼭 들어맞는 또 다른 의로운 죄수의 표상이라 할 만하다. 그는 갈릴리 지역 분봉왕 헤롯 안티파스를 하나님의 계명을 위반한 죄로 신랄하게 비판한 죄 아닌 죄로 붙잡혀 감옥에 갇혔고 마침내 참수형을 당하였다. 한국 역사에서도 투옥과 고문의 위험을 무릅쓰고 의로운 명분을 굳게 치켜든 충성된 신하 중에 유사한 사례들이 탐지된다. 백제의 성충, 고려의 최영, 어린 단종 임금에 의리를 바쳐 기꺼이 죽음을 선택한 조선 시대의 사육신, 임진왜란의 영웅 이순신, 조선 시대 가톨릭 순교자들 그리고 일제강점기 때 독립을 위해 헌신한 수많은 애국적 투사 등이 바로 이러한 '의로운 죄수'의 범주에 해당할 것이다.

바로 이러한 맥락에서 '그리스도의 죄수'라는 바울의 자화상도 해석되어야 할 것이다. 바울과 후대의 저자들이 죄수라는 특별한 이미지로 조탁한 것을 분석해보면, 자화상은 그 장르의 고유한 성격들이 잘 스며든 신학적 맥락을 품고 있음이 확인된다. 바울의 서신들과 사도행전을 통틀어 바울의 투옥과 관련하여 반복적으로 재현되는 것은 그가 무죄이며 의를 위하여 결박의 고난을 겪고 있다는 변증적 메시지이다. 그에게 의로운 명분은 그리스도의 복음을 유대인과 유대교의 배타적인 경계를 넘어 이방인들에게 두루 전파하는 것이었다. 바울 자신의 공생애뿐 아니라 생성기 기독교의 역사에서도 이방인 선교는 강고한 유대인과 우상을 섬기는 이방인들 모두에게 분노와 적대감을 유발할 만큼 역사의 신기원을 개척한 모험이었다. 그 와중에 바울과 다른 후대 저자들은 마치 그리스도의 '십자가'처럼 '죄수'라는 부정적인 이미지의 함의를 긍정적인 상징으로 뒤집어 스스로 '그리스도의 죄수'를 자처하며 교회 앞에 담대하게 공표하기에 이르렀다. 바울의 이 자화상은 무엇보다 그리스도의 충성스러운 종으로 수행해온 사역을 표상하는 응집된 이미지였고, 자신의 역사적 경험에 기초하여 스스로 동기 부여된 치열한 자기 정체성의 표현이었다.

동시에 이 자화상은 바울계 기독교의 집단 기억을 통해 전승되고 유통된 그의 선교와 신학적 활동을 총괄적으로 압축한 역사적 유산의 결정체였다. 바울의 친필 서신에서 이 자화상은 그의 실존적 고뇌를 담은 개인적 감정과 밀착되어 제시되는데, 이는 친바울 그룹과 반바울 그룹 사이의 경쟁과 갈등이라는 파급 효과를 낳았다. 빌립보서와 빌레몬서에 예시된 대로 이 자화상 또한 그의 사도적 리더십을 강화하여 권위를 높이고 결과적으로 그의 권면과 훈계가 독자 회중에게 효과적으로 어필할 수 있도록, 감화력을 재고하는 수사학적 기능을 동반했다. 그리하여 그리스도의 죄수라는 자화상은 바울과 교회 성도들 사이에 공유되고 공감되어야 할 절박한 관심사를 주목하게 함으로써 이른바 '고통의 코이노니아'를 촉진하는 역할을 감당한 것이다.

후기 바울 서신에서도 같은 공식의 자화상이 다시 등장하지만 다른 수사학적 장막에 감싸여 있다. 여기에 나오는 '그리스도의 죄수'라는 자화상은 바울의 개인적인 감정을 동반하는 민감한 실존적 자의식이 결여된 상태로 그 경험의 구체적인 맥락이 제거되어 있다. 그 대체적인 인상은 저자가 예의 이미지를 끌어내서 단순히 바울이 해당 서신의 저자임을 드러내면서 초기 기독교의 이방인 선교에서 발생했던 박해와 역경의 역사적 기억을 환기하는 수사학적 장치로 활용한다는 것이다. 그 수사학적 기능의 추가적인 파급 효과는 독자들이 바울을 그가 겪은 고난을 매개로 예수 그리스도를 대리하는 위치로 인식하도록 분위기를 조성하는 것이다. 이 단계에 이르면 바울의 자화상은 역동적이기보다 고정된 표제로서의 정적인 느낌이 강해진다. 마치 예수의 고난을 십자가와 성만찬이 표상하듯이, 바울의 이 자화상도 과거 경험의 환기 장치와 기억해야 할 역사적 유산 정도로 그 내포적 함의가 고착되는 것이다. 물론 이 자화상이 저자의 주장과 훈계를 더 권위 있고 설득력 있게 만드는 데 활용되는 것은 사실이다. 그러나 이러한 종류의 이미지 사용은 복합적인 삶의 자리에 근거한 생동하는 현실을 체현함 없이 얄팍한 문학적 아우라에 쉽게 의존함으로써 현 텍스트를 오염시키는 것은 물론 당면한 상황조차 조작하는 우를 범할 수 있다.

이러한 맥락에 비추어 볼 때 마찬가지의 이유로 지금까지 한국교회에 진행되어온 역사적 상황에 대한 성찰도 가능하다. 가령 1960년대 이후 민주적이고 평등한 정부를 세우기 위해 수많은 한국인이 헌신적으로 자기를 희생하며 투쟁해오는 동안 대다수 한국교회는 무엇을 하였던가? 그 투쟁 과정에서 투옥과 가혹한 고문으로 고난을 당한 사람들에 대한 교회의 반응은 어떠하였던가? 대다수 교회가 저 너머 세상이란 안전한 요새에 갇힌 상태에서 하나님 나라의 실현을 위한 예언자적 외침과 거리가 멀었던 게 부인할 수 없는 사실 아닌가? 이런 상황에서 그리스도의 죄수가 된다는 것은 실제 근접한 역사적 현장에서 치열하게 살아온 삶의 진정한 몫이 아니라 일제강점기와 6·25 전쟁 기간에 죽은 순교자들의 신앙을 본받아야 한다고 눈 감고 가볍게 회상하는 수준에 불과했다. 바로 이러한 자가당착으로 인해 한국교회가 세속 사회에서 의로운 명분을 내세우기가 더욱 어렵게 되었다. 강대상에서는 자신을 희생하는 헌신적인 자세로 의로운 선한 싸움을 감당해나가야 한다고 역설하면서도 예배당을 쩌렁쩌렁 울리는 그 복음의 메시지가 이 세상의 한복판으로 이동하면 무기력해지곤 하기 때문이다. 따라서 교회가 우리 사회의 한가운데서 자발적인 그리스도의 죄수가 되지 못한 채 그 인습적인 자기분열의 구태를 지속해나간다는 것은 어처구니없는 노릇이다. 그 성서신학적 뿌리를 제대로 성찰한다면 이는 명백하게 그리스도의 십자가 사역을 남용하는 것은 물론 바울의 죄수 이미지를 오용하는 작태와 다를 바 없다.

바울의 자화상에 깃든 그러한 부정적인 여파는 근래 한국의 민주화운동이 남긴 역사적 교훈을 연상시켜준다. 1960년대에서 1980년대에 이르는 민주화운동의 과정에서 적지 않은 한국인들이 감옥에 투옥되어 상당한 고초를 겪었지만, 그들은 그것을 수치가 아닌 명예로운 훈장처럼 생각했다. 그들 중 어떤 이는 오랜 기간 감옥의 고립된 장소에서 외롭게 투쟁하면서 극심한 고통의 밑바닥에서 영적인 안목이 열려 생명의 신비로운 심연을 각성기도 하였다.[38] 다른 이들은 민주화운동에 참여한 그 명예로운 경험을 출세의 발판으로 삼아 자신의 이력서를 화려하게 채웠고 개중에는 정치권에 진출해 권력자로 거듭난 자들도 있었다. 그들의 사회적 지위가 높아지고 정치적 위상이 민주 정부의 확립으로 견고해짐에 따라 의로운 명분을 위해 죄수가 되었던 당시의 역사적 경험은 유행처럼 인구에 회자되었다. 이것을 훈장처럼 자랑거리로 여겨 허풍스럽게 떠벌리는 술자리의 안줏거리가 되기도 했다. 이후로 나타난 사례들이 증명하듯이, 그들 전부는 아니었지만 적지 않은 이들이 공적인 명예를 내세워 사적인 이익을 추구하면서 과거의 투옥 경험으로 표상되는 민주화 전력을 이용해먹는 사례도 꽤 있었다. 이런 식으로 '의로운 죄수'로서 살아온 그들의 과거 공생애에 담긴 중요한 부분마저 무효로 만들어 결국 그 사람이 더 이상 의롭지 않게 된 현실을 대하는

---

38 당시 투옥의 경험을 한 자들 중에 이러한 유형의 자기 성찰과 자기 각성의 경험을 증언하는 사람들이 실제로 많았다. 그 대표적인 인물이 수감생활의 경험에 기초하여 쓴 에세이를 모아『감옥으로부터의 사색』(서울: 돌베개, 1998)이라는 베스트셀러를 출간한 신영복이다. 또한 감옥에서 겪은 신체적 고난과 영적인 체험을 근간으로 일련의 시를 생산한 당대의 민주화운동 시인 김지하도 이런 유형의 한 사람으로 꼽힌다.

심사가 자못 씁쓸하다.

이러한 동시대의 사례에 비추어보면 실제 몸으로 겪은 거친 고난의 틈새로 명멸하는 죄수의 자화상에 내재한 영광스러운 영역과 그 역사적 기억이 신화화한 맥락에서, 그 이미지가 전형적인 복제품으로 재생산되어온 어두운 그늘 사이에 드리워진 균열이 만만치 않음을 알 수 있다. 그러므로 '그리스도의 죄수'라는 바울의 자화상은, 특히 역사가 그 변덕스러운 흐름을 이어갈수록 뚜렷해지는 모호한 이미지로 인해 그 양면성의 균열 속에 머물도록 운명지어진 듯하다.

4장
'속사람'의 신학적 인간학과 대안적 인성 계발*

I. 문제 제기: 개념들의 이합집산

우리말에 '인간적'이라는 말은 '인간성'이라는 말과 마찬가지로 복잡한 여운을 남긴다. '인간적'이라는 말은 '신적' 가치와의 대립적 맥락에서 극단의 부정적 함의를 곧잘 띠면서 '세속적'이라는 암시를 전하는 듯하다. 그런가 하면 '인간'이라는 제반 논의의 범주에 관여하는 총체적 개념으로서 이말은 객관적 중립성을 견지하기도 한다. 그러나 또 다른 극단에서, 가령 "인간적으로 그럴 수 있나?"라는 통상적 표현으로 예시되듯, 이 말은 그 자체로 인간으로서 지녀야 할 기본 덕성을 가리키는 긍정적 함의를 내포하기도 한다. '인간성'이란 말의 의미도 예의 개념적 함의의 스펙트럼에 맞물리면서, 인간의 본질적 성향을 나타내는 중립적 의미와 함께 이 말을 수식하는 관형어에 따라 인간의 특정한 긍정적 부정적 측면을 암시하는 극단의 개념을 내장하고 있다.[1] '인간성'이라는 말을 단축하여 '인성'이라고 표현하면

* 이 논문은 제39차 한국기독교학회 정기학술대회(2010년 10월 22~23일)에서 발표된 것을 일부 보완한 것이다. 그 자리에서 이 논문에 대해 논찬해주신 김학철 교수(연세대)와 여러 논평과 질문으로 토론을 활성화해주신 신약성서학회 9인의 동료 선후배 학자들께 감사드린다.
1 '인간' 개념에 대한 부정적인 개념화는 '휴머니즘'을 인간중심주의 내지 인본주의로 받아들

그것은 또 '인간성'이라는 말과 구별되는 뉘앙스를 가지고 신성과 대립되는 인성(humanity) 외에도 특정 개인의 성격(personal character)이라는 함의를 띤다. 요컨대 인간도 어떤 맥락에서 이해되느냐 또는 개인이냐 집단이냐를 기준으로 그 범주적 의미가 다채롭게 분기되는 것이다.[2]

이처럼 인간과 관련된 개념들이 의미의 경계를 넘나들면서 극단의 부정성과 긍정성을 띠는 것은 필시 인간이라는 존재의 복잡한 성격과 일정한 연관이 있어 보인다. 인간은 한없이 단순한 듯하면서도 그 보이지 않는 내면의 세계에 관한 한 종잡을 수 없이 미끄러운 존재로서 여전히 미완료의 개념으로 정의될 수밖에 없는 형편이다. 오늘날 현대 학문이 시도하는 다양한 인간 이해의 한 구석에서 신약성서가 차지하는 비중은 그리 넓거나 깊다고 보기 어렵다. 이 문서가 비록 하나님의 말씀이라는 휘장을 걸치고 있지만, 그것이 생산된 이래로 거의 2000년 가까이 지난 시점에서 그동안 진행된 인간학 연구의 성과를 건너뛴 채 인간에 대한 최종적인 유일한 해답을 갖추고 있는 양 만용을 부리는 것이 좋은 신앙이 아님은 물론이다. 그러나 그럼에도 굳이 신약성서를 인간 이해의 한 전거로 채택하여 논의를 전개하려는 것은 여기에 제기된 인간 이해의 범주가 한 고전적 유형을 아우르면서 오늘날 착종된 인간론의 구도 속으로 잃어버린 옛적의 통찰을 한 가닥 선사할 수 있으리라는 희망의 반영일 테다. 아울러, 신약성서의 신학적 인간학에 기대어 그리스도인의 실종된 인성을 회복하길 기대하는 계몽적 교훈의

이면서 하나님의 권위에 반하는 것으로 인식해온 국내의 보수적 기독교사상에 폭넓게 깔려 있는 성향이다. 반면, 국내 신학자 가운데 '인간'이라는 말을 가장 긍정적인 신학적 개념으로 조명해온 경우는 송기득이 아닌가 싶다. 그의 관련 저서들로는 송기득, 『인간』 (서울: 한국신학연구소, 1984); 『예수와 인간화』 (서울: 현존사, 1989); 『사람다움과 신학하기』 (서울: 대한기독교서회, 1997); 『그리스도교 신학과 인간 해방』 (서울: 대한기독교서회, 1998).

2 헬라어로 인간을 뜻하는 대표적인 어휘 ἄνθρωπος는 죄악되고 유한한 인간 본성을 강조하거나 '하나님의 사람'과 같은 식으로 소속과 관계의 맥락에서 주로 사용된다. J. Jeremias, "ἄνθρωπος," *TDNT* I, 364-367.

효과도 어느 정도 염두에 두고 있다.

흔히 인간을 심연으로 보는 관점이 대세인 듯하지만, 그 심연이 허방일 수 있음을 보여주는 것이 신약성서 인간학의 단순한 역설이요 예지이다. 한없이 존귀하면서도 한없이 하찮게 망실되는 존재로서의 인간에 대한 초상 역시 마찬가지의 역설을 대변한다. 더구나 무의식의 발견 이래 점점 더 정신분열증적인 징후를 내비치고 있는 현대 인간의 내면세계인즉 인간을 단순히 선과 악의 도덕적 범주로 다루는 것을 거부하는 추세이다. 반면 속류 자본주의의 이념에 순복하여 인간을 물질이나 원자의 집합체로 수렴해 보는 관점이 지적인 정직성의 최후 보루인 양 버티고 있지만, 그 가운데 멍들어가는 인간성과 그와 함께 물화된 인간의 가치를 보상받을 방안이 뚜렷해 보이지도 않는다. 더구나 모든 것을 성적인 매력을 극대화하는 계량화된 몸매와 외양의 즉흥적 어필 정도, 차지하는 지위와 명성의 사회적 가치, 물질적 소유의 과다와 정치 권력의 영향 정도 따위로 평가되는 인간의 의미와 위상이 대세인 세태 속에, 그 대안을 찾아 실천과제로 내미는 일이 과연 얼마나 실효적인지에 대한 현실적 감각도 외면할 수 없다. 이 모든 논의의 부담과 장애물을 횡단하면서, 이 글은 인간을 조명하는 예수의 주요 관점과 바울의 핵심 개념을 중심으로 전개될 예정이다. 특히 예수와 바울이 공히 인간의 '겉'과 '속'에 대조적 관점을 투사하여 각기 인간을 이해한 점에 주목하면서, 그것이 어떻게 색다르게 인식되었으며 또 그 차이의 신학적 의미는 무엇인지 따져보고자 한다. 오늘날 복잡한 개념들의 이합집산이 '인간'이라는 화두를 중심으로 선회하게 된 배경 가운데 오래전 하나님 신앙을 잣대로 다양한 인간을 경험하며 이해한 저 두 인물의 관점이 한 고전적 태반으로 스며들어 있으리라는 전제가 여기에 깔려 있다.

II. 분열된 인간과 신학적 유형론

신약성서가 히브리적 사고의 영향 아래 인간을 통전적 존재로 보았다거나, 바울이 제시한 영혼육의 삼분법적 인간 이해조차 그 헬라적 인간론의 개념에도 불구하고 인간의 파편화된 구분이 아니라 그 내부의 특정 속성이나 삶의 지향에 따른 은유적 표상이라는 지적은 이제 별반 새롭지 않다.[3] 신약성서에서 인간은 무엇보다 하나님의 피조물로 묘사된다. 그 피조물은 타락하였고 그래서 본래 계획된 길에서 이탈한 존재, 잃어버린 존재로 인식된다. 이러한 인간의 실존은 하나님의 구원사적 관점에서 되찾아야 할 존재, 죄와 악의 삶에서 돌이켜 하나님께로 돌아와야 할 목표를 정당화한다. 그 목표와 실존 사이에서 인간을 향한 하나님의 사랑과 진노가 표현된다. 예수와 바울의 경우에서 죄인으로서의 인간 이해에 드러나는 특징은 그 인간이 분열된 존재라는 인식이다. 그것은 '의심'의 본뜻대로 마음이 두 갈래로 갈라져 정처 없이 흔들리며 방황하는 모습을 가리키지만,[4] 그렇게 하나님을 떠난 인간이 사회적 관계 또는 하나님과의 관계에서 드러내는 겉과 속의 이반된 현실을 의미한다. 예수는 이를 '외식하는 자'란 유형을 통해 언급하고, 바울은 겉과 속이 사람의 두 존재론적 양태임을 증언한다.

---

3 주로 바울이 사용한 육(σάρξ), 혼(ψυχή), 영(πνεῦμα), 몸(σῶμα), 마음(νοῦς/ καρδία) 등의 어휘를 아우르는 신약성서의 인간론적 개념에 대한 고전적 논의는 Rudolf Bultmann, *Theology of the New Testament*, tr. by Kendrick Grobel (New York: Charles Scribner's Sons, 1951, 1955), 190-227.

4 갈라진 두 마음으로서의 '의심'이라는 개념에 합당한 헬라어 동사는 διστάζω가 되겠지만, 이와 다른 어휘 διακρίνομαι로서 같은 내포적 함의를 드러내는 지문은 야고보서 1:6-8이다: "오직 믿음으로 구하고 의심하지 말라. 의심하는 자는 마치 바람에 밀려 요동하는 바다 물결 같으니… 두 마음을 품어 모든 일에 정함이 없는 자로다."

1. 예수의 '외식' 비판과 '회칠한 무덤'론
— 호모 렐리기오수스(homo religiosus)의 비애

예수가 당시 가장 일관된 비판의 대상으로 삼은 사람들은 바리새인과 서기관들로서 그 비판의 사유는 그들이 '외식하는 자'라는 것이었다. 여기에 해당되는 원문의 어휘는 ὑποκριτής로, 주지하듯, 이는 본래 고대 헬라의 연극배우(playactor)를 가리켰다.[5] 연극배우가 연기하는 것은 실제의 삶이 아닌 무대에서 이루어지는 극장식 퍼포먼스이다. 그것이 실제인 양 포장되어 나타날 때, 이는 보여주기 위한 삶이지 실제로 살아가는 삶은 아닐 터이다. 예수가 비판한 바리새인과 서기관들은 종교적 경건을 빙자한 일종의 연극적 인간의 전형적 범주였다고 볼 수 있다. 그들은 예수가 산상수훈에서 강조한 사적인 경건과 동떨어진 제의적 경건에 골몰했다. 그것은 대중적 이목이 집중되는 자리에서 자신의 인정욕구를 극대화하는 방식으로 종교를 양식화하고 수단화한 결과 나타난 종교인/종교지도자의 생존 방식이었다. 이와 관련하여 예수의 질타는 그들이 경건의 품목으로 애용한 구제, 기도, 금식의 문제와 연계되어 있었다(마 6:1-18).[6] 그들은 그것을 자신의 사적인 생활 반경에서 은밀하게 하나님 앞에서 실행하기보다 사람들에게 보이고 인정받기 위해 이용했다는 것이다. 마치 연극배우가 자신의 인기를 끌기 위해 연기를 하듯 그들의 종교적 경건은 산상수훈의 예수가 보기에

---

5 이 단어의 동사형은 본래 고대의 연극무대에서 시인으로서 맡은 대사를 '해석하다', '설명하다'라는 의미를 지니고 있는데, 이로부터 명사형은 그 연기를 수행하는 연극배우를 뜻하게 되었다. Wilckens, "ῦποκρίγομαι ῦποκρςίής," *TDNT* VIII, 559-571.

6 이 단락의 장르는 '제의적 교훈'(cultic didache)로 알려져 있다. 특히 구제와 기도, 금식 등과 관련하여 눈에 띄지 않는 은밀한 경건을 강조한 것은 모든 것을 보시는 하나님과 은밀하신 하나님이라는 전통적 신관에 의존하여 그 하나님을 닮을 것(imitatio Dei)을 훈계하는 맥락에서 제시되어 있다. 이러한 신관은 기실 유대교의 전통뿐 아니라 고대 그리스 종교와 철학에서도 공유되는 측면이다. H. D. Betz, *The Sermon on the Mount* (Minneapolis: Fortress Press, 1995), 330, 339, 343.

이런 차원의 외양에 치중한 위선으로 보였다. 이는 단순히 위선적 행태에 그치는 것이 아니라 신성모독과 무신론의 혐의로까지 번진다는 점에서 심각한 문제가 된다.[7] 이러한 종류의 가짜 경건을 통해 자기 영광을 높임으로써 모든 영광의 주인인 하나님의 몫을 갈취했기 때문이다. 그뿐 아니라 자신의 큰 흠(들보)을 보지 못한 채 타인의 작은 허물(티)을 꼬집어 정죄하는 세태와 관련하여(마 7:5; 눅 6:42), 또는 부모에 대한 도리를 이행하지 않는 핑계로 하나님을 들먹이는 '고르반'의 사례에 빗대어(마 15:7), 예수의 질타는 한결같이 '외식하는 자'에 초점을 맞추고 있다.

이러한 예수의 '외식' 비판은 가이사에게 세금을 바치는 문제와 관련한 그들의 탐문에 맞서 내면의 진의를 숨긴 채 상대방을 곤경에 빠트리기 위해 술수를 부리는 균열된 인간의 모습에도 고스란히 적용된다(마 22:18). 인정욕구에 매달리는 극장식 연기의 파토스는 마태복음의 맥락에서 두 가지 계통으로 수렴된다. 그 첫째가 종교 교사로서 권위 있는 자리에 앉아 선생으로 칭송을 받으려는 자기 과시적 동기라면, 둘째 항목은 앞서 산상수훈에서 예시된 제의적 삶의 자리이다. 전자와 관련하여 마태의 예수는 모세의 자리에 앉아 다양한 종교적 율법을 설파하면서 정작 자신은 그것의 실천에 마냥 무심한 이율배반을 꼬집는다. 그런가 하면 후자는 십일조 등의 온갖 헌물에 대한 열심을 강조하면서도 율법의 더 근본적인 원리인 정의와 긍휼과 믿음을 저버리는 전도된 삶의 행태에 비판을 가한다. 그것은 가볍게 보면 인간의 인정욕구에 대한 자연스러운 충족의 본능으로 치부될 수도 있다. 그러나 거기에 숨겨진 범죄의 역사를 들추어보면 이러한 형식주의적 종교의 행태로 빚어진 권력의 오도된 행사와 그로 말미암은 종교적 헌신의 음험한 뒤안길이 있음을 목격하게 된다. 이는 마태의 예수에게 그 외식과 불법으로 행사한 폭력과 죽임의 역사로 폭로되는데, 이로써 그는 선지자들의 무덤을

---

7 같은 책, 358.

만들고 의인의 비석을 꾸밈으로써 희생양을 거룩하게 떠받드는 식의 종교적 권위가 생겨나고 순환되는 그 이면의 체계를 적나라하게 보여준다(마 23:29).[8]

그 외식하는 종교적 인간의 유형과 관련하여 빚어낸 흥미로운 이미지가 바로 '회칠한 무덤'이다. 무덤에 회칠하는 것은 아마도 그 방수 효과 때문이었을 것이다. 그러나 그 부대 효과로서 표백 효과를 기대했으리라는 추측도 그리 무리는 아니다. 깔끔하게 보이기 위해 무덤을 그렇게 치장한 것이었을 테다. 예수는 그 무덤의 형태에서 자신의 불법과 폭력, 탐욕과 방탕을 감추기 위해 겉을 깨끗하게 단장하는 종교의 위선을 투시한다. 그것은 공중제의로서 불가피한 요소였을 테지만, 예수의 비판은 이 방면으로 일관되고, 그 비판의 골자는 인간됨의 궁극적 지평을 지향하는 듯 보인다. 당시의 정결제의 관행에 예리한 일침을 가하면서 그가 내뱉은 일갈은 다음과 같다: "눈먼 바리새인이여, 너는 먼저 안을 깨끗하게 하라. 그리하면 겉도 깨끗하리라" (마 23:26). 그들의 눈먼 상태, 곧 맹목의 종교적 열심은 그 종교의 본질과 궁극적 향방을 그르쳐 마침내 자신의 겉과 속의 가치를 뒤바꾸어버린다. 이는 마가복음의 정결 논쟁에서 예수가 말한 대로, 밖에서 안으로 들어가는 것이 인간을 더럽게 하기보다 안에서 밖으로 나오는 것이 인간을 더럽게 한다(막 7:14-15)는 이치와 상통한다.[9]

---

8 마태복음의 이 구절에 기초하여 종교적 희생과 폭력이 어떤 상관관계 아래 구조적으로 반복 순환하는지에 대한 고찰로 필자의 다음 졸고를 참조할 것: 차정식, "대를 잇는 희생의 한 계보," 『예수와 신학적 상상력』 (파주: 한국학술정보, 2008), 308-325. 아울러, 이러한 해석을 뒷받침할 만한 이론적 전거를 제시하는 중요한 연구로 르네 지라르/김진석 박무호, 『폭력과 성스러움』 (서울: 민음사, 1997).

9 하이키 레이제넨은 이 구절이 당시 유대인의 관점에서 너무 '급진적'이라고 보지만 불트만은 이를 예수의 진정한 어록으로 간주한다. 이와 관련한 연구사적 요약은 Adela Yarbro Collins, *Mark*, Hermeneia (Minneapolis: Fortress Press, 2007), 353-355. 흥미로운 점은 당시 대표적인 유대인 철학자 필론은 이와 관련하여 겉에서 들어가는 물질적인 것을 하찮은 것으로, 속에서 나오는 언어와 같은 신적인 속성의 것을 거룩한 것으로 각기 간주함으로써

이러한 예문들은 외관상 정결 제의에 대한 예수의 비판을 담고 있지만, 예수의 인간 이해에 중요한 단서를 내포하고 있다. 그것은 곧 이 땅의 인간들이 종교적 외양을 걸치고 행세할 때 겉과 속의 전도(顚倒)라는 모순된 현실에 직면한다는 점이다. 꼭 종교를 개입시키지 않더라도 이 땅의 인간들은 치장된 외면의 강도가 높을수록 극장식 연극배우 같은 연극적 자아에 더욱더 함몰되고 그 결과 내면의 악한 생각들(가령, 음란과 도둑질과 살인과 간음과 탐욕과 악독과 속임과 음탕과 질투와 비방과 교만과 우매함 등. 막 7:21-22)에 순치되어 그것에 대한 성찰적 자의식은 점점 더 약화한다. 예수에게 하나님의 형상대로 지으심을 받은 인간이 그 원형을 회복하여 구원을 이루는 길은 겉에 치우친 관심사를 벗어나 속을 살피는 자기 성찰적 구도와 수양의 삶을 지향하는 데 있다. 이는 하나님의 전폭적인 은혜 가운데 예수께서 깨친 토라의 본령대로 순종하는 제자로서의 삶과 무관치 않다. 나아가 이는 사람을 외양대로 취하지 않는 공평무사한 하나님의 속성과 일치하고 사람을 외모로 보지 않고 진리로써 하나님의 도를 가르치는(막 12:14) 예수의 원칙으로 수렴된다.

이러한 견지에 비추어 예수의 시선에 포착된 동시대 인간의 문제는 곧 '종교적 인간'(homo religiosus)의 비애였던 것으로 보인다. 인간의 종교적 욕구는 사밀한 경건의 반경에 머물지 못한다. 대중 집회와 공중의 제의에서 꼭 극장식 연기를 연출하며 다수 인간을 통하여 하나님으로부터 간접적 인정을 받으려는 격식을 추구하기 때문이다. 그것은 곧잘 권력화되고, 그 권력은 종교적 휘장으로 가려져 합법적인 억압과 폭력을 행사하며 그 결과 수많은 상처와 죽음이 양산된다. 그들은 스스로 겉의 인간에 집착하여 속의 인간을 찾지 못하므로 스스로 하나님의 나라에 못 미칠뿐더러, 그리로 들어가려는 자들까지 족쇄를 채워 훼방하는 짓을 일삼는다. 여기에 예수가 파악

겉과 속의 위상을 정반대로 보았다는 것이다.

한 종교의 현장에 몸담은 극장식 인간이 극복해야 할 연극적 자아의 실존적 수렁이 있다. 동시에 인간의 회복에 기여하는 진정한 종교적 경건의 요체가 사적인 경건에 있으며 은밀하신 하나님이 인간의 은밀한 행동을 은밀하게 보고 판단하신다는 지혜신학의 보편적 유산이 있다.[10] 그 사밀(私密)함이 종교라는 대중적 체제에 볼모로 잡힌 곳에서 극장식 인간의 온갖 행태인즉, 곧 외식의 논리(또는 생리)를 선회할 뿐이다. 예수가 본 회칠한 무덤으로서의 종교적 인간의 얼굴은 오늘날 소비사회의 가짜 욕망과 결부된 상태에서 또 다르게 변용되어 숱한 거품을 양산하고 가면의 얼굴을 제조해내고 있건만,[11] 정작 우리를 절망케 하는 것은 그 가면 뒤의 얼굴도 가면이라는 제의적 인간학의 극단적 메시지이다.

2. 바울의 옛사람/새사람, 겉사람/속사람

예수와 마찬가지로 바울의 인간론 역시 겉과 속의 잣대로 갈린다. 그러나 그 겉/속의 사람이 개념화되는 방식과 그 함의는 사뭇 다르게 펼쳐진다. 바울은 겉과 속의 인간을 조명하는 것과 병행하여 '우리의 옛사람'을 언급함으로써 특정 시점을 중심으로 인간의 존재론적 위상이 전환되고 있음을 시사한다. 바울의 친필서신 가운데 유일하게 '옛사람'을 언급하는 지문은 다음과 같다: "우리가 알거니와 우리의 옛사람이 예수와 함께 십자가에 못 박힌 것은 죄의 몸이 죽어 다시는 우리가 죄에게 종노릇 하지 아니하려 함이니 이는 죽은 자가 죄에서 벗어나 의롭다 하심을 얻었음이라"(롬 6:6-7).

---

10 물론 산상수훈의 해당 맥락에서는 하나님의 은밀함은 하나님의 전지함을 강조하기 위해 전제된다. 하나님의 은밀함에 대한 지혜문헌의 대표적인 한 증거는 전도서 3:11의 다음 구절일 것이다: "하나님이 하시는 일의 시종을 사람으로 측량할 수 없게 하셨도다."

11 이에 대한 비판적 고찰은 강성영, "소비사회의 인간 이해: '광고'를 통해 본 욕구와 한계의 변증법," 「신학사상」 138(2007 가을), 203-224.

'우리의 옛사람'(ὁ παλαιὸς ἡμῶν ἄνθρωπος)은 우리 안에 있는 인간의 특정한 부분을 가리키지 않는다. 이 개념은 세례의 신학적 의미를 논하는 맥락에서 제시되고 있다. 곧 모든 인간은 예수의 이름으로 세례를 받음으로써 그와 함께 매장되는 중생 이전의 단계와 그와 함께 다시 일어나는 동작에 표상되는 부활의 단계로 그 삶의 의미와 가치가 갈리는데, 전자의 삶을 특징짓는 메타포가 바로 '옛사람'이다. 바울은 이에 대한 대립적 개념으로 '새 생명'을 제시하는데, 그것은 이어지는 논의의 맥락에서 "죽은 자가 죄에서 벗어나 의롭다 하심을 얻는" 사건으로 묘사된다. 요컨대 '옛사람'은 모든 인간이 죄의 몸을 숙주로 삼아 살면서 죄와 율법과 죽음으로부터 해방되지 못한 옛 시대의 존재 양태라 볼 수 있다.[12] 다시 말해 하나님의 의로 나타난 예수 그리스도의 복음에 접속되지 못한 구원 이전의 상태인 셈이다. 바울의 논의 맥락에 의하면 그 옛사람의 상태에서 인간은 부활의 종말론적 소망을 품지 못하며 하나님의 은혜 아래 거하지 못하는 죄의 노예일 수밖에 없다.

바울은 로마서를 비롯한 그의 친필 서신에서 옛사람과 응당 대칭될 법한 새사람을 직접 언급하지 않는다. 그러나 후기 바울 서신으로 알려진 에베소서와 골로새서는 다시 이 개념을 더 보편적인 구원론의 문맥 속에 재배치하여 바울식 인간론의 세대론적 유형을 확대 발전시킨다. 가령 골로새서 3장 9-10절을 통해 옛사람/새사람의 대립을 가시화한다.

땅에 있는 지체를 죽이라. 곧 음란과 부정과 사욕과 악한 정욕과 탐심이니 탐심은 우상숭배니라. 이것들로 말미암아 하나님의 진노가 임하느니라.

---

12 이와 유사하게 피츠마이어는 '옛사람'을 '옛 자아'(old self)라고 해석하면서 다음과 같이 설명한다: "한 때 우리 자신이었던 모습, 옛 세대에 속하는 자아, 죄에 지배받고 진노에 노출된 자아"(the self we once were, the self that belongs to the old aeon, the self dominated by sin and exposed to wrath"). Joseph A. Fitzmyer, *Romans* (New York: Doubleday, 1993), 436.

너희도 전에 그 가운데 살 때에는 그 가운데서 행하였으나 이제는 너희가 이 모든 것을 벗어버리라. 곧 분함과 노여움과 악의와 비방과 너희 입의 부끄러운 말이라. 너희가 서로 거짓말을 하지 말라. **옛사람**(τὸν παλαιὸν ἄν-θρωπον)과 그 행위를 벗어 버리고 **새사람**(τὸν νέον)을 입었으니 이는 자기를 창조하신 이의 형상을 따라 지식에까지 새롭게 하심을 입은 자니라. 거기에는 헬라인이나 유대인이나 할레파나 무할레파나 야만인이나 스구디아인이나 종이나 자유인이 차별이 있을 수 없나니 오직 그리스도는 만유시요 만유 안에 계시니라(골 3:5-11).

여기서 옛사람과 새사람의 대립이 옷을 벗고 입는 행위를 묘사하는 분사로 표현되었다는 점이 흥미롭다. 이는 명백히 세례식에서 물에 들어갈 때 입은 옷을 벗고 세례식이 끝난 뒤 새 옷을 입었던 의식에서 유추된 개념이다. 로마서 6장의 세례 신학적 문맥이 여기까지 접속되어 그 흔적을 남긴 것으로 보인다.[13] 흥미로운 것은, 벗어버리는 옛사람과 새로 입는 새사람이 단순히 그리스도론적 신앙고백이나 새 창조와 중생의 교리 장치로서 이신칭의에 머물지 않고 그것과 함께 수반하는 윤리적 악덕과 부도덕한 행위를 문제 삼고 있다는 점이다. 원문의 해석을 그대로 풀면, 옛사람의 청산은 반드시 "그의 행위와 함께" 동시적으로 실행되어야 한다. 그것은 앞서 제시한 악덕의 목록에 내포된 온갖 죄악된 행위의 청산이 옛사람의 벗음과 새사람의 입음이란 전환에서 나타나야 한다는 것이다.[14]

---

13 로마서 6장의 세례 신학적 문맥은 갈라디아서 3:27의 그것과 더불어 바울의 새 생명 사상에 중요한 밑바탕을 제공한다. 기실 바울에게 세례는 제의적 의식으로서의 중요성보다 그 신학적 의의에 강조점이 있는 것이 분명해 보인다. 로마서 6장 세례신학의 문맥과 관련해서는 Hans Dieter Betz, "Transferring a Ritual: Paul's Interpretation of Baptism in Romans 6," Troels Engberg-Pedersen, ed., *Paul in His Hellenistic Context* (Minneapolis: Fortress, 1995), 84-118.

14 로제에 의하면 여기서 '새사람'은 하나님의 형상과의 일치를 가리키는데, 로마서 8:29의 동

이는 바울의 구원론을 행위 없는 믿음의 결과로 보기보다 행위를 수반하는 구원으로 볼 만한 중요한 전거를 제시한다.[15] 동시에 흥미로운 점은 새사람에 대한 정의이다. 그것은 "자기를 창조하신 이의 형상을 따라 지식에까지 새롭게 하심을 입은 자"로 규정된다. 이 대목에서 새사람은 곧 창조주 하나님의 형상을 회복하는 것과 무관치 않다. 그 형상의 정의에 대해 논의가 분분하지만 골로새서의 해당 문맥에 의하면 그것은 앎의 갱신에 있는 것처럼 보인다. 여기서 말하는 '지식'(ἐπίγνωσις)이 구체적으로 무엇을 가리키는지 명확하지 않다. 그것은 예수 그리스도를 구세주로 아는 지식일 수도 있겠지만, 본문의 앞부분에 예시된 죄악에 대한 분별력을 암시하는 듯 비치기도 한다. 여하튼, 옛사람의 청산과 새사람으로의 전환에서 지식의 갱신이 문제시된다는 점이 중요하다. 이 가운데 시사되는 점은 바울신학의 인간론이 구원론의 배경과 함께 결과로 기능하지만 거기에 신학적 윤리학의 실천적 항목이 배제되지 않는다는 것이다.

바울의 인간론에서 옛사람/새사람의 은유가 어디서든 동일한 함의로 운용되는 것은 아니다. 가령, 에베소서 2장 13-16절의 예문에서,

> 그는 우리의 화평이신지라 둘로 하나를 만드사 원수 된 것 곧 중간에 막힌
> 담을 자기 육체로 허시고 법조문으로 된 계명의 율법을 폐하셨으니 이는
> 이 둘로 자기 안에서 **한새사람**(ἕνα καινὸν ἄνθρωπος)을 지어 화평하게 하
> 시고 십자가로 이 둘을 한 몸으로 하나님과 화목하게 하려 하심이라

문구가 '미래의 성취'(future fulfilment)를 염두에 둔 것이라면 골로새서 본문에서 그 '새 사람'은 '현존하는 실재'(present reality)로 인식된다. E. Lohse, *Colossians and Philemon*, tr. by W. R. Poehlmann & Robert J. Karris (Philadelphia: Fortress Press, 1971), 142.

15 바울신학에 나오는 이 주제에 대한 논의로는 권연경, 『행위 없는 구원?』 (서울: SFC, 2006).

는 진술이 암시하듯, 여기서 '새사람'은 율법을 모르던 이방인과 율법을 추종하던 유대인의 장벽을 허문 예수 그리스도의 대안적 인간형을 표상하며 화합과 통일을 지향하는 새로운 피조물로 이해된다. 앞의 골로새서 예문과 비교하여 이곳에 사용된 형용사 표현(νέος/καινός)의 차이를 과장할 필요는 없다.16 다만 이 새사람은 바울에게 세대의 분할뿐 아니라 존재의 차이를 가져온 그리스도 사건의 의미가 바울신학의 인간론과 접맥된 형국으로 보인다. 물론 그렇다고 에베소서에서 이러한 바울의 통합적 인간론이 예의 골로새적 윤리적 인간론을 배제하는 것은 아니다. 에베소서에서도 앞서 논의한 골로새서의 윤리적 인간론은 일관된 세례신학의 휘장을 걸치고 유사하게 변용되고 있기 때문이다. 가령 "너희는 유혹의 욕심을 따라 썩어져 가는 구습을 따르는 옛사람(τὸν παλαιὸν ἄνθρωπον)을 벗어버리고 오직 너희의 심령이 새롭게 되어 하나님을 따라 의와 진리의 거룩함으로 지으심을 받은 새사람(τὸν καινὸν ἄνθρωπον)을 입으라"(엡 4:22-24)는 훈계는, 진리이신 예수로부터 듣고 그 안에서 가르침을 받은 결과 마땅히 드러나야 할 새로운 삶의 윤리적 지평을 가리킨다. 이 또한 구원의 선결 조건과 함께(세례신학) 그 후속 결과로 제시되고 있음으로 미루어 골로새서의 선행 예문이 보여주는 신학적 윤리학의 세계와 겹쳐지는 것으로 볼 수 있다.

세대론적 배경을 깔고 세례신학의 맥락을 걸친 바울의 옛사람/새사람의 인간론이 일회적인 사건을 염두에 두고 있다면, 이와 병치되어 제시된 겉사람/속사람의 인간론적 유형은 새 시대의 새사람이 된 연후의 신앙적 성취와 연계된 지속적인 과정을 강조하고 있다.17 바울이 이와 관련하여 그

---

16 로제는 그 두 단어의 의미를 동일한 것으로 파악한다. E. Lohse, 앞의 책, 142.

17 이 '겉/속사람'의 개념에 대한 연구사적 개관과 비평적 점검을 위해서는 Hans Dieter Betz, "The Concept of the 'Inner Human Being' (ὁ ἔσω ἄνθρωπος) in the Anthropology of Paul," *NTS* 46/3(2000), 315-341. 이 논문의 핵심 논지는 바울이 어떤 경로로 이 개념을 알게 되었고 어떤 맥락에서 어떤 의미로 사용되었는지에 초점이 맞추어졌다. 베츠는 바울

의 서신에서 언급한 지문은 후기 바울 서신(에베소서)을 포함하여 다음 세 군데가 전부다.

그러므로 우리가 낙심하지 아니하노니 우리의 **겉사람**(ὁ ἔξω ἄνθρωπος)은 낡아지나 우리의 **속사람**(ὁ ἔσω)은 날로 새로워지도다. 우리가 잠시 받는 환난의 경한 것이 지극히 크고 영원한 영광의 중한 것을 우리에게 이루게 함이니 우리가 주목하는 것은 보이는 것이 아니요 보이지 않는 것이니 보이는 것은 잠깐이요 보이지 않는 것은 영원함이라(고후 4:16-18).

내 **속사람**(τὸν ἔσω ἄνθρωπον)으로는 하나님의 법을 즐거워하되 내 지체 속에서 한 다른 법이 내 마음의 법과 싸워 내 지체 속에 있는 죄의 법으로 나를 사로잡는 것을 보는도다(롬 7:22-23).

이러므로 내가 하늘과 땅에 있는 각 족속에게 이름을 주신 아버지 앞에 무릎을 꿇고 비노니 그의 영광의 풍성함을 따라 그의 성령으로 말미암아 너희 **속사람**(τὸν ἔσω ἄνθρωπον)을 능력으로 강건하게 하시오며 믿음으로 말미암아 그리스도께서 너희 마음에 계시게 하시옵고 너희가 사랑 가운데서 뿌리가 박히고 터가 굳어져서 능히 모든 성도와 함께 지식에 넘치는 그리스도의 사랑을 알고 그 너비와 길이와 높이와 깊이가 어떠함을 깨달아 하나님의 모든 충만하신 것으로 너희에게 충만하게 하시기를 구하노라(엡 3:14-19).

이 고린도교회 내에 활성화된 중간기 플라톤 철학의 영육 이원론적 인간론에 대한 논의에 그 나름의 답변을 요구받는 상황에서 자신의 동역자들(적대자들이 아니라)과의 대화를 통해 이 개념을 선택하여 나름의 맥락(인간론적 기독론적 구원론적)에서 변용했다고 주장한다. 아울러 바울은 이 개념을 통해 플라톤 철학의 이원론적 인간론에 대한 나름의 대안을 제시한 것으로 평가된다.

위의 예문에서 고린도후서의 경우만 겉사람과 속사람의 대립적 표현을 담고 있을 뿐, 다른 두 지문은 속사람을 일방적으로 강조하고 있다. 고린도후서의 관련 맥락에서 우리는 '속사람'의 개념에 플라톤 철학으로 소급되는 불멸하는 신적인 영혼의 세계 또는 정의를 강화하는 지성의 차원이 내포되어 있음을 짐작할 수 있다.[18] 그것은 그 영혼을 담고 있는 육체의 소멸적 가치와 대립적인 관계로 인식되곤 하였다. "보이지 않는 것은 영원함"이라는 진술도 액면 그대로 떼어놓고서 보면 다분히 플라톤적 세계관의 재현이다. 그 세계관에 투사된 인간론인즉 영원불멸의 인간적 구성분자로 영혼을 설정할 수 있었을 터이고, 그것을 '속사람'의 개념 속에 투사하는 것은 자연스러운 은유적 발상이었을 것이다. 그러나 이러한 개념을 운용함에 있어 바울은 그것을 고스란히 문자적으로 수용하거나 '심리적 이원론'의 차원으로 이해하기보다 자신의 신학적 인간론 가운데 변용함으로써 재맥락화하는 길을 개척한 것으로 보인다.[19] 예의 고린도후서 맥락에서 '속사람'은 주어진 환란의 현실을 감내하며 그것을 극복하여 하나님의 영원한 약속을 바라보

---

18 이와 관련된 대표적인 지문은 Plato, *Republic* IX 589이다: "정의의 지지자는 자신이 말하고 행하는 모든 것 가운데 속사람(ὁ ἔντος ἄνθρωπος)을 강하게 만드는 것을 목표로 삼아야 한다고 답변한다." 이와 유사한 계통의 인간론적 인식으로는 Epictetus II vii. 3의 '속의 선견자'(Τόγ μάγτςγ ξοω); *Corpus Hermeticum* xiii. 5(속에 존재하는 신); Philo, *Quod Det. Pot.* 22f. (각자의 영혼에 거하는 사람) 등이 있다. C. K. Barrett, *The Second Epistle to the Corinthians* (Peabody, MA: Hendrickson Publishers, 1973), 145-146. 쥬엣은 바울이 이 개념을 고린도의 영지주의자들에게 취한 것으로 주장하는데, 고린도에 활동한 영지주의자들의 존재 자체를 증명하기 어렵다는 점에서 그 근거는 희박하다. R. Jewett, *Paul's Anthropological Terms* (Leiden: E. J. Brill, 1971), 391-401.

19 바렛이 이 두 개념을 '심리적 이원론'과 무관한 것으로 파악한 점은 옳아 보이지만, 그는 이 두 개념과 선행하는 '옛/새사람'의 세밀한 차이를 외면하고 있다. 앞의 책, 146-147. 그에게 이 양자의 개념군은 유사한 함의를 지닌다. 그러나 후술하겠지만 저자가 볼 때 이 두 개념군은 그 인간론적 공통분모에도 불구하고 화용론적 맥락에서 미세한 차이를 내비치고 있다. 가령, 예레미아스에 의하면, 겉사람이 인간의 육체적 유한성의 측면을 부각시키고 속사람이 불멸하는 하나님 지향적인 인간의 측면을 강조한다면, 옛사람은 회심하지 않은 사람의 죄악된 존재성을 암시하고 새사람은 그리스도로 회심하여 새로워진 존재를 가리킨다. Jeremias, 앞의 글, 365.

4장 _ '속사람'의 신학적 인간학과 대안적 인성 계발 | 101

는 신앙적 자아의 기표로 읽힌다. 그러한 극단의 역경 가운데 연약한 육신을 표상하는 '겉사람'이 지치고 망가질지라도 '낙심'하지 않는 것은 육신의 퇴락 너머 그리스도와 합하여 부활하는 구원의 완성을 바라보기 때문이다. 그것은 예수 그리스도를 통해 제시된 언약적 소망의 근거로서 이해할 수 있다. 그것은 완성태가 아니라 '날로 새로워지는' 도상의 과정에서 자신과의 싸움, 이 세상의 현실과의 대결이란 일상적인 현장을 통과해야 한다.

이러한 맥락에서 로마서의 그 '속사람'은 내면의 신앙적 양심을 가리키는 듯 보인다. 주변 논의의 맥락이 그것과 대척점에서 선한 것이 거하지 않는 육신을 표나게 조명하고 있기 때문이다(롬 7:18). 결국 육신의 욕망이 선한 의욕으로 발동되지 못하고 그 탐욕의 굴레에 속박될 때 죄의 숙주로서 그 육신인즉 '겉사람'의 표상이 아닐 수 없다. 다만 고린도후서의 경우와 다른 점은, 그 속사람과 겉사람의 대결이 환란을 유발하는 외부적 환경보다 선한 의욕을 꺾는 또 다른 자아와 그것을 부추기는 자신의 탐욕과의 싸움을 강조한다는 것이다. 또한 그 '속사람'이 영원을 내세워 자신의 현재를 저당잡힌 것이 아님은 하나님의 법을 즐거워하는 현재의 기능이 죽어 있지 않기 때문이다.

이와 관련하여 에베소서의 해당 지문은 우리의 '속사람'이 양육되어야 할 대상임을 직시한다.[20] 바울의 기도 가운데 '속사람'은 믿음과 사랑으로 더욱 강건하게 자라나 그리스도의 사랑과 하나님의 충만에 이르는 목표를 지향하고 있다. 이와 같이 바울에게 '속사람'의 인간론은 곧 분열된 자아에 대한 신학적 성찰과 육체적 존재로서의 한계를 떨치고 보이지 않는 미래와

---

20 링컨은 '속사람'의 개념이 바울 서신에서 '마음'을 가리키는 헬라어의 두 어휘(καρδία/voῦς)로 변용되어 나타난다고 설명한다(καρδία/heart—고후 4:6, 5:12; 엡 3:17a; voῦς /mind—롬 7:22; 엡 4:23). 그러나 그는 이 두 종류의 '마음'이 각기 다른 함의를 지닌 채 왜 '속사람'이라는 동일한 개념에 접속되어 사용되었는지를 해명하지는 못한다. Andrew T. Lincoln, *Ephesians*, WBC 42 (Nashville: Thomas Nelson, 1990), 205-206.

영원을 지향하는 개념이다. 그 목표와 맞물려 신앙적 훈련이 강조되고 영성의 배양이 요청된다는 점에서 이는 앞의 '새사람' 개념보다 한층 더 실천적인 층위를 갖는다. 이 모든 미완의 과제에 당면하여, 그 장애물이 환란의 외부적 환경이든, 분열하는 자아에 대한 실존의 고뇌이든, 아니면 미숙한 믿음과 사랑의 문제이든, 그 모든 것을 극복하고 신앙적 자아를 건강하게 확립하기 위해서는 앎의 계몽적 기능과 함께 신학적 깨달음이란 요건이 전제된다. 여기서 특히 흥미로운 점은 바울의 그 '속사람'이 속으로 자폐된 채로 저 홀로 심오한 심연의 자아가 아니라 하나님의 충만을 향해 무한히 열려 있는 개방적 모험을 지향하고 있다는 점이다.

III. '온전한 인간'의 전망과 대안적 인성 계발

1. 회복된 인간의 신학적 이념형

앞서 살핀 대로 예수의 인간 이해는 겉에 치중하고 극장식 연기를 통한 인정욕구에 매달리며 외식을 일삼는 제의적 인간형에 대한 일관된 비판과 함께 자신의 내면을 살피고 제대로 관리하는 대안적 인간형을 제시했다. 마음이 청결한 자의 복에 대한 선언(마 5:8)이 이와 통하고 속을 깨끗하게 하면 겉도 깨끗해지리라는 교훈(마 23:26)도 이와 상관된다. 이는 바울과는 다른 차원에서 그 나름의 방식으로 새사람의 가능성과 속사람의 정당성을 보여준 것으로 이해된다. 예수에게는 새사람을 인증하고 속사람을 뒷받침하는 신학적 기제로서 인간의 갱신을 단번에 추동하는 바울의 십자가 사건 같은 전환점 또는 분기점이 보이지 않는다. 그렇다고 그러한 인간의 자기 변혁이 기도 등과 같은 경건의 행위를 통해 간편히 성취되리라고 예언하지도 않는다. 다만 그는 기도나 금식, 구제와 봉헌 등의 종교적 경건 행위가 남의 이목을 집중시켜 인정받으려는 수단으로 전락할 때 '회칠한 무덤'이 되는 역전의 결과에 사람들의 주의를 환기시켰을 뿐이다. 이러한 행위를 바로잡고 대안적 인간으로 거듭나는 길은 역설적이게도 또 다른 행위에 의해 비롯된다. 물론 그 행위는 인간의 삶이 표현되는 총체적 채널로서의 행위이다. 그것은 특정한 방향을 선택하여 걷는 '보행'에 비견될 수 있다. 자신의 분열하는 욕망을 다스리며 그 에너지를 몸의 특정 동선에 집중할 때 그것이 삶의 버릇을 만들고 품성을 부양하며 자신의 말초적 갈망을 넘어 행동하는 초월적 의지를 기르게 되는 것이다.

예수는 그렇게 구하고 찾고 두드리는 탐구와 발견의 정점에서 인간이 추구해야 할 대안적 삶의 가치를 보았다. 그 기본 방향은 이를테면 하나님의 뜻대로 행하는 것이고 하나님의 나라와 의를 구하는 삶의 실천이다. 달리 말하면 그것은 하나님 사랑과 이웃 사랑에 터하여 자신의 존재론적 의미와 사명을 이행하는 삶의 방식이다. 예수는 단순히 겉과 속을 일치시키라고 권면하지 않는다. 다만 겉과 속의 불일치로 인한 위선의 종교가 어떻게 외식적인 인간을 만드는지 혹독한 비판과 함께 고도의 성찰을 요구할 뿐이다. 나아가 빛이라 여겼던 내면이 온통 어둠일 수 있는 전복적 가능성(마 6:22-23)까지 염두에 두고 자기 속내를 살피면서 내실을 기할 때, 그것이 진정한 의미에서 하나님의 뜻을 이루는 삶의 길이라고 가르친다. 이렇듯 온전한 인간됨과 관련하여 제자들을 향한 가르침과 삶의 실천을 아우르는 그 모든 과정에서 예수는 자신과 세상에 대한 섬세한 통찰과 탐구, 단호한 각성과 예기치 않은 자기 발견의 의욕을 중시한 것으로 파악된다. 이 대목에서 예수의 신앙관은 하나님의 포괄적 섭리와 은혜를 전제로 자기 수양과 갱생을 추구하는 자력 신앙의 측면이 엿보인다. 아울러 인간으로서 자신의 존재 의의를 망실한 채 소외되거나 심신이 망가져 정상적인 사회적 인간으로 살 수 없는 자들에 대한 치유의 중요성도 강조되어 예수의 일상 사역을 통해 실천된다.

요컨대, 예수에게 온전한 인간으로서의 회복은 하늘 아버지의 온전하심을 닮아나가는(imitatio Dei, 마 5:48) 하나님의 나라 인간형에 초점을 맞추고 있다. 자신과 이웃에 대한 새로운 발견이든, 이를 통해 추동되는 하나님의 사랑과 은혜에 대한 각성이든, 예수의 인간 이해는 철저하게 제의적 모델의 예전적 인간형을 넘어서고 있다. 그것은 굳이 말하자면 가야 할 방향과 추구해야 할 목표가 뚜렷한 일상의 실천적 인간형이자 자신과 타자를 향한 무궁한 탐구를 격려하는 자기 계발적이고 소통적인 인간형이라고 할 수 있다. 또는 가난한 자와 병자의 삶의 통전적 회복을 통해 목격하는 생명 지향적인 생태적 인간형을 그 신학적 인간학의 대안으로 추출할 수 있을 것으로 보인다. 예수는 분명히 인간에게 잠재된 무궁한 긍정적 가능성을 보았다. 비록 그것이 모두 은총의 선물일지라도, 볼 만한 눈이 있고 들을 만한 귀가 있는 자의 몫이라는 점에서 예수는 인간의 존재 가치와 자기 성장의 그 미래적 지평을 특정 범주의 규범화된 틀 속에 묶어두지 않은 듯하다. 특히 그의 '회칠한 무덤'론은 특정 종교 체계의 인습에 묶인 인간의 불가피한 실존적 그늘을 적시했다는 점에서 규격화된 인간론의 극복을 위한 비판적 성찰의 압권이라 할 만하다.

한편 바울신학의 맥락에서 모든 인간은 그리스도를 만나기 전과 후로 쫙 갈린다. 연대기적 시간과 공간 개념을 뛰어넘고 그 대상의 편향적 범주까지 초월한다. 그리하여 그리스도의 십자가 사건과 부활의 소망에 믿음으로 동참하느냐 여부에 따라 우리는 청산해야 할 '옛사람'과 새로운 정체성으로 수용해야 할 '새사람'의 분기점에 선다. 그것은 획기적인 일회적 사건으로 자리매김될 뿐 아니라, 시공을 초월하여 관련된 모든 사람의 단호한 결단을 요구한다는 점에서 일종의 초월적 인간형과 결단적 인간형의 범주로 특징지어질 수 있다. 이와 병치되는 또 다른 개념으로 '겉사람/속사람'의 대립적 구도는 선행하는 '옛사람/새사람'의 구도를 일회적 사건에서 평생의 과정으로 이완시켜주는 것으로 확인되었다. 우리의 인간적 실존 가운데 비록 '새사람'의 원형은 자리 잡았지만, 그 새사람을 '온전한 사람'으로 가꾸어가야 할 삶의 여정은 변함없는 것이다.

따라서 여전히 현재진행형으로 그리스도인에게 남아 있는 육체적 실존과 그로 인한 범죄의 여건, 나아가 우리를 둘러싼 고난과 역경의 제반 환경은 욕망의 존재로서 감당해야 하는 '겉사람'의 굴레를 단번에 청산할 수 없게 한다. 그러나 육신의 노화와 욕망의 풍화 과정과 맞물려 믿음과 사랑의 실천적 여정에서 우리는 그 '겉사람'이 점차 낡아지고 쇠락해가는 궤적과 동시에 '속사람'의 성장과 발전을 경험할 수 있다.[21] 그것은 신앙적 인간의 진보라 이를 수 있겠는데, 이는 눈에 보이지 않는 영원한 것을 바라보며 내면의 선한 양심과 의지를 북돋아 죄악된 현실과 싸워 이겨낼 때 획득되는 결과이다. 물론 저절로 이루어지지 않기 때문에 그것을 부양해야 하는 내적인 필요와 성령의 도우심이 요청된다. 바울에게 속사람의 지향이 그리스도의 장성한 분량과 하나님의 충만으로 열려 있었다는 점에서 이는 인간의 계발과 성장에 규범적 제한을 가하지 않은 예수의 대안적 인간형과 구조적인 유사성을 띤다고 볼 수 있다. 아울러 에베소서의 맥락이 그러하듯 속사람의 성취를 위해 유난히 '앎'의 중요성이 강조된다는 점 또한 자신의 어둔 속내와 치장된 바깥의 균열에 대해, 또 자신의 생명에 내장된 무궁한 잠재력의 은총에 대해 감각적 발견과 지각적 깨달음을 강조한 예수의 경우와

---

21 물론 바울은 속사람과 겉사람의 위상을 분리적 관계에서 파악하기보다 현재의 삶 가운데 통합되어있는 존재로 본다. 바울에게 겉사람과 속사람의 상관관계는 아담-인간론에서 그리스도-인간론에 이르기까지 신화/역사적 전개 과정을 통해 이해되고, 현세뿐 아니라 내세에서 그리고 부활과 그리스도의 재림, 최후의 심판에 두루 걸쳐 통일된 실체로 인식된다. Betz, "The Concept of the 'Inner Human Being'," 340.

일맥상통한다.

결국 바울신학의 흐름 가운데 옛사람을 넘어 새사람으로 결단하는 초월적 인간형이 후패하는 한시적인 겉사람을 이기고 영원을 향한 속사람을 추구하는 도전적이고 수양적인 인간형과 만나 온전한 대안적 모델을 제시한 것으로 볼 수 있다. 실제로 에베소서는 '온전한 사람'이란 개념을 조형하면서 그 이상적 모델을 전망한 바 있다.

> 우리가 다 하나님의 아들을 믿는 것과 아는 일에 하나가 되어 **온전한 사람**
> (ἄνδρα τέλειον)을 이루어 그리스도의 장성한 분량이 충만한 데까지 이르
> 리니 이는 우리가 이제부터 어린아이가 되지 아니하여 사람의 속임수와
> 간사한 유혹에 빠져 온갖 교훈의 풍조에 밀려 요동하지 않게 하려 함이라
> (엡 4:13-14).

이 구절은 옛사람과 새사람의 교훈 직전에 나오는데, 그리스도의 장성한 분량을 강조한다는 점에서 앞서 다룬 '속사람'의 인간형과 유사한 개념으로 보인다.[22] 이를 '어린아이'의 유형과 대조한 것으로 미루어 바울이 고린도전서 13장 11절에서 언급한 대로 말과 생각과 행동에 있어 유치한 단계를 넘어 성숙한 인간을 지향하라는 교훈과 통하기도 한다. 다만 여기서는 세상의 기만적인 풍조에 휩쓸려 그 유혹에 흔들리는 세태를 경계한 추가적인 권면이 나오고 이 모든 교훈이 건강한 교회의 유지와 성장을 촉구하는 교회론적인 맥락에서 다루어지고 있다는 점이 특기할 만하다. 무엇보다 특징적인 사항은 '온전한 사람'이 '하나님의 아들을 믿는 것과 아는 일에 하나가 되는

---

22 아봇에 의하면 이 '온전한 사람'의 개념은 성숙의 함의와 함께 에베소서 2:15에서 그리스도를 지칭하는 '한 새사람'과 일치하지만, 그 실현의 때가 현재의 시점을 가리키는지 아니면 미래의 시점을 나타내는지는 확실하지 않다. T. K. Abbott, *The Epistles to the Ephesians and to the Colossians* (Edinburgh: T. & T. Clark, 1979), 121.

상태'로 정의된다는 점이다. 이는 교리적 예전적 전범에 따른 외형적 신앙고백이 내면의 지적인 양심과 어긋나는 균열의 상황을 미리 경계하거나 그리스도론적 신앙고백이 그 내용을 세세히 알고 이해하지 못한 채 자동적인 기계장치의 회로에 저당 잡힐 우려를 내비치는 듯하다. 또 달리 보면 믿음과 앎이 하나가 된다는 것은 예수가 질타한 '회칠한 무덤'을 넘어 지성과 영성이 교호하며 욕망의 자가당착과 심리적 이반이나 균열을 적절히 제어하는, 균형 잡힌 통전적인 인간됨의 요청으로 확대 해석될 만한 여지를 남기고 있다.

2. 대안적 인성과 당면과제

예수의 경우에서 보듯 겉과 속의 분열과 괴리는 외식하는 제의적 욕망을 증폭시키는 예전적 인간형을 양산한다. 이 땅에 수많은 종교적 인간의 존재에도 불구하고 억압과 폭력이 극성을 부리고 공의와 평화가 실종되는 현실이 엄존하는 것은 '회칠한 무덤'이 창궐하는 이 세상의 현상과 무관치 않다. 그러나 속을 깨끗하게 하면 겉도 깨끗해진다는 그의 교훈은 인간론의 복잡다단한 지식과 함께 그 동시대적 맥락을 상실하면 무기력한 동어반복적 구호로 전락할 뿐이다. 속을 깨끗하게 하려는 숱한 종교 제의적 활동과 함께 그 열정이 넘칠수록, 겉과 점점 더 심각하게 불일치하는 자기 균열의 실상을 미봉하기 위해 또 다른 회칠한 무덤들이 만들어지기 때문이다. 예컨대 자기를 비우고 겸비하기 위해 또 그것을 종교적인 규범 속에 정당화하기 위해 얼마나 많은 것을 채워 넣어야 하는지 그 역설적 곤경을 주목해야 한다. 그래서 자기를 비움으로 거룩하게 되려는 욕구조차 비워내야 한다는 메타적 성찰이 요청되는 것이다. 이 대목에서 "오호라, 나는 곤고한 자로다"라고 탄식한 바울의 실존적 고백이 강한 울림을 동반한다. 그것은 분열하는 자아에 대한 명민한 성찰을 제공함으로써 율법의 기능을 긍정하면서 그 구원론적 제약을 지적하려는 의도를 담고 있었다. 그러나 이 고백에 동참할 수밖에 없는 우리는 이 시대에 분열하는 인간의 욕망과 그것이 만들어놓은 인간론적 심연 앞에 점점 더 아득해지곤 한다. 그리스도교를 비롯한 여러 종교가 그 미망을 해소하고 설득시키기 위해 다양한 방안을 계발하고 실천적 수양의 방법을 제시하지만, 그 단순성에의 회귀가 복잡한 인간 세상의 현실을 명쾌하게 설명하는 수준에는 미치지 못하고 있다. 오히려 근래에 눈부시게 발전한 인문사회과학의 관련 분야에서 제출한 이론들이 인간에 대한 순진한 이해와 단순한 해법의 요령부득을 넘어 그 총체적 인식의 활로를 열어가고 있다.

21세기 인간론의 요체는 각종 몸의 담론과 결부된 다양한 욕망론이다.[23] 그것도 균열적인 인간의 실존에 공명하는 정신 분열적 욕망의 이론이 왕성하게 넘쳐난다. 구약성서의 현실주의 지혜 신학에 연이어 예수도 우회적으로 인정한 대로, 인간은 견물생심의 욕망과 함께 자기애를 지니고 있고 안락한 생존과 번영의 욕망을 추구하고 있다. 이에 한 걸음 더 나아가 인간의 욕망은 집요하게 이야기하려는 강한 자기 발화의 욕망과 인정욕구를 통해 대사회적 자기실현의 갈증을 평상심 가운데 품고 살아간다.[24] 이러한 제반

---

23 이 방면으로 국내에 특히 많은 영향을 끼치고 있는 학자는 라캉이다. 자크 라캉/권택영, 『욕망이론』(서울: 문예출판사, 1995). 이 시대에 욕망의 담론이 얼마나 어떻게 우리의 지식사회를 지배하고 있는지 얼핏 가늠하기 위해서 인터넷 서점에 '욕망'이란 키워드를 입력하면 다음 같은 제목의 도서가 눈에 띈다: '욕망의 진화', '욕망이라는 이름의 전차', '욕망의 경제학', '욕망의 심리학', '욕망의 질주 소비사회', '욕망의 사물: 디자인의 사회사', '욕망하는 테크놀로지', '욕망과 지혜의 문화사전: 몸', '욕망의 전복', '욕망과 혁명' 등.

24 '인정욕구'와 '인정투쟁'을 단순한 심리적 현상이 아닌 역사학적 개념으로 조형한 사람은 헤겔(F. Hegel)이었다. 그는 역사 발전의 동력으로 이 요소를 집중적으로 탐구하였는데, 금세기의 대표적인 헤겔주의자인 프란시스 후쿠야마는 종교를 둘러싼 세계의 갈등 양상을 핵심적 관심사로 부각시킴으로써 여전히 유효한 이 인정욕구의 동력을 지식사회에 환기시켰다.

욕망이 생의 동력이 된다는 점에서 야고보서(3:6)의 통찰대로 욕망의 중요한 요처인 '혀'(=언어)가 우리네 '생의 바퀴'를 굴러가게 하는 에너지의 원천임을 부인할 수 없다. 문제는 그 중성적 가치로서의 욕망이 창조적 생의 활력을 위한 순전한 의욕으로 발산되기보다 더 자주 탐욕의 빌미로 작동하여 자신과 타인에게 피해를 준다는 점이다. 이 대목에서 세속의 욕망을 반성하는 것을 본업으로 삼는 종교조차 그 욕망의 미세한 경계를 섬세하게 준별하고 통찰하기보다 외려 탐욕으로 부추기면서 여러 갈래의 함정을 만든다. 그래서 심지어 인간의 종교적 욕망조차 분열하기 시작하는 것이다.

이 땅의 기독교를 예로 들자면 한편으로 세속의 욕망(가령, 돈과 권력과 명예와 육체적 쾌락의 욕망 등)을 비판하면서 그것을 성스럽게 포장하여 다른 한편으로 은근히 밝히는 속성이 그러한 분열의 한 가지 상투적 사례이다. 그런가 하면 이러한 구차한 세태에 맞서 견고하게 담을 쌓고 청빈과 고독의 칩거로써 대항하려는 일각의 무리들은, 그 거룩하고 고고한 영역에서 구축한 성자의 이미지를 사회적 명성으로 치환하여 소소한 욕망에 사로잡힌 무리들을 질타하고 억압하는 또 다른 권력의 상징체계로 자리 잡아간다. 이러한 유형론적 구도에서 분명한 사실 한 가지는 이 양쪽의 현상이 모두 동일한 인간의 욕망에서 발원하고 있다는 것이다. 이렇듯 욕망론적 관점에서 이 시대의 인간론은 분열하는 자아의 천태만상 속에 다층적인 시각과 메타신학적인 성찰을 요구한다. 노회한 욕망은 인간의 육체와 정신을 송두리째 부추겨 한쪽으로 '쾌락원칙'에 충실하게 이끌면서 다른 한쪽으로는 '현실원칙'을 표방케 함으로써 순탄한 사회적 삶을 추구하는 속성을 지니고 있다. 심지어 이러한 내적인 균열을 봉합하고 승화시키기 위해 인간의 욕망은 수많은 자기 정당화의 메커니즘을 확보하고 있다. 분열하는 자아들을 달래며 봉합시키는 종교적 자아와 예술적 자아가 발호하는 것은 바로 이 지점에서다.

이러한 관점에서 볼 때 겉/속사람의 신학적 인간학은 겉과 속의 단순한 이분법에 고착시키기보다 그 순환하는 욕망의 회로에 비추어 꾸준한 자기 전복을 필요로 한다. '회칠한 무덤'일 수밖에 없는 실존의 모습을 인정하는 동시에 그 '회칠한 무덤'을 반성할 때 겉과 속을 억지로 일치시키는 척하고 종교적으로 정당화하려는 심리적 강박은 적절히 제어될 수 있다. 옛사람을 넘어 새사람이 선언된 시점에서도 여전히 겉사람의 충동이 넘실거리고 속사람이 눌리는 상황 가운데 우리는 자신을 억압하고 질타하기에 앞서 바울처럼 탄식하면서 점점 더 낡아가는 겉사람의 현재를 긍휼히 보는 시선도 확보하게 된다.[25] 예수가 고친 것은 당시 병든 민중의 영혼뿐 아니라 머잖아 시들어갈 그 육체도 포함되었기 때문이다. 그 육체는 여전히 먹을 것을 구하고 종종 안일과 쾌락을 추구하는 욕망의 숙주이지 않았겠는가? 아울러, 그 육체적 생존과 생명의 보양을 둘러싼 자연환경을 하나님의 '충만'($\pi\lambda\eta\rho\omega\mu\alpha$)이라는 관점에서 만유 생명의 화합과 통일을 지향하는 생태신학적 맥락 가운데 끌어안지 못한다면 그것이야말로 편협한 인본주의 인간학으로 전락하게 될 것이다.[26]

바울은 자신의 내적인 분열을 탄식하고 탐욕과 의욕 사이에 출렁이는 제 내부의 욕망 지향적 인간을 반성하기 위해서라도 현재 생명의 거처인 몸을 필요로 했을 것이다. 의도를 배신하는 것은 또 다른 의도이다. 마찬가지로 욕망을 성찰하는 것도 욕망의 한 가닥이며 바로 거기서 거룩해지려는 영성의 에너지를 공급받기도 한다. 이렇듯, 우리는 속사람의 인간형을 추구

---

25 바울의 인간론이 플라톤으로부터 지금까지의 인간론적 논의에서 차지하는 가장 중요한 위상은 겉사람과 속사람의 관계가 비록 반목과 갈등, 모순과 자가당착의 긴장으로 짜여 있는 현실을 부정하지 않으면서도 이를 근거로 인간을 두 영역으로 분리시키지 않고 하나님의 인간 창조의 선함을 긍정할 뿐 아니라 하나님 앞에 그 책임을 감당해야 하는 통합적 전인적 개체로서 그 정체성을 보존했다는 점이다. Betz, "The Concept of the 'Inner Human Being,'" 340-341.

26 이러한 연고로 생태적 노동과 생태적 대화를 중시하는 인간형을 추구하는 기독교교육이 강조되는 것이다. 이향명, "생태적 인간과 기독교교육의 방향," 「신학사상」 131(2005 겨울), 257-282.

하면서 그 속이 회칠한 무덤이 아닌 실팍한 인간이 되기 위해 '겉사람=육체', '속사람=영혼' 식의 플라톤적 이원론을 극복하고 외려 삶의 물질성 가운데 현시되는 영적인 가치와 인간의 물질성을 통해 구현되는 영성적 층위를 동시에 직시해야 한다. 그때 우리는 자신의 소유욕구와 인정욕구에 스며든 각종 탐욕을 세밀하게 성찰하면서 그리스도의 종으로 살지만 동시에 그 당사자가 '그리스도의 영광'으로서 빛을 발하는 형제임을 긍정하는(고후 8:23)[27] 역설적 안목을 확보하게 될 것이다. 이와 같이, 통전적인 유기체로서의 인간 존재에 대한 메타적 공명의 혜안만이 오늘날 각종 이해관계에 얽히고 설켜 혼란과 복잡의 일상에 치인 인간들에게 상큼한 소통을 유발하는 대화적 자아의 몫을 키워줄 수 있으리라 기대된다.

IV. 미완의 결론

오늘날 그리스도인의 대안적 인성 계발을 위해 요긴한 실천과제는 자신의 현존재를 긍휼하게 용납하고 그러한 공감 어린 마음의 시선으로 타인을 향해 온정과 우애가 넘치는 대화의 손길을 내미는 초청과 환대의 자세이다. 겉과 속의 대립적 인간형을 집중적으로 추구하며 아무리 깊이 내려가도 심연 끝의 인간은 여전히 심연일 뿐이고 가면 뒤의 인간도 여전히 가면이라는 사실을 우리는 이제 알아챘기 때문이다. 한 노래 가사대로 "내 속에 내가 너무도 많아 당신의 쉴 자리를 빼앗아버린" 기존의 오류는 경계 지어진 파편적 인간형을 대화의 과정이 아닌 그 결론으로 성급히 선취하려는 동기가

---

27 이 주제에 대하여 고대사회의 '수치/명예'의 인류학적 관점을 투사한 연구로 James R. Harrison, "The Brothers as the "Glory of Christ"(2 Cor 8:23): Paul's *Doxa* Terminology in Its Ancient Benefaction Context," *NovT* 52(2010), 156-188.

앞섰기 때문이다. 예수의 인간학적 유산을 건실하게 계승할 수 있다면 이제 우리는 인간의 무궁한 잠재력을 묻어두지 말고 적극 계발하기를 힘씀으로 그 생명의 일상적 향유를 극대화하되 그것을 하나님 나라와 의의 세계에 연동시킴으로써 탐욕의 노예로 전락하는 현실을 경계해야 할 것이다.

아울러 겉/속사람의 순환 회로를 경직되게 갈라버리는 대립적 분법의 편리함을 넘어서되 내 속사람의 생경한 타자를 참조하여 내 밖의 수많은 이질적 타자들을 향해 초청과 환대의 손길을 내밀고 대화와 소통 지향적 인간형의 창출에 힘써야 할 것이다. 그것이 하나님의 경계 없는 자유에 공명하여 오늘날 목표지향적인 '온전한 인간'을 이루어나가는 요체이며, 아는 것과 믿는 것의 체질적 균열을 파탈하여 그 하나 됨을 지향하는 지름길이다. 예수가 '먹보와 술꾼, 죄인의 친구'라는 오명을 감수하면서까지 그 공고한 통속적 유대교의 경계를 집적이며 넘어갔듯이, 또 바울이 낯선 타인들에게 복음의 말씀을 건네며 만유 안에서 만유를 통일하시는 하나님의 지평을 멀리 건너짚었듯이,[28] 이제 그 미완성의 온전한 인간형은 우리의 새사람을 새로운 기억 속에 입력하고 우리의 속사람을 새로운 시대적 지평 위로 재생함으로써 다시 만들어나가야 할 개인적 사회적 실천의 과제이다. 이와 관련하여 예수와 바울에 의해 개척된 보편적 인간학의 지평이 초기 그리스도인들에게 자신의 존재마저 타자화하여 지상에서 '외국인'과 '나그네'로 살아가야 하는 디아스포라적 정체성을 선양하고 이로써 자의식의 표지로 삼았던 점을 특히 염두에 둘 필요가 있다.[29]

현재 한국기독교는 기존의 분열과 상처를 치유하지도 못한 상태에서

---

28 이 점에서 알랭 바디우가 바울신학의 보편적 지평을 "모두에 대한 말 건넴이라는 무상적인 실천"으로 특징지은 것은 매우 요긴한 통찰이다. 알랭 바디우/현성환, 『사도 바울』(서울: 새물결플러스, 2008), 150.

29 박경미, "신약성서에 나타난 '외국인' 개념과 초대 기독교인의 자기의식의 표지로서의 '외국인'," 「신학사상」 113(2001 여름), 122-148.

새로운 분열과 갈등을 빚어내고 있다. 그것이 개교회의 분열이든, 대사회적인 여론 형성에서의 갈등이든, 이 모든 현상의 동인은 결국 그 체제 안의 인간들이 품어온 세계관과 제반 의식구조의 문제로 수렴된다. 따라서 기독교인이 인간이며 인간일 수밖에 없다는 평범한 사실을 비범하게 깨치지 않으면 우리는 그 아수라의 상황에서 한 발짝도 벗어나지 못할 것이다. 신약성서가 제시하는 인간형은 욕망의 인간을 부인하지 않으면서 겉과 속의 분열에 대한 일관된 성찰을 보여준다. 옛사람을 넘어 새사람으로 나아가고 겉사람을 딛고 속사람을 키울 것도 나름의 신학적 근거를 제시하며 주문한다. 이 모든 과제는 오늘날의 실천적 맥락 속에 재배치되어 미끄럽게 순환하는 욕망의 천태만상을 비판적으로 주시하길 권고한다. 이는 단선적인 회로에 대한 분법적인 사고와 정해진 규범적 틀에 따른 비사유의 강박을 넘어 탄력적인 메타신학적 성찰을 요청하는 문제의 진원지이기도 하다.

그 문제의 본질을 직시하면서 그 한계를 넘어서기 위해 우리는 자신의 욕망이 만들어놓은 내면의 심연과 허방을 동시에 날렵하게 통찰할뿐더러, 그 반목의 실존을 무릅쓰면서 당당히 (또는 뻔뻔스럽게) 인간으로 존재하려는 용기와 믿음이 필요하다. 그러나 그것은 바깥을 향한 열린 시선과 역동적 자기 전복이 전제될 때 신학적 정당성을 띨 수 있다. 자신의 실존적 허방과 욕망의 균열을 웅숭깊게 통찰하면서 제 바깥의 이질적인 타자를 향해 초청과 환대의 손길을 내미는 대화와 소통의 인간형이야말로 예수와 바울이 구체적인 삶과 성찰로써 거둔 신학적 인간학의 최대치 성과요 유산이라 할 만하다. 이러한 궁극을 참조하지 못한 채 제출되는 성서에 대한 온갖 분석적 담론의 진정성은 그 학문적 자족의 고유한 몫에도 불구하고 그 번잡한 언어의 미로 속에 실종되기 일쑤이다. 하물며 당의정처럼 엑기스를 뽑아 산뜻하게 포장한 그 규범적 얼개의 전횡은 인간에 대한 창의적이고 총체적 이해에 얼마나 치명적인 장애가 되겠는가.

5장
예수와 바울의 '복음'과 그 맥락들

I. 개념 정의: 신약성서에서 '복음'이란 무엇인가

신약성서에 헬라어 명사와 동사 '유앙겔리온'(εὐαγγέλιον), '유앙겔리조마이이'(εὐαγγελίζομαι)로 각각 표기되는 이 단어가 우리말 '복음', '복음을 전하다'에 해당된다. 물론 신약성서에서 처음으로 사용된 단어가 아니다. '복된 소식', '소식', '좋은 소식에 대한 보상'이라는 일반적인 함의를 지닌 이 단어는 신약성서 이전 고대 그리스의 희극작가 아리스토파네스 (Aristophanes)로까지 소급된다. 예수 탄생에 즈음한 로마제국기의 금석문 에서도 '전쟁의 승리', '신의 탄생', '황제의 권위 선양' 등 한 국가공동체에 환영할 만한 희소식을 지칭하는 맥락에서 이 어휘가 사용된 선례가 있다.[1] 1세기 로마가 지중해 연안의 영토를 정복하여 군사력과 정치력으로 대제국을 건설해 본격적으로 황제의 권력 체계에 근거해 선포한 이른바 '로마의 평화'(Pax Romana)라는 메시지가 로마제국의 내부에서 보면 '복음' 자체였을

---

1 Helmut Koester, *Ancient Christian Gospels: Their History and Development* (Philadel-phia: Trinity Press International, 1990), 1-4. 구약성서 헬라어역본(LXX)에서도 이사야서를 중심으로 이 단어가 몇 차례 사용되긴 하지만 쾨스터는 신약성서의 용례가 이 구약성서 헬라어역본의 사례보다 로마제국기의 금석문에 나타난 용례와 유사한 것으로 판단한다.

것이다.2 정치적 안정과 함께 유대민족을 비롯한 소수민족의 종교와 문화에 대한 기본적인 존중 등 당시 제국 체제의 외형만 보면 외우내환이 종료된 이 시기를 평화의 시대로 평가할 만한 근거가 없지 않다.3 그러나 이 로마제국의 복음은 그 영토의 한 귀퉁이에서 금세 샛길을 만들어나간 기독교의 복음으로 대체되었다. 신약성서 저자들은 한결같은 목소리로 로마 황제의 권력이 아닌 예수 그리스도를 복음의 주체요 내용으로 삼아 이를 새 시대 새 언약의 핵심 메시지, 곧 '복음'으로 선포하였다.

이렇듯 신약성서의 주인공은 예수 그리스도이며 그 복음의 내용은 예수 그리스도와 직결되는 내용으로 채워져 있다. 신약성서의 저자들은 예수 그리스도에 의해 선포되거나, 나아가 그와 관련해 선포된 메시지를 '복음'이라는 단어로 특징지었다. 아울러, 그것은 단순히 그를 믿고 따르는 제자와 신자들에 의해 그 내면에 고백하는 데 그치지 않고 널리 선포하고 전파해야 할 최고 최상의 가치로 돋을새김되었다. 그러나 더 상세한 디테일로 들어가 그 복음의 내용과 의미가 심화하면서 이는 변증되고 설명되어야 할 성격을 띠기 시작했다. 이는 곧 복음이 적용되고 실천되는 다양한 역사적 맥락과 신학적 필요에 따라 그 외연을 확장시켜나가는 역동성을 띠었기 때문이었다. 이에 따라 복음은 단순히 몇 마디의 교리적 얼개 속에 정의되기보다 태초의 복음 전파 현장에서 그 구조적 입체성 가운데 어떠한 스펙트럼으로 투사되어 나타났으며, 어떤 발전의 궤적을 밟아나갔는지 살펴보는 것이 그 속성을 파악하는 맥점이라 할 수 있다. 이를 위해 이 연구는 신약성서의 복음

---

2 이 '로마의 평화' 시기는 로마의 원수(principate) 체제를 확립한 아우구스투스 황제의 치세 출발점인 기원전 27년부터 5현제 중 마지막 황제였던 아우렐리우스가 죽은 시점인 180년까지의 기간을 일컫는데 이 기간에 로마의 황제체제가 견고하게 정착해 안정적인 번영을 경험했고 정복 전쟁도 일단락되어 그 주도적인 제국의 권력이 공고해진 것으로 평가된다.

3 이 Pax Romana에 대한 총괄적인 연구로 Adrian Goldworthy, *Pax Romana: War, Peace and Conquest in the Roman World* (New Haven, CT: Yale University Press, 2016).

을 구성하는 핵심적인 요소들을 종합·정리하면서 그 맥락을 거시적으로 재구성하되, 우리 시대가 직면한 미시적인 과제와 연동시켜 그 복음의 본질을 재발견하고 이로써 우리 교회공동체가 당면한 동시대의 사명을 갱신하는 데 초점을 맞추고자 한다.

II. 예수와 하나님 나라/천국 복음

예수의 공생애 사역에 가장 이른 증언을 담고 있는 마가복음의 서두는 이렇게 시작된다. "하나님의 아들 예수 그리스도의 복음의 시작이라"(막 1:1). 이와 같이 신약성서, 특히 복음서에서 복음의 주체는 예수 그리스도로 분명히 제시된다. 예수 그리스도가 선포한 그 복음의 첫 일성인즉, "때가 찼고 하나님의 나라가 가까이 왔으니 회개하고 복음을 믿으라"(막 1:15)는 것이었다. 이와 같이 복음서에 나오는 '복음'은 하나님의 나라(마태복음의 경우는 천국)의 복음으로 요약된다. 따라서 이 '하나님 나라'의 성격을 잘 이해하는 것이 그것을 복음의 메시지로 전파한 예수 그리스도의 목표와 복음의 본질에 접근하는 지름길이라고 볼 수 있다. 복음서의 자료에 근접해 예수 그리스도의 복음을 몇 가지 소주제로 간추려 정리하면 다음과 같다.

1. 치유와 해방의 복음

예수의 사역 중에서 가장 일관되고 왕성한 부분은 치유 사역이었다. 그는 갈릴리 일대를 순회하면서 다양한 사람들을 만났고 그중에서 꽤 많은 병자를 고쳐주었다. 그 치유의 대상은 신체적인 장애에서 이른바 '더러운 영'에 사로잡힌 정신적인 질고를 아우르는 실로 다양한 범주의 병자들이었다. 예수는 그들에게 대체로 말씀으로 명령하여 고쳤고, 때로 죄의 사유를 동반하는 메시지가 그 현장에서 선포되기도 하였다. 또한 나환자 치료 사례에서 보듯, 단순히 질병을 치료하는 데 그치지 않고 그 치유행위는 당대의 율법적 관행대로 깨끗해진 몸을 제사장에게 보여 검증받은 뒤 가족과 공동체의 정상적인 구성원으로 복귀시키는 사회적 '재활'의 단계로 이어지기도 했다(막 1:40-45). 이와 같이 치유 기적에 대한 인식과 행하는 방식은 다양했지만,4 예수의 치유 사역에서 가장 중요한 동기는 그들의 망가진 생명을 불쌍히 여기는 예수의 치열한 연민이었다. 헬라어 σπλαγχνίζομαι의 수동태 형으로 표기된 이 어휘는 '내장'을 뜻하는 명사 σπλάγχνον에서 비롯된 것이다. 이를테면 예수는 내장이 끊어질 듯한 치열한 연민을 수반하는, 어찌보면 병자의 고통을 자신의 것으로 일체화한 상태의 뜨거운 긍휼의 에너지가 발현된 결과로 그 치유행위를 감당한 것이었다.5

이 치유행위와 더불어 예수는 오병이어 기적, 태풍을 잠잠케 하는 자연 기적 등을 통해 굶주림과 같은 가난한 민중의 필요와 위기에 처한 제자들의 상황을 외면하지 않고 적극적으로 개입하여 그들을 얽매고 있던 위기와 억압의 족쇄를 벗겨주는 해방의 사역을 이어나갔다. 이는 예수께서 나사렛 회당에서 자신의 메시아직을 선포하면서 인용, 적용한 이사야서의 다음 예언을 구체적으로 실현해나간 궤적과 정확하게 일치한다.

---

4 특히 축귀 행위의 인식과 방식은 신약성서 텍스트 내에서 다양하고 역동적인 양상을 드러내 보이는 것으로 분석된다. 그레이엄 H. 트웰프트리/이용중, 『초기 기독교와 축귀 사역』 (서울: 새물결플러스, 2020).

5 예수의 이러한 치유 동기는 당대 치유술사들이 종교적 마법적 방식으로 치유를 행하면서 보였던 대중적 명망이나 상업적 동기와 비교해도 차이나는 요소였다. 이러한 당대의 대중적 치유기적 이야기는 대표적으로 필로스트라투스(Philostratus)가 저술한 티아나의 아폴로니우스(Apollonius of Tyana) 일대기에 자세하게 담겨 있고, 그 밖에 항간에 유통되던 다양한 마법적 요법을 담은 파피루스 자료에도 풍성하게 탐지된다. Hans Dieter Betz, *The Greek Magical Papyri in Translation: Including the Demotic Spell* (Chicago: The University of Chicago Press, 1996).

주의 성령이 내게 임하셨으니 이는 가난한 자에게 복음을 전하게 하시려고 내게 기름을 부으시고 나를 보내사 포로 된 자에게 자유를, 눈 먼 자에게 다시 보게 함을 전파하며 눌린 자를 자유롭게 하고 주의 은혜의 해를 전파하게 하려 하심이라(눅 4:18-19).

여기서 복음을 전파하는 행위와 병든 자를 비롯해 억압받는 자를 고쳐 해방시켜주는 행위는 동시적으로 진술된다. 이 해방의 복음이 구약성서의 해방 사건을 특징짓는 '주의 은혜의 해' 곧 희년의 유산을 구현하는 것과 직결되어 있다는 점이 흥미롭다.[6] 이러한 치유와 해방의 복음이 기원한 신학적 출처를 소급해보면 하나님의 생명 창조 사건에서 드러난 "생육하고 번성하라"는 창조 명령에 잇닿아 있다. 하나님이 이 땅에 내신 생명이 풍성하게 누려지기보다 망가지고 억압의 질곡 속에 신음하는 것은 창조의 뜻에 어긋난 터라 예수께서 이 창조의 회복을 위해 치유와 해방의 복음으로 병든 생명을 찾아다니며 구원을 이루신 것이다.

이와 연관하여 또 하나 주목할 것은 이 치유와 해방의 복음이 그 행위 주체인 예수 그리스도를 통해 '하나님 나라'가 실현되는 사건으로 선포되었다는 것이다: "내가 만일 하나님의 손을 힘입어 귀신을 쫓아낸다면 하나님의 나라가 이미 너희에게 임하였느니라"(눅 11:20). 바알세불 축귀를 통한 한 생명의 온전한 회복이 치유와 해방의 복음을 구현한 구원 사건이라면 그 결과는 그 당사자에게 하나님의 나라의 임재와 실현으로 나타났다. 여기서 하나님 나라/천국 개념은 단순히 죽어서 영혼이 들어간다는 안식의 터전으로서의 전통적인 내세 '천당' 개념과 구별된다. 그것은 하나님의 왕적

---

6 신구약성서를 통틀어 '희년'이야말로 복음의 핵심 원리를 압축하고 있고 특히 이 시대에 재발견되어야 할 매우 요긴한 개혁적 가치로 평가된다. 김회권·남기업 외, 『희년, 한국사회, 하나님 나라』 (서울: 홍성사, 2012).

인 주권(βασιλεία τοῦ θεοῦ)이 이 땅의 구체적인 현장에 임하여 온전히 이루어진 결과로 나타난 역사적 실체로서의 개념이다. 이 단어가 최초로 탐지되는 '솔로몬의 시편'에서 하나님의 나라는 이웃나라의 침탈과 억압 가운데 고통을 당하는 이스라엘 민족의 총체적 해방으로서 하나님의 직접적인 개입과 구원을 가리키는 종말론적 사건이었다.[7] 그러나 예수의 치유 사역에서 하나님 나라는 민족 전체는 물론 구체적인 개인의 신체적 정신적 고통과 억압의 족쇄를 파탈하여 하나님이 이 땅에 인간 생명을 내신 본래의 뜻을 실현하는 일상의 방식으로 나타난 것이다.

2. 깨달음과 '열매'의 복음

치유 사역과 함께 예수의 주된 메시아 사역은 하나님 나라와 관련하여 꾸준히 가르치는 일이었다. 그 대표적인 두 현장은 대중을 상대로 일방적으로 하나님 나라의 복음을 선포하는 방식과 제자들에게 은밀한 비유로써 이야기를 들려주고 대화하면서 그 뜻을 풀어주거나 스스로 궁리하게 함으로써 깨닫게 하는 방식으로 나타났다. 여기서 우리는 천국/하나님 나라 복음의 지적인 층위를 발견할 수 있다. 가령, 마가복음 4장과 마태복음 13장에 편집된 네 가지 땅에 떨어진 씨 비유, 자라나는 씨 비유, 가라지 비유, 겨자씨 비유, 땅에 감추어진 보물의 비유, 진주 상인의 비유, 어부의 비유, 누룩의 비유 등과 같은 일련의 비유는 예수 복음의 핵심인 하나님 나라/천국이

---

7 모두 18장으로 이루어진 이 시편은 정경에 들어가지 않지만, 시리아 성경(Peshitta)과 칠십인역 헬라어 구약성경(LXX) 등에 포함된 외경으로 기원전 1~2세기경 하스모니아 왕조 시기에 생산된 것으로 추론된다. 특히 솔로몬의 시편 17장에 나오는 '하나님 나라'의 개념에 나타난 메시아주의 사상이 복음서의 예수-메시아주의로 변용된 흐름이 유대교의 묵시적 종말신앙을 배경으로 주목받아왔다. 이와 관련해서는 Joel Willitts, "Matthew and Psalms of Solomon's Messianism: A Comparative Study of First-century Messianology," *Bulletin for Biblical Research* 22/1(2012), 27-50.

상상하고 발견하여 깨달아 자신의 것으로 삼아야 할 대상인 동시에 그렇게 깨달아 아는 만큼 성취하며 누려야 하는 목표임을 확인해준다. 이러한 일련의 비유를 통해 예수께서 강조한 복음의 내용은 우발성과 평균작의 은총, 신중한 판단과 기다림의 중요성, 생명의 자율성, 발견과 성장의 기쁨, 우선권과 선택의 중요성 등의 요소가 두루 관여하는 삶의 총체적 영역이다.[8]

이 가운데 한 비유는 좋은 땅에 떨어진 씨앗이 열매 맺은 그 수확의 결과가 30, 60, 100배로 나타난다고 설명한다. 이는 평균작의 은총을 표상하는 상투적인 표현이지만 하나님 나라의 복음과 만나 한 개체 생명, 한 공동체가 그 알짬을 얼마나 발견하고 깨달아 자신의 것으로 결실하느냐에 따라 그 결과는 상이하게 나타남을 암시한다.[9] 이에 대해 예수는 "그 열매로써 그 나무를 알리라"는 명료한 비유적 어록으로 모든 복음의 메시지들이 궁극적으로 얼마나 결실하여 성취되느냐에 따라 그 진가가 드러남을 밝힌 바 있다. 예수는 하나님 나라/천국의 비유를 굳이 비유로써 자주 가르치고 제자들에게 그 의미를 궁리하도록 한 것이나 바깥을 향해 "귀 있는 자들은 들을지어다", "깨닫지 못하느냐"라고 선언한 것은 단지 청중의 무지몽매함을 질타하는 데 그친 것이 아니었다. 오히려 이는 각자의 자리에서 복음을 어떻게 수용하고 그것을 구체적인 실천으로 결실한 그 삶의 질적 성취를 중시하였다는 증거로 볼 수 있다.[10]

---

8 마가복음 4장과 마태복음 13장의 일련의 비유에 대한 이러한 해석적 의미에 대해서는 차정식, 『묵시의 하늘과 지혜의 땅: 예수신학 비평』(서울: 대한기독교서회, 2001), 75-137(II부 "비유의 숲그늘에 상상의 통풍구" 제하의 일련의 에세이).

9 국내 신약학계에서도 최근 이 비유에 대한 다양한 조명이 이루어졌다. 그 결과 생태적인 관점에서 천지인의 조화로운 이상적 상태를 하나님 나라란 개념으로 이해하거나, 마가공동체가 처한 상황에 대한 자기 이해의 반영으로 해석하거나, 사람의 심성이 처하기 쉬운 네 가지 유형의 교훈으로 보는 등 다양한 관점이 제시되었다. 차례로 조태연, "땅이 모두를 품다—씨 뿌리는 자 비유의 해석," 「신약논단」 24/4 (2017), 775-811; 박찬웅, "씨 뿌리는 자의 비유(막 4:3-20)," 「신약논단」 16/2 (2009), 399-425; 서동수, "인간의 심성과 하나님의 나라—마가복음 4:1-20의 씨 뿌리는 비유를 중심으로," 「신약논단」 13/2(2006), 319-351.

이와 관련하여 예수의 결기 어린 태도를 엿볼 수 있는 대표적인 구절은 다음의 종말론적 심판 어록이다. "나더러 주여 주여 하는 자마다 다 천국에 들어갈 것이 아니요. 다만 하늘에 계신 내 아버지의 뜻대로 행하는 자라야 들어가리라"(마 7:21). 여기서 중요한 해석의 요체는 "내 아버지의 뜻대로 행하는" 것의 기준이 무엇인가이다. 이어지는 예수의 어록은 주의 이름으로 귀신을 쫓아내며 많은 권능을 행한 것으로 그 행함의 기준을 충족시킬 듯한 가능성을 제시하지만 이어지는 심판의 메시지는 "불법을 행하는 자들"이라는 낙인이었다. 이에 대한 해석의 비밀은 마태복음의 편집적 전략 속에 25장 31-46절의 이른바 '양과 염소의 심판 비유'에서 풀린다.[11] 이에 따르면 하늘 아버지의 뜻대로 행하여 천국에 들어갈 자격을 얻는 기준은 굶주린 자와 목마른 자에게 음식을 주고 나그네를 영접하고 헐벗은 자를 입히고 병든 자들을 돌봐주고 옥에 갇힌 자를 찾아보는, 지극히 작은 자들에 대한 조건 없는 환대의 실천이었다. 그 행함의 열매가 거창하기보다 일상적 삶에서 어렵고 힘든 이웃들의 필요에 응답해 베푼 연민의 결실이었다는 점에서 파격적인 교훈이 아닐 수 없다. 이와 같이 예수께서 선포한 하나님 나라/천국 복음의 본질은 자기 자신과 자신이 속한 공동체의 자족적인 경건과 구원이라는 단계를 넘어 낯선 타자, 특히 가난한 이웃을 향한 적극적 환대의 실천이라는 사랑의 의무를 동반하는 특징을 갖는다.

---

10 이러한 메시지의 성격은 마태복음 25장의 달란트 비유 등에서도 일관되게 확인된다.

11 이 양과 염소의 비유는 앞에 나온 예수의 어록 "내 아버지의 뜻대로 행함"에 대한 마태복음 저자의 해석적 제안으로 풀이된다. Hans Dieter Betz, "The Sermon on the Mount in Matthew's Interpretation," in *The Future of Early Christianity: Essays in Honor of Helmut Koester*, eds. Birger A. Pearson et al. (Minneapolis: Fortress, 1991), 258-275.

3. 생명/영생의 복음

공관복음서와 달리 요한복음서는 종종 하나님 나라/천국이라는 개념 대신 생명/영생을 제시하고 그것을 복음의 본질로 삼는다. 하나님 나라도 임하거나 깨달아 발견하는 현존의 대상이라기보다 '거듭남'을 통해 영적으로 개안하여 보거나(요 3:3) '거듭남'을 통해 들어가야 할 목표로(요 3:5) 묘사된다. 여기서 '거듭남'이라는 헬라어 단어는 '위로부터(ἄνωθεν) 태어남'으로 달리 번역할 수 있는데, 이 해석을 따르면 우리 생명의 기원이 육신을 기준으로 지상에 속해 있기보다 영을 기준으로 천상에 기원을 두고 있음을 암시한다. 그리스도는 바로 이 생명의 신적 기준을 표상하는 '위로부터 난 자'의 대표적인 존재로서 그분의 정체를 온전히 깨달아 알고 그를 믿는 자는 하나님의 자녀가 되어 '영생'을 얻게 된다는 것이 요한복음이 전하는 복음의 본질이다.[12]

이러한 관점에서 요한복음은 '아는 것'과 '믿는 것'을 전인격적인 소통과 일체를 암시하는 유사한 의미로 사용하며 구원의 실체를 '생명'(ζωή)이라는 개념과 연계해 설명한다. 이를테면 영생을 담보하는 예수 그리스도가 이 땅에 오신 것은 양들에 해당되는 그 제자들, 나아가 그 제자들의 제자들에게 생명을 얻게 하되 풍성한 생명을 안기고자 한 것이다(요 10:10). 그 고유한 각자의 생명, 나아가 세대를 넘어 영원히 지속될 생명(ζωή) 곧 영생은 이 세상의 삶(βίος)에 국한되지 않고 그 반경과 한계를 넘어 앞으로 다가올 하나님 나라의 유산에 속한 것으로 묘사된다. 이에 따라 요한복음의 기적은 '표적'(σημεῖα)이라는 별칭과 함께 치유함을 받거나 초자연적인 기적을 경

---

12 요한복음의 이 특수 용어는 구원론에 앞서 요한공동체 구성원들의 자기 정체성과 맞물린 신학적 인간학을 반영해준다는 점에서 유의미하다. Jeffrey A. Trumbower, *Born from above: the Antropology of the Gospel of John* (Tübingen: J. C. B. Mohr Siebeck, 1992).

험하는 당사자의 구원 경험과 그 깨달음에 초점이 있기보다 그것을 행하는 주체로서 예수 그리스도의 정체가 무엇인지를 아는 데 초점을 맞추고 있다.[13] 그리스도가 이 땅에 와서 신적인 권능을 행사한 것이 이 땅에 생명/영생의 복음을 전하는 미션을 수행하고 그것을 마친 뒤 본향으로 돌아가는 궤적과 맞물려 있다는 것이다. 그 결과로 제자들이 예수 그리스도를 통해 그들의 생명의 기원 또한 예수와 마찬가지로 아래의 땅에 있지 않고 위의 하늘에 속해 있음을 깨달아 예수가 행한 대로 그의 발자취를 따라 맡겨진 사명을 감당하고 그들 또한 본향으로 돌아가는 것이 요한복음이 강조한 생명/영생 선교의 최종 목표라 할 수 있다.[14]

이 생명/영생의 복음을 이 땅의 선교 현장에 온전히 구현하기 위한 선결 요건이 한 가지 있다. 그것은 새 계명으로 예수가 제시한 '사랑'(ἀγάπη)이다. 그 사랑은 예수가 몸소 선보인 대로 친구를 위해 자기 목숨을 내려놓는 희생적 행위를 통해 비로소 결실할 수 있다(요 15:13). 이 사랑을 바탕으로 제자들은 예수와 친구로서 우정적인 공동체를 세워갈 수 있고(요 15:15), 독생자 예수와 아버지가 한마음으로 교통했듯이, 그들 또한 이 땅에 남겨져 미션을 수행하는 동안 그리스도의 말씀 안에 거하면서 하나 되어 하나님의 영광을 드러내는 일에 열중해야 한다. 이는 역사비평적인 맥락에서 요한공동체가 내부 분열에 시달렸거나 소종파로서 유대교 회당에서 축출당한 뒤 위축된 상황에서 생존 지향적 자구책으로 독특한 이분법의 배타적인 장벽을 구축한 결과로 볼 수도 있다.[15] 그러나 시종일관 요한복음의 하나님 나라

---

13 이와 같이 요한복음의 '생명' '영생' 개념은 내세에서 영원히 지속되는 초월적인 존재의 시간이라기보다 예수 그리스도를 통해 중개되는 하나님에 대한 앎, 하나님과의 사귐, 하나님께 대한 의지 등을 포괄하는 맥락에서 이해된다. Marianne Meye Thompson, "Eternal Life in the Gospel of John," Ex auditu 5(1989), 35-55.

14 Godfrey C. Nicholson, Death as Departure: The Johannine Descent-Ascent Schema (Chico: Scholars Press, 1983).

15 이러한 관점에서 요한복음에 투사된 신앙공동체의 역사적 기원과 전개 과정을 연구한 저서

복음은 생명/영생이란 목표를 주축으로 독생자로서 예수의 정체와 그의 선교의 본질을 아는 데 집중하면서 어떻게 그 최종 목표를 선취할 수 있는 가를 조명하고 있다.

III. 바울과 '이신칭의'의 복음

지난 십여 년간 이신칭의의 복음은 그 해석적 의미에서 중대한 도전을 받아왔다. 신자들이 의롭게 되는 것은 율법의 행위로써가 아니라 그리스도를 믿는 믿음으로 가능해진다는 바울의 진술이 그 복잡한 해석상의 난제로 인해 전통적인 '오직 믿음'(sola fide)의 교설이 흔들리는 지경까지 이르게 된 것이다. 이른바 영미권의 일부 신약성서 학자들이 주축이 되어 선도한 '신관점'(New Perspective) 바울 신학은 전통적으로 이해해온 행위, 율법, 율법의 행위, 그리스도 신앙(πίστις Χριστοῦ) 등의 개념을 전혀 달리 해석하였다. 그 결과, 바울 당시 유대교 신앙은 행위 중심의 공로주의 신앙이 아니라 은혜 중심의 구원을 강조한 신앙으로 재평가되었다. 나아가 하나님의 신실함을 따라 십자가에 죽기까지 순종하신 그리스도의 신실함을 닮아 그리스도인들이 그리스도의 범례대로 자신의 신실한 순종의 삶에 의거해 의롭게 된다는 구원론이 바울의 진심이었다는 주장도 제시되었다.[16] 이는 전통적인 교설이 그리스도를 믿는다는 말을 지나치게 주술적으로 이해하고 개인주의적인 차원에서 적용하여 '값싼 믿음', '값싼 은혜'를 양산했다는 비판적 성찰에 힘입어 매우 강력한 파장을 만들며 학계와 교계에 나름의 영향을

로 Raymond Edward Brown, *The Community of the Beloved Disciple: The Life, Loves and Hates of an Individual Church in New Testament Times* (Paulist Press, 1978).

16 James D. G. Dunn, *The New Perspectives on Paul* (Grand Rapids, MI: Eerdmans, 2007); N. T. Wright, *Paul: In Fresh Perspective* (Minneapolis: Fortress Press, 2009).

발휘해왔다. 이로 인해 매우 활발한 논쟁이 이어진 끝에 최근에는 존 바클 레이가 제시한 '은총=다차원적 선물'이라는 가설에 입각하여 바울의 복음과 은혜 개념을 여러 층위와 맥락에서 조명하여 그 해석의 풍경은 점입가경으로 심화되어가는 추세다.[17]

1. 예수 그리스도='하나님의 의'의 복음

복음서와 마찬가지로 바울 서신에서도 복음의 주인공은 단연 예수 그리스도이다.[18] 바울은 복음에 대해 다음과 같이 정의한다. "내가 복음을 부끄러워하지 아니하노니 이 복음은 모든 믿는 자에게 구원을 주시는 하나님의 능력이 됨이라. 먼저는 유대인에게요 그리고 헬라인에게로다. 복음에는 하나님의 의가 나타나서 믿음으로 믿음에 이르게 하나니 기록된 바 오직 의인은 믿음으로 말미암아 살리라 함과 같으니라"(롬 1:16-17). 로마서 전체는 이 구절에 대한 긴 주석이요 변증이라 할 정도로 바울의 복음 이해에서 이 구절이 차지하는 비중은 크다. 먼저 바울은 복음을 부끄러워하지 않는다고 자신의 개인적 고백을 하면서 그 이유와 관련하여 복음을 "모든 믿는 자에게 구원을 주시는 하나님의 능력"이라고 정의한다. 물론 이 정의는 로마와 좀 다른 문화적 사상적 환경에 놓인 고린도의 교인들에게 쓴 첫 편지에서는 예수 그리스도의 십자가로 나타난 '하나님의 지혜'(고전 2:7)라고 그 내용이

---

17 John M. G. Barclay, *Paul and the Gift* (Grand Rapids, MI: Eerdmans, 2017).

18 마이클 볼터는 바울 서신에 나타난 '복음'을 세밀한 문구 분석을 통해 '하나님의 복음', '그리스도의 복음', '나[=바울]의 복음'으로 삼분하면서 이것이 통합적으로 연계된 특징을 강조한다. 구체적인 예로 갈라디아서 1:11-12, 15-16은 복음의 원천을, 로마서 1:1-5는 복음의 내용과 그 선포의 중요성을, 고린도전서 15:1-5, 고린도후서 4:5-6, 데살로니가전서 1:9-10 등은 바울이 복음의 이름으로 선포한 구체적인 대상과 메시지를 가리키는 것으로 분석한다. Michael Wolter, *Paul: An Outline of His Theology,* tr. by Robert L. Brawley (Waco, TX: Balyor University Press, 2015), 51-69.

살짝 달라진다. 이렇듯, 하나님의 지혜이기도 하고 능력(권능)이기도 한 복음은 '구원'을 지향하는데, 그 대상은 '모든 믿는 자'를 아우를 만큼 보편적인 지평을 품고 있다. 그 대표적인 범주로 바울은 유대인과 이방인을 예시하면서 인류를 구약성서의 기준에 비추어 두 유형으로 분리한다.

바울은 복음을 믿는 모든 자가 구원을 받는다고 하면서 그 복음에 '하나님의 의'가 나타났다고 했다. 여기서 하나님의 의는 예수 그리스도와 동격의 개념으로 파악된다. 적어도 로마서의 반경에서 '하나님의 의'(δικαιοσύνη τοῦ θεοῦ)는 바울의 이신칭의 구원론에서 심지어 사랑보다 위에 자리한 최고 상위의 개념이라고 볼 수 있다.[19] 그것이 부정적으로 발현되면 진노와 심판으로 나타나고 긍정적으로 발현되면 긍휼과 자비, 곧 사랑의 속성으로 드러난다. 율법의 시대가 종료되고 때가 차니 예수 그리스도가 하나님의 의로 나타나 그 복음을 믿는 모든 자에게 보편적인 구원이 약속되었다는 것이다. 예수 그리스도는 이와 같이 바울의 교리적 재해석을 통해 하나님 나라 복음의 선포자에서 복음의 내용, 복음 그 자체, 복음의 핵심 메시지(κήρυγμα)로 그 신학적 의미의 반경이 확장되어나갔다.[20] 초기 교회공동체

---

19 이러한 관점에서 로마서의 핵심 주제를 간파한 대표적인 주석서는 Ernst Käsemann, *Commentary on Romans*, tr. by Geoffrey W. Bromiley (Grand Rapids, MI: Wm. B. Erdmans, 1994). 케제만에 의하면 '하나님의 의'는 온 우주 만물에 행사되는 하나님의 주권을 가리키며 이 피조 세계를 바로잡고자 그 주권이 권능 있는 행위로 드러난다고 보았다. 한편 종교개혁 이전에 이 개념은 죄악으로 가득한 인간을 엄정한 하나님의 잣대로 심판하는 사법적 정의란 맥락에서 이해했으나 루터의 종교개혁 이후 이 개념은 하나님 자신의 품성에서 오는 의이자 믿음을 지닌 자들에게 전가되는 의이며, 예수 그리스도를 믿는 이들의 신분을 고려하여 의로 여겨주시는 은총의 선물로 폭넓게 이해되었다. 브루스 W. 롱네커·토드 D. 스틸/박규태, 『바울―그의 생애 서신 신학』 (서울: 한국성서유니온, 2019), 323-333.

20 예수가 하나님 나라 복음의 '선포자'(the proclaimer)에서 '선포의 대상'(the proclaimed)이 되었다는 테제는 불트만이 언표한 이후 역사적 예수 담론과 그리스도론 연구에 많은 영향을 끼쳐왔고 현재까지 그 그림자가 드리워져 있다. Rudolf Bultmann, *Jesus Christ and Mythology* (London: Scribner, 1958).

부터 바울에 이르기까지 예수 그리스도와 관련된 복음의 핵심 메시지는 고린도전서 15장 3-4절에 투영된 대로, 그가 "성경대로 우리 죄를 위하여 죽으시고 장사 지낸 바 되었다가 성경대로 사흘 만에 다시 살아나사" 여러 차례 제자들에게 나타났다는 것이었다. 데살로니가전서 1장 9절의 선교 메시지(mission kerygma)에서는 예수의 대속적 죽음이 빠지고 우상 신을 버리고 하나님께 돌아와 살아계시고 참되신 하나님을 섬기는 것과 더불어 예수의 부활 및 재림 교리가 보태져 나온다.[21] 요약하면 예수의 대속적 죽음-부활-재림이야말로 하나님의 의가 예수 그리스도를 통해 역사 속에 나타난 대표적인 근거라는 것이다. 이는 하나님의 은혜를 통해 이 땅에 대가 없이 주어진 선물로서 누구든지 예수 그리스도의 이 복음을 믿는 자는 새 언약의 대열에 편입돼 하나님 앞에 의롭게 여김을 받을 수 있다는 것이 바울 복음의 핵심에 해당되는 이신칭의 구원론의 요체라 할 수 있다.

2. 유대인/이방인의 경계 넘기와 통합의 복음

바울 서신에서 이신칭의 구원론이 본격적으로 제출된 것은 갈라디아서에서이다. 갈라디아 교회는 이방인 중심의 교회로 바울의 1차 선교여행 시 개척한 여러 도시의 신앙공동체였다. 그런데 유대인 유랑 전도자들 일부가 이 공동체에 들어와 "너희가 예수를 믿을 때에 할례를 받았느냐"라고 그들에게 구원받은 언약 백성의 징표를 따져 물었고 이러한 압박에 눌려 '미혹된' 일부 교인들이 할례를 받았던 것 같다. 바울은 이러한 변심을 그리스도 신앙공동체의 정체성에 타격을 주는 심각한 위기 상황으로 파악하였고, 그

---

21 이로부터 연역하여 볼터는 예수의 죽음에 담긴 대속적 의미는 처음부터 복음의 케리그마로 강하게 나타났다기보다 그의 죽음을 부활과 승귀(exaltation)라는 관점에서 조명하면서 복음의 주요 핵심으로 부상하여 강조되었다고 추론한다. Michael Wolter, *Paul*, 63.

렇게 미혹된 교인들을 '어리석은 자들'로 판단하였다. 나아가 복음을 변질시켜 그들이 미혹되도록 선동한 외부의 유대인 유랑 전도자들과 그 배후 세력을 향해 "우리가 너희에게 전한 복음 외에 다른 복음을 전하면 저주를 받을지어다"(갈 1:8)라고 저주를 선포하고 나아가 "율법의 저주"를 선포하면서까지 강력하게 대응하였다.[22]

바울이 볼 때, 예루살렘 사도 공의회와의 협의 사항이 검증한 바대로, 예수 그리스도 외에 '다른 복음'은 존재하지 않았고 존재할 수 없었다. 그들이 얼굴로 예수를 보지 못한 채 성령으로 복음을 받은 뒤에 육신의 표로 할례를 받음으로 그들의 신앙 정체성을 송두리째 전복시켜 신앙적 자생력의 근거를 박탈할 위기를 자초한 것이다. 이러한 논쟁적 상황에서 바울의 이신칭의 구원론은 본격적으로 개진되어 예수 그리스도의 복음은 할례자 유대인이든, 무할례자 이방인이든, 차별 없이 적용되는 유일한 정체성의 보루로 확정되어 점차 체계적인 변증의 수순을 밟아갔다. 아울러, 이러한 복음의 본질적인 기반 위에서 이방인과 유대인의 문화적 차이 등과 같이 부차적인 문제에 대해 바울은 탄력적인 조율의 자세로 대응하면서 그들을 그리스도 안에서 하나의 언약 백성으로 연합시키는 시도를 지속해나간다.

이신칭의 복음의 포용반경을 확장해나가는 바울의 이러한 노력은 단계적으로 나타난다.[23] 가장 먼저 쓴 데살로니가전서에서 바울은 이 지역 선교

---

22 이러한 저주의 모티프는 고대에 청중의 두려움을 자극하여 설득하는 강력한 수사학적 도구로 종종 활용되었는데, 바울은 이를 갈라디아 교인들에게 할례의 복음에서 돌이키도록 압박하는 수사학적 기제로 사용한 것으로 보인다. Seon Yong Kim, *Curse Motifs in Galatians: An Investigation into Paul's Rhetorical Strategies* (Tübingen: Mohr Siebeck, 2020).

23 이러한 바울의 포용주의 신학이 각 교회공동체의 상황에 맞춰 단계적으로 발전해나갔다는 관점은 Eung Chun Park, *Either Jew or Gentile* (Louisville: Westminster John Knox Press, 2003). 유사한 관점에서 제임스 던도 이방인과 유대인에 대한 신학적 포용반경이 복음 선교의 과정 가운데 확장되어간 추이를 중심으로 초기 기독교의 흐름을 재구성한다. James D. G. Dunn, *Neither Jew nor Greek: A Contested Identity* (Grand Rapids, MI: Eerdmans, 2015).

도중 유대인들의 핍박으로 급작스레 야반도주하듯 탈출해야 했던 사정의 기억에 터하여 억하심정을 드러내면서 유대인들에 대해 "주 예수와 선지자들을 죽이고 우리를 쫓아내고 하나님을 기쁘시게 아니"한 모든 인류의 공공의 적인 것처럼 묘사하면서 하나님의 진노하심이 끝까지 그들 위에 머물러 있으리라는 저주 어린 언사를 드러냈다(살전 2:15-16). 갈라디아서에서도 율법에 집착하여 '자기 의'(self-righteousness)의 포로가 되곤 하는 유대인들의 위선적인 행실을 우회적으로 질타하면서 바울은 이곳에 침투해 '다른 복음'을 전한 예루살렘의 보수적인 율법주의에 경도된 유대인 신자와 지도자들을 은근히 겨냥한 듯한 인상이 짙다. 그러나 그럼에도 불구하고 그는 이 서신의 마지막에 "이스라엘에게 평강과 긍휼이 있을지어다"(갈 6:16)라고 감싸는 이중적인 입장을 취한다. 이 '이스라엘'이 종족적 개념인지, 아니면 신학적 개념으로 그리스도 안에서 성도로 부름 받은 유대인과 이방인 신자들 모두를 포괄하는 의미인지 여부는 논란의 여지가 있다. 전자의 경우라면 바울이 유대인 신자들을 향해 대화와 포용의 문을 닫아두지 않은 증거로 볼 수 있다. 나아가 바울은 로마서 9-11장에서 이스라엘 민족의 종말론적 구원의 미래를 전망하면서 동족들로 인해 자신의 내면에 '큰 근심(또는 슬픔)'과 "그치지 않는 고통"이 있음을 고백하면서 그들을 위해 자신이 "저주를 받아 그리스도에게서 끊어질지라도 원하는 바"라고 애틋한 심경을 전한 바 있다(롬 9:1-3).[24]

고린도교회 또한 이방인 위주의 교회로서 다양한 색깔과 출신 배경을 지닌 구성원들이 서로 간의 차이를 용납하지 못해 분열과 갈등의 상황을 유발하고 있을 때 바울은 "모두가 같은 말을 하고" "너희 가운데 분쟁이

---

24 이스라엘의 구원에 대한 바울의 이러한 입장을 반영하는 발전론적 시각에 대해 차정식, "동족의 빛과 그림자-바울과 이스라엘의 경우," 『바울신학 탐구』 (서울: 대한기독교서회, 2005), 223-253.

없이 같은 마음과 같은 뜻으로 온전히 합하라"(고전 1:10)고 권고하였다. 이러한 기조로 바울은 그리스도의 복음이 그 본질적인 가치 이외에 다른 비본질적이거나 지엽적인 면면들에서 서로 간의 화해와 일치를 통한 포용과 연대를 강조하는 방향으로 복음의 보편성을 강화해나간 것으로 보인다.25 특히 바울이 복음 선교의 현장에서 유대인과 이방인, 율법을 대하는 태도를 보면 이러한 탄력적인 입장이 극명하게 나타난다: "유대인들에게 내가 유대인과 같이 된 것은 유대인들을 얻고자 함이요 율법 아래 있는 자들에게는 내가 율법 아래 있지 아니하나 율법 아래에 있는 자 같이 된 것은 율법 아래에 있는 자들을 얻고자 함이요, 율법 없는 자에게는 내가 하나님께는 율법 없는 자가 아니요 도리어 그리스도의 율법 아래에 있는 자이나 율법 없는 자는 자와 같이 된 것은 율법 없는 자들을 얻고자 함이라"(고전 9:20-21). 얼핏 기회주의적인 처신처럼 보이는 이러한 바울의 태도는 그에게 그리스도의 복음 안에서 유대인과 이방인들을 하나로 연합시켜 한 구원의 소망을 품은 언약 백성으로 만드는 것이 가장 중요했다는 점에서 그 진정성을 엿볼 수 있다.

이러한 목표를 바라보면서 바울은 구약성서의 예언대로 모든 이방 족속이 성물을 가지고 예루살렘 성전으로 몰려와 유대인들과 함께 한 분 하나님께 경배하며 예물로 바치는 구원의 충만한 지점을 내다보았다. 이러한 종말론적 비전을 가지고 바울은 예루살렘의 유대인 신자들에게서 발원한 복음의 빚을 갚기 위해 이방인 공동체의 성도들이 모은 후원금을 그곳의 가난한 성도들을 구제할 목적으로 보내기 위해 이 코이노니아 사역에 심혈을 기울이기도 하였다(롬 15:25-27). 아울러, 로마교회 공동체에서 약세였을 유대인

---

25 고린도전서는 시종일관 이러한 화해의 레토릭을 견지하면서 다양한 영역의 불일치와 갈등을 화해와 일치의 목표 아래 조율하며 설득하는 데 초점을 맞추고 있다. Margaret M. Michell, *Paul and the Rhetoric of Reconciliation* (Louisville: Westminster John Knox Press, 1993).

과 유대인 크리스천 신자들의 입지를 '남은 자들'(롬 11:7)로 두둔하는 반면 이방인 크리스천 신자들을 '돌감람나무'에 비유하면서(롬 11:17) 자칫 그들의 왕성한 성장세에 오만해질까 봐 로마서에서 처음으로 그들을 경계하는 균형감각을 발휘하기도 한다.

3. 피조물의 탄식과 만유를 향한 복음

앞서 살펴본 대로 바울이 설파한 이신칭의의 복음은 그 내부공동체의 정체성 확립과 적대자들을 향한 배타적 경고를 동반했다. 그러나 다른 한편으로 그 외연을 확장해나가는 화평의 구원론을 지향하기도 했다. 나아가 바울은 그리스도인 신자들이 스스로 하나님과 인간의 불화를 극복한 그리스도의 십자가 사역을 본받아 피차 용납하는 '화평의 사자들'로 살기를 기대하였다. 이는 공동체를 하나로 융합하기 위해 부득이한 선포적 구호이기도 했지만, 공동체 개개인의 품성을 연마하여 그리스도의 성품을 닮아가야하는(imitatio Christi) 성숙한 신앙과 영성의 요청이기도 했다. 이를 위해 바울이 보여준 그리스도 복음의 한 극점은 이신칭의의 그 '믿음'조차 '사랑으로 역사하는 믿음'(갈 5:6)일 수밖에 없다고 신앙적 윤리를 강조한 것이다. 그 사랑의 표본은 곧 그리스도의 성육신과 십자가를 통해 현시된 자기 겸비로 나타나는데 빌립보서 2장 6-11절의 그리스도 찬송시에 나타난 자기 비움의 영성이 그 단적인 예라 할 수 있다. 하나님과 본체이신 그리스도께서 사람의 모양으로, 더구나 종의 형체를 입고 가장 낮은 곳에 이르러 십자가에 죽기까지 순종하신 그 희생적 삶과 죽음은 우리의 믿음조차 단번에 하나님의 선물로 치부할 만큼 이신칭의에 결부된 '자기 의'의 흔적마저 소거하는 강력한 윤리적 항체라 할 수 있다.[26]

---

26 빌립보서의 이 그리스도 찬송시는 바울의 원작이라기보다 통상적으로 바울 이전의 기독교

또 한 가지 이신칭의의 복음에서 우리가 주목해야 할 유산은 그것이 단순히 유대인과 이방인의 연대와 그 통일에만 국한되는 인간 중심주의적인 메시지가 아니었다는 것이다. 마치 하나님이 우주 만물을 창조하면서 이 땅 위에 달랑 인간만 창조한 것이 아니듯이 피조 세계의 풍요함은 그리스도 복음의 구원 사역에도 고스란히 담지된 것을 볼 수 있다. 우리가 소홀히 여겨온 그 대단한 증거가 로마서 8장에 나온다. 바울의 종말론적 비전에 의하면 구원이 온전히 이루어지지 않은 현재 상태는 "모든 피조물이 다 함께 탄식하며 함께 고통을 겪고 있는" 현실이다(롬 8:22). 그것은 인간뿐 아니라 모든 피조물이 한결같이 "허무한 데 굴복"함으로 "썩어짐의 종노릇"하는 데서 비롯된다. 그리하여 이러한 굴복과 부패의 굴레를 벗어나 해방되어 "하나님의 자녀들로 영광의 자유에 이르는 것"을 모든 피조물이 공통의 목표로 공유하고 있다는 것이다.[27] 그리하여 모든 피조물이 고대하는 종말론적 기대는 "하나님의 아들들이 나타나는 것"이라고 바울은 유대교 묵시문학의 모티프를 인용하여 선포한다. 따라서 그리스도인들은 이 만유의 통일로서 구원의 종말론적 비전을 먼저 자각하여 이 땅에서 인간의 죄와 타락으로 함께 신음하고 탄식하는 운명 가운데 처한 여타의 피조물들을 연민의 마음으로 하나님의 영광의 자유에 이르도록 선도해야 할 청지기로서의 책무가 있다.[28]

전통을 반영하여 바울이 재구성하거나 확대하여 인용한 것으로 추론된다. 이는 단순히 바울의 신학적 묵상을 넘어 그의 실존적 영성이 치열하게 그리스도를 닮고자 애썼음을 증언한다. 물론 이러한 관점과 달리 이 찬송시가 바울이 빌립보서의 목적에 알맞게 지어낸 '찬미적 산문'(encomiastic prose)으로 보는 해석자들이 늘고 있다. Paul A. Holloway, *Philippians* (Minneapolis: Fortress, 2017), 115.

27 바울의 이러한 생태신학적 통찰은 오늘날 인간중심주의를 넘어 만유의 생명을 돌봄과 배려, 구원의 대상으로 재인식하고 인간과 여타 피조생명 사이의 경계를 넘고자 하는 다양한 인문학적 담론으로 실험되고 있다. Roberto Marchesini, *Beyond Anthropocentrism: Thoughts for a Post-human Philosophy* (Minesis International, 2019). 그 연장선상에서 이즈음 인문학 전반에서 포스트휴머니즘과 트랜스휴머니즘 담론이 풍성하게 논의되고 있다.

이러한 만유의 구원을 향한 복음의 비전은 이신칭의를 필두로 하여 바울 신학이 지향한 궁극적인 목표라 할 수 있다. 교회는 이러한 보편적인 구원의 복음을 품고 그것을 전방위적으로 전파해야 할 사명을 지닌 공적인 신앙 기관이요 전위적인 선봉대가 되어야 한다. 이와 연관하여 바울이 에베소서 4장에서 이 교회공동체의 전제와 속성을 일러 "몸이 하나요 성령도 한 분"이시고 "주도 한 분이시오 믿음도 하나요 세례도 하나"라고 진술한 점을 명심해야 한다. 나아가 하나님이 한 분이심을 역설하면서 그 하나님을 "만유의 아버지"로서 "만유 위에 계시고 만유를 통일하시고 만유 가운데" 존재하는 분으로 묘사한 점을 특별히 눈여겨봐야 한다(엡 4:6). 하나님이 '만유 가운데'(ἐν πᾶσιν) 계시기만 하면 이른바 '범재신론'(panentheism)의 신학적 볼모가 될 수 있다. 그러나 그 하나님은 '만유를 통해'(διὰ πάντων) 존재하는 분이요 그 '만유 위에'(ἐπὶ πάντων) 계신 분이기도 하므로 창조주로서 피조물 가운데 긍휼함으로 거하면서 그들을 소통케 하고 통일하는 구원자로서의 위상을 견지한다. 요컨대, 바울의 복음은 유대인과 이방인의 이신칭의를 출발점으로 삼지만 결국 만유 가운데 모든 피조물을 아우르면서 함께 탄식하며 신음하는 그 피조물의 보편적 고통을 생략하지 않는다. 그렇게 그는 인간중심주의의 지평을 넘어 만유의 회복이라는 궁극적인 지점을 향해 역사 속에 전진해가는 하나님의 보편적 구원을 지향한 것이다.

---

28 이 구절의 생태신학적 관심사와 비평적 해석에 대해서는 Cherryl Hunt, David G. Horrell and Christopher Southgate, "An Environmental Mantra?: Ecological Interest in Romans 8:19-23 and a Modest Proposal for Its Narrative Interpretation," *JTS* 59/2(2008), 546-579.

IV. 회복해야 할 복음의 본질

1. 이타성과 공공성

예수의 하나님 나라 복음이든, 바울의 이신칭의 복음이든, 그 복음은 모든 사람의 구원을 위해 속량의 제물로 희생된 예수의 이타적인 사랑에 터하여 전파되었다. 예수 당시에도 복음을 전파하는 주체와 그 그룹에 따라 계열과 당파가 있었다. 세례자 요한은 예수의 복음 선교 스타일과 달랐지만 그렇다고 예수가 그를 자신과 함께하지 않는다고 비방하지 않았다. 오히려 그의 죽음까지 그의 명분과 역할을 지지한 것으로 보인다. 또 다른 일례로 예수를 따르지 않으면서 주의 이름으로 귀신을 쫓아내며 복음을 전하는 익명의 다른 그룹의 사람들을 세베대의 아들 요한이 금하였다고 하자 예수는 금하지 말라고 하면서 "우리를 반대하지 않는 자는 우리를 위하는 자"(막 9:40)라고 오히려 용납하며 두둔하였다.[29] 이러한 포용성은 예수의 하나님 나라 복음이 배타적인 개인주의나 소집단 이기주의에 매이지 않고 복음의 이타성을 제고하는 동력으로 작용하였음을 반증한다. 바울 사도 또한 유대교와 유대인 기독교 집단, 이방인들에 둘러싸여 사방에 대적들로 우글거렸고 심지어 자신이 개척한 교회의 구성원들에게 사도직을 의심받고 신뢰를 잃는 등 적잖은 곤경에 처했지만, 그는 그리스도의 고난을 제 몸에 채우는 심정으로 그리스도를 본받아 복음의 이타성의 기반 위에서 모든 환란을 감

---

29 마가복음의 이 구절은 마태복음(12:30)의 상반되는 듯한 어록과 비교할 만한데 누가복음은 이 두 어록을 모두 포함하고 있지만(눅 9:50, 11:23) 그것을 서로 상합할 수 없는 모순적인 것으로 보지 않는다. 두 어록 모두 축귀 이야기를 배경으로 하고 있는데 그 적용 맥락은 각기 다르다. 포용적인 어록은 예수의 이름으로 귀신을 쫓아내는 축귀사의 선의를 인정한 것이고 배타적인 어록은 예수의 축귀 활동을 바알세불의 권능에 힘입은 것으로 왜곡하였기 때문이다. R. T. France, *The Gospel of Mark*, NIGTC (Grand Rapids, MI: Wm. B. Erdmans, 2002), 377.

내하고 물리쳤다.

복음의 이타성은 자연스레 그 공공성을 강화하는 매개 요인이 되었다.[30] 예수의 하나님 나라 복음과 바울의 이신칭의 복음은 개체 생명을 배제하지 않으면서도 궁극적으로 특정한 개인의 사적인 욕망의 충족을 겨냥하지 않았다. 좁게는 이스라엘 민족, 그것도 갈릴리 지역의 불우한 민중들을 대상으로 선포된 예수의 복음은 바울의 단계에서 이방인들로 확대되었고 마침내 세계 만민과 만유를 향한 공공의 복음을 지향한 것으로 평가된다. 심지어 "이방인의 길로도 가지 말고 사마리아인의 고을에도 들어가지 말고 이스라엘 집의 어린 양에게로 가라"(마 10:5-6)는 예수의 선교 초기 단계에서도 그 복음은 전파하는 제자들을 "땅의 소금"과 "세상의 빛"으로 만천하에 천명하면서 공공성을 띠고 공개적으로 선포되었다(마 5:14-16).[31] 바울은 고린도교회 사역에서 자신의 후계 리더로 아볼로를 세웠는데 그로 인해 파당이 생기고 분열을 경험하기도 하였다. 그러나 바울은 아볼로와 비교해 자신의 우월한 헌신과 사도적 권위를 존중받길 원하면서도 직설적으로 그에 대해 사적인 원망이나 시기심 또는 적대감으로 비난의 언사를 일삼지 않았다.[32] 오히려 "자신은 심었고 아볼로는 물을 주었다"고 동역자 간의 협업을 강조하면서 "자라게 하시는 분은 오직 하나님"이라고 진술한 것(고전

---

30 오늘날 교회의 공공성은 특히 코로나19 팬데믹의 시대를 맞이하여 지대한 관심으로 부각되면서 이전부터 논의되어온 공공신학의 관심사를 가열하고 있다. 송영목, 『하나님 나라 복음과 교회의 공공성』 (서울: SFC, 2020); 이도영, 『코로나19 이후 시대와 한국교회의 과제』 (서울: 새물결플러스, 2020).

31 예수의 선교 초기에 이러한 선교 특수주의는 이후 모든 족속을 제자로 삼아 복음을 전파하는 마태공동체의 선교 보편주의로 확대, 발전해나간 추이를 엿볼 수 있다. 이러한 마태공동체의 선교 강역과 선교 신학의 확장에 대한 연구로는 Eung Chun Park, *The Mission Discourse in Matthew's Interpretation* (Tübingen: J. C. B. Mohr Siebeck, 1995).

32 아볼로와 바울의 관계는 이에 따라 경쟁자인 동시에 동역자의 관계였다고 볼 수 있는데, 바울은 고린도전서의 앞부분(1-4장)에서 동역자의 관계를 부각시키지만 뒷부분(16:12)에서는 그의 위상을 은근히 폄하함으로써 그의 실체에 대한 정확한 인식을 주문하고 있다. Donald P. Ker, "Paul and Apollos—Colleagues or Rivals?," *JSNT* 77(2000), 75-97.

3:6)은 교회공동체의 사역 또한 복음의 속성을 따라 공공성을 우선적인 기준으로 꾸려져야 한다는 믿음에 근거한 때문이었다.

이렇듯, 복음 사역의 일선 현장에서 태동기 신앙공동체는 처음부터 '타자를 위한 존재'로서 이타적인 헌신과 섬김을 최우선 가치로 전방위적 구원 사역에 매진하였다. 다양한 분파적 가능성과 위기 상황을 넘어 모든 교회가 그리스도의 복음 전파라는 공통 명분 아래 공공적 가치를 실현하는 방향으로 진보해나갔던 것이다. 그 과정에서 갈등과 분란이 적지 않았지만, 신약성서 시대의 복음 사역은 이 세상과 함께, 이 세상 가운데, 그러나 이 세상을 넘어 더 나은 구원의 소식으로 전파되면서, 마침내 유대와 사마리아를 넘어 땅끝까지 이르러 세상을 향한 복음으로 발돋움해나갈 수 있었다.

2. 보편성과 통일성

복음의 이타성과 공공성은 복음의 가치를 특수한 영역, 특정한 대상에 국한시켜 그 배타적 이해관계를 위해 봉사하는 수단이 아니라 그 자체를 목적으로 삼아 보편성과 통일성을 강화하는 기능을 수행했다. 사복음서와 사도행전의 기록은 예수 그리스도의 복음이 갈릴리의 시골마을에서 출발하여 어떻게 특정 부락민의 마을잔치 수준이 아니라 만민을 구원으로 인도하며 그들의 다각적인 필요를 위해 섬기는 보편적인 복음으로 발전해나갔는지 보여주는 역사적 단층의 기록이라 할 수 있다. 예수가 지향한 복음의 보편성은 그가 치유 사역에서 차별의 장벽을 허물던 노력과 그의 가르침에 담겨진 인류 보편의 가치 등에 비추어 십분 수긍할 만한 사실이다. 그는 유대인 남성 가부장주의 전통과 그것을 정당화하는 유대교의 강고한 율법주의에 도전하면서 당시 소외된 여성과 어린아이를 존중하였고, 세리와 창기 같은 무도한 각종 죄인은 물론 나환자처럼 천형으로 여겨지던 부정한 대상들까지도 포용하였다. 그렇게 그는 정결/부정의 이항대립에 매인 유대교의 신학적 도그마를 넘어 더욱 중한 생명의 가치를 우선시하는 안목을 보여주었다.[33] 비록 육체로서 활동한 생전의 예수는 갈릴리와 팔레스타인의 반경에 지리적 공간적으로 동선이 국한되었지만, 사마리아인과 수로보니게 이방 여인, 이방인 백부장 등을 향해 그가 보여준 경계를 넘는 지극한 사랑의 실천은 장차 그의 십자가/부활의 복음이 만민과 만유를 향해 뻗어나갈 수 있는 발판을 제공한 것으로 판단된다.[34]

이러한 사역을 위해 평생을 헌신한 사도 바울은 바리새파 유대인 출신으로 이방인의 사도로 나선 선교 여정 가운데 사방이 적으로 포위된 불리한 지형을 오로지 복음의 보편성에 의거하여 앞에 놓인 장애물들을 돌파해나갔다. 그가 보편성의 경계를 확장해나가는 도상에서 극복해야 할 장벽은 동족 유대인, 율법에 속박된 보수적인 유대인 그리스도교인들, 자신의 사도직을 불신하는 일부 이방 그리스도인들 그리고 종교상업주의 침해로 불이익을 받은 이교도 이방인들이었다. 그는 이들과의 정치경제적 마찰과 신학적 갈등에 맞서서 강력한 변증과 설득뿐 아니라 포용과 양보 등의 방식으로 배타적 경계를 확장해나갔다.[35] 심지어 자신과 진영을 달리하는 동 지역

---

33 당대 주류 유대교의 '성결의 정치학'에 대항하여 '사랑의 정치학'을 제시한 이러한 카리스마적 치유자와 현자, 개혁적 예언자로 예수의 모습을 조명한 대표적인 연구로 Marcus J. Borg, *Jesus: A New Vision* (San Francisco: Harper, 1991). 그러나 최근의 연구는 유대교의 관점에서 예수가 크게 이탈하였거나 정결제의를 부정하기보다 그 틀 안에서 그 의미를 급진화하는 방식으로 부정결의 극치인 죽음과 대항하여 싸운 유대적인 예수의 모습을 조명하기도 한다. 매튜 티센/이형열, 『죽음의 세력과 싸우는 예수』 (서울: 새물결플러스, 2021).

34 예수의 동선은 물론 바울의 선교적 동선 역시 지역의 특정 마을이나 도시를 중심으로 삼았다가 이를 탈중앙화하면서 그 반경을 공간적으로 확산시켜나간 궤적을 보여준다. 그들의 보편지향성이 그 복음의 본질적 내용보다 그것을 적용하는 범위와 대상에 따라 심화되어 갔음을 시사하는 증거다. 차정식, "생성기 그리스도교의 선교지형에 비추어 본 지방화와 세계화의 문제," 「한국기독교신학논총」 40(2005. 7.), 129-162.

35 이에 대해서는 차정식, "바울 선교의 정치·외교적 역학관계," 『하나님 나라의 향연』 (서울: 새물결플러스, 2009), 59-88. 이 연구에서 바울은 그의 사역을 둘러싼 거시적 맥락과 미시

의 다른 기독교 그룹이 옥에 갇힌 바울을 괴롭게 하려고 일부러 복음 전파의 열심을 내는 간사한 동기에 대해서 "겉치레로 하나 참으로 하나 무슨 방도로 하든지 전파되는 것은 그리스도니 이로써 나는 기뻐하고 기뻐하리라"(빌 1:18)고 대범하고 의연하게 대응할 정도였다.[36]

물론 바울 사도가 복음에 담긴 이런 보편성의 가치를 일관되게 옹호하였고 이로써 교회공동체의 통일성을 추구하였다 할지라도, 동시에 그는 교회와 복음의 본질적 정체성을 해치거나 파괴하는 행위에 대해서는 단호하게 대응하였다. 당대의 보편적인 기준에 비추어 부도덕한 죄악이나 탈선의 행위는 물론 교회공동체의 하나 됨을 저해하는 이기주의적인 행위나 탐욕적 동기에 대해서 그는 엄히 질책하거나 징계와 출교까지 명할 정도로 냉철하게 대처하였다.[37] 따라서 바울의 복음에 담긴 통일성의 요소는 그의 몸/지체 교회론에 잘 반영되었듯이 그 몸을 구성하는 다양한 지체들의 독립성을 존중하는 관용 안에서의 통일성이었다고 봐야 한다. 개체 구성원의 자율적 독립성은 자폐적 고립성이나 독불장군식의 아집과 구별되어야 한다. 유기체로서의 몸을 비유 삼아 바울은 시종일관 이러한 하나의 몸과 다양한 지체 사이의 창조적 긴장을 교회공동체의 건강성을 담보하는 동력으로 삼았던 것이다. 이는 곧 복음 자체에 그 관련자들을 자정할 만한 자율적 항체

적 지형 가운데 배제와 분리의 원리, 포용과 통합의 원리를 두루 능란하게 구사해나간 것으로 판단된다.

36 빌립보서의 이 구절(1:7-8)에 비추어 추출할 수 있는 역사적 단서는 바울이 로마의 기독교 신앙 공동체에서 호의적인 반응과 함께 적대적인 취급을 받았다는 것이다. 그에게 적대적인 세력은 아마도 그가 다른 이들이 이미 선점한 선교 강역을 침범해 들어왔다고 불만을 표하거나 유대교의 절기 및 음식 등의 제반 율법적 규례에 대해 이견을 보인 집단이었을 것으로 추론된다. Paul, A. Holloway, *Philippians*, 89-90.

37 이와 관련하여 바울의 대표적인 사례는 제 의붓어미와 동침한 고린도교인을 '사탄에게 내어줌'의 저주 의식을 통해 출교 조치를 결행한 것이다. 이에 대한 연구로는 차정식, ""사탄에게 넘겨줌"의 의미와 초기 기독교의 저주 의식—고린도전서 5:4-5와 디모데전서 1:20을 중심으로," 「신약논단」 26/2(2019), 413-447.

와 성령의 자유 안에서 누릴 만한 최대치의 관용이 두루 포괄되어 있었음을 반증한다.

3. 자기 성찰과 회개의 열매

그리스도인은 복음에 대한 신앙적 확신이 없이 이 세상의 죄악과 분연히 맞서 싸울 수 없다. 그러나 동시에 그 확신에 대한 독한 회의와 성찰이 없으면 그리스도인도 자신의 부조리와 싸울 수 없다. 예수께서는 이러한 견지에서 눈의 비유를 들려주신 바 있다. 우리 눈은 "몸의 등불"이라는 것인데 따라서 그 눈이 성하면 온몸이 밝을 터이지만 그 눈이 나쁘면 몸도 어두워지리라는 것이다(마 6:22-23). 이 어록의 배경에는 고대 그레코-로만 시대의 시각 발생 이론이 잠재되어 있음이 밝혀졌다.[38] 그 가운데 대표적인 이론이 우리 눈은 내면의 빛을 투사하여 밖에서 들어오는 태양 빛과 만나면서 시각 기능이 발생한다는 것인데, 여기서 예수의 어록은 이를 은유적인 측면에서 조명한다. 이를테면, 몸의 등불로서 눈을 밝히는 내면의 빛이 기실 몽땅 어둠일 뿐이라면 시각을 통해 지각 기능이 마비돼 온몸을 휘감고 있는 그 어둠의 사태가 얼마나 심하겠느냐는 것이다. 산상수훈의 이 어록에 덧보태 누가복음의 지상수훈 버전(눅 11:34-36)은 다음의 훈계를 제시한다:

"그러므로 네 속에 있는 빛이 어둡지 아니한가 보라. 네 온몸이 밝아 조금도 어두운 데가 없으면 등불의 빛이 너를 비출 때와 같이 온전히 밝으리라."

---

38 Hans Dieter Betz, "Matt. 6:22-23 and Ancient Greek Theories of Vision," *Essays on the Sermon on the Mount*, tr. by L. L. Welborn (Minneapolis: Augsburg Fortress Publishing, 1985), 71-87.

예수의 이 어록과 이에 대한 이러한 일련의 해석적 조명에 비추어보면 그가 하나님 나라 복음을 전파하는 당사자인 제자들에게 얼마나 자기 성찰을 강조했는지 확인할 수 있다. 이 성찰은 근본적인 것이어서 사람들이 배워 깨달은 복음의 진리라는 것조차 자신의 경험과 편견이 섞여 부지불식간에 불순물이 낀 나머지 빛으로 여겨 섬겨왔던 내용물이 기실 온통 컴컴한 암흑천지로 까발려질 수 있다는 경고의 메시지로 읽힌다. 예수의 복음 자체 내에 그것에 대한 확신뿐 아니라 자기 성찰을 통한 꾸준한 수양과 "네 속에 있는 빛이 어둡지 아니한가" 여부를 부지런히 점검하는 갱신의 노력이 담겨 있다는 것이다. 마찬가지 맥락에서 바울 또한 성령의 빛에 의해 끊임없이 자신을 조명하고 성찰하지 않으면 아무리 유대인이 율법을 부여받고 헬라인이 지식을 갖추었다고 자랑해도 '소경이 소경을 인도하는' 청맹과니가 될 수밖에 없음을 간파했다(롬 2:1-29; 고전 2:10-16).

그리스도의 제자라면 우리는 자기 내면의 빛이 딱딱한 도그마로 굳어져 실제로는 종교기득권자에 위선의 창고로 변모해온 자기의 취약한 몰골을 정직하게 대면할 필요가 있다. 그것이 바로 깨달음의 열매로 나타나기 위해서는 회개의 열매가 절박하다. '회개의 열매'는 세례 요한과 예수의 복음 전파에서 필수적으로 요청된 것으로 복음과 삶이 합작해서 일구어내야 할 최종적인 목표이기도 하다(눅 3:8; 마 12:33-34). 사도 바울 또한 성령의 충만한 가지만 강조한 것이 아니라 그것은 필히 '성령의 열매'로 나타나 삶 가운데 육화되어야 할 구체적인 가치로 간주하였다(갈 5:22-23). 그에게 성령으로 충만하다는 것은 성령으로 살고 성령으로 행하는 것을 의미했다. 이 점에서 바울의 복음은 철저히 성령의 복음이었고 성령에 의해 옹호되고 방어되며 성령을 통해 변증해야 할 복음이었던 것이다.[39]

---

39 Hans Dieter Betz, "In Defense of the Spirit: Galatians as a Document of Early Christian Apologetics," *Gesammelte Aufsätze 3: Paulinische Studien* (Tübingen: J. C. B.

이 요소가 생략되거나 약화하면 복음은 조직을 유지하는 정치적인 프로파간다나 연성화한 값싼 위안의 기계장치로 전락하기 쉽다. 그 결과는 복음이 구체적인 변화의 능력으로 나타나 개인과 공동체를 변혁하는 동력을 잃어버림으로써 마치 맛을 잃은 소금처럼 버려져 사람들 발에 밟혀버릴 수밖에 없다. 예나 지금이나 복음이 삶과 만나 회개의 열매를 맺지 못하는 것은 회개(悔改)의 '회'(悔)의 요소만 무한 반복할 뿐 '개'(改)의 성과가 부실하기 때문이다. '회'는 개인의 내면에 감정의 격발과 함께 뉘우침을 유발하지만, 그것이 '개'의 지경으로 나아가기 위해서는 그렇게 깊이 뉘우친 개인들이 모인 공동체 차원의 구체적인 자기 혁신이라는 통렬한 변화작업이 요청된다. 그것은 법규와 관행, 인습과 통념의 해체와 재구성을 동반하는 전반적인 조직갱신을 과녁으로 삼아야 하므로 매우 어렵고 험난한 과정이다. 물론 험난하고 어렵기 때문에 오늘날 한국교회의 무기력을 떨쳐내기 위해 더욱더 긴요한 작업이기도 하다.

V. 결론: 복음과 세상의 교차점과 분기점

2007년 존 바클레이는 미국 샌디에이고에서 열린 세계성서학대회(SBL)에서 "*Why the Roman empire was insignificant to Paul*"이라는 제목의 중요한 논문을 발표하여 상당한 파장과 함께 진지한 논쟁을 유발했다.[40] 이는 20세기 말부터 전개되어온 초대교회와 세상의 관계를 그리스도 왕국과 가이사 로마제국의 대결 구도로 파악하여 세속적 제국의 복음을 대체하는 진

Mohr Siebeck, 1994), 98-109.

40 이 논문은 그의 단행본 저서에 재수록되었다. John M. G. Barclay, *Pauline Churches and Diaspora Jews* (Grand Rapids, MI: Eerdmans, 2016), 363-387.

정한 복음으로서 그리스도의 복음을 바울 서신의 주요 신학적 기조로 강조하는 추세에 대한 반론의 일환으로 제기되었다. 특히 톰 라이트의 주장에 의하면, 바울 당시 로마의 황제숭배 제의가 지중해 연안에 만연해 있었고, 로마제국의 이데올로기를 반영하는 어휘들을 바울이 종종 사용하였다. 그 암시적인 함의 속에 바울은 은연중 그리스도와 가이사의 대결 구도 아래 그리스도를 만유의 주로 강조하면서 복음의 진정성을 판가름하는 주요 기제로 사용하였다는 것이다.[41] 바클레이는 이러한 라이트의 주장을 조목조목 반박하면서 그에게 로마제국이 왜 상대적으로 사소한 관심사였는지 논증한다. 그 결론적 논지인즉, "로마제국에 대하여 바울의 가장 전복적인 행위는 그것을 반대하거나 추켜세우는 것이 아니라 세상의 이야기 가운데 그것을 특별한 이름이나 중대한 역할로 인정하지 않고 다만 의존적이고 파생적인 실재의 수준으로 강등시키는 것이었다"는 주장이다.[42] 로마제국과 관련하여 "바울의 신학은 '반정치적'(apolitical)이지 않았는데, 이를테면 개인적 경건의 수준으로 국한될 만큼 사유화되지 않았고 일상적인 삶의 사회정치적 현실과 유리된 채 영성화되지도 않았다는 것이다."[43] 그가 굳이 로마라는 이름을 종종 불러 표나게 강조하지 않은 것은 그의 나이브함이나 경건주의의 산물 또는 정치적인 개방성을 드러내는 것을 두려워했기 때문이 아니었다. 다시 말해 그에게 '정치적'이라는 개념은 '그리스도 사건'이라는 중

---

41 바울과 로마제국의 이러한 대립 구도에 대한 톰 라이트의 주장은 다음 자료를 참조할 것: N. T. Wright, "Paul's Gospel and Caesar's Empire," in R. Horsely, ed., *Paul and Politics: Ekklesia, Israel, Imperium, Interpretation* (Harrisburg; Trinity Press International, 2000), 160-183; R. Horsely, ed., *Paul and Empire: Religion and Power in Roman Imperial Society* (Harrisburg: Trinity Press International, 1997). 이러한 관점은 복음서의 예수와도 관련된다: R. Horsley, *Jesus and Empire* (Minneapolis: Fortress, 2002). 유사한 주제는 김세윤, 『그리스도와 가이사』(서울: 두란노, 2009)에서도 좀 다른 관점에서 다루어진 바 있다.

42 Barclay, *Pauline Churches and Diaspora Jews*, 384.

43 *Ibid.*, 385.

추적 견지에서 조명되어야 할 다양한 세상의 현실과 융합되어 있었고 로마제국은 하나님의 주권 아래 진행되는 그 세상사의 흐름 속에 나타난 다양한 정치 권력체 중 하나로 인식되었다는 것이다.

바클레이의 이러한 논지는 오늘날 복음의 본질을 재정립하고 교회의 정체성을 재구성하는 데 사려 깊은 통찰을 제공한다. 특히 코로나19 팬데믹 시대와 함께 찾아온 전 지구적 대재난의 현실에 기독교가 지켜온 복음이 그 실천 현장에서 매우 왜소하게 쇄말화해온 저간의 형국을 감안할 때 그 비판적 성찰의 강도는 클 수밖에 없다. 특히 이 땅에 바이러스의 감염 매개체로 신천지 파동 이후 광화문 사태와 인터콥 사태 등 교회 일각의 열광주의적 반응이 질타를 받는 분위기에 편승하여 교회의 대사회적 이미지는 하염없이 추락하고 있는 형편이다. 내부적으로 잠재된 신앙공동체의 열악한 병폐가 바이러스 파동으로 수면 위로 부상해 전국적으로 매일같이 전시되고 있는 양상이다. 극단적인 일각에서는 현 정권의 이른바 K-방역이 교회와 예배를 소멸시키려는 마귀의 장난으로 치부하며 극렬한 저항의 기세를 올리는가 하면, 또 다른 일각에서는 국가와 국민에 민폐를 끼치는 교회라는 이기주의적 조직을 운영하기 위해 고수해온 주일성수의 전통과 대면 예배를 아예 폐지해야 한다는 극단적인 교회무용론이 젊은 세대를 중심으로 지지를 얻고 있다. 그러나 바울신학에 대한 바클레이의 통찰에 의하면 이러한 극단의 사고방식은 교회와 국가를 위해 두루 백해무익한 편견이 아닐 수 없다. 교회의 정체성이라는 것이 특정한 틀에 속박돼 유폐된 것이 아니라 역사의 맥락에서 끊임없이 변화하는 역동성을 띠고 있기 때문이다. 이 세상의 국가권력은, 2천 년 전 로마제국이 그러하였듯이, 아무리 건강하든, 흉악하든, 이 세상의 형적 속에 지나가면서 그리스도의 주권 아래 하나님의 섭리에 따라 순기능과 역기능의 한시적인 용도기 때문이다.

따라서 차제에 우리는 복음과 세상이 만나는 교차점과 나눠지는 분기점에 민감한 신학적 촉수를 들이대면서 기독교 신앙의 정체성의 두 양상에 대해 숙고할 필요가 있다. 그 하나는 '내포적' 정체성이고 다른 하나는 '외연적' 정체성이다. 전자는 세상의 도전에 저항하면서 내부적으로 더욱더 견고하게 다져져야 하는 복음의 영역이다. 반면 후자는 세상의 도전에 자극을 받아 변혁하면서 만유의 충만을 향하여 더욱 포용의 반경을 확장해나가야 하는 또 다른 미래지향적 복음의 영역이다. 전자가 복음의 존재론적 기반을 함의한다면 후자는 복음의 목적론적, 인식론적 영역에 해당한다. 야곱이 본토와 친척을 떠나 낯선 땅에서 꿈속에 하나님을 보았을 때 그는 난생처음 하나님이 자기 씨족의 울타리를 넘어서도 존재하시는 분으로 재발견한다. 그러한 하나님에 대한 인식론적 확장 속에 구약성서의 신학은 이스라엘 선민주의에서 적대국의 이방인까지 구원하시는 보편주의의 지평으로 나아갔다. 신약시대로 넘어와서 하나님의 복음은 예수 그리스도 안에서 만유를 통일하시는 지경으로 더더욱 팽창해나갔다.

이와 같이 갱신해나간 정체성의 연장선상에서 사도행전(17:22-31)의 바울은 로마의 이방시인 아라투스(Aratus)의 시구를 인용하여 아레오바고의 청중을 향해 "우리도 신의 자손이라"는 인식을 공유할 수 있었다. 그렇게 로마제국 속에서 그 제국과 함께 제국을 넘어 만유의 충만을 향해 나아갔던 복음의 행로는 한편으로 전통이 물려준 그 내포적 정체성의 반경을 견고하게 다지고, 다른 한편으로 만유의 충만을 위해 미래로부터 오시는 하나님을 닮아 그 외연적 정체성을 과감하게 확장해나가야 할 과제에 직면해 있다. 특히 21세기 이 땅의 코로나19 팬데믹 시대에 부대끼면서 우리는 지나가는 세상의 모든 형적에 매이지 않으면서 그 세상의 일상을 충실하게 섬겨나가는 복음의 동력을 회복해야 할 절박한 시점을 맞고 있다. 이 이중적 과제 앞에서 가시채를 뒷발질하는 고역(행 26:14)을 지적한 고대 헬라의 비극작가 유리피데스(Euripides)의 예언이 임할 것인가, "우리도 신의 자손이라"고 노래한 로마의 시인 아라투스(Aratus)의 예언이 임할 것인가. 만유의 충만이라는 미완의 목표 앞에 겸손하게 새출발 하면서 한국교회는 이제 선택의 기로에 놓여 있다.

2부

감정, 상처, 치유

1장
고대 히브리 사상과 헬레니즘에 비추어 본 '감정'의 세계
― 신약성서의 '감정' 이해를 위한 배경사적 고찰

I. 문제 제기

우리는 '감정'의 르네상스라 할 만한 시대를 통과하고 있다. 역사를 통틀어 뭇 시인과 작가, 예술가들의 심장을 달군 감정이 근래 한국사회에서 크게 주목받으면서 인간의 본성과 정체성 연구에 새로운 물꼬를 트고 있는 형국이다. 스피노자의 48개 감정을 화두로 문학작품에 나타난 그 감정의 굴곡과 질감을 인간의 재발견 또는 인간됨의 현실적 재구성이란 차원에서 호소력 있게 다룬 강신주의 『감정수업』이란 대중적 철학교양서가 희대의 베스트셀러로 등극하였는데 이러한 현상도 감정 열풍의 이런 시대적 추이에 응답해온 근래의 두드러진 현상이다.[1] 이에 뒤질세라 학계에서도 감정이 사람들의 사회적 삶의 자리에 미치는 다각도의 권능과 그 생산적 역동성이나 파괴적 영향 관계를 담론화하려는 추세가 인문 · 사회과학계의 일각에서

---

1 강신주, 『강신주의 감정수업: 스피노자와 함께 배우는 인간의 48가지 얼굴』 (서울: 민음사, 2013).

강화되었다.[2] 이와 더불어, 감정을 통한 치유의 활성화와 이른바 '행복' 담론의 전파는 정신분석학의 세속적 활성화와 함께 꾸준히 지속되어온 현상이었다.[3] 시선을 바깥으로 돌리면, 종교와 도덕의 분야에서는 일찍이 인간의 삶에 작용하는 감정의 역동성에 관심을 기울여 그 긍정적 미덕을 조명하려는 시도가 있어왔다. 신성을 향해 인간이 드러내는 종교적 본성으로서의 '절대의존의 감정'을 주창한 슐라이어마허의 경우와[4] 신앙적 경건에 감정이 작용하는 생산적 측면을 다룬 조나단 에드워즈의 '신앙감정론',[5] 시장이라는 자본주의적 메커니즘에 인간의 정신적 요소가 '동감'을 매개로 도덕적으로 작용하여 그 타락을 견제하는 성향을 연구한 애덤 스미스의 '도덕감정론'[6] 등이 그 몇 가지 사례다.

감정에 대한 이러한 관심은 이 시대에 우리 사회가 인간의 감정과 부대끼면서 겪는 이율배반성을 끼고 있다는 점에서 흥미롭다. 첫째는 감정의 극렬한 파괴적 속성이 감정을 흉기로 만드는 세태를 우리가 홍역처럼 앓고 있다는 점이 특기할 만하다. 많은 이가 지적해왔듯이 우리 사회는 정치경제 등 제반 분야의 온갖 억압적 규율 아래 짓눌리면서 불안과 피로를 만성화해

---

2 특히 감정을 사회의 제반 현상을 관통하는 해석학적 키워드로 삼아 분석한 주목할 만한 최근의 책들: 잭 바바렛/박형신,『감정과 사회』(서울: 이학사, 2009); 강준만,『감정독재』(서울: 인물과사상사, 2013); 김찬호,『모멸감: 굴욕과 존엄의 감정사회학』(서울: 문학과지성사, 2014). 인문학 계통의 예로는 동서양의 인문사상 가운데 건강과 치유에 대한 관심을 다룬 엄찬호 최병욱 공저,『인문학의 치유 역사』(춘천: 강원대학교출판부, 2013).

3 최근 이러한 방면의 책들이 많이 쏟아져 나와 독자의 눈이 어지러울 정도다. 몇 가지만 소개하면 롤프 메르클레, 도리스 볼프 공저/유영미,『감정사용설명서: 부정적 감정을 다스리는 치유의 심리학』(서울: 생각의 날개, 2010); 데이비드 A. 씨맨스,『상한 감정의 치유』(서울: 두란노, 2011); 미리암 그린스팬/이종복,『감정공부: 슬픔, 절망, 두려움에서 배우는 치유의 심리학』(서울: 뜰, 2008) 등이 있다.

4 F. Schleiermacher, *On Religion: Speeches to Its Cultured Despisers*, tr. by John Oman (New York: Harper & Brothers, 1958).

5 존 스미스/정성욱,『신앙감정론: 조나단 에드워즈 전집 제1권』(서울: 부흥과개혁사, 2005)

6 애덤 스미스/박세일 · 민경국 공역,『도덕감정론』(서울: 비봉출판사, 2009).

왔다. 무한경쟁의 신자유주의 체제가 전 세대를 압박하면서 '화가 가득 찬 사회'를 만들어온 것이다. 단지 쌔려본다는 이유만으로, 네 살배기 어린아이가 점심 식사 때 김치를 남겼다는 이유만으로, 부부싸움의 울분을 다스리지 못하는 즉흥적인 충동의 결과로, 칼로 찌르고 주먹을 날리고 자녀를 창밖에 던져버리는 감정 폭발의 뉴스가 종종 암담한 흉몽처럼 우리를 습격한다. 그런가 하면 둘째로, 또 다른 일각에서는 감정을 제대로 표현하지 못하고 억누르는 습관 속에 욕망의 소통 회로가 차단되어 중대한 심리적 장애를 유발하고 치명적인 건강상의 문제를 일으키는 것도 사실이다. 이즈음 급증하는 '우울증'이나 한국인 특유의 '화병'이란 것도 따지고 보면 감정회로의 고장에 기인한다.

감정의 폭발도 문제가 되고 그 억압이 병통이 되는 현상 속에 감정에 대한 지적인 담론의 전통이 변덕스럽게 휘둘려온 점도 포착된다. 칸트를 비롯하여 서구 근대의 지성들은 일관되게 감정이 이성의 통제를 필요로 하는 하부적 요인으로 인식해왔다. 그나마 스피노자가 감정의 자율적 영역을 존중하여 감정의 체면을 세워주었고,[7] 니체 등의 디오니소스적 사상가들이 인생에서 열정의 요소가 어떻게 창조적인 순기능을 할 수 있는지 그 담론적 가능성을 보여주었지만, 문제는 이러한 사상적 대칭 관계가 근대적 현상으로 갑자기 돌올한 것이 아니라는 사실이다. 이 연구논문은 바로 이 점에 착안하여 감정 담론의 고대적 현상을 히브리 사상과 그레코-로만 시대를 아우르는 헬레니즘 사상이란 양대 산맥에 기대어 추적하고자 한다. 이는 기실 한 편의 논문으로 다루기 어려운 매우 방대한 영역이다. 그 각각의 분야에 그간 적잖은 저술과 연구가 산출되기도 하였다. 그러나 이 논문이 속편 연구주제인 "예수의 감정 표현과 신학적 인간학의 새로운 지평"과 "바울의 감정적 호소에 나타난 심리 조율과 심리 치유의 수사학" 연구의 배경

---

7 이 방면의 대표적인 고전이 B. 스피노자/황태연, 『에티카』 (전주: 비봉출판사, 2014)다.

사적 고찰이란 측면에서 향후 쟁점의 사상적 태반을 다루고자 하는 의도가 있음을 여기 선명히 밝혀둔다. 따라서 히브리 전통의 감정 이해와 헬레니즘 사상의 감정 이론을 선별적으로 범주화하여, 그 특징적 요소를 위주로 고대의 감정 이해가 진행되어온 추이를 살핌으로 그 대체적인 지형을 파악하는 것이 이 연구의 주된 목적이다. 그 결과 이 연구가 오늘날 혼란된 국면 속에 역동적으로 자가 발전하고 있는 감정 담론의 역사적 기원을 추적할 뿐 아니라, 근대 이후 착종된 감정 담론의 인식론적 지형을 그 본래의 태반에 비추어 명료하게 재구성할 수 있는 역사비평적 근거를 모색하는 데 도움이 될 수 있으리라 기대한다.

II. 히브리 전통의 감정 이해

1. 창조 세계에 대한 신적인 감상

히브리 전통의 감정 이해는 구약성서를 통해 매우 풍성하게 드러난다. 구약성서의 하나님 야훼에 대한 이해가 신인동형론적 구조 안에서 인격신의 이미지가 매우 강하게 투사되어 나타나므로, 구약성서의 감정 이해는 크게 하나님의 감정과 이에 상응하는 인간의 감정으로 대변하여 파악할 수 있다. 인간이 '하나님의 형상'으로 지음을 받았다는 인식 아래 하나님의 다양한 감정을 인간이 고스란히 재현하는 측면도 없지 않아 보인다. 하나님의 보편적인 감정을 보여주는 대표적인 유형은 천지 창조와 인간 창조에서 그가 내비친 '감탄'의 어조 속에 명확히 드러난다. 창세기 1장에 예시된 창조 기사에서 하나님은 자신의 솜씨로 나타난 창조의 결과에 대하여 "보시기에 좋았더라"는 문구로 창조 세계에 대한 신적인 감상을 드러낸다. 특히 인간의 창조를 보고 그는 "심히 좋았더라"는 강조적 표현을 통해 창조의 결과에 최상급의 긍정적인 반응을 보이고 있다.8 여기서 '보시기에'라는 단어는 단지 시각적 기능에 국한되지 않는다. 그것은 그 창조물에 대한 심미적 아름다움뿐 아니라 선한 가치와 의미에 대한 포괄적 평가를 전제로 한다. 나아가 '좋다'라고 번역된 히브리어 '토브'(טוֹב)가 단지 도덕적 선함의 의미로 국한되기보다 오히려 미학적 차원의 아름다움에 근접한다는 지적은 수긍할 만하다.9 따라서 하나님이 자신의 창조 세계를 '보시기에 좋다'고 감상하고 인지했다는 것은 그 창조주의 은혜로 말미암은 천지 만물의 창조에 대한 지극한 희열의 감정을 대변한다고 볼 수 있다.10 더구나 이 창조 활동이 하나님의 무슨 결핍으로 인한 자기충족적 구제 활동이 아니라 자족적 존재성의 연장선상에서 이루어진 사건이라는 신학적 통찰을 수용할 때 그 '좋았더라'는 감상은 아름다움의 차원을 넘어, 또 한시적 희열의 감정을 넘어, 천지 만물과 온전히 원융의 일체를 이룬 지극한 샬롬의 경지를 암시한다.

---

8 폰 라트는 이 표현이 '미학적 판단'보다는 '창조의 놀라운 목적과 질서'를 염두에 둔 것이라고 대조적인 시각을 제시하지만, 마지막 최상급의 표현은 '전적인 완전함'을 뜻하며 창조의 '놀라운 적절성과 조화'를 가리키는 것으로 본다. Gerhard von Rad, *Genesis: A Commentary*, tr. by John H. Marks (London: SCM Press, 1961), 51, 59. 그런데 그 '조화'라는 게 미학적 가치와 무관치 않은 것일진대, 굳이 그 온전한 창조 질서를 품평하면서 인식론과 미학을 대립적인 관계로 파악할 이유가 있을지 모르겠다.

9 앞의 책, 51의 주장에 반하여.

10 다수의 주석가는 '보시기에 좋았더라'를 일종의 '승인 공식'(approval formula)으로 특징지어 이 어둠의 혼돈에 대립하는 질서의 조화를 저자가 승인하는 문구라고 인식하는데(가령, John Skinner, *A Critical and Exegetical Commintary on Genesis*, 2nd edition [Edinburgh: T. & T. Clark, 1980], 19), 이는 지나친 단견이다. 어둠과 빛의 분류 자체가 이미 조화로운 경계의 질서를 이루는 것이므로 그 창조 행위와 전체적 결과 속에 '좋음'의 가치가 두루 내장되어 있다고 보는 것이 도리어 설득력 있다. 더구나 저자의 초점은 창조 세계에 대한 하나님의 감흥을 표현하는 데 있건만 이 점을 포착하는 주석가는 드물다. 그러나 혹자는 본문을 '그가 본 것을 기뻐하였다'(was pleased with [what] he saw)라고 번역하여 이 '좋음'의 내용과 주체를 강조하기도 하였다: E. A. Speiser, *Genesis* (The Anchor Bible; Doubleday & Company, Inc.; Garden City, New York, 1982), 5.

하나님의 피조물 중 각별한 주목을 받아 '심히 좋았더라'는 마음의 감흥을 야기한 인간은 이후 패역한 나머지 가장 골칫덩어리로 전락하여 "만물보다 거짓되고 심히 부패한 것은 [인간의] 마음"(렘 17:9)이라는 진단을 받았다. 그러나 구원사의 역정을 통틀어 애증의 쌍곡선을 타면서도 하나님은 자신이 뽑아 세운 언약 백성의 역사적 여정 속에 끝내 희망을 포기하지 않는 꾸준한 열정을 드러낸다. 그것은 그의 백성이 아무리 타락하고 부패하여 때로 징벌을 가하더라도 그가 자신이 택한 백성의 회복과 구원을 갈망하는 하나님의 신실함으로 일관되게 표출된다. 그리하여 계명과 율법의 기준에 따른 그 백성들의 삶에 드러난 성적표와 별도로 그 존재 자체를 기뻐하는 하나님의 감정은 피조 생명에 대한 창조론적 희열의 감상이 구원론적 맥락에서 전유된 것으로 파악된다. 예컨대 '시온의 딸'을 호출하여 스바냐가 전한 신탁 속에서 하나님은 그의 백성들이 회복할 구원의 날을 예고하며 항상 기뻐하는 곡진기정의 심정을 드러낸다. "너의 하나님 여호와가 너의 가운데에 계시니 그는 구원을 베푸실 전능자이시라. 그가 너로 말미암아 기쁨을 이기지 못하시며 너를 잠잠히 사랑하시며 너로 말미암아 즐거이 부르며 기뻐하시리라"(습 3:17).[11] 마찬가지로 시편에서도 하나님의 기쁨은 "나를 넓은 곳으로 인도하시고 나를 기뻐하시므로 나를 구원하셨도다"(시 18:19)라는 표현에서 보듯 구원의 역사로 직결된다.

이렇듯, 구약성서에서 하나님의 기쁨은 곧 기뻐하심이다. 자신의 욕구 충족으로 인한 자족적인 기쁨이 아니라 구체적인 대상을 향해 베푸는 이타

---

11 이 구절은 야훼 하나님과 예루살렘의 관계 갱신을 혼인 메타포를 차용하여 남편/아내의 재결합처럼 묘사한 것이다. 이 구절에서 특히 쟁점이 되는 표현은 '잠잠히 사랑하신다'는 부분인데 그 히브리어 문구는 '그의 사랑으로 그가 쟁기질하신다'(he plows with his love)라는 뜻으로 풀이된다. 이는 야훼와 시온의 딸들이 관계를 갱신하면서 동시에 야훼가 블레셋 도시들을 저버리거나 떠난 것을 오래 버려둔 신부에게로 다시 돌아옴에 빗대어 표현한 것이다(습 2:4). Marvin A. Sweeney, *Zephaniah: A Commentary*, ed. by Paul D. Hanson (Minneapolis: Fortress Press, 2003), 202-203.

적인 은혜와 생명 구원의 사랑을 통한 이타적인 기뻐하심이다. 이에 반향하여 그의 백성들 역시 그 기쁨에 동참할 것을 촉구받는다. 스바냐의 상기 본문이 자리한 맥락이 곧 그러하다: "시온의 딸아 노래할지어다. 이스라엘아 기쁘게 부를지어다. 예루살렘 딸아 전심으로 기뻐하며 즐거워할지어다" (습 3:14). 시편에서도 하나님의 구원에 반응하여 수십 군데에서 개인이나 회중이 "하나님을 기뻐한다"거나 "기뻐하라"는 송축의 문구들이 발견된다. 구원의 역사뿐 아니라 하나님의 창조 역사 마찬가지로, 피조물에 대한 창조주의 심미적 감상에 부응하여, 이 피조 세계의 심오한 이치를 궁리한 인간은 그 가운데 깃든 '여호와의 영광'을 발견하여 찬미와 신실한 감사의 노래를 잊지 않는다. 이런 방면으로 거론할 만한 구약성서의 사례가 매우 많은데, 그 대표적인 것을 하나 꼽으면 시편 104편이다.[12] 이 시편은 창세기 1장의 창조 이야기를 시인의 인간적 관점에서 재구성하듯이 창조주의 권능을 기리는데, 특히 창조 세계의 충일함과 모든 피조물을 먹이고 돌보며 안식을 베푸시는 넉넉한 은총을 송축한다. 그러나 이미 창세기 1장 이후의 타락과 죄악 세상이 여기에 전제되어 있다. 따라서 이 땅의 뭇 생명이 호흡을 거두어 먼지로 돌아가는 죽음의 운명과 이와 함께 "주의 영을 보내어 그들을 창조하사 지면을 새롭게 하시"(시 104:29-30)는 창조 세계의 갱신이란 주제도 함께 다루어진다.[13]

---

12 이 시편은 이집트 파라오인 아멘호테프(Amen-hotep) 4세(BC 1375~1357)가 태양신 아톤(Aton 또는 Aten)에게 바치는 우주론적 찬양시와 유사하여 그것이 가나안 지역 페니키아인들의 중개를 통해 이 시편의 형식과 내용, 특히 그 피조물의 이름 목록(onomatica)에 영향을 미쳤을 것으로 추정되어왔다. Mitchell Dahood, *Psalms III*(101-150) (The Anchor Bible; Garden City, New York: Doubleday, 1970), 33. 그러나 그것이 단순한 모방이나 차용이 아니라 이스라엘의 신앙적 태반 속에 변용되고 각색된 결과로 보아야 한다는 시각도 있다. James L. Mays, *Psalms. Interpretation: A Biblical Commentary for Teaching and Preaching* (Louisville: John Knox Press, 1994), 332.
13 이 시편 전체가 창세기 1장의 시적인 버전이라는 전제 아래 해당 구절은 피조물을 생동케 하는 것이 하나님의 호흡이란 점에서 창세기 2:7을 연상시켜준다. 여기서 하나님의 신적인

이와 같이 하나님의 구원 역사는 물론, 창조 세계와 연동된 시편의 모든 송축 언어는 늘 하나님의 기뻐하심에 감응하는 예배자의 희열과 감사의 정감으로 넘쳐나는 특징을 보여준다. 이러한 긍정적 감정은 하나님의 쪽에서 이 세상에 대한 징벌을 그치고 만물 창조의 본의를 갱신하여 인간의 역사와 세상 만물을 회복시키는 동기를 부여하며, 인간의 쪽에서도 죄악으로 인한 고난과 역경을 딛고 새롭게 출발하면서 하나님의 구원사에 동참하는 신실한 회복의 에너지를 공급한다. 그러나 그 과정에서 대가와 비용이 막대함을 이스라엘의 구원사 여정은 생생하게 보여준다. 하나님의 감정이 뒤틀려 극단의 상황에 놓이는 경우가 잦았기 때문이다.

2. 하나님의 후회와 질투: 열정의 감성론

구약성서의 히브리 신학 전통에서 하나님이 신인동형론적 구조를 띠는 점은 고대 헬라 세계의 신들과 유사한 듯하면서 차이점이 있다. 인격체로 묘사되는 점에서는 유사하지만, 언약을 맺으시고 공동체적 삶의 자리에서 매사 엄격한 공의의 기준을 내세우고 윤리적인 결단을 요구하신다는 점에서는 다르다. 그러나 후대 헬레니즘의 추상화된 신론, 즉 무소부재와 전지전능의 절대자로 초월적 형이상학의 위엄을 갖춘 교리화된 신성에 비추어 구약성서의 야훼는 매우 파격적인 특징을 가지고 있는 게 사실이다. 그 차이점은 하나님의 맹렬한 감성적 태반에 근거하여 표출된다는 것이 유달리 주목할 만한 점이다. 그 가운데 특히 이해하기 어려운 점은, 그 하나님이 인간의 창조를 후회할 정도로 매우 인간적인 연약함을 공유하는 모습을 보인다는 사실이다. 이 대목에서 대표적인 예가 바로 노아의 홍수에 앞서 이

호흡과 피조물의 호흡이 동일시되지 않지만, 새로운 생명의 출현을 매개로 이 두 가지는 서로 연계되어 있다. James L. Mays, *Psalms*, 335.

땅에 만연한 인간의 타락과 죄악상을 두고 하나님이 인간을 지은 것을 후회했다는 진술이다.

하나님은 이 땅에 창조한 사람을 여타의 동물들과 함께 쓸어버리기로 작정하면서 "그것들을 지었음을 후회"하며 마음에 근심이 되었다고 탄식한다(창 6:6-7). 한글개역개정본에서 '한탄'으로 그 어조를 다소 약화시켜 번역하였지만, 히브리어(nhm)의 원뜻은 '심경의 변화'를 가리키므로[14] '후회 어린 유감'의 의미로 새기는 게 적절하다.[15] 선악과의 창조와 마찬가지로, 이 지점에 전지전능의 교리를 동원해 적용하면 즉각 논리상의 맹점이 발생한다. 그러나 경직된 이성의 논리를 감정신학의 맥락으로 대치하면 하나님의 후회는 신학적 소통의 자장을 형성한다. 일단 후회의 저변에 달라붙은 친밀한 감정은 배반감, 이로 인한 탄식과 슬픔, 근심 등이다. 감정은 과장과 증폭을 속성으로 자신을 격렬하게 표현하여 드러내는 경향이 있다. 이러한 맥락에서 예의 구절을 해석하면, 하나님의 기대를 철저히 배반한 인간들과 그들로 인한 창조 세계의 총체적 타락상이 하나님의 창조 자체를 후회하게 할 만큼 그 슬픔과 한탄의 정도가 심했다는 것이다.[16] 마음을 바꾸는 변덕은 후회와 함께 사태 인식을 새롭게 한다. 그렇다면 하나님이 노아 당시의 타락한 세상을 정확하게 인식하기 위해 후회의 감정 표현이 필수적이었다는 논리가 가능해진다. 그 변화의 동기를 제공한 것은 물론 노아 당시의 타락한 인간 세상이다.

후회의 구체적인 대상이 명확한 상태에서 그 대상을 하나님이 사랑하지 않고 완전히 저버리기로 했다면 굳이 후회할 필요도 없었을 것이다. 이렇듯,

---

14 E. A. Speiser, *Genesis*, 51.

15 그리하여 NRSV를 비롯한 영어 번역에서는 이 어휘를 'be sorry'의 의미로 새기고 있다.

16 이러한 견지에서 폰 라트는 여기서 저자가 인간의 '마음'에 가득 찬 '악'의 현실에 대응하여 그 인간에 대한 슬픔, 고통, 실망을 포함하는 하나님의 '마음'을 보여주고자 한 것으로 파악한다. von Rad, *Genesis*, 113.

후회와 함께 부정적인 감정으로 꼽히는 질투 역시 하나님에게 적용되면서 적잖은 의문을 야기하는 것이 사실이다. 도덕 윤리적 상식에 비추어보면 질투는 다분히 파괴적 감정으로 극복의 대상이다. 그런데 구약성서의 하나님은 질투하시는 하나님으로 가끔 묘사된다. 특히 십계명을 내리면서 다른 신들을 경배하고 우상을 만드는 인간의 행태에 대한 경고를 발하면서 자신이 질투하는 신임을 숨기지 않는다(출 20:3-5; 신 5:7-10).[17] 그 질투의 결과, 계명을 따라 야훼 하나님만 경배하는 자들에게 천대까지 은혜를 베풀리라는 약속이 주어지지만, 계명을 어기고 우상을 만들어 숭배하는 자들에게는 삼사 대까지 징벌을 가하리라는 경고로 나타난다. 야훼의 그 질투는 자신을 사랑하는 자와 미워하는 자를 분간하는 감정적 잣대로 작용하고 있다. 여기서 야훼 하나님은 전혀 관대하지 않은 모습으로 묘사되는 듯하다.

야훼 하나님의 특징적 감정으로 질투를 조명할 때 우리는 거기서 그가 자기 백성을 향해 표출하는 열정의 한 양식을 발견한다. 자기 백성들이 창조의 목적과 어긋나게 나갈 때, 구원의 언약과 걸맞지 않게 행할 때, 하나님은 후회하지 않기 위해 질투를 격발하는 패턴을 드러낸다. 다시 말해 열정으로서의 질투는 하나님이 그의 사랑의 대상을 향해 사랑을 후회하지 않기 위한 배수진의 감정이라는 것이다. 그 질투는 많은 경우 '진노'라는 또 다른 감정으로 변용되어 표현된다. 야훼의 질투를 눈치채지 못하는 그의 백성들이 노골적으로 그 신을 외면하고 다른 신을 사귀며 그 신상을 만들어 경배

---

17 십계명의 이 대표적인 언명과 관련하여 해당 히브리어(*qannō/qannā*)가 '질투하는'이란 뜻이라기보다 '열정적인'(zealous) 또는 '열렬한'(impassioned)의 의미로 풀어야 한다는 해석도 있고, 그 질투가 '낭만적 사랑이나 결혼 관계에서 나타나는 소유지향성(jealous possessivity)을 나타낸 것이라는 해석도 있다. 대개 이 두 가지의 의미가 통합적으로 공존해 있다고 보는 것이 일반적이다. 이를테면 이스라엘이 다른 신을 섬길 때 야훼는 질투하고 그가 보복할 때 열정적이라는 식이다. 이와 관련하여 해당 어휘가 '징벌하는' '가혹한'(punitive)의 의미도 함축하고 있다고 보기도 한다. William H. C. Propp, *Exodus 19-44* (The Anchor Bible; New York: Doubleday, 2006), 171.

할 때 그 질투는 즉각 징벌을 위한 진노로 돌변한다. 물론 이러한 감정이 파괴적인 형태로 폭발하기 전, 하나님은 그의 백성에게 매우 관대하고 오래 참으시는 신으로 묘사되곤 한다. 하지만 그 신적 인내에도 한계가 있고, 인내하지 말아야 하는 지극히 위험한 정황이란 게 있다는 것이다. 따라서 하나님은 질투로써 자신의 순정한 사랑을 열정적으로 드러내는 것이고, 이것이 제대로 그의 백성들에게 소통되지 않을 경우, 진노를 격발함으로써 자신의 백성들이 겪는 수난을 통해 그 스스로 수난받기를 자청하는 것이라고 볼 수 있다. 이처럼 질투-열정-수난의 감정신학적 연결고리는 헬라어 ζήλος에 내포된 '질투/열정'의 쌍생 개념에서 확인되고,[18] 라틴어 *passo*에서 '열정/수난'의 또 다른 공유적 맥락을 엿볼 수 있다.

이와 같이 후회든, 질투든, 아니면 그로 말미암는 한탄이든, 진노든, 이러한 감정이 신적인 속성의 일부로 구약성서에서 줄곧 드러난다는 사실은 하나님이 자신의 수난과 고통을 무릅쓰는 열정으로 그의 백성을 향해 지대한 관심을 쏟아붓는다는 방증으로 해석될 수 있다. 그 관심은 인애와 자비, 긍휼 등과 같은 여러 감성적 동기를 동반하기도 하는데, 이는 나아가 하나님이 죽은 신이 아니라 펄펄 살아 활약하는 역동적인 신이라는 사실을 부각시킨다. 모세의 홍해 기적이나 엘리야의 갈멜산 대결 등과 같은 극적인 사건 속에 반영된 야훼의 신적인 기질은 바로 이러한 열정의 감성을 매개로 표출되는 그의 역동성으로 특징지어진다. 그의 이러한 열정적인 이미지는 그가 자기 백성을 가장 극적으로 만나 사귄 것으로 기록된 광야의 지형적인

---

18 구약성서의 '질투하는 하나님' 이미지는 그의 백성들이 고스란히 닮아 하나님의 의로운 명분을 위해 투쟁하는 열정으로 투사되어 그 원조격인 비느하스(민 25:1-15; 시 106:28- 31)와 중조격인 마카베오 형제들을 거쳐(1마카베오 2:26, 25; 2마카베오 4:2) 신약시대 예수와 바울에게도 변용되어 나타나는데, 로마제국의 식민 지배에 대항한 동시대 젤롯당의 무력투쟁에서 그 절정에 달한다. David Rhoads, "Zealots," *ABD* VI, 1043-1054; John J. Collins, "The Zeal of Phinehas: The Bible and the Legitimation of Violence," *JBL* 122/1(2003), 3-21.

특질을 투사하는 측면이 없지 않다. 뜨겁게 끓어오르는 열사의 광야에서 그를 만나고 경험한 출애굽 백성들은 그가 맹렬하게 질투하는 상상 속에 종교적 경외심을 강화했을 것이다. 아울러 하나님의 후회라는 반동적인 감정을 떠올릴 때마다 그들은 자신들의 방종과 타락을 극단적인 관점에서 성찰하는 계기를 얻을 수 있었을 것이다.

3. 슬픔과 탄식의 감정: 자기 전복의 신학적 성찰

구약성서의 하나님이 감정적인 표현에 소극적이지 않은 만큼 이 땅의 인간들 역시 그 아버지에 그 자식 격의 유사성을 띤다. 특히 고난과 역경에 관한 한, 그가 택한 선민 이스라엘이든 그 택정함과 무관한 바깥 족속의 사람들이든, 그들은 이 땅에서의 삶이 부과한 짐이 고되고 심지어 고통스러워 적잖은 슬픔과 탄식의 감정을 쏟아낼 수밖에 없었다. 그것이 고통이 되고 슬픔과 탄식의 빌미가 된 이유 가운데는 자업자득의 측면이 없지 않을 것이다. 하나님이 부여한 창조 질서에 어긋난 삶, 공동체의 사회경제적 정의를 위반한 윤리적 탈선, 제 사적인 탐욕의 노예가 되어 쓴맛을 자초한 경우 등 개인적인 죄악과 밀접한 관련이 되는 슬픔과 탄식의 사례들이 많다.

동시에 이와 별도로 사회구조적 측면의 원인을 무시할 수 없다. 특히 이스라엘 고대국가가 들어서고 왕정 체제가 성립하면서, 권력의 중앙 집중화는 기득권자들의 불의를 부추겨 정치적 패도와 사회경제적 착취와 억압으로 인한 체제의 불균형과 불평등은 다수 피지배층의 삶을 피폐하게 만드는 경우가 잦았다. 권력은 강화되고 경제력은 상승했지만, 빈부격차가 심해져서 이로 인한 다수 백성의 삶에 탄식의 요인은 더욱더 다변화되어갔다.[19]

---

19 이는 특히 북왕국의 전성기를 이룬 여로보암 2세의 치세기 때 극심한 현실로 드러났는데, 이 당시 예언자로 활동한 아모스의 증언을 통해 그 단면이 적나라하게 드러났다. 김태훈,

가령 신명기 사가가 평가한 이스라엘 역사의 군주들 가운데 다윗의 바람직한 모델에 견주어 긍정적인 평가를 받은 임금이 극소수인 반면, 정치 종교적으로 두루 탈선하고 부패한 왕들이 대다수였다는 사실은 이러한 구조적 병폐의 단적인 증거다. 다윗 역시 흠이 많은 지도자였지만 그의 수준에 대다수가 미치지 못하였다는 평가는 다분히 야훼주의 신앙의 기준을 적용한 결과일 것이다. 특히 국제관계에서 약소 민족에 불과한 이스라엘 국가공동체가 이웃의 강대국들에 시달리면서 겪은 전체적인 고통은 국가 멸망과 이방의 포로 생활이라는 체제 해제의 신산한 지경으로 이어졌다.

바로 이러한 배경에서 시편의 지대한 분량을 차지하는 탄식 시편이 양산되었고 애가(哀歌) 문학이 탄생하였다. 탄식 시편의 두 가지 유형은 첫째로 개인적 탄식 시편이고 둘째는 공동체의 탄식 시편이다.[20] 전자가 개인의 질고와 배반 경험 등으로 하나님께 자신의 억울함을 하소연하고 정당한 신원을 간청하는 내용이라면, 후자는 국가공동체의 멸망 상황에 처하여 공동체 성원들의 집단 회개와 새로운 회복의 갈망을 호소하는 주제로 짜여 있다. 그 결론은 대체로 하나님의 은혜에 대한 낙관적인 소망과 기대 또는 사후승인적인 감사 찬양으로 마무리되지만, 그렇다고 여기에 토로된 탄식과 슬픔의 정조가 무가치하거나 무의미한 것은 아니다.

하나님의 후회와 탄식이 인간 세계의 타락과 밀접한 연관이 있다면 구약시대 인간의 슬픔과 탄식은 그 타락한 죄악의 현실을 깊이 뉘우치며 깨달아 자신의 현실을 전복시키려는 성찰의 동력으로 작용하고 있다. 슬픔에 동반되는 눈물이 감정적 정화 작용과 함께 현재 처한 남루한 현실을 승화시

『사자의 부르짖음: 예언자 아모스의 선포와 삶』(서울: 한국성서학연구소, 2012).

20 시편에서 하나님께 기도하며 예배로 나아가는 대표적인 양식이 바로 '찬양'과 '탄식'으로 양분될 정도로 탄식의 주제는 매우 풍성하다. 이에 대한 양식비평적인 대표 연구서로 Claus Westermann, *Praise and Lament in the Psalms* (Louisville: Westminster John Knox Press, 1987).

키는 효과를 유발한다면 그 와중에 터져 나오는 회한 어린 탄식은 슬픔의 원인이 되는 삶의 오류를 뉘우쳐 개선의 의지를 북돋아준다. 이러한 자기 전복과 해체를 통한 신학적 성찰의 유익함은 예의 탄식 시편들이나 애가에 세세히 변증되어 있지 않지만, 명백한 감정신학의 유산이라 할 수 있다. 이 것이 아리스토텔레스의 예술미학적 감정 이해와 다른 것은 그 애상과 탄식의 감정이 단순히 내면의 심리적 카타르시스를 유발하여 정서적 고양을 기획하는 데 머무르지 않고 윤리적 결단과 즉각적 실천을 유도하는 회개 효과를 동반하기 때문이다.

그러나 그 탄식과 슬픔의 감정이 역사를 변혁하여 구체적인 진보의 결실로 나아가는 실질적인 동력이 될 수 있었을까. 구약시대 실낙원 이후의 폭력적인 삶의 무대가 그렇고, 아브라함과 모세 이후 펼쳐진 이스라엘의 역사가 그렇듯, 고비마다 통과해나간 회개가 충분히 결실하여 이후 역사의 진행을 긍정적 진보의 무대로 견인해나간 흔적은 희미한 편이다. 창세기 이후 타락한 인류가 걸어간 발자취가 그렇고, 또 사사기의 서사 패턴이 그렇듯이,21 잠시 탄식하며 회개하다가 다시 또 사죄와 회복의 은혜를 망각하여 죄악의 수렁으로 되돌아가는 식으로 반복하면서 결국 공동체의 멸망이라는 최악의 사태를 향해 쏠려간 인상을 받는다.22 특히 왕조시대 이후는 국가의 조직과 체계가 더 정교해지고 경제적 부와 정치 권력이 더 강성해질수록 하나님의 탄식과 언약 백성의 비애가 상승작용을 하면서 더 열악한

---

21 타락-징계-회개-회복-타락의 패턴으로 순환하는 서사적 진행은 사사기의 문학적 편집에 특징적인 부분이다. Robert G. Boling, *Judges* (The Anchor Bible 6A; New York: Doubleday & Co., 1974) 서론 부분.

22 왕조 국가 시대와 그 멸망 이후에도 반복되는 이러한 심판/구원, 회개/회복의 주제는 이사야, 에스겔 등과 같은 예언서의 편집 구도에서도 일관되게 나타난다. 특히, 에스겔의 경우는 회개보다 용서의 주제가 앞서 선포되는 특징을 보여주고 있다. 이종록, 『용서와 회개』 (파주: 한국학술정보, 2007); 『이 뼈들이 능히 살겠느냐』 (서울: 한국성서학연구소, 2000), 특히 8장(251-284).

상황으로 급격히 전락해나간 추이가 확인된다. 이렇게 역류해나간 역사적 상황에도 불구하고 개인의 차원이든, 공동체의 맥락이든, 이들이 경험하여 문자로 남긴 탄식과 슬픔의 감정 속에는 그 삶의 상처를 견뎌내며 그 의미를 반추하고 극복해나가고 애쓴 흔적을 역력히 보여준다.

요컨대, 구약성서의 인간들이 표출한 감정에는 하나님의 신적인 진노에 대한 신앙적 응답의 성격이 강하다. 인간의 모든 감정이란 게 삶의 다양한 체험이 불러오는 자연스러운 반응이었을 테지만, 그것이 특정한 유형의 문학적 양식으로 일관되게 정형화되어 전승해나간 점은 그 감정을 공유한 공동체의 공감각적 승인이 있었다고 봐야 한다. 그 가운데 이스라엘 공동체가 경험한 역사의 내력은 딱딱하고 건조한 사실 기록에 그치지 않고 자신의 현재를 뒤집어 분발케 하는 신학적 성찰의 효과를 극대화하는 방향으로 현재화될 수 있었다. 그 기록 속에 조상들의 비통한 심경과 탄식 어린 회한을 추체험한 후세대는 격렬한 감정적 언어로 표출된 조상들의 경험에 감정 이입하여 공감하면서, 그 역사를 반성, 계승, 극복해나가는 정서적 토대를 확보하였던 것이다. 그렇다면 결국 감정이 하나님과 그의 백성들 사이에 정직한 소통의 물꼬를 트게 하고 활성화시키는 매개로 기능한 동시에, 조상들과 후손들이 공감을 토대로 역사적 소통과 교훈의 계승을 추동하는 요인이었다는 평가도 가능해진다. 그중에서도 슬픔과 탄식은 지상의 육체적 존재로서 더구나 약소국의 백성으로 살아가면서 겪은 고난의 역정을 역사의 기억 속에 돋을새김해주면서, 그 고난의 역사를 미완의 감사와 찬양으로 승화시키는 역할을 수행했음이 확연하다. 슬픔의 동력화는 이런 지경에 적합한 평가 문구일 것이다.

III. 헬레니즘 사상의 감정 이론

1. 극기의 심리 치유법: 스토아 및 견유주의 철학의 감정 이해

기원전 3세기 제논(Zeno of Citium)에 의해 창시된 스토아학파는 시대와 사람에 따라 다양하게 사상적 전개를 보인 까닭에 그 핵심을 일목요연하게 정리하기가 쉽지 않다. 이들의 철학적 관심사는 우주 만물의 생성과 운영 원리를 탐구한 자연학에서 그 탐구의 방법과 실천적 수련의 원리를 아우르는 논리학과 윤리학에 걸쳐져 있는데, 전반기의 자연학에 대한 강조에서 후반기로 갈수록 윤리학의 관심이 강화되는 추세로 나타났다.[23] 스토아학파 사상가들은 대개 자연학에서 헤라클레이토스의 유물론을 따라 이 우주의 만물은 신과 인간을 포함하여 불과 같이 미세한 물질로 구성되어 있으며 그 근원의 태반에서 생성되어 그곳으로 회귀하는 과정을 반복하고 있다고 보았다. 이처럼 동질적인 물질계 속에 순환 반복하는 우주 만물의 보편적 원리가 신적 섭리와 동일하며, 그것이 인간에게 '운명'으로 발현된다는 것이다. 이러한 유물론적 일원론 또는 결정론적 범신론의 세계관에 터하여, 스토아 사상은 후기로 접어들면서 견유학파(키니코스학파)의 영향을 받아 그 가운데 인간의 권능 속에서 자유롭게 사는 수양의 윤리학에 큰 관심을 기울이게 되었다. 그 핵심 이치는 우주적 이성에 기초한 인간의 자연적 본성과 조화를 이루며 자유롭게 사는 것으로 요약된다. 우주적 이성에 순응하여 조화를 이루며 살기 위해 필요한 것은, 한편으로 인간의 권능 내에 통제할 수 있는 것은 절제와 극기의 태도로 대응하여 자유로운 삶을 극대화하는

---

23 스토아 사상의 역사적 전개와 전반적 개관으로는 Thomas Schmeller, "Stoics, Stoicism," *ABD* 6, 210-214; M. L. Colish, *The Stoic Tradition from Antiquity to the Early Middle Age*, 2 vols. (Leiden: E. J. Brill, 1985).

것이다. 나아가 인간의 권능으로 통제할 수 없는 선악 바깥의 대상을 향해서는 철저한 무관심이나 체념의 태도로 초연하게 대응해야 한다고 보았다. 이러한 삶의 태도는 인간 내부의 자유의 본성 바깥 요인들로 인한 그 어떤 영향과 자극에도 전혀 마음의 동요를 일으키지 않는 '무정념'(ἀπάθεια)의 경지를 강조하게 되었다.

바로 이러한 '무정념'과 관련된 맥락에서 감정에 대한 스토아학파와 견유학파의 다양한 주장들이 분출되었다. 헬레니즘과 로마 시대에 스토아 사상과 견유주의 영향을 받으면서 감정의 본성과 그것이 도덕적 삶과 연관하여 수행하는 기능에 대한 활발한 논의가 진행되었다.[24] 당대의 주도적 사상가들은 감정의 심리적 기초를 이해하기 위해 노력하였고, 나아가 감정을 억제하거나 교정하는, 심지어 그것을 제거하기 위한 다양한 치유법을 개발하여 소개하기도 하였다. 특히 스토아 사상가들이 감정 이론을 체계적으로 심화하기 위해 만든 감정지도는 매우 흥미로운 분석 대상으로 논의의 출발점이 될 만하다. 이들은 사악한 부정적인 감정(πάθη)의 대표적인 범주로 '욕망'(ἐπιθυμία), '두려움'(Φόβος), '쾌락'(ἡδονή), 고통/슬픔/근심(λύπη)의 항목을 설정했다.[25] 당시 현자의 대표적인 이미지는 자기 절제 내지 극기(ἐγκράτεια)의 미덕과 밀접하게 연계되어 있었는데 특히 감정의 통제 또는 제거를 통해 이 목표를 이룰 수 있다는 생각이 1세기 로마 시대에 광범위하게 퍼져 있었다. 세네카와 플루타르크 등의 당대 대표적인 스토아 사상가들도 삶의 이상적인 가치, 덕망을 추구하고자 할 때 감정의 통제가 필수적인 선결조건임을 직시하였다. 감정을 확실히 통제해두면 '온전한 정

---

24 스토아사상의 감정 이해에 대한 대표적인 연구서로 Margaret R. Graver, *Stoicism and Emotion* (Chicago & London: The University of Chicago Press, 2007).

25 Tad Brennan, "The Old Stoic Theory of Emotions," Sihvola and Engberg-Pedersen ed., *The Emotions in Hellenistic Philosophy* (Dordrecht, Boston, and London: Kluwer Academic Publishers, 1998), 30-31; Graver, *Stoicism and Emotion*, 53-56.

신'(σώφρων)이 발양되지만 슬픔/근심의 감정(λύπη)에 휩싸이면 어리석은 정신(ἀφροσύνη)에 빠지게 된다고 경고하였다.

예의 부정적인 감정 목록 중에서 이들이 가장 집중적인 관심을 보인 것은 λύπη였다. 보통 슬픔, 근심, 고통, 고뇌 등으로 다양하게 번역되는 이 감정은 스토아학파의 긍정적 감정지도에 등가적 대체물이 없을 정도로 그 부정적 인식이 강고했다. 예컨대, 앞서 언급한 사악한 감정의 목록에 대응하는 인간 심리의 합리적인 성향으로 스토아 사상가들은 현자의 삶을 특징짓는 선한 감정을 몇 가지 제시하였다. 그 대표적인 것이 '욕망' '두려움' '쾌락'에 상응하는 '의욕'(βούλησις), '조심'(εὐλάβεια), '기쁨'(χαρά) 등이었다.26 그런데 λύπη에 상응하는 선한 감정 목록의 짝이 없는 것이다. 그만큼 가공할 만한 그 감정의 파괴력에 그들이 주목했다는 말이 된다. 실제로 크리시포스는 위로 방법의 개발 차원에서 이 λύπη를 다스리는 치유법에 관심을 보였다.27 키케로, 세네카, 플루타르크 등도 현자의 삶을 위해 λύπη의 감정을 억제 또는 제거하려는 노력이 얼마나 중요한지 주목하였다. 그도 그럴 것이 그들을 둘러싼 정치적 환경이 날로 심해지는 위험 속에 노출되어 있었고, 그 가운데 살아남기 위해 예기치 않은 삶의 좌절과 낭패에 현명하게 대응해야 하는 경우가 잦았기 때문이다.

특히 키케로와 세네카는 이 λύπη(라틴어로는 aegritudo)야말로 가장 문제적인 감정이라고 생각했다. 키케로에 의하면 모든 부정적 감정이 비참함의 상태를 초래하지만, 근심, 즉 λύπη는 큰 고통의 원인이 된다고 통찰하였

---

26 Cicero, *Tusc. Disp.* 4.6.12-14; Tad Brennan, "The Old Stoic Theory of Emotions," 34-36; Graver, *Stoicism and Emotion,* 51-55.

27 이러한 관심사가 키케로의 *Tusculan Disputations*를 비롯한 다른 작가의 저작에 인용되어 단편적으로 현존하는 그의 저작 *On Affections*에 두루 드러나 있다. 이와 관련한 연구로 Teun Tieleman, *Chrysippus' On Affections: Reconstruction and Interpretation* (Leiden: Brill, 2003).

다.[28] 이 감정에 대한 그의 집요한 공격은 이처럼 극단적이었다: "식욕은 열망을 수반하고, 과도한 기쁨은 바보 같은 경솔함을 수반하며, 두려움을 수치를 동반하지만, 근심/슬픔(λύπη)은 더 악한 것들, 즉 퇴락, 고문, 극심한 고뇌, 역겨운 혐오 등을 수반한다. 그것은 영혼을 찢어 삼키고 완전히 파괴한다. 우리가 그것을 벗어버리고 던져버리지 않으면 우리는 비참함에서 자유로워질 수 없다."[29] 세네카는 의학적인 치유 대신 이 감정에 대한 왕적인 주권의 행사를 주문했다. 그는 영혼이 곧 왕이고 λύπη의 감정이 날뛰면 그를 폭군으로 만들 수 있으며, 이를 이성의 힘으로 복속시켜 제압하는 것이 왕으로서 영혼의 의무라고 보았다.[30] 이들은 이처럼 스토아 사상의 가르침을 플라톤적 심리학과 결합하여 인간의 감정을 통찰하였다. 모든 열정 또는 사악한 감정을 완전히 제거해야 한다는 극단적 주장은 그레코-로만 사상가들에게 매우 호소력 있게 다가왔다. 특히 λύπη의 감정은 도덕적 삶에 전혀 도움이 안 되며 자기 절제와 극기의 삶을 살고자 하는 이들에게 혐오스러운 파괴적 감정 1순위로 간주되었다. 이들은 단지 그렇게 인식했을 뿐 아니라 그 감정을 치유하기 위한 목표를 설정하여 수양에 힘쓰기도 했다. 가령, 디오 크리소스톰은 인간이 지성을 지닌 존재답게 자유인으로 살기 위해서는 자기 영혼의 병적인 상태를 철저히 해체해야 하는데, 특히 그 무엇에 대한 고통/슬픔/근심(λύπη)도 느끼지 않는 것이 필수적이라고 여겼다.[31] 이에 따라 이러한 스토아적 시스템에서 감정 치유의 목표는 삶이 아무

---

28 키케로의 감정 이해 자료를 번역, 해제한 주석서로 Margaret Graver, *Cicero on the Emotions: Tusculan Disputations 3 and 4* (Chicago and London: The University of Chicago Press, 2002). 아울러, Andrew Erskine, "Cicero and the Expression of Grief," Susanna Morton Braund and Christopher Gill, ed., *The Passions in Roman Thought and Literature* (Cambridge: Cambridge University Press, 1997), 36-47.

29 Cicero, *Tusc. Disp.* 3.13.27.

30 Marcus Wilson, "The Subjugation of Grief in Seneca's 'Epistles'," *The Passions in Roman Thought and Literature*, 48-67.

리 극심한 좌절과 위험에 처할지라도 λύπη에 상처받지 않는 현자를 만드는 데 초점이 맞추어졌다.

상처로부터의 자유가 스토아적 감정 이론에서 주된 원리로 자리 잡은 것은 사실이다. 또 그것이 감정의 절제와 극기의 수양을 통해 가능해진다는 믿음과 연동된 점도 분명하다. 이와 관련하여 스토아 사상가들이 λύπη의 감정과 함께 상당히 큰 관심을 기울인 감정이 '분노'였다. 필로데모스, 세네카, 플루타르크 등의 사상가들은 모두 '분노'에 대한 논의의 장을 할애하여 삶의 다양한 좌절이 분노와 유사한 감정을 낳는 경향이 있다고 통찰하였다. 분노의 감정과 관련해서는 이를 온전히 제압할 수 있다는 스토아 사상가들의 입장과 이를 생리적인 관점에서 유익한 '자연적인 감정'으로 긍정적으로 보고 따라서 온전히 제거할 수 없다고 본 에피쿠로스학파의 입장이 얼마나 유사하고 다른지에 대해 적잖은 논란이 있었다.32 극심한 삶의 좌절 경험이 우울증(depression)의 주된 원인이라는 것이 오늘날 정신분석학의 통찰이지만, 예의 사상가들은 이로 인한 분노와 우울의 감정을 당대 인간의 심각한 정신적인 병리 증상으로 파악하는 데까지는 나아가지 않았다. 그래서 이들의 문헌 자료에 국한해서 보면 당시 분노와 우울의 감정이 그리 보편적인 경험이 아니었다고 간주하기 쉽지만, 그 기록들이 당시 사회 엘리트층의 것이었음을 감안할 때, 그 판단은 사실과 다를 가능성이 높다. 당시 노동자, 노예 등 서민 대중 가운데 극심한 노역과 생존의 위기 상황에서 삶의 좌절 경험으로 인한 분노와 우울의 경험이 감정지도의 상당한 지분을 차지했으리라고 볼 수 있다.33 그러나 그들이 현자들의 목표를 따라 초연한 무정념의

---

31 Dio Chrysostom, *Or.*, 16.1, 16.4.

32 분노의 감정과 관련하여 에피쿠로스학파의 입장을 대변하는 학자는 루크레티우스, 펠로데모스 등이고 이들의 입장에 대한 세네카 등의 반박이 전해진다. 그러나 양측 모두 과도한 분노는 절제되어야 하며 통제될 수 있다고 본 점에서는 일치한다. D. P. Fowler, "Epicurean Anger," *The Passions in Roman Thought and Literature*, 16-35.

경지를 지향하며 철저한 감정의 절제와 극기의 삶을 추구하지 않았다면 과연 어떠한 감정 표현과 감정 치유의 방식을 보였을지 세세한 내막을 살펴 일반화하기란 쉽지 않다. 추론컨대, 부정적인 감정을 물리치고 긍정적인 선한 감정을 희구하는 이른바 감정의 공리주의적 인식과 실천적 대응이 대체적인 흐름이 아니었을까 싶다.

2. 감정의 교육적 용도: 소크라테스적 예외의 전통

플라톤이 대변하고 후대 스토아 철학과 견유주의 철학에도 상당한 영향을 끼친 고대 인문주의 철학의 고전적 인물이 소크라테스다. 그의 감정 이해는 흥미롭게도 '무정념'의 초연한 상태를 반대하지 않는 듯하면서도 그기본적 원리원칙의 틀에서 벗어나 감정이 인간의 삶을 계도함에 있어 나름의 순기능을 인정한다. 이러한 감정의 양가적인 차원 또는 역설적인 측면을인정하는 방향으로 그는 탄력적인 입장을 드러낸 것이다. 가령, 그는 자신의 죽음에 임하는 자리에서, 가족들이 그의 죽음에 대해 울면서 표출한 감정적인 반응과 관련하여 제자들을 통해 꽤 엄중하게 단속한 것으로 기록되어 있다. 이러한 측면에서 보면 그는 후대의 스토아 사상가들과 마찬가지로인간의 권능으로 어쩔 수 없는 불가피한 해프닝(가령, 예기치 않은 질고나 죽음)에 철저한 초연의 상태로 대응하는 '무정념'의 이상적 목표에 동의하는 것처럼 보인다.

그러나 다른 한편으로 소크라테스는 특정 감정을 고도의 계몽적 자극을 위한 요긴한 수단으로 활용한 사례도 가지고 있다. 키케로가 전하는 이야기에 의하면 소크라테스는 젊은 귀족 알키비아데스가 그 자격에 걸맞은 수준

---

33 Ramsey MacMullen, *Roman Social Relations 50 B.C. to A.D. 284* (New Haven: Yale University, 1974), 88-120.

의 사람이 아니며 그의 고귀한 태생에도 불구하고 일반 노동자들과 다를 바 없다고 확언함으로써 그에게 근심(aegritudo)을 야기한 적이 있었다.[34] 이에 대해 알키바이데스는 크게 낙담하여 소크라테스에게 자신에 대한 그 수치스러운 인물평을 철회하고 덕망 있는 유형으로 돌려달라고 눈물로 간청하였다. 키케로는 이 소크라테스 전통이 제기한 수수께끼 같은 일화를 인지하면서, 소크라테스가 '근심'을 가장 큰 비참함으로 여기지 않은 듯한 이러한 처사와 관련하여 어떻게 논평해야 할지 난감했는지 별다른 언급을 하지 않았다. 적어도 이 일화의 맥락에 국한해서 보면 소크라테스는 분명 인간의 아픈 감정을 자극함으로써, 그것이 수치감을 안기고 근심이나 고통을 자극한다고 할지라도 자신의 적나라한 처지를 각성시키는 계몽적 수단으로 요긴하게 활용될 수 있음을 인정한 셈이다.

실제로 1세기 후반과 2세기 초반의 심리 치유 문헌에 보면 한 인간의 도덕적 진보 과정에서 고통의 감정이 수행하는 역할에 대한 정서적 인지의 추세를 엿볼 수 있는 증거들이 나온다. 플루타르크는 친구를 돕기 위해 그 친구에게 상처를 줄 수 있음을 인정했다. 물론 그 상처는 친구를 진정으로 돕는다는 제한된 맥락에서만 정당화될 수 있다는 것이고 우정을 죽이는 결과를 낳는 상처는 절대로 금해야 한다는 입장이었다.[35] 이러한 맥락에서 그는 폐부를 찌르는 말을 그것이 적용되는 상대의 건강을 회복시키고 보존하는 약처럼 활용할 수 있다고 본 것이다. 마찬가지로 로마에서 활동한 그리스 출신의 스토아 사상가 에픽테투스는 철학 수업의 교실을 의료 처방을 하는 병원 같은 공간에 비유하여 사람들이 그곳에 들어 즐거움이 아닌 고통 속에서 걸어 나가야 한다고 역설하였다.[36] 그런가 하면 견유주의 사상가

---

34 Cicero, *Tusc. Disp.*, 3.32.77. 학자들은 이 일화가 Plato, *Sym.*, 215e-216c에 그 기원이 있는 것으로 추정한다.

35 Plutarch, *Adul. amic.* 55C; 66B; 70D-E; 73D-E.

36 Epictetus, *Diss.*, 3.23.30.

데모크리투스는 도덕적 개혁을 실천하기 위해 자신의 동료 시민들에게 좀 더 고통스러운 것(λύπηρον)을 찾아 처방 도구로 사용하길 갈구했다.[37]

이처럼 감정적 자극을 도덕적 개혁의 방식으로 사용하는 심리 처방의 고안들은 λύπη의 감정을 공리적 가치에 한하여 적용하는 것에 찬성하는 입장이었다고 볼 수 있다. 플루타르크는 이러한 관점에서, 도덕철학자가 가하는 λύπη가 그 효율적인 성과를 거둘 수 있는 적절한 한계를 분명히 못 박아 두었다. 그는 철학이 한 인간의 도덕적 변혁을 위해 상처를 가하고 슬픔을 야기하는 말들로써 치유하는 기능이 있음을 인정한다. 그리하여 선생은 제자들을 향해 비굴한 슬픔이 아니라 자신의 도덕적 진보에 도움이 되는 근사한 고통을 경험할 수 있는 계기를 제공하는 것이 필요하다는 것이다. 그러나 플루타르크는 이러한 감정교육의 현장에서도 선생이 제자들을 향해 그들의 수련과 배움의 열망을 깔아뭉개거나 의기소침하게 만드는 식으로 고통을 가해서는 안 된다고 경고하였다.[38] 문제는 무엇이 회피해야 할 비굴한 슬픔이고 무엇이 감내해야 할 근사한 고통인지 그 기준이 명확하지 않다는 것이다. 다만 선생의 교육적 감각과 계몽의 효과에 대한 해당 사상가의 이론적 원리와 경험칙이 작용하는 것일 텐데, 그 판단의 준거는 시대에 따라, 사상의 변화에 따라 상이하게 나타난다.

우선 이러한 기준을 관대하게 적용해보자면, 근심과 슬픔을 역동적으로 활용하는 소크라테스의 예외적 관점이 정당화될 여지는 충분해 보인다. 그러나 이후 스토아 사상에서는 전기와 후기의 사상이 상반된 것으로 드러난다. 초기 스토아 사상가에게 자신의 잘못에 대한 후회와 이로 인한 고통과 슬픔은 어리석은 사람의 표징으로 간주되었다. 이는 무정념을 최고의 이상으로 추구한 스토아 사상의 기본 원리에 부합한다. 심지어 에피쿠로스 사상

---

37 Hippocrates *Ep.*, 17.45.

38 Plutarch, *Rec. rat. aud.* 47A.

가들에게도 부정적 감정으로서의 고통이나 근심, 슬픔(λύπη)은 회피해야
할 대상이었고, 그 반대로 마음의 평정이 바람직한 목표였다. 그들에게 근
심, 슬픔의 감정은 오해되었거나 잘못 적용된 언설의 징표에 불과했다. 그
들은 초기 스토아 사상가들과 마찬가지로 인간의 감정적 고통, 곧 슬픔이나
근심(λύπη)이 자신의 도덕적 변혁과 진보에 하등의 실용적인 효능이 없다
고 판단했다. 그러나 후기의 스토아 사상가들은 소크라테스의 저 예외적
전통을 수용하여 그것이 도덕적 진보에 끼치는 영향에 주목하게 된 것이다.
그들은 자기 성찰을 통한 도덕적 진보를 중시하여 그 점에 관한 한 현자와
바보의 차이가 없다고 볼 정도였다. 이에 따라 키케로, 루키안, 플루타르크
등은 자신의 오류에 대한 회한과 슬픔은 선한 것으로 인정하였을 뿐 아니라
이를 도덕적 삶의 출발점과 그 진보의 징표로 간주하기에 이르렀다.

3. 파토스와 카타르시스: 아리스토텔레스의 목적론적 감정론

아리스토텔레스는 감정에 대한 고대 그리스의 사상사적 전개 속에 가장
체계적인 이론의 틀을 구축한 인물로, 그 위상과 족적이 뚜렷하다. 여타의
사상가들이 감정을 물리적 형이상학적 윤리적인 차원에서 주로 다루었던
것과 달리 그는 이를 수사학과 시학의 관점에서 조명함으로써 다분히 인지
적인 감정 이해의 초석을 놓았다. 감정을 단순히 외부적인 자극에 대한 반
응이란 측면에 국한시키기보다, 인간의 내면에 자생하면서 적극적으로 외
부의 환경과 상호작용하고 역동적으로 분출되는 마음의 상태로 인지한 것
도 그의 감정 이론이 이룬 공적이라 할 수 있다. 특히 수사학의 견지에서
어떻게 웅변가의 감정이 '언어적 비전'을 창출하며 그것이 또 청중의 감정
코드와 공명하면서 설득의 기술로 발현되는가에 대한 그의 통찰은 정치와
사법 등의 사회적 삶의 실천 현장에 적용되는 기능적인 감정 이해의 정교한

관점을 개척한 것으로 평가된다.[39]

　아리스토텔레스는 스토아 철학자들과 달리 이성과 감성을 대극적으로 파악하지 않았다. 그에 따르면 합리적인 담론이 비합리적인 감정을 없는 것처럼 무효로 만들지 않는다. 감정 자체에 인지적인 관념 작용의 요소가 포함되어 있다고 보는 것이다. 이러한 견지에서 그는 감정을 외부 자극이나 원인에 연계시켜 설명하기보다 판단에 구체적으로 끼치는 영향이나 효과란 점에 주목하였다. 그의 정의에 의하면 감정은 사람의 판단에 변화와 차이를 야기하는 것으로, 그 가운데 고통과 쾌락을 수반한다.[40] 그 대표적인 사례로 그가 꼽는 감정은 분노, 연민, 공포 그리고 이와 연계되는 유사한 감정과 그 반대의 감정이 언급된다.[41] 여기서 쾌락과 고통의 경험은 특정 감정에 따라 따로 나타나는 게 상례로 여겨지지만 경우에 따라 함께 공존하기도 한다. 예컨대, 연민과 결기는 상반되는 감정이지만 공통으로 '고통'의 경험으로 특징지어진다.[42] 이러한 역동적인 통찰에 따라 아리스토텔레스는 감정에 대한 부정과 긍정의 이분법적 관점을 넘어섰다. 특정한 감정이 고통을 부르고 특정한 감정이 쾌락을 증진하는 게 아니라 그것이 구체적인 삶의 자리에 어떻게 작용하여 어떤 영향을 끼치느냐에 따라 반전과 역설의 현실이 가능해진다고 본 것이다.

　그 현실 중에서 중시된 삶의 자리가 바로 사법과 정치의 자리이다. 그는 재판을 수행하는 자에게 감정이 판단을 흐리게 하는 경우를 예로 들어 사법

---

39 아리스토텔레스의 감정이론에 대한 풍성한 정보와 분석적 통찰은 David Konstan, *The Emotions of the Ancient Greeks: Studies in Aristotle and Classical Literature* (Toronto, Buffalo, London: University of Toronto Press, 2006)을 참조할 것. 특히 아리스토텔레스의 감정 이론에 대한 전반적 분석과 평가는 32쪽 이후.

40 이러한 감정의 정의와 목록은 그의 저작 *Rhetoric*, 2.1, 1378a 20-3.

41 이러한 수사학의 감정 목록과 다른 목록이 그의 또 다른 저작 *Nichomachean Ethics* 1105b 21ff.; *On the Soul* 403a 16-17에 등장한다.

42 David Konstan, *The Emotions of the Ancient Greeks*, 34.

적, 법의학적, 정치적 심의의 맥락에서 감정의 조종 결과에 따라 그것이 사회생활에서 이용당하는 방식에 긴밀한 관심을 표했다. 아리스토텔레스가 예시한 대로 우리는 슬플 때와 기뻐할 때, 또 사랑할 때와 미워할 때 동일한 방식으로 판단을 내리지 않는다는 것이다.[43] 여기서 그는 감정이 판단에 어떻게 영향을 끼치는지에 대해서 심도 있는 천착을 보여주지는 않지만, 인간의 신념이 감정을 발기시키거나 유도하여 유익을 추구하고자 하는 그 기능론적 양상은 일관되게 견지하였다. 특정한 감정이 고통과 쾌락의 감각 작용을 동반하면서 우리의 신념이나 결단에 영향을 끼친다고 본 것이다. 이와 같이 그는 신념이 감정의 주요 결정 인자로 작용하듯이 감정이 신념에 끼치는 양태를 상호 순환적인 맥락에서 공정하게 지적하였다.

요컨대, 아리스토텔레스의 감정 이해는 그것이 어떻게 사용되는지에 초점을 맞추고 철저한 목적론적 입장을 견지하였다. 감정에 대한 지식이 '설득의 기술'로서 수사학적 맥락에서 주로 다루어진 것은 바로 그러한 연유에서다. 그는 감정이 왜, 어떻게 생겨나 진화하는지에 대한 심층적인 관심을 보이지는 않았다. 다만 정치가의 심의와 법관의 판결에서 웅변가의 설득이 영향을 끼치는 매개변수로서의 효용성에 대한 관심은 일관되게 나타난다. 이러한 실용적인 맥락에서 그가 특히 관심을 보인 감정이 그의 저작 가운데 수사학에서는 분노였고, 시학에서는 연민과 공포였다. 그는 수사학에서 여러 종류의 감정을 대립항으로 제시하는데, 이와 별개로 대립항을 설정하지 않고 독립적으로 다루고 있는 감정이 분노이다. 그는 분노의 실체와 분노를 달래는 지혜와 관련하여 그것이 수사학적 기법에 작용하는 측면을 중시했던 것 같다. 그 외에 대립항을 지닌 대표적인 감정으로 그는 사랑과 증오(또는 적의), 공포와 용기(또는 확신), 수치와 파렴치, 감사, 연민과 결기(분개), 시기, 경쟁심과 경멸 등의 다양한 감정 목록을 제시한다. 이 모든 감정들은

---

43 Aristotle, *Rhetoric* 1.2, 1356a 15-16.

생명이 없는 사물에 대한 반응으로 야기되는 것들이 아니다. 다시 말해 아리스토텔레스의 파토스 이론은 다른 생동하는 주체들의 성공과 실패, 다양한 사건을 인지한 결과로써 표출된 것이라는 입장에 기초해 있다. 이러한 관점에서 막연한 우울, 음악의 영감으로 야기되는 느낌들, 자연의 위대함에 대한 경이감이나 경외감, 창백하고 끈적거리는 것들에 대한 역겨운 혐오감 따위는 감정의 목록에서 배제되었고, 굶주림과 성욕과 같은 동물적인 욕구도 감정과 무관한 것으로 취급받았다. 그뿐 아니라, 인간의 실존적 한계 속에 자연스러운 상실의 경험에 대한 반응으로 표출되는 슬픔과 외로움의 감상적 정조도 아리스토텔레스의 감정 목록 속에 탐지되지 않는다. 이렇듯 그는 도덕적으로 부과된 사회적 상호작용이나 신분과 지위, 이익을 위한 적나라한 투쟁의 현실 속에서 인간으로 구체적인 경험을 하도록 매개하는 범주의 감정에 초점을 맞추었다.

한편 아리스토텔레스는 시학에서 공포와 연민을 비극작품을 이해하는 주된 감정으로 이해하였다. 역사나 서사시보다 비극을 더 보편적인 예술로 간주한 그는 그 작품에 독자나 청중으로 참여하는 자들이 등장인물의 비극적 경험에 이 두 가지 감정으로 반응하는 것으로 파악하였다.[44] 공포는 주인공의 비극적인 체험이 자신에게도 가능해질 수 있다는 데서 생겨나고, 반대로 연민은 그것이 자신에게 실현 불가능하다는 판단에서 주인공의 딱한 처지에 동정하는 감정이다. 그 과정에서 자신에게 잠재된 공포심은 주인공의 비극적 경험 속에 타자화하여 제거하고 연민은 주인공의 상황에 공감적으로 투사되어 정화의 효과를 유발한다. 이것이 바로 비극작품과 관련하여 아리스토텔레스가 창안한 카타르시스 이론이다. 실제로 그리스의 비극 작품에는 주인공의 비극적 상황뿐 아니라 주인공이 자신의 운명과 씨름하

---

44 이 주제에 대한 대표적인 연구서로 Dana LaCourse Munteanu, *Tragic Pathos: Pity and Fear in Greek Philosophy and Tragedy* (New York: Cambridge University Press, 2012).

면서 깊은 감정적 탄식을 노출하거나 신의 자비에 호소하는 경우를 보게 되는데 거기에 다양한 감정이 개입하는 것이 사실이다. 이러한 작품 내부의 설정 속에 제기되는 쟁점이 인간의 특정한 감정이 신적인 연민에 호소하는 데 어떠한 효능을 발휘하는가다.[45] 인간의 비극적 운명에 대한 그 감정적 반응의 역할은 작품 내에서 기계장치로 설정된 신(Deus Ex Machina)이 떠맡기보다 작품의 무대 바깥에서 청중의 연민을 자극하여 정화효과를 선사하는 방식으로 수행되는 셈이다.

IV. 헬레니즘 계통 유대교의 융합적 감정 이해

1. 지혜문헌의 경우

구약성서 계통의 지혜문헌으로 흔히 꼽히는 책들에는 잠언을 필두로 전도서, 집회서, 솔로몬의 지혜서 등이 있다. 이 가운데 잠언은 포로기 이전의 고대 이스라엘 전통을 수렴한 규범적인 지혜서로 분류되고, 나머지는 대체로 포로기 이후부터 마카베오 시대에 걸쳐 헬레니즘의 사상적 조류가 근동에 영향을 끼치던 시대의 산물로 간주되는 것이 통상적인 관점이다.[46]

---

45 이 쟁점은 훗날 기도와 간구에서 감정적 요소의 상관관계를 다루는 방향으로 기독교 신학의 관심사로 전개되기도 하였다.

46 Claus Westermann, *Roots of Wisdom: The Oldest Proverbs of Israel and Other Peoples* (Louisvilles: Westminster John Knox Press, 1995); James L. Crenshaw, *Old Testament Wisdom: An Introduction* (Louisville: Westminster John Knox Press, 1998). 가령, 중간기 문헌인 외경 '솔로몬의 지혜서'는 그 창작연대가 대략 기원전 220년에서 50년까지 광범위하게 추정되지만(20), 사상적으로 중간기 플라톤주의 철학사상을 유대교 가르침과 일치시켜 재해석한 것으로 드러난다. 특히 그레코-로만의 왕권사상을 수용하여 재맥락화하였는데(64), 이러한 제반 내용들은 필론과 동시대의 사상적 추세를 반영한다(59-63). David Winston, *The Wisdom of Solomon* (The Anchor Yale Bible; New Haven & London:

인간의 감정에 대한 지혜서의 인식은 한 마디로 감정 자체를 형이상학적 주제로 선별하여 심오한 개념화를 시도하고 있지 않다는 것이다. 이는 '지혜'를 인격화하여 그 신비한 기원을 묵상하고 그 실천적 미덕을 줄기차게 강조하는 것과 구별되는 특징이다. 간단히 말해 지혜서를 복류하는 감정에 대한 기본 전제는 하나님이 인간을 지으실 때 감정 또한 그 생명의 구성분자로 포함하였기에 이를 제거하거나 무시하는 것 자체가 무의미하다는 입장이다. 다만 잠언 이래 지혜서가 일관되게 견지한 초점은 지혜에 따라 감정을 조율하되 슬픔이나 근심, 분노 같은 부정적 감정을 물리치고 희락과 평강 같은 긍정적 감정의 기운을 북돋우며 살라는 것이다.

이렇듯, 지혜서에서 감정은 다양하게 삶 가운데 표출되면서 지혜로운 삶의 여부에 영향을 끼치는 인간 존재의 불가피한 일부로 인식된다. 지혜로운 삶을 위해 인간은 부정적이고 파괴적인 감정을 잘 견뎌내고 그 표현을 절제하는 것이 마땅하겠지만 그렇다고 그것이 생각처럼 쉽게 되는 것이 아니다. 심지어 인간의 외부로 표출되는 감정에는 적잖은 굴절과 왜곡이 있음을 지혜서는 인정한다. 가령, "웃음 속에도 슬픔이 있고 즐거움이 서글픔으로 끝나기도 한다"(잠 14:13)는 어록은 감정 이면에 도사린 인간 삶의 실존적 역설 또는 이중성을 절묘하게 드러낸다.[47] 감정은 인간의 실존적 삶의 굴절에 따라 변덕스럽게 소용돌이치면서 그 반대편의 감정과 짝하여 생의 무늬를 수놓는다는 것이다. 그리하여 "웃는 것보다는 슬퍼하는 것이 좋다. 얼굴에 시름이 서리겠지만 마음은 바로 잡힌다"(전 7:3)는 고도의 역설적 교훈이 가능해진다.[48] 이 반어적인 어록은 긍정적 감정의 흥분 상태보다 서늘한 부

Yale University Press, 2011).

47 이 구절은 앞의 10절과 상응하여 인간의 감정이 지닌 개인적 자폐성과 함께 그 표현 방식이 복잡하여 '외적인 모습으로 내면의 세계를 알 수 없다'는 통찰을 보여준다. 김정우, 『성서주석: 잠언』 (서울: 대한기독교서회, 2007), 439.

48 이러한 감정의 이해는 얼핏 비관적인 관점으로 비치지만 이로써 "인생의 어두운 면을 선호

1장 _ 고대 히브리 사상과 헬레니즘에 비추어 본 '감정'의 세계 | 177

정적 감정의 마음 밭이 오히려 인간을 성찰의 길로 인도하는 데 요긴한 도움이 된다는 암시를 깔고 있다. 이는 나아가 지혜의 본질이 하나님을 경외하며 인간들 앞에 겸손하여 평화롭게 사는 것에 있음을 전제할 때 그 본질에 충실하기 위한 실천적 수련의 일환으로 여겨진다.

이러한 역설이 변덕스러운 감정을 조율하는 또 다른 지혜는 그 감정적 삶이 표현되는 '때'의 순환적 이치에 눈뜨는 것이다: "울 때가 있으면 웃을 때가 있고 애곡할 때가 있으면 춤출 때가 있다"(전 3:4); "사랑할 때가 있으면 미워할 때가 있고 싸움이 일어날 때가 있으면 평화를 누릴 때가 있다"(전 3:8). 이러한 때의 운명적인 개입은 다분히 섭리적 차원의 통찰로 보인다.49 아무리 미움과 분쟁의 파괴적 상황을 피하려 해도 그것과 전혀 무관해질 수 없는 인간 삶의 한계를 수락하고, 애써 사랑과 평화의 감정적 지분을 더 넓혀 삶을 풍성하고 태평하게 가꾸라는 조언이다. 왜냐하면 지혜자가 나름의 경험적 지혜를 통해 "결국 좋은 것은 살아 있는 동안 잘 살며 즐기는 것밖에 없다는 것을 깨달았기"(전 3:12) 때문이다. 전도서의 경우 그러한 긍정적 감정을 부양하며 즐겁게 잘 사는 것이 상책이라는 깨달음이 음식을 통한 향유적 가치의 고양과 결부되어 나타난다는 것이 두드러진 특징이다. 사람이 죽어버리면 그 망각의 저편에 "사랑도 미움도 경쟁심도 이미 사라져 버려 하늘 아래서 벌어지는 어떤 일에도 간섭할 길은 영원히 없어진다"(전 9:6) 그러니 살아 있는 동안 "네 몫의 음식을 먹으며 즐기고 술을 마시며

하려는 것이 아니라 전도자와 그의 동시대인들이 현실적으로 겪고 있는 상황을 있는 그대로 진지하게 직면할 것으로 역설적으로 표현한 것이다." 채은하, 『전도서: 한국장로교총회 창립 100주년기념 표준주석』 (서울: 한국장로교출판사, 2013), 137.

49 전도서 3:1-9는 운명의 우발성처럼, 인간이 자신의 삶의 지향점을 통어하는 권세조차 시간에 의해 제한되어 있다는 통찰을 보여준다. 특히 3:4의 울고 웃는 때와 관련하여 전도자는 그것이 엄연히 인과관계로 얽혀 있음에도 불구하고 그 원인조차 그에 상응하는 시간의 한계를 넘어서는 강제성을 띨 수 없다는 입장이다. Thomas Krüger, *Qoheleth: A Commentary*, tr. by O. C. Dean Jr. & ed. by Klaus Baltzer (Minneapolis: Fortress Press, 2004), 75, 77.

기뻐하여라"(전 9:7)는 권고가 하나님이 허락한 분복으로 가능해진다. 이 교훈을 뒤집으면 인간의 감정적 고양과 삶의 질 제고에 육체적 욕망의 기본적 충족과 이를 통한 일상적 향유가 중요한 영향을 끼치고 있다는 것이다. 이는 잠언에서도 유사한 논조로 긍정되어 "낯을 찡그리고 살면 세월이 괴롭고 마음이 편하면 하루하루가 잔치 기분"(잠 15:15)이라고 말한다. 결국 감정은 실천적인 조율의 문제로 인식되고 있는 것이다.

다만 지혜서가 공통으로 일관되게 강조하듯 경계하는 부정적 파괴적 감정은 분노 곧 화다. 이는 매사 절제를 실천적 지혜의 핵심으로 여기는 원리에 치명적인 장애가 되는 감정의 요소이다. 그래서 잠언의 화자는 "함부로 화를 내지 않는 사람은 용사보다 낫다"(잠 29:22), "화를 잘 내면 말썽을 일으키고 골을 잘 내면 실수가 많다"(잠 16:32)라며 파괴적 감정의 절제를 미덕으로 상찬한다. 여기서 분노는 대개 인간의 말과 함께 표출되는데, 지혜서에서 말에 대한 경계는 특히 이러한 측면의 부정적 감정을 태반으로 삼아 삶을 그르치는 요인으로 강조되는 주제이다. "부드럽게 받는 말은 화를 가라앉히고 거친 말은 노여움을 일으킨다"(잠 15:1)는 어록이 그 대표적인 증거이다. 특히 격동하듯 분출하는 분노의 특성상 성급함이 아울러 경계되고 신중함이 지혜의 덕으로 상찬된다. "어리석은 자는 성급하게 굴고 신중한 사람은 오래 참는다"(잠 14:17)는 교훈이 바로 그런 예이다.

인간의 감정이 지닌 실천적이며 실용적인 가치와 인간의 삶에 끼치는 역동적인 영향에 관한 한 외경서인 지혜서와 집회서의 경우도 기존의 전통과 다르지 않다. 결국 적절하게 감정을 선용하며 지혜롭게 잘 조율하는 것이 관건이라는 입장이다. 긍정적인 감정과 부정적인 감정이 교차하면서 우리의 삶이 짜여가는 게 실존의 피할 수 없는 장이라면 하나님이 주신 지혜를 발휘하여 전자를 확장하고 후자를 제어하는 것이 상책이라는 게 여일한 기본 입장이다. 이러한 지혜서의 감정 이해는 매우 명료하게 집회서의 한

단락에서 다음과 같이 제시된다: "네 마음을 슬픔에 내맡기지 말며 부질없는 생각으로 고민하지 말아라. 마음의 기쁨은 사람에게 생기를 주고 쾌활은 그의 수명을 연장시킨다. 근심을 멀리하고 네 마음을 달래라. 그리고 슬픔을 쫓아 버려라. 슬픔 때문에 많은 사람이 죽었고 슬퍼해서 이로울 것이 없다. 질투와 분노는 수명을 줄이고 근심 걱정을 하면 빨리 늙는다. 마음이 기쁘면 입맛이 좋아지고, 먹는 음식이 모두 맛있다"(집회서 30:21-25).[50] 구약성서 지혜서의 감정론을 총괄하는 듯한 이 어록 속에서 우리는 하나님을 경외하는 것을 주축으로 여기는 토라의 전통이 인간의 삶과 자연 세계를 면밀히 관찰하여 얻은 실용적인 지혜의 관점과 만나는 평균치의 상식적 규범을 확인할 수 있다. 그것은 시대적으로 스토아 사상과 헬레니즘의 조류가 깊이 개입하지 않은 히브리적 삶의 현실주의적 유산처럼 보인다. '우주적 이성'이니 '무정념'의 초연한 개념이 아직 등장하지 않거니와, 이 모든 감정 세계의 삶을 조율하는 '지혜'는 이 땅에 발붙이며 살아가는 생물체로서 인간의 욕망을 긍정하는 데 매우 관대하다. 이는 지혜의 신학이 형이상학의 세계로 본격적으로 진입하기 전 '생육하고 번성하라'는 창조주의 은총과 결합된 사상적 지형의 반영으로 판단된다.

2. 필론의 경우

흔히 알렉산드리아의 필론(Philo of Alexandria)이라 일컬어지는 이 유대

---

50 이 구절의 마지막에서 인간의 감정을 음식과 연계시켜 통찰한 대목은 '임상적으로 정확한 관찰'이다. 이 구절에 나오는 다양한 감정에 대한 실용적인 훈계는 헬레니즘 전통(질투-안티스테네스)과 히브리 전통(기쁨-잠 17:22a, 전 11:9)에 대체로 공유되어 면면히 전승되면서 근대의 여러 문학작품(분노/원한-니체, Ecce Homo; 슬픔-세익스피어, Richard III, I, iv, 76-77)에 이르기까지 폭넓게 탐지된다. Patrick W. Skehan & Alexander A. di Lella, *The Wisdom of Ben Sira* (The Anchor Yale Bible 39; New Haven & London: Yale University Press, 2010), 382.

교 사상가는 대략 기원전 15~10년쯤에 태어나 45~50년경에 사망한 것으로 추정된다. 그는 제사장 출신의 가문으로 선조 때부터 디아스포라 이주민으로 외지에 정착하여 로마의 시민권을 부여받은 유복한 집단의 자식이었다. 토라는 물론 중기플라톤주의 철학과 스토아 사상에 기초한 헬레니즘의 교육을 받은 덕분에 그는 당대 세계의 주류 사조를 접하여 토라와 유대교 전통을 그 틀에 비추어 재해석하였다. 그리하여 그를 당시 알렉산드리아 유대인 공동체의 정신적 대표자뿐 아니라 1세기 헬레니즘 계통의 유대교 사상을 대표하는 인물로 꼽는 것이 통상적인 관례다. 감정과 관련하여 그는 열정(πάθη), 무정념(ἀπάθεια) 등의 핵심 개념을 스토아 철학에서 배워 응용하였다. 인간이 자기 삶의 주인이 되기 위해서는 감정을 적절히 통제해야 하는데 유대교는 이 방면의 극기에 우월한 방법을 제공한다고 그는 확신했다.[51]

그에 의하면 인간의 감정, 특히 격렬한 부정적 감정(πάθη)는 영혼이 병든 상태의 반영으로 비합리적인 충동에 불과하다. 이러한 감정은 네 가지 양태로 발현되는데, 그것은 스토아 철학의 이론에서 유래한 '쾌락'(ἡδονή), '정욕'(ἐπιθυμία), '슬픔'(λύπη), '두려움'(Φόβος) 등으로 대표된다. 이러한 부정적인 감정의 충동과 부대끼면서 인간이 추구해야 할 최고의 윤리적 이상은 이러한 것들로부터 벗어나 자유스러운 평정의 상태에 이르는 '무정념'(ἀπάθεια)이다. 그것은 모든 감정을 제거하는 데 목표를 두는 게 아니라 병든 감정(πάθη)을 제거하여 영혼의 본성을 회복하는 데 초점을 맞춘다. 필론은 스토아 철인들과 마찬가지로 이러한 목표가 올바른 이성의 인도로 가능하다고 믿었다. 그 결과 생기는 무정념의 경지 가운데 인간이 '좋은

---

51 David C. Aune, "Mastery of the Passions: Philo, 4 Maccabees and Earliest Christianity," Wendy E. Helleman ed., *Hellenization Revisited: Shaping a Christian Response within the Greco-Roman World* (Lanham: University Press of America, 1994), 125-158, 특히 126 이하.

감정'(εὐπάθειαι)을 부양하여 본성에 반하는 것들로부터 해방된 자유의 삶을 살 수 있다는 것이다.[52] 필론은 감정의 통제 기술과 관련하여 플라톤주의 심리학과 스토아 사상의 도덕 이론을 결합한 관점에다 성서 해석의 메시지를 덧보태어 유대교의 신앙적 우월성을 변증하고자 하였다.

먼저 그는 인간의 영혼을 삼분하여 첫째 이성의 합리적 영역(λογικός), 둘째 열정의 활기찬 영역(θυμικός), 셋째 정욕의 탐욕적 영역(ἐπιθυμητίκις)으로 나누었고, 이 부분을 각기 머리, 가슴, 배의 신체 부위에 비유하였다.[53] 이 가운데 인간의 부정적 감정으로서의 열정 내지 욕정은 인간 영혼의 둘째와 셋째 영역에 관여한다. 따라서 스토아적 개념을 원용한 필론에게 인간의 감정이란 '무절제하고 과도한 충동'이며 '비합리적이고 부자연스러운(즉, 본성에 반하는) 영혼의 운동'일 뿐이다.[54] 앞서 제시한 감정의 스토아적 사분법 도식을 수용한 필론은 둘째와 셋째 영역이 바로 그 부정적 감정을 유발하는 태반이 되며, 그것은 곧 본성에 반하는 병든 영혼의 상태임을 역설하였다. 나아가 도덕적 온전함을 이루기 위해서는 이러한 비합리적인 요소를 잘라버려야 한다고 그는 주장했다. 이 세 영역의 영혼을 그는 전차 운전수가 말에 재갈을 물려 통제하는 것에 빗대어 이성의 영역을 열정적 활력과 정욕의 탐욕 위에 위치시킴으로 그것들을 재갈 물려 단속해야 한다고 보았다.[55] 또한 마치 변소를 파는 장막의 말뚝처럼 그는 둘째와 셋째 영역을 영혼에서 파내어버려 그것들이 제 경계를 넘어 퍼지지 않도록 제압하는 게 필요하다고 비유하기도 하였다.[56]

---

52 Martha Nussbaum, "The Stoics on the Extirpation of the Passions," *Apeiron* 20(1987), 129-177; J. Dillon and A. Terian, "Philo and the Stoic Doctrine of Eupatheiai," *Studia Philoica* 4(1967-77), 17-24.
53 Philo, *Allegorical Interpretations* I. 69-70.
54 Philo, *On the Special Laws* IV. 79.
55 Philo, *Allegorical Interpretations* III 118, 127-128, 138
56 Philo, *Leg. All.* III. 153, 신명기 23:12(LXX).

이러한 필론의 관점은 경건 훈련과 극기의 방향 및 그 방식에 고스란히 적용된다. 요컨대 자신의 감정적 요소들을 통제하여 극기하지 못하면 경건한 삶에 입문할 수 없다는 것이다. 이를 위해서는 토라가 하나님의 진정한 말씀을 담은 황도요 순수한 철학임을 인식해야 한다. 이러한 인식의 기반 위에 그는 토라를 순종하는 것은 신성한 이성의 인도를 받아 본성에 따라 사는 길과 다를 바 없다고 보았다. 그는 감정에도 알레고리적 해석을 적용하면서 쾌락(ήδονή)을 에덴동산의 뱀에 비유하여 뱀이 가슴과 배로 기면서 움직이도록 저주받은 결과를 정욕적 요소에 비유하였다.[57] 한편으로 그는 이 쾌락을 다른 부정적 열정의 원천으로 보면서도,[58] 다른 한편으로 십계명을 해석하면서 '욕망'(ἐπιθυμία)을 모든 악의 원천이라고 해석했다.[59] 그러면 어떻게 이러한 감정적 욕구를 제압하여 오로지 토라를 청종하며, 그 결과 무정념의 상태에 이르는 것이 가능한가. 필론은 오로지 극소수만 이 무정념의 상태에 도달할 수 있고, 대다수는 극렬한 부정적 감정을 절제하고 즐거운 감정의 수준에 도달하는 현실을 인정했다.[60] 물론 이상적 목표는 높았다. 하나님은 감정이 없는 무정념의 존재이며 그 최고의 이상적 윤리의 목표에 맞춰 감정 없는 하나님과 같이 되는 변화가 인간의 최고 지향점이라는 게 그의 신념이었다.[61] 그러나 이 목표에 달성하지 못하는 게 다수의 현실이라면 어떻게 해야 하는가. 필론은 내면의 감정적 열망과의 싸움을

---

57 David C. Aune, "Mastery of the Passions," 127; P. Booth, "The Voice of the Serpent: Philo's Epicureanism," Wendy E. Helleman ed., *Hellenization Revisited*, 159-172.

58 Philo, *Allegorical Interpretations* III. 113.

59 Philo, *On the Decalogue* 142-153; *On the Special Laws* IV. 80, 84.

60 David C. Aune, "Mastery of the Passions: Philo, 4 Maccabees and Earliest Christianity," 128.

61 Philo, *On the Virtues* 168: "사람은 가능한 많이 하나님을 닮도록 노력해야 하며 이처럼 동일하게 되는 것을 가능케 하는 그 어느 것도 소홀히 해서는 안 된다." 또한 *On the Special Laws* IV. 188.

지속하여 일정한 수준이라도 도덕적 진보가 가능하다면 그 과정 자체도 유의미하다고 보았다. 아울러 사람들마다 각기 다른 수준과 단계에 처하여 그 도덕적 발달의 과정이 차이가 생기는 점을 인정하였다.

필론은 자신의 자전적 기록 속에 자신의 감정을 벗어나 극기한 경험을 소개하기도 하였다. 그러나 극기와 신적인 무정념의 가장 이상적 사례로 그가 거론한 대표적인 인물은 모세이다. 필론에 따르면 모세는 비범하고 강력한 영혼의 힘으로 내면의 들끓는 감정적 욕동을 제압할 줄 알았던 왕이요 철학자였고 율법의 수여자에 사제였으며 예언자의 자질을 갖추었던 사람으로 덕스러운 삶을 살았다. 그는 마치 수석 외과 의사처럼 모든 정욕을 제 영혼에서 도려내어 단지 행복한 감정의 수준에 머물지 않고 철저한 무정념(ἀπάθεια)의 경지에 도달했다는 것이다.[62] 연이어 제 감정을 아예 제거해 버린 모세와 달리 아론은 이성과 미덕이란 약제 처방을 통해 그것을 단속하고 통제할 수 있었던 인물로 여겨졌다.[63] 나아가 필론은 이삭을 연단의 필요 없이 하나님의 선물로 온전함에 다다른 모델로 간주했고,[64] 이에 비해 아브라함과 야곱 등은 수련의 삶을 통해 하나님을 만나 승리의 삶을 살아가게 되었다고 달리 평가하였다. 이러한 그들의 내력 가운데 쾌락과 탐심의 감정적 잔재에 대적하여 영적으로 무장하고 이성을 앞세워 열정 위에 서고자 노력한 결과 하나님이 온전한 지식을 통해 그들을 인도했다고 보았다.[65] 이러한 온전한 자기 수련을 통해 극기에 성공한 실제적인 사례로 그는 동시대 에세네파와 테라퓨테(Therapeutae) 금욕집단의 경우를 제시한다.[66] 그들

---

62 모세의 이러한 탁월한 위상과 관련해서는 Philo, *On the Sacrifice of Abel and Cain* 9에 상세히 묘사되어 있다.

63 Philo, *Allegorical Interpretations* III. 128-129. 여기서 아론의 경우 평가의 어휘로 사용된 헬라어는 ἀπάθεια 대신 μετρcοπάθεcα이다.

64 Philo, *On the Preliminary Studies*, 36.

65 아브라함과 야곱이 연단의 과정을 통해 성취한 도덕적 진보에 대한 필론의 해석과 평가는 *On Abraham* 66-71, *On the Sacrifice of Abel and Cain* 44 등.

은 공통으로 율법의 윤리적 부분을 집중적으로 공부하여 도덕적 온전함에 근접한 사람들이었다. 그 일관된 방법인즉, 자신의 욕망과 감정을 철저한 통제하는 극기의 수련으로 높은 수준의 경건에 도달하는 금욕의 길이었다. 이 대목에서 필론은 특히 테라퓨테 집단이 대부분 처녀성을 간직한 금욕수 련자들로서 그들의 정욕과 감정을 치료하여 윤리적 삶의 이상적 단계를 성 취한 것으로 높이 평가한다.

필론은 이처럼 격렬한 부정적 감정을 통제하고 정욕을 극복할 때 인간의 도덕이 세 단계에 걸쳐 발전해나가는 것으로 보았다: 1) 초보단계(ἀρχόμενοις); 2) 진보단계(προκόπτουσι); 3) 완성단계(τέλειομενοις).[67] 앞서 언급한 대로 모든 사람이 모세처럼 완숙한 단계에 도달할 수 없지만 작은 성취도 소중히 여겨야 한다고 본 그는 이상적 목표를 지향하는 이성적 현실주의자였다. 설사 불가능하더라도 희망 없는 환자를 다루며 애쓰는 의사처럼 범상한 인 간들 역시 병든 감정에서 벗어나 낫고자 하는 의욕이 중요하다는 입장이다. 비록 사람마다 영혼의 훈련 정도와 그 결과 나타나는 수준에 차이가 있을지 라도 잉걸불에 부채질하듯 꾸준히 온전히 신적인 이성의 인도를 받아 그 무정념의 이상적 삶의 목표를 향해 매진해야 할 의무를 권고한 것이다. 결 론적으로 필론은 인간의 감정 통제와 치유와 관련하여 유대교적 삶의 길이 우월한 극기의 형태라는 원론적 입장을 강조하면서도, 도덕적 수련의 과정 이 자신의 능력과 적성에 맞춰 조정되어야 할 필요를 인정했다고 볼 수 있다.

---

66 에세네파와 테라퓨테 금욕공동체의 기록은 각각 *Every Good Man Is Free* 75-91과 *On the Contemplative Life*에 담겨 있다.

67 Philo, *On Husbandry* 159.

3. 마카베오4서의 경우

마카베오4서는 마카베오2서를 원천 자료로 삼아 1세기 중반경 유대교와 스토아 사상의 결합을 시도한 작품이다. 특히 마카베오2서에 영웅적으로 묘사된 제사장 엘리아잘과 일곱 형제 및 그들의 어머니가 수리아 제국의 정치적 종교적 박해에 순교로 맞서 대항한 이야기가 마카베오4서에 확대 심화되어 기록되어 있다. 당시 헬레니즘의 기록 방식을 좇아 이 문서는 영웅적 인물에 대한 '예찬'(encomium)의 형식과 함께 일련의 논리적 변증의 방식을 취하고 있다.[68] 그 핵심 논지인즉, 경건한 이성적 사고가 율법을 통해 단련될 수 있으며[69] 이로써 인간의 부정적 감정을 극복할 수 있다는 것이다.

먼저 이 문서의 앞부분(1:20-27)에서 저자는 인간의 부정적 감정을 크게 두 종류로 대별한다: '쾌락'(ἡδονή), '고통'(πόνος). 나아가 '쾌락'은 그 부수적 감정인 '욕망' 또는 '정욕'(ἐπιθυμία), '희락'(χαρά), 그 밖에 '사악한 성향의 다른 욕정들'(κακοήθης)과 결합되어 나타나고, '고통'은 '두려움'(Φόβος), '슬픔'(λύπη) 등의 감정과 연동된다.[70] 한편 '분노'(θυμός)의 감정은 양쪽 다 해당하는 인간의 경험으로 분류되는데, 오늘날의 관점에서 보면 특이한

---

68 제4 마카베오서의 역사적 기원과 제반 내용의 분석에 대해서는 J. Collins, *Between Athens and Jerusalem* (New York: Crossroad, 1983), 187-194; H. Anderson, "4 Maccabees: A New Translation and Introduction," *Old Testament Pseudepigrapha* 2.531-64; S. K. Stowers, "4 Maccabees," *Harper's Biblical Commentary* (San Francisco: Harper & Row, 1988), 923-934.

69 제4 마카베오서에서 '율법'이란 모세오경, 곧 토라를 가리키는데 저자는 이로써 경건한 행실뿐 아니라 합리적 생활의 영감을 제공받을 수 있다고 믿는다. Paul Redditt, "The Concept of *Nomos* in Fourth Maccabees," *Catholic Biblical Quarterly* 45(1983), 249-250.

70 이러한 감정지도는 헬레니즘 시대 스토아 사상의 경우에 비교하여 다소 특이한데 '고통'(πάθος)이 '슬픔'(λύπη)을 대체했다는 점이 그렇다. David C. Aune, "Mastery of the Passions," 151(주 41).

관점 같이 보인다. 하지만 이는 당시 수리아 이방 압제자의 부당한 요구에 굴하지 않고 마카베오 시대의 순교자들이 세상의 쾌락에 오도되지 않은 채 끔찍한 고통마저 끝내 견뎌낸 서사적 상황에 빗대어 독특하게 분류한 결과로 간주해야 할 것이다. 그도 그럴 것이 그들의 순교적 자세와 이에 동조한 당시 유대사회의 민족 감정에는 단순히 악감정에 머물지 않고 하나님의 의를 기반으로 한 '의분'의 긍정적 요소가 분명 있었을 터이기 때문이다. 나아가 '희락'이 부정적 감정으로 분류된 점도 이상하게 비치지만 율법에 대한 순종이 최고의 판단 기준이었다는 점을 감안할 때 율법을 따르는 데 지장이 될 경우, 기쁨과 부모의 사랑마저 부정적이고 파괴적인 감정으로 간주될 소지가 있었던 것이다.[71]

이 문서의 고문과 순교 장면 묘사에서 저자는 인간의 부정적 감정(πάθος)을 과도한 감정의 충동과 인간의 고난을 아우르는 개념으로 해석한다. 요컨대 인간의 고난 저변에는 과도한 감정의 충동과 격발이란 요소가 자리하고 있다는 것이다. 이를 물리치는 유일한 해법은 저자가 제안한 '경건한 이성적 사고'(ὁ εὐσεβής λογισμός)라는 것이다. 이러한 흥미로운 문구는 이 문서에 최초로 등장하는데 그것은 필론이 언급한 '거룩한 이성적 사고'(ὁσίους ... λογισμῶν)과 일맥상통하는 듯하다.[72] 그것의 함의인즉, 하나님의 말씀인 토라의 해석과 적용에 따라 사유함으로써 하나님의 방식에 합치되는 삶의 길을 추구하는 것을 가리킨다. 그 길을 좇아 살아갈 때 인간은 어떤 역경의 상황에서도 담담하고 태연하게 감정의 소용돌이에 휘말리지 않은 채, 감정적 욕구의 미망에 사로잡히지 않고 신적인 이성에 따라 행동할 수 있다는 것이다.

---

71 가령, 제4 마카베오서 2:10-14, 15:2-3, 11 등에 그렇게 볼 만한 암시가 깔려 있다. 여기서 어머니가 자신의 아들을 보존하는 길과 경건의 길은 대립적인 관계로 조명된다.
72 David C. Aune, "Mastery of the Passions," 135.

제4 마카베오서의 인간론에 의하면 인간의 감정적 욕구 자체는 다스려질 수 있지만 온전히 뿌리 뽑힐 수는 없다. 그럼에도 불구하고 인간은 견유주의 철학자와 스토아 사상가들이 추구한 무정념의 경지를 목표로 평범한 장삼이사들도 온전한 감정적 극기의 경지를 이룰 수 있음을 강조한다. 마카베오 시대의 제사장 엘리아잘과 일곱 형제 및 그들의 어머니는 율법의 엄격한 준수를 통해 이 목표를 이루어냈다. 그들은 자신의 육체적 욕구와 감정을 제압함으로써 무정념의 상태에 도달할 수 있었다는 것이다. 이 초연한 무심의 상태는 곧 부정적 감정(πάθη)을 제거하고 본성에 반하는 외부적 요인으로부터 자유로워지며 이에 수반하는 고통과 수고가 없는 경험(ἀπονία)이었다. 이에 따라 제사장 엘리아잘은 고문을 당하면서도 미동도 없었고 몸이 처절하게 망가지는데도 그의 정신은 굳건하고 불굴의 상태를 유지할 수 있었다. 저자는 이런 그를 '감정의 미친 듯한 쇄도를 떨구어버린'(7:5) 모델로서 제사장, 철인, 왕이었다고 스토아 철인이나 견유학파 현자와 유사하게 평가한다.[73] 그의 예로써 확인되는바, 오로지 현명하고 용기 있는 자만이 감정을 온전히 정복할 수 있다는 관점이 여기서도 강하게 투사된다. 나아가 하나님께 온전히 헌신된 삶을 살아가는 경건한 자만이 이 무정념의 경지를 이룰 수 있다는 주장도 일관되게 견지된다.

그러나 제4 마카베오서는 필론의 경우와 달리 이러한 무정념의 초연한 상태를 이루기 위한 금욕적 수행 프로그램을 제시하지 않거니와, 그것을 사람에 따라 단계별 수준별로 조정하는 방안도 지지하지 않는다. 저자의 단호한 입장은 오히려 인간이 타고난 본래 능력이나 각자의 도덕적 발달 단계와 무관하게 토라의 교훈에 순종하기만 하면 누구라도 감정적 격동과

---

73 특히 순교자를 철인으로 평가하는 관점은 제2 마카베오서에서 찾아볼 수 없는 제4 마카베오서 나름의 확장된 인식을 반영한다. 엘리아잘과 스토아 철인의 상관관계에 대해서는 Stowers, "4 Maccabees," 929-930.

이로 인한 욕망을 정복할 수 있다는 것이다. 엘리아잘은 연로한 자였고 일곱 형제는 젊은이들이었으며 그들의 어미는 여성이었다. 이처럼 성과 나이의 차이와 무관하게 이들이 감정적 동요에 방해받지 않고 순교의 관문을 꿋꿋이 통과한 사례에 비추어 볼 때 모든 사람이 각자의 타고난 능력/무능력을 넘어 율법에 순종할 수 있으며, 그로써 감정의 정복을 통한 극기와 무정념의 경지에 도달할 수 있다는 것이다.[74] 연약한 여인의 마음도 그토록 모진 고통을 경멸하며 초연하게 자신의 마지막을 하나님께 의탁했는데 하물며 일반인들은 오죽 더 당당할 수 있으랴 추정한 셈이다. 만일 감정이나 욕정의 극복에 실패한다면 이는 이성의 연약함 때문이며, 결국 인간의 영혼이 질병에 걸린 탓으로 간주된다. 인간의 이성이 신적인 기원을 지니고 있는 한, 그것은 하나님의 말씀인 율법에 순종함으로써 강해지기도 하고 치유받을 수 있다는 확신이 이러한 맥락에서 도출된다.

올바르게 살고자 하는 자들이 어떻게 '고통 없는 무정념'(ἄπονος ἀπάθεια)의 그 초연한 경지에 도달할 수 있는가 하는 점은 이 문서에 나오는 순교자의 영웅적 고백 속에 적절히 예시된다. 일곱 형제 중 둘째는 "나는 덕에서 생기는 즐거움에 의지하여 고통의 짐을 벗어납니다"(9:31)라고 고백하는데 이는 플라톤주의 철인이나 스토아 철인의 고백으로 봐도 무방할 정도다. 여섯째 형제 역시 율법의 능력으로 신적인 이성에 충실한 까닭에 물리적 압제와 육체적 고난, 이로 인한 감정적 격동에 마냥 초연한 태도로 다음과 같이 선언하였다: "당신들의 불은 우리에게 너무 차갑고, 투석기는 고통을 주지 못하며, 당신들의 폭력은 힘을 쓰지 못합니다. … 그러므로 전혀 굴복하지 않고 우리는 이성을 단단히 붙듭니다"(11:26-27). 이러한 사례들은 마카베오4서에서 감정의 통제와 극기, 초연한 무정념의 경지가 완전한 영혼의 경지에 오른 모세 등과 같은 뛰어난 인물들뿐 아니라 율법을 공부하여 진보

---

74 D. Aune, "Mastery of the Passions," 138.

단계에 있는 자들(προκόπτων)도 율법을 엄격히 지킴으로 이 상태에 너끈히 도달할 수 있음을 보여준다. 필론의 입장과 다소 차이가 나는 지점이라 하겠다.

V. 요약 및 결론

지금까지 논의된 광범위하고 촘촘한 사상의 지형 속에 우리는 감정에 대한 인식의 지평이 매우 다채롭게 전개되어왔음을 확인할 수 있다. 먼저 고대 히브리 사상에서 감정은 하나님의 성품을 반영하는 창조론과 구원론의 신학적 매개 동력으로 포착된다. 질투와 후회, 인애와 진노, 긍휼 등의 신적인 감정 표현은 창조 세계의 선하고 아름다움을 기리고 그 타락의 현실을 안타까워하는 공감의 발로였다. 인간의 감정 역시 하나님의 선한 창조의 일부로 인식된다. 예언서와 시편 등에 탐지되는 탄식과 슬픔은 타락의 결과이면서 동시에 회개의 정서적 태반으로 기능하는데, 이는 곧 하나님과의 언약 관계와 이를 통한 구원사에 동참하려는 의욕의 발현으로 보인다.

한편 헬레니즘 사상의 감정 이해는 형이상학적 본성론과 목적론의 차원에서 주로 조형되었다. 스토아주의, 견유주의 사상가들이 보기에 감정은 인간의 자연적인 본성, 우주적인 이성에 반하는 영혼의 질병과 같은 것이었다. 그것을 제거하여 무정념(ἀπάθεια)의 초연한 경지에 도달하든, 그것을 최대한 단속하고 통제하면서 '선한 감정'을 부양하든, 기본적인 대응 방식은 뚜렷한 치유의 형태로 드러났다. 이러한 이성과 감성의 대립적인 관점은 소크라테스 이후 일부 스토아 사상가들이 용인한 감정의 교육적 각성 효과에 의해 탄력적인 조율을 받는다. 여기에 아리스토텔레스의 인지적 감정 이론과 그 근거 자료를 제공한 고대 비극작품의 목적 지향적 관점이 예술적 승화와 정화를 매개로 또 다른 감정 이해의 유산을 남겼다. 이러한 유산을 수용한 헬레니즘 계통의 유대교는 지혜문학과 필론, 제4 마카베오서를 통해 기존의 전통을 변용하여 '무정념'의 헬레니즘적 이상에 히브리 유산인 토라적 지혜의 수양방법론을 융합시켰다. 감정이 불가피한 인간 삶의 일부라면 그것의 부정적 측면을 경계하거나 배제하고 긍정적 감정을 고양시키는 화용론적 지혜가 필요하다는 게 지혜문학의 입장이었다. 이에 비해 율법의 교훈이 경건의 삶뿐 아니라 내면의 과도한 감정을 제거하거나 통제하여 합리적인 삶을 추구하는 데 필수적이라고 본 게 필론과 제4 마카베오서의 관점이었다.

고대의 작가와 자료의 다양성을 섣부르게 단순화하여 관점을 일반화하는 오류는 온전한 감정 이해에 장애가 된다. 분명히 다양한 관점에서 개척된 세밀한 감정 이해의 지형이 존재한다. 그럼에도 감정을 끊임없이 인지적 대상으로 분석하고 그 실질적 영향 관계를 구체적 삶의 자리에 적용해보려는 시도는 대체로 일관되게 발견된다. 또 한 가지, 오늘날의 통념대로 부정적인 감정과 긍정적인 감정이 대체적인 윤곽을 공유하면서도 고대의 감정론이 심화될수록 그 상호 관계의 역설적 면모도 뚜렷해지는 경향을 드러낸다. 가령, 부정적인 감정으로 갈무리되는 질투와 후회 같은 감정이 긍정적인 작용을 하듯이, 사랑과 기쁨의 긍정적 감정을 그 선한 명분에 반하여 고통의 매개로 간주하는 전복적 통찰이 제기된 것이다. 나아가 이성과 감정의 분할된 기본 영역조차 구체적인 삶의 현실 속에서 대립적인 측면 못지않게 소통적인 상호작용의 측면을 강화해온 추세도 엿보인다. 특히 아리스토텔레스의 목적론적 감정 이해가 비록 분석 대상은 다를지라도 인간 삶의 긍정적 에너지를 활성화하려는 측면에서 지혜문학의 화용론적 감정 이해와 저변의 인식을 공유하는 점도 확인된다.

2장
예수의 감정 표현에 나타난 신학적 인간론*

I. 한국의 '감정' 르네상스

중국에서 가장 오래된 사서 중 하나에 보면 고대 한국인들이 흥겨운 분위기에 젖어 노래하고 춤추는 것을 즐겼다는 기록이 있다.[1] 어떤 신학자들은 '흥'(興)이라고 하는 요소를 한국 민족의 가장 주도적인 정서로 재발견하였다. 이러한 관점은 대다수 한국인 사이에 또 다른 의미심장한 감정 요소로 뜨겁게 논쟁되어온 '한'(恨)이라는 억압적 감정의 대척점에 위치한다.[2] 분명한 사실은 한국인들이 예술 작품은 물론 정치와 종교의 영역에서 어떻

---

* 이 논문은 저자의 다음 영어 논문을 번역하여 보완한 것이다: Jung Sik Cha, "Some Aspects of Theological Anthropology in Jesus' Emoitions," *Korea Journal of Christian Studies* 103(2017), 373-398.

1 이런 범주의 역사서로 『後漢書』, 「東夷列傳」와 『三國志』, 「魏志東夷傳」 등이 있다.

2 한의 개념을 신학화하려는 학문적인 시도는 민중신학의 관점에서 출발하여 그 해석의 영역을 아시아 민중의 공통된 정서로 확대하는 방향으로 꾸준히 제기되어왔다. 가령, Chan Hee Son, *Haan of Minjung Theology and Han of Han Philosophy: In the Paradigm of Process Philosophy and Metaphysics of Relatedness* (University Press of America, 2000); Andrew S. Park, *The Wounded Heart of God: The Asian Concept of Han and the Christian Doctrine of Sin* (Nashville: Abingdon Press, 1993); Jae Hoon Lee, *The Explorations of the Inner Wounds--Han* (New York: The Oxford University Press, 1994).

게든 감정을 활용하면서 삶의 역동적인 맥락에서 그것을 표현하는 법을 알았다는 것이다. 가령, 사람들이 외인들을 대적하여 고유한 정체성을 지켜내면서 조직을 견고하게 구축할 때 거기에 몰두하며 감정을 쏟아붓는 일은 대단한 효과를 불러일으켰다. 그러나 감정의 그러한 건설적인 요인은 종종 왜곡된 방향으로 흘러 사람들은 그 가운데 심히 혼란스러운 상황을 자초하면서 비극적인 재난과 씨름해야 했다. 감정이 지닌 그런 복잡한 양상은 지난 130여 년간 한국 오순절교회의 발전 과정에서 적실히 예증할 수 있을 것이다. 이 기간에 한국교회 지도자들은 종교적인 감흥을 열정의 용광로 속에 녹여 신앙적인 분위기를 고취하면서 그것을 영적인 권능의 계시적인 증표로 생각하였고, 이는 교회 수와 교인 수의 기적적인 성장의 결과로 이어졌다.[3] 그러나 이제 한국교회는 내적인 성숙이 결여된 채 급속한 성장과 함께 파생된 다양한 후유증으로 시달리는 형편이다.

오늘날 인간의 감정은 다양한 기능 속에 표현되는 다면적인 특징을 지니고 있다. 강신주의 기념비적 베스트셀러 『감정 수업』이 시사하듯이, 한국에서 인간 감정은 최근에 인문학의 상이한 전공 영역에서 상호 연관된 주제에 관하여 다양한 연구를 촉발하면서 형이상학적인 조명을 받아왔다.[4] 그의 에세이들은 스피노자가 그의 기념비적 저작인 『에티카』에서 최초로 제안한 48가지 인간 감정 중 몇 가지 양태를 다루었다. 감정에 대한 이러한 학문적 관심의 추세에 힘입어 많은 세미나와 심포지엄이 열렸고 다양한 방향으로 개별적인 연구들이 진척되어왔다. 그러나 한국 신학자들과 성서학자들은 이러한 주제에 특별한 관심이 없이 여전히 충동적인 종교적 감정의 분출 현상을 영성의 견지에서 귀중한 것으로 간주하는 상태에 머물고 있다. 이에

---

3 그 전형적인 예는 성령의 충만에 초점을 맞춘 한국교회 부흥회의 뜨거운 분위기에서 종종 탐지된다.
4 강신주, 『감정수업: 스피노자와 함께 배우는 인간의 48가지 얼굴』(서울: 민음사, 2013).

따라 감정과 영성의 차이를 구별하고 어떤 부분이 중첩되는지 탐구하기 위한 어떤 정교한 개념화 작업도 시도되지 못하고 있는 형편이다. 어찌 보면 한국교회는 특히 성서 해석에서 영적인 것, 감정적인 것, 알레고리적인 것을 대강 뒤섞어버린 채 뒤의 두 가지를 앞의 것, 곧 영적인 것의 개념과 혼용하며 피차 유사한 것으로 간주하는 경향이 있다.

이 논문에서 나는 예수의 감정을 신학적 인간론의 새로운 가능성을 탐구하는 채널로 분석하고자 한다. 이는 곧 한국 기독교인들의 종교적인 감정을 현 상태의 원시적이고 주술적인 형태를 넘어, 어떻게 새로운 단계로 제고시킬 수 있을까 하는 과제와 연계되어 있다. 실제로 어떻게 광적인 열정을 식히고 그것을 역동적인 힘으로 승화시키느냐 하는 문제는 큰 쟁점이다. 여기서 저자가 생각하는 긴급한 과제 한 가지는 이처럼 종교적으로 동기부여된 정서적 에너지를 자신을 들볶는 뜨거운 열광주의에서 보다 합리적으로 조율된 역동적 형태로 변환시켜 한국에서 새로운 역사의 장을 창조해내는 일이다. 그 궁극적인 목표는 각자의 자기성찰적 역량이 인간됨의 의미를 적절하게 응용하기에 충분할 만큼 강화될 수 있도록 고상한 정신의 차원을 계발하는 것이다. 예수의 사례에서 탐지되는 그 모델의 유형은 우리의 신학적 사유를 인간이 되어가는 과정을 분별하는 방향으로 정교하게 다듬어가는 데 있어 하나의 디딤돌로 작용한다. 이러한 관점은 원천적으로 감정과 관련하여 인류의 지성사가 보여준 오랜 전통으로 소급된다고 볼 수 있다.

예수의 감정 연구와 관련해 방법론적으로 사복음서를 동등한 토대 위에서 다루는 게 공정하지 않은 이유는 각 복음서가 예수의 감정을 독특하게 조명하고 있기 때문이다.

사복음서 중에 예수를 강한 인간적 감정이 결여된 모습으로 조형하는 것은 누가복음서이다. 누가의 편집에서 예수의 강한 감정을 담은 마가의 자료는 제거되거나 다른 인물형으로 변이되어, 그 결과 예수는 스토아적 이상형인 무정념(ἀπάθεια)의 인간형에 근접한다. 이는 곧 누가복음이 그 문학적 스타일에서 인간의 감정을 경시한 그레코-로만의 철학 전통에서 암암리에 영향을 받았음을 암시한다.5 이 연구의 목적에 걸맞게, 사복음서 저자가 각기 주어진 전통에 따라 기독론적 구성을 상이하게 했다는 전제 아래, 나는 예수가 지닌 감정의 인간론적 양태에 초점을 맞춰 실천적 성찰의 맥락에서 그 나름의 고유한 특질을 신학화하고자 한다.

II. 예수의 몇 가지 감정 표현과 그 양태

1. 기쁨과 분노의 교차

흥미롭게도 복음서에서 예수가 자신의 자연스러운 감정을 충분히 표현하는 맥락에서 스스로 행복하거나 즐거워하는 느낌을 피력하는 장면을 찾아보기 어렵다. 그가 자신의 제자들이 종말론적인 전복적 상황에서 기뻐하기를 기대한 것은 물론 사실이다(마 5:12; 눅 6:23, 12:32, 13:17, 16:20). 그러나 복음서에서 대부분의 즐거운 기분은 하나님 또는 하나님의 백성들이 예수로 인해, 특히 그의 탄생과 현존으로 인한 바람직한 상태에서 즐거워하는 경우에 한정해서 표출된다(막 1:11; 마 3:17, 17:5; 눅 1:14, 1:47, 3:22, 19:37; 요 20:20). 또한 모든 기쁨의 경우가 긍정적으로 조명되지도 않는데, 이는 어떤 유형의 기쁨은 예수와 직간접적으로 연관된 것일지라도 악한 음모의 결과이기 때문이다(마 14:11; 눅 11:43, 22:5, 23:8; 요 16:20). 이처럼 기쁨의 부정적인 양

---

5 David G. George, "Jesus' Lack of Emotion in Luke: The Lukan Redactions in Light of the Hellenistic Philosophers," Ph.D. dissertation, The University of Notre Dame (2009).

상은 그의 대적들 쪽에서 예수를 조롱하거나 제거하는 목표를 달성하는 것과 관련된다. 이는 다시 말해 일종의 '고약한 즐거움'(Schadenfreude)으로 다른 사람의 비참과 불운에 즐거운 반응을 보이는 왜곡된 감정에 해당한다.

복음서에서 예수의 순전한 기쁨 표현의 유일한 경우는 누가복음 10:11의 기록이다. 거기서 예수는 그 제자들이 마귀들을 성공적으로 쫓아냈다는 보고를 접하고 성령 안에서 기뻐한다. 이 영적인 기쁨에 동하여 예수는 하나님 아버지 앞에 감사 기도를 드리게 된다. 예수의 긍정적인 기쁨의 감정은 나아가 요한복음 11:15에서도 확인되는데, 여기서 그는 죽어가는 나사로의 병상에서 자신이 부재했던 것을 다행으로 여긴다. 그러나 이러한 감정은 순전한 기쁨이라기보다 오히려 기꺼움의 내면 상태에 더 가깝다.6 왜냐하면 여기서 예수의 의도는 사람들이 자신을 믿도록 나사로의 부활을 위해 신적인 권능을 시위하는 기회로 삼고자 하는 것이었기 때문이다. 이 두 개의 예외적인 사례 말고 예수의 즐거운 감정은 복음서에 더 이상 탐지되지 않는다. 이러한 점은 예수가 세상의 기쁨이라는 교리적인 신념에 비추어볼 때 다소 이상해 보인다. 그러나 복음서의 예수에게 기쁜 감정이 결여된 점은 당시의 세상을 향한 그의 예언자적 비관주의를 엿볼 수 있는 기준이라 할 수 있다. 다시 말해 그가 기쁜 감정을 거의 표현하지 않은 것은 로마제국의 억압적 체제와 유대교의 성전을 중심으로 한 신정통치 체제 가운데 지속적인 핍박과 가혹한 수탈로 고통을 당하던 일반 백성들을 공감하는 차원에서 일종의 소통적 코드로 이해할 수 있다.

예수는 기쁨의 이미지 대신 훨씬 더 자주 분노하는 사람으로 등장한다.

---

6 그러한 기꺼움 또는 반가움의 감정은 요한복음의 예수가 제자들 또는 독자들이 그를 믿게 돼 그의 신적인 독생자 위상을 증명하는 기회로 삼을 수 있다는 사실로 인해 안도하는 의미로 이해된다. 부활 기적을 '표적'으로 보는 문학적 기능은 "예수가 가나에서 행한 것으로 인해 그의 영광이 드러났고 그의 제자들은 그를 믿었다"는 첫 번째 기적 사례에서부터 일관되게 탐지된다. Raymond E. Brown, *The Gospel according to John I-XII* (New Haven and London: Yale University Press, 2006), 432.

이는 예수가 당시 대다수 사람의 영적인 건강에 책임을 떠맡았던 종교지도 자들과 대적할 때 특히 그렇다. 예수의 분노는 바리새인과 서기관들을 향한 화의 선포와 동반하여 표출되는 경향이 있다.7 이러한 분노 어린 정죄의 일차적인 원인은 그들이 위선적인 행태로 눈먼 지도자로 활동하면서 백성 들의 구원에 걸림돌이 되었기 때문이었다(마 23:13). 피상적으로 보면 그들은 백성들이 하나님 나라로 들어가도록 돕는 경건한 지도자처럼 보였지만 그 들의 실질적인 기능은 그들을 지옥의 자녀로 만든다는 것이었다(마 23:15). 동일한 화의 계통에서 또 다른 비난의 요체는 그 지도자들이 공의, 자비, 신실함 등의 더 중한 가치를 무시하고 오히려 박하와 회향과 근채의 십일조 같은 상대적으로 사소한 문제에 더 큰 관심을 기울이는 오도된 기준에 집착 하였다는 것이다(마 23:23). 이와 같이 더 높고 중한 가치를 염두에 두면서 예수는 또한 고라신과 벳새다의 주민들이 단지 하나님 나라의 복음을 수용 하지 않는다는 이유로 그들에게 '너희에게 화가 있을지어다'라는 동일 패턴 의 공식을 사용하여 저주하였다(마 11:21).8 나아가 부자들 또한 종말론적 심 판의 맥락에서 동일한 화의 선포 대상이 되었다(눅 6:24).9 가난한 자의 복을 선포한 하나님 나라의 복음이 왜곡된 사회질서를 변혁하는 힘으로 작용한 데 반해 부자들은 기존 질서에 안주하는 사회를 지켜내면서 칭찬으로 배부

---

7 마태복음에서 여섯 차례 반복되는 이 연쇄적인 화의 선포는 예언자적 화, 즉 "슬픈 상황에 대한 탄식의 화가 아니라 심판의 화, 저주의 화"로 특징지어진다. Urlich Luz, *Matthew 21-28*, tr. by James E. Crouch (Minneapolis: Fortress Press, 2005), 115.

8 이사야 14:13-15에 나오는 바빌론 왕 느브갓네살에 대한 심판과 유사한 패턴으로 본문 21-22 절과 23-24절에 두 겹으로 제시된 화 선포 유형은 이스라엘, 특히 이방인 도시와 대조적으로 상기한 갈릴리의 세 도시에 거주하는 사람들을 향한 종말론적 비난과 경고를 담고 있다. 놀 랍게도 예수가 거주하던 도시 가버나움이 소돔, 두로, 시돈보다 더 열악한 처지에서 가장 심 각한 심판의 과녁이 되고 있다. Urlich Luz, *Matthew 8-20*, tr. by James E. Crouch (Minneapolis: Fortress Press, 2001), 153.

9 부자에 대한 화는 여기서 "속성상 위협적"인데 "불쾌함, 고통 또는 비애" 등의 부정적인 감정 을 내포하고 있다. Joseph A. Fitzmyer, *The Gospel according to Luke I-IX* (Garden City, New York: Doubleday, 1981), 636.

르고 만족한 자들이었다. 그러므로 종말론적 심판의 자리에서 예수의 화 선포는 신적인 진노와 연계되어 있다고 봐야 한다. 비록 신적인 심판이 세상 전체에 떨어졌다고 할지라도(눅 21:23), 그 핵심적인 대상은 바로 바리새인과 사두개인 등과 같은 바로 그 지도층 집단이었다(마 3:7). 이와 달리, 요한복음에서 신적인 진노는 영생의 메시지와 함께 그것을 전파하는 독생자 예수를 믿지 않는 자들에게 보편적으로 적용된다(요 3:36).

요컨대, 하나님의 영토가 신적인 뜻에 따라 경영되지 않고, 더욱 심각하게 당시 종교적인 지도자들이 구원의 복음을 받아들이지 않은 연고로, 예수의 분노 어린 화의 표현은 하나님의 신적인 진노와 병행하여 제시된다. 그들은 자신들의 특권적 지위와 권위는 손상되지 않게 보존하는 데 혈안이었을 뿐 복음에 대한 응답은 심히 태만하고 패역하여 다른 사람들까지 하나님 나라에 들어가는 것을 방해할 정도였다. 이 점에서 예수의 분노는 하나님 나라의 대안적 서사로 희망 어린 현실을 창조해내는 전복적인 방식으로 당시 종교적 정치적 체제를 해체하는 데 정서적인 에너지로 표출되었다고 볼 수 있다. 예수의 분노가 그 동기에 있어 사적인 기분이나 개인 내면의 심리 치료에 일조하는 내성적인 지향성을 띠지 않았음은 주목할 만하다. 오히려 그 거친 분노의 마음은 하나님 나라를 건설하려는 특정한 신학적 지향성과 함께 공적인 감정으로 전달되었다. 이러한 맥락에서 예수의 분노는 그 대적자들의 오도된 기쁨의 오류를 공략하고 이로써 자가당착의 음모를 폭로하는 신적인 진노의 차원에서 표출된 것으로 보인다.

물론 예수에게 그러한 분노는 비용이 없지 않았다. 그 분노가 당시 체제에 대한 공격으로 간주된 고로, 그것이 당시 종교적인 지도자들 쪽에서 반동적인 분노를 유발했기 때문이다. 이와 관련하여 가장 대표적인 예는 예수가 성전에서 물건을 매매하는 자들을 내쫓고 환전상들의 테이블을 뒤집어 엎는 이른바 성전청결 사건에서 발견된다(막 11:15-19; 마 21:12-17; 눅 19:45-48).[10]

비록 예언자적 상징 행위로 시연된 것이지만 예수의 이와 같은 담대한 공격은 대제사장들과 서기관들을 대단한 분노로 자극하여 그들이 예수를 죽일 음모를 더 구체적으로 꾸미도록 부추긴 게 틀림없다.[11] 한편 요한복음(2:17)의 버전에서 그 대적자들이 묻는 '왜'의 질문에 대해 저자는 구약성서의 인용구(시 69:9)에 의거하여, 예수의 분노 원천이 그의 가슴을 불사른 아버지의 집을 향한 열정이었다고 답한다. 통상적으로 분노를 경계하는 도덕적 교훈은 인간관계의 파괴를 피하라는 것이지만 예수의 공적인 분노는 그 규범적인 기준을 넘어 자신의 생명을 위협하는 모험을 감수할 정도였다.

2. 배에서 우러나는 탄식 어린 연민

예수는 당시 유대인 사회에서 다수의 서민 대중을 대할 때 자신을 과격할 정도로 낮춰, 육체적 영적인 질고로 고통을 당하는 자나 목자 없이 유리하는 굶주린 양 떼와 같은 유민들에게 깊은 연민의 정을 표하였다. 팔복선언에서 볼 수 있듯이 애통하는 자들이 위로를 받게 되리라고 그는 복을 선포하였다. 실제로 그는 절박한 위로가 필요한 자들을 동정 어린 마음으로 찾아가 그들의 망가진 삶의 질서를 회복시키기 위해 최선의 노력을 다했다. 그러나 가난한 자들에 대한 예수의 연민은 단순히 마음의 관심이 아니라 그의 내장을 뒤집을 듯한 강렬한 원초적 감정을 동반하였다. 복음서의 저자

---

10 조엘 마커스에 의하면 이 사건에서 예수의 의도는 두 가지 방향으로 추론된다: 1) 그것은 "재앙의 종말사건의 일부로 성전의 즉각적인 파괴를 적시하기 위한 것"이다; 2) 또한 이는 "상행위를 통해 인지된 성전의 오남용에 대한 종말론적 멸절을 전망하고자 한 것"이다. Joel Marcus, *Mark 8-16* (New Haven and London: Yale University Press, 2009), 791. 후자의 경우, 즉 종교적 상업주의에 대한 비판의 모티프에 관해서는 Hans D. Betz, "Jesus and the Purity of the Temple (Mark 11:15-18): A Comparative Religion Approach," *JBL* 116/3(1997), 455-472.

11 대다수 역사비평 학자는 공통으로 예수의 죽음에 대한 역사적인 원인을 바로 이 성전 사건에서 찾는다. E. P. Sanders, *Jesus and Judaism* (Philadelphia: Fortress Press, 1985), 296.

들은 가난하고 병든 자들을 향한 예수의 이런 태도를 묘사하면서 '스플랑크니조마이'(σπλαγχνίζομαι)라는 전문용어를 사용했는데, 이 단어의 명사형 '스플랑크논'(σπλάγχνον)은 실제로 '내장', '창자'를 의미한다.[12] 예수의 식사 기적이나 병자 치유 기적에서 복음서의 저자들이 일관되게 이 용어를 사용한 것은 굶주린 자나 병든 자를 향한 예수의 연민이 그가 상면한 자들의 고통을 자신의 것으로 동일시한 깊은 감정 이입 상태의 심경을 반영한다고 볼 수 있다.

간단히 말해 군중을 향한 예수의 감정이입적 태도는 대부분의 경우 탄식 어린 연민의 형태로 표현된다. 이는 무엇보다 먼저 이스라엘 전체 백성들이 로마의 식민체제에서 억압의 족쇄에 채여 있었고 갈릴리 사람들이 헤롯 안티파스의 폭압적인 분봉왕 체제 아래 고통을 당해왔기 때문이다. 그 군중은 누구를 지도자로 따라야 할지 모른 채 희망 없는 그들의 일상생활에 얹힌 무거운 짐으로 피로에 찌든 상태에서 고통 중에 헤매고 있었다. 그리하여 창자처럼 몸속 깊은 곳에서 우러나는 예수의 탄식 어린 연민은 정치적 주권을 빼앗기고 경제적 착취로 시달리던 그의 동족들이 처한 역사적 현실 상황과 밀접한 연관이 있었다. 어찌 보면 그들은 사회의 변두리 절벽으로 내던져진 존재였고 이런 상황에 내몰려 강도 집단이나 로마의 식민체제에 저항하는 젤롯당 운동에 참여할 수밖에 없는 사람들이었다. 그러나 그들이 방황했던 주된 배경은 대체로 조상들에게 물려받은 땅을 잃어버린 채 점점

---

12 고전기 헬라 문헌에서 명사 형태의 σπλάγχνον은 원래 "희생제의 공동식사의 초입에 불로 태워야 하는 희생제물의 내부 장기들"로 "심장, 간, 폐, 콩팥"을 포함하였다(548). 복음서, 특히 마태복음 18:23-35와 누가복음 15:11-13의 비유에서 "인간의 감정들은 이 단어의 가장 강력한 의미로 묘사되는데 이는 하나님이 그의 구원하는 행동 가운데 인간에게 관여하는 자비 또는 진노의 전체성을 강조하기 위해 사용되었다." 나아가 누가복음 10:30-37의 비유에서 볼 수 있듯, 이 단어는 또한 "인간의 행위와 기독교적 행위에서 기본적이고 결정적인 태도"를 가리키는 파생적인 의미로 사용되었다(554). 유대교의 문헌에서 이 용어는 경우에 따라 "감정의 자리"를 가리킨다(마카베오상 9:5)(550). Köster, "σπλάγχνον κτλ." *TDNT* vol. VII, 548-559.

더 증가하는 소작농들이 처한 사회경제적 현실에 기인하는 측면이 컸다. 이 황폐한 상황은 대체로 힘든 육체노동에 대한 보잘것없는 보상으로 그 일꾼들을 가혹하게 부리는 대지주의 억압적인 횡포로부터 비롯된 현실이었다고 볼 수 있다. 그러므로 군중이 일용할 양식에 대한 절박한 기대로 예수를 부지런히 따라다니며 방황할 때 제자들이 빵에 대한 논쟁에 참여한 것은 놀라운 현상이 아니다. 물론 이 이야기는 예수가 굶주린 그들에게 기적적인 오병이어의 나눔을 베풀어 모두가 배부르게 먹는 것으로 종결된다.

예수의 탄식 어린 연민은 육체적인 질병이나 정신적인 고충으로 고난당하는 사람들과 직면했을 때 더욱더 민감하게 표출되었다. 예수가 자신의 손을 뻗쳐 나병 환자와 맹인을 만지도록 동기를 부여한 것은 공통으로 그들의 깊은 고통을 공감하는 감정적인 자극이었다(막 1:41; 마 20:34). 병든 사람들을 치료한 전체 과정에서 보면 예수는 생명이란 하나님의 선물이 철저히 망가지고 황폐해진 현실을 인식함으로써 그의 심령에 깊은 상처를 경험했던 것 같다. 이러한 심리적인 초기 반응의 단계에서 그는 자신의 연민을 망가진 생명에 투사할 동기를 얻었고 이로부터 기적적인 치유의 사건이 발생했다. 종국적으로 그 망가진 생명은 충분히 원래의 건강한 상태로 회복하였고, 그중에는 자신의 가족으로 돌아가 정상적인 사회생활을 새롭게 시작하는 사람도 있었다. 이 경우에서 보듯이, 예수의 치유에 드러난 연민의 감정은 단순히 동정 어린 기분이나 피상적인 긍휼의 제스처로 머물지 않았다. 그것은 실효적인 변화를 야기하여 신체적인 활력과 정신적인 건강을 되찾아 일상생활에서 구체적인 사회적 재활을 가능케 하는 생명 회복의 경험이었다.

예수의 기적 이야기와 관련된 그의 감정 이해에서 주목할 만한 또 한 가지는 당시 주술사의 몸짓을 연상시키는 격렬한 분개심의 표현이다. 즉, 예수가 어떤 병든 자를 치유해주기 위해 접근했을 때나 어떤 이에게 조용히 머물라고 엄중하게 경고할 때 그는 콧바람을 일으키며 어떤 분개심을 드러내는(ἐμβριμάομαι) 것으로 묘사되는데, 이러한 콧바람의 제스처는 불리한 분위기를 제압하는 카리스마적 증표로 이해된다(마 9:30; 막 1:43, 14:5; 요 11:33, 38).[13] 특히 기적 사역에서 예비적인 단계로 표출되는(요 11:33, 38) 이 희한한 자세는 죽음의 마귀적 권세를 제압할 만큼 자신의 감정적인 열기를 강화하여 마침내 하나님의 권능으로 질고에 처한 사람의 요구가 해소되기에 이른다. 예수가 적시에 도착하기 전 나사로가 죽었다는 소식을 듣자마자 그는 심란한 마음의 번민 가운데 애도 어린 감정을 표현하면서 다른 이들과 함께 울었다(요 11:33, 35). 그러한 자연스러운 감정 표현은 그가 전적으로 감정적 지향성을 간직한 인간이었음을 보여준다. 여기서 예수가 죽은 나사로를 다시 살려 일으키는 데 그의 인간적인 연민의 감정이 아무런 장애 요인이 되지 않았다. 반대로 그의 탄식 어린 감정은 그 자신에게 죽은 나사로와 그의 가족들이 처한 상황에 깊이 공감하도록 동기를 부여했다고 볼 수 있다. 이로써 그는 자신의 감정이 베다니 마을에서 사랑하는 가족을 잃은 지인들의 인간적 상실감에 민감하게 작용하도록 한 것이다.

예수의 탄식 어린 연민은 그러한 외적인 활동에서만 효율적으로 작용한 것이 아니었다. 요한복음의 가룟 유다 배신 이야기에서 탐지된다(요 13:21). 한 가지 다른 사례가 내부의 제자들 그룹 가운데 가룟 유다의 배신 이야기에서 탐지된다. 예수는 가룟 유다가 자신을 배신하리라는 것을 미리 알게

---

13 고전기 헬라 문헌에서 말이 코를 킁킁거리는 의미로 사용된 이 단어는 여기서 "폭발적인 호흡의 분출로써 분개심을 표현하기 위해" 사람에게 적용되고 있다. "분노의 뉘앙스"가 그 가운데 포함된다. Joel Marcus, *Mark 1-8* (New Haven and London: Yale University Press, 2005), 206. 이 헬라어 용어의 정확한 해석과 관련하여 그것이 "분노하다"란 뜻인지, 아니면 "깊이 감동하다" 또는 단순히 영 가운데 "신음하다"라는 의미인지 약간의 논쟁이 있어왔다. 그러나 이 단어가 기적사역자의 전형적인 모델에 비추어 예수를 묘사하기 위해 사용되었다는 점은 분명하다. Ernst Haenchen, *John 2*, tr. by Robert W. Funk (Philadelphia: Fortress Press, 1984), 66[C. Bonner, "Traces of Thaumaturgic Technique in the Miracles," *HTR 20*(1927) 171-181 재인용].

되었을 때 실망감을 표한다. 예수가 가룟 유다의 배신을 미리 알았다면 그가 그를 선택하고 그와 인격적 관계를 맺은 것이 잘못된 판단이었다고 논리적으로 의심할 수 있다. 따라서 이러한 측면에서 보면 그의 탄식 어린 연민은 그가 자발적으로 자신의 선지식을 인간 존재의 실존적 한계 내에 국한시킨 필연적인 현실을 암시한다. 말하자면, 철저하게 인간이 되기 위해 그는 자신의 신적인 존재됨을 위한 외적인 위장을 위하여 자신의 인간 감정을 가식적으로(또는 가현설에 역행하여) 감추지 않았고 순전한 감정적 수용력과 함께 스스로 실질적인 인간성 자체로 성육하였다는 것이다. 그러므로 예수가 가룟 유다를 그의 중요한 제자로 불러 세웠고 그를 신뢰하여 돈주머니를 맡겼던 일을 후회하는 것은 합리적인 감정이었다고 볼 수 있다. 이 점에서 가룟 유다를 향한 그의 탄식 어린 연민은 순전한 인간성의 토대 위에서 정당하게 수용된다.

3. 공포, 고뇌, 비애라는 삼중적 감정

예수가 자신의 강렬한 감정을 가장 많이 쏟아내는 것은 수난사화에서다. 특히 겟세마네 이야기는 예수가 자신의 죽음과 부대끼게 되었을 때 그 마지막 운명을 어떻게 느꼈는지 탐지할 수 있는 적실한 소재이다.[14] 자신의 심리적인 상태에 솔직하게 반응하면서 예수는 체포와 처형으로 나가는 길목에서 자신이 처한 현실을 생생하게 체감해야 할 시점에 주저 없이 즉각적인 감정을 표출하였다. 먼저 예수가 드러낸 두려움은 단순히 위급하고 절박

---

14 겟세마네에서 표현된 예수의 감정은 그러므로 인간론적 관점에서 기독론을 이해할 근거를 제공한다. 그 감정들이 인간됨의 기본적인 구성분자로 간주되기 때문이다. 인간의 감정과 다른 인간의 속성 간 상호 관계에 대한 신학적 주해와 관련해서는 Wolfhart Pannenberg, *Anthropology in Theological Perspective*, tr. by Matthew J. O'Connell (Philadelphia: The Westminster Press, 1985) 244-265.

한 눈앞의 상황에 대한 당혹감이 아니었고 생사의 주관자인 하나님을 향한 경외심으로서의 압도적인 감정도 아니었다. 오히려 그는 자신의 죽음에 대한 자의식의 급작스러운 발동과 함께 공포감에 사로잡히게 되었다고 보는 것이 온당하다. 마가복음의 본문에서 사용된 헬라어 '에크탐베오마이'(ἐκθαμβέομαι)는 그를 고뇌와 고충에 이르게 한 감정적인 자극의 격렬한 상태를 암시하는데, 이는 예수 자신이 그 마지막 순간에 무엇을 해야 할지 명료하게 제시하는 방편이 된다.

이와 연관하여 예수가 겟세마네에서 드러낸 두 번째 감정 '고뇌'(ἀδημονεῖν)는 자신의 목숨을 구하느냐, 자발적인 죽음으로 나가느냐 사이에 그의 선택을 자각하는 순간에 대한 자연스러운 인간적인 반응이라 할 만하다. 이에 따라 이 고뇌의 감정은 살고자 하는 예수의 인간적 의지와 희생을 원하는 아버지의 뜻 사이에 그의 마음이 두 조각으로 나눠지면서 이어지는 강렬한 기도 전투의 복선을 깔고 있다. 예수의 심령 내에서 발생하는 이러한 분열적 과정은 그의 내적인 자아가 시달리면서 그를 깊은 고뇌 가운데 적잖이 괴롭게 했을 것이다.[15] 하나님의 뜻에 대한 마지막 확인에 앞서 예수는 특정한 시점에 놓인 자신의 최후 운명과 관련하여 모든 것이 불확실한 혼란스러운 상황과 직면해야 했다. 점점 더 강화되었을 그러한 부정적인 기분은 마침내 예수를 깊은 비통(λύπη)의 감정으로 끌어들이는데, 여기서 이 감정은 근심과 슬픔의 감정을 포함하는 절망적인 고통의 상태를 암시한다.[16] 겟세마네에서 드러낸 예수의 이러한 감정들의 연속적인 전개는 그가

---

15 몰트만에 의하면 이 세 가지 감정의 성분은 다음과 같이 긴밀하게 결합되어 있다: 예수의 두려움은 "이 측량할 수 없는 근심의 결정체"로 "하나님에 의해 버림을 받았다"는 인식에서 비롯된다. 나아가 "신 부재의 심연 속의 근심"은 우리로 '경건한 슬픔'(고후 7:9)을 경험을 하게 한다. Jürgen Moltmann, *Jesus Christ for Today's World*, tr. by Margaret Kohl (Minneapolis: Fortress Press, 1994), 54-55.

16 고대 문헌에서 '비통'으로 이해된 이 어휘(λύπη)는 대개 '고통'(pain) 또는 '슬픔'(sorrow) 등으로 번역되는데 쾌락(ἡδονή)과 대척점에 있는 가장 보편적인 감정으로 알려져 있었다.

참으로 순전한 인간이었다는 간명한 증거이다. 겟세마네 예수의 초상을 신적인 구세주로서 예수의 위상을 폄훼하는 증거로 취한 로마의 지식인 켈수스의 고전적 판결에 역행하며[17] 예수는 자신의 솔직한 감정 표현으로 성육신의 온전한 사건 속에 나타난 그의 인간됨의 진정한 본성을 역설적으로 증명한 것이다.

인간론적 관점에서 겟세마네의 예수가 보여주는 기독론적 특징들을 고려하면 예수의 감정에 담긴 이러한 독특한 성격은 몇 가지 점에서 문제적이라 할 수 있다.[18] 첫째, 적어도 이 이야기에서 예수는 그의 대속에 대한 감사함을 표하며 구원받아야 할 위치에 있는 사람들에 의해 자기를 희생한 하나님의 어린양으로 섬기도록 강요받지 않는다. 다시 말해, 여기서 예수는 하나님의 구원사를 위해 바쳐지는 실용적인 용도에 부응하는 수동적인 대상으로 보이지 않는다는 것이다. 반대로 그는 자기 개인 생명의 주체로서 일관되게 그의 실존적인 위엄을 긍정한다. 그는 전능하신 하나님에 대한 견고한 확신을 가지고 자신의 생존 가능성을 끝까지 시험한다. 그 와중에 그의 역동적인 감정은 단지 인간적 연약함을 증명하기 위해서가 아니라 그 연약함의 실존과 싸우는 동기를 부여하기 위해 활성화된다. 그 과정에서 그러한 감정적인 동요와 싸우면서 자신의 현실을 내면화할 기회를 취할 수 있었을 것이다.

플라톤은 '이성'(λόγος)을 주요한 관심사로 간주한 데 비해 이 두 가지 감정은 영혼의 저열한 부분에 속한 것으로 인식하였다(314). Bultmann, "λύπη," *TDNT*, vol. IV, 313-324.

17 켈수스의 반기독교적 견해에 대해서는 Origen, "Against Celsus," in Alexander Roberts & James Donaldson eds., *Ante-Nicene Fathers: The Writings of the Fathers down to A.D. 325* (New York: The Christian Literature Company, 1890).

18 이러한 종교사적 관점에서 나는 "죽음에 직면한 예수의 감정적 격발이 자신의 내적인 고귀함을 지키려 한 비극적 영웅들의 현저한 이미지를 담지하고 있기에 그리스도-인간론의 의미심장한 특징을 내포하는 것으로 보아야 한다"고 주장한 바 있다. Jung-Sik Cha, "Confronting Death: The Story of Gethsemane in Mark 14:32-42 and Its Historical Legacy," Ph. D. dissertation, The Divinity School, The University of Chicago (1996), 338.

그러나 동시에 주목해야 할 한 가지가 있다. 그것은 그의 인간적 감정이 그저 동물적인 본능에 따른 생존을 위해 비열한 태도를 보일 정도로 그의 인격을 비참한 수준으로 전락시키는 극단으로 흐르지 않았다는 사실이다. 비록 그가 자신의 살고 싶은 뜻을 솔직하게 제시했다 할지라도 그는 즉각 자기 뜻을 그의 아버지의 뜻에 복종시켰을 뿐 그 상호 갈등의 상황을 제어된 긴장 범위를 넘어 극단으로 밀어붙이지 않았기 때문이다. 요컨대, 그의 격렬한 감정들은 하나님의 뜻에 순종해야 하는지 여부를 따지는 인간의 합리적인 사유를 압도하지 않았고, 그 감정들은 마지막 결단의 확신에 이르기까지 그의 내적인 대화를 활성화하는 데 효율적으로 작용했다는 것이다.

둘째, 예수의 감정이 동물적인 생존 본능으로 전락하지 않았다는 점은 주목할 만하다. 이는 소크라테스가 자기 죽음의 현실과 부대끼면서 보여준 고전적인 모델인 '무정념'(ἀπάθεια)이라는 오래된 철학적인 이상과 대조적인 관점에서 숙고해볼 만한 관찰이다. 후대에 스토아 및 씨닉 사상가들은 공통으로 그의 모범적 사례를 따라 인간이 통제할 수 없는 상황, 특히 죽음이나 급작스러운 사고, 예상치 못한 심각한 질고 등과 같은 불가피한 상황에서는 어떤 부정적인 감정도 절제되어야 한다고 가르쳤다.[19] 그들은 그들의 불운을 신적인 필연이나 운명의 탓으로 돌려 순응하며 받아들여야 할 것으로 여겼다. 흥미롭게도 이와 같이 자신의 죽음을 태연하고 담대하게 수용하는 경향은 초기 기독교의 순교 전통에서도 발견된다. 예컨대, 첫 번째 순교자인 스데반은 핍박자들에 의해 돌에 맞아 죽으면서도 슬픈 기색을 띠지 않았다. 오히려 그는 자신의 마지막 순간을 그 얼굴이 성령으로 충만하여 영광

---

19 이 주제에 대해서는 David Konstan, T*he Emotions of the Ancient Greeks* (Toronto Buffalo London: University of Toronto Press, 2006); Margaret R. Graver, *Stoicism and Emotion* (Chicago & London; The University of Chicago Press, 2009; [idem] *Cicero on the Emotions: Tusculan Disputations 3 and 4*, translated and with commentary by Margaret Graver (Chicago & London: The University of Chicago Press, 2002).

스러운 환상 속에서 맞이한 것으로 전해진다(행 7:54-60). 사도 바울은 자신의 순교를 내다보는 심대한 곤경 속에서도 부정적인 감정이 아닌 희망과 영광으로 가득 찬 종말론적 미래를 전망한 바 있다(딤후 4:6-8). 긍정적인 감정과 함께 순교에 임박하여 죽음을 받아들이는 모티프는 2세기 폴리캅의 경우에서 고전적인 사례로 발견된다.[20]

　　그러나 이러한 초기 기독교 인물들은 그 죽어가는 방식과 태도에 있어 예수의 경우가 아니라 소크라테스의 경우를 닮아있는데, 그들이 공포, 고뇌, 비통 등의 부정적인 감정들에 사로잡혀 있지 않기 때문이다. 그들은 이를테면 감정적인 열정이 아니라 무정념(ἀπάθεια)의 추종자들이었다. 이러한 연고로 그 순교자들은 절박한 죽음의 상황에서 복잡한 감정을 유발하는 그들의 육체적 존재에 초연한 듯 무관심해 보였다. 따라서 예수는 확실히 죽음에 임하는 방식과 관련하여 무정념의 초월적 지평과 동물적인 생존 본능에의 예속 사이에 대안적인 길을 열었다고 볼 수 있다. 그는 어떤 인격체가 치명적인 위기 상황에 직면하여 값진 생명의 선물이 부여한 활력의 순간들을 소중히 여기면서 자신의 감정에 요동을 보이는 엄중한 현실을 무시하지 않았다. 앞서 언급한 그런 감정적 표현들은 그러므로 하나님의 창조에 반영된 생명 본연의 가치를 긍정하는 증표로 볼 수 있을 것이다.

　　그러나 결단의 주체로서 예수를 특징짓는 이 긍정 입장은 예수를 자기 파괴적인 감정과 함께 열악한 상태로 몰아넣어 인간의 위엄으로부터 멀어지

---

20 비록 폴리캅에 대한 전기 자료가 매우 부족하지만, 그의 순교는 분명히 155년 2월 23일 그의 나이 86세 때로 비정된다. 빌립보 교인들에게 보낸 그의 편지(*Letter to the Philippians*)에 "마음에는 원이지만 육체가 약하도다"라는 예수의 어록이 인용되어 나온다. *The Apostolic Fathers*(LCL), vol. 1, tr. by Kirsopp Lake (Cambridge, Massachusetts: Harvard University Press, 1945), 280. 또한 폴리캅의 순교 이야기에는 겟세마네 이야기의 은유적 어휘인 '때'와 '잔' 등이 나온다. 폴리캅의 순교에 대한 비평적 연구로는 Gerd Buschmann, *Martyrium Polycarpi-Eine Formencritische Studie* (Berlin, New York: Walter de Gruyter, 1994).

게 하지 않는다. 반대로 예수의 기도에 반영된 내면의 전투는 그가 현재 어디 위치하며 자신의 공적인 사역을 마무리하기 위해 당장 무엇을 해야 하는지 명확하게 직시할 수 있도록 처음의 부정적인 감정들을 긍정적인 요인들로 전이시켜준다. 역설적으로 여기서 예수는 신성을 완전히 흡수함으로써 철저한 양태로 자신의 성육신을 구현하기 위해 거듭났으며, 그 토대 위에서 미래의 모든 평범한 사람이 그와의 감정적 융합을 통해 그들의 구세주와 열린 자세로 솔직하게 소통할 수 있도록 다가오는 구원을 전망한 셈이다.21

III. 예수의 감정에 반영된 신학적 함의

예수 그리스도의 두 본성에 한 인격체를 천명한 칼케톤(Chalcedon) 신조는 오늘날까지 예수를 삼위일체 하나님의 한 위격으로 예수를 특징짓는 정통교리로 현전한다. 그러나 예수가 온전한 인간이라는 것이 무엇을 의미하는지 현대적 맥락에서 추가적인 해석이 필요한 것도 사실이다. 2000년 가까이 전개되어온 기독교 교의학의 역사적 발전에 비추어보면 예수의 온전한 인간됨 조항은 예수의 신성을 표명하는 조항의 압도적인 위세에 삼켜진 감이 없지 않다. 따라서 기독교 신자들은 물론 신학자들까지 예수의 인성이 예수의 온전한 신성에 종속된 보조적 요소로 포괄하여 이해하는 경향이 있다.22 이러한 견지에서 예수의 인간적 감정도 종종 죄인 인간들을 위해 바쳐

---

21 후대의 신약성서 본문 가운데 히브리서 5:7은 저자가 '큰형 기독론'이라 부른 것을 찾을 수 있는 유일한 곳이다. 여기서 예수는 죽음의 고통스러운 경험을 경유하여 온전해졌고 그 결과 후대의 모든 다른 사람들의 마지막 운명, 곧 죽음의 과정에 깊이 공감할 수 있게 되었다고 묘사된다. 히브리서 5:7에 반영된 겟세마네 전통에 대하여는 Joachim Jeremias, "Hbr 5:7-10," ZNW 43-44(1950-1953), 107-111. 이 구절에 대한 학문적 토론의 요약은 Harold W. Attridge, The Epistle to the Hebrews (Philadelphia: Fortress Press, 1989), 148.
22 이 주제에 대한 논의로는 내 논문 Jung-Sik Cha, "Jesus' Self-portrait as a Human and

진 이타적인 희생물인 양 구원론적 의도로 착색되어 이해되곤 하였다. 다시 말해 특정한 상황 가운데 예수가 처한 개인적인 사정과 무관하게 그의 감정이 마치 그의 대속 사역을 극적으로 표상하는 신비한 요소인 양 고상한 특이사례로 성화되는 것이다.

달리 보면 겟세마네 예수의 감정에 대속적인 측면이 있음을 인정할 수 있다. 그러나 그것은 자신을 신성화하는 방향이 아니라 평범한 인간적 감정과 공감하는 방식으로 작용한다. 히브리서 5:7이 증언하듯이, 예수의 감정들은 그의 기도와 간구 가운데 큰 울부짖음과 눈물을 통해 그가 순종을 배운 고로 성육신의 철저한 실현이란 견지에서 볼 때 비로소 가장 의미심장한 것으로 이해된다. 정상적인 인간들이 동일한 과정을 거쳐 가듯이, 예수 또한 심대한 고난 중에 죽음에서 자신의 생명을 구하고자 필사적으로 매달렸다. 그러므로 우리가 그의 감정을 그가 마지막 날에 경험한 개인적 상황과 떼어놓고 이해한다는 것은 무리이다. 게다가 그의 탄식 어린 연민과 분노는 그러한 부정적인 감정들이 종종 예수의 신적인 권위를 깎아버리는 결핍의 증거로 거론될 수 있지만, 그의 구체적인 선교 활동과 긴밀하게 연계된 맥락을 고려해야 한다. 동시에 우리는 예수가 타락 이전의 에덴 같은 세상이 아니라 타락 이후의 메마른 광야 같은 세상 속으로 성육화했다는 점을 인식해야 한다. 그리하여 그는 자기 동시대 사람들과 전적인 타락의 시대의 한 징표인 부정적인 감정들을 공유할 수 있었다.

종말론적 화를 선포하면서 표한 분노 감정이 없었다면, 예수는 하나님 나라 운동의 어떤 정당한 명분을 찾지 못한 채 그에게 주어진 세계를 당연한 것으로 순진하게 수용했을 것이다. 그런 무미건조한 무정념의 상태에 머물렀다면 그가 선포한 신적인 진노나 이어지는 심판 메시지 그 어느 것도 하나님 나라를 거부하고 다른 이들까지 그 나라로 들어가지 못하도록 방해

Its Theological Implications," *Korea Journal of Christian Studies* 51(2007), 101-116.

한 자들에게 쏟아내지 못했을 것이다. 그러므로 예수의 분노는 그의 백성들을 경고하는 하나님의 진노 표현이었다고 할 수 있다. 이 점에서 복음서에 나타난 종말 심판의 화는 신적인 공의를 향한 예언자적 소명에 예수가 응답한 메시지라고 보는 게 합리적이다. 이와 대조적으로 그의 기쁨은 비록 드물게 표출되었지만, 하나님과 그의 백성 사이에 언약을 회복함으로써 하나님의 백성을 갱생하기 위한 한 줄기 희미한 소망의 표현으로 볼 수 있다. 예수의 경우 그 긍정적인 감정을 압도하는 부정적인 감정은 그의 삶의 세계가 마냥 환하지 않았고 도리어 각종 다양한 억압에서 해방될 필요가 있었음을 상기시켜준다. 이러한 총체적 억압적 상황을 전제하고 보면 가난하고 병든 자들을 향한 예수의 탄식 어린 연민 같은 깊은 감정은 그가 그의 백성들을 위해 메시아적 선교를 수행하고자 한 맥락에서 충분히 수긍할 만한 것이었다. 이러한 견지에서 자신뿐 아니라 그의 동시대 사람들에게 드러낸 예수의 부정적인 감정 표현은 양쪽 모두의 구원에 합당한 요청이었다. 예수가 격렬한 감정으로 자신의 당면한 죽음에서 구원받기 위해 기도해야 했듯이, 그는 또한 자발적으로 박탈감에 처한 사람들을 돌봐주고 정신없이 헤매는 사람들을 가르치고 계몽해야 했다.

종합해서 보면 예수의 감정 표현은 그의 개인적 삶과 공생애를 둘러싼 현실에 최대한 솔직하게 응답하는 방식이었다고 결론지을 수 있다. 그간 복음서 연구에서 예수의 감정에 대한 인간론적 해석에 지금까지 특별한 관심이 피력된 바 없는데, 그 결과 인간으로서 예수의 개인적 욕망과 관련된 주제는 아예 배제되는 경향이 강했다. 이러한 방향을 답습하면서 오늘날의 독자들은 예수가 대속적 목적으로 자신의 사적인 감정마저 희생해주길 기대하면서 철저히 구원론적 맥락에서 예수의 공적 사역에 대한 배타적인 관점을 고수해왔다. 그러나 그 관점을 뒤집으면 이러한 감정 표현의 다양한 사례들은 예수는 자신의 자연스러운 감정을 자유롭게 표현할 줄 알았던 정상적인 인간으로 재조명할 근거를 제공한다. 그의 풍성한 감정은 반드시 그가 충분한 지성을 갖춘 합리적인 인물이었을 가능성을 배제하지 않는다. 이러한 가능성은 나아가 1세기 헬레니즘 계통의 유대교에 나타난 '영감적 인식론'(pneumatic epistemology)의 흔적을 상기시켜주는데, 이에 따르면 합리적이라 여겨진 것들은 곧 영적인 것이었고, 그 반대의 공식 또한 사실이었다.[23] 비록 이러한 풍조와 공명할 만한 예수의 지적인 사유 흔적을 보여줄 만한 증거가 복음서에 충분치 않지만, 그가 열정적인 영 가운데 수행한 빈번한 기도의 행위는 쉽게 무시할 수 없는 어떤 지적인 역량을 보여주는 것 같다.

IV. 예수의 감정과 한국교회

지금까지 분석한 예수의 인간적 감정이라는 유산은 한국의 기독교 신앙과 관련해 몇 가지 실천적 쟁점을 정리하는 척도가 될 수 있다. 성찰해보자면 한국교회에서 가장 흥미로운 경향 한 가지는 감정적 열광을 성령 충만의 징후로 간주하는 것이었다. 그러한 추세는 오순절교회를 포함하는 카리스마적 기독교 집단 가운데 지금도 분명히 확인된다. 이러한 관점을 간단히 말하면 감정적으로 뜨겁다는 것은 모든 경우에 영적으로 동기 부여된 것의 원인이거나 결과라고 보는 것이다. 신학적 근본주의를 지향하는 신앙공동체에서 그들이 '영적'이라고 주장하는 것은 대개 알레고리적 성서 해석에 기초해 있다. 한편 한국의 지적인 기독교 집단 내에서는 종종 기독교 신앙의 불씨를 살리고 충분한 성장에 이르기 위해서는 자신의 감정에 의존해서

---

23 이 주제에 대한 상세한 연구로는 Seung Won Yu, "Paul's Pneumatic Epistemology: Its Significance in His Letters," Ph. D. dissertation, Duke University(1998).

는 안 된다고 종종 교훈을 준다.

어떤 경우든, 대다수 한국 기독교인들은 인간 감정을 신앙 형성의 본질적인 일부로 완전히 배제하거나 기쁨, 사랑, 자비, 평화 등과 같은 긍정적인 감정만을 부분적으로 포함시키는 점에 동의한다. 한국 목사들이 그들의 공적인 사역이나 활동에서 자신의 내면 감정을 솔직하게 표현하는 것을 보기란 매우 어렵다. 그들은 항상 성령 안에서 기뻐하라는 성경의 상투적인 말씀에 매여 산다. 따라서 그들은 공적인 자리에서 더러 필요할지라도 자신의 분노를 솔직하게 표현하기를 매우 어려워하고 개인적인 간증에서 절박한 것일지라도 실존적인 염려나 슬픔의 감정을 드러내는 것을 주저한다.24 사정이 이러한 고로 한국교회공동체 가운데서 감정은 이중적인 얼굴로 순환되고 유통된다. 감정은 항상 변덕스럽게 변하기 때문에 한편으로 기독교 신앙의 규범적인 구성요소로 고려할 필요가 없는 것으로 배제되어야 할 무엇이다. 다른 한편으로 어떤 특정한 부류의 감정은 활기차게 영적인 힘을 고양시키는 역동적인 매개체로 선용된다.

예수의 감정을 탐구하는 작업이 한국교회의 활력을 새롭게 하는 계시적인 출구가 될 수 있을까. 명백한 사실은, 오늘날 한국교회는 예수가 풍성하고 정직한 감정 표현 가운데 말하고 행동한 방식을 배울 만한 풍성한 자료를 갖고 있다는 것이다. 그 자체로 윤리적으로 선하거나 악한 유별난 종류의 인간 감정이란 존재하지 않는다. 모든 인간 감정은 그것이 인간의 현재 기분 상태를 그 나름의 불가피한 방식으로 드러내는 차원에서 적절하게 표현될 때 고유한 역할을 구현한다고 볼 수 있다. 인간의 감정은 어떤 정치적인 동기나 교리적인 도식에 도구적으로 조종되거나 이용되어서는 안 된다.

---

24 한국인의 감정 지형에 대한 사회학적 통찰에 따르면 그들 대다수는 일상생활 가운데 미소 짓는 얼굴 속에 분노를 숨긴 채 모멸감에 압도되어 있다. 김찬호, 『모멸감: 굴욕과 존엄의 감정사회학』 (서울: 문학과지성사, 2015).

그것들은 인간의 심리적인 동기와 실천적인 순환 속에 자연스럽게 표출되도록 그 원형을 복원시켜야 한다. 이 점과 관련하여 한국교회가 감정을 이해하고 통제한 방식을 성찰하면서 우리의 신학적 인간론은 다음의 몇 가지 인습적인 주장에 단호하게 맞서 저항해야 한다: 1) 인간 감정은 기독교 신앙의 성숙에 장애물이다; 2) 성령으로 충만해지면 그것은 지성의 역량을 감퇴시킬 뿐 아니라 부정적인 감정을 물리쳐주고 오로지 긍정적인 감정 속에 우리를 붙들어준다.

인습적인 현상에 비추어 예수의 감정은 그의 분노 어린 예언자적 화선포에 예시되듯이 밝은 빛으로 환하게 채색되지 않는다. 이는 역으로 왜 한국교회가 지금까지 사회경제적인 부패와 정치적인 불의에 강력하게 저항하는 예언자적 역할을 떠맡는 데 무기력했는지 설명해준다. 세상에서 박탈당한 인생들에게 탄식 어린 연민과 함께 강력하게 연대한 예수의 감정이 한국교회에서 차지할 자리가 거의 없다는 사실은 그들이 교회 안에 머무르느냐, 바깥에 위치하느냐에 따라 감정 표현에 상이한 이중적 기준이 적용된다는 또 다른 증거이다. 만일 고뇌와 비통의 격한 감정이 기독교 도덕성에 훈련이 모자란 결핍의 증거로 본다면, 나아가 죽음에 직면한 상태에서 공포에 사로잡힌 마음을 솔직하게 느낀다면, 그러한 신앙 전통에서 겟세마네 예수가 토로한 격렬한 감정은 정당화될 수 없다. 오늘날 우리 사회에 가난하고 소외된 부류, 특히 열악한 취업 현실로 인해 낙담하는 젊은 세대의 분노와 좌절에 한국교회가 보인 반응은 대체로 피상적이고 소극적인 것 같다. 그들은 교회 안에서 마치 적극적인 태도와 집요한 기도만이 그들에게 권능을 부여해 모든 당면한 문제의 장벽을 돌파해나갈 수 있을 것처럼 음울한 현실과 대처하라고 격려를 받는다. 그러는 와중에 그들은 무의식적으로 밝은 표정으로 가식적인 제스처를 드러내면서 그들 내면의 순전한 감정을 숨기도록 강요당한다.

그리하여 점점 더 많은 한국의 젊은이들이 교회에 대한 호의적인 관심에서 멀어지고 있고, 그들 중 일부는 때로 반기독교적 인터넷 사이트에 모여 저항적인 활동을 벌이기도 한다. 이러한 분위기 속에 한국교회 전체는 이 세상의 다양한 관심사에 대처하는 데 도움이 되지 못하는 격리된 집단처럼 모욕을 당하고 있다. 이러한 반기독교적 추세는 최근 코로나19 상황에 직면하여 교회가 보여준 반사회적인 행태로 인해 더욱더 열악해지는 형편이다. 비록 이러한 쇠락을 막기 위해 교회 안팎에 수많은 세미나와 워크숍이 열리고 학자들의 심포지엄이 매년 개최되지만, 한국교회가 심각한 퇴락을 조장하는 타성 속에 표류하는 한 낙관적인 전망을 띄우기가 어렵다. 신학대학원에 들어오는 신입생이 급격히 감소하고 있는데 이는 나아가 교회 성장을 약화하는 주된 요인이 된다. 성령 충만을 내세우는 부흥회에서 벌어지는 복음 전도용 각종 행사도 이제 시대의 효용성이 떨어졌는지 더 이상 활기찬 결실을 낳지 못한다. 세계화된 시대에서 세속적 성숙을 경험한 신세대의 사람들은 지금까지 유행한 영적인 환상의 마술 지팡이에 흥분되거나 중독되지 않을 만큼 충분히 똑똑해져 있다. 그러므로 한국교회가 그들이 실제로 보는 것을 보기 위해 지적인 정직함을 회복하는 것이 급선무다. 동시에 필수적인 것은 그들이 실제로 느끼는 것을 느낄 수 있는 감정적인 솔직함을 회복하는 것이다. 한국교회의 현재 맥락에서 예수의 지성과 감성을 담지하는 이러한 방식은 21세기에 화석화되고 녹슨 기독교 세계의 문을 열어젖히는 맞춤한 열쇠라고 할 수 있다.

3장
바울의 감정 표현에 나타난 심리 조율과
심리 치유의 수사학

I. 문제 제기

바울은 자신의 편지에서 냉엄한 논리로써만 주장하고 설득하지 않았다. 그의 어휘 선택과 수사학적 논조에는 이미 다양하고 역동적인 감정이 스며들어 있음을 피상적인 고찰만 해도 간파할 수 있다. 그런데 서구 학자들은 특정한 상황에서 태동한 그의 편지글 가운데 일관된 논리를 추적하고 통일된 체계를 재구성하려다 난관에 봉착한다. 그러나 여느 통상적 사례에서 폭넓게 확인되듯, 인간은 감정적인 존재이며 그 감정에는 기복이 많다. 시쳇말로 하루에 열두 변덕을 부리는 게 인간의 심사이며 그 가운데 감정이라는 에너지가 긴밀하게 관여한다. 이에 따라 바울은 당시 기독공동체의 여러 사안과 상황에 응답하면서 단순치 않은 감정적 기복을 보이고 그것이 그의 논리적인 표현에 깊이 삼투되어 나타난다. 이를 단순히 바울의 정신적 불안이나 신경증적 장애의 증거로 취하여 바울의 내면 풍경을 조명하고 그의 신학적 논리를 평가하려는 시도는 피상적인 고찰이라고 생각한다. 아무리 철저한 논리적 일관성을 견지하려고 해도 말과 말의 틈새로 불거지는 허방은 불가피하며, 틈틈이 불거지는 일탈의 충동도 제어 불가능하기 때문이다. 더구나 바울의 서신이 간단한 용무 전달용 쪽지가 아니라 꽤 복잡하고 다양한 공동체의 내부 사정을 살펴 이에 역동적으로 응답하는 성격의 문서라는 점을 감안할 때, 그 편지의 속사정과 층층면면의 제반 정황을 파악하기 위해 저자인 발신자와 수신자 공동체 성원 간의 감정적 교호 관계를 무시할 수 없는 노릇이다.

그럼에도 그간 바울 서신과 그 신학의 연구에 이러한 감정적 표현 문구들을 체계적으로 분석하여 다루고자 하는 시도는 매우 희박하거나 소홀이 여겨져 왔다.[1] 특히 바울의 감정 표현을 담은 구절이나 그 관련 어휘들이 단순히 자신의 내면을 '표현'하는 데 머물지 않고 그 관계적 역동 속에 잠재된 심리를 조율하고 억눌린 그 내면의 상처를 치유하는 역할을 수행한다는 점까지 고려한다면 그 연구의 지평이 만만치 않다. 여기에는 감정을 개입시키는 수사학과 심리학, 관련 자료를 비평하고 분석하는 역사비평과 문학비평의 제반 기술과 방법들이 동원되어야 할 것이다. 더구나 바울 서신의 범위가 넓고 그 속에 내장된 당시의 상황은 매우 광활하고 촘촘하다. 예의 연구방법론에 두루 통달하지도 못하고 광범위한 텍스트를 짧은 연구의 지

---

1 지금까지 바울의 서신과 그 신학을 '감정'을 포함한 심리적 요소에 착안하여 연구한 사례는 프로이트와 융의 고전적 정신분석학과 인지심리학의 몇몇 개념과 이론에 근거하여 바울 서신의 특정 구절과 특정 주제를 조명한 다음의 책이 유일하다: Gerd Theissen, *Psychological Aspects of Pauline Theology*, tr. by John P. Galvin (Philadelphia: Fortress Press, 1987). 바울의 고대 로마적 배경으로 소급하여 당대의 철학사상과 정신교육학(psychagogy)에 비추어 단편적으로 산출된 연구로는 이른바 화해서신(고후 1:1-2:13, 7:5-16)에 나타난 감정의 역동적 양상과 그 사상사적 위상을 다룬 웰본 교수의 다음 두 논문이 독보적이다: L. L. Welborn, "Paul's Appeal to the Emotions in 2 Corinthians 1.1-2.13; 7:5-16," *JSNT* 82(2001), 31-60; "Paul and Pain: Paul's Emotional Therapy in 2 Corinthians 1.1-2.13; 7.5-16 in the Context of Ancient Psychagogic Literature," *NTS* 57(2011), 547-570. 아울러, 종말론과 감정의 상관관계를 밀접한 해석적 연계망으로 설정하여 바울 서신의 몇몇 구절을 주석한 Stephen C. Barton, "Eschatology and the Emotions in Early Christianity," *JBL* 130/3(2011), 571-591.

면에 소화하기도 수월치 않은 상황에서 이 연구는 바울 서신의 감정 관련 본문들 위주로 그 특징적인 양상을 분석하고 간략하게 평가하는 개괄적인 총론의 한계를 벗어나기 어려울 것이다. 각각 상이한 '삶의 자리'와 '수사학적 상황'을 반영하는 세부적인 본문의 감정 신학적 경향이나 특질에 대한 보다 정밀한 분석과 해석은 후속 과제로 미루어두기로 한다. 다만 여기서는 그 한계 내에서 바울의 인간적인 감정에 얽힌 조율과 치유의 수사학적 기능을 따져보고 바울이 독창적으로 보여준 감정 이해의 사상사적 의의를 평가하는 데 초점을 맞추고자 한다.

이 연구는 히브리 성서 전통과 그레코-로만 사상 전통에 비추어 본 '감정' 이해 연구와[2] 예수의 감정과 예수에 대한 감정을 분석, 조명한 인접 연구를[3] 이어가는 세 번째 연속주제로 설정된 것이다. 이러한 연구를 통해 기대하는 효과는 넓게는 오늘날의 감정 과잉/결핍의 혼재된 상황 속에 감정을 이성과 대립되는 열등한 요소로 폄하하는 추세를 지양하고, 폭발하는 감정의 범람 속에 각종 폭력의 기제로 동원되는 과잉 감정의 현실적 문제를 성찰하면서 '감정학'의 한 이론적 전거를 제공하는 것이다. 아울러 바울의 신학 연구에서 그 사상들 입자들 이면에 도사리고 있는 유동적인 감정의 에너지가 그의 신학적 역동성과 발전 지향성을 이해하는 데 어떤 상관관계가 있는지 헤아리는 일에도 적잖은 도움이 될 수 있을 것이다. 이는 결국 바울의 신학적 인간학을 풍성하게 하며 생명의 근본적 이해와 향유 지향적 삶의 실천을 활성화하는 '감정신학'의 가능성을 가늠해보는 데 일조할 수 있으리라 기대된다.

---

2 차정식, "고대 히브리 사상과 헬레니즘에 비추어 본 '감정'의 세계-신약성서의 '감정' 이해를 위한 배경사적 고찰," 「신약논단」 22/2(2015), 283-337.

3 차정식, "Some Aspects of Theological Anthropology in Jesus' Emotions," 「한국기독교신학논총」 103(2017), 373-398.

II. 데살로니가전서의 그리움과 빌립보서의 기쁨

1. 모성적 그리움과 부성적 조바심: 데살로니가전서

데살로니가 교회의 기원과 데살로니가 서신의 배경과 관련한 자료(행 17:1-10; 빌 2:2, 15-16, 3:1, 16)를 재구성하면 대강 이렇다. 바울은 빌립보 선교 이후 데살로니가에 거점을 확보하고 유대인 회당에서 3주에 걸쳐 설교사역을 통해 경건한 헬라인들 위주로 믿음의 추종자들을 전도의 결실로 얻게 된다. 그러나 유대인들의 준동으로 회당장 야손 및 몇몇 형제들이 고초를 겪고 바울은 야반도주하듯 밤에 그 도성을 빠져나와 베뢰아로 향하는데 이후 그는 아덴(아테네)에 이르러 데살로니가 교우들의 현 상태가 몹시 궁금하기도 하고 그들이 그립기도 하여 디모데를 보내 정황 파악을 하게 한다. 다행히 디모데가 그들에 대한 "믿음과 사랑의 기쁜 소식"을 가지고 돌아오자 바울은 이에 안도하며 데살로니가전서를 써서 보낸다. 이 서신에서 바울의 감정은 분열한다. 자신과 일행이 밤에 도망치듯 성급하게 데살로니가를 떠나도록 몰아낸 '일부' 유대인 대적자들에 대한 감정은 통시적으로 확장되어 "주 예수와 선지자들을 죽이고 우리를 쫓아내고 하나님을 기쁘시게 하지 아니하고 모든 사람에게 대적이 되어" 주의 진노가 끝까지 그들에게 임하게 되었다(살전 2:15-16)는 억하심정의 논조가 그 대표적인 증거이다.[4]

반면 몇 명 안 되는 데살로니가 교인들에 대해서는 갓 태어난 신자인

---

4 이 구절의 강력한 반유대적 어조는 이 구절이 후대의 삽입 문구였으리라는 가설까지 낳았지만, 현재는 이것이 본 서신의 원래 일부였으리라는 공감 아래 클라우디오스 황제 때(48~49)의 예루살렘 교회 핍박, 쿠마누스 총독의 폭정, 아그립바 1세의 죽음 이후 예루살렘 유대인 사회의 급속한 붕괴 등의 배경에 비추어 이 구절의 역사적 자리를 추론한다. Makus Bockmuehl, "1 Thessalonians 2:14-16 and the Church in Jerusalem," *Tyndale Bulletin* 52/1(2001), 1-31. 그러나 이 논문에서도 이 과격한 표현의 배후에 데살로니가 등지의 유대인에 의한 바울의 핍박 경험에 터한 감정적 후유증이 작용하고 있음을 인식하지 못한다.

탓이었는지 뭉클한 그리움과 애틋한 모성적 관심의 열정으로 풍성하다. 바울은 이들과의 유기체적 관계에 대해 얼굴을 떠나 있지만 마음은 함께 있으며 그들의 "얼굴 보기를 열정으로 더욱 힘썼다"는 고백으로 표현한다(살전 2:17). 동시에 그 그리움은 그들의 제반 신앙적 실천을 '끊임없이 기억함'의 형태로 지속된다(살전 1:3).[5] 데살로니가 교인들을 향해 바울이 품은 무엇보다 강한 그리움의 정서는 그가 함께 그들과 머물러 있는 동안 바울이 품은 기억 가운데 극명하게 투영되어 표현된다. 그것은 곧 유모로서 어린아이를 품에 품고 젖을 먹이는 '유순한'(ἤπιος) 자신의 목회 태도였다(살전 2:7).[6] 이처럼 모성적 돌봄의 태도로써 바울은 자신의 목숨까지 주기를 아까워하지 않는(살전 2:8) 생명공동체의 연대 가운데 "너희가 우리의 사랑하는 자 됨이라"(살전 2:8)고 고백할 수 있었다.

그러나 바울의 이러한 모성적 그리움의 감정은 데살로니가 교인들을 훈계하는 데 이르러서는 명령형의 담대한 어조로 바뀌어 "아버지가 자기 자녀에게 하듯 권면하고 위로하고 경계"하는 투로 나온다(살전 2:11).[7] 흔히

---

5 바울에게 교인들을 보고 싶어 하는 '그리움'(ἐπιποθέω)은 해당 교인들과의 인정 어린 관계를 상기시키는 강한 감정적 표현으로 데살로니가전서(2:17, 3:6) 외에도 그의 서신에서 몇 차례 더 등장한다(고후 5:2, 7:7, 11:9; 빌 1:8, 4:1).

6 바울이 자신과 데살로니가 성도의 관계를 젖먹이 유모와 고아 등으로 빗대어 표현한 것은 아버지-자녀의 강한 수직적 위계 관계를 상쇄하려는 의도였으며, 이러한 가족적 메타포를 적극적으로 사용함으로써 그리스도 안에서 새로운 가족 공동체로 편입된 교우들을 훈육하고 재사회화하고자 한 것이라는 지적이 있다. Trevor J. Burke, *Family Matters: A Socio-Historical Study of Kinship Metaphors in 1 Thessalonians*, JSNT supplement vol. 247 (New York: T. & T. Clark International, 2003). 한편, 바울이 자신을 이렇게 '유순한' 젖먹이 '유모'의 이미지로 제시한 것은 디오 크리소스톰을 위시한 씨닉 철학자들의 대안적 자기 초상과 비슷하다는 지적이 있었다. 당대의 맥락에서 '유순함'은 곧 '인류애'(φιλανθρωπία)의 다른 표현으로 담대한 언변으로 공중 앞에 서는 철학자에게 갖춰야 할 중요한 미덕으로 간주되었다는 것이다. Abraham J. Malherbe, "Gentle as a Nurse: The Cynic Background to 1 Thess 2," *NovT* 12/2(1970), 203-217.

7 바울의 이러한 부성적 권위는 당시 그레코-로만과 유대인 공동체의 정상적 사례(paterfamilias)처럼 자녀와의 수직적 위계 관계를 분명히 하면서 자녀를 책임 있게 돌보며 애정을 표현하는

데살로니가전서의 직접적인 집필 동기와 관련하여 바울의 급진적인 종말신
앙이 조속한 예수 재림과 함께 성도들의 휴거를 가르친 연후 해당 공동체에
서 사망하는 사람이 생겨난 후유증으로 소급하여 설명한다. 물론 더 큰 배
경은 데살로니가 교회를 향한 바울의 인간적인 그리움이 크게 작용했으리
라 볼 수 있지만 이러한 구체적인 상황과 관련해서도 바울은 상호 간 감정
적 코드에 민감하게 반응함을 볼 수 있다.[8] 믿음 안에서 죽은 자들의 종말론
적 미래는 당시 바울의 이방인 공동체뿐 아니라 초기 기독교 전체에 중요한
신학적 과제였다. 부활하신 그리스도 예수에 대한 '소망'이 구체적으로 어
떻게 그를 믿고 따른 신자들에게 적용될지는 여전히 논의가 진행되어야 하
는 상태였을 것이다. 특히 죽은 자에 대한 기념제의에 익숙한 공동체 성원
들이 예수 그리스도 안에서 죽은 자가 사후 공동체와 어떤 관계가 있는지
소속과 정체성의 문제가 제기되었을 법하다.[9] 주의 긴박한 재림에 초점을
맞춘 나머지 재림 이전에 죽은 자들의 상태를 그저 막연한 수면 상태로
묶어둘 수만은 없었다. 이에 바울은 유대교 묵시문학의 제반 토포스(topos)
를 적극적으로 변용하여 예수 재림과 성도의 휴거라는 묵시문학적 드라마
를 그 소망의 구체적인 내용으로 제공한다(살전 4:13-17).

그러나 여기서 바울의 최초 그리고 최종 관심사는 그러한 묵시적인 '비

양면성을 띠고 있다. Trevor J. Burke, "Pauline Paternity in 1 Thessalonians," *Tyndale Bulletin* 51/1(2000), 59-80.

8 실제로 예수 재림의 기대와 결부된 종말 신앙은 초기 그리스도인들의 감정 코드에 긴밀한 영향을 끼친 것으로 파악된다. 특히 데살로니가전서 4:13-18은 죽은 자 앞에서 '슬픔'과 '애도'의 감정을 어떻게 다루어갔으며 종말론적 희망이 어떤 해법을 제공하였는지 보여주는 핵심 구절이다. Stephen C. Barton, "Eschatology and Emotions in Early Christianity," 571-591, 특히 586-591.

9 이에 대한 바울의 해법은 죽은 자가 죽은 것이 아니라 잠든 상태이므로 여전히 공동체와 연계되어 있으니 염려 말고 장례를 치르라는 것이었다. 당시 로마 사회의 장례 관행과 사자(死者) 추모제의에 비추어 이런 관점의 해석을 제시한 연구로 Richard S. Ascough, "A Question of Death: Paul's Community-building Language in 1 Thessalonians 4:13-18," *JBL* 123/3(2004), 509-530.

전'의 형식이나 그것의 내용을 구성하는 신학이나 교리적인 지침이 아니다. 아마도 그의 최초 관심사는 당찬 부성적 권위로 그 성도의 결손으로 인해 그들이 "소망 없는 다른 이와 같이 슬퍼하지 않게 하려 함"이었다. '슬퍼하지 않게'(μὴ λυπῆσθε) 하는 것은 단순히 슬픔에 공감하며 우는 자와 함께 울어주는 감정이입의 방향과 다소 다르다. 그것은 그 슬픔에 압도되어 낙담하고 그리스도 안에서 소망을 품은 자로서의 신앙적 위엄과 품격을 상실한 나머지 자신의 존재론적 정체성을 해치는 위험을 사전에 방어해주는 기운의 회복과 관련이 있다. 바울은 이러한 슬픔 극복의 의지를 최초로 피력하면서 데살로니가 공동체의 위기 상황에 간접적이나마 개입한다. 물론 그 최초의 처방과 함께 바울의 최종적인 슬픔 대응책은 "이러한 말로 서로 위로하라"(살전 4:18)는 것이었다. '위로'에 담긴 정서는 앞서 바울이 강력하게 반복하여 피력한 그리움의 감정과 모성적 돌봄의 태도와 직결된다. 그것은 일단 당면한 아픔, 근심, 슬픔을 감싸며 다독이는 자애로운 정서적 공명과 함께 제공되어야 할 처방이었다.[10]

요컨대, 데살로니가전서의 감정 지형은 급작스레 떠난 데살로니가 공동체 성도를 향한 바울의 '사모'하는 '그리움'(ἐπιποθεῖν)에 기초해 있다. 이는 그들을 끊임없이 '기억하고'(μνημονεῖν) 유모가 갓난아이를 품듯이 그들을 품는 모성적 정서를 지향한 것이었다.[11] 이와 함께 아버지가 자녀를

10 이러한 감정 치유용 어록으로 대표적인 것이 기쁨과 감사, 기도였다. "항상 기뻐하라. 범사에 감사하라. 쉬지 말고 기도하라…"(살전 5:16-18). 특히 바울은 2:1-20에서 당시 심리교육법(psychagogy)의 처방을 따라 데살로니가교회의 상황을 진정시킨 뒤 그들에게 자신의 감사와 기쁨을 매개로 그들에게 '감사'와 '기쁨'의 감정을 이끌어내기 위해 노력한 것으로 분석되기도 한다. 그것은 데살로니가교회의 황망한 심리상태를 처방하는 치료제로서 수사학적 기능을 수행한다는 것이다. 이에 대해서는 Michael R. Whitenton, "Figuring Joy: Gratitude as Medicine in 1 Thessalonians 2:1-20," *Perspectives in Religious Studies* 39/1(2012), 15-23.

11 말허비의 분석에 의하면, '그리움'(ἐπιποθεῖν)은 매우 강렬한 감정적 표현으로 '좋은 기억'을 나타내는 어휘로 서로 긴밀하게 연동되어 있다. 아울러, 이는 편지를 받는 수신자를 아직

훈계하듯 단호하게 명령하며 행해야 할 것과 행하지 말아야 할 것의 기준을 제공하되, 특히 공동체 지체의 사망 사건 속에 닥친 슬픔이 공동체의 소망을 고갈시키지 않도록 대안적 비전으로 독려해야 했다. 그러나 이것이 "위로하라"는 메시지와 함께 공동체가 처한 슬픔에 대한 공감의 정서를 배제한 것은 아니었다. 이러한 그리움과 권면의 기반 위에서 바울은 자신과 일행을 핍박한 데살로니가의 유대인 대적자들을 회고하는 가운데 그들에게 하나님의 종말론적 진노를 퍼부었고, 그 가운데 교회공동체 성원들과 공동의 감정 전선을 구축하고 있는 것으로 판단된다.

2. 갇힌 자의 고뇌와 코이노니아의 기쁨: 빌립보서

기쁨의 서신으로 통칭되는 빌립보서에서 압도적인 정서는 '기쁨'(χαρά)이다. 이 기쁨이 감각적인 쾌락에서 발생하는 감정으로서의 기쁨이 아닌 것은 분명하다. 바울은 이 편지에서 수차례 반복하는 기쁨의 정서를 특징적인 전치사 문구 '주 안에서'(ἐν κυρίῳ)로 수식하기 때문이다. 주가 되는 그리스도 예수 안에서 기쁨을 누리고 그 주 안에서 기뻐하라고 명령하는 것은 그 '주 안'이 영생을 담보하는 구원론적 공간이면서 바울과 해당 공동체의 존재론적 정체성을 특징짓는 기표가 되기 때문이다. 이를 간단히 '영성적 차원의 기쁨'이라고 표현할 수 있겠지만 바울이 당시 수감되어 지극히 열악한 고난의 상태에 놓여 적잖은 내면적 고뇌와 고투하고 있었다는 점에서 영성이 기쁨을 우려내는 기계적 보증 장치일 수는 없었을 것이다.[12]

보지 못한, 실현되지 않은 욕망을 나타내는 당시 서신 작성의 상투적 어휘(cliché)이기도 한데 바울은 이전 기억을 살려 여기서 그 이상의 의미를 담아내고 있다. Abraham J. Malherbe, *The Letters to the Thessalonians*, AYB vol. 32B (New Haven & London: Yale University Press, 2000), 201.

12 당시 로마의 감옥이 얼마나 열악한 환경이었는지에 대해서는 Craig S. Wansink, *Chained*

바울은 이 서신을 쓸 즈음 "예수 그리스도의 내장 안에서"(ἐν σπλάγχνοις Χρι-στοῦ Ἰησοῦ)[13] 그 공동체의 성원들을 "얼마나 사모하는지" 하나님을 증인으로 호출할 정도로(빌 1:8) 그리움의 정서로 충만한 상태였다. 그 기쁨의 원인은 감옥에서 바울이 그리스도의 고난에 참여함과 동시에 바깥에 있는 빌립보교회 성도들이 그리스도의 복음에 '참여'하고 있었기 때문이다. 그 참여의 동기가 오로지 순전한 것이 아니라 더러 '투기와 분쟁'의 의도로 '다툼'을 일으키며 진행될지라도, 바울이 지향하는 기쁨은 이러한 불순한 동기조차 삼켜버릴 정도였다. 그래서 그는 "무슨 방도로 하든지 전파되는 것은 그리스도니 이로써 나는 기뻐하고 기뻐하리라"(빌 1:18)고 선언한다. 복음 전파의 사실과 거기에 '참여'한다는 사건만으로써 그 동기나 방식이 '겉치레'든, '순수한' 뜻이든 괘념치 않으리라는 태도는 일견 스토아적 '초연한 무관심'(ἀδιάφορα)의 심리적 지향을 연상시켜준다.[14]

그러나 이는 내면의 감정적 상태보다는 '주 안에' 있는 자신의 존재론적 위상에 입각한 일종의 목표 지향성이라고 볼 수 있다. 왜냐하면 바울의 기쁨은 자신의 인간관계에서 발생하는 감정의 영향과 무관치 않았고, 동시에 내면의 고뇌를 머금고 있는 감정이었기 때문이다. 그래서 바울은 빌립보 교인들의 동향이 자신의 기쁨에 끼치는 구체적인 영향과 관련하여 "각각

---

in Christ: The Experience and Rhetoric of Paul's Imprisonments (JSNTSup 130; Sheffield: Sheffield Academic Press, 1996) 1장.

13 개역개정 한글번역에는 그리스도 예수의 '심장'으로 번역된 이 헬라어 문구의 원래 뜻은 '내장'(viscera)이 맞다. 고대인들은 인간의 감정이 머무는 자리로 이 내장을 지목했다. 예수 역시 그의 가장 격렬한 감정 표현을 묘사할 때 이 단어의 동사형(σπλαγχνίζομαι)으로 표현했다. 바울은 상기 문구로써 자신의 그리움을 표현하면서 "깊은, 내적인 느낌"(deep, inner feeling)을 담아 최고조의 감정으로 표현하고 있는 셈이다. John Reumann, *Philippians*, AYB 33B (New Haven & London: Yale University Press, 2008), 154.

14 생사의 문제에 관한 한 스토아 사상가들의 이러한 태도는 바울에게도 어느 정도 영향을 미친 듯하다. 그러나 그는 그 초연한 무관심의 근거가 그들과 달리 살든지 죽든지 '그리스도 안에' 있다는 확신이었다. James L. Jacquette, "Life and Death, *Adiaphora*, and Paul's Rhetorical Strategies," *NovT* 38/1(1996), 30-54.

자기 일을 돌볼뿐더러 또한 각각 다른 사람들의 일을 돌보아 나의 기쁨을 충만하게 하라"(빌 2:4)고 권고한다. 또 다른 곳에서 그는 자신의 희생적 헌신이 맺게 될 결실과 관련한 기쁨이 자신에게만 머물지 않고, 공동체 성원들에게 전파되는 그 감정의 전염성을 염두에 두며 "내가 나를 전제로 드릴지라도 나는 기뻐하고 너희 무리와 함께 기뻐"할 것이라면서 그들에게 "나와 함께 기뻐하라"고 명한다(빌 2:17-18). 물론 그 전제가 가능한 토대는 빌립보 교인들이 그간 보여온 "믿음의 제물과 섬김"이다. 그 기쁨이 서로의 존재와 행위를 기초로 영향을 주고받고 있음을 알 수 있다.[15]

빌립보서에 특징적인 이러한 기쁨의 상호 충족성은 에바브로디도의 상황과 관련해서도 여실한 패턴으로 드러난다(빌 2:25-30). 빌립보교회의 사자 에바브로디도는 바울에게 와서 병이 들었고 그는 자신을 파송한 공동체 식구들을 '사모'(ἐπιποθῶν)하는 마음으로 자신의 병든 상태가 알려져 이로 인해 심히 '고뇌'(ἀδημονῶν)하였다. 그러나 결국 하나님의 긍휼이 병든 그에게 나타나 쾌차하게 됨으로 인해 바울을 "슬픔 위에 슬픔"을 갖지 않아도 되었고, 그를 빌립보 교회로 되돌려 보냄으로 공동체는 "기쁨을 회복하고" (χαρῆτε) 바울은 "슬픔에서 해방"(ἀλυπότερος)될 수 있었다. '근심' '고통' 등 다양하게 해석되는 대표적인 부정적 감정인 λύπη는 빌립보서에서 '기쁨'(χαρά)과 극명한 대조를 이루면서 바울의 내면풍경을 채색한다. 이러한 기쁨은 주 안에서 지향하는 영성적 차원의 기쁨이 구체적인 인간관계 또는 특정 인간의 상태와 밀접히 연계되어 영향을 주고받는 것으로 나타난다.

이러한 기쁨의 실존적 애매함은 바울이 자신의 현 상태를 생사의 기로

---

15 요컨대 빌립보서에서 바울이 강조하는 기쁨은 첫째, 그들이 역경 속에서도 복음을 위해 섬기고 있으며 둘째, 그들이 상호간에 그 섬김의 사역을 감당해오고 있다는 사실에 기인하는 듯하다. 아울러, 그 기쁨은 환경과 무관하게 '흔들리지 않는 그리스도 사역의 토대' 위에 입각해 있으며, 자신이 그리스도 안에 종말론적 소망의 입지를 가지고 있다는 데 근거하고 있다. Gordon D. Fee, *Paul's Letter to the Philippians* (Grand Rapids, MI: Wm. B. Eerdmans Publishing Co., 1995), 256-257.

에 '끼어 있는' 상태로 고백하는 가운데 우회적으로 돌출한다. "죽는 것도 내게 유익이라"는 고전적인 자기 초월의 구호에 의탁하여16 바울은 자신의 죽음 이후 그리스도와 함께 거하게 될 미래를 선호한 듯하다(빌 1:23). 그러나 자신의 육신적 생명이 더 연장된다면 앞으로 출옥하여 빌립보 성도를 비롯해 그의 이방인 교회공동체에 유익하게 되리라고 전망한다(빌 1:24). 바울은 자신의 운명과 관련된 이 둘 사이에서 잠시 고민하는 듯한데 여기서 '바울의 자살 고민설'이 제기되었다.17 그러나 그는 이 고민을 대번에 극복한 듯, "내가 살 것과 너희 믿음의 진보와 기쁨을 위하여 너희 무리와 함께 거할 이것을 확실히 안다"고 천명한다. 그가 이 생사의 기로에 끼인 무지의 상태에서 불거진 고뇌와 불안을 극복하게 되는 매개 요인으로 타자의 '기쁨'을 거론하는 것이 흥미롭다. 바울에게 타자인 빌립보 성도의 기쁨을 위해서, 그것이 궁극적으로 그리스도의 기쁨을 증진한다는 점에서 바울은 오래 고민할 수도 없고 마음대로 죽을 수도 없음을 암시한 것이다.

이와 같이 "예수 그리스도의 심장"으로 '사모'의 열정에 동기 부여받아 쓴 빌립보서는, "주 안에서" 고백한 그 기쁨의 세계가 얼핏 질투나 분쟁 같은 이 세상의 감정을 초연한 지경에서 누리는 존재론적 가치요 구원론적 공간처럼 보인다. 그러나 그 기쁨은 빌립보교회라는 공동체는 물론, 에바브로디도라는 개인과의 구체적인 관계에서 고뇌와 슬픔의 도전에 침식되기

---

16 바울의 이 고백적 문구는 세네카를 비롯하여 이 땅의 육체적 삶에 구애됨 없이 특히 죽음 앞에서 초연한 영혼의 자유를 구가하고자 한 그레코-로만의 현철들에 의해 종종 되뇌어졌던 금언이다. D. W. Palmer, "To Die Is Gain' (Philippians i 21)," *NovT* 17 (1975), 203-218.

17 Arthur J. Droge, "Mori Lucrum: Paul and Ancient Theories of Suicide," *NovT* 30 (1988), 262-286. Craig S. Wansink, *Chained in Christ*, 97-100은 이 구절에 대한 다양한 논의를 소개하면서 그 자살이 적극적인 자살이 아니라 자신과 복음을 방어하지 않기로 선택함으로써 찾아오게 될 '수동적인 자발적 죽음'(passive voluntary death)의 형태였으리라고 추측한다. 이에 대한 반대 입장, 즉 이 표현이 바울의 자살 고민과 무관하다는 주장과 관련해서는 N. Clayton Croy, "'To Die Is Gain'(Philippians 1:19-26): Does Paul Contemplate Suicide?," *JBL* 122/3(2003), 517-531.

쉽고 서로 영향을 주고받는 실존적 모호성을 내장한 감정임이 드러난다. 동시에 자신이 처한 수감자의 내면에서 생사의 기로를 전망하는 "끼어 있는" 존재로서 갈등하지만, 타자의 기쁨을 향한 기대가 그 갈등을 극복하는 동력으로 작용하는 점이 주목된다.

또 다른 측면에서 바울이 고난과 기쁨을 이질적인 대립항으로 파악하지 않고 전복적인 관계로 이해한 것은 당시 지중해 연안의 '비관적인' 삶의 환경을 배경으로 하고 있는 것으로 추론할 수도 있다.[18] 그리하여 고난 중에 죽음의 현실과 맞닥뜨리면서도 아직 오지 않은 기쁨의 미래와 새로운 질서를 전망하는 것은, 자신의 감정적 현실에 대한 일종의 '반직관적인 접근'(counterintuitive approach)을 통해 그리스도 안에서 전혀 다른 상태로 전복되어 체험되리라는 기대가 작용하였을 법하다. 그러한 감정 코드의 수사학적 재구성 가운데 바울은 고난과 기쁨을 대립적인 관계가 아닌 소통적이고 결합적인 단위로 승화시킬 수 있었으리라는 것이다.[19]

III. 갈라디아서의 파괴적 감정과 신학적 역동성

1. 저주와 진노의 수사학

갈라디아서의 문학적 양식에 대해 다양한 견해가 제출되었지만, 그 가운데 유력한 한 가지는 '변증서신'(apologetic letter)이라는 것이다.[20] 바울의

---

18 L. Gregory Bloomquist, "Subverted by Joy: Suffering and Joy in Paul's Letter to the Philippians," *Interpretation* 61/3(2007), 270-282.

19 이러한 전복적이고 반직관적인 역발상의 통찰은 오늘날 감정 치료의 현장에서도 종종 응용되는데, 바울은 그 모델을 자신과 동역자들의 고난 체험과 유대인들의 순교담, 특히 그리스도의 십자가 수난에 대한 묵상을 통해 발견하였으리라고 추측된다. 앞의 논문, 281.

제1차 선교여행 시 개척되었던 갈라디아 교회는 바울에게 각별한 의미를 띤 신앙공동체였다. 그런데 바울이 그 공동체를 떠나 다른 곳을 떠돌 때 갈라디아 교회에는 모종의 위기 상황이 발생했다. 그것은 "내가 너희를 위하여 수고한 것이 헛될까 두려워" 할 정도로 중대한 것이었다(갈 4:11). 그 배후의 상황에 대해 다각도의 추론이 나와 있지만, 유력한 한 가지 설에 기대어 요약하면 그것은 바울이 견지해온 신학적 정체성과 정당성이 침해되고 자신이 개척해온 공동체가 위태롭게 흔들리는 생존의 위기 국면이었다. 그는 "누구든지 그리스도와 합하기 위하여 세례를 받은 자는 그리스도로 옷 입었고" 그러한 공통된 세례신학적 기초 위에 "유대인이나 헬라인이나 종이나 자유인이나 남자나 여자나 다 그리스도 예수 안에서 하나"(갈 3:27-28)라는 확신을 갈라디아 교인들과 공유하고 있었다.[21] 이는 "사람이 의롭게 되는 것은 율법의 행위로 말미암음이 아니요 오직 예수 그리스도를 믿음으로 말미암는"(갈 2:16) 것이라는 그의 확신에 근거한 것이었다. 이는 나아가 예루살렘 공의회에서 예루살렘의 유대인 기독교 지도자들과 합의된 결과로서 할례를 비롯한 유대교 전통과 무관한 구원론적 전제조건이었다. 그러나 바울이 부재한 상황에서 예루살렘 교회의 권위자들을 뒷배로 삼은

---

20 갈라디아서의 문학적 장르에 대한 논의와 '변증서신'으로서 이 서신의 특징에 대해서는 Hans Dieter Betz, *Galatians: A Commentary on Paul's Letter to the Churches in Galatia* (Philadelphia: Fortress Press, 1979), 14-28.

21 배타적 인간 세계에 대한 사회비평적 요소를 머금은 이 세례신학적 공식은 실제로 공동체 현장에서 제의적 실천을 반영한 측면이 강하게 부각되었다. 다시 말해, 여기에 제시된 세례 받은 자의 새로운 위상은 유토피아적 이상이나 윤리적 요구가 아니라 이미 "성취된 사실"이라는 것이다. 앞의 책, 189.
그러나 종교사학적 관점에서 유대교 또는 헬레니즘의 전통 가운데 그 제의적 기원을 찾는 기존 접근법을 탈피하여, 최근에 '그리스도로 옷 입음'의 이미지를 로마의 성년 기념식에서 '토가'를 착의하는 전통에서 찾으면서 이에 빗대어 바울이 자유에 대하여 책임 있는 그리스도인의 응답을 구하고자 한 것으로 해석되기도 한다. J. Albert Harril, "Coming of Age and Putting on Christ: the toga virilis Ceremony, Its Paraenesis, and Paul's Interpretation of Baptism in Galatians," *NovT* 44/3(2002), 252-277.

일부 사람들이 갈라디아 공동체로 들이닥쳐, "너희가 예수를 믿을 때에 할례를 받았느냐"는 미혹적 접근으로 구원받은 언약 백성의 가시적 증표로서 '할례'를 비롯한 율법적 선행조건을 내세웠던 것 같다. 이와 같이 그들이 갈라디아 이방인 기독교도의 취약한 부분을 들쑤시자 일부 교인들이 이 미혹에 넘어가 할례를 받았던 것으로 추론된다.

이러한 상황에 처한 바울은 이중적인 변증의 필요를 느꼈다. 먼저 할례 받은 갈라디아 교인들이 잘못 처신하고 행동했음을 변증해야 했고, 동시에 이를 위해서는 그 할례의 복음을 전파하여 그들의 마음을 얻고자 한 예루살렘 출신 유대인 기독교도의 의도와 메시지가 그릇되었음을 공격적으로 변증해야 했을 것이다. 동시에 바울은 그 할례의 복음과 다른 자신의 이신칭의 복음이야말로 유일한 정통의 복음이라는 점을 웅변적으로 주장해야 할 필요가 있었다. 이러한 변증의 노선과 방향은 갈라디아를 통해 수사학적인 체계 속에 치밀하게 수행된 것으로 평가된다. 그러나 그 수사학적 체계의 행간에 바울은 강력한 감정의 에너지를 쏟아붓는다. 그것은 현재 맞붙어 분쇄해야 할 대적들의 신학적 논리와 행태를 분쇄하는 파괴적인 분노의 감정으로 특징지어진다.

바울의 분노가 가장 극적으로 표출된 증거는 그가 공동체 안팎의 대적들을 향하여 쏟아부은 저주이다. 그는 자신의 편지마다 그 서두에 관례로 제시한 감사의 인사를 갈라디아에서는 예외적으로 생략하고 그 공간에 저주의 메시지를 선포한다. 그 수사학적 저주는 "우리나 혹은 하늘로부터 온 천사라도 우리가 너희에게 전한 복음 외에 다른 복음을 전하면 저주를 받을지어다"(갈 1:8)라는 기원문의 형태로 표현된다.[22] 바울이 여기서 그 저주의

---

22 이 저주 문구는 자기 저주를 포함한 이중 저주(double curse)로 초대 기독교의 저주 금지의 교훈을 비껴가면서 그 노골적이고 까칠한 어조를 피해 가려는 수사학적 장치를 걸치고 있다. 그러나 이 저주는 동시에 갈라디아 공동체의 실제 상황에 응하여 아마도 예전적인 맥락에 실질적 효력을 수반하는 것으로 여겨졌을 가능성이 크다. 아울러 이 저주의 결과 추방이

잠정적 대상으로 '우리'와 '천사'까지 포함시켜 그 공변된 보편성을 내세우지만, 독자는 그 저주의 실질적인 대상이 할례의 복음을 전한 유대인 기독교도와 그들에게 미혹되어 할례를 받은 일부 갈라디아 교인들이라는 것을 직시했을 것이다. 고대의 종교적 저주 문화에 비추어 이 저주는 그 조건에 해당되는 대상을 향해 효력이 즉각 발동되는 것으로 믿어졌다. 이 저주의 선포 가운데 바울이 느꼈을 배신감과 분노가 포착되는 것은 당연하다. 그 저주의 여운은 이후 복음을 변론하는 과정에서도 재론되면서 "무릇 율법 행위에 속한 자들은 저주 아래에 있나니 기록된바 누구든지 율법 책에 기록된 대로 모든 일을 항상 행하지 아니하는 자는 저주 아래에 있는 자라 하였음이라"(갈 3:10)고 '저주'를 율법과 연계시켜 예증하고, 연이어 그 율법의 실현을 그리스도의 구원사역과 또 연계시켜 "그리스도께서 우리를 위하여 저주를 받은 바 되사 율법의 저주에서 우리를 속량하셨으니 기록된 바 나무에 달린 자마다 저주 아래에 있는 자라 하였음이라"(갈 3:13)고 주석한다.[23] 비록 기도와 변증은 그 형식과 맥락은 다르지만 '저주'라는 개념으로써 환기되는 바울의 감정적 밀도는 긴밀하게 상통하는 것으로 볼 수 있다.[24]

그뿐 아니라 바울의 분노와 그 동기를 제공한 실망의 정서는 그 저주받을 자들의 미혹에 넘어간 일부 갈라디아 교인들에게도 작용하여 직설적인

나 출교 등의 합법적인 조치를 정당화하는 근거로 작용했을 것이다. Hans Dieter Betz, *Galatians*, 52-54.

23 여기에 인용되어 주석되는 신명기 21:22-23의 저주 관련 구절이 유대인들이 예수의 십자가 처형과 이후 기독교인을 핍박한 근거로 활용하면서 예언의 성취인 양 주장하곤 하는데, 이는 기독교 문헌 내의 관점일 뿐 유대교 문헌의 주석적 결과들은 이와 상이한 것으로 판명되었다. Keli S. O'Brien, "The Curse of the Law (Galatians 3.13): Crucifixion, Persecution, and Deuteronomy 21.22-23," *JSNT* 29/1(2006), 55-76.

24 가령, 한 연구자는 이 저주의 실제적 맥락을 이른바 안디옥 사건처럼 다른 복음을 지시하여 예수 그리스도의 십자가가 진리를 역행하는 갈라디아 사람들의 오류를 드러내려는 역방향 증언의 의도에서 찾는다. 거기에 바울의 울분 어린, 까칠한 감정이 도사려 있는 듯 보인다. Norman Bonneau, "The Logic of Paul's Argument on the Curse of the Law in Galatians 3:10-14," *NovT* 39/1(1997), 60-80.

표현으로 그들의 어리석음을 공박하는 표현으로까지 나아간다. "어리석도
다, 갈라디아 사람들아! 예수 그리스도께서 십자가에 못 박히신 것이 너희
눈앞에 밝히 보이거늘 누가 너희를 꾀더냐. 내가 너희에게서 다만 이것을
알려 하노니 너희가 성령을 받은 것이 율법의 행위로냐 혹은 듣고 믿음으로
냐. 너희가 이같이 어리석으냐. 성령으로 시작하였다가 이제는 육체로 마치
겠느냐. 너희가 이같이 많은 괴로움을 헛되이 받았느냐. 과연 헛되냐"(갈
3:1-4). 여기서 바울의 분노가 초점을 맞추는 갈라디아 사람들의 '어리석음'
은 그들이 그동안 쏟아부은 신앙적 열심이 헛고생으로 끝날 수 있다는 위협
적 진단이다. 갈라디아 공동체가 마치 용두사미 격의 허망한 결론으로 치달
을 수 있음을 경고하는 메시지이기도 하다.[25]

물론 이러한 분노 어린 공박은 그들을 그러한 어리석음의 길로 꼬드긴
배후 격인 예루살렘 교회의 권위자들에게도 한 가닥 비수로 꽂힌다. 이는
바울의 사도적 여정을 회고하는 자기진술부의 일부에 우회적으로 피력되는
데 이른바 '안디옥 사건'에서 바울이 예루살렘 모교회의 기둥이자 예수의
수제자인 게바를 향해 공박하는 대목에서다.[26] 한 마디로 '위선적인 처신'
으로 요약되는 게바를 향한 바울의 공박, 즉 "네가 유대인으로서 이방인을
따르고 유대인답게 살지 아니하면서 어찌하여 억지로 이방인을 유대인답게

---

25 이 구절의 격한 감정적 토로와 수사학적 분노는 그 해석자들 간의 당혹스러움에도 불구하
고 이단논쟁의 혼란 속에 교회를 지탱하며 질서를 잡아가야 했던 후대(4-5세기)에 공동체
의 규범처럼 종종 환기되었고 실제로 유사한 패턴으로 응용되기도 하였다. Todd S.
Berzon, "'O, Foolish Galatians': Imagining Pauline Community in Late Antiquity,"
Church History 85/3(2016), 435-467.

26 이 사건이 바울의 연대기적 구도 가운데 어느 시점에 발생했으며 그 구체적인 실상이 어떠
했는지에 대해 사도행전의 기록(행 15:36-41) 등과 비교하여 다각도의 추론이 있어왔다.
Matthias Konradt, "Zur Datierung des sogenannten antiochenischen Zwischenfalls,"
Zeitschrift für die neutestamentliche Wissenschaft und die Kunde der älteren Kirche
102/1(2011), 19-39. 어쨌든 이 사건은 바울의 선교사역이 예루살렘 모교회의 압력이나 파
송교회인 안디옥교회의 영향권에서 벗어나 독립적인 행보로 닻을 올린 결정적인 계기가 되
었을 것이다.

살게 하려느냐"(갈 2:14)는 일갈은 유대인과 이방인 모두 예수 그리스도 안에서 믿음으로 의롭게 된다는 구원론적 합의사항을 체면이나 정치적인 이해관계에 눌려 곡해한 위선적 모습을 비판한 것이다. 이는 당대 지중해 연안의 '명예/수치' 지향적 문화풍토에서 도전하고 응전하면서 서로의 감정을 다치게 하고 이에 복수하는 흐름 속에 불거진 것으로 보인다.[27]

비록 회고의 형식을 빌고 있지만 이러한 책망의 수사학 속에는 그 책망을 현재화하여 자신이 전한 복음의 고결성을 변증하고, 그것을 훼손하려는 공동체 안팎의 대적자들을 타격하려는 도도한 분노의 에너지가 느껴진다. 이러한 회고 속의 책망을 발판으로 바울은 더 나아가 현재 갈라디아 공동체에 혼선을 초래한 주역들의 감추어진 의도를 까발림으로써 그들을 향한 분노의 감정을 이어간다. 그 의도는 바울의 분석에 의하면 불순한 의도였다. 갈라디아 교인들을 향한 그들의 열심은 "좋은 뜻이 아니요 오직 너희를 이간시켜 너희로 그들에게 대하여 열심을 내게 하려 함"(갈 4:17)이었다.[28] 이러한 정치적인 속셈은 나아가 그 대적자들의 자기 과시라는 또 다른 불순한 의도와 연계되어 폭로되는데, 곧 "할례를 받은 그들이라도 스스로 율법은 지키지 아니하고 너희에게 할례를 받게 하려 하는 것은 그들이 너희의 육체로 자랑하려 함이라"(갈 6:13)는 것이다.

---

27 이러한 관점의 한 연구에 의하면 이는 바울이 예루살렘 공의회에 할례받지 않은 디도를 데려왔을 때 그에게 할례를 요구한 예루살렘 교회의 유대인 지도자의 권유가 거절당하자, 이로 인한 심한 수치를 복수하려는 동기에서 안디옥에서 공인된 유대인/이방인의 식탁 교제가 파탄에 이르게 되었고 바울의 격한 분노와 질책은 이에 대한 또 한 차례의 응전으로 표출된 것이었다. Philip Francis Esler, "Making and Breaking an Agreement Mediterranean Style: A New Reading of Galatians 2:1-14," *Biblical Interpretation* 3/3(1995), 285-314.

28 바울의 이러한 진술은 고대의 사랑 문학에 매우 편만한 "배제된 연인 모티프"를 활용한 것으로 갈라디아교회의 대적들이 갈라디아 교인들을 조종하려는 불순한 동기와 자신의 충실한 사랑을 날카롭게 대립시킴으로 질시와 의혹의 감정에 호소하고자 한 표현이다. Christopher Colby Smith, "Ekkleisai in Galatians 4:17: The Motif of the Excluded Lover as a Metaphor of Manipulation," *CBQ* 58/3(1996), 480-499.

2. 자기연민과 포용의 수사학

물론 갈라디아서에서 바울은 분노만으로 공동체 성원들을 설득하지 않았다. 자신을 배신당한 피해자의 입장에 위치시킨 그는 재차 유대인과 이방인 모두를 향해 열린 복음의 보편성을 재천명하면서 포용적인 입장을 드러낸다. 동시에 그는 자신이 이러한 억울한 정황 가운데 사태를 수습하고 교정하기 위해 추가로 애쓰고 있음을 토로하면서 자기연민의 수사학을 구사한다. 자기연민의 정서는 갈라디아 사람들과의 최초 만남과 관련하여 바울이 자신의 "육체적인 약함" 또는 질고가 그토록 절절한 사랑의 관계를 매개했다는 진술에서도 얼핏 드러난다. 갈라디아에 진입하기에 앞서 아마도 그는 무리한 여정으로 인해 지칠 대로 지쳐 덜컥 병을 얻게 되었고, 그의 그 병환이 갈라디아 교인들과 선교적인 인연을 트게 한 매개였던 것으로 회고된다. 그 회고(갈 4:13-15)에 의하면, 이러한 계기로 바울과 갈라디아 교인들의 만남은 인지상정을 북돋는 매우 극적인 측면이 있었던 것 같다. "육체의 약함으로 말미암아 너희에게 복음을 전한 것"(갈 4:13)이 그 양자 간에 극적인 역동성을 불어넣었으리라 추론된다. 여기서 바울이 언급하는 육체적인 연약함이 무리한 여독으로 인한 한시적인 병환을 가리키는지, 그가 다른 곳에서 언급한 '육체의 가시'(고후 12:7) 같은 만성적 질고를 나타내는지 논란의 여지가 있다.[29] 그러나 그것이 어떤 것이든 주변의 다른 사람들에게 폐를

---

29 이 두 가지의 경우를 동일한 경우라고 전제하고 바울의 심각한 육체적 질고가 아니라 상대방을 다소 불편하게 할 수 있는 말더듬 증상으로 간주한 오래전 연구가 있다. Edward A. Mangan, "Was Saint Paul an Invalid?" *CBQ* 5/1(1943), 68-72. 그러나 오늘날 주된 견해는 바울이 갈라디아에 당도한 특정한 시점에 겪게 된 육체적 질고로 보는 관점이다. Hans Dieter Betz, *Galatians*, 220. 여기에 쓰인 '육체의 연약함'이나 '시험'을 전혀 다른 유비적 관점에서 해석한 연구도 있다. 이에 따르면 바울이 여기서 언급하고자 한 것이 자신의 육체적 상태가 아니라 갈라디아 사람들이 복음을 영접하기 이전의 상태이며, "너희를 시험하는 것이 내 육체에 있었다"는 말도 자신의 할례 받은 육체에 할례받지 않은 이방인인 그들이 거부반응을 보이지 않고 순순히 복음을 영접한 사실을 일컫는다는 것이다. Troy W. Martin,

끼친다는 점에서 두 가지의 감정적 반응을 기대할 수 있다. 그 첫 번째 유형이 모멸감이라면, 두 번째 유형은 연민과 동정의 감정이다. 이와 관련하여 바울은 자신의 그러한 몰골에 대해 갈라디아 사람들이 시험을 받을 만한 상황이었는데도 "업신여기지도 아니하며 버리지도 아니하고 오직 나를 하나님의 천사와 같이 또는 그리스도 예수와 같이 영접하였다"(갈 4:14)고 회고한다. 그러한 특출한 호의와 애정은 가능하다면 그들의 눈까지 빼 바울에게 줄 정도로 뜨거운 돌봄의 정성으로 나타났다.

이러한 회고담은 바울에게 자기연민의 감성적 매개가 되기에 충분했을 것이다. 나아가 갈라디아 사람들을 향해서는 자기와의 끈끈한 온정적 관계를 환기시키는 기억의 한 단면일 수 있었다. 이러한 연민과 동정의 감정은 바울이 자신의 현실을 다시 수고하는 고통에 빗대어 설명할 때 재차 불거진다. "나의 자녀들아, 너희 속에 그리스도의 형상을 이루기까지 다시 너희를 위하여 해산하는 수고를 하노니…"(갈 4:19). 이러한 피해자의 자기방어적 레토릭은 다른 곳에서 "내가 너희에게 참말을 함으로 원수가 되었느냐"(갈 4:16)는 또 다른 수사학적 질문 속에, 바울이 입은 피해와 손실이 자신의 잘못이 아니라 억울함의 결과임을 드러내고 있다. 여기서 바울의 비판 대상은 갈라디아의 '어리석은 사람들'에서 '나의 자녀들'로 치환된다. 전자가 침입자들의 미혹에 넘어가 바울의 복음에서 떠난 결과 할례를 받은 일부 교인들을 암시한다면, 후자는 아직 그 미혹에 넘어가지 않은 채 시비곡직의 단호한 판단 없이 망설이는 자들을 염두에 둔 표현으로 읽힌다. 바울은 그들에게 이전에 자신이 전했던 복음을 다시 반복하여 변론하는 수고를 감당하고 있다. 그것은 처음부터 선교적인 초석을 다시 놓는 작업과 다름없다고 여긴 것일 텐데, 그 심정이 '다시 해산하는 수고'로 표현된 것이다. 그 수고가 헛수고로 끝나길 원치 않은 바울로서는 이로써 공동체의 나머지 성원들

"Whose Flesh? What Temptation? (Galatians 4:13-14)," *JSNT* 74(1999), 65-91.

이 치러야 할 대가를 묻지 않을 수 없었을 터이다. 이어지는 구절에서 그러한 동기는 다분히 감정이 섞인 책망과 의혹의 마음으로 나타난다. "내가 이제라도 너희와 함께 있어 내 언성을 높이려 함은 너희에 대하여 의혹이 있음이라"(갈 4:20). 그 의혹은 즉각 "율법 아래 있고자 하는 자들"(갈 4:21)에게 꽂히면서 바울은 다시 알레고리적 변증의 말을 이어간다.

바울의 자기 연민과 포용의 수사학이 드러나는 또 다른 대목은, 결말부에서 바울이 자신의 현재 고통을 비유적으로 언급하는 다음의 구절이다: "이후로는 누구든지 나를 괴롭게 하지 말라. 내가 내 몸에 예수의 흔적을 지니고 있노라"(갈 6:17). 바울의 몸에 나타난 '육체의 흔적'(στίγμα Ἰησοῦ)은 신비스러운 분위기를 풍기는 메타포로 그 구체적인 의미에 대해서는 다양한 해석이 나와 있다. 이 '흔적'의 의미를 가축이나 노예의 육체에 소유권을 표기한 '인장'이나[30] 정체성을 은밀히 드러난 비밀 '문신'의 의미와 달리 바울의 사역을 통틀어 고난 중에 얻은 '상처의 흔적'으로 읽는 것이 합리적이다.[31] 그렇다면 이는 거의 선천적이고 생래적인 흔적으로서의 할례와 대척되는 대안적 증표라 할 만하다. 유대인이라면 누구나 생후 8일 만에 할례를 받아 이로써 언약 백성의 자동적 표식으로 내세우는데, 이와 변별되는 또 다른 육체의 증표로서 '상흔'은 자신이 살아온 삶의 경험 속에 특징적으로 남아 있는 고난의 표시라 할 수 있다. 특히 바울처럼 그 고난이 그리스도의 복음 선교를 위해 받은 고난이었다면 그것은 목적 지향적인 삶의 진정성에 가름하는 중요한 권위의 기준이 될 만하다. 바울은 이러한 함의를 담아 '예수의 흔적'을 관행적 전통의 흔적인 할례와 대비하면서 자신의 육체에

---

30 이러한 관점을 탈식민주의적 맥락으로 전유하여 이 '흔적'과 관련하여 바울이 로마의 식민 체제 아래 억압을 당한 '노예'로 자신을 인식한 증거로 해석하기도 한다. Jeremy W. Barrier, "Marks of Oppression: A Postcolonial Reading of Paul's Stigmata in Galatians 6:17," *Biblical Interpretation* 16(2008), 336-362.

31 Hans Dieter Betz, *Galatians*, 324-325.

남은 그 고난의 상흔을 단지 연민의 대상으로 제시하는 데 그치지 않고 권위의 증표로 당당히 주장하고 있는 셈이다.[32]

그러나 이러한 자기연민의 권위적 변용이 이미 할례를 받은 유대인들을 향해 그의 포용적 자세를 약화하지는 않는다. 그는 예수 그리스도의 십자가를 내세워 포용의 우산을 편다. 그 우산 아래는 할례받은 유대인이든, 할례받지 않은 이방인이든 누구나 들어와 언약 백성의 특권을 누릴 수 있고 구원의 약속을 공유할 수 있다. 이를테면 "할례나 무할례가 아무것도 아니로되 오직 새로 지으심을 받는 것만이 중요하다"(갈 6:15)는 논리다. 지금까지 할례받은 유대인들이나 유대인 기독교인들이 주요 공박의 대상이 된 점을 의식하면서 할례받지 않은 이방인이라고 해서 무슨 반대급부의 특권이 있지 않음을 강조한 셈이다. 이들 대상은 예수 그리스도의 십자가 복음이라는 "이 규례를 행하는 자와 하나님의 이스라엘" 모두를 포용하면서 그들에게 공평한 평강과 긍휼의 인사를 전하고 있다(갈 6:16). 여기서는 한 단계 그 포용적 반경이 더 확산되어, 그 "규례를 행하는 자"의 범주에 이미 그리스도인 된 할례자 유대인과 무할례자 이방인들을 포함하고 있다. 동시에 아직 그리스도인 되지 못한 불신자로서, 할례자 유대인을 "하나님의 이스라엘"이라는 범주에 아우름으로써 바울의 포용적 레토릭은 절정에 달한다. 여기서 바울은 지금까지 토로한 자기연민의 감정을 동력으로 삼되 거기에 매몰되지 않는다. 오히려 그는 자신의 몸에 '예수의 흔적'을 지닌 권위자로 "누구든지 나를 괴롭게 하지 말라"고 마지막으로 명령함으로써 자신의 상처받은 감정을 승화시키고 있다.

---

32 이러한 관점의 해석으로 차정식, "상처와 권위, 혹은 예수의 '흔적'—갈라디아서 6:17," 『예수와 신학적 상상력』(파주: 한국학술정보, 2008), 390-401.

IV. 고린도서신의 복합적 감성과 심리 치유

1. 냉소와 분노의 열정: 고린도후서 10:1-13:10

고린도후서는 바울의 감정적 기복이 가장 심한 서신으로 유명하다. 이에 대한 피상적인 독법은 바울에게 감정적 변덕이나 병리적인 증상의 혐의를 안기기도 했다. 이후 이 서신이 여러 낱개 서신들의 편집 결과임이 다수 학자의 설로 용인되면서 그 감정적 기복 이면의 복합적인 정황에 대한 조명이 활발해졌다. 여러 차례 논변과 공박을 거쳐 보른캄이 정리한 서신의 단계와 경계는 다음과 같다: A. 사도직에 대한 변증서신(2:14-6:13, 7:2-4), B. '눈물의 서신'(10:1-13:10), C. 위로의 서신(1:1-2:13, 7:5-16), D. 모금 캠페인을 위한 행정서신 1(8:1-24), E. 모금 캠페인을 위한 행정서신 2 및 추천서신 (9:1-15), F. 비바울 또는 반바울 계통의 서신 조각(6:14-7:1).[33] 이러한 순서로 고린도후서를 읽으면 바울은 고린도전서로 해결되지 않은 또 다른 문제로 길게 또 다른 서신들을 써서 대응해나간 정황이 포착된다.

먼저 고린도전서에서 돌올한 대표적인 공동체의 문제는 '분쟁'이었다. 그는 이 서신에서 은혜와 평강의 인사에 이어 감사의 축원을 한 뒤 '모든 언변과 모든 지식에 풍족'한 사실과 "그리스도의 증거가 너희 중에 견고하게 되어 너희가 모든 은사에 부족함이 없이 우리 주 예수 그리스도의 나타나심을 기다"(고전 1:7)리는 공동체 성원들의 대체적인 상황에서 칭찬한다. 그러나 각기 따르는 지도자의 이름 아래 헤쳐모이듯 고린도교회는 파당으로 갈려 분쟁을 겪고 있었다.[34] 세례를 누구에게 받았는가에 의해 불거진

---

33 이러한 연대기적 구획에 대한 논의와 요약은 Hans Dieter Betz, "Second Epistle to the Corinthians," *ABD* 1, 1148-1154. 그 근간이 되는 원자료의 출처는 G. Bornkamm, Die vorgeschichte des sogenannten zweiten Korintherbriefes, reprinted in *Geschichte und Glaube. Gesammelte Aufsätze*, vol. 4 (Munich: Chr. Kaiser Verlag, 1971), 162-194.

이 파당 갈등은 신학적인 노선 갈등과 정치적인 헤게모니 다툼이 섞여 있는 복합적인 성격으로 보인다. 이러한 갈등 양상을 '십자가의 지혜'로 돌파해 나가면서 바울은 그밖에도 공동체 내 음행의 문제(5장), 세상 법정에 교우들끼리 송사하는 문제(6장), 결혼과 이혼, 재혼의 문제(7장), 우상에게 바친 제물을 사 먹는 문제(8장), 여성이 공중예배에서 머리를 가리는 문제(11:1-16), 주의 만찬에 나타난 혼란과 무질서의 문제(11:17-34), 성령의 은사와 방언의 문제(12, 14장), 몸의 부활 문제(15장) 등 실로 다양한 쟁점에 대해 자신의 견해와 처방을 제시했다.

여기에서 문제 해결을 위해 적용된 기본적인 원리는 "모든 것이 가하나 모든 것이 유익한 것은 아니요 모든 것이 가하나 모든 것이 덕을 세우는 것은 아니"(고전 10:23)라는 이타적인 자세다.[35] 그것은 13장의 주제어로 남의 유익을 먼저 구하는 이타적 '사랑'이라고 할 수 있다. 이 사랑은 비록 희미한 청동거울의 수준에서 우리가 부분적으로 알고 예언할지라도 주어진 여건 내에서 "모든 것을 참으며 모든 것을 믿으며 모든 것을 바라며 모든 것을 견디"(고전 13:7)는 포용적 자세로 압축된다. 그것은 자기 몸을 불사르

---

34 이에 따라 고린도전서의 전체를 아우르는 수사학적 목표는 그 제반 분쟁을 극복하여 한 마음을 품게 함으로써 화해를 이루는 데 초점을 맞추고 있다. Margaret M. Mitchell, *Paul and the Rhetoric of Reconciliation: An Exegetical Investigation of the Language and Composition of 1 Corinthians* (Tübingen: J. C. B. Mohr, 1991).

35 선행하는 고린도전서 6:12의 내용을 다소 변용한 이 구절은 고린도교회의 개인주의적인 성향의 구호 ―"모든 것이 가하다"― 를 인용하면서 그것을 역으로 반박하는 형식 ―"모든 것이 [덕을] 세우는 것은 아니다"― 을 취하고 있다. 이는 우상 제물을 다루는 맥락에서 결론적인 실천 원리로 제시되는데, 그리스도인의 의무가 개인에게 허락된 것을 하는 것이 아니라 공동체를 세우는 데 있는 것임을 강조한 메시지다. 물론 한글개역의 "덕을 세운다"는 의역은 개인적인 교화(edification)가 아니라 공동체 단위의 '세움'(upbuilding)을 가리킨다. 따라서 그리스도인의 자유가 자신이 개인으로 하고 싶은 것, 해도 좋은 것을 하는 자유가 아니라 공동체를 세우는 데 자신의 몫을 다하는 자유라고 할 수 있다. C. K. Barrett, *A Commentary on the First Epistle to the Corinthians* (Peabody, MA: Hendrickson Publishers, 1968), 239.

게 내어주는 헌신적인 열정조차, 이타적인 배려와 공동체의 유익이 없을 경우 아무것도 아닐 수 있다는 도저한 통찰이었다. 여기에서도 바울은 감정에 호소하는데, 그 사랑이 온유하고 성내지 아니하며 그 가운데 서로의 차이를 존중하고 포용하는 지난한 인내를 요구하기 때문이다. 그러나 그렇다고 바울이 고린도교회공동체에서 발생하는 모든 것을 온유한 자세로 성내지 않은 채 웃고 넘어간 것은 아니다. 왜냐하면 사랑은 "불의를 기뻐하지 아니하며 진리와 함께 기뻐하"(고전 13:6)는 속성을 머금고 있기 때문이다. 그리하여 그는 아버지의 아내를 취한 음행의 사태를 두고 "너희가 오히려 교만하여져서 어찌하여 통한히 여기지 아니하고 그 일 행한 자를 너희 중에서 쫓아내지 아니하였느냐"(고전 5:2)는 단호한 질책 속에 출교를 명하였다. 또한 주의 만찬이 처한 혼란 상황에 대해 "하나님의 교회를 업신여기고 빈궁한 자들을 부끄럽게 하느냐"(고전 11:22)고 칭찬 대신 준엄한 비판의 메스를 들이댔다.[36]

이와 같이 진리와 함께 기뻐하는 차원에서 바울이 토로한 의분의 감정은 적당한 선에서 조율된 것으로 보인다. 그러나 이후 자신의 사도직에 대해 일부 고린도 교인들이 의혹의 시선을 보내며 그 공변된 신뢰성에 타격을 가할 때 그의 분노는 크게 폭발하였고, 그는 고린도교회의 해당 교인들을 향해 가차 없는 공격의 포문을 열기 시작한다. 아마도 디모데가 가져갔을 고린도후서 서신 A는 교인들에게 거부당했거나 호의적인 대접을 받지 못했던 것으로 추정된다. 이에 좀 더 다부진 디도를 통해 가혹한 어조로 그들을 난타하고 다그치는 내용을 담아 써 보낸 서신 B는 흔히 "눈물의 편지"로

---

36 이는 단순히 주의 만찬에 일찍 참여하고 늦게 참여하는가의 문제나 누가 어떤 음식을 먼저 먹는지 나중에 먹지 못하는지의 문제를 넘어, 공동체 구성원들 간의 계급적 차별과 배제로 인해 그리스도의 몸의 일치를 저해하고 분열을 야기함으로써 공동체의 근간을 흔드는 중대한 위협이 되었다. Gerd Theissen, "Social Integration and Sacramental Activity: An Analysis of 1 Corinthians 11:17-34," *The Social Setting of Pauline Christianity. Essays on Corinth*, tr. by John H. Schutz (Philadelphia: Fortress Press, 1982), 145-174.

일컬어지는데, 바울의 감정이 최고조에 달한 결정판이라고 할 정도로 심한 냉소와 풍자의 레토릭이 두루 동원되고 있다.[37] 아마도 예루살렘의 유명한 사도들로부터 추천서를 요구받았는지, 이에 대한 서운한 감정과 그들을 "그리스도의 편지"로 비유하면서 간곡한 어조로 달래는 내면 풍경이 서신 A의 대체적인 정조이다. 바울은 여기서 자신과 그들이 '겉사람'이 아닌 '속사람'으로 진실하게 소통하길 원하면서도 자기 연민을 발동시키는 고난의 전력을 굳이 숨기지 않는다(고후 4:8-9). 여기서 그는 갖은 핍박과 고난에도 불구하고 "예수의 생명"이 자신의 몸에 나타나길 소망하는 헌신적 희생의 증표이며, 제 사도직의 진정성을 증빙하는 근거임을 역설한 것이다(고후 4:10-11).[38]

그러나 이 온건한 설득의 서신이 먹혀들지 않자 바울은 강고한 어조로 고린도교회 관련자들을 난타한다. 이를 위해 그는 먼저 외지에서 들어온 대적자들을 광명의 천사로 가장한 '사탄의 일꾼'으로 빗대어 매도한다. 아울러 그들을 따르며 공동체의 개척자인 자신을 박대하는 일부 교인들을 향해 가시 돋친 냉소적 언사로 그들의 무례함과 어리석음을 심하게 난타한다. "너희는 지혜로운 자로서 어리석은 자들을 기쁘게 용납하는구나. 누가 너희를 종으로 삼거나 잡아먹거나 빼앗거나 스스로 높이거나 뺨을 칠지라도 너희가 용납하는도다"(고후 11:19-20).[39] 바울의 표현에 의하면 이는 "약한 것같

---

37 이 부분의 서신을 에토스, 파토스, 로고스의 고전수사학 3요소에 비추어 그 수사학적 특질을 분석한 대표적인 연구로 Mario M. DiCicco, *Paul's Use of Ethos, Pathos, and Logos in 2 Corinthians* 10-13 (Mellen Biblical Press Series 31; Lewiston/ Queenston/ Lampeter: Mellen, 1995).

38 이 고난목록의 신학적 의의와 관련해서 최영숙은 다음과 같은 결론을 내린다: "[해당 본문의] 고난목록은 십자가에 달리신 분의 고난의 사건을 운반하는 자로서 바울이 그의 사도직을 실현하고, 새 언약과 하나님의 창조행위를 나타내는 장소이다. 또한 그의 신학이 발현하는 장소이다." 최영숙, "바울의 고난과 하나님의 능력," 「신약논단」 7/2(2010), 395-424, 특히 396.

39 이 대목에서 절정에 이르는 바울의 수사학적 공격과 여기에 사용된 헬라어 단어들은 고대 그레코-로만의 희극, 무언극, 풍자극 등에서 특정 유형의 캐릭터를 조명하고 있다. 웰본에 의하면 그것은 무대에서 주인과 객을 난타하는 '젠체하는 기생충'(pompous parasite)의

이 욕되게 말"한 사례이다. 여기서 한 걸음 더 나아가 그는 "어리석은 말이나마" 담대하게 자랑하듯 말하는데, 그의 굶주리지 않는 출신 배경(11:22)과 앞의 핍박 내용을 자세하게 상술한 대목이 바로 그것이다. 화자로서 그는 때로 정복하는 군인처럼, 때로 통제하는 아버지처럼 연약한 어리석음 속에 강력한 지혜로 표상되는 그리스도의 역설적 십자가를 앞세워 상황을 타개해나간다.[40] 여기서 그는 자신의 수많은 고난의 경험들이 얼마나 자신의 진정성을 대변하는지 그야말로 '정신없이' 진술하고 고백한다. 이 대목에서 범람하는 바울의 감정은 분노이고 슬픔이며 고통이다. 갈라디아교회의 경우처럼 자신이 세운 공동체의 성원들이 자신을 배반한 쓰라린 고통이 느껴진다. 갈라디아교회의 경우 그 고통의 감정이 그 교인들이 범한 신학 교리적인 오판의 결과였다면, 여기서는 바울의 인격적 정체성을 규정짓는 그의 사도직에 대한 신뢰의 문제였다. 그랬기 때문에 바울에게 그 상황이 더욱더 민감하게 여겨졌을 것이다. 그러나 그럼에도 불구하고 이러한 냉소적 수사의 행간으로는 자신이 왕년에 다메섹 도성의 핍박을 피해 광주리를 타고 들창문으로 성벽을 벗어나 사실을 고백함으로써(고후 11:32-33), 약한 가운데 강해지는 이치의 일례를 제시하면서 자기 연민과 동정의 여지를 남겨둔다.

캐릭터 유형으로 조롱의 대상이 되었는데 바울은 이 유형의 인물상을 환기시키면서 그의 대적자들 중 핵심 인물을 조롱거리로 풍자하고자 했다는 것이다. L. L. Welborn, "Paul's Caricature of his Chief Rival as a Pompous Parasite in 2 Corinthians 11.20," *JSNT* 32/1(2009), 39-56.

40 Brian K. Peterson, "Conquest, Control, and the Cross: Paul's Self-Portrayal in 2 Corinthians 10-13," *Interpretation* 52/3(1998), 258-270.

2. 구원에 이르게 하는 슬픔과 연민
: 고린도후서 1:1-2:13, 7:5-16

바울은 자신의 사도직을 폄하하거나 불신하는 데 주동한 특정한 개인을 염두에 두고 세 번째로 교회를 방문할 때 "전에 죄지은 자들과 그 남은 모든 사람"을 "용서하지 아니하리라"(고후 13:2)고 단언했다. 이러한 단호한 태도는 물론 그 이면에 복잡한 감정을 담고 있었다. 자신을 적대하며 멸시했던 자들에게 "두세 증인의 입으로 말마다 확정"(고후 13:1)하는 절차가 필요하겠거니와 그 절차와 결과에 대한 불확실성으로 인해 바울의 내면에 일말의 두려움이 있었던 것 같다. 그 두려움은 간단히 말해 바울의 기대와 실제 당도하여 발생할 현실 사이의 불일치에서 생기는 감정이었다. 그의 내면에 도사린 그 두려움의 실체가 얼마나 구체적이고 미묘한 것이었는지는 다음과 같은 그의 고백에 잘 드러난다. "내가 갈 때 너희를 내가 원하는 것과 같이 보지 못하고 내가 너희에게 너희가 원하지 않는 것과 같이 보일까 두려워하며 또 다툼과 시기와 분냄과 당 짓는 것과 비방과 수군거림과 거만함과 혼란이 있을까 두려워하고 내가 갈 때에 내 하나님이 나를 너희 앞에서 낮추실까 두려워하고 내가 전에 죄를 지은 여러 사람과 그 행한 바 더러움과 음란함과 호색함을 회개하지 아니함 때문에 슬퍼할까 두려워하노라"(고후 12:20-21). 여기에 나타난 주도적인 감정은 '두려움'(φοβοῦμαι)이고, 그 두려움의 요건을 구성하는 하부감정은 분노(θυμοί)와 시기(ζῆλος), 애통(πενθήσω)이다. 이러한 감정들이 뒤얽혀 세 번째 만남에서 큰 분란과 갈등이 생길까 그는 두려워한 것이다. 그리하여 바울은 자신을 괴롭게 한 자들을 용서하지 않겠다고 말하면서도, 동시에 그 징계의 목적이 그들을 넘어뜨리려는 것이 아니라 세우려 하는 것이므로 "내게 주신 그 권한을 따라 엄하지 않게 하려 함이라"(고후 13:5)고 부드럽게 그 어조를 누그러뜨린다.

바울은 이와 같이 자신의 감정을 조율하면서, 고린도교회에 자신을 대적하는 자들 역시 자신을 향한 오해를 풀고 자신의 진정성을 이해해주길 바라면서 그들의 감정을 조율하길 기대한다. 화해의 서신 C는 서신 B의 강공책이 어느 정도 성공했음을 시사하는데, 그의 슬픔이 가시고 공동체를 위로하는 언사로 풍성하기 때문이다. 일명 '화해의 서신'으로 불리는 이 서신에서 바울은 먼저 용서하지 않겠다는 '다수'의 사람 중에서 특정한 개인을 염두에 두고 "너희는 차라리 그를 용서하고 위로할 것"을 종용한다. 이에 앞서 바울은 하나님을 '자비의 아버지'와 '위로의 하나님'으로 호명하면서 "모든 환난 중에서 우리를" 위로할 뿐 아니라 그 위로로써 "너희도" 위로에 참여하는 자가 되었다고 선언한다. 그것은 고린도교회 성도들이 바울의 고난을 함께 공유하여 그 가운데 적어도 심정적으로 참여하였고 어느 정도 일체된 모습을 보여주었기 때문이다. 고린도후서 C에서 바울은 이전에 쓴 서신 B를 '눈물로 쓴 서신'이라 부를 정도로 민감하게 반응하면서 자신의 감정을 추스른다.[41]

여기서 압도적인 감정은 '근심', '고통' 등으로 번역되는 대표적인 부정적 감정인 '슬픔'(λύπη)인데,[42] 그 감정은 현재 화해가 이루어진 상태의 '기쁨'의 감정과 극명하게 대립되고 있다. 바울은 자신이 많은 눈물로 그 강파른 편지를 쓴 것이 "마음에 큰 눌림과 걱정이 있어" 그런 것이라고 솔직하게 고백한다. 그러나 거기에 개입된 슬픔의 진정성을 그는 애써 부인하지 않는다. "내가 다시는 너희에게 '슬픔' 중에 나아가지 아니하기로 스스로 결심했다"(고후 2:1)라고 진술하는 대목에서 그 슬픔은 분명 부정적인 감정으로 극복의 대상이다. 그러나 이어지는 구절에서 그가 "내가 너희를 슬퍼

---

41 이 서신의 기원과 정체에 대해서는 Laurence L. Welborn, "The Identi- fication of 2 Corinthians 10-13 with the 'Letter of Tears," NovT 37/2(1995), 138-153.

42 이 헬라어 단어는 그 번역 의미의 복합성으로 인해 여기서는 일단 '슬픔'이란 말로 단일화하여 사용하기로 한다. Rudolf Bultmann, "λύπη," TDNT vol. 4, 313-324.

하게 한다면 내가 슬퍼하게 한 자밖에 나를 기쁘게 할 자가 누구냐"(고후 2:2)라고 수사학적 질문을 던진 지점에서 그 슬픔은 기쁨과 원환적 관계를 이루는데, 일종의 운명공동체로서의 공유 감정이다. 그 슬픔과 기쁨 모두 바울과 고린도교회 성도 사이에 이해되고 용납될 만한 감정으로 새로이 자리매김되는 것이다. 그리하여 그 슬픔마저 부정적 의도와 무관하게 "오직 내가 너희를 향하여 넘치는 사랑이 있음을 너희로 알게 하려"(고후 2:4) 한 사랑의 증표로 둔갑한다. 마찬가지 맥락에서 이 불신과 배반의 사태를 초래하여 바울을 "슬퍼하게 한 자가 있었을지라도 나를 슬퍼하게 한 것이 아니요 어느 정도 너희 모두를 슬퍼하게 한 것"(고후 2:5)이라고 말함으로써 부정적인 감정인 슬픔을 공동체 단위의 감정으로 승화시키고 있다. 아울러, "어느 정도"라고 표현한 것도 저자의 변명대로 그 슬픔의 정도로 과장하여 "너무 지나치게 말하지 아니하려"(고후 2:5)는 수사학적 의도를 반영한 것이다.

이러한 역설적인 슬픔의 감정은 바울 서신 전반을 통틀어 매우 보편적인 감정으로 확인되는데, 고린도후서에서는 '사랑'의 감정과 대립되면서 균형을 유지하고 있다.[43] 화해의 서신 C에서 특징적인 것은 이 감정이 심화, 변용되어 구원에 대한 신학적 의미망 속으로 투사되고 있다는 점이다. 이로써 그 감정은 단순히 심리 조율의 차원을 넘어 심리 치유의 단계로 확장되어간다. 슬픔이란 감정의 구원론적 효능은 그것이 파괴적인 부정적 감정으로서의 슬픔과 대립되는 지점에서 선명하게 부각된다. 바울은 서신 C를 전달하고 그 반응을 접한 뒤 돌아온 디도의 귀환 속에서 "낙심한 자들을 위로하시는 하나님"을 발견하며 '위로'의 모티프를 재차 꺼내면서(고후 7:6) 이와 결부된 '슬픔'이란 감정을 재론한다. 바울은 이 당시의 심경에 대해 "우리 육체가 편하지 못하였고 사방으로 환난을 당하여 밖으로는 다툼이요 안으

---

43 Jin Ki Hwang, "Balancing between λύπη and ἀγάπη in 2 Corinthians," 「성경원문연구」 35(2014), 329-346.

로는 두려움이었노라"(고후 7:5)고 고백한다. 한 마디로 심신이 극도로 핍진한 상태에서 오로지 디도가 가지고 올 메시지에 기대를 걸고 있었다는 것이다. 그런데 디도의 희소식은 모든 근심과 두려움을 녹여버렸고 바울을 향한 그들의 "사모함과 애통함과 나를 위하여 열심 있는 것을 우리에게 보고함으로 나를 더욱 기쁘게 한다"(고후 7:7)는 감정적 반전의 경험을 가능케 하였다. 이 가운데 그는 '눈물의 편지'에서 격한 어조로 토로한 거친 냉소적 감정을 연상하였는지 그들을 '슬프게 한 것을 후회'한다고 자백한다. 그러나 그 슬픔은 한시적인 고통이었고 상황이 반전돼 회개에 이르게 함으로써 결과적으로 기쁜 결과를 초래하였다. 바울은 여기서 슬픔의 구원론적 효능을 설파하는데, 바로 '하나님의 뜻에 따른 슬픔'이 사망으로 인도하는 '세상의 슬픔'과 달리 '후회할 것이 없는 구원에 이르게 하는 회개'를 낳는다는 것이다 (고후 7:9-10).

이러한 감정 표현과 감정 이해는 고대 그레코-로만 시대의 맥락에 비추어 세분화된 관점을 제시한 것으로 평가된다. 당시 스토아적 세계에서는 부정적인 감정을 아예 차단하여 그 감정이 영혼의 순결함을 훼손하지 않도록 하는 것이 중요하다는 관점이 대세로 존재했다. 물론 그와 반대로 갖은 고통과 함께 찾아드는 파괴적인 감정과 싸워 너끈히 극복한 연후 더욱 성숙한 영혼으로 거듭날 수 있으리라는 낙관적인 시각도 없지 않았다.[44] 그런데 이 둘 사이로 바울은 사람에게 해를 끼치는 파괴적인 감정으로서의 '세상적 슬픔'과 한시적으로 해롭지만 궁극적으로 아무런 해도 끼치지 않고 오히려

---

44 영혼의 형이상학에 대한 이러한 상이한 철학적 관점은 고대 그레코-로만 시대에 다양한 심리교육 및 치료 요법들은 양산했는데 바울의 고린도후서가 그 연계선상에서 주목을 받아왔다. Clarence E. Glad, *Paul and Philodemus: Adaptability in Epicurean and Early Christian Psychagogy* (Leiden: Brill, 1995); John T. Fitzgerald, ed., *Passions and Moral Progress in Greco-Roman Thought* (London: Routledge, 2008); Ivar Vegge, *2 Corinthians, a Letter about Reconciliation: A Psychagogical, Epistolographical, and Rhetorical Analysis* (Tübingen: Mohr Siebeck, 2008).

회개에 이르게 하여 구원을 이루는 '하나님의 뜻에 따른 슬픔'을 차별화한 것이다. 갈등이 잠재된 인간관계에서 전자의 슬픔이 늘 영혼을 압박하고 불안과 두려움 속에 떨게 하지만 '하나님의 뜻'이 개입하면 인간적인 슬픔의 정서조차 그 실존적인 암울을 넘어 구원의 경지에 당도할 수 있다고 본 것이다. 여기서 슬픔의 감정이 후회와 고통을 수반하면서도 창조적인 에너지로 인간의 긍정적인 변화를 유도하는 매개체로서 품은 가능성을 엿볼 수 있다.

V. 로마서의 자기 파괴적 감정과 연대 의식

로마서는 바울이 개척하지 않은 기독공동체에 보낸 유일한 서신으로 그 선교적 목적의 예외적 특이성과 관련하여 많은 주목을 받아왔다. 아직 만나지 못한 공동체의 성도이지만 바울은 그들을 만나고 싶어 했고 여러 차례 방문을 시도했다(롬 1:11). 그러나 사정이 녹록지 않아 길이 막힌 듯하다(롬 1:13, 15:22). 그는 로마교회가 지닌 이방인 교회로서의 대표성을 적잖이 의식했고, 이방인 교회공동체의 대표적인 리더로서 자신의 사도적 위상과 권위 역시 그들에게 인정받고자 했다. 그리하여 그들을 향해 간절히 보고자 원하는 개인적인 갈망과 그들에게 '신령한 은사'를 매개로 교제하며 '안위'를 얻고자 하는 코이노니아의 기대가 바울에게는 있었다(롬 1:11-12). 아울러, 그러한 교제와 안위를 토대로 그는 이 로마의 신앙공동체로부터 물심양면의 후원을 받아 스페인까지 가서 새로운 선교사역을 개척하고자 했던 것 같다(롬 15:23).

이러한 로마교회와의 연대 의식은 이 서신의 마지막 16장에서 정점에 다다른다. 거기서 그는 무려 26명이나 되는 로마교회의 성도 이름을 거명하면서 일일이 안부 인사를 전한다. 이들에게 딸린 가족이나 친척까지 감안한다면 꽤 많은 인원에 해당하는 목록이다.[45] 바울이 이전 편지에서 한 번도 시도하지 않은 긴 명단을 로마서에서 접하는 게 얼핏 아이러니하게 비친다. 자신이 개척한 곳에서 훨씬 더 많은 사람을 알았을 텐데도 바울은 지극히 적은 소수의 이름만 거명했다. 이에 비해 스스로 개척하지도 않은 로마교회에 쓴 서신에서 그는 이토록 많은 이름을 언급한 것이다. 이러한 특이성 때문에 이 서신이 본래 로마서의 일부가 아니었으리라는 추론도 나와 있지만, 일단 이를 로마서의 정상적인 일부로 간주할 때 그 명백한 '의도성'이 무엇이었을까. 거꾸로 생각해보면 바울과 직접적인 개척의 연고가 없는 로마교회였기 때문에 이러한 긴 문안 인사가 외교적 차원에서 필요했을지 모른다. 브리스길라와 아굴라 부부가 대표적인 경우다. 이들은 로마 바깥의 다른 곳에서 바울과 성도로서 인연을 맺은 사람들이었을 것이다. 이렇게 많은 이름을 열거함으로써 바울은 로마교회와 전혀 연고가 없지 않고 오히려 매우 폭넓은 인맥을 통해 긴밀한 관계가 있다는 메시지로 자신의 존재감을 우회적으로 시위했다고 볼 수 있다.

바울의 이러한 연대감은 자신의 동족을 향해서 매우 구체적인 감정으로 표현되는데 이스라엘의 종말론적 구원을 전망하는 부분이 그 대표적인 증거이다. 바울은 로마서 9-11장에 걸쳐 자신의 "마음에 원하는 바"와 "하나님께 구하는 바"를 일치시키면서, 이스라엘 동족이 구원을 받게 되는 일에 간절한 관심을 피력한다(롬 10:1).[46] 그러나 그 간절한 바람이 실제 선교 현

---

45 이 방대한 문안 인사 목록을 포함한 로마서 16장의 정체는 에베소로 보낸 편지설을 포함해 다양한 논란을 야기해왔다. 그러나 이 편지가 본래 로마서의 일부였다는 학설이 강화되는 가운데, 이 인원들이 로마에서 친척이나 가족 단위로 응집하여 적어도 8개의 가정교회를 이루며 예배 행사를 했을 것으로 추론되고 있다. Peter Lampe, "Roman Christians of Romans 16," Karl P. Donfried, ed. *The Romans Debate*, revised and expanded edition (Peabody, MA: Hendrickson Publishers, 1991), 216-230.

46 로마서 9-11장은 20세기 후반 이래 바울신학의 가장 뜨거운 연구 대상 중 하나였다. 그만큼

장에서는 동족 이스라엘의 패역과 불순종, 선교 훼방의 행태로 드러났고 이러한 경험이 바울을 격한 감정 반응으로 인도한 것으로 보인다. 이는 물론 신학적인 문제로 '신정론'의 측면에서 논리적으로 조명하고 변증해야 할 성격의 쟁점이었고, 그는 9-11장에서 이 문제를 진지하게 다루며 최선을 다해 해법을 강구하고 있다. 이를테면 전능하신 하나님이 이스라엘 백성을 선택하여 언약을 맺었다면 그 언약이 유효한 것으로 실현되어야 마땅했을 것이다. 반면에 만약 그들의 패역이 하나님의 구원사적 경륜과 섭리의 영역을 벗어난 것이라면 그 언약이 실패했다고 봐야 하니 고민스럽지 않을 수 없었다. 그 신학적 해법으로 그는 아브라함과 이삭, 야곱과 에서, 모세와 바로 등의 예를 통해 "하나님께서 하고자 하시는 자를 긍휼히 여기시고 하고자 하시는 자를 완악하게 하시"는 신적인 선택과 역설의 법칙(롬 9:6-18)을 설파했다. 연이어 토기장이의 비유, 돌감람나무와 참감람나무의 비유, 남은 자의 비유, 시기의 법칙과 상호 충만의 원리 등을 통해 그는 밀도 있는 변증으로 그 신학적 난맥상을 돌파하고자 했다. 그 결론으로 제시된 종말론적 전망은 "모든 이스라엘이 구원을 받으리라"(롬 11:26)는 것이었다.[47]

논란도 많고 다양한 해석이 경합을 벌여왔다. 이 문단에 반영된 바울의 기본 전제는 이스라엘은 하나님의 백성이고 이방인들은 하나님의 보편적 구원 계획에 언약 백성으로 뒤늦게 포함되었다는 것이다. 이러한 취지 아래 바울의 기본 의도는 로마교회의 이방인 주도적 분위기에 반유대적 성향이 잠재되어 있거나, 향후 이방인 교회의 모금을 전달하러 갈 예루살렘의 유대인 사회에서 제기될 정서적 반발 등을 의식하여 상황을 조율하고 점검하는 데 있었을 것이라는 지적이 제출된 바 있다. Marry Ann Getty, "Paul and the Salvation of Israel: A Perspective on Romans 9-11," *CBQ* 50/3(1988), 456-469. 나아가 하나님의 구원사의 탈민족적 보편성과 그 구원사의 초입에 언약 백성으로 먼저 선택한 이스라엘 민족의 특수성 사이의 긴장 관계는 전자가 후자의 태반에 뿌리내려 있고, 후자와 함께 충만하게 결실하리라는 종말론적 비전으로 해소된다. Bruce W. Longenecker, "Different Answers to Different Issues: Israel, the Gentiles and Salvation History in Romans 9-11," *JSNT* 36(1989), 95-123.

47 여기서 '모든 이스라엘'이 그리스도 안에 있는 유대인, 이방인을 연합한 교회를 지칭하는지, 이스라엘 종족이 그리스도인과 별도의 다른 방식으로 구원을 받게 된다는 건지, 아니면 혈통 상의 역사적 이스라엘 전체가 그리스도 재림 때 극적으로 구원을 받는다는 건지, 오로

그러나 바울은 이러한 성서 해석과 변증의 '논리'에만 기대지 않았다. 무엇보다 그는 격렬하고 파괴적인 자기 저주의 감정을 앞세우면서 자기 동족과의 운명애적 연대 의식을 드러낸다. 그는 자신에게 "큰 슬픔(λύπη)이 있는 것과 마음에 그치지 않는 고통(ὀδύνη)이 있는 것"을[48] 자신의 "양심이 성령 안에서 증언"(롬 9:1-2)한다고 고백한다. 그 슬픔과 고통은 그에게 극단적인 상상을 유도하여 마침내 "나의 형제 곧 골육의 친척을 위하여 내 자신이 저주를 받아 그리스도에게서 끊어질지라도 원하는 바로라"(롬 9:3)고 담대히 선언한다. 여기서 그는 자신의 저주를 대가로 동족의 구원을 갈망하는 극단적인 대속의 욕망에 시달리며 내적인 분열을 겪는다. 이러한 강렬한 감정 표현은 달리 보면 로마교회의 이방인 교우들에게 동족 유대인 불신자들을 향한 자신의 동정심을 공유해주길 기대하며 주의를 환기시키는 수사학적 장치(exsuscitatio)라고도 볼 수 있다.[49] 이러한 치열한 희생적 자세는 멸사봉공과 살신성인의 자세로 제 사명을 다한 모세(출 32:31-33)와 고난당하는 종과 같은 일부 예언자들의 언행을 통해 그 선례가 확인되는데, 일각의 지적대로 성서 속의 '프로메테우스적 요소'(Promethean element)라고 볼 수 있다.[50] 그것은 마치 프로메테우스가 인류를 유익하게 하는 선택을 위해 신의 명령을 어긴 대가로 극단의 형벌을 감내하였듯이, 예수의 십자가 처형이 그러한 이타적인 대속의 관점에서 해석되어 신학화되었듯이, 바울 역시

지 선택받은 이스라엘의 남은 자들이 그 대상이 된다는 건지 논란이 분분하다. Christopher Zoccali, "And So All Israel Will Be Saved': Competing Interpretations of Romans 11.26 in Pauline Scholarship," *JSNT* 30/3(2008), 289-318.

48 이 '슬픔'과 '고통'의 헬라어 단어는 고전 그리스 문헌이나 성서 문헌에 나란히 결부된 채 등장한다.

49 이 감정 표현의 수사학적 기능(exsuscitatio)에 대해서는 Robert Jewett, *Romans: A Commentary* (Minneapolis: Fortress Press, 2007), 556.

50 Sheldon H. Blank, "Men against God: the Promethean Element in Biblical Prayer," *JBL* 72/1(1953), 1-13.

그 슬픔과 고통의 출구를 이러한 극단적인 자기 저주와 그 헌신적 희생의 의미에서 찾고자 했을 터이다.

바울의 이러한 자기 분열적 감정은 두 가지 방향으로 확산되거나, 축소되어 내면화된 듯하다. 먼저 그는 이러한 탄식의 정서를 모든 "피조물이 함께 탄식하며 함께 고통을 겪고 있는" 우주적 실존 속에 확인하면서(롬 8:22) 그 허무한 존재론적 족쇄에서 벗어나 "영광의 자유에 이르는" 종말론적 해방을 전망한다(롬 8:21). 동시에 그는 다른 한편으로 성도 개개인의 기도조차 할 수 없는 무기력한 상태에서 "말할 수 없는 탄식"으로 간구하는 성령의 사역을 강조한다(롬 8:26).51 이 성령의 중보 사역은 은사를 지닌 자의 강성함이 아니라 기도자로 하여금 모든 피조물의 연약함에 동참케 하는 탄식과 한숨 등 무언의 감정적 몸짓과 결부된다. 이와 같이 축소되거나 확장되는 연민의 감정은 그 비극적 정조를 통해 끈끈한 연대 의식을 강화하는 역할을 하는데, 그 뿌리는 자아의 분열로 소급된다. 바울의 전형적인 1인칭 고백이 시사하듯이, 인간은 누구든지 육체의 분열된 욕망 속에 원하는 바 선은 행하지 않고 종종 죄에 이끌려 원하지 않은 것을 행한다. 그리하여 하나님의 법을 즐거워하는 속사람의 마음의 법은 쉽사리 그 죄의 법에 굴복되곤 한다. 이러한 분열된 자아는 하나님의 법과 죄의 법 사이에 분열하면서 "오호라, 나는 곤고한 사람이로다"(롬 7:24)라는 탄식을 낳는데,52 이는 성령

---

51 "말할 수 없는 탄식"의 실체에 대해 '방언' '신음' '성령의 중보' 등 다양한 해석이 나와 있다. Peter T. O'Brien, "Romans 8:26, 27: A Revolutionary Approach to Prayer?" *The Reformed Theological Review* 46/3(1987), 65-73. 쥬엣은 그것이 기도에 선행하거나 동반되는 한숨이나 신음 같은 연약함의 표현으로 해석한다. 나아가 그는 이 탄식이 은사를 경험하는 사람들로 하여금 모든 피조물의 고난에 민감하게 응답하게 한다고 주장한다. Robert Jewett, *Romans*, 524.

52 이 탄식의 주체가 바울 개인이라기보다 '전형적인 자아'(paradigmatic I)라는 해석이 설득력 있다. 이 독특한 탄식의 양식이 시편의 탄식시편보다는 헬레니즘 시대의 종교 문헌에 나오는 유형의 탄식을 배경으로 삼고 있으며 실제로 예전적인 맥락에서 기원한 것으로 회심 이전의 곤고한 상태와 회심 이후 구원의 은혜에 진입한 상태를 개인적 신앙 체험을 반영한

의 말할 수 없는 탄식과 조응하는 개인적인 실존의 자리다.

바로 이러한 자기분열의 밑자리에서 탄식의 감정은 분출하면서 분열하고 극단적인 자기 저주를 매개로 동족과 연대하면서, 멀리는 뭇 피조물과 종말론적 차원에서 연대한다. 그 가운데 발생하는 슬픔과 고통의 감정이 보편적인 울림을 제공하듯이, 예수 그리스도 안에서 생명의 해방을 목표로 하는 바울의 복음도 보편적인 공감대를 얻으면서 확장되는 효과를 얻는다. 이는 동시에 그 공감의 효과와 함께 로마공동체 내의 유대인과 이방인, 강자와 약자의 경계는 물론 아직 공식 상견례조차 없었던 바울과 로마공동체 사이의 생경한 심리적 장애물을 제거하고 친근한 소통의 밀도를 강화하는 역할을 수행한 것으로 보인다.

VI. 바울의 감정 신학과 그 사상사적 의의

이와 같이 바울 서신을 통해 나타난 감정 표현의 다양한 사례와 맥락을 살펴볼 때 몇 가지 두드러진 특징이 확인된다.

첫째, 바울은 당대 스토아 철학자들을 비롯한 로마 지식인들의 경우와 달리 감정을 지성보다 열등한 것으로 간주하거나 자기 절제를 위해 제거해야 할 불의한 적으로 간주하지 않았다. 그리하여 그에게는 성령의 아홉 가지 열매로 제시된 긍정적인 감정보다 부정적인 감정이 더 자주 표출됨에도 불구하고 이로써 자신의 내면을 조율하거나 수신자인 공동체 성원들과의 복잡한 관계를 명료하게 정리하며 재구성하는 건설적인 방향으로 운용해나간 것을 볼 수 있다.

표현으로 추론된다. Edgar Wright Smith, "Form and Religious Background of Romans 7:24-25a," *NovT* 13/2(1971), 127-135.

둘째, 그 다양한 감정 중에서도 그의 서신에 일관되게 나타나는 대표적인 감정은 '슬픔'이다. 이 감정은 스토아 철학의 감정지도에서도 매우 독특하고도 강렬한 위상을 점하고 있다. 먼저 부정적인 악한 감정으로 설정된 네 가지는 '욕망'(ἐπιθυμία), '두려움'(Φόβος), '쾌락'(ἡδονή), '슬픔'(λύπη)이다. 그 대척점에서 스토아 사상이 제시한 긍정적인 선한 감정이 있는데 차례대로 대립시키면 '의욕'(βούλησις), '경외감'(εὐλάβεια), '희락'(χαρά) 세 가지다.53 부정적인 악한 감정의 네 번째 '슬픔'에 대립되는 긍정적인 항목이 없는 것이다. 그만큼 이 감정이 파괴력이 대단하고 문제적인 감정이었던 것이다. 스토아 철인들은 이 '슬픔'을 스스로 최상의 삶의 목표를 위해 추구한 '극기'(ἐγκράτεια)에 역류하는 가장 반동적인 감정으로 보았다. 반면 바울은 이 감정의 부정적인 면모를 자신과 공동체의 경우에 적용하여 다각도로 표현하면서, 나아가 창발적인 가치를 지닌 역설적인 감정으로 승화시켰다. 이는 그레코-로만 시대의 사상사적 맥락에서 선례가 없는 경우다. 특히 세상의 통속적 슬픔과 대립되는 하나님의 뜻에 합치되는 슬픔, 곧 회개를 통해 구원에 이르게 하는 바로 역동적인 감정을 설파한 점은 거의 독보적이라 할 수 있다.

셋째, 고린도후서의 경우가 대표적인 사례로 나타나듯, 바울의 감정 표현이 갈등과 대립 상황에서 상처받은 자기 자신과 상대 수신자들의 마음을 위무하는 심리 치유적 역할을 수행했다는 점이 중요하다. 이는 고대 그리스 철학에서 연원하는 심리교육(psychagogy)이 바울에게 어떻게 변용되어 나타났는지를 확인할 수 있는 흥미로운 지점이다. 고대 그리스의 심리교육은 소크라테스의 경우 천상의 영혼이 품었던 기억을 회상을 통해 되살림으로

---

53 Ted Brennan, "The Old Stoic Theory of Emotions," J. Sihvola and T. Engberg-Pedersen ed., *The Emotions in Hellenistic Philosophy* (Dordrecht/ Boston/London: Kluwer Academic Publishers, 1998), 21-70; L. L. Welborn, "Paul and Pain," 560, 563.

써 진리에 도달하게 하는 변증법 또는 산파술을 가리켰다. 그것은 이데아의 세계를 향해 심령의 좋은 생각을 활성화하여 최선의 인간으로 최고의 삶을 살도록 견인하는 심리 치유적 방법의 하나로 종종 애용되었다. 그러나 바울은 그리스도의 푯대를 향해 불굴의 결단을 강조하되, 그 목적의 추구를 방해하는 여러 장애물을 돌파하기 위해 강렬한 감정 언어를 종종 사용하였다. 심지어 그 가운데 불거진 거친 부정적 감정조차 승화시켜 신적인 기원을 지닌 것으로 재해석했다는 점이 특징적이다.

넷째, 바울의 이러한 슬픔 지향적 감정 이해가 '신학적' 관심사일 수 있는 것은 그것이 '그리스도의 수난'에 참여함으로써 그의 남은 고통을 제 육신에 채우며 그의 죽음을 짊어지고 다니는 기독론적 자아관에 잇닿아 있기 때문이다. 구약성서의 수많은 탄원 시편이 그렇듯, 거기에 물꼬를 대어 주석한 그리스도의 십자가 사건은 극단의 육체적 수난을 동반하기에 격렬한 감정을 수반할 수밖에 없다. 수난을 뜻하는 영어 단어 'passion'이 '열정'을 의미하며 그것이 감정을 뜻하는 헬라어 πάθη̄πάθος에 뿌리를 박고 있다는 어원론적 배경은 이 지점에서 의미심장하다. 바울은 그 십자가의 고통을 자신의 '슬픔' 지향적 자의식 속에 내면화함으로써 이 감정으로 신앙공동체와의 역동적인 관계 속에서 심리 조율과 심리 치유의 표상적인 매개를 삼았다. 그 결과 바울은 '그리스도 수난'의 주동자인 하나님마저 그 감정의 세계로 끌어들여 '연민의 하나님'으로 조형하였고, 그의 뜻 가운데 자책과 회개로써 구원에 이르게 하는 창조적인 슬픔의 세계를 개척했던 것이다.

해리스(William Harris)의 연구에 따르면 고대 그레코-로만 문헌 증거에 나타난 당시 사례들 가운데 좌절의 경험이 슬픔/우울의 감정으로 표출되는 경우는 드물었고, 대체로 분노의 감정이 그 경험의 출구였다.[54] 웰본(L. L.

---

54 Judith Perkins, *The Suffering Self: Pain and Narrative Representation in the Early Christian Era* (London: Routledge, 1995), 16-17.

Welborn)은 이 통찰을 비판적으로 인용하면서, 이러한 기록을 남긴 부류가 식자층의 엘리트들이었고, 이와 달리 하층민이나 노예들의 정신세계와 심리적인 풍경은 슬픔과 우울의 정서로 광범위하게 표출되었을 것이라고 추론하였다.[55] 따라서 슬픔의 감정에 취약한 반응을 보이거나 깊이 침식되는 것이 비합리적이거나 이상한 노예 상태의 증거로만 볼 수 없다는 것이다. 이러한 추론이 합당하다면 바울 사도가 이 감정을 다각도로 표현한 까닭도 그의 신앙공동체가 비엘리트층의 구성원들이 많아 그들과의 정서적 교감과 소통을 증진하기 위한 의도와 무관치 않았을 것이다.

실제로 바울의 감정신학적 특징이 당시 사상사적 맥락에서 전적으로 이례적인 변형태라고만 볼 수 없다. 소크라테스는 자신의 최후 변명에서 자신의 철학 활동으로 아테네 시민들의 슬픔을 자극하는 것에 자부심을 느끼며 마치 신에 대한 봉사처럼 여겼다.[56] 젊은 귀족 알키비아데스를 폄하함으로써 그에게 감정적인 고충을 안겼는데, 이는 후대의 철인들에게 매우 당혹스러운 반응을 유발했다.[57] 이것이 그가 슬픔이나 고통 따위의 부정적인 감정을 가장 참담한 삶의 장애물로 여기지 않았다는 증거가 되기 때문이다. 이러한 예외적 경우에 기대어 고대 심리교육(psychagogy) 문헌에는 슬픔의 긍정적인 기능과 관련하여 그것이 과도하지 않을 경우, 도덕적인 진보에 나름의 효용성이 있는 것으로 용인했다. 이러한 견지에서 에픽테투스는 철학 수업을 의학적 처방의 장소로 간주하여 쾌락보다는 고통/슬픔이 영혼의 질병을 벗어나는 요긴한 기능을 수행한다고 보았다.[58] 과격한 견유 사상을 대표하는 데모크리투스 또한 슬픔의 감정에 공리적인 가치를 부여하여, 도덕적인 개혁과 자기 진보를 위해서는 보다 슬픈 것을 발견하려는 의욕이

---

55 Welborn, "Paul and Pain," 565.
56 Plato, *Apol.* 23b, 41e [이하 Welborn, "Paul and Pain," 566에서 재인용].
57 Cicero, *Tusc. Disp.* 3.32.77
58 Epictetus, *Diss.* 3.23.30.

필요함을 역설한 바 있다.[59] 플루타르크도 마찬가지의 입장을 취했지만, 그 감정적인 표현이 과잉으로 나아가지 않도록 한계를 설정하는 것이 필요하다고 보았다.[60]

물론 이러한 긍정적인 감정 이해의 관점은 당대 헬레니즘 사상의 주류 시각이 아니었다. 더구나 당대 사상의 그런 예외적인 측면에서도 바울처럼 슬픔이나 우울 같은 부정적인 감정이 신적인 기원을 지닌 것으로까지는 나아가지 않았다. 바울은 한편으로 공동체를 두루 유익하게 하고 건실하게 세워나가기 위한 공리적인 목적에서 당시 식자층이 현자 됨의 목표로 추구한 '의욕' '경외감' 등의 긍정적인 감정을 자신의 서신에 적절하게 언급하였다. 또한 '극기'와 '절제'의 미덕을 성령의 열매로 강조하기도 하였다. 그러나 다른 한편으로 그는 좀 더 자주 다수 서민 대중의 감정적 과잉 코드에도 조응하여 그리스도의 수난에 참여하는 격동적인 감정을 드러냄으로써, 그것을 모순이나 우열 관계가 아니라 양자의 지향을 아우르는 모습을 보여주고 있다. 마침내 바울에게 그 인간적인 감정은 가령 구약성서의 탄식시편 등에 나타난 히브리적 감정신학에 기대어 '연민의 신'을 재발견하는 매개가 되었다. 여기서 한 걸음 더 떼어 그는 인간의 연약한 감정과 대립적인 불멸하는 초월적 영혼의 자아관에 균열을 내고 고난당하는 육체적 자아상을 발견하는 데까지 나아갔다. 그것은 결국 예수의 하나님 나라 복음을 몸으로 체현하는 경지에 잇닿아 있다. 이는 곧 가난하여 굶주리고 목마른 자, 헐벗은 자, 옥에 갇힌 자, 병든 자의 고통스러운 감정에 동참함으로써 예수와 십자가의 본질을 공유한 결과였을 것이다.

---

59 Ps.-Hippocrates, *Ep.* 17.45.
60 Pluatarch, *Rec. rat. aud.* 47A.

VII. 맺음말

바울은 인간의 성정을 지닌 유대인으로 스스로 자신의 태생적 배경을 고백했듯이, '열정'(ζῆλος)을 품은 바리새파 출신으로 그리스도 안에서 소명을 받은 이후 그 열정의 버전을 바꾸어 이방인들에게 복음을 전하는 사도로 활약했다. 이 소명 전후의 '열정'은 그가 감정적으로 매우 뜨거운 인물이었음을 암시한다. 그의 서신을 통틀어 그의 풍성한 감정 표현은 그의 인성과 영성의 코드를 대변한다고 볼 수 있다. 그렇게 뜨거운 사람 바울은 이제 2천 년 가까이 묵은 그의 편지 가운데 코이네 헬라어 문장들로 그 자취를 전한다. 우리는 그 서신들의 역사적 맥락과 배경을 연구해왔고, 그 행간에 자리한 구체적인 인간관계와 정황들, 나아가 문제와 쟁점들을 파악해 재구성하려는 학문적 시도를 반복해왔다. 그 결과 밝혀진 적잖은 사실이 있고 논쟁의 수렁에 빠져 모호해진 추론들도 많다. 특히 수사학비평을 포함한 역사비평은 바울 서신을 역사적 자료로 삼아 당대의 사실들을 조명하면서 초기 기독교의 제반 환경과 실상들을 규명하는 데 적잖은 개가를 올렸다. 그런데 그러한 '사실'과 '개연성'의 숲에서 가려진 것은 정작 이 편지들을 작성한 바울이라는 인물의 내면 풍경과 그 심리적 동향, 특히 그의 수사학적 논리와 주장들 틈새로 작동한 그의 뜨거운 감정 세계와 그 진실이라고 할 수 있다.

이러한 문제의식 아래 바울 서신의 감정적 어휘와 동선을 추적한 이 연구는 그가 스토아 사상가들을 비롯해 당대의 지식인들과 비교하여 감정에 대한 인식이 확연히 달랐음을 보여준다. 그는 감정을 없애버려야 할 합리적 삶의 장애물로 여기지 않았고 '초연한 무관심'으로 극복해야 대상으로 삼지도 않았다. '절제'(또는 '극기')와 '자족'의 미덕을 내세우면서도 그는 때로 경계를 넘어 스스로 어리석은 '과잉'의 수준으로 자신의 감정을 앞세운다는 점을 스스로 의식하고 있었다. 그 어리석음의 가능성을 무릅쓰면서까지 분노와 저주, 냉소와 탄식의 감정을 숨기지 않았고, 오히려 적나라하게 표출함으로써 그는 신앙공동체의 지체들을 상대로 대화하고 설득했다. 그러나 문제가 해결되었을 때 적극적으로 대적을 포용하고 '연민의 하나님'을 앞세워 풍성한 위로의 말들로써 그는 화해와 연대를 시도하였다. 그만큼 그의 감정들이 진솔하면서도 탄력적인 융통성을 지향했다는 증거다. 그는 그리움과 사랑, 연민, 기쁨 같은 긍정적인 감정을 토로하면서도 그 이면의 결핍과 간절한 기대를 드러냈다. 이를테면 탄식, 분노, 두려움 등의 부정적 감정으로 자신의 억압된 심리상태를 조율하면서 공동체와의 관계적인 맥락에서 상대방과 자신의 상처받은 내면을 치유해가는 흐름을 엿볼 수 있다. 이러한 바울의 심리 조율과 심리 치유 기법은 당대의 심리교육 관련 문헌에 반영된 패턴과 긴밀하게 상통하는 것임을 확인할 수 있다.

이와 같은 바울의 여러 감정 이면에 폭넓게 복류하는 '슬픔'/'고통'/'근심'/'우울'(λύπη)은 스토아 감정지도에서도 그 긍정적인 대립항이 없을 정도로 특이하면서도 가공할 만한 강렬한 감정이다. 그런데 바울은 부정적 감정의 정점에 위치한 이 감정의 입자를 재해석하여, 회개를 매개로 '구원에 이르게 하는 슬픔'이라는 놀라운 신학적 연금술을 선보였다. 그 결과 바울은 자신의 몸으로 온전히 참여한 '그리스도의 수난'과 결부된 애상의 정조와 '연민의 하나님'이라는 신학적 지평을 개척함으로써 당시 지식인들의 감정 이해와 결정적인 차이를 보인다. 그 차이의 본질인즉, 바울의 감정 신학이 위치한 사상사적 창의성의 증거일 터이다. 바울은 유대교의 헤브라이즘이 선사한 자양분 속에 어쩌면 구약성서의 탄식시편의 영감에 지펴 예수의 십자가 수난을 현장 목격하지 않은 당사자로서 더욱 힘써 감정이입했을는지 모른다. 그렇게 자신의 열정을 신학적 자양분으로 삼아 그는 감정의 절제와 극기를 선도한 동시대의 사상가 세네카와 다른 방향으로 나아갔다. 그리하여 그는 부정적이고 파괴적인 감정마저도 극복이나 청산 대상으로 간주하지 않고 적극 신학화하며 선교사역의 현장에 풍성하게 분출하였다. 이로써 바울은 식자층의 냉랭한 수사학적 논리와 '초연한 무관심'의 금욕적 태도에 갇히지 않고 도리어 창발적인 감정신학의 지평을 열어나갈 수 있었다. 그 우회적인 결과는 기독교의 대중화였고, 서민 대중과 긴밀하게 공명하며 그들의 일상적 애환과 번뇌에 깊이 성육화한 신앙적 실천의 삶이었다.

4장
생성기 기독교의 '부활' 신앙 모티프와
그 전개 과정
─ 신약성서 자료에 대한 '발전론적' 분석을 중심으로

I. 문제 제기

우리 시대 성서신학의 큰 흐름을 주도하는 핵심 개념은 '하나님의 나라'이다. 이와 거의 동등한 개념으로 취급되는 '천국'은 마태복음의 선호 문구지만 한글번역성경의 함의로는 그 '국'(또는 '나라')의 속뜻이 확연하지 않기에 두 단어 모두 설명이 필요하다. 요약하자면 이 두 개념은 하나님이 왕으로서 이 땅에 통치 주권을 선포하시고 이로 인해 나타나는 모든 계시와 그 내용 및 결과를 가리킨다. 예수가 선포한 하나님의 나라 복음은 그러므로 이 땅의 구체적인 역사 현장에 기존체제의 파국을 선포하며 변혁적으로 이루어지는 사건이다. 특히 그 가운데 억압당하고 병들고 가난한 생명들이 새로운 공동체를 염원하며 하나님과의 언약적 동반관계 속에 만들어가야 하고, 만들어가고 있는 전복적이고 대안적 삶의 양식 전반을 아우른다. 이 하나님 나라의 신학이 기독교신학의 중추적인 영역을 선도하면서,[1] 개체

---

1 이러한 성서해석의 관점은 역사비평이 전성기를 치닫던 20세기 후반경부터 보편적인 추세

생명의 죽음과 그 이후의 내세적 소망으로서 종말신앙의 지분과 이른바 '예수 천당'의 구호가 가리켰던 구원의 내세지향적 관심사는 많이 약화된 감이 있다. 장례식 자리가 아니면 교회의 설교강단에서도 사후의 내세적 소망에 대한 메시지는 평상시 듣기 어려워졌다.

신약성서학의 역사에서 내세신앙의 원류와 관련된 논쟁은 플라톤 사상에 물꼬를 대고 있는 '영혼불멸신앙'과 이와 대립되는 '육체부활신앙'의 경합 속에 오스카 쿨만의 기념비적 저작과 함께 후자의 승리로 귀착되는 듯했다.[2] 그러나 그렇다고 신약성서와 후대 기독교의 내세신앙 전승 속에 사후 '영혼'의 존재, 나아가 이와 결부된 내세의 영생불멸의 소망이 전혀 관심 밖이었던 것은 아니다.[3] 오히려 실제 대중들 가운데 영향이 큰 기독교 내세신앙의 많은 전자와 결부되어, 죽은 즉시 육체를 벗어난 영혼이 하나님의 품에 안겨 안식을 누리고 종말의 시점에 구원이 완성된다는 쪽에 가까운 편이었다. 그런가 하면 육체부활신앙이 생성기 기독교 내세신앙의 진정한

로 굳어졌다. 대표적인 저작으로 Norman Perrin, *Kingdom of God in the Teaching of Jesus* (Philadelphia: Fortress Press, 1984). 이후 신약학계의 하나님 나라 논쟁은 주로 그것의 정체를 묵시문학적인 맥락에서 역사적/종말론적 개념으로 봐야 할 것인지, 아니면 탈종말론적인 내면의 왕국 또는 '지혜의 왕국'(sapiential kingdom)으로 봐야 할 것인지로 세분화되어 이어졌다. 국내에서도 20세기 후반부터 이러한 관점에서 하나님 나라를 이해하는 큰 흐름이 형성되어 21세기 들어서는 대세로 굳어졌는데, 특히 신구약성서를 두루 하나님 나라 신학의 관점에서 강해하면서 저작을 출간해온 김회권 교수가 중추적인 역할을 감당한 것으로 보인다. 김세윤, 김회권, 정현구, 『하나님 나라 복음: 신구약을 관통하는 하나님의 다스림』 (서울: 새물결플러스, 2013); 김회권, 『하나님 나라 신학의 관점에서 읽는 모세오경』 1 (서울: 대한기독교서회, 2005).

2 Oscar Cullmann, *Immortality of the Souls or Resurrection of the Dead?: The Witness of the New Testament* (London: The Epworth Press, 1958).

3 신약성서에 내세지향적인 요소가 아주 배제된 것은 아니다. '부활' 이해가 그 대표적인 예려니와, 바울 서신에서 사후의 소망은 다양한 내세지향적인 개념으로 제시되었으며, 복음서는 거지 나사로와 부자의 비유(눅 16:19-31), 예수께서 한 강도에게 "오늘 네가 나와 함께 '낙원'에 있으리라"(눅 24:43)고 한 구절에서 그 '낙원'(παράδεισος)은 플라톤이 왕성하게 조명한 대표적인 사후의 내세지향적 개념이다.

적통이라는 전제 아래 예수의 선례와 함께 강조된 이 신앙 전통이 어디서 발원하였는지 그 사상적 '기원 찾기'에 대한 논쟁 또한 가볍지 않았다. 고대 근동의 가나안 종교나 이집트, 바빌론 종교의 배경과 무관하다는 판단 아래 페르시아 조로아스터교에서 이 육체 부활 신앙의 원류를 찾아 일단락되는 듯했지만4 이후 구약성서와 유대교 전통에서 그 뿌리를 확인할 수 있다는 반론이 제기된 상황이다.5 또 다른 한편으로 신약성서 부활 신앙의 최초 모델인 예수의 부활이 객관적 역사적 사실로서의 '사건'이냐, 아니면 주관적 내면적 체험으로서의 '신앙'이냐 사이에 적잖은 논쟁이 불거지기도 한다.6 이 논쟁의 배경인즉, 과학적 합리주의와 경험주의의 근대적 기준으로 죽은 시신이 일어나 부활 생명이 될 수 없다는 상식 아래 예수 부활 이야기를 초기 공동체 성원들의 실존적 체험이란 맥락에서 고대적 세계관이 반영된 결과로 본 데서 연유한다.7 이를테면 사건이 신앙을 만드는가, 신앙이

---

4 그러나 고대 페르시아 종교에서 '육체의 부활'이란 우주의 재창조란 거시적인 맥락에서 하나의 요소에 불과한 데 비해 유대교에서의 부활은 신실한 유대인들의 총체적인 회복을 가리켰다는 점에서 상이하다. Robert Martin-Achard, "Resurrection(Old Testament)," tr. by Terrence Prendergast, *ABD* vol. 5, 680-684.

5 Jon Levenson, *Resurrection and the Restoration of Israel: The Ultimate Victory of the God of Life* (New Haven: Yale University Press, 2008).

6 여기서 '사건'의 개념에 대해 섬세한 이해가 필요하다. 그것은 실제로 발생한 역사적 사실로서 예수의 부활을 전적으로 부인하는 일각의 비평적 입장을 대변하는 개념으로 사용한다. Gerd Lüdemann, *What Really Happened to Jesus: A Historical Approach to the Resurrection*, tr. by John Bowden (Louisville, Kentucky: Westminster John Knox Press, 1995). 물론 정의하기에 따라 '사건'으로서의 부활과 '신앙'으로서의 부활이 항상 대립적인 관점에서 이해되는 것은 아니다. 가령, 불트만에 의하면 예수의 부활은 그의 죽음과 마찬가지고 종말론적 사건이었고 구원 사건이었다. 그러나 그 사건은 객관적인 역사적 사실로 확인 가능한 사건이 아니라 지금 여기서 결단할 수 있게 한다는 점에서 새로운 '존재의 가능성'으로 의미가 부여된다. 즉, 예수의 부활은 말씀의 선포 가운데 오로지 믿음으로써 현존한다는 점에서 사건성을 띤다. Rudolf Bultmann, *Theology of the New Testament*, vol 1, 2 (New York: Charles Scribner's Sons, 1951, 1955), 302-306.

7 가령, Gerd Lüdemann, *What Really Happened to Jesus*, 130: "일관된 근대적 관점을 견지한다면 역사적 사건으로 예수의 부활을 보는 견해에 작별을 고해야 한다."

사건을 만들어내는가를 따지는 식의 밑도 끝도 없는 논란을 반복하는 형국인 셈이다.[8]

이 논문은 이러한 신약성서의 내세 신앙 또는 사후 신앙의 학문적 논쟁 지형을 아우르면서 그 핵심 개념인 육체 부활의 신앙이 신약성서의 이면과 접맥된 생성기 기독공동체 가운데, 어떻게 생겨나고 어떻게 진화되어 나갔는지 그 '발전론적' 궤적을 탐색하는 데 주된 목적이 있다. 이 연구의 잠정적 전제는 이러한 발전론적 전개의 흐름이 부활에 대한 당시 유대교적 논의의 지형과 맞물려 있으며, 그 연계선상에서 다각도의 변증이 필요했으리라는 것이다. 아울러 애당초 예배와 선교 현장에서 '케리그마'의 형태로 유통된 예수 부활의 메시지가 점차 복음서의 내러티브 형식을 통해 그 역사적 근거를 확보해나갔고, 공동체 안팎에서 제기된 의문과 의혹에 응답하는 과정에서 부활 신앙의 내용을 풍성하게 채워나갔으리라는 것이다.

II. 부활 개념의 진화와 확장: 바울 서신의 케리그마

바울 서신을 통해 드러나는 부활의 내포적 함의는 초기교회의 예배 및 선교 현장에서 예수의 대속적 죽음과 결부된 일종의 케리그마 형태로 유통되었던 것으로 보인다. 다만 예수의 부활이 어떤 형태로 체험되고 인식되었는지, 나아가 그것이 성도의 부활과 어떻게 연계되는지 등에 관해 바울 사도는 논란이 생기는 맥락에서 간간이 변증해야 할 상황에 처하게 되었다. 그 발전론적 과정에서 '부활'의 개념은 점점 더 확장되고 심화되어간 것으

---

8 이러한 관점의 차이는 서구 성서학자들의 부활 해석이 '세계관'의 차이에서 비롯된 것이며 그에 따라 부활의 사실성과 의미에 대해서도 다양한 주장이 양산되는 것으로 보기도 한다. 최재덕, "역사적 예수의 부활에 대한 연구자들의 주장들과 이에 대한 고찰," 「선교와 신학」 47(2019), 387-426.

로 보인다. 이는 곧 바울의 중요한 교리적 논제로 자주 거론되는 칭의론과 성화론이 성도의 종말론적 운명과 결부되어 어떻게 귀결되는지, 그가 달리 표현한 '영광의 자유' '구원' '충만' 등의 개념과 마찬가지로, 다분히 구원론 적 맥락에서 언급되고 있다.

1. 죽은 자 가운데서 예수를 일으키심(살전 1:10)

바울 사도는 고린도전서에서 자신이 예루살렘교회 전통으로부터 물려받은 대표적인 케리그마를 소개한다. 그것은 예수께서 성경대로 죽고 매장된 뒤 역시 성경대로 사흘 만에 죽음에서 일어났으며, 이후 게바 등을 비롯한 제자들에게 여러 차례 나타났다는 확신이다(고전 15:3-8). 여기서 부활을 가리키는 '일어났다'(ἐγρήγαι)는 동사는 완료형 수동태로 이전에 단번에 발생해 그 효력을 지속해온 사실을 가리킨다.[9] 즉, 바울이 물려받은 예수의 부활 전승은 제자들에게 '보여 나타남'(ὤφθη)의 순서 이전에 하나님에 의해서 죽은 상태에서 '일어남을 받은', 즉 '일으켜 세워진' 방식으로 인식되었다는 것이다. 바울의 이러한 부활 이해는 그가 쓴 가장 오래된 편지인 데살로니가전서 1:9-10에서부터 잘 드러나 있다. 바울이 이방인 지역을 다니며 복음을 전할 때 그가 무엇을 전했는지 사도행전의 몇몇 설교문은 후대에 작성되거나 편집된 것들로 정확하게 그 내용을 파악하기 쉽지 않다.[10] 그러나 데살로니가전서의 이 구절은 이른바 '선교 케리그마'(mission kerygma)로 간주될 정도

---

9 이 단어는 본래 '잠에서 깨우다' '일으키다'라는 뜻으로 고대 그리스 문헌에서는 종종 영혼의 각성 상태를 가리킨다. Oepke, "ἐγείρω," TDNT vol. 2, 333-339.

10 그럼에도 불구하고 사도행전 14:15, 17:22-31은 우상숭배의 폐기, 부활과 다가올 심판의 경고 메시지 등을 담고 있어 이것들이 바울 이전에 확립된 핵심 케리그마였음을 보여준다. 다만 사도행전의 경우는 예수를 심판자로 제시하는 데 비해, 데살로니가전서의 본문은 다가올 진노로부터 그의 백성을 구해줄 구원자로 명시하는 점이 다를 뿐이다. F. F. Bruce, *1 & 2 Thessalonians*, WBC vol. 45(Colombia: Nelson Reference & Electronic, 1982), 17-19.

로 그가 전파한 핵심 메시지를 잘 요약하고 있다.

데살로니가전서 본문의 주요 내용은 이방인들이 우상을 떠나 살아계시고 진실하신 하나님께로 돌아온 회심의 사건과 장차 하늘로부터 오실 그의 아들을 고대하는 재림신앙으로 요약된다(살전 1:9-10). 이 지점에서 십자가 대속사건은 중요한 신조로 언급되지 않는데, 그 대신 그 아들 그리스도의 위상과 역할을 묘사하는 수식 문장에서 그가 장차 다가올 종말의 심판과 진노에서 우리를 구원해주리라는 기대와 하나님이 그 아들을 '죽은 자 가운데서 일으키신'(ὅν ἤγειρεν ἐκ τῶν νεκρῶν) 점을 유일하게 강조한다. 즉, 예수의 부활에 대한 초기공동체의 핵심적인 인식은 생명의 주관자이신 하나님이 아들 그리스도를 죽은 자들로부터 구별해 일으키셨다는 데 초점이 맞추어졌음을 알 수 있다. 직역하여 '죽은 자들로부터의 부활'이라는 의미인데, 여기서 전치사 ἐκ의 의미를 어떻게 해석하느냐에 따라 이것이 단순히 그리스도의 죽은 시신을 하나님이 일으켜 살아 움직이게 하셨다고 볼 수 있는지(속격의 의미로 취할 경우), 아니면 죽은 자들 가운데 그리스도를 특별히 구별하여 그의 영적인 기운을 일으켰다는 비유적인 상징의 의미로 풀어야 할지(탈격의 의미를 살려 읽을 경우) 중요한 뉘앙스를 품고 있다. 이 지점에서 확실한 것은 바울이 인식한 그리스도의 부활은 데살로니가전서 1:10에 반영된 선교 케리그마에 비추어 그 수동성이 도드라진다는 점이다. 그리스도-중심적(Christo-centric)이지 않고 신-중심적(theo-centric)인 데살로니가전서의 전반적인 성향으로 미루어, 이 그리스도의 부활은 하나님의 생명 주권을 확연하게 드러내면서 그 영광을 높이는 매개로 볼 수 있다.

2. 죽은 자의 부활과 산 자의 휴거(살전 4:13-17)

데살로니가전서 4:13-17의 맥락에서 제기된 문제는 예수의 재림 이전에

'그리스도 안에서 죽은 자들'의 앞날이 어떻게 되는가에 대한 것이었다. 이 권면의 배경을 추론해보면, 데살로니가교회 내에서 긴박한 예수의 재림과 구원의 완성이란 시나리오를 가지고 세상의 종말을 가르쳤거나 고대했던 사람 중 예수의 재림이 이루어지기도 전에 죽어 세상을 떠나게 되자 발생한 혼란스러운 상황이 상정된다. 이에 바울은 소망을 가진 신자들의 자세와 관련하여 '주의 말씀'이란 권위 아래 묵시주의적 파노라마를 제시하는데, 그 소망의 근거로 예수의 부활과 재림이란 선행적 틀 속에 먼저 죽은 자들 의 부활, 살아서 이 땅에 남아 있는 자들의 휴거를 연계시켜 설명한다. 이는 물론 데살로니가교회의 사망한 신자가 여전히 신앙공동체에 속한 상태로 산 자들과 동일한 소망을 공유하고 있음을 확신시켜 그들을 위로하고자 하 는 목회적인 동기를 수반한 것이었다(살전 4:18).[11]

여기서 바울은 한 번 더 예수께서 죽으셨다가 부활한 사실을 앞의 경우 와 달리 수동태가 아닌 능동태로 제시한다(살전 4:14). 예수께서 죽으시고 "일어났다"(ἀνέστη)는 것이다. 이를 선례로 쫓아 하나님은 그 예수와 함께 '그를 통해 잠자는 자들', 곧 그리스도 안에서 죽은 자들을 "데려오시리 라"(ἄξει)고 약속한다. 여기서 "데려오신다"는 것은 그 시점이 예수의 재림 (παρουσία) 때이고 그 공간은 '공중 속'(εἰς ἀέρα)이다. 거기서 하나님과 그리 스도와 성도들의 존재 양태는 '언제나 그리스도와 함께 있는 것'이다. 그 순서는 죽은 자들이 먼저 그리스도의 부활의 모델을 쫓아 잠자듯 죽은 상태 에서 깨어 일어나는 것(ἀνοτήσονται, 살전 4:16)이고, 지상에 살아남아 있는 자들은 구름 속에 낚아채듯(ἀρπαγησόμεθα ἐν νεφέλαις, 살전 4:17) 데리고 올 라가는 것이다.

그런데 여기에 시간의 단절이나 격차가 없고, 주께서 하늘에서 내려와

---

11 Richard S. Ascough, "A Question of Death: Paul's Community- building Language in 1 Thessalonians 4:13-18," *JBL* 123/3(2004), 509-530.

"주의 명령과 천사장의 소리와 하나님의 나팔"을 신호로 살아있는 자들을 죽은 자들과 함께 동시에 위로 끌어올리면 그들은 '주를 만나' 공중으로 인도되리라고 바울은 말한다. 먼저 죽은 성도들의 부활은 그리스도의 선례를 좇아 죽은 상태에서 '일어남'의 동작으로 표현되고 그리스도의 재림 시점에 발생하는 것으로 예견된다. 아울러, 살아 있는 자들은 순식간에 지상에서 사라지듯 하늘로 올라가는 것으로 상상된다. 그렇다면 예수 재림의 시점에 아직 죽지 않고 살아남아 있는 자들은 부활을 경험하지 않고 즉각 휴거 되리라는 것인데, 현재 상태의 썩어질 몸으로 살아있는 사람들이 이미 새로운 생명으로 부활한 죽은 자들과 함께 동등하게 그리스도를 만나고 하나님 앞에 서게 된다면 그 아찔한 공중의 상황을 감당할 수 있을까. 죽은 자들의 몸은 어떤 몸으로 부활하는 것이며, 살아 있는 자들은 종말 이후의 내세적 삶을 이어가기 위해 또 어떤 상태나 어떤 재질의 몸으로 변화되어야 하는 걸까.[12] 이러한 질문에 대한 응답은 필시 묵시주의적인 소재로 엮어 설명한 부활과 재림, 휴거 등의 소망과 관련하여 보다 세밀한 주제인 부활체에 대한 변론과 변증을 필요로 했고 이것은 추후의 과제로 남겨지게 된다.

3. 부활한 예수의 현현과 '영적인 몸'으로의 변화(고전 15장)

대표적인 부활장으로 일컬어지는 고린도전서 15장에서 바울은 앞서 과제로 제출된 사안에 대해 고린도 교인들의 의문 사항에 답하는 방식으로 상세하게 변증한다. 먼저 고린도교회에서 제기된 문제는 부활의 사실성에

---

[12] 데살로니가전서의 현 단계에서 바울은 아직 죽은 자들의 부활하는 몸과 살아남은 자들의 몸이 어떤 '변신'(transformation)을 겪게 될지 아직 피력하지 않고 있다. Joseph Plevnik, "The Taking up of the Faithful and the Resurrection of the Dead in 1 Thessalonians 4:13-18," *CBQ* 46/2(1984), 274-283. 이러한 통찰과 달리, 데살로니가전서 4:13-18의 본문에 고린도전서 15장의 '변신' 모티프가 암시적으로 드러나 있다는 주장도 제기된다. John Gillman, "Signals of Transformation in 1 Thessalonians 4:13-18," *CBQ* 47/2(1985), 263-281.

관한 것이었다. 그곳 공동체 성원들 중 "어떤 사람들"에게서 "죽은 자의 부활이 없다"는 문제 제기가 있었던 것이다(고전 15:12). 여기서 분명하게 제기된 쟁점은, 죽은 시체가 벌떡 일어나는 "죽은 자'의' 부활"(ἀνάστασις νεκρῶν)이었다.[13] 바울은 속격 대신 탈격 전치사(ἐκ)를 사용하여 죽은 자들 가운데 예외적으로 나타난 그리스도의 부활(Χριστὸς ἐγήγερται ἐκ νεκρῶν, 고전 15:20) 성도의 부활에 대한 선행적 근거로 삼고자 한다. 그 결과 이에 대한 바울의 변론은 만약 죽은 자의 부활이 없다면 그리스도의 부활도 없었을 터이고, 이에 따라 그것을 전해온 바울의 '케리그마'와 그 케리그마에 응답한 고린도교인들의 '믿음'도 헛되며, 결국 바울 등의 전도자들이 하나님의 거짓 증인으로 판명된다고 삼단논법의 논리를 좇아 제시된다(고전 15:13-15). 아울러, 바울은 이러한 형식논리를 확장시켜 "그리스도 안에서 우리가 바라는 것이 다만 이 세상의 삶뿐이라면 모든 사람 가운데 우리가 더욱 불쌍한 자"(고전 15:19)라는 동병상련의 심리적 근거를 제시하고, 더 나아가 당시 관행적으로 이루어진 "죽은 자들을 위하여 세례받는 자들"의 존재를 정황 증거로 내세운다(고전 15:29).[14] 그러나 이러한 형식논리와 심리적 변증, 정황 증거들은 부활의 사실성을 뒷받침하기에 그 증거로서의 무게가 약한 편이다. 그래서 바울은 앞서 부활의 사실성을 그리스도의 부활과 결부시켜 직접적인 증인들을 언급한 바 있다. 바로 '나타남'(ὤφθη)의 증거가 그것인데, 이는 그리스도의 부활을 변증하는 바울 이외에, 그에 앞서 게바와 야고보,

---

13 이 단어는 부활을 표기하는 대표적인 어휘로 '일어나다' '일으키다'라는 동사 ἀνίστημι의 뜻과 결부되어 있다. 고대 그리스 문헌에서 이는 영혼의 윤회를 가리키는 어휘였고, 육체의 부활과 관련해서는 아주 불가능하거나 예외적인 기적으로 드물게 일어날 수 있다는 입장으로 대별되었다. Oepke, "ἀνάστασις," TDNT vol. 1, 368-372.

14 이 기이한 세례에 대해서는 200개 넘는 해석이 나왔을 정도로 그 내막을 해명하기가 쉽지 않다. 그러나 분명한 것은 바울이 당시 일각에서 성행한 이 세례의 관습을 용인하지도, 비판하지도 않은 채 부활에 대한 심리적인 기대의 보편적 증거로 활용하고 있다는 점이다. John D. Reaume, "Another Look at 1 Corinthians 15:29, 'Baptized for the Dead'," Bibliotheca Sacra 152/608(1995), 457-475.

열두 제자들, 심지어 오백여 형제들에게 일시에 나타나 보였다는 것은 막강한 직접 증거로서 효력이 강했을 것이다. 물론 이즈음 이 또한 개인적 집단적 환영 체험으로 달리 해석하는 관점이 제기되었지만, 이는 고대의 종교적 신화적 세계관에 비추어 상당한 설득력을 발휘할 만한 증거였다.

부활의 사실성에 관한 것이 즉발적인 의혹이고 자연스러운 의문이었다면, 고린도교회에서 두 번째로 제기된 문제, 즉 "죽은 자들이 어떻게 다시 살아나며 어떤 몸으로 오느냐"(고전 15:35)는 물음은 구체적인 설명과 답변을 구하는 합리적인 질문이었다. 여기서 '어떻게'(πῶς)를 묻는 앞의 첫 번째 질문은 불가능성을 전제로 제기된 질문이 아니라, 부활하여 다시 살아난 생명체가 그 이전의 육체적 생명체와 맺는 상호 관계에 대한 가능성의 방식과 형태에 대한 질문으로, 내용상 기실 두 번째 질문과 동질적이다. 바울은 데살로니가전서에서 미완의 과제로 남겨둔 이 문제와 씨름하며 지적으로 세밀한 질문과 의혹을 던진 고린도교인들에게 해명해야 했던 것이다. 이에 대한 바울의 긴 변증을 요약하면, 하나님이 세상 만물을 지으시고 생명을 창조할 때 그것들의 형체와 영광이 달랐듯이, 부활체로 되살아나게 될 그 사후의 몸 역시 현재의 인체와 다를 것이라는 주장이다. 다시 말해, 그 몸의 질료와 질적인 차원에서 현재 인간의 '혼적인 몸'(σῶμα ψυχικόν)[15]과 장차 죽음을 넘어 경험하게 될 '영적인 몸'(σῶμα πνευματικόν)이 차별화된 형태로 나타나게 되리라는 것이 일차적인 답변이다(고전 15:44). 이를 또 다른 이미지로 확장시키면서 바울은 현재의 몸을 '흙에 속한 자의 형상'으로, 장차 입게 될 미래의 부활체를 '하늘에 속한 이의 형상'으로 각각 비유해 설명하기도 한다.

그러면 어떻게 그런 부활체가 이루어지는가? 이 개념을 데살로니가전

---

15 이 헬라어 문구의 한글개역개정성경은 '육의 몸'이지만, '육'에 해당되는 헬라어 σὰρξ, σαρκικός와 구별하기 위해 편의상 여기에서 '혼적인 몸'으로 번역하기로 한다.

서 4:13-17의 묵시문학적 시나리오에 대입하면 예수 재림과 함께 도래할 종말의 순간 홀연히 죽은 자들이 먼저 살아나 '썩지 않을 몸'으로 '변화'되고, 살아남아 있는 자들 역시 그 패턴을 따라 '변화'되리라는 것이다. 이미 죽은 자들이 썩은 몸의 합체, 변신과 함께 부활을 경험하는 것이라면 살아남아 있는 자들은 현재 '혼적인 몸'의 변신('교체'가 아니라)과 함께 부활을 경험해 하늘로 올라가리라는 것이다. 이것은 갑작스럽게 부활의 권능이 사망을 압도하여 주를 믿는 성도들이 이전과 다른 '신령한 몸'으로 변화되는 부활생명체의 진일보한 비전이었다.

4. '하늘의 처소'로 덧입음(고후 5:1-10)

위의 설명에서 부활체의 가능성과 형태, 그 본질에 대해 일정한 설명과 변증이 제시되었음에도 불구하고 한 가지 여전히 미진한 부분은 현재 우리가 지닌 살아 있는 몸과 이미 무덤에 매장되어 부패된 죽은 성도들의 시체를 아무런 차이 없는 '혼적인 몸'(σῶμα ψυχικόν)으로 동일시할 수 있는가 하는 점이었다. 아울러, 그리스도 안에서 죽은 성도들이 예수의 재림 때까지 어떤 상태로 어느 곳에 머물러 있는지도, 그저 잠든 수동적 상태가 아니라면 추가로 변증되어야 할 사안이었다. 이와 같이 부활에 대한 의문이 충분히 해소되지 않았음인지 바울은 고린도후서 5:1-10에서 또 다른 이미지를 활용하여 이 주제를 한 차례 더 심도 있게 다룬다. 거기서 바울은 앞서 언급한 '흙에 속한 자의 형상'과 '하늘에 속한 이의 형상'을 좀 더 확대, 발전시키면서 전자를 '지상에 있는 우리의 장막집'(ἡ ἐπίγειος ἡμῶν οἰκία του σκήνους)으로, 후자를 '손으로 짓지 않은 하늘의 영원한 집'(οἰκίαν ἀχειροποίητον αἰώνιν ἐν τοῖς οὐρανοῖς) 또는 '하늘로부터 오는 우리 처소'(τὸ οἰκητήριον ἡμῶν τὸ ἐξ οὐρανοῦ)로 빗대어 설명한다.

여기서 '장막'이나 '처소'는 육체를 지닌 인간의 삶이 연약하고 한시적인 것임을 빗대어 이르는 히브리 전통의 이미지로, 이는 플라톤이 인간의 육체를 불멸하는 영혼을 가두는 감옥으로 빗대어 이해한 것과 유사한 비유적 틀로 보인다. 그런데 바울은 전자의 육체를 벗어버리지 않고 그 위에 새로운 집이나 처소로 '덧입는다'(ἐπενδύσασθαι)고 표현한다(고후 5:3-4).[16] 이와 관련하여 바울이 제시한 흥미로운 두 진술이 있다: "이렇게 입음은 우리가 벗은 자들로 발견되지 않으려 함이라"(고후 5:3); "참으로 이 장막에 있는 우리가 짐진 것 같이 탄식하는 것은 벗고자 함이 아니요 오히려 덧입고자 함이니 죽을 것이 생명에 삼킨 바 되게 하려 함이라"(고후 5:4). 이 대목에서 바울이 추가로 변증해야 할 사안은 기존의 혼적인 육체와 새롭게 얻을 영적인 부활체가 어떤 상관관계에 있으며, 매장되어 부패한 시신으로 해체된 육체와 아직 생동하는 육체의 차이를 규명하고자 한 것으로 보인다. 이를 위해 사용한 핵심 어휘가 바로 '벌거벗음' '덧입음' '삼킴' 등이다.

인간의 죽음이 벌거벗음으로 나타난다는 것은 플라톤의 영육이원론에 따라 육신을 옷처럼 벗어버리고 그 불멸하는 영혼이 남아 벌거벗겨진 상태로 남게 되는 상황을 연상시켜준다.[17] 그 벌거벗은 영혼은 형체가 없으므로 여기에 형체를 부여하는 것이 이른바 하늘의 영원한 장막집이요 새로운 처소이겠지만 바울은 인간의 기존 육체, 곧 '혼적인 육체'를 죽음과 함께 사라질 것으로 무화시켜버리지 않았다. 여기서 개발된 신조 비유어가 바로 '덧

---

16 이 동사는 갈라디아서 3:27에서 세례 공식을 거론하면서 덧입음의 대상으로 '그리스도'를 제시하기도 하고, 에베소서에서는 그 대상이 '새 사람'(4:14), '하나님의 전신갑주'(6:11)로 변용된다. 나아가 이미 고린도전서 15:53-54에서 그 덧입음의 대상은 '썩지 않는 것'이라고 구체적으로 명시되었는데 고린도후서의 상기 본문에서는 이를 '장막집' '처소' 등과 같이 은유적으로 표현한 것이다.

17 이러한 발전론적 관점에서 바울의 종말 및 내세 신앙이 '육체의 부활'과 '영혼의 불멸'이라는 요소를 배타적으로 인식하고 후자를 버리는 대신 전자를 취한 것이라고 오스카 쿨만처럼 주장하는 것은 일견 타당하면서도 충분히 포괄적인 관점은 못 된다. 이러한 견해는 차정식, 『신약성서의 '환생' 모티프와 그 신학적 변용』(서울: 한들출판사, 2007).

입음'과 '삼킴'이었다. 기존의 육체를 버리기보다 그 위에 신령하고 썩지 않는 부활체를 덧입혀 영생하게 하거나, 기존의 육체를 신령하고 썩지 않는 부활체가 삼켜버려 새로운 불멸의 몸으로 변신하게 되리라고 본 것이다. 이는 기존의 몸이 사라진 영적인 존재는 형체 없이 발가벗겨진 '귀신'(ghost)과 다를 바 없게 되리라는 고대의 터부와 일정한 연관이 있어 보인다. 이로써 바울은 영육이원론의 틀에 매이지 않으면서 부활체의 인식 지평을 확장해놓은 셈이다.

아울러 바울은 여기서 자신의 사후 소망과 관련하여 개인적인 확신과 선호를 밝히면서 자신이 "육신을 벗어나"($\dot{\epsilon}\kappa\delta\eta\mu\tilde{\eta}\sigma\alpha\iota$ $\dot{\epsilon}\kappa$ $\tau o\tilde{\upsilon}$ $\sigma\dot{\omega}\mu\alpha\tauo\varsigma$), "주와 함께 머물길"($\dot{\epsilon}\nu\delta\eta\mu\tilde{\eta}\sigma\alpha\iota$ $\pi\rho\dot{o}\varsigma$ $\tau\dot{o}\nu$ $\kappa\dot{\upsilon}\rho\iotao\nu$) 원한다고 고백한다(고후 5:8). 그 육체를 떠나는 주체로서의 어떤 '생명'-그것이 영혼이든 다른 무엇이든-을 상정하지 않으면 위의 진술은 성립되기 어렵다. 이로써 바울은 이전의 도식에 따라 죽은 자가 잠든 상태로 예수의 재림 시까지 시신의 상태로 머물기보다, 썩지 않는 대안적 생명체로 그리스도와 함께 하늘에 머물기를 기대한 것이다.[18] 이와 같이, 그는 자신의 유사죽음 체험과 달리 온전히 죽은 성도들의 실존을 위로하며 죽음/재림 사이의 시간대에 육체를 벗어난 부활 생명이 그리스도와 함께 하늘에 머물게 되리라는 종말론적 전망을 제시함으로써, 또 다른 차원의 부활 개념을 도입한 것으로 볼 수 있다.[19]

---

[18] 이와 유사한 부활생명의 인식 패턴은 가령 고린도전서의 다음 구절에서도 유사하게 드러난다: "주 예수의 이름으로 너희가 내 영과 함께 모여서 우리 주 예수의 능력으로 이런 자(=의붓어미와 음행한 자-필자 주)를 사탄에게 내주었으니 이는 육신은 멸하고 영은 주 예수의 날에 구원을 받게 하려 함이라"(고전 5:4). 이 구절은 표면적인 의미만 살피자면 죽음과 부활의 과정에 철저히 플라톤 유의 영육이원론과 영혼불멸설이 적용되는 듯 보인다. 이 난해 구절에 관한 연구로 차정식, ""사탄에게 넘겨줌"의 의미와 초기 기독교의 저주 의식-고린도전서 5:4-5와 디모데전서 1:20을 중심으로," 「제20차 한국오순절신학회 학술발표회 자료집」(2017. 10. 23.), 73-98. 이 책의 III부 5장에 수록되어 있음.

[19] 이 점에서 혹자는 고린도후서 5:1-10을 바울의 종말론 전개 과정에서 '분수령'이 되는 기점으로 해석하기도 한다. Murray J. Harris, "2 Corinthians 5:1-10: Watershed in Paul's

III. 부활의 실체와 현상: 복음서의 내러티브 변증

지금까지 바울이 변증한 예수와 성도의 부활은 주로 공동체 내부에서 불거진 쟁점에 대응하는 차원에서 다루어진 관심사였다. 처음에 선교 현장에서 복음을 전하며 교회를 구축해 조직화하는 과정에서 작용한 부활의 '케리그마'가 초기 예루살렘교회공동체를 통해 바울에게도 전승되었고, 바울은 그 케리그마를 자신이 처한 선교 및 목회 상황에서 확대, 심화, 변용시키는 방향으로 그 의미를 조명하고 증폭시켰다. 그리하여 '정말' 부활인가의 의혹과 '왜' 부활인가의 궁금증은 '어떻게' 부활이며 '어떤 몸'으로의 부활인가의 질문을 거쳐, 예수 부활의 변증에 이어 성도들의 종말론적 희망과 내세의 기대에 부응하는 부활 신앙의 강화로 그 진로를 개척해갔다. 이런 쟁점을 다룬 바울 서신의 시대가 마무리된 지 대략 한 세대쯤 흐르고 난 뒤 당대 성도들은 단순 반복해서 고백하고 선포하는 케리그마 이상의 실질적인 부활 이야기를 듣고 싶어 하였다. 구전된 여러 이야기들이 채록되고 편집되어 마침내 복음서로 집필되어가면서 이러한 공동체 내부의 욕구는 당시 주변 종교이자 기독교의 모태가 된 유대교의 전통 가운데 '부활'이란 주제의 공통분모로 공동체 바깥과의 소통을 필요로 하였던 것 같다.[20] 가령, 왜 하필 예수가, 예수만이 부활해야 했는지, 그 부활 전후좌우의 내막은 어떠하였고 그 파장은 어떠했는지, 나아가 이러한 사후세계의 신앙 전통은 모태 종교인 유대교 전통의 맥락에서 대조할 만한 유비적 선례가 있는지 등과 같은 또 다른 도전적 물음에 맞서야 했을 것이다. 이에 복음서는 이러한 '삶의 자리'에 부응하면서 공동체 내부와 외부를 향해 예수 부활의 현장

Eschatology?" *Tyndale Bulletin* 22(1971), 32-57.

20 이러한 기대에 부응하여 각 복음서 저자가 어떻게 부활 사건을 조명하면서 응답했는지에 대해서는 Norman Perrin, *The Resurrection according to Matthew, Mark and Luke* (Minneapolis, MN: Augsburg Fortress Press, 2009).

을 소개하고 그 신학적 의미와 파동까지 낱낱이 드러내 주고자 하였다. 복음서의 수난사화와 결부된 부활 이야기는 이러한 배경에서 산출되었다.

1. '빈 무덤'과 현현 사건, 감응 부활(마 27:52-53)

복음서의 부활 이야기는 '빈 무덤' 모티프를 주조로 전개된다. 가장 이른 복음서로 알려진 마가복음은 16:9-20의 현현 및 승천 기사가 훗날에 다른 복음서의 자료를 짜깁기해놓은 후대의 첨가물임을 감안하면,[21] 안식일 후 첫날 예수의 빈 무덤을 확인한 여인들이 체험한 섬뜩한 공포와 전율, 침묵의 소용돌이(막 16:8)가 그 첫 증언이라고 할 수 있다.[22] 이후 생산된 마태, 누가, 요한복음의 빈 무덤 이야기는 몇 가지 모티프를 공유하면서 예수의 부활이 지닌 사건적 의의와 신학적 의미를 암시한다: 막달라 마리아를 비롯한 몇 여인들의 무덤 방문; 무덤의 돌문이 열리고 그 안에 눕혀 있었던 예수의 시신이 사라짐; 천사들로 추측되는 낯선 사람들과의 만남; 갈릴리에서의 재회 약속. 이 가운데 미래지향적인 갈릴리에서의 재회 모티프는 갈릴리에서 사역하던 예전에 예수께서 하신 말씀을 상기시키거나(눅 24:6-7) 예수의 부활이 성경의 예언이 실현된 결과임을 변증하는(요 20:9) 과거 회고적 방식으로 변용되기도 한다.

그 이후의 이야기는 부활하신 예수께서 여러 다른 곳에서 제자들에게

---

21 여전히 마가복음의 이 긴 본문이 마가복음의 결말부로 본래 텍스트에 들어 있었다는 주장이 있긴 하지만 대체로 2세기에 첨가된 것으로 보는 견해가 강하다. 전자의 주장에 대해서는 Nicholas P. Lunn, *The Original Ending of Mark: A New Case for the Authenticity of Mark 16:9-20* (Cambridge; Eugene, OR: James Clarke & Co., 2014).

22 일각에서는 제자들 앞에 부활한 예수의 나타남이란 모티프가 생략된 점을 들어 마가복음 16:1-8을 결말로 보기에 어색하다고 지적하지만, 신적인 권능의 나타남에 대한 경이의 반응만으로도 결말로 간주하기에 충분하다는 반론도 있다. Adela Yarbro Collins, *Mark: A Commentary*, ed. by Harold W. Attridge (Minneapolis: Fortress Press, 2007), 800-801.

나타난 현현 사건을 보여준다. 여기에 바울이 전승해준 오백여 형제들에게 한꺼번에 나타난 현현의 기록은 없지만, 그의 부활이 초기 기독공동체에 널려 퍼지게 된 것은 다양한 사람들이 예수의 사후에 예수를 만나본 적이 있다는 여러 구전의 효과였을 것이라는 짐작을 가능케 한다. 여기에 복음서별 특수 자료를 첨가해 산헤드린 사람들이 경비병들에게 뇌물을 주어 예수의 시체를 제자들이 훔쳐갔다는 소문을 널리 퍼트렸다는 에피소드(마 28:11-15),[23] 부활한 제자가 엠마오로 가던 두 제자에게 나타나 예언의 말씀을 풀어 설명해주고 식사를 같이했다는 에피소드(눅 24:13-35)[24] 등이 부활의 사실성과 현현의 보편성을 증언하는 모티프로 사용되고 있다.

이러한 이야기들과 별도로 마태복음 27:52-53은 일종의 감응 부활 이야기로,[25] 예수의 십자가 죽음에 즈음하여 이미 죽은 성도들이 무덤에서 일어

---

[23] 예수의 시체를 제자들이 훔쳐갔다는 이 소문의 날조설은 부활의 사실성과 진정성을 훼손하려는 각종 의혹과 의심에 대한 마태의 취약한 변증 시도로 보는 경향이 있지만 그 변증적 의도를 전복적으로 재해석해, 라이마루스(Reimarus) 이후 오히려 그 소문을 역사적 사실로 보는 관점이 일각에서 공고해진 것도 사실이다. 루쯔에 의하면 마태복음의 이 본문(28:11-15)은 그 복선으로 깔린 27:62-66과 함께 유대 지도자들의 사악함을 드러내고 부활 신앙을 공고히 하려는 의도로 저자가 작문한 "반박용 허구"(polemical fiction)이다. Ulrich Luz, *Matthew 21-28: A Commentary*, tr. by James E. Crouch, ed. by Helmut Koester (Minneapolis: Fortress Press, 2005), 613. 반면 이 자료를 비롯한 마태의 부활 기사의 취약성에 대한 주장을 역사비평적 재해석을 통해 반박하여 그 신빙성을 논증한 연구로 David Wenham, "The Resurrection Narratives in Matthew's Gospel," *Tyndale Bulletin* 24(1973), 21-54.

[24] 누가만이 전승한 이 에피소드는 예수의 부활을 믿는다는 것이 새로운 자기 이해에 근거한 새로운 존재로 변화하고 집단 교제에 참여함을 의미한다. 이런 관점에서 엠마오 이야기는 개방적 식탁 교제 가운데 현존하는 그리스도의 실재를 의식하면서 기독교 신앙의 정체성을 확립해나갔음을 암시한다. Hans Dieter Betz, "Origin and Nature of Christian Faith according to the Emmaus Legend," *Interpretation* 23/1(1969), 32-46.

[25] 이 '감응 부활'이란 용어는 저자가 개발해 사용하는 것인데, 예수의 십자가 죽음에 연유한 강력한 권세에 감응하여 다른 죽은 이들이 비슷한 방식으로 부활함으로써 예수의 십자가 사건에 담긴 구원사적 권능을 드러내고 장차 이루어질 그의 부활에 복선을 깔아줌으로 그 공신력을 높인 점을 가리키는 개념이다. 이런 감응 부활은 저자의 변증적 관점에서 보면, 가령 다음과 같은 이사야의 묵시문학적 비전을 투사하여 그 예언이 실현되었음을 보여주고

나 예루살렘 도성으로 들어가 사람들에게 나타났다는 에피소드를 전한다.[26] 이 감응 부활 이야기는 뒤이어 등장하는 예수의 부활이 유일한 예외적인 특수사례가 아니라 하나님의 초월적 권능을 드러내는 보편적인 기적이라는 암시적 메시지를 전한다. 나아가 이로써 바울의 이방인 선교공동체에서 제기된 쟁점 중 하나인 예수의 부활과 성도의 부활의 상관관계를 해명해준다. 성도의 부활이 예수의 부활 사건에 의해 견인되되, 예수의 재림이라는 미래 시점에 실현되리라는 묵시적 종말 소망은 다소 막연하게 기대하며 미루어둔 관심사였다. 마태복음의 저자는 이러한 점을 적절히 해명하기 위해, 예수의 십자가 죽음 당시 실제로 이에 감응해 많은 부활 사건이 있었고 그들도 예수와 마찬가지 방식으로 많은 이들에게 나타났다고 이야기함으로써, 예수의 대속적인 죽음과 성도의 구원을 긴밀히 연계시켜 변증한 것이다. 이 점에서 마태복음의 이 감응 부활 에피소드는 훗날 죽은 자들이 먼저 일어나 새로운 부활체로 변신하리라는 바울의 종말론적 밑그림을 예비하며 두둔하는 복선의 기능을 담당한 셈이다.

2. 누가, 왜 부활하는가(눅 20:35)

개체 생명의 시체가 되살아 일어나는 육체 부활에 대한 믿음은 조로아스터교에 그 역사적 기원을 둔 것으로 보는 관점이 통설이 되었지만, 그 논의가 최종적으로 일단락된 것은 아니다. 여전히 구약성서의 전통 가운데

자 한 것이다: "주의 죽은 자들은 살아나고 그들의 시체들은 일어나리이다. 티끌에 누운 자들아, 너희는 깨어 노래하라. 주의 이슬은 빛난 이슬이니 땅이 죽은 자들을 내놓으리로다"(사 26:19).

26 이러한 부활 사건은 앞서 등장하는 성전 휘장의 찢김, 땅의 흔들림, 바위의 쪼개짐 등과 같이 묵시적 징조로 예수의 십자가 사건과 함께 하나님의 심판이 이미 시작되었음을 암시한다. Raymond E. Brown, *The Death of Messiah: From Gethsemane to the Grave*, vol. 2 (New York: Doubleday, 1994), 1102, 1123.

서 그 배경을 찾고자 하는 시도가 있기 때문이다. 구약성서에서 부활 사상의 뿌리를 언급할 때 가장 잦은 인용의 대상이 되는 것은 에스겔 37:1-14의 마른 뼈 환상 이야기와 다니엘 12:1-3의 예언이다. 전자의 이야기에서 골짜기에 방치된 마른 뼈들이 상합하여 골격을 이룬 뒤 거기에 힘줄과 살이 오르고 가죽이 덮여 하나님의 생기가 임하자 큰 군대로 살아나는 비전은 파멸한 민족공동체가 회생하는 부활의 모티프로 본다. 특히 "내 백성들아, 내가 너희 무덤을 열고 너희로 거기에서 나오게 하고 이스라엘 땅으로 들어가게 하리라"(겔 37:12)는 진술은 예수가 무덤 문을 열고 부활하여 갈릴리로 가서 제자들을 만나는 부활 이야기의 배경으로 손색이 없을 정도다. 마찬가지로 다니엘이 "땅의 티끌 가운데 자는 자 중에서 많은 사람이 깨어나 영생을 받는 자도 있겠고 수치를 당하여서 영원히 부끄러움을 당할 자도 있을 것이며…"(단 12:2)라고 예언한 대목은 누가 왜 부활하는가라는 질문에 대한 훗날의 답변에 충분한 참고자료가 되었을 것으로 사료된다. 그러나 동일한 질문에 관심하면서도, 부활의 자격이 악을 행한 자들에게 적용되지 않고 의인과 악인을 차별하여 오로지 의인만이 부활한다고 보는 관점도 유대교 전통에 뒤섞여 있었다(사 25:6-8, 26:14-19).[27]

비평적 구약성서 학자들의 다수는 이러한 에스겔과 다니엘의 인용 본문들이 개체 생명이 죽은 뒤 그 시신이 벌떡 일어나 기동하는 식의 부활 전승이라기보다 바빌론 포로기 이후 이스라엘 민족공동체 전체의 회복을 전망하

---

27 George W. E. Nickelsburg, "Resurrection(Early Judaism and Christianity)," *ABD* vol. 5, 684-691; [idem], *Resurrection, Immortality, and Eternal Life in Intertestamental Judaism and Early Christianity*, expanded edition (Cambridge, MA: Harvard Divinity School, 2007). 이와 같은 관점은 후대의 구약 외경문서(에녹1서 51:4-5) 같은 곳에서도 탐지되는데 이를테면 "의인들이 부활하여 땅 위로 걸어 다닐 것"이라는 식의 예언이 그 증거다. 마태복음의 상기 본문(27:52-53)에 나오는 감응 부활 사건도 "모든 의인들"이 아니라 "많은 성도"로 표기되어 있지만 의인과 성도(=거룩한 자들)를 동일 개념으로 볼 때 유사한 계통의 종말론적 부활의 예표로서 볼 만한 근거는 충분하다. Urlich Luz, *Matthew 21-28: A Commentary*, 567.

는 의미로 새기는 것이 합리적이라 본다.[28] 유대교 전통 가운데 개체 생명의 부활 신앙은 훗날 마카베오 시대에 순교한 형제들이 자기들의 죽음과 함께 훼손된 시신의 지체들을 온전히 회복된 채로 다시 돌려받으리라고 확신한 이야기(마카베오2서 7:1-29)를 전후로 본격적으로 뿌리내려갔으리라 보는 것이다. 그러나 그럼에도 불구하고 상기한 에스겔서와 다니엘서의 본문들은 개체 생명/육체의 부활에 대한 믿음이 확실히 뿌리내리기 이전에 이미 유대교 신앙 전통 속에 부활에 대한 상당한 관심과 그 찬반 경우에 대한 나름의 신학적 사색과 묵상이 꾸준히 전개되어왔음을 암시한다.

이와 관련하여 예수 당시 사두개파 사람들이 부활과 관련해 부정적인 입장이었던 것에 비해, 바리새파 유대교도들이 부활에 대한 신앙을 예수와 함께 공유한 점이 복음서 기록(눅 20:27-40)을 통해 확인된다. 바로 이러한 맥락에서 유대교의 부활 신앙 전통은 대략 다음의 패턴으로 진화해온 것으로 보인다: 1) 죽으면 생명이 소멸되어 스올(Sheol)의 어둠에 머물게 되므로 아무런 소생의 희망이 없다[29]; 2) 죽은 자들 가운데 오로지 의인만이 부활하여 하늘로 승천해 하나님을 만난다; 3) 죽은 자들 가운데 의인은 영생의 심판으로, 불의한 자는 영벌의 심판으로 보응받기 위해 각기 부활한다. 이러한 통시적인 관점에서 보면 누가복음 20:35의 부활 논쟁 이야기는 다니엘서 12:2-3과 달리, 어쩌면 더 오래 묵은 전통을 반영한다고 볼 수 있다.

형사취수제의 관습에 따라 한 여인이 다른 일곱 형제와 혼인 관계에 있다가 죽은 뒤 그 여인이 누구의 아내가 되겠느냐는 짓궂은 질문에 예수께

---

28 Robert Martin-Achard, "Resurrection(Old Testament)," 680-684.

29 죽음에 대해 철저히 비관적인, 히브리 전통의 오래된 관점을 반영하는 암시적 근거는 다음과 같다: "모든 산 자들 중에 들어 있는 자에게는 누구나 소망이 있음은 산 개가 죽은 사자보다 낫기 때문이니라. 산 자들은 죽을 줄을 알되 죽은 자들은 아무것도 모르며 그들이 다시는 상을 받지 못하는 것은 그들의 이름이 잊어버린 바 됨이니라"(전 9:4-5); "그들은 죽었은즉 다시 살지 못하겠고 사망하였은즉 일어나지 못할 것이니 이는 주께서 벌하여 그들을 멸하사 그들의 모든 기억을 없이하셨음이니이다"(사 26:14).

서 답변하는 맥락에서 제시된 상기 어록은 "누가 부활하는가?"란 질문에 대해 "저세상과 죽은 자 가운데서 부활함을 얻기에 합당한 자들"에 국한해 그 대상이 된다고 함으로써, 죽은 자의 부활이 누구에게나 해당되는 '아무나 대잔치'가 아님을 분명하게 못 박고 있다. 이는 에스겔서 37:1-14의 부활 비전에 담긴 민족 회복의 보편성과 다를 뿐 아니라, 다니엘서가 종말론적 심판의 맥락에서 예시한 '수치의 부활'과 '영생의 부활'이라는 관점과도 다르다. 여기서 누가의 예수가 굳이 '부활함을 얻기에 합당한 자들'이라고 선언한 것은 초기 교회공동체에서 바울 등이 변증하고 답변한 예수의 부활과 성도의 부활 이외에 예수와 상관없는 불신자의 경우 부활이 어떤 의미가 있는가 하는 의문을 반영하면서 잠정적인 해답을 제시한 것이라고 볼 수 있다. 요컨대, 바울의 이방인 기독교 맥락에서 '부활함을 얻기에 합당한 자들'은 하나님의 은혜 가운데 믿음으로 의롭게 여김을 받아 새 언약공동체의 구성원이 된 성도들로 인식되었을 것이다.[30] 아울러 그 공동체 바깥에 있는 비신자들의 경우는 아예 부활하지 못한 채 죽은 시체로만 머물거나, 적어도 '의인의 부활'에 동참하지 못할 것으로 간주되었을 법하다.

3. 변화된 '영적인 몸'의 실체
(눅 20:27-40, 24:31, 41-43; 요 20:17, 27; 마 20:9)

한 세대 이후 교회공동체에게 변화된 '영적인 몸'인 부활체와 죽어 썩게 될 '혼적인 몸'의 상관관계는 단순히 전자가 후자를 삼켜버린다거나 전자가

---

30 보봉은 여기에 고린도전서 7:32-34을 덧대어 종말론적 맥락에서 해석하면서 이 구절이 금욕적인 결정과 의무를 암시한다고 본다. 이러한 초기 기독교의 관점은, 가령 부활과 함께 수많은 자손을 얻는 놀라운 후손 번성의 때가 도래할 것으로 기대한 한 유대교 랍비의 견해와 흥미로운 대조를 보여준다. François Bovon, *Luke 3: A Commentary on the Gospel of Luke 19:28-24:53*, tr. by James Crouch, ed. by Helmut Koester (Minneapolis: Fortress Press, 2012), 63(note 53).

후자의 몸에 덧입혀진다는 식의 비유적인 상상만으로 불충분했던 것 같다. 성도들은 그 세세한 차이를 궁금해했을 터이기 때문이다. 요컨대, 부활체인 '영적인 몸'과 변화 이전의 '혼적인 몸'이 어떻게 유사하고 어떻게 다른지 또 다른 해명이 필요했으리라는 것이다. 일단 앞서 예시한 누가복음 (20:27-40)의 상기 본문에 의하면 부활하면 '부활의 자녀'가 되어 지상에서 해오던 혼인의 인습을 쫓아 장가가고 시집가는 일이 없이 '하나님의 자녀'로 살며 '천사와 동등'하게 된다는 정도로 답변을 제시했다.

그러나 생성기 기독교가 바울 이후 변화된 신령한 부활체에 대한 답변으로 예비한 것은 이것이 전부가 아니었던 것 같다. 일단 천사 같은 존재로 변화된다는 것이 어떤 것인지 실감나야 했기 때문이다. 이는 예수의 부활 및 현현 이야기에 상당 부분 보충해서 답변이 제시되는데, 몇 가지 특징을 간추리면 다음과 같다. 첫째, 부활해서도 그 몸은 살과 뼈를 가진 현재의 몸과 같이 구체적인 형체와 흔적이 있으며 감각이 있는 것으로 파악된다. 가령, 그는 제자들에게 먹을 것을 달라 부탁하시고 구운 생선 한 토막을 받아먹은 것으로 묘사된다(눅 24:41-43).[31] 그뿐 아니라 그는 의심 많은 제자 도마가 그 손가락을 움직여 예수의 손과 옆구리를 터치할 수 있는 몸으로 자신의 부활체를 설명한다(요 20:27). 여기서 예수의 부활은 마카베오 시대 순교한 형제들의 육체 부활 소망(마카베오2서 7장)과 달리 훼손된 지체가 말끔히 회복되기보다 상처와 흠집이 그대로 남아 있는 또 다른 유형으로 이해

---

31 예수가 부활한 몸으로 음식을 받아먹은 사실과 관련하여 2세기에 흥미로운 추론이 전개되었다. 가령 아브라함과 사라의 초청을 받은 천사들이 음식을 먹었다면 어떻게 소화했는가 하는 의문이 제기된 것이다. 마찬가지로 부활체가 천사와 같이 변화된 몸이라면, 부활한 그리스도께서 이 본문에서 먹는 척한 것이 아니라 실제로 먹었다면 그 이후 소화 및 배설 문제는 어떻게 이해해야 하는가 하는 궁금증이 생겼던 것이다. 이에 대해 테르툴리아누스 같은 교부들은 부활 이전의 여느 인간이 하는 방식대로 음식을 소화하지 않았고 하늘에서 신성한 불이 내려 그 음식물을 마치 번제물 사르듯 전소시켜 소화할 필요가 없었을 것이라고 추론했다. 앞의 책, 393-394.

된다. 다만 부활한 몸은 이 땅의 시공간적 제약에 구속되어 있는 현재의 몸과 달리 시공을 초월하는 몸으로 변화되어 있으리라는 것이다. 그래서 예수는 제자들이 머무는 실내 공간에 문을 닫아놓았는데도 갑자기 나타나 평강의 인사를 전하는 모습을 보여주고(요 20: 19), 엠마오 제자들과 동행하다가 순식간에 그 자리에서 사라지기도 한다(눅 24:31).

한 가지 흥미로운 것은 예수의 부활체를 여자들이 만지도록 허락되는가에 관한 전승이다. 앞서 언급한 대로 예수께서는 도마에게 자신의 부활체를 만져보도록 허용했지만 정작 막달라 마리아 앞에서는 아직 아버지께로 올라가지 않았다는 이유로 '나를 만지지 말라'(μή μου ἅπτου, 요 20:17)고 금하고 있기 때문이다.[32] 그러나 이러한 기준이 일관되지 않은 것은 다른 곳에서 그는 여자들이 부활한 그의 발을 '붙잡고'(ἐκράτησαν) 경배하는 것을 만류하지 않았기 때문이다(마 28:9). 이러한 차이는 아직 신령한 몸으로 변신한 부활체를 이 땅의 '혼적인 몸'을 지닌 사람들이 부정에 노출된 그 몸으로

---

32 이 구절에 대한 해석은 매우 분분하다. 특히 예수께서 막달라 마리아의 신체 접촉을 금한 이유를 그가 아직 하늘 아버지께 올라가지 못했기 때문이라고 한 대목에서 많은 해석이 나와 있다. 평범하게 해석하면 브루스처럼 마리아가 예수께서 살아 있음을 발견하고 기쁨에 겨운 나머지 그를 놓치지 않기 위해 꽉 붙잡으려고 하는 시도를 보였기 때문이라고 볼 수 있다. F. F. Bruce, *The Gospel of John* (Grand Rapids, Michigan: W. B. Eerdmans, 1984), 389. 또 다른 주석 하나는, 본문의 서사적 신학적 맥락에 착안하여 1) 마리아가 예수께서 이미 승천하여 재림한 상태로 오해하여 그를 붙잡으려고 했기 때문에, 즉 예수께서 이 땅에 잠깐 한시적으로 머물고 아직 가야 할 승천의 여정이 남아 있기 때문에; 2) 마리아가 앞으로 예수에 집착하기보다 보혜사 성령을 통해 더 깊은 교제를 추구해야 했고; 3) 남은 제자들에게 예수께서 아직 승천하지 않았다는 메시지를 전달해주어야 할 책임을 수행해야 했기 때문이라고 추론한 것이다. Raymond E. Brown, *The Gospel according to John, xiii—xxi* (Garden City, NY: Doubleday, 1970), 1012(특히 첫 번째 관점과 관련하여). 또한 Anthony Nguyen, Sieu, "'Do Not Hold on to Me': John 20:17 Revisited," *Landas* 24/2(2010), 145-169. 한편 버틀러의 젠더 이론과 푸코의 권력 이론에 기대어 요한복음의 부활 이야기와 몸에 대한 이해에서 '고착'(fixedness)과 '정체'(stasis)보다는 '불안정성'(instability)과 '활력'(dynamism)이 영생과 영원의 조건이고 초월적 인간성의 특질이라는 주장도 제기된다. Molly Haws, "'Put Your Finger Here': Resurrection and the Construction of the Body," *Theology & Sexuality* 13/2(2007) 181-194.

만지며 감각적으로 접촉할 수 있는가 여부에 확고한 기준이 마련되지 않았음을 암시한다. 나아가 그 부활체를 만지는 상황이나 조건과 관련하여 남녀의 기준이 달랐거나, 여자들의 경우도, 그 의도와 목적에 따라 상이한 기준이 적용되었을 가능성 또한 없지 않다.

IV. 요약 및 결론: 부활 신앙의 신학적 의의와 과제

오늘날도 그렇지만 생성기 기독교에 신학적 정체성을 부여해준 핵심 교리는 예수의 부활이었다. 그것은 성경의 예언을 실현하는 방식으로 무덤에 누워 있던 예수가 벌떡 '일어나서' 무덤 밖으로 나와 기동했다는 소문 가운데 전파되었고, 제자들에게 연쇄적으로 '나타났다'는 체험의 간증을 통해 그 파장이 더욱 증폭되었다. 이 부활 신앙이 그 예외적 사건성과 함께 고백되거나 선포된 구체적인 '삶의 자리'는 초기 기독교의 선교 현장이거나 공동체 내부의 예배 현장이었다. 바울의 경우를 통해 암시되듯이, 예수의 부활은 그의 대속적 죽음과 재림에 대한 교리와 함께 이방인들 가운데 전파된 핵심적인 '선교 케리그마'를 구성하였다. 이 부활 케리그마가 생성기 기독공동체 내에 더욱 풍성한 신학적 의의를 품게 된 것은 예수의 부활이 부활의 '첫 열매'가 되어 그를 믿고 따르는 성도들의 부활로 연계된다는 믿음과 접맥되면서부터였던 것으로 보인다. 그렇게 예수의 부활에 대한 신앙고백이 '나의 부활', '우리 공동체의 부활'에 대한 신앙으로 확장되면서 이 두 항목의 부활 신앙은 초기 전승부터 확고한 연계망 속에 면면히 전승되고 교리적으로 진화되어갔던 게 분명하다.

그러나 발전론적 관점에서 분석하고 조망한 앞의 논의대로, 부활 신앙은 공동체 안팎으로 적잖은 도전에 직면하게 되었다. 합리적인 상식을 갖고 제기된 여러 질문과 부대끼면서 부활의 사실성과 그 방식, 형태, 의미 등에 관련해 변증해야만 했기 때문이다. 이러한 요구에 부응하여 바울은 자신의 서신을 통해 공동체에서 제기된 여러 의혹과 질문에 답하면서 부활 신앙의 필연성과 사실성을 변증하였고, 변신한 부활체의 속성과 특징을 다루면서 '혼적인 몸'과 '영적인 몸'을 구별하여 설명하였다. 아울러, 그 두 유형의 몸이 어떻게 부활 이후의 시점에 연계되어 있으며, 죽음과 재림 사이 성도의 몸/영혼의 상태가 어떠한지도 추가로 해명해야 할 사안이었던 것 같다. 이 모든 바울의 신학적 변증은 사후에 성도의 실존과 그 몸의 실체가 어떻게 나타나게 되는가 하는 내세신앙의 관심사로 직결되었다. 이러한 쟁점을 바울이 케리그마의 형식으로 제시하고 추상적 개념화를 통해 변증했다면, 이후 한 세대가 지나고 나서 복음서의 저자들은 내러티브의 형식 속에 그런 개념이 어떻게 작동하는지, 나아가 그러한 믿음이 유대교의 부활 신앙과 어떤 상관관계를 갖는지 부활에 대한 예수의 가르침과 그 자신의 부활 사건을 통해 제시하였다.

특히, 어떤 부류의 사람이 왜 부활하는가, 부활체의 내세적 존재 방식은 어떠하며 그것이 기존의 육체적 생명과 비교하여 어떤 유사점과 차이점이 있는가 등의 쟁점에 대한 후대의 변증적 해법이 복음서의 부활 관련 이야기에 어떤 흔적으로 반영되어 있는지 조명해 보았다. 그 결과, 의인과 불의한 자가 각기 영생의 부활과 심판의 부활로 사후의 경로를 밟게 되리라는 다니엘서 유의 부활과 달리, 오직 '부활을 받기에 합당한 자들'에 국한하여 부활이 이루어진다는 것이 복음서 단계의 입장으로 더 오래된 부활 전통을 반영하는 것으로 드러났다. 아울러, 천사 같이 동등한 존재로 변화된 그 부활체의 실존이 예수 재림의 막연한 미래 시점에 그치지 않고, 예수의 십자가 죽음 당시 무덤을 열고 부활한 많은 성도의 감응 부활 이야기가 시사하는 대로 얼마든지 지금 여기서 가능한 현실임을 역설하기도 하였다. 그렇지만 부활체의 신령한 특성과 관련하여 혼적인 육신을 가진 지상의 제자들(특히 여성들)이 그것을 만질 수 있는가의 여부는 단일한 기준으로 충분히 정리되지 않은 것으로 드러난다.

이러한 발전론적 관점에 비추어 볼 때 생성기 기독교의 부활 신앙은 그 구성요건으로 여러 모티프를 아우르면서, 그 개념뿐 아니라 형식과 내용 모두 역동적인 진화 과정을 거쳐 신약성서에 반영된 것으로 판단된다. 이러한 분석 결과는 2천 년이 흐른 오늘날의 시점에서 4차산업혁명에 따른 트랜스휴머니즘의 비전을 띄우는 세태 가운데 인간 생명에 대한 최첨단의 지식과 이론을 수렴하여 어떤 형태와 방식, 어떤 내용으로 기독교의 부활신앙을 변증해야 하는지, 전통신앙의 기본 틀에 충실하면서 동시에 어떤 참신한 발전론적 해석의 지평을 개척할 수 있을지 또 다른 신학적 실천적 과제를 남긴다. 부활체로 장차 살아내기 이전에 그 부활이 우리 자신에게 무엇을 뜻하며 내세신앙과 결부하여 어떤 소망을 주는지 막연한 강변과 복창이 아니라 합리적인 지성으로 무장하고 과학적인 세계관에 익숙한 세대에게 구체적인 해명과 설득이 필요하기 때문이다. 그것이 부활과 관련하여 '이해를 구하는 신앙'이라는 고전적인 명제에 부응하고자 할 때 기독교 신학자와 목회자들, 나아가 일반 성도들이 부대낄 수밖에 없는 긴요한 관심사로 현전한다.

5장
마음 또는 천태만상의 광활한 내면세계
— 지·정·의는 마음속에 어떻게 만나는가*

I. 왜 마음인가?

마음은 내 감각의 투시경 속에서 무엇보다 미끄럽다. 그래서 붙잡으려고 하면 미꾸라지처럼 잘도 빠져나가 그 실체를 온전하게 파악할 수 없다. "내 마음 나도 몰라"는 수사적 구호이기에 앞서 적나라한 인간 실존의 고백이다. 미끄러운 마음이기에 욕망과 접속할라치면 변덕이 팥죽 끓듯 한다. 하루에도 열두 변덕을 더 부리는 게 사람의 마음이라는 옛 선현의 말에 나는 적극 동의한다. 그만큼 신뢰하기 어렵고 그만큼 모호한 세계가 마음이란 요물이다.

마음은 또한 감정에 치이고 세파에 찌들수록 뻣뻣해지는 성향이 있다. 마음이 굳어버리면 동맥경화보다 더 무섭다. 도통 말을 하지 않고 고집대로 주변 사람을 배타하고 혐오하며 결국 무관심에 악의까지 더하여 살의를 번득이기도 한다. 그게 마음이 주는 공포이다. 자신의 마음을 깊이 들여다보

---

* 이 논문은 2021년 2월 22일 광주 '다아트아케데미' 초청으로 발표한 동 주제의 글을 각주를 추가하여 보완한 것이다.

는 영성 수련의 내공을 닦아 어느 날 거울에 비친 얼굴 이면의 제 마음을 살짝 응시한 혹자는 섬뜩함을 느낄 수밖에 없었다. 그 마음의 거울에 투사된 자신의 이미지는 누가 봐도 마귀의 모습과 너무 흡사하게 닮아 보였기 때문이다. 이 모든 마음의 비극은 그 마음이 뻣뻣하게 굳어지고 폐쇄되면서 시작된다. 마음의 고집스러운 에너지의 응어리가 완고함으로, 다시 완악함으로 나타나는 건 일순간의 일이다.

그러나 컴컴한 마음이 환해지는 때도 찾아온다. 하나님의 은혜를 받아 성령 충만해지거나, 성실한 공부와 깊은 자기성찰의 수련을 통해 진리의 빛에 감화되는 순간, 주변이 환해지면서 동시에 자신의 내면도 환해진다. 비관적 정서가 물러나고 제 삶에 소망 어린 기대감이 샘솟고 따뜻한 사랑의 에너지도 이때 생겨난다. 이런 마음만으로 제 삶이 지탱된다면 오죽 좋겠는가. 물론 많은 시간 동안 우리 마음은 이런 빛의 세계와 컴컴한 어둠의 세계 사이로 자주 들쭉날쭉한다. 지적인 분별력도 그때그때 다르다. 마음을 수놓는 기쁨의 순간은 짧은데 슬픔과 고통의 날들은 꽤 지속적이고 오래 머문다. 무엇보다 현대인의 마음은 많은 상처의 기억들로 얼룩져 있어 그 트라우마를 고쳐 건강한 마음으로 자기 생을 누리는 것이 참 힘들다. 특히 이런 쪽으로 누구에게 까놓고 속 시원히 말도 잘 못하는 목사들의 병통이 깊다.

이러한 마음의 제반 풍경을 놓고 우리는 자신의 마음에 대해 할 말이 아주 많은 사람이다. 그러나 저 한 사람의 마음만으로도 워낙 천태만상의 광활한 세계이기에 그것을 탐구하고 연구한다는 것은 참 어려운 일이다.[1]

---

1 국내 연구만 살펴보면 마음에 대한 연구는 대략 동서양의 철학과 종교, 사회학과 심리학, 교육학 등의 영역에 몸/마음, 흰 마음/검은 마음, 개인 마음/집단 마음의 이분법적 관점을 위주로 다채롭게 이루어져 왔음을 알 수 있다. 이에 따라 '마음인문학', '마음사회학', '마음교육론' 등의 개념이 정초되었고, '마음치유', '마음공부' 외에도 '마음챙김'이란 일종의 전문 용어가 계발되어 임상적인 맥락에서 응용되고 있는 연구의 지형이 대강 확인된다. 그런데 흥미롭게도 유교, 불교, 노장, 샤머니즘 등의 마음 연구는 꽤 탐지되는 데 비해 기독교 측에서 마음을 주제로 연구한 논문은 거의 발견되지 않는다. 유승무, "'마음'의 사회학적 재발견과

더욱이 심리학의 선부른 이론으로 마음을 읽는 독심술의 교본을 만들거나 바람직한 '마음 보양술'을 제시한다는 것은 어쭙잖거나 무모한 일이다. 이 글의 목적은 도리어 소박하다. 나는 감정이나 이성의 작용으로 퉁치곤 하는 마음을 도무지 해부할 역량이 없다. 나 자신의 마음조차 종종 헷갈리는 터라 신약성서 학자의 본분에 맞게 다만 신약성서에서 '마음'으로 번역된 두 핵심 어휘(καρδία/νοῦς)의 용례와 그 맥락을 최대한 촘촘하게 분석하여 거기에서 이 시대 성서적 '마음론'의 한 참조점을 얻고자 한다. 이 또한 연구자의 주관이 개입하고 분석 자체가 쉽지 않은 작업이지만, 그 결과는 내 마음이 개입하여 작용한 흔적을 반영할 터이기에 그 나름대로 유의미한 공정이 되리라 본다.

II. καρδία라는 마음

신약성서에서 '마음'이라고 표현된 단어의 대부분은 καρδία로 도합 159번 사용되고 있다. 이 어휘는 육체적 감정적 영적 삶의 중심을 지칭하는데,[2] 신약성서에서는 육체적 중심기관으로서의 '심장'(heart)이란 뜻으로 의

'합심(合心)'의 소통행위론적 이해: 조선왕조실록의 용례 분석에 근거하여," 「사회사상과 문화」 28(2013), 1-47; 황금중, 팜흐우쭝, "'마음교육론'의 학문적 성격과 전망," 「교육학연구」 42/4(2004), 1-33; 박완규, "마음과 몸에 관련된 몇 가지 생각," 「동서철학연구」 36(2005), 175-197; 이성미, "『장자』를 통해 본 마음과 교육," 「교육철학연구」 36/1; 신정근, "공자의 '마음' 논의: 흰 마음과 검은 마음," 「동양철학연구」 72(2012), 33-56; 한규석, "마음의 연구와 심리학: 마음의 문화심리적 분석에 바탕한 심리의 작용 틀," 「한국심리학회지」 27/2(2008), 281-307; 박소진, "'마음'의 학문적 재발견: 개인과 집단의 마음, 그리고 한마음," 문화와 사회 22(2016), 59-97; 이기흥, "마음인문학의 철학사상적 토대에 대하여: 마음공부론을 중심으로," 「철학탐구」 57(2020), 201-246; 구형찬, "종교적 마음과 사회적 마음: 진화인지적 접근," 「종교문화비평」 35(2019), 13-47; 안희영, "현대 서구사회에서의 마음챙김 활용—불교 전통과 현대 마음챙김 접근법을 중심으로," 「불교학연구」 33(2012), 489-517.
2 이 어휘는 '심장'이란 의학적 병리적인 개념 외에 비유적으로 더 광범위한 함의를 내포한다.

학적 함의를 가지고 사용된 곳은 단 한 군데에 불과하다(눅 21:34). 그렇다고 이 단어가 감정적 에너지의 집중 표상으로만 사용된 것도 아니다. 오늘날 흔히 말하는, 지 · 정 · 의의 모든 영역을 머금고 있는 것이 바로 이 καρδία 의 세계다.[3] 한마디로 요약하면 이 καρδία로서의 마음이 언급되는 세계는 천태만상의 광활한 내면 풍경을 품고 있다. 그 내용인즉 긍정적이기도 하고 부정적이기도 하다. 인간과 무관하게 하나님의 마음을 가리키는 문맥이 극 소수 발견되고(행 13:22), 또 어떤 공간의 중심을 가리키는 은유적 용례("땅의 중심")도 한 군데 나오지만(마 12:40), 나머지 대다수 용례는 인간에 대한, 인 간과 관련된 내면의 상태나 동력 또는 특수한 삶의 자리나 속성과 연관된 맥락에서 탐지된다.

1. 감정과 욕망의 숙주, 죄악의 태반

καρδία로서의 마음은 무엇보다 감정 기관으로 그 마음속에는 인간의 다양한 감정이 들끓는다.[4] 그 감정은 나아가 욕망의 덩어리로 뭉쳐져 특정 한 에너지를 발산하는데, 그 욕망이 탐욕과 정욕으로 흐르는 경우가 많다.

고대 그리스 문헌에서는 "도덕적 지적인 삶의 자리, 식물의 핵심, 본성, 나무의 고갱이 부분" 등을 두루 포괄한다. 구약성서 칠십인역(LXX)과 랍비유대교 문헌에서는 구약성서의 동의 어(בל)와 같은 의미로 쓰이다가 신약성서의 맥락에서는 핵심적인 신체 기관 외에 "인간의 내 면적 삶의 중심, 혼과 영의 모든 힘과 기능의 원천이자 자리"를 표상하는 개념으로 사용되었 다. Behm, "καρδία," *TDNT* vol. III, 608-613.

3 불트만의 표현을 빌려 이 καρδία로서의 마음은 뜻하고 계획하고 의도하는(willing, planning, intending) 자아의 영역을 가리키는 개념으로 특정 부분에서 νοῦς로서의 마음과 만난다. Rudolf Bultmann, *Theology of the New Testament*, vol. 1, tr. by Kendrick Grobel (New York: Charles Scribner's Sons, 1951), 220-221.

4 우리 말의 함의에서 '마음'은 지성보다는 감정과 통하는데 이에 따라 이 헬라어 καρδία를 영어 heart라고 번역한 것은 감정이 우리의 가슴, 곧 심장에 연원을 두고 있음을 암시한다. 이 가슴으로서의 마음은 동시에 인간의 수많은 욕망과 의지가 발원하는 숙주로 동서양을 망 라하여 폭넓게 이해되어왔다.

이에 따라 이 마음은 인간의 죄성과 결합해 온갖 악한 것들을 뿜어내는 시궁창 같은 곳으로 조형되기도 한다. 그 마음의 공간에서 접착되는 감정은 근심(요 14:1, 27, 16:6)인 동시에 기쁨이며(요 16:22; 행 2:26), 그 마음은 선한 즐거움(εὐδοκία)을 추구하지만(롬 10:1), 현실은 종종 어떤 사실을 의식할 때마다 '큰 억압과 걱정'(고후 2:4)에 시달리거나 괴로움이 끊이지 않는 고통의 창고가 되기도 한다(롬 9:2). 그 마음이 간음을 충동질하거나(마 5:28) 정욕의 포로가 될 때 하나님은 그 마음을 방치해버리기도 하는데(롬 1:24), 그것을 매개로 인간의 마음은 온갖 죄악의 감정, 곧 '독한 시기와 다툼'(약 3:14) 같은 파괴적 감정으로 채워지기도 한다. 그리하여 그 마음이 이러한 부정적 감정을 매개로 번성한 죄악으로 가득 차서 더 이상 구원의 희망이 안 보일 때 신약성서는 이를 "탐욕으로 연단된 마음을 가진 자"(벧후 2:14)라고 칭한다.[5]

이 욕망의 대상이 사람일 경우도 있지만, 희소가치가 있는 물질도 그 대상이 된다. 견물생심의 인지상정을 갈파한 예수는 "보물 있는 곳에 네 마음도 있다"(마 6:21; 눅 12:34)라는 어록을 통해 인간의 마음이 소유욕에 취약한 점을 통찰한 바 있다. 그러나 인간의 감정은 균질적이지 않아 상이한 감정이 부대낄 때 상처에 취약한 마음의 풍경도 엿보이는데 특히 격한 감정이 복받칠 때 상처받기 쉬운 게 인간의 마음이다. 가령, 바울이 가이사랴에서 예루살렘으로 떠나길 간절히 원하는데, 아가보의 예언에 수상한 낌새를 느낀 측근 형제들이 울면서 그를 만류하자 바울은 그 이별의 감정에 서로 어긋난 감정이 더해져 "여러분들이 어찌하여 울며 내 마음을 상하게 하느냐"(행 21:13)고 탄식한다. 이와 같이 표현되고 드러나는 마음의 감정도 있지만 어떤 마음은 부끄러운 죄악의 숙주와 같아서 겉으로 떳떳하게 드러내기

---

5 감정의 숙주 또는 원천이라는 점에서 심장을 가리키는 이 단어는 신약성서에서 내장을 가리키는 σπλάγχνα(빌 1:8, 2:1)와 환유적으로 상통하고, 또는 기분을 참신하게 전환시켜준다(몬 1:7, 20)는 맥락에서 이 단어는 동시에 영이란 뜻의 πνεῦμα(고전 16:18; 고후 7:10)와 대체 가능하다. Rudolf Bultmann, *Theology of the New Testament*, vol. 1, 222.

어려워 속으로 깊이 감추고 그 문을 꽁꽁 쟁여두려는 속성을 띤다. 그 마음이 바로 분별력을 상실하여 컴컴해진 "미련한 마음"(롬 1:21)이고, 불순종과 패역의 마음(행 7:39)과 "회개하지 아니한 마음"(롬 2:5)이다. 그러나 주께서 다시 오시면 하나님이 "그 마음의 뜻"을 나타내실 것이고(고전 4:5),[6] 이 땅에 선포되는 예언의 메시지를 통해서도 "그 마음의 숨은 일들이 드러나게"(고전 14:25) 되리라는 것이다.

2. 지키고 간수해야 할 마음

이와 같이 마음은 죄악에 두루 취약하고 변덕스럽고 파괴적인 감정의 숙주가 되기 쉬우므로 그 마음이 흔들려 무너지지 않도록 잘 지켜내야 할 필요가 있다. 이 마음이란 게 항상 미혹되기 쉬운 특성을 지니고 있고(히 3:10), "불신의 악한 마음"을 조장하기 때문이다(히 3:12). 이 세상사에 부대끼며 쉽사리 오염되는 그 특질을 감안할 때 무엇보다 청결한 마음을 유지하는 것이 가장 중요하다(딤전 1:5; 딤후 2:22; 약 4:8). 예수는 그 청결함을 유지한 마음 가운데 하나님을 보게 되리라는 복락을 약속하기도 한다(마 5:8). 나아가 '청결한 마음'은 뜨겁게 형제를 사랑하는 원동력이 되기도 한다(벧전 1:22). 마음의 건강을 위해 주력해야 하는 과제는 그 안에 무엇을 담을까 잘 판단하여 수시로 그 내용물을 점검해야 한다는 것이다. 가령 예수께서 자신의 마음을 특징짓는 미덕으로 언급한 "온유하고 겸손한"(마 11:29) 마음이 유지되면 그 속에 "악한 생각"(마 9:4)이 담길 겨를이 없을 것이다. 또 하나님의 말씀을 씨앗으로 삼아 그 마음의 밭에 심어두면 그것이 그 마음을

---

6 여기서 '마음'은 한국어의 친숙한 용례에 입각한 감성적 마음으로 새겨지는데 놀랍게도 그 마음은 우리의 의지를 표상하는 '뜻'(βουλή)을 품고 있는 것으로 묘사된다. 한국어와 달리 헬라어의 개념 세계에서 감정 또는 욕망과 의지가 긴밀하게 결합되어 있다는 증거는 '욕망' 과 '의지'라는 의미를 포괄하는 또 다른 어휘 θέλημα의 경우에서도 확인된다.

건실하게 간수하는 또 다른 방법일 텐데, 문제는 사탄이 그 씨앗을 빼앗아 갈 위험이 늘 상존한다는 것이다(막 4:15; 마 13:19; 눅 8:12). 또한 동시에 말씀 앞에서 마음은 그 태도를 결정짓는 기능도 수행한다. 착하고 좋은 마음으로 말씀을 대하면 그것을 충실하게 잘 듣고 지킬 수 있다는 것이다(눅 8:15). 이와 같이 마음의 결이 어떠하냐에 따라 그것이 외형적인 태도를 결정짓고 ("성실한 마음으로…" 엡 6:5; 골 3:22) 이에 따라 마음은 중요한 말씀을 듣고 그 것을 간수하는 기능도 수행한다.[7]

　　그러나 그 상태를 청결하게 유지하지 못하거나 방어벽이 허술해지면 언제든지 마귀의 공략 대상이 되는 요처 또한 마음이다. 그럴 경우 마음은 하나님에 대한 믿음을 태만하고 어리석게 방치하게 되고(눅 24:25), 혼란스러운 생각과 논쟁 가운데 의심을 그 가운데 불러일으킴으로써(눅 24:38) 마침내 그 삶을 파멸케 만드는 비극을 자초하기도 한다. 대표적인 예가 가룟 유다이다. 요한복음 13:2는 마귀가 가룟 유다의 마음에 예수를 팔려는 생각을 넣어주었다고 서술한다. 이는 그의 허황된 생각 때문에 예수의 말씀으로 그 마음을 온전히 지키고 간수하지 못한 결과라고 볼 수 있다. 마찬가지로 사도행전 5:3-4에 아나니아와 삽비라가 재물에 대한 집착으로 그 마음이 정결하지 못한 상태에서, 사탄이 거짓을 그 마음에 가득 채운 결과 사도를 속이고 하나님까지 기만하려고 악한 일을 마음에 품음으로써 극단적인 비극을 자초하게 된다. 그러나 그 위태로운 상태의 마음을 사전에 점검하여 회개하면 그 마음은 다시 믿음으로 깨끗하게 회복될 수 있고(행 15:9), 그 마음에 품은 악한 것을 하나님이 사해주실 수 있다(행 8:22). 나아가 그 마음

7 이는 얼핏 불교의 '일체유심조'(一切唯心造) 교훈을 연상시켜주는데, 이러한 관점에서 보면 구약성서 잠언에 나오는 "무릇 지킬 만한 것보다 더욱 네 마음을 지키라"(4:23)는 어록은 마음이란 추상체 자체라기보다는 그 마음에 심겨진 토라의 말씀을 준수하라는 함의를 띤다. 생명의 근원이 그 마음에서 난다는 이어지는 교훈 역시 생명의 근원 되는 하나님의 말씀과 직결되기 때문이다.

은 연약하기에 위로의 대상이 되기도 한다. 바울은 난처한 상황에 처한 교인들의 마음을 억압하고 학대하기보다 위로하기 위해 애썼고(엡 6:22, 골 2:2, 4:8) 하나님도 인간을 위로하는 대상이 바로 그 마음이며(살후 2:17), 그 생각(τὰ νοήματα)과 함께 마음도 지켜야 할 보호의 대상임을 인정했다(빌 4:7). 그러나 그것이 자신의 노력과 수행만으로 지극히 어렵기 때문에, "그리스도의 평강이 너희 마음 가운데 다스리게 하라"(골 3:15)는 말씀에서 보듯, 그 마음은 하나님의 신적 주권을 따라 통제하고 통치해야 할 대상으로 묘사되기도 한다.

3. 완고하여 회복되어야 할 마음

καρδία로서 마음의 부정성과 관련하여 가장 많이 언급되는 현상은 그 마음이 완고해지는 것이다. 마음이 딱딱해지는 것은 곧 자신의 심중에 생각이 유폐되어 둔한 상태에서 고집스럽고 완악해진다는 뜻이므로, 이러한 맥락에서 결코 좋은 현상이 아니다. 신약성서는 다양한 맥락에서 그 마음이 마치 동맥경화처럼 경직되게 변하여 하나님 신앙, 그리스도 신앙에 치명적인 장애물이 되는 문제를 숱하게 지적한다(마 13:15; 막 3:5, 6:52, 8:17; 눅 21:34; 요 12:40; 행 7:51, 8:21; 롬 2:5; 엡 4:18; 히 3:8, 3:15, 4:7).[8] 이와 같이 완고해진 마음

---

8 이 가운데 특히 마가복음 4:12와 마태복음 13:15에 인용된 이사야 6:9-10의 예언은 인간의 마음이 완고하고 완악함을 특징짓는 대표적인 비관적 어록이라 할 만하다: "너희는 듣기는 들어도 깨닫지 못할 것이요 보기는 보아도 알지 못하리라. 이 백성의 마음이 완악하여져서 그 귀는 듣기에 둔하고 눈은 감았으니 이는 눈으로 보고 귀로 듣고 마음으로 깨달아 돌이켜 내게 고침을 받을까 두려워함이라." 그러나 예언자적 비관주의의 논조로 제시된 이 말씀의 강조점이 그 완악한 마음의 원천이 인간의 책임인지, 하나님의 예정인지, 나아가 이 교훈의 의도가 심판의 선포인지 아니면 그 이전의 경고의 훈계인지 논의가 분분하다. 이에 대한 논의로 이석호, "마가복음 4:12에 인용된 이사야 6:9-10의 의미," 「신약논단」 15/3(2008), 605-634; 정창욱, "Quotation of Isaiah 6:9-10 in Matthew 13:14-15," 「성서원문연구」 26(2010), 137-154.

은 하나님 앞에 신실하지 못하도록 만들고 그리스도의 복음을 대적하게 하는 부정적인 마음의 대표적인 메타포라고 할 수 있다. 그 마음과 대척점에 있는 신실한 마음이 바로 주께서 회심의 동기를 제공하여 활짝 열어주심으로 개방된 마음이고(행 16:14), 하나님의 사랑이 부어진 수용성 높은 마음이다(롬 5:5). 나아가 그 회복된 마음은 하나님의 영광을 아는 빛이 비추어진 계시의 대상으로서의 마음이고(고후 4:6), 아들의 영, 곧 성령이 임하여 거하는 마음이며(고후 1:22; 갈 4:6), 구약적인 맥락에서는 하나님의 율법이 담긴 내면적 공간으로서의 마음이기도 하다(히 10:16). 또한 이러한 마음은 그 자체로 하나님을 거룩하게 섬기는 예배의 성소로서 기능할 수 있다(벧전 3:15).

이렇게 회복된 마음은 무엇보다 견고하고 불안하지 않다. 하나님을 향한 신앙의 초점이 정확하게 맞추어져 있는 터라 흔들리지 않기 때문이다. 신약성서는 이렇듯 경직되어 '완고한' 마음의 대척점에 회복되어 '견고한' 마음을 상정하면서 마음을 주 앞에서 굳세게 지탱할 것을 요구한다(행 11:23; 살전 3:13; 히 13:9; 약 5:8; 요일 3:19). 이는 말씀의 각성 또는 성령의 임재함으로 완고한 마음이 녹아져 부드러운 탄력성을 회복한 마음이고, 악한 생각과 죄가 태워져 신앙적 각성과 함께 열정적인 에너지로 달구어진 뜨거운 마음이다(눅 24:32). 이러한 자기 갱생의 결과로 변화된 마음과 관련하여 신약성서는 비유적으로 할례를 받은 마음(행 2:29)에 빗대거나 세례받은 삶의 자리에 견주어 마음에 물 뿌림을 받아 참된 마음과 온전한 믿음으로 갱생된 것으로 설명한다(히 10:22). 이는 야고보서 5:5에서 언급하는 '양육된 마음' 또는 '살찌워진 마음'과 구별된다. 야고보서의 맥락에서 이 마음이 타인의 고통에 공감 능력이 없는 자기중심의 이기적인 마음을 가리킨다면, 예의 변화된 견고한 마음은 샛별이 떠오르는 소망의 자리로서(벧후 1:19) 찬양이 솟아나는 마음이고(엡 5:19, 골 3:16) 그리스도가 온전히 내주하는 마음(엡 3:17)이기 때문이다.

4. 지성/의지와 교차하는 마음

καρδία로서의 마음이 감정적 영역에 많이 관여하는 것은 사실이지만, 적어도 신약성서의 용례에 비춰볼 때 그 영역에만 배타적으로 한정되지 않는다. 신약성서에서 "마음속에 말하다"라는 상용 문구가 종종 등장하는데 (마 24:48, 막 2:6, 8, 눅 12:45, 롬 10:6, 계 18:7), 이는 겉으로 표현하지 않는 내면의 독백이란 정황을 암시한다.9 여기서 그 '마음'이란 구체적인 언어로 구성되기 전 단계에 일련의 지적인 숙고 과정을 가리킨다고 볼 수 있다. 이와 관련하여 이 마음의 특징을 부각시키는 연계접속어로 가장 많이 나오는 것이 διαλογισμός, διαλογίζομαι라는 단어다(눅 2:35, 3:15, 5:22, 9:47). 이 단어는 '질문' '추론' '사유' '토론' '논쟁' 등의 논리적인 활동과 온갖 지적인 변론이나 변증의 행위를 포괄하는 함의를 띠는데, 그 내면적 공간으로 '마음'을 설정한 것이다. 이를테면 이런 사례는 '마음'이 생각하고 심지어 깨닫는(마 13:15) 사유의 창고로서 기능하는 측면이 있음을 보여준다. 또 다른 연계접속어로 사용된 διάνοια(눅 1:51)와 συμβάλλω(눅 2:19) 역시 마찬가지다. 전자는 '지성' '이해' '명철' '생각'을 뜻하는 명사이고, 후자는 '토론하다' '숙고하다' '함께 만나다'라는 뜻의 동사이다. 해당 지문에서 '마음'을 수식하거나 그 기능을 서술하는 어휘로 이러한 말들이 사용되었다는 것은 καρδία의 마음이 νοῦς라는 지성적 마음과 마냥 상반되거나 대립적인 개념이 아니라 교접 가능하고 소통 가능한 접점이 있음을 암시한다.10 누가복

---

9 가령, 마가복음 2:6에서 '마음'과 결합하여 사용된 διαλογίζομαι는 예수의 말씀에 대한 서기관들의 의혹을 나타내되 아직 심중에 품고 발화하지 않은 상태를 가리킨다. R. T. France, *The Gospel of Mark*, NIGTC (Grand Rapids, MI: Eerdmans, 2002), 116.

10 이 점에서 현재의 한국어 사용자는 '마음'이란 어휘를 사용함에 있어 두 가지 편견에 노출되기 쉽다. 그 한 가지는 '마음'을 지적인 작용과 무관한 가슴의 차원에 묶어두는 편견이고 다른 한 가지는 지성적 마음과 감정적 마음을 별개의 차원 또는 상반된 차원으로 이해하는 경향의 편견이다. 신약성서 신학의 마음론은 이 두 가지 편견에 모두 도전한다.

음 21:24에서는 "너희는 변명할 것을 미리 궁리하지 않도록 명심하라"고 번역되어 있지만, 헬라어 원문을 직역하면 "너희는 변명할 것을 미리 궁리하지 않도록 너희들의 '마음'속에 정해둘지니라"로 재구성된다. 이에 비추어보면 이런 마음은 종말론적 위기 상황에서 자신이 주어진 상황에 어떤 말로 대응하여 돌파해나갈지 그 변증의 논리와 말들을 미리 기획하고 준비하는 조직적인 전략의 실천 기지라고 할 수 있다.

한편 신약성서에서 καρδία의 또 다른 용례는 이 마음이 지적인 사유의 공간일 뿐 아니라 내면의 뜻이 결절되고 확정되는 작용도 이루어지는 의지의 태반임을 보여준다. 몇 가지 예를 들면 다음과 같다. 사도행전 7:23은 모세의 일대기를 구술하면서 그가 광야의 방황기를 마감하고 자기 동족에 대한 관심을 품게 되는 시점에 "나이가 사십이 되매 그 형제 이스라엘 자손을 돌볼 생각이 났다"고 기록한다. 이 인용구를 다시 원문에 맞춰 재번역하면 "그의 형제 이스라엘 자손을 찾아 돌보고자 뜻(의지)이 그의 마음속에 일어났다"고 풀이할 수 있다. 여기서 그 '생각'은 단지 관념적인 숙고가 아니라 구체적인 행동을 추동한 확고한 의지였다고 봐야 한다. 바나바가 안디옥 교회의 이방인 새 신자들에게 "굳건한 마음으로 주와 함께 머물러 있으라"(행 11:23)고 권면한 말씀에서도 '굳건한'으로 번역된 τῇ προθέσει는 목적지향적인 견고한 의지 또는 믿음으로 확정된 뜻을 가리키는데, 이로써 굳세게 견디라는 교훈이다. 이와 같이 의지의 매개로서 마음은 자신의 내면에 그리스도 신앙을 정착시키는 믿음의 주체로 언급되기도 하고("마음으로 믿으면", 롬 10:9, 10), 결단의 매개체로 묘사되기도 한다("마음을 정하고", 고전 7:37). 후자의 견지에서 바울은 연보의 분량에 대해서도 "각각 그 마음에 정한 대로 할 것이라"(고후 9:7)고 권고함으로써, 그 마음이 목적지향적인 의도를 가지고 결정을 주도하고 작용하는 요처임을 강조한 바 있다. 이러한 견지에서 마음은 '생각'(ἐνθύμησις)이나 '뜻'(ἔννοια, νεφρός)과 나란히 병기되어 하나님이 사람을 판단하는 준거로 언급되기도 하는데(히 4:12, 계 2:23), 이는 하나님이 사람에게 "자기 뜻대로 할 마음", 곧 자유의지를 주셨기 때문이다(계 17:17).

5. 진정성과 양심의 보루

κᾳρδία로 표기된 어떤 '마음'의 용례들은 자기 내면의 진정성을 표상하는 지표로서 특정한 함의를 띠는데, 이는 선한 도덕적 마음으로서 양심이란 개념과 상응하는 측면을 보여준다. 가령 마태복음 18:35에 "마음으로부터 형제를 용서"한다는 표현에서 그 마음은 내면이 진정성을 담보하는 문구로 볼 수 있다. 또 예수께서 가장 큰 계명으로 "마음을 다하고 목숨을 다하고 뜻을 다하여 하나님을 사랑하라"고 가르칠 때도(마 22:37; 눅 10:27) '마음'은 '목숨'(ψυχή), '뜻'(διάνοια)과 함께 인간의 내면에 가장 지순한 진정성을 돋을새김하는 소중한 경건의 자세를 대표한다.[11] 또한 말라기의 예언을 인용하여 누가복음 1:16이 세례 요한이 엘리야의 심령과 능력으로 아버지의 마음을 자식에게 돌아오게 하리라(눅 1:17)고 예언할 때 그 마음 또한 자식 사랑을 표상하는 지극한 순정을 대변한다. 그런가 하면 로마서 6:17에서

---

11 하나님을 향한 이러한 마음의 지순한 자세는 해당 본문의 맥락에서 곧 이웃 사랑과 직결된다. 가장 큰 계명으로 알려진 이 구절은 기실 이웃 사랑이 곧 하나님 사랑이며, 이는 마태복음의 맥락에서 천국에 들어가는 유일하고 궁극적인 기준으로 천명된다. 이러한 관점의 중요한 연구로 Eugene Eung-Chun Park, "A Soteriological Reading of the Great Commandment Pericope in Matthew 22:34-40," *Biblical Research* 54(2009), 61-78. 한편 여기서 다른 연결 개념과 비교해서 '마음'은 "사랑에 대한 긍정적인 상징"이며 "완벽한 순종을 묘사하기 위한 좋은 은유"라 할 수 있다. 특히 구약성서의 맥락에서 '전심'(the whole heart)은 하나님에 대한 왕의 진중한 태도(왕하 20:3; 사 38:3)인 동시에 회개와 희망의 전제이자(욜 2:12) 하나님을 찾는 필수적인 기본자세이다(신 4:29). 티모 에스콜라/김학철, 『내러티브 신약 신학―유배와 회복의 메타내러티브 탐구』 (서울: 새물결플러스, 2021), 250-251.

사도 바울이 "교훈의 본을 마음으로 순종한다"고 말할 때나 고린도후서 7:3 에서 고린도 교인들에게 "마음으로 우리를 영접하라"고 권고할 때 그 '마음' 또한 이러한 순수한 동기를 강조한 진정성의 보루로 사용된 메타포라고 볼 수 있다. 이러한 마음의 순수한 동기가 악한 생각과 행실로 인해 훼손될 때 그나마 진정성의 숙주인 양심이 남아 있어 혼란이나 고통을 받을 때 사도행전은 그 내면의 상황을 "마음이 찔렸다"(행 2:37, 7:54)라고 표현함으로써 그 분열된 마음이 회복되는 가능성을 열어둔다. 이와 같이 마음이 양심의 기능을 수행할 때 그것은 자신의 죄악을 정죄하고 책망하는 한시적인 기능을 한다.[12] 그러나 그 구조적 질곡을 근본적으로 극복하지 못하기 때문에 "하나님이 우리 마음보다 크다"고 선언하여 신적인 은혜라는 탈출구를 마련해놓은 것이다(요 3:20-21).

이렇듯, 그 마음의 진정성이 늘 지고지순한 가치로 채워져 있는 것은 아니다. 그 마음이 타락할 때 오히려 정반대로 감추어진 추악함을 회칠한 무덤처럼 정갈하게 표백하여 위장할 수 있기 때문이다. 가령 예수께서 바리새인을 비판하면서 "하나님이 너희 마음을 아신다"(눅 16:15)라고 말씀하실 때, 그 마음은 적나라한 내면의 황폐함을 감추고 있는, 진정성이 고갈된 마음일 터이다. 이와 같이 마음이 보이지 않는 내면의 장막 속에 무엇인가를 자꾸 감추는 성향을 가지고 있기에 이것이 겉으로 드러나 보이는 외양(얼굴)과 종종 대조된다. 얼굴(외양)과 마음의 대조적 국면에서 사람들은 전자의 화끈한 비주얼에 쉽게 현혹되어 그 사람을 판단하지만, 하나님의 판단 준거는 오히려 후자에 초점을 맞춘다. 하나님은 이렇듯 그 감추어진 내면의 마음

---

12 히브리 전통과 유대교 개념 속에 '양심'에 해당되는 개념이 없었기에 이런 식의 표현-"마음이 찔렸다"-이 자연스럽게 이해된다. 바울은 스토아 사상에서 의식적 성찰이란 의미의 이 '양심'(συγείδησις)이란 어휘를 빌려 내면의 선한 윤리적 분별력(롬 2:15)이나 자기 마음의 견고한 확신(고전 4:4; 고후 1:12, 4:2), 나아가 공동체 내의 약자들을 배려하는 충심(고전 10:25, 27)이란 맥락에서 사용하였다.

을 살피시는 분으로서 성령의 생각으로 우리의 진정성을 드러내신다(행 8:27). 따라서 바울이 데살로니가전서 2:17에서 "너희를 떠난 것은 얼굴이요 마음이 아니다"라고 말할 때와 고린도후서 5:12에서 "마음으로 하지 않고 외모로 자랑하는 자들"을 비판할 때, 얼굴(외양)과 마음의 이분법은 피상성과 심층성의 대립 구도를 표상하는 메타포라 할 수 있다. 이는 전자의 가식성과 후자의 진정성을 특징짓는 상용어법으로 사용된 것이다.

6, 입술(언어)과 마음의 상관관계

신약성서에서 καρδία의 용례 중 흥미로운 한 가지는 그것이 인간의 언어 작용과 밀접한 상관관계를 띠고 인간의 심리적 단면을 포착해 보여주고 있다는 점이다. 예수가 포착한 언어와 마음의 상관관계는, 가령 사람들이 "마음에 가득한 것을 입으로 말한다"(마 12:34)는 특징에 근거한 것이었다. 그러나 마음에서 입술의 언어로 표현되기까지 그 과정은 순탄하지 않은 듯하다. 적잖은 자기기만과 심리적 왜곡이 상존하기 때문이다. 예수는 이러한 사고를 좀 더 세밀하게 조명하였다. 그는 입의 기능을 음식을 먹는 것과 내면의 것들을 언어로 표출하는 것 두 가지로 대별하여 전자의 경우를 긍정적으로, 후자의 경우를 부정적으로 보았다. 마음에 가득 찬 것이 입술의 언어로 표출된다는 대전제 아래 인간의 마음을 채운 것들은 주로 "악한 생각과 살인과 간음과 음란과 도둑질과 거짓 증언과 비방" 같은 것들이다. 예수는 그것이 고스란히 그 언어로 표출되기 때문에 이런 것들이 인간을 더럽게 한다고 비판했다(마 15:18-19; 막 7:19-22).

마음에 가득한 것을 입으로 표현한다고 해서 그 분출물이 반드시 악한 것은 아니다. 그 마음에 품은 것이 선한 내용들이면 그것이 입술을 통해 선한 열매를 맺을 수 있기 때문이다. 예수는 이 또한 인정하여 다음과 같이 공정하게 입술(언어)과 마음의 관계에 대해 균형을 잡아 조율하였다. "선한 사람은 마음에 쌓은 선에서 선을 내고 악한 자는 그 쌓은 악에서 악을 내나니 이는 마음에 가득한 것을 입으로 말함이니라"(눅 6:45). 여기서 가장 중요한 것은 사람 자체인데, 그 나무 또는 그릇으로서의 사람이 선한지 악한지에 따라 그 마음에 쌓은 내용물과 그것이 표출된 언어의 결과가 각기 상응하여 달리 드러난다는 것이다. 이러한 언어심리적 논리는 역으로 그 사람이 하는 선한 말과 그것이 나오는 마음에 쌓아둔 선한 내용이 선한 사람을 만들어가는 측면을 반영한다. 이런 방향으로 입술(언어)과 마음이 선순환하면 건강한 것이다. 가령 로마서 10:8-9에서 "말씀이 네게 가까워 네 입에 있으며 네 마음에 있다 하였으니 곧 우리가 전파하는 믿음의 말씀이라. 네가 만일 네 입으로 예수를 주로 시인하여 또 하나님께서 그를 죽은 자 가운데서 살리신 것을 네 마음에 믿으면 구원을 받으리라"라고 진술할 때, 여기서 입술의 고백(언어)과 마음의 믿음은 입술과 마음에 어긋남 없이 공유되는 '말씀'을 토대로 구원에 이르게 하는 상부상조의 긍정적 사례다.[13] 고린도후서 6:11에서 바울이 적대적이었던 고린도교회의 일부 교인들에 대해 "우리 입이 열리고 우리 마음이 넓어졌다"(고후 6:11)고 말할 때도 입과 마음은 화해의 동력을 일으키는 데 긴밀하게 협력하는 관계로 설정된다.[14]

---

13 물론 여기서 '마음으로 믿는다는 것'은 원문을 직역하면 '마음속의 믿음'으로 '입술의 고백'이 단순히 "교리적인 신조의 낭독이 아니라" "깊이 동기 부여된 신념"의 표현임을 암시한다. James D. G. Dunn, *Romans 9-16*, WBC 38B (Dallas, TX: Word Books, 1988), 609; Robert Jewett, *Romans: A Commentary* (Minneapolis: Fortress Press, 2007), 630도 이에 동의한다. 쥬엣은 한 걸음 더 나아가 복음의 믿음에 대한 이러한 입술과 마음의 상호 작용이 결코 어떤 우월감의 주장이 아니라 주께서 수치스러운 십자가의 표시를 그 부활한 몸에 지녔기 때문에 오히려 명예를 얻고 수치를 피하는 전통적인 가치체계를 포기한 증거라고 주장한다(Jewett, *Romans*, 630).

14 고린도교회의 배타적이고 협량한 태도를 지적하기 위한 이 표현은 지금까지 바울이 말을 수수께끼처럼 비비 꼬지 않고 자신의 온전한 자유를 활용해 직설적으로 말했으며, 그들을 애정으로 가슴에 품고 비밀 없이 대하길 갈구하는 심정으로 해석된다. C. K. Barrett, *A Commentary on the Second Epistle to the Corinthians* (Peabody, MA: Hendrickson

문제는 입술(언어)과 마음의 소통 체계가 왜곡되는 경우이다. 가령, 마태복음 15:8이 이사야 29:13을 인용하여 "이 백성이 입술로는 나를 공경하되 마음은 내게서 멀도다"라고 비판할 때, 입술의 언어에 담긴 종교적 경건의 고백들은 그 마음의 진정성을 담아내기보다 회칠할 무덤과 같은 위선을 감추는 자기기만의 수단으로 전락할 뿐이다. 바울이 아첨하는 말로 순진한 자들의 마음이 미혹되기 쉬운 맹점을 지적한 것(롬 16:18)도 같은 맥락에서 이해된다. "불의의 세계"로 혀(언어)의 특징을 정의하여 이를 경계한 야고보서의 관점도 이와 유사하다. "누구든지 스스로 경건하다 생각하며 자기 혀를 재갈 물리지 아니하고 자기 마음을 속이면 이 사람의 경건은 헛것이라"(약 1:26)는 어록을 살펴보면 인간의 신실한 경건함조차 통제되지 않는 혀의 장난으로 헛것으로 망쳐버릴 수 있는데, 이는 혀의 사악한 말이 자기 마음까지 속이는 자기기만을 추동하기 때문이다.[15] 이는 마음의 빛을 투사하여 입술에서 나오는 언어(λόγος)의 형이상학적 가치를 고상하게 여긴 알렉산드리아의 필론이 지향한 관점과 구별되는 신약성서의 독특한 관점이라 판단된다.

7. 기억의 창고로서의 마음

마지막으로 중요한 것을 기록하고 기억하는 내면의 공간으로서 καρδία의 마음이 신약성서에 특정되는 측면이 주목된다. 누가복음 1:66에 사가랴가 닫힌 입술이 풀려 말을 하고 찬송을 하자 듣는 청중이 이를 그들의 '마음'에 두었다고 한다. 사가랴가 세례 요한의 이름을 서판에 써보였듯이, 청

Publishers, 1973), 191.

15 이 주제에 대해서는 Jung Sik Cha, "Beyond the World of Evil: The Jabobian Theology of the Tongue in James 3:1-12," *CTC Bulletin* 15(1998), 73-86.

중은 이에 반항하여 그의 말을 그들의 마음속에 새겨둠으로써 기억한 것이
다. 마찬가지로 열두 살 소년 예수가 주변에 한 모든 말을 그의 모친 마리아
가 마음에 두었다(눅 2:51)고 할 때, 여기서 조명되는 마음의 기능은 기억하
는 것이다. 이와 같이 기억의 창고로서의 마음은 양심을 매개로 율법의 기
능까지 수행한다. 로마서 2:14-15에 의하면 유대인은 돌판에 새긴 율법으로
행함의 기준을 삼지만, 율법이 없는 이방인은 마음에 새겨진 율법인 양심이
그 증거가 되어 자신의 행위를 증명한다. 여기서 마음의 의미 역시 보이지
않는 율법으로서 양심이 새겨진 기록과 기억의 태반으로 그 성찰적 자의식
을 강조한 것이다. 이러한 견지에서 히브리서 8:10도 '새 언약'의 개념을
염두에 두고 하나님께서 장차 그 백성들의 마음에 당신의 법을 기록하리라
고 선언한다. 예수 그리스도 이후 시대에 돌판에 새겨진 율법의 시효는 종
료되고 각자의 마음에 양심의 증표로 또 다른 보이지 않는 율법을 기록하리
라는 것이다.[16]

　이러한 심비(心碑)의 메타포는 바울에게도 나타나는데, 그는 고린도 교
인들을 '마음 판에 쓴 편지'로 기억하여 극진하게 포용하며 특별한 인연의
관계를 상기시켜준다(고후 3:2). 그것은 돌판에 먹으로 쓴 편지가 아니라 '살
아 계신 하나님의 영으로' '육의 마음 판에'(ἐν πλαξὶν καρδίαις σαρκίναις)
쓴 것이라고(고후 3:3) 그 편지의 성격을 구체화한다. 흥미롭게도 여기서 바
울은 '마음'을 '육의 마음'(fleshly heart)이라고 표현함으로써 고린도 교회와
사도로서 자신의 사역이 추상적인 관계가 아니라 '육체'라는 구체적인 헌신
의 매개로 마음에 새겨진 것임을 은연중 강조한다. 마찬가지 맥락에서 바울

---

16 로마서 2:15 외에 고린도전서 11:25, 고린도후서 3:2, 3, 6, 14 등에 암시된 마음에 새겨진
　 법은 그 출전이 예레미야 38:33의 마음에 새겨진 새 언약의 개념으로 소급된다. 비록 예레
　 미야의 새 언약이 이스라엘 집안에 주어진 데 비해, 로마서 등의 본문에서는 이방인들에게
　 적용하므로 이러한 영향 관계를 부인하는 견해도 있지만, 바울의 논의가 이방인과 유대인
　 이 상이한 방식일망정 공통으로 그 마음에 사랑의 법을 구현할 수 있다는 맥락에서 제시된
　 점을 고려할 때 이러한 연계는 자연스러워 보인다. Robert Jewett, *Romans*, 215.

은 빌립보 교인들을 향해서도 "너희가 내 마음에 있다"(빌 1:7)고 말하면서, 그들과 모든 것을 함께하는 코이노니아의 관계 가운데 피차 기억하고 서로를 품으면서 기도하는 의리 어린 충실성을 피력한다. 이와 같이 이런 계통의 마음은 서로를 중보하며 기도하고 기억하는 가운데 애틋한 관계의 기반이 닦여지는 자리인 동시에 그 관계를 책임 있게 지탱하는 지렛대로서의 역할을 수행한다고 볼 수 있다.

III. νοῦς라는 마음

이 단어는 신약성서에서 모두 24회 사용되었다. 한글 개역성경은 대부분 '마음'이라고 번역되었지만, 헬라어 번역은 καρδία, 영어는 마음을 heart 라고 번역한 것과 구별하여 νοῦς의 마음을 mind, intellect, understanding 등으로 풀어 이 두 단어를 구별 지었다. 이 헬라어는 인간으로 생각하고 뜻하고 인지하게 하는 것에 개념의 초점이 맞추어져 있다. 이 단어가 지시하는 원래의 포괄적 의미는 "대상을 향한 (내적인) 감각", "감각 작용(sensation)", "영적인 인지능력", "지성적인 인지 역량", "사고 양식", "도덕적 본성" 등을 두루 아우른다.[17] 고대 플라톤은 인간의 영혼을 3 등분하여 그중에서도 이 νοῦς를 "가장 탁월한 부분"이자 "독립적인 영역"으로 간주하고 "이데아를 향한 순수한 생각"으로 특징지었다.[18] 반면 아리스토텔레스는 "이론적 이성, 논리적 사고의 힘"을 위주로 이 개념을 인지 영역에 국한하여 이해함으

---

17 나아가 실제 용례에서 이 단어는 ① 지성적 마음(mind)이나 특정 성향, ② 통찰력이나 창의력, ③ 명철, 사고능력, 지적인 인지 역량, ④ 정신 활동의 결과로서 의지력을 종종 동반하는 생각, 의견, 판단, 결단, 목적, 계획, ⑤ 의미, 의의 등의 함의를 띤 것으로 파악된다. Behm, "νοῦς," *TDNT*, vol. IV, 951-960, 특히 952-953.
18 앞의 자료, 954.

로써 실천적 세계와 무관한 것으로 파악하였다. 그러면서도 그는 이 인간의 영역이 마치 "신체와 섞이지 않는 신적이고 불멸하는 존재"로 인식하였다.[19] 간단히 압축해 지성으로서의 마음이라고 새기면 족한 듯한데, 신약성서에 사용된 용례와 그 맥락을 보면 이 또한 예의 고전적 함의를 아우르며 매우 광범위한 포괄적 함의를 거느리고 있다.

1. 기획하는 하나님의 지략

이 단어가 하나님과 관련하여 사용된 경우는 대표적으로 다음과 같은 구절을 예로 들 수 있다. "누가 주의 마음을 알았느냐. 누가 그의 모사가 되었느냐"(롬 11:34). 이 구절은 바울이 이스라엘 민족의 종말론적 구원을 전망하는 맥락(롬 9-11장)에서 나름의 변증을 시도하는 중에 제시된 수사의 문문이다. 그의 변증 결론은 "모든 이스라엘이 구원을 받으리라"(롬 11:26)는 것이었는데, 그 논거와 관련한 바울의 변증에도 불구하고 그는 그것이 충분하지 않다는 사실을 시인하기 위해 그 미완의 몫을 하나님의 섭리와 경륜으로 돌린다. 여기서 주의 마음을 안다는 것은 바로 이스라엘의 현재 불신 상태와 미래의 온전한 구원 사이에 어떤 일이 전개될지 그 미래사의 우여곡절에 대한 신적인 섭리의 차원이다. 그것은 인간의 지식과 지혜를 넘어서는 신적인 주권 사항으로 하나님의 구원사를 통해 펼쳐질 세상 운영에 대한 비밀 사항에 해당된다. 따라서 아무도 하나님의 모사로 자처하며 이래라저 래라 할 수 없듯이, 하나님의 그 속 깊은 지략을 품은 마음을 헤아릴 수 없다는 것이다. 그래서 그 절대 타자 하나님의 초월적인 마음을 조금이라도

---

19 앞의 자료, 954-955. 그러나 이후에 이 단어는 이러한 철학적 관점의 개념이 종교적 신비적 영역과 결합하여 등장하고(*Corp. Herm.*) 신약성서에서는 ① 지적인 마음, ② 실천적 이성, ③ 이해, 통찰 ④ 사고, 판단, 결의 등의 함의와 함께 사용되었다. 앞의 자료, 955-957.

헤아릴 수 있는 중개자가 필요한데, 그분이 바로 그리스도 예수다.

바울이 이와 관련하여 동일한 수사의문문을 던지면서 고린도전서의 다음 구절에서 희망의 증거를 내놓는다. "누가 주의 마음을 알아서 주를 가르치겠느냐. 그러나 우리가 그리스도의 마음을 가졌느니라"(고전 2:16).[20] 직전에 사도 바울은 그리스도인이 하나님의 영을 받아 영이신 하나님의 은혜를 알게 된다고 주장하는데 이 진술은 그 연장선상에 있다. 우리가 비록 하나님보다 더 똑똑해서 그를 가르치는 주제넘은 자리에 설 수 없지만, 하나님의 영이 곧 그리스도의 영이니 그 마음까지도 통하여 그리스도의 마음으로 하나님의 마음도 웬만큼 헤아릴 수 있다는 것이다. 전자의 로마서 용례가 비관적인 불가지론의 배음(背音)을 깔고 있다면 여기서는 낙관적인 희망의 단서를 제공하는 셈이다. 이러한 맥락에서 그리스도의 마음은 하나님의 세계 운영 전략과 구원사를 통찰하는 신적인 지략으로서 그리스도의 명철한 지성을 가리킨다고 할 수 있다. 그 신적인 지성은 물론 인간의 지성을 압도한다. 빌립보서 4:7에서 바울이 또 고백하듯이, 인간의 모든 지성/지각(voῦς)을 압도하는 하나님의 평강이 예수 그리스도 안에서 신자들의 마음(καρδία)과 생각(voήματα)을 지키시리라는 선언은 그 대표적인 증거이다.[21] 흔들리기에 불안정한 인간의 내면은 오로지 견고한 지성에 터한 하나님의 평강만이 지키고 보호해줄 수 있다는 것이다. 그러나 이러한 결과 또한 궁극적으로 감사함으로 주께 기도와 간구로 아뢸 때 가능해진다는 점에서(빌 4:6)

---

20 로마서 11:34에서도 인용된 이 구절의 첫 문장 중 "주의 마음"은 구약성서 인용문(사 40:13)에서는 '영'(Spirit)을 대체하고 있다. 이로써 우리는 바울의 어휘에서 '영적인 것'과 '지적인 것'의 개념적 호환성을 미루어 짐작할 수 있다. 그러나 이는 바울만의 특징이 아니라 헬레니즘의 사유를 공유한 당시 유대교 지식인들의 공통된 성향으로 이해된다. Seung Won Yu, "Paul's Pneumatic Epistemology: Its Significance in His Letters," Ph.D. dissertation (Duke University, 1998).

21 바울은 여기에서 또 고린도후서 3:14-15에서 καρδία와 voῦς를 나란히 병기하고 있는데 이는 그가 히브리어(לֵב)의 번역어로 '마음'의 특정 측면에서 이 두 개념을 호환 가능한 것으로 이해하였음을 암시한다. Rudolf Bultmann, *Theology of the New Testament*, vol. 1, 220-221.

의존적인 성격을 띤다고 볼 수 있다.

2. 깨닫게 하는 인간의 지성

이와 같이 그리스도의 마음을 지닌 자들은 그 지적인 마음을 활용하여 많은 것을 보고 생각하고 인지할 수 있는데, 그 궁극은 깨닫는 것이다. 쉽게 말해 사리 분별하고 사태 파악해서 어떤 것에 감추어진 의미를 발견하는 지적 작용을 가능케 한다. 누가복음 24:45에서 엠마오로 가는 두 제자에게 나타난 부활하신 그리스도는 "그들의 마음을 열어 성경을 깨닫게 하셨다"고 하는데, 여기서 쓰인 그 '마음'이 바로 그리스도의 지성적 마음에 접속된 인간의 지성적 마음이라고 볼 수 있다. 그들은 성경의 내용을 익히 읽고 들어 알고 있었음에도 그것이 구체적으로 무엇을 뜻하고 특정한 구절이 누구의 어떤 일들을 가리키는지 이해할 수 없었다. 그러나 예수가 그들의 눈을 뜨게 하니까 성경의 의미가 온전히 이해되는 깨달음을 얻을 수 있었던 것이다.

이와 유사한 견지에서 요한계시록의 화자도 종말의 비밀에 대한 통찰력을 그 지적인 마음(νοῦς)을 통해 얻는다. 가령, 13:18에 언급된바 666의 비밀을 통찰해 아는 자를 '총명한 자'라고 표현했지만, 원문을 분석해보면 이는 지적인 마음(νοῦς)을 지닌 자라는 뜻이다. 또 요한계시록 17:9에서 그 지성적 마음은 지혜와 결합하여 짐승을 표상하는 '일곱 머리'의 환상적 이미지에 담긴 비밀을 상세히 풀어낸다. 한글개정개역은 이를 "지혜 있는 뜻이 여기 있으니"라고 번역했지만, 원문을 직역하면 그 직접적 의미는 '지혜를 지닌 마음(νοῦς)이 여기 있다'라고 풀어진다. 이와 같이 지성으로서의 이 마음은 지혜를 품고 있는 창고와 같다. 눈에 보이지 않는 것, 눈에 보이지만 그 이면의 감추어진 비밀이 희미한 대상을 향해 지혜를 품고 있는 이

지성적 마음은 날카로운 통찰력을 수반하면서 이를 분석하고 해부하여 그 정확한 뜻을 깨닫게 해준다는 것이다. 바로 그리스도의 마음에 접속되고 하나님의 마음을 헤아리는 그 지성의 견고함이 담보되기 때문이다.

3. 부패하여 갱신되어야 할 마음

그러나 그 지성적 마음이 마냥 건강하고 건실한 상태를 저절로 유지하는 것은 아니다. 이 또한 죄에 취약하고 온갖 부정한 것, 악한 것들에 물들어 녹슬고 퇴락할 수 있기 때문이다. 로마서 1:28에서 인간의 보편적 타락상을 염두에 두면서 바울은 "하나님께서 그들을 상실한 마음에 내버려두셨다"고 논평한다.[22] 인간의 타락이 지성의 부패함과 함께 찾아온다는 지적이기도 하다. 여기서 '상실한' 마음이라는 것은 그 지성이 충분히 검증되고 연단되지 않았다는 뜻이다. 이를 위해 사용된 헬라어는 ἀδόκιμος로, δόκιμος와 반대되는 개념이다. 즉, 시험과 연단의 과정을 거쳐 충분히 검증되고 확실하게 공인된 상태가 못 된다는 뜻이다. 인간의 지성도 여러 단계가 있어서 각 단계 수준에 맞게 시험과 연단의 과정을 거치는데, 인간을 타락으로 끌어들이는 그 첫 단계가 지적인 연단의 부재로 인한 혼미함과 허망함의 마음 상태라는 것이다. 에베소서 4:17은 이와 관련하여 "이방인이 그 마음의 허망함으로 행함 같이 행하지 말라"고 훈계한다. 제대로 확립되지 못한 지성적 마음은 그것으로 아무리 애쓰고 힘써서 삶을 경영할지라도 그 귀결은 허망하고 허탄하게 드러날 뿐이다. 왜냐하면 인간의 지성적 마음조차 쉽게 흔들리거나 그 불안함 가운데 두려움에 사로잡히거나(살후 2:2) 부패한 상태

---

22 제임스 던에 의하면 이 구절의 요점은 "하나님이 그들 인간의 마음을 시험하거나 실격시키기로 작정했다든지, 타락하도록 유도하였다는 것이 아니라, 하나님을 시험의 주체로 만드는 행위 자체가 무자격의 마음 또는 수준 이하의 지성이라는 것이다." James D. G. Dunn, *Romans* 1-8, WBC 38A (Dallas, TX: Word Books, 1988), 66.

에서 진리를 잃어버린 나머지 경건조차 이익의 수단으로 오남용하는(딤전 6:5; 딤후 3:8) 타락상을 유도하기 때문이다.[23] 이러한 마음의 부패는 곧 양심 마저도 오염시켜 함께 추락하는 현실을 야기한다(딛 1:15). 따라서 그리스도 의 진리를 세우면서 내면의 빛을 환하게 유지하기 위해 그 지성적 마음의 갱신은 필수적인 과제다.

성경을 공부하거나 이 세태를 살피면서 얻는 그 의미론적 깨달음과 영 적인 각성의 마음 상태는 이 세대를 향해 정확한 통찰력을 선사하고 하나님 을 향해서도 그 뜻이 무엇인지 헤아리는 올곧은 지성으로서의 마음을 제공 한다. 다음의 구절이 그 대표적인 예증의 근거이다.

너희는 이 세대를 본받지 말고 오직 마음(νοῦς)을 새롭게 함으로 변화를 받아 하나님의 선하시고 기뻐하시고 온전하신 뜻이 무엇인지 분별하도록 하라(롬 12:2).

여기서 마음은 감정이 아닌 지성으로서의 마음이다.[24] 그러나 그 지성조 차 갱신되지 않으면 녹이 슬고 낙후된다. 그래서 꾸준한 공부와 자기성찰을 통해 새롭게 갱신되어야 한다. 그 지성의 간단없는 갱신 노력에 의거해서만,

---

23 이와 같이 기독교 초창기부터 종교적 경건을 사업적 이익으로 삼는 행태를 지성의 부패 증 거로 간주한 것은 흥미로운데 이 소재는 당시 유랑 철학자들이 종종 사용한 격렬한 비판과 논쟁의 무기였다. Martin Dibelius & Hans Conzelmann, *The Pastoral Epistles*, tr. by Philip Buttolph & Adela Yarbro (Philadelphia: Fortress Press, 1972), 83. 목회서신(딤 후 3:8)에 의하면 이러한 지성의 타락은 진리를 거역하고 믿음이 시험의 연단을 통과하지 못한 결과로 초래된 것이며 그 대표적인 사례로 바로 앞에서 모세를 대적한 마법사의 이름 으로 알려진 얀네와 얌브레(CD V 15-17)를 예로 든다(앞의 책, 117).

24 바울은 로마서 12:1-2에서 이러한 지성의 관점에서 기독교를 자신의 몸/삶을 일상적 섬김/ 예배를 통해 하나님께 산 제물로 바치는 '합리적인 종교'(λογική λατρεία)로 정의함으 로써 동물을 죽여 희생제물로 바치는 유대교나 이방종교와 차별화된 제3의 대안적 종교로 제시한다. Hans Dieter Betz, "Christianity as Religion: Paul's Attempt at Definition in Romans," *JR* 71/3(1991), 315-344.

우리는 자신이 살고 있는 시대에 나타난 하나님의 선하시고 기뻐하시고 온전하신 뜻이 무엇인지 분별하면서 올바른 역사의식을 갖고 시대정신을 파악할 수 있다.

4. 검증하고 결단하는 마음

제대로 검증되고 건실하게 갱신된 지성적 마음은 이 세대의 주류 가치에 항체를 만들며 끊임없이 저항하도록 용기를 더하고 확신을 심어준다. 나아가 이와 같이 성숙한 지성적 마음은 선택과 결단에 담대하고 목표지향적으로 자신의 삶에 어떤 방향성을 설정해준다. 그것은 단순히 기존의 전통적 가치를 지키거나 해체하는 보수와 진보의 특정 이념적 지향을 가리키지 않는다. 어떤 선택을 하든지 그 안에 내포된 가치의 진정성을 극대화하고 급진화하면 공동체적 삶의 자리에서 서로 만나 상합하고 보완적으로 협력할 수 있기 때문이다. 이와 관련하여 바울이 로마교회의 신자들 사이 음식 규례와 절기 전통에 대한 이견을 전제하면서 언급한 다음의 진술을 눈여겨 볼 필요가 있다.

어떤 사람은 이 날을 저 날보다 낮게 여기고 어떤 사람은 모든 날을 같게 여기나니 각각 자기 마음(νοῦς)으로 확정할지니라(롬 14:5).

여기서 '확정한다'(πληροφορέω)는 말은 애당초 품은 신념의 뜻을 온전히 구현한다는 의미다.[25] 이러한 맥락에서 볼 때 지성적 마음은 한 사람이 선택한 것에 대해 후회하지 않고 확신에 이르게 하는 내부적 동력을 가리킨

---

25 이 단어는 드물게 사용되는 희소 어휘로 초기 기독교 이후 카리스마적 확신을 위한 전문용어로 정착해가고 있었던 것 같다. Robert Jewett, *Romans*, 845.

다고 할 수 있다. 스스로 설득하고 다짐하여 자신의 선택에 책임을 지면서, 그 긍정적 면모를 공동체 내에 구현하는 성숙한 지성인 셈이다. 이러한 마음의 경지에 다다를 수 있을 때 우리는 다양한 견해를 두루 포용하면서, 그것으로 인해 분열을 초래하지 않고 통합과 통일을 이루어낼 수 있다.[26]

사도 바울이 고린도교회의 분열 상황에 응답하면서 "같은 마음과 같은 뜻으로 온전히 합하라"(고전 1:10)고 권면한 것은 마음의 이러한 특질을 염두에 둔 표현으로 보인다. 여기서 '뜻'으로 번역된 헬라어 γνώμη는 '목적', '의견', '동의', '결정' 등의 다양한 함의를 지닌다. 공동체의 다양한 성원들이 모여 어떤 사안에 대해 동일한 목적과 의견을 가지고 동의하며 쉽게 한 가지로 결단하기란 쉽지 않다. 그러나 검증된 분별력 있는 지성으로서의 마음을 가지고 서로 존중하며 인정할 수 있다면 서로의 견해 차이를 내세워 더 숭고한 상위적 목표를 그르치지 않을 수도 있다. 그것이 바로 동일한 지향점을 가지고 '같은 마음과 같은 뜻'으로 뭉치며 공동체를 세워나가는 지혜이다. 여기에서 '같은 마음'이란 억지로 균질화하는 것이 아니라, 이후의 '몸-지체' 교회론에 잘 나타나듯이, 상이한 지체들이 그 다양성을 존중받으면서 한 몸 안으로 통합되어 유기체적인 긴밀한 상관체로 세워나가려는 연대 의식을 가리킨다. 그것은 선한 뜻을 살려 검증된 지성으로 합리적인 토론을 거쳐 결단하고 겸손하게 각기 확정하여 그 진정성을 극대화할 때 가능해지는 연대와 융합의 지경이라 할 수 있다.

---

26 이와 관련하여 쥬엣은 다음과 같이 부연 설명한다: "다수 의견이든, 소수 입장이든, 바울은 로마의 그리스도인들이 14:1-3에 반영된 순응의 압력에서 생길 수 있을 법한 '무결정과 우유부단'을 피하라고 권고한다. 그는 그들이 '상이한 태도를 승인하는' 카리스마적 자유'를 파악하고 믿음과 실천에 있어 문화적 변용을 위한 '무한한 가능성의 폭'을 합당한 것으로 여기길 원한다." 앞의 책, 845.

5. 마음과 육신의 상관관계

사도 바울은 그의 서신에서 이 지성적 마음(voῦς)을 육신과의 상관관계 아래 대조적으로 조명한다. 가령 그가 로마서 7:23에서 "한 다른 법이 내 마음의 법과 싸워 죄의 법으로 나를 사로잡는다"고 고백할 때 여기서 '마음'(voῦς)과 '죄'는 대립적 관계이고, 이어지는 구절을 보면 그 죄의 숙주인 육신(σάρξ)이 다시 '마음'과 대립항으로 묘사된다. 이를테면 "마음으로는 하나님의 법을, 육신으로는 죄의 법을 섬긴다"(롬 7:25)는 것이다. 지성으로서의 마음은 하나님의 율법과 밀접한 친연관계인 데 비해, 육신은 이에 대적하면서 죄를 추동하는 욕망의 힘이다. 바울에게 지성적 마음은 율법을 읽고 암송하며 공부하도록 동기를 부여한 이해력의 총기였다. 그러나 그 육신적 욕망, 즉 정욕과 탐욕은 그렇게 이해한 율법의 정신을 흐리고 그것을 온전히 실천하는 데 방해 요인으로 작용하곤 한다. 그리하여 율법이 그 순종의 여부에 따라 하나님의 율법과 죄의 율법으로 분기하듯이, 자신의 생명도 그 율법을 따르고자 하는 마음의 영역과 그것을 거스르고자 하는 죄와 육신의 영역으로 분기하면서 자신의 자아가 분열하는 모습을 고백한 것이다.

한편 바울은 골로새서 2:18절에서 이 지성적 마음마저도 육신의 욕망과 결합하여 오염될 가능성을 예의 주시하며 경계한다. "아무도 꾸며낸 겸손과 천사 숭배를 이유로 너희를 정죄하지 못하게 하라. 그가 본 것에 의지하여 그 육신의 생각(=마음)을 따라(ὑπο τοῦ voὸς της σαρκὸς αὐτοῦ)[27] 헛되이 과장하고 머리를 붙들지 아니하는지라"(골 2:18). 주석가들의 추론에 의하면 골로

---

27 여기서 '육신'(σάρξ)은 동물의 고기(κρέας)와 구별되는 인간의 물질적 육체성을 이르는 가장 포괄적인 개념으로 연약함과 유한함, 죄성에 취약함 등을 그 속성으로 갖고 있다. 드물게 중립적인 의미로 σῶμα와 유사 개념으로 사용되기도 한다. 그러나 바울에게 이 단어는 '죄'의 숙주로 부정적인 의미가 강조되었으며, 특히 인간의 태생적인 면모 가운데 자기 자랑과 교만, 탐욕/정욕 등 여러 가지 부실한 점을 드러내는 은유적 개념으로 사용되었다. Rudolf Bultmann, Ruldolf Bultmann, *Theology of the New Testament*, vol. 1, 232-246.

새 교회는 천사 숭배로 인해 혼란을 야기했다. 아울러, "꾸며낸 겸손"이란 일부 금욕주의자들이 자기를 학대하듯 가혹한 금욕적 실천을 고집한 것이 아닐까 추론된다. 이에 덧붙여 이 공동체는 자기가 본 것을 의지하여 합리적인 사유 없이 어떤 환상적인 것에 사로잡히는 신비주의적 병폐의 위기에 노출되었던 것으로 보인다. 이에 대해 저자는 그것이 머리 되신 그리스도를 붙들기보다 지엽적인 허탄한 관심사로 교인들을 겉돌게 할 위험을 감지한다. 그런데 이 모든 지엽적인 것들과 과장된 것들에 사로잡히게 하는 주된 동인으로 골로새서 저자는 '육신의 마음'을 언급한 것이다. 다시 말해, 지성적인 마음이 자기 과시의 욕구를 매개로 육신의 욕망에 사로잡히면 그리스도 안에서 마땅히 견지해야 할 신앙의 중심을 잃고 헛된 노력을 일삼게 된다는 것이다. 이러한 맥락에서 지성으로서의 마음은 신앙과 경건의 본질을 훼손하는 육신의 욕망에 저항하는 항체로서의 측면과 그것에 쉽게 결부하여 휩쓸리는 매개체로서의 측면을 동시에 공유하는 마음이라고 볼 수 있다.

6. 마음과 영의 상관관계

바울은 고린도전서에서 성령의 은사 중 하나인 방언에 대해 논하면서 마음과 영(πνεύμα)을 대립항으로 설정한다. 요컨대 방언으로 하는 기도는 영으로 하는 기도이지만 지적인 분별과 각성을 표상하는 '마음'의 세계에서는 그런 기도가 지각되지 못하는 고로 아무런 유익한 열매도 없다는 것이다(고전 14:14). 연이어 그는 영으로 기도하는 것과 마음으로 기도하는 것을 대립시키고, 영으로 찬송하는 것과 마음으로 찬송하는 것을 대립시킨다(고전 14:15).[28] 고린도교회에는 성령의 다양한 은사 중 유난히 방언의 은사를 강

---

28 여기서 마음(νοῦς)은 지성의 합리적인 요소를 가리키는 게 분명하지만 이에 대립되는 문구 '나의 영'의 그 영(πνεύμα)이 구체적으로 무엇을 가리키는지 주석적으로 다소 논란의

조하며 그것을 우월한 영적 권위의 근거로 삼고자 한 부류가 존재했던 것 같다. 이에 대해 바울은 그 은사를 개인의 영성을 세우는 데 유익한 것으로 인정하면서 동시에 공동체를 세우는 데는 온전한 정신의 지각기능으로 분별하고 이해 가능한 합리적 지성으로서의 '마음'(voūç)이 유익한 가치가 있음을 설파하였다.

여기서 바울이 언급한 영의 기도로서 방언은 자신도 그 의미를 잘 모른 채 하나님의 영과 소통하는 방식으로 이해된다. 그러나 그 정확한 의미를 통역하여 알려주는 절차가 없이 공중예배의 자리에서 중구난방으로 방언으로 기도하면 그 은사를 행하지 못하는 다른 구성원들이 혼란을 겪고, 바깥에서 이러한 공동체의 현상을 접하면 사이비 광신자 집단으로 오해받을 우려가 있다고 바울은 판단했다. 그래서 그는 온전하게 지각 가능한 지적 마음으로 일반 언어를 사용하여 다섯 마디 가르치는 것이 일만 마디 방언으로 가르치는 것보다 훨씬 더 그 효용성이 높다고 본 것이다(고전 14:9). 여기서 바울이 사용한 '마음'은 이즈음 환경에서 다분히 커뮤니케이션의 효용성을 연상시켜준다. 그 마음은 동양적인 전통 속에서 흔히 소통의 심오한 경지로 예시하는 '이심전심', '심심상인'의 마음이 아니라, 이는 오히려 구체적인 일반 언어로 정확하게 표현하여 상대방이 이해하고 납득함으로써 이에 충분하게 반응할 수 있는 소통의 기제로서 명징한 언어적 지성에 가까운 개념이다.

여지가 있다. 바렛은 그 의미에 대하여 1) 인간 내면의 심리적인 구성요소 2) 자신에게 위임된 영적인 은사 3) 자신에게 주어진 성령 등으로 대별하면서 2)의 의미를 염두에 두었을 개연성이 가장 높다고 보았다. C. K. Barrett, *A Commentary on the First Epistle to the Corinthians* (Peabody, MA: Hendrickson Publishers, 1968), 320. 그러나 그 스스로 인정하듯이 성령의 은사를 기도하는 주체로 이해하기가 어렵기 때문에 내게는 오히려 3의 가능성이 더 설득력이 있어 보인다. 당대의 헬레니즘 계통 유대교 식자층에게 지적으로 합리적인 것이 영적인 것이고 그 반대의 의미도 통하지만, 바울에게 지적인 합리성 또는 합리적인 지성(voūç)이 당대의 지식인들이 상찬한 것과 달리 무죄와 무결점의 대상이 아니었기 때문이다. 적어도 이 본문에서는 그 상반성이 도드라지게 조탁되고 있다.

그러나 한 군데 용례에서 바울은 이러한 마음의 개념과 영의 개념을 나란히 결합하는 '마음의 영'이라는 문구를 조탁한다. "옛사람을 벗어버리고 오직 너희 마음의 영이 새롭게 되어…"(엡 4:23)의 경우가 그렇다. 여기서 마음과 영은 대립적인 관계가 아니라 호환 가능하고 보완적이며 소통적인 관계로 파악된다. 그것은 그리스도 복음 이전의 인습적 전통에 사로잡힌 구태의연한 과거의 유산으로서 '옛사람'을 청산하는 데 상부상조할 수 있는 요소라 볼 수 있다. 지성적 마음은 희미하고 기이한 영의 세계를 통찰하여 그 옛사람과 동떨어진 새로운 삶의 동력을 창출하는 '마음의 영'으로 융합될 수 있다는 것이다. 합리적인 지성을 갱신하다 보면 그것이 어떤 임계점에 이르러 초합리적인 영의 분별력과 만날 수 있는 가능성을 암시하는 대목이다. 실제로 바울 시대에는 영의 형용사형인 πνευματικός가 '영적인', '신령한'의 일차적인 의미 이외에 언어적 지성의 소통 가능성과 인지 가능성을 대변하는 λόγος의 형용사형으로 '합리적인', '합당한', '지각 가능한'의 뜻을 지닌 λογικός와 호환 가능한 유사어였다는 점을 유의할 필요가 있다.[29]

IV. 마음으로 무엇을 어쩌란 말인가

앞서 분석한 대로 신약성서에 펼쳐진 마음의 개념은 그야말로 천태만상이다. 그것은 어쩌면 정신계의 총화로서 보이지 않는 인간의 내면에서 요동치는 온갖 비가시적 에너지의 흐름 전체를 포괄하는 세계라 할 수 있다. 마음으로 말하고, 마음으로 경청하며, 마음으로 죄 가운데 타락하고, 마음으

---

29 이러한 논점에 대해서는 차정식, "영적인 예배?, 합리적 종교!-롬 12:1-2," 『거꾸로 읽는 신약성서』 (서울: 포이에마, 2015), 199-211.

로 용서받고, 마음으로 깨닫고, 마음으로 결단하며, 마음으로 새롭게 되는 것이 인간의 내면에 똬리를 틀며 약동하는 마음이란 공간이다. 그런데 마음이란 정말 그런 비가시적 내면의 공간 또는 장소일까. 아니면 어떤 일을 도모하는 구체적인 심리적 에너지 같은 것일까. 아니면 관념 속에 투사되어 인간을 조종하는 어떤 흐름이나 현상 같은 것일까. 마음의 개념을 정의하고 그 의미를 조명하는 수많은 다양한 가능성에도 불구하고 우리는 그 마음의 자족적 실용주의를 위해 그것으로 무엇을 어찌하며, 어떻게 그 마음이란 걸 쓰고 조율해야 우리 삶이 상쾌해질까를 물어야 할 것 같다.

이와 관련하여, 현대의 성서적 '마음론' 또는 '마음학'을 개진하는 앞머리에 무엇보다 첫째로 나는 마음의 물질성 또는 육체성을 강조하고 싶다. 앞서 살핀 대로 마음은 육체, 영, 입술, 얼굴 등과 다양하게 접맥되면서, 영과 달리 모호하지 않고 분별 가능하지만 동시에 육체(입술과 얼굴 포함하여)의 빤한 형상으로서의 가시적인 세계와 구별된다. 그런데 그 입술 언어와의 상호관련성은 상생/상극의 이중적인 구조로 파악된다. 그러면서도 바울은 고린도 교인들과의 관계에서 그들을 마음에 쓰인 '그리스도의 편지'라고 명명하면서 그 마음을 '육의 마음'(fleshly heart)으로 표현했다. 육체적 헌신이 배제된 마음의 충실성은 구체적이지 못하다고 판단한 것이다. 나아가 사도행전 14:17에 의하면 하나님은 자신을 증언하되 인간에게 자연현상을 통해 선한 일을 하여 음식과 기쁨으로 인간의 마음을 채워 충족하게 하였다고 한다. 농작물의 수확과 이것으로 만든 음식은 일차적으로 인간에게 생산의 기쁨을 안겨주지만, 그것을 섭취하는 것은 인간의 육체이다. 그런데 사도행전의 저자는 인간의 육체적 욕망을 충족시켜주는 음식을 먹는 행위를 '마음'을 채워 충족시켜주었다고 표현한 것이다. 이와 같이 마음은 그 자체로 따로 놀지 않고 육체적 향유와 그 기쁨에 수반하는 측면이 명백한데 경직된 이분법의 마음 이해는 이 점을 놓치는 경향이 있다.

둘째, 마음의 감각적 영역에 대한 수련과 성찰의 필요성을 지적할 수 있다. 마음이 오감과 맺는 상호 관계는 매우 크다. 나아가 신약성서의 '마음'은 καρδία와 νοῦς의 특정 용례에서 서로 삼투하며 호환 가능한, 지·정·의의 모든 차원을 아우르고 있다는 점이 중요하다. 마음이 단순히 변덕스러운 감정의 차원에 고착되어 있지 않다는 것이다. 우리 몸의 구체적인 감각은 일차원적 느낌의 차원에 머물지 않고 진리를 알고 깨닫는 데까지 영향을 미친다. 바울은 이사야서(64:4, 65:17)를 인용하여 다음과 같이 통찰한 바 있다. "하나님이 자기를 사랑하는 자들을 위하여 예비하신 모든 것을 눈은 보지 못했고 귀는 듣지 못했으며, 사람의 마음은 생각하지 못했다"(고전 2:9). 여기서 눈과 귀의 인지적 감각의 기능이 마음의 사유 기능과 맞물려 우리 생의 가장 중요한 가치인 진리의 선물마저도 놓쳐버리는 낭패를 지적한다. 추론컨대 우리 시대 온갖 유형의 근본주의와 보수주의의 병폐는 비사유의 강박과 통한다. 즉 울타리 너머로 상상하며 감각적 충일함을 제고하여 경계 밖의 진리를 선취하고, 선물로 영접하는 담대한 용기로 우리의 녹슨 감각의 쇄신과 혁명이 있어야 지·정·의 모든 영역에서 마음의 갱신도 가능해진다는 것이다.

셋째, 변덕스럽고 미끄러운 개별적 마음들이 산만하게 얽히고설켜 요란한 욕동을 시전해서는 아무런 상큼한 공동체적 가치도 구현되지 못한다는 것이다. 이를 위해 개별적 마음의 상합과 소통, 나아가 긴밀한 연대가 필수적인데 이는 손에 잡히지 않는 다양한 마음의 결에서 올을 뽑아 비단을 짜내는 것만큼 난해한 과제이다. 이러한 실험은 일찍이 사도행전의 예루살렘 공동체를 통해 시도된 바 있다. 여기서 그들이 시도한 마음의 연대 지향적 노력을 특징짓는 문구는 "마음을 같이하여"(행 2:46)와 "한마음과 한뜻이 되어"(행 4:32)라는 것이다. 이런 공동체의 마음 연대 노력이 한시적이나마 성공할 수 있었던 것은 그 구성원들이 하나님의 말씀에 순종하여 자신에게 가장 소중한 것들을 포기하고 활수한 나눔을 실천할 수 있었기 때문이다. 다시 말해, 그들은 그들의 제한된 마음보다 더 큰 하나님(요 3:20-21)을 의지함으로써 그 마음의 변덕과 탐욕스러운 장난에 놀아나지 않을 수 있었던 것이다. 그렇게 그들은 입술의 말과 마음의 간격을 최소치로 좁힐 수 있었고 그 가운데 살려낸 진정성으로 그 마음을 새롭게 함으로써 당대의 주류 가치에 거스르면서도 두려워하지 않고 하나님의 선한 뜻을 분별하여 역사를 바꾸는 데 결정적인 표징으로 우뚝 설 수 있었던 것이다.

코로나19 시대를 거치면서 우울한 마음들이 곳곳에서 신음하고 있다. 망가질 대로 망가진 한국교회의 위상과 목회자들의 이미지가 바닥을 쳤다는 수상한 소문이 사위로 흉흉하다. 위기는 곧 기회라는 말이 희망의 메시지가 되려면 우리는 다시 각자의 마음을 들여다보면서 그 뿌리를 응시하고 성찰하는 노력부터 다시 시작해야 한다. 그렇게 그 마음을 어떻게든 다시 추슬러 "내 속에 내가 너무도 많아", "어쩔 수 없는 그 어둠"을 물리치는 것이 급선무다. 그 개별적 마음의 각성 위에 더욱 긴밀하게 소통하고 단합하며 연대하여 "마음을 같이"하고 "한마음과 한뜻"으로 우리에게 당면한 시대적 과제를 성실하게 감당해나가길 소망해 본다.

3부
___

욕망, 향유, 극기

1장
먹고 마시는 일상적 향유와 예수의 신학적 지향
— 복음서의 '공동식사' 모티프를 중심으로

I. 문제 제기

향유의 철학자 레비나스는 "세계 안에서의 우리의 실존을 특징짓는 것은 먹거리들이다"[1]라고 말했다. 우리는 먹기 위해서 사는 것만도 아니고 살기 위해서 먹는 것만도 아니다. 다만 존재하기 위해 먹는 대상과의 향유적 관계 속에 우리의 일상적 삶은 구원을 경험한다. 주체의 존재 방식이 대상과의 관계를 조율하면서 거리를 두거나 다가서는 '향유'에 있다면 그 욕망을 신학적 분석의 대상으로 삼는 것은 자연스럽다. 왜냐하면 창조주의 생명 창조 과정 가운데 그것이 자생적으로 성장하고 그 생명을 풍성하게 결실하는 뜻을 담아두었다면 그 매개 수단으로 먹는 양식을 외면할 수 없기 때문이다. 더구나 먹고자 하는 욕망은 인간의 생명이 마지막 순간까지 자신의 존재를 의식하기 위해 간절하게 추구하는 것이라서 단순히 물질성의 가치를 넘어 존재론적 완성의 동반자처럼 여겨질 정도이다.

생명의 풍성한 누림에 그 일상적 욕망의 충족으로 먹고 마시는 행위가

---

1 엠마누엘 레비나스/강영안, 『시간과 타자』 (서울: 문예출판사, 1996), 65.

중요하다면 이를 수행하는 몸의 문제를 또한 천착하지 않을 수 없다. 예수는 주기도문에서 인간의 필요를 위해 첫 번째로 구해야 할 대상으로 '일용할 양식'을 꼽았는데, 거기에는 그 양식이 몸의 생명을 지속하여 유지하기 위한 방편이었을 뿐 아니라 궁극적으로 하나님의 은총의 선물로 날마다 누려야 할 삶의 '분복'이라는 전제가 깔려 있었을 법하다. 그러나 대속과 구원, 헌신과 희생, 충성과 봉사 등의 신학적 거대담론에 밀려, 먹고 마시는 일상의 향유적 경험이나 이를 수행하는 몸의 욕망은 신학의 주제로 그간 별 주목을 받지 못했다. 다만 신앙공동체의 제의적 의무를 수행하는 절차적 정당성의 일부로 주목받았을 뿐, 그것이 개체 생명에게 부여하는 신학적 의미와 인간학적 의의를 심도 있게 탐구하려는 시도는 상대적으로 너무 빈약하였다.[2]

이 논문은 바로 이러한 결핍된 문제의식에서 출발하여 예수를 정점으로 그 전후로 전개된 먹고 마시는 일상의 향유신학적 의미를 하나님 나라의 비전과 결부시켜 조명해 보고자 한다. 예수의 사상사적 위치와 사회적 역할을 해석자들에 따라 히브리 성서 전통의 종말론적 묵시주의자, 예언자, 제사장, 왕 등의 계보에 잇대어 보는 경향이 있어왔다.[3] 그러나 본 연구자는 창세기의 에덴 전승과 전도서의 일상적 쾌락 지향의 사상을 경유하여 먹고

---

2 다만 최근 시대적 흐름을 타는 '일상신학'이라는 견지에서 한 부분으로 음식과 식사의 신앙적 의미가 간간이 다루어져 왔을 뿐이다. 엘리자베스 T. 그로프/홍병룡, 『먹고 마시기: 모두를 위한 매일의 잔치─일상의 신학 3』(서울: 포이에마, 2012); 차정식, "음식과 식사─그 짧은 인간학과 긴 신학," 『일상과 신학의 여백』(서울: 두란노아카데미, 2010), 36-46. 아울러, 관련 논문으로 차정식, "음식과 식사의 신학적 지형학-신약성서를 중심으로," *Canon&Culture* 2/2(2008), 99-135.

3 이른바 '역사적 예수'의 연구는 그동안 수많은 관점을 따라 진행되어왔고, 그 결과 묵시적 종말주의자에서 개혁적 랍비, 정치적 혁명주의자, 비종말론적인 지혜의 스승 등에 이르는 다양한 모델을 창출하였지만, 그 가운데 철저히 외면된 것은 한 개체인간과 공동체의 지도자로서 예수의 신체적 욕망과 결부된 구체적인 일상의 현장이다. 특별히 날마다 반복되는 먹고 마시는 식사(공동식사 포함)의 향유 신학적 의미는 그 면면한 사상사적 흐름에도 불구하고 종교적 '제의'와 규범적 '전통'의 맥락에 국한하여 인색하게 조명되었을 뿐이다.

마시는 개인의 일상적 분복을 공동체의 현장에 접목시킨 향유 지향적 현자의 관점에서 예수 신학의 특질을 조명해 보고자 한다. 나아가 이러한 사상적 지향과 운동적 실천이 비단 팔레스타인의 유대인 사회에 국한되지 않고 그레코-로만의 사상사적 흐름 가운데 개체 몸의 일상적 욕망에 대한 자기 배려의 흐름과 동궤를 이루는 공통점이 있음을 탐색해보고자 한다. 이러한 배경사적 고찰 아래 예수가 하나님 나라 운동의 현장에서 보여준 먹고 마심의 일상적 향유에서 '마지막 식사'의 자리에 이르기까지 체현한 일관된 향유 지향적 가치와 그 신학적 의미를 평가함으로써 그 가운데 예수의 신체적 향유 전승이 어떤 문화신학적 의의를 머금고 있는지 살펴볼 것이다.

II. 먹고 마시는 일상적 향유의 문화사적 배경

1. 히브리 신학의 전통

히브리 성서에서 창조주 하나님의 명령은 "생육하고 번성하라. 이 땅에 충만하라"(창 1:28)는 것이었다. 그렇게 되기 위해서는 생명을 보존, 보양하여야 했고 이를 위해서는 또 잘 먹어야 했다. 이런 목적에 부응하여 하나님은 에덴에 있는 모든 실과와 채소를 먹을거리로 허락했고, 단 선악을 알게 하는 나무의 실과만을 금하였다(창 1:29, 2:16-17). 1%의 금기와 99%의 향유가 이렇게 제공된 셈인데, 그 향유가 성적 쾌락이나 여타의 즐거움이 아닌 오로지 먹는 것과 관련되어 제시된 점이 흥미롭다.[4] 물론 노아의 홍수 이후 육식이 허용되기도 하지만 피째 먹지 말 것을 명하거나(창 9:4) 어미의 젖에

---

[4] 이러한 공동체의 원초적 유형에 "생태적 부부공동체"라는 이름이 붙여진 바 있다. 차정식, 『기독교 공동체의 성서적 기원과 실천적 대안』(서울: 짓다, 2015), 79-86.

새끼 염소를 삶지 말라는 규율로 제약이 있었고(출 23:19, 34:26; 신14:21), 이는 나아가 레위기 11장의 성결법 체계 속에 먹지 말아야 할 다양한 음식 목록으로 고착되기에 이른다.[5]

육식과 채식의 상호 관계나 먹을 수 있는 것과 먹지 말아야 할 것의 규정과 별도로 음식을 취하는 것 자체가 어떤 생의 의미를 이루고 어떤 존재의 목적과 상관되는지, 나아가 그것이 신체적 향유로써 체현하는 신학적 기표가 있다면 무엇인지를 상설할 필요가 있다. 이와 관련하여 유력한 증거는, 가령 출애굽 이후 이스라엘 백성들이 적군과 싸우려고 병사를 모집하는 가운데 그 조건 중 하나로 예시한바 "포도원을 만들고 그 과실을 먹지 못한 자가 있느냐? 그는 집으로 돌아갈지니 전사하면 타인이 그 과실을 먹을까 하노라"(신 20:6)는 대목에서 단적으로 탐지된다.[6] 이 증거 자료를 분석하면 자신의 수고가 깃든 결과를 음식물로 취하는 신체적 향유는 전쟁이라는 위급한 상황에서도 침해하거나 포기되지 말아야 할 중대한 권리이다. 이는 곧 자신이 땀 흘리며 생명을 투자하여 이룩한 결실에 대해 그것을

---

5 이는 훗날 유대교의 음식 규례에 기초를 제공하여 특히 '코쉐르 법'을 위시하여 일상적 식사는 물론 공동체 식사 전통에 큰 영향을 끼친다. Gene Schramm, "Meal Customs: Jewish Dietary Laws," *ABD* IV, 648-650; Jordan D. Rosenblum, The *Jewish Dietary Laws in the Ancient World* (Cambridge: Cambridge University Press, 2016).

6 이는 집을 새로 짓고 낙성식을 하지 못한 자(신 20:5), 여자와 약혼하고 결혼식을 하지 못한 자(신 20:7)와 나란히 등장하는데 전쟁에서의 승리와 구원을 선포하면서(신 20:4) 동시에 이러한 예외적 징집 면제 사유를 언급한 것이 흥미롭다. 이는 자신이 수고한 결과를 충분히 누리지 못한 채 전장에서 죽을 가능성을 염두에 둔 현실주의적인 향유의 지침으로 그로 인해 그 결과에 아무런 노고를 쏟지 못한 자가 그 즐거움을 취할 부조리한 가능성을 경계한 것이다. 특히 결혼하지 못한 약혼남이 전쟁에서 죽는 경우와 관련하여 "그가 전쟁에서 죽어 다른 남자가 그녀를 취하지 않도록" 하라는 문구가 바빌론 문헌에 평행구로 등장하는데, 고대 셈족 세계의 배경에 비추어 보면 그렇게 억울하게 전쟁터에서 죽는 경우 그들이 악마의 영향 아래 놓인 것으로 인식되었고 그 금기에 따라 그들의 악한 영향을 미연에 방지하기 위해 그들을 병역 복무에서 제외시켰으리라는 추론이 가능하다. 두에인 L. 크리스텐센/정일오, 『신명기 1:1-21:9, WBC 6』(서울: 솔로몬, 2003), 794. 그러나 신명기의 상기 본문에서는 이러한 터부보다는 성욕과 식욕, 평안의 욕구 등 인간의 원초적 욕망과 결부된 향유 지향적인 삶의 가치를 존중하는 데 초점이 맞추어져 있다.

정당하게 누리는 것이 향유적 존재로서 그 당사자의 존재 의미를 이룬다는 함의를 전하는데, 그 대상이 포도밭의 첫 수확이라는 음식물이라는 점이 흥미롭다. 이는 굶주림을 채우고 식욕을 충족시킴으로써 단순히 그 신체적 생명을 유지하는 차원과는 조금 다른 의미 영역으로 판단된다. 포도는 곧 포도주라는 기쁨의 상징을 품고 있는 향유 지향적 음료로 인식되었기 때문이다.

마찬가지로 전도서는 매우 현실주의적인 인생관에 입각하여 유한한 존재인 인간의 헛되고 헛된 삶을 위무하는 유일하고 가장 일차적인 방식으로 먹고 마시는 일의 즐거움을 여러 차례 언급한 바 있다.[7] "사람이 먹고 마시며 수고하는 것보다 그의 마음을 더 기쁘게 하는 것은 없나니 내가 이것도 본즉 하나님의 손에서 나오는 것이로다"(전 2:24); "너는 가서 기쁨으로 네 음식물을 먹고 즐거운 마음으로 네 포도주를 마실지어다. 이는 하나님이 네가 하는 일들을 벌써 기쁘게 받으셨음이니라"(전 9:7). 여기서 사람이 먹고 마시는 것은 노동의 수고와 밀접하게 연계되어 있다. 그것은 자신의 몸으로 흘린 땀의 대가를 제 몸으로 다시 흡수하는 감각적 행동이기에 이기적인 기쁨을 제공하는 향유의 경험이다. 그러나 그것은 동시에 하나님이 생명 창조의 순간 공정하게 허락한 선물이기도 하다.[8] 우리 일들을 하나님이 기쁘게 받은 대가로 우리 역시 기쁘게 그 음식물을 누릴 권리가 있다는 것이다. 그러나 이는 동시에 자신의 아내를 포함한 가족의 식탁을 그 배경으로

---

7 이 주제에 대해서는 죽음과 쾌락의 상호관련성에 착안하여 다방면의 연구가 개진되어왔다. Philip Browning Helsel, "Enjoyment and Its Discontents: Ecclesiastes in Dialogue with Freud on the Stewardship of Joy," *Journal of Religion and Health* 49/1(Mar 2010), 105-116; Ellen Sabo, "Reading and Writing Qohelet: Reflections on the Heart, Pleasure, and Death," Ph.D. dissertation (University of Alberta, 2013).

8 이런 까닭에 전도서의 대안적 쾌락으로 제시된 먹고 마심의 향유가 에덴의 비전을 회복하는 맥락에서 해석되기도 한다. Russel Meek, "Fear God and Enjoy His Gifts: Qohelet's Edenic Vision of Life," *Criswell Theological Review* 14/1(Fall 2016), 23-34.

삼고 있다는 점에서 가부장적인 공동체를 전제로 하는 문화적 행위이다. 더불어 먹고 마시는 다양한 식사의 유형은 구약성서에 풍성하게 예시된다.[9]

이러한 음식물을 통한 신체적 향유는 신약시대에도 고스란히 계승된 것으로 이해할 수 있다. 그 단적인 언표는 극단적인 금욕주의에 대항하는 논리로 제시된 디모데전서 4:3-4의 다음 구절에 드러난다: "… 음식물은 하나님이 지으신 바니, 믿는 자들과 진리를 아는 자들이 감사함으로 받을 것이니라. 하나님께서 지으신 모든 것이 선하매 감사함으로 받으면 버릴 것이 없나니 하나님의 말씀과 기도로 거룩하여짐이라." 물론 여기서 강조된 것은 음식물이 하나님의 창조물로서 우리가 감사함으로 받아야 할 '선물'이라는 점과 그것이 비록 타락한 세상 속에서 유통될지라도 "하나님의 말씀과 기도"를 동반하는 제의적 절차와 함께 성스러운 물질로 거듭난다는 주장이다.[10] 예수는 이와 같이 직설적으로 음식물의 의미를 설파한 적은 없지만 씻지 않은 손으로 먹는 음식물을 속되게 여기는 정결예법에 반하여 "무엇이든지 밖에서 들어가는 것이 능히 사람을 더럽게 하지 못함을 알지 못하느냐? … 모든 음식물은 깨끗하다"(막 7:18-19)고 선언했다.[11]

---

9 Thomas W. Mann, "Not by Word Alone: Food in the Hebrew Bible," *Interpretation* 67/4(Oct 2013), 351-362; Alan W. Jenks, "Eating and Drinking in the Old Testament," *ABD* II, 250-254; Gene Schramm, "Jewsih Dietary Laws," *ABD* IV, 648-650.

10 이 구절은 당시 금욕주의자들을 반대하는 맥락에서 '감사기도'라는 제의적 절차로써 음식이 거룩해진다고 보고 '성서적 공식 문구'(=하나님의 말씀)를 사용하는 식탁 기도를 염두에 둔 것으로 보인다. Martin Dibelius & Hans Conzelman, A *Commentary on the Pastoral Epistles*, tr. by Philip Buttolph and Adela Yarbro (Philadelphia: Fortress Press, 1972), 64.

11 이는 바깥에서 인간의 몸으로 들어가는 음식 등의 물질적인 요소를 유한하고 부정한 것으로 보고 인간의 안에서 밖으로 나가는 '언어'(logos)를 고결하고 불멸하는 것으로 인식한 필론(Philo)을 비롯한 헬레니즘 유대교의 관점과 정반대의 입장이다. 따라서 이 어록은 도덕적 정결이 제의적 정결보다 우선한다는 논지를 강조한 것이라거나 제의적 정결을 도덕적 정결의 상징으로 본 필론과 달리 예수는 그렇게 보지 않았기 때문에 예수의 일부 제자들이 훗날 제의적 정결 준수를 그만두었다는 관점 이상의 급진적인 인식을 품고 있다. 예수는 특정한 물질인 음식이 인체 내에서 소화하여 배설물로 나온다 할지라도 그것이 깨끗하다고 보았기

모든 음식물을 그 자체로 깨끗하다고 인식하는 것과 그것을 향유의 조건 내지 대상으로 삼는 것은 물론 동일한 명제가 아니다. 그러나 예수는 하나님 나라 운동을 통해 그것을 명제로 인식하기보다 자주 몸의 실천으로 보여주었다. 죄인들과 주저 없는, 개방된 식탁 교제는 당시 유대교의 권력자들이 볼 때 심한 반발을 야기할 만한 사건이었다. 이에 비해 그는 창조주의 선물로 제공된 음식을 창조주의 형상대로 지음 받은 인간 생명이 함께 누리는 것이 마땅하다 여긴 듯하다. 이와 같은 예수의 관점은 그가 유대인으로서 당시 제도화한 유대교의 율법적 족쇄에 포박된 생명 창조의 본래적 목적인 향유적 가치를 해방시키고 그것을 일상적 삶의 자리에서 실천하고자 했다는 점에서 음식과 식사를 규례적 측면에서 강조한 당시 유대교의 인식 수준을 넘어선 것으로 평가할 수 있다.

2. 그레코-로만의 에피큐리언 전통

먹고 마시는 일상의 신체적 향유는 그레코-로만의 문화사적 맥락에서도 일관되게 탐지되거니와,[12] 특히 에피쿠로스와 루크레티우스의 어록을 통해 당시 쾌락의 향유가 어떤 지향점을 갖고 있었는지 알 수 있다. 에피큐리어니즘을 오늘날의 선입견을 담고 '쾌락주의'(hedonism)라고 이해하는 것은 적잖은 오해를 유발한다.[13] 그 사상의 원조 에피쿠로스도, 나아가 이를 로마

때문이다. 이 주제에 관한 필론과 예수의 차이점에 대하여 Adela Yarbro Collins, *Mark: A Commentary* (Minneapolis: Fortress Press, 2007), 355.

12 Dennis E. Smith, "Greco-Roman Meal Customs," "Greco-Roman Sacred Meals," *ABD* IV, 650-655.

13 사실 에피큐리어니즘은 고래로 가장 오해를 많이 받으면서 지탄의 대상이 된 사상이다. 에피쿠로스는 먹고 마시는 동적인(kinetic) 쾌락과 내면의 평정과 균형을 추구하는 정적인(katastemic) 쾌락으로 쾌락의 범주를 나누면서 전자가 과도한 식탐으로 몸의 균형을 깨트릴 위험이 있다고 경계하며 절제와 균형을 추구하고 후자의 쾌락에 더 큰 비중을 두었다.

시대 재발견하여 심화시킨 중조 루크레티우스도 인간의 동물적 욕망을 극대화하고 그 감각적 충족을 최대치로 추구하는 것을 그 이상적 모델로 삼은 바가 없기 때문이다. 오히려 절제와 중용을 통한 '소박한 향유'와 이를 통한 '영혼의 자유와 생명의 즐거움'이 그 쾌락의 지향점이었다.[14]

그 가운데서도 음식을 통한 섭생과 즐거움은 영혼과 육신의 영역을 따로 구분하여 추구되지 않았다. 고대의 자연철학자 데모크리토스 등의 영향 아래 그레코-로만 시대의 에피큐리언들은 모든 존재하는 것들이 '원자'로 돌고 돈다고 믿는 유물론적 세계관을 추구했다. 그들은 신의 존재와 섭리를 부정했고, 죽음에 대한 두려움도 유물론적 방법으로 넘어서고자 했다. 다만 현재의 물질적 세계 내에서 생명을 안돈하고 풍성하게 누리는 향유의 목표만이 중요했다. 그 소박한 일상적 향유에서 음식의 지분은 적지 않았는데, 에피쿠로스는 "모든 선의 시작과 기초는 위장의 쾌락"이라고 선언했다. 이는 자신의 배를 채우는 동물적 본능을 예찬한 것이 아니다. 반대로 "음식이 당신의 약이 되게 하고, 약이 당신의 음식이 되게 하라"는 히포크라테스의 뜻을 간파하여 균형 잡히고 절제된 섭생을 통해 소박한 삶의 향유가 가능해지리라는 통찰이었다. 이에 따라 에피쿠로스는 선한 것은 즐길 만한 것이고 즐길 만한 모든 것들은 선하다고 믿었으며, 몸과 마음이 두루 무엇이 선한 것인지

그와 그의 사상이 플라톤, 아리스토텔레스는 물론 기독교, 유대교 쪽에서 비판의 대상이 된 것은 그의 원자론이 영혼불멸설을 부인하고 신에 대한 경외나 섭리, 죽음으로 인한 공포를 어리석은 것으로 몰아붙인 점과 무관치 않아 보인다. 실제로 과도한 감각적 쾌락을 용인하고 이를 극단으로 추구한 쾌락주의(hedonism)는 에피쿠로스의 사상과 무관하고 당대의 쾌락주의자 아리스티푸스(Aristippus)와 그의 추종자들의 사상에 해당된다. 이러한 오해와 왜곡의 역사에도 불구하고 그의 사상은 서구 르네상스, 계몽주의, 낭만주의, 현대의 지성인들에게 큰 영향을 끼쳐왔다. Mary McHugh, "Epicurianism and Food," Paul B. Thompson, David M. Kaplan eds., *Encyclopedia of Food and Agricultural Ethics* (Springer International Publishing AG, 2014), 1-9(온라인 버전).

14 에피큐리언 사상의 골자에 대해서는 Tim O'Keefe, *Epicureanism* (Oakland, CA: University of California Press, 2009).

알아챌 만한 지혜를 갖고 있다고 보았다.[15]

고대 여느 그리스인들처럼 에피쿠로스의 식탁에도 빵과 물이 늘 있었다. 그는 음식을 통한 소박한 향유의 조건으로 충분한 수분을 제공하는 채식을 위주로 섭생했지만, 우유가 야만인의 음식이라고 거부했던 반면 그것을 발효시킨 요구르트나 치즈, 또 다른 동물성으로 물고기는 선호했다. 먹고 마시는 이들 계통의 신체적 향유와 관련해 또 한 가지 주목할 만한 배경은 에피쿠로스의 어록에 명시한 대로 "과자 한 조각조차 홀로 먹어서는 안 된다"는 것이었다. 그는 "늑대와 사자만이 홀로 먹는다"고 보면서 향유의 지혜를 지닌 인간은 공동체적 삶의 자리에서 함께 먹는 것이 즐거움을 더한다고 믿었다.[16]

이와 같이 에피쿠로스의 쾌락 이해는 감각과 개념, 감정 등에 의거하여 음식을 통해 굶주림과 목마름의 고통을 제거함으로써 가능해진다는 판단에 근거한다. 그렇지만 그의 철학에서 고통과 쾌락이 항시 배타적인 관계만은 아니었다. 그에 의하면 우리 육체에 고통이 느껴지는 것은 신체와 그 감각에서 원자구조가 일탈함으로써 비롯되며 그것을 재조정하여 균형 상태를 가져올 때 쾌락이 발생한다. 그러나 활용하기에 따라 어떤 고통은 궁극적으로 쾌락을 가져오고 반대로 어떤 쾌락은 고통을 초래한다.[17] 따라서 고통이라고 무조건 회피해야 할 대상이 아니고, 쾌락이라고 무조건 추구되어야 할 목표는 아니라고 봄으로써 그는 쾌락/고통을 역동적이고 역설적인 관계로 파악하였다. 감각적 쾌락의 한계에 관해서도 그는 분명한 기준을 제시하였다. 이는 욕망의 종류와 밀접한 관계를 가지고 있는데, 그는 다음과 같이 그 유형을 나누었다: 1) 본성적이고 필수적인 쾌락(음식, 의복, 주거), 2) 본성

---

15 이러한 에피쿠로스의 음식 관련 어록들은 Mary McHugh, "Epicurianism and Food"에서 인용, 참조되었다.
16 앞의 글에서 인용.
17 앞의 글, 4.

적이고 필수적이지 않은 쾌락(성적 쾌락들), 3) 본성적이지 않고 필수적이지도 않은 쾌락(고급 음식, 의복). 이 가운데 그는 1)을 반드시 만족시켜야 하는 쾌락으로, 2)를 신중하게 한계 지어야 할 쾌락으로, 3)을 불필요한 것으로 거부되어야 할 쾌락으로 규정했다.[18]

결핍의 충족으로서 감각적 쾌락을 중시하고 절제와 균형을 통한 내면의 평정을 삶의 행복에서 핵심 요소로 강조한 에피쿠로스의 사상은 기원전 4세기에 발원했지만, 당대에 큰 영향력을 발휘하지 못하다가 훗날 로마 시대 이르러 루크레티우스, 디오게네스 등의 재발견, 재해석 작업을 통해 빛을 보게 되었다. 그 과정에서 특정한 학자들의 공헌도 있었지만, 시대적 사조와 그에 따른 사회적 분위기의 변화도 일정한 영향을 끼친 것으로 판단된다. 고대 그레코-로만 사회에서 몸은 욕망의 숙주로서 정치적 기관으로 인정되었다. 고대 그리스 폴리스 체제와 헬레니즘 시기에 그 몸은 정치적 공동체를 구성하는 하부 지체로서의 의미가 강했던 데 비해 로마제국기로 들어서면서 이러한 인식에 큰 변화가 생기기 시작했다. 개체로서의 몸에 대한 인식이 싹트면서 그 몸을 보살피고 건강하게 돌보는 방식으로 자아 배려의 다양한 관심과 구체적인 기술들이 풍성해지기 시작한 것이다.[19] 이는 당대의 의사 갈렌(Galen)의 의술 등을 통해 당대 시민들이 자신의 신체에 대한 합리적 지식이 늘어가고 경험주의적 사고가 강화되면서 '영혼은 헛되고 몸이 중요하다'는 호머(Homer) 시대의 고전적 인간 이해가 개인주의와 결합되어 간 추세와 맞물려 있는 듯하다.[20]

---

18 앞의 글, 5. 에피큐리언들이 당대의 정통 쾌락주의자들(Cyrenaics)과 다른 점은 그들과 달리 생명의 균형과 내면의 평정을 추구하는 정적인(katastemic) 쾌락을 본능에 따른 감각적 쾌락을 극대화하는 동적인(kinetic) 쾌락보다 더 중요하고 지속적인 가치로 보았다는 것이다. 앞의 글, 4.

19 Page Dubois, "Popular Beliefs about the Human Body in Antiquity," Daniel H. Garrison ed., *A Cultural History of the Human Body* (London: Bloomsbury, 2014), 107-132.

푸코(M. Foucault)가 자신의 저서 『쾌락의 활용』에서 통찰한 대로 로마 시대 자유인들은 자기에의 배려를 몸의 욕망을 풍성히 채우고 그 건강을 돌보는 데서 일상적으로 실천해나갔다.[21] 성욕의 충족과 관련하여 최음제와 정력제에 대한 관심이 높아졌을 뿐 아니라 곳곳에 설치된 공중목욕탕 시설을 통해 신체적 복지를 극대화하는 개인 신체의 향유 지향적 문화가 본격화되기 시작한 것이다. 도시를 중심으로 번진 몸에 대한 정치 미학적 다양한 '기술'(technē)은 결국 여유 있는 상류층들을 중심으로, 향락적인 관대함을 일상에 실천하는 방향으로 그 몸의 감각적 즐거움을 다양하게 추구하기에 이른 셈이다.

이러한 맥락에서 에피쿠로스의 사상이 적절한 계승자들을 만나 진지하게 연구되면서 감각적 쾌락을 열등한 것으로 폄하하거나 비판하며 엄정한 욕망의 절제와 질서를 중시한 스토아 사상가들과 대척점에서 서로 경합한 것으로 조명해 볼 수 있다.[22] 교양 있는 '심포지엄' 행사가 식자층들 가운데 활발히 베풀어지고 그 가운데 신들에게 제의적 격식을 차리면서 더불어 먹고 마시는 즐거움이 일상적으로 추구된 문화적 풍조도 이러한 동시대적인 분위기를 반영한다. 이와 같이 자신의 극기와 절제에 대한 관심에서 몸에 대한 정치적 기술의 확산으로 변화되어가는 추세는 비단 식자층뿐 아니라 노예들의 몸에 대한 다각도의 관심으로도 표출되어간 것으로 보인다.[23]

---

20 이처럼 의학적 지식의 발달로 경험주의적 관점에서 신체의 생명과 시체의 진실이 점점 더 주목을 받으면서 고대 로마 사회에서 인간의 몸은 자기 배려와 몸의 쾌락을 실현하는 방향으로 '경영'해야 할 대상으로 인식되었다. Brooke Holmes, "Medical Knowledge and Technology," Daniel H. Garrison ed., *A Cultural History of the Human Body*, 83-105.

21 이러한 통찰은 미셸 푸코/문경자, 신은영, 『성의 역사 2: 쾌락의 활용』(서울: 나남, 2004).

22 이러한 견지에서 바울의 아레오바고 설교를 들은 대표적인 청중으로 '스토아학파'와 '에피쿠로스학파'의 사람들이 언급된 점은 특별히 시사적이다(행 17:18).

23 Page Dubois, "Popular Beliefs about the Human Body in Antiquity," Daniel H. Garrison ed., *A Cultural History of the Human Body*, 118-119, 131.

III. 예수 운동의 향유 신학적 특징

1. 경계를 넘어서는 '먹보'와 '술꾼의 친구'

"… 인자는 와서 먹고 마시매 말하기를 보라 먹기를 탐하고 포도주를 즐기는 사람이요 세리와 죄인의 친구로다 하니…"(마 11:19). "… 요한의 제자는 자주 금식하며 기도하고 바리새인의 제자들도 또한 그리하되 당신의 제자들은 먹고 마시나이다. 예수께서 그들에게 이르시되 혼인집 손님들이 신랑과 함께 있을 때에 너희가 그 손님으로 금식하게 할 수 있느냐?"(눅 5:33-34).

위에 인용한 복음서의 두 예문은 예수의 일상생활에 나타난 스타일이 세례 요한과 구별되는 지점을 극명하게 드러내 보여준다. 여기서 세례 요한은 유대교의 율법과 전통에 따라 자주 금식과 기도를 하는 금욕주의자로 묘사되고 있는 반면, 예수는 먹고 마시기를 즐겨하며 일상의 욕망을 소박하게 추구하는 탈(脫)금욕주의자로 비친다. 그렇다고 예수를 쾌락주의자로 과도하게 부풀려 볼 수 없는 것은 그 역시 주류 전승대로 세례 요한과 마찬가지로 독신자로 성적인 금욕의 스타일을 공유한 것으로 보이기 때문이다.[24]

---

24 최근 성서고고학계 일각에서 예수의 가족묘 발굴 사건과 '예수 아내 복음서' 발굴 소동으로 예수가 혼인하였을 가능성이 제기되었으나 숱한 논란을 거쳐 결국 그 증거가 날조되었거나 신뢰하기 어려운 것으로 판명되었기에 예수의 독신자 신상에 별 변화가 없는 것으로 보인다. 특히 '예수 아내 복음서'의 콥트어 파피루스가 2012년 세상에 공개되자 하버드대학교 신과대학 캐런 킹(Karen L. King) 교수가 이에 대한 논문을 *Harvard Theological Review* (Jan, 2013)에 발표하면서 이 문서를 통해 초기 기독교인들이 예수의 혼인 가능성을 믿었다고 주장했지만 이후 이 논문이 해당 학술지에서 철회되었고 킹 교수 또한 이 문서가 위조되었음을 인정하면서 희대의 센세이션은 뜨거운 뒷맛을 남긴 채 막을 내리게 되었다. https://www.biblicalarchaeology.org/daily/people-cultures-in-the-bible/jesus-historical-jesus/is-the-harvard-theological-review-a-coward-or-did-dr-karen-king-

나아가 예수가 금식을 금기시한 것도 아니다. 그는 신랑을 잃는 때에 예외적으로 금식할 것을 주장한다(막 2:20). 그가 추구한 향유가 유달리 먹고 마시는 것에 집중되는 경향이 있고, 실제로 그가 핵심 메시지로 전파한 하나님의 나라(또는 천국)를 가르치는 비유에서도 유난히 사람들이 모여 먹고 마시는 연회의 모티프가 반복적으로 등장한다.[25] 예수의 활동과 가르침에 일관되게 나타나는 이러한 제한된 일상적 즐거움의 추구를 오해의 부담을 지닌 쾌락주의란 용어와 구별하여[26] 일단 '신체적 향유'라는 말로 개념화해보고자 한다.

'향유'(享有)라는 말조차 어떤 욕망의 필요를 충족시켜 자신의 것으로 누린다는 점에서 감각적 쾌락의 의미와 전혀 무관한 것은 아니다. 그러나 쾌락이 쾌락주의와 연동되어 과도한 인간의 탐욕을 암시하는 선입견을 주입하기에 뭇 생명의 원초적 조건으로 제공된 은총의 선물을 그 본래의 값에 걸맞게 그 숙주인 몸의 제반 감각을 통해 적절하게 누린다는 점에서 '향유'라는 용어가 선택된 것이다. 나아가 이 단어는 신약성서에 나오는 헬라어 ἀπόλαυσις의 가장 적합한 한글 번역어로 이해된다. 물론 이조차 그 부정적인 측면을 경계해야 할 감각의 이중성을 내포하고 있지만, 긍정적인 사례가 없지 않다는 점에서 예수의 특정한 신체적 욕구 충족이란 점을 굳이 사갈시할 필요가 없다고 본다.[27]

---

do-something-wrong/.

25 흔히 큰 잔치 비유로 알려진 누가복음 14:15-24와 마태복음 22:1-14가 그 대표적인 예라 할 수 있고, 그 밖에도 혼인잔치의 배경과 먹고 마시는 잔치의 모티프는 여러 군데서 탐지된다(마 25:1-13, 눅 15:9, 23). 나아가 이러한 연회의 모티프는 이사야가 예언한 메시아 향연(사 25:6-12)의 종말론적 비전과 결부되어 있다.

26 본래 고대의 에피큐리언들이 주장한 쾌락주의는 영혼의 행복을 위한 균형 잡힌 자기 배려의 의미가 강했는데, 오늘날 이 단어는 인간의 동물적 본능과 욕구를 충족시키는 감각적 쾌락에 치우쳐 사용하는 경향이 강한 편이다.

27 이 헬라어는 신약성서에서 두 번 사용된다. 히브리서 11:25에서 이 헬라어 단어는 죄와 결부된 세속적 쾌락의 의미로 그 부정성이 도드라지지만, 디모데전서 6:17에서는 하나님이 베풀

위에서 예시한 예수의 향유 지향적 일상의 스타일은 두 가지 방향에서 의미화되어 왔다. 첫째, 그것은 예수와 초기 기독공동체의 복음 전파 사역에서 경쟁 관계에 있던 바리새적 유대교의 경직된 율법주의 폐단에 맞서, 하나님 나라의 해방 사건을 조명하는 하나의 방편으로 조명되곤 하였다.28 특히 그의 천국 비유에 일관되게 등장하는 잔치의 메시지가 '죄인들'과의 배타적 경계도 거리낌 없이 훌쩍 뛰어넘어 그들과 더불어 먹고 마시는 예수의 흔쾌한 신체적 향유 행위 가운데 나타났다고 보는 입장이다. 이러한 관점에서 보면 물론 예수의 먹고 마시는 행위가 구체적인 욕망을 매개로 하는 신체적 향유라는 감각적 사건보다는 하나님 나라를 표상하는 하나의 유비적 기호처럼 인식되기 십상이다.29

둘째로 이처럼 예수가 활달하게 먹고 마신 행위는, 유리하는 양 떼와 같은 당시 팔레스타인 기층 민중의 해방을 선포하는 이른바 '밥상 공동체'의 기초적인 터전으로 유의미하게 평가받곤 하였다.30 이는 구약의 율법에서 제정한 각종 절기에 십일조로 먹을 것들을 사서 온 공동체의 백성들이 함께 먹고 마시며 고단한 삶을 달래던 전통사회의 기억을 불러내, 로마의 식민통치 아래 신음하던 생명들에게 위안을 제공하는 역사 환기적 매개물

어주신 물질적인 복락을 풍성하게 즐겨 누린다는 맥락에서 긍정적인 의미로 사용된다.

28 Norman Perrin, *Rediscovering the Teaching of Jesus* (New York & Evanston: Harper & Row, 1967), 102-108; E. P. Sanders, Jesus and Judaism (Philadelphia: Fortress, 1985), 174-211.

29 이러한 관점에서 중요한 것은 먹고 마시는 예수의 신체적 경험 자체가 아니라 예수와 더불어 먹고 마시는 행위가 표상하는 천국의 삶이라고 볼 수 있다. 요컨대 먹고 마시는 행위가 천국의 거대한 목표를 가리키는 도구적 소품으로 간주되는 셈이다. 주로 복음서의 내용을 알레고리적인 코드로 읽고자 하는 보수적인 신학, 특히 복음주의의 관점에서 행해지는 해석들이 이러한 경향을 띠어왔다.

30 이러한 관점은 20세기 후반기에 활성화한 해방신학, 민중신학 등 각종 정치신학적 관점에서 견지되어온 시각으로 복음서의 하나님 나라 메시지를 지상의 구체적인 역사 경험으로 자리매김해온 공헌이 있다. 대표적으로 박재순, 『예수운동과 밥상공동체』(서울: 천지, 1988).

이었다는 점에서 주목할 만한 통찰이다. 그러나 이러한 관점은 그 민중의 계급구속성을 강조한 나머지, 그 사상사적 문화사적 배경에 대한 보다 정밀한 추적을 통해 이 신체적 향유의 행위가 단순히 특정 '공동체'의 '밥상'에 머물지 않고 먹고 마심의 축적된 문화를 내포한 인간학적 층위를 시사하고 있음을 주목하지 못했다.

이도 저도 아닌 경우에는 복음서를 관류하는 주도적 모티프로서 예수의 수난과 십자가 죽음이란 클라이맥스의 사건 속에 예수와 그 제자들의 먹고 마시는 신체적 향유의 행위들이 삼켜져 각별한 의미 없이 결과적으로 세례 요한의 금욕주의와 다를 바 없는 해석학적 자장에서 이해되었다. 그리하여, 가령 바울의 표현대로, 예수의 이러한 파격적 행위들은 신속히 지나 사라져 갈 뿐인 '세상의 형적' 가운데 일부로 외면되거나(고전 7:31), 고작 예수의 긍휼과 자비를 선전하는 도구적 소품으로 전락된 감이 없지 않다.[31]

물론 예수의 '밥상 공동체' 유산은 오늘날 교회공동체의 '식탁 교제'로 정착되어, 소규모 교회 위주로 함께 모이는 회중들이 함께 먹고 마시며 그 공동체성을 다지는 예배 후 풍경을 가능케 하였다. 그러나 여기에 한 끼 점심 식사를 공동으로 해결하는 일회적 필요 충족의 어떤 신학적 의미가 담겨 있는지 거기에 참여하는 이들조차 자세히 따져 묻지 않는다. 먹고 마시는 것이 단순히 동물적 식욕을 충족시키는 데 머물지 않고 그것을 '함께' 한다는 점에 내포된 문화사적 의미와 신학 사상적 의의를 탐구하지 못한 까닭이다.[32]

주지하듯, 고대 그레코-로만 사회와 유대인 사회의 공동식사는 사전에 면밀히 준비하고 신경을 써야 할 규율과 예법이 많았다. 누구를 초청하여

---

31 특히 이 대목에서는 이른바 예수의 오병이어 기적(막 6:30-44, 마 14:13-21, 눅 9:10-17, 요 6:1-14)과 칠병이어 기적 이야기(막 8:1-10, 마 15:32-39) 등이 주요 자료로 활용된다.

32 식사의 사회문화적 의미와 관련해서는 게오르그 짐멜/김덕영, 윤미애, "식사의 사회학," 『짐멜의 모더니티 읽기』(서울: 새물결, 2005), 142.

어떤 자리에 앉게 하는지, 어떤 음식을 누구에게 베풀어주는지, 무엇을 먹을 수 있고 무엇을 먹을 수 없는지, 누구와 함께 먹고 누구는 공동식사의 자리에서 배제하는지 등의 관심사는 항시 다양한 논란을 유발하였다. 그뿐 아니라 먹는 태도와 몸짓 등에 대해서도 다양한 식사 예법으로 규율되어 있어 이는 가정에서 자녀들에게 교육시켜야 할 것으로 인식되었다. 또한 이를 제대로 잘 지키느냐 여부가 자기 문화의 정체성의 지표나 교양 정도를 판가름하는 기준이 되기도 했다.[33] 이런 관점에서 신약성서 갈라디아서의 한 구절에 살짝 소개된 에피소드, 즉 게바와 바울 등이 수리아 안디옥교회의 이방인 신자들과 함께 먹다가 예루살렘에서 올라온 유대인들 앞에서 그 식사 자리를 파하는 일로 빚어진 사태(갈 2:11-14)는 빙산의 일각에 불과한 작은 해프닝에 불과하다.[34] 물론 개혁적 목소리는, 간간이 음식을 함께 나누며 즐겁게 먹고 마시는 자리에 지나치게 교양과 예법을 따지고 수직적 위계질서를 적용하는 현실을 개탄하며, 평등하고 우애 어린 친구들의 공동식사를 대안으로 제시했지만 이러한 바람이 실제 식사 자리에 늘 적용되는 것은 아니었다. 오히려 꼼꼼하게 따지고 격식 있게 준비해 교양 있고 품격 있는 심포지엄 등의 행사가 되도록 성실하게 배려하는 것이 상례였기에, 공동식사의 자리는 개방적인 동시에 폐쇄적이었고 수용적인 동시에 배타적인 한계를 늘 품고 있었다고 보는 것이 공정한 시각이다.[35] 그러나 그것은 외부인

---

33 이에 대한 자세한 논의로는 Keith Bradley, "The Roman Family at Dinner," Inge Nielsen and Hanne Sigismund Nielsen ed., *Meals in a Social Context*, 2nd edtion (Aarhus, Denmark: Aarhus University Press, 2001), 36-55.

34 이 에피소드는 바울이 유대인 기독교 집단과의 관계에서 처음에 받아들여지고 추후 그의 선교활동이 인정받았다가 복구할 수 없는 상태로 단절되어간 역사적 발전 과정을 보여준다. 야고보를 중심으로 한 유대인 기독교 집단은 예수 전통과 기독교 신학을 따르기보다 유대교의 관례를 따라 보수화되어갔고, 바울 일행은 이방인 회심자들과 함께함으로써 기독교 복음의 개방성과 보편성을 추구해나갔다. Hans Dieter Betz, *Galatians*, Hermeneia (Philadelphia: Fortress Press, 1979), 103-104.

35 Matthias Becker, "Plutarch's *Septem sapientium convivium*: An Example of

을 향해서는 수용의 한계요 배타적인 장벽이었지만 공동체 내부의 결속과 연대를 위해서는 더불어 먹고 마시는 즐거움을 매개로 정체성을 강화하는 적절한 방식이었다고 이해할 수 있다.

이러한 동시대적 관행에 비추어 예수가 "세리와 죄인의 친구"로서 "먹을 것을 탐하고 포도주를 즐기는 자"로 낙인찍힐 정도로 식탁 교제의 반경을 넓혔다는 것은 일차적으로 정결과 부정의 배타적 경계를 허물어 유대교 제의신학의 한계를 넘어섰음을 시사한다. 그러나 이를 창조신학과 결부시켜 좀 더 폭넓게 조망하면 예수의 식탁 교제는 거기서 먹고 마시며 나누는 음식을 통한 식사의 즐거움이 이 땅의 모든 사람에게 차별 없이 누려지길 갈망한 향유적 동기를 전제로 한다. 이러한 향유 지향적 삶의 태도는 그가 주기도문에서 인간을 위하여 구해야 할 첫 번째 항목으로 제시한 대로, "오늘 일용할 우리의 빵"이 명실공히 '우리' 모두의 빵으로 나눠지길 바란 하늘 아버지의 뜻과 일맥상통한다. 이는 식사 자리에 개방적으로 함께하는 예수가 하나님 나라의 전령으로 지상에 현존하는 한 누구든지 신랑의 혼인 잔치에 참여하는 하객이 될 수 있음을 역설한 것이다.

2. 천국/하나님 나라 잔치 이야기의 향유적 요소

일상에서 먹고 마시는 식사 행위는 주로 가족 단위로 이루어진다. 그러다가 특별히 기념할 만한 일이 있을 때 이웃 사람들을 초청하여 잔치를 벌이게 되는데, 이는 음식을 통한 향유의 기쁨이 가장 최고점에 이르는 경험이라 할 만하다. 예수는 자신이 지상에 머물러 하나님 나라 사역을 하는

Greco-Roman Sympotic Literature," Soham Al-Suadi & Peter-Ben Smit eds., *T&T Clark Handbook to Early Christian Meals in the Greco-Roman World* (London: T&T Clark, 2019), 31-43.

기간을 신랑의 혼인 잔치에 빗대며 언급한 바 있다(눅 5:33-34). 이와 같이 혼인을 비롯하여 기념할 만한 날을 사건화하여 잔치를 벌이는 행사에는 많은 음식을 장만하여 사람들을 초청하고 그 즐거움을 공동체적 차원에서 공유하는 것이 상례다. 물론 고대사회에서 잔치는 그레코-로만의 '심포지엄' (συμπόσιον)의 경우든, 유대교 사회의 혼인 잔치를 비롯한 각종 연회의 경우든, 일정한 격식과 관행이 있었다. 사전에 초청장을 보내는 일과 초청할 대상을 꼼꼼히 선정하는 일, 하객들이 와서 앉는 자리의 서열과 위계 설정이나 하객으로 오는 사람들이 예를 표하는 방식 등 다양한 고려 사항이 있었다. 그러나 플루타르크에 의하면 당시 바람직한 잔치나 심포지엄의 모델은 과도한 음식의 사치를 삼가고 대화가 가능한 교양 있는 여흥을 나누며 또한 하객의 신분과 지위에 따른 차등적 환대를 피하고 정치 담론과 무관하게 사회적인 친교가 이루어지는 쪽을 지향했다.[36]

예수의 경우 이 잔치 모티프와 관련해서 대표적인 두 비유가 누가복음 14:15-24와 마태복음 22:12-10에 나온다. 이 비유의 원본은 누가복음의 '큰 잔치 비유' 버전이 더 근접한다고 보는 것이 통상적인 판단이다. 이에 비해 '왕의 아들 혼인 잔치 비유'로 알려진 마태복음의 버전은 '큰 잔치 비유'의 원래 자료 그리고 앞서 나오는 악한 '포도원 농부 비유'(마 21:33-46)와 독립적으로 전승된 '혼인 예복의 비유'가 합성된 것으로 분석된다.[37] 크로산에 의하면 마태는 "구원사의 이미지 속에 **본래 비유를** 알레고리화"하였고, 누가는 보답하지 못할 사람을 초청해야 한다는 주제에 맞춰 "다소 의심스러운 윤리적인 위대함의 예로 도덕화"하였다고 볼 수 있다.[38] 예레미아스는 이 두 버전의 비유 이야기에 내포된 알레고리적 성격을 수긍하면서, 본래는

---

36 앞의 논문, 31-43, 특히 34.

37 John Dominic Crossan, *In Parables: The Challenge of the Historical Jesus* (Sonoma, California: Polebridge Press, 1992), 70.

38 앞의 책, 같은 쪽.

이스라엘의 종말론적 심판과 경고 모티프를 갖고 있다가 신앙공동체의 선교 현장에서 이방인의 포용을 지향하면서 선교적인 모티프와 함께 확장된 것으로 파악하였다. 나아가 마태가 덧붙인 혼인식 예복의 비유는 초기 이방인의 선교 현장에서 부대낀 쟁점, 즉 죄의 회개와 세례 없이 구원받을 수 있는 양 해이해진 분위기에 대한 경고적 메시지를 강조하기 위한 것으로 풀이된다.[39]

그런가 하면 이 비유의 특정 모티프가 에피파니우스의 에스겔 외경에 나오는 유사 비유[40] 또는 타르굼의 스바냐 주석이나 에녹서 등과 어떻게 얽혀 있는지 그 배경과 영향 관계를 다루거나[41] 예수의 비유 전체 맥락에서 어떤 간텍스트성(intertextuality)의 효과를 품고 있는지 분석하는 관점이[42] 제기되었다. 가장 과격한 해석은 이 비유가 하나님 나라(천국) 비유가 아니며 여기에 나오는 '주인' 역시 하나님 또는 예수를 대변하지 않는다는 전복적 관점의 해석이다. 문화인류학적 관점의 '수치'-'명예'/'파트론'-'클라이언트'의 대립 구도에 비추어 누가의 큰 잔치 비유를 분석한 김선정의 논문이 이 계통의 대표적인 사례이다.[43] 이 연구는 초청의 은혜를 되갚을 수 없는 자들을 위주로 초청해야 한다는 예수의 초청자 지침에 반하여 "초청이 금지된 사람들을 초청한 주인이 겪을 수밖에 없었던 수치와 그로 인하여 실패한 잔치의 모델을 보여줌으로써 하나님 나라의 잔치에 대한 올바른 이해를 갖도록

39 Joachim Jeremias, *The Parables of Jesus*, tr. by S. H. Hooke, revised edition (London: SCM Press, 1962), 67-70.

40 Richard Bauckham, "The Parable of the Royal Wedding Feast (Matthew 22:1-14) and the Parable of the Lame Man and the Blind Man(*Apocryphon of Ezekiel*)," *JBL* 115/3(1996), 471-488.

41 Daniel C. Olson, "Matthew 22:1-14 as Midrash," *CBQ* 67(2005), 435-453.

42 Ernst R. Wendland, "'Blessed is the man who will eat at the feast in the kingdom of God'(Lk 14:15): Internal and external intertextual influence on the interpretation of the Christ's parable of the Great Banquet," *Neotestamentica* 31/1(1997), 159-194.

43 김선정, "잔치의 실패와 주인의 수치(눅 14:12-24)," 「한국기독교신학논총」58(2008), 101-145.

경고"하는 데에 이 비유의 해석적 초점이 있다고 주장한다.[44]

그러나 사회경제적 또는 문화인류학적 관점에서 빌려온 이 신박한 통찰은 그 전복적인 매력에도 불구하고 해당 비유가 마태의 편집선상에서 '천국'(하나님 나라)의 예로 제시되었고, 선학들이 강조한 대로 이스라엘을 향한 종말론적 심판의 경고뿐 아니라 이방인 수용과 관련한 당대의 선교론적 맥락이 걸쳐져 있음을 애써 간과한다. 따라서 이 비유의 일차 독자들이 이 비유를 듣거나 읽었을 때 배제와 포용의 대상으로 그들이 어떤 성찰과 함께 주체적인 응답을 했을지 조금만 생각해본다면 예의 해석과 관점은 정곡을 빗겨나간 것으로 판단된다.

이러한 다채로운 관점의 연구와 별도로 본 연구자가 여기서 보완적으로 지적하고자 하는 요점은 이 비유가 '잔치' 비유라는 엄연한 사실과 하나님 나라를 잔치로 비유한 배경과 동기에 관한 것이다. 잔치는 초청할 손님과 초청하는 자의 준비, 그 밖에 여러 가지 공식적인 초청과 관련된 프로토콜이 관심의 대상이 되지만 가장 먼저 상기되는 것은 잔치의 음식이다. 그 음식을 함께 먹으면서 환담하며 축하와 축복의 말을 주고받는 장면은 잔치의 클라이맥스이고, 이는 그레코-로만 시대의 심포지엄에서도 여실히 확인되는 바이다. 실제로 마태복음의 혼인 잔치 비유에서는 "나의 살진 소와 짐승을 잡고 모든 것"을 갖추어 준비한 오찬의 음식상을 구체적으로 제시한다. 누가복음의 '큰 잔치 비유'는 이와 상응하여 그 잔치는 '맛보는' 대상으로 특정하여, 거기에 누가 참여하는가 외에도 누가 그것을 맛보거나 맛보지 못하는가의 문제로 초점을 맞추어 비유를 마무리한다(눅 14:24). 누가복음의 '탕자의 비유'(눅 15:11-32)에서도 돌아온 탕자를 맞이하는 동네잔치의 분위기에서 "풍악과 춤추는 소리"와 함께 거기에 내놓은 "살진 송아지"를 잡아 함께 먹고 즐기는 잔치 장면은, 탕자 시절 먹던 '쥐엄열매'나 맏아들이 불평

---

44 앞의 논문, 87.

하는 중에 제 몫의 메뉴로 언급한 '염소새끼'와 극명한 대비를 이룬다.

이러한 잔치의 구성물로서 음식 메뉴나 그 재료는 구약성서의 이른바 '메시아 잔치'(messianic banquet) 모티프에 그 뿌리를 두고 있다.[45] 가장 대표적인 예로 거론되는 이사야의 다음 예언은 하나님이 이스라엘의 성산에서 베푸는 연회의 중심부에 함께 나누는 그 음식의 성대한 메뉴에 초점을 두면서 잔치의 분위기를 고조시키는 특성을 보여준다: "만군의 여호와께서 이 산에서 만민을 위하여 기름진 것과 오래 저장하였던 포도주로 연회를 베푸시리니 곧 골수가 가득한 기름진 것과 오래 저장하였던 맑은 포도주로 하실 것이며…"(사 25:6). 이러한 종말론적 식사의 모티프는 예수 전승 가운데도 나타나 하나님 나라의 구원이 온전히 실현되는 모습을 "사람들이 동서남북으로부터 와서 하나님의 나라 잔치에 참여"하는 광경으로 묘사한다(눅 13:29). 반대로 이로부터 배제되는 사람들도 자기변명의 구실로 내세우는 하소연이 "우리는 주 앞에서 먹고 마셨다"는 것이다(눅 13:26). 이와 같은 맥락에서 누가는 '큰 잔치 비유'의 도입 진술로 "하나님의 나라에서 떡을 먹는 자는 복되도다"라고 익명의 사람이 한 말을 인용하고, 장차 하나님이 당신의 나라를 메시아 예수께 맡기시는 그 종말의 날에 제자들이 보좌에 앉아 열두 지파를 다스리는 통치 행위와 "내 상에서 먹고 마시는" 공동식사 행위는 비등한 무게를 갖고 제시된다(눅 22:30).

이러한 잔치와 그 가운데 풍성한 음식을 먹고 마시는 향유적 모티프는 구약성서에서 헬레니즘 계통의 유대교를 거쳐 초기 기독교 전통으로 계승, 발전되면서 이 땅의 종말과 함께 유토피아적 세상이 도래하리라는 전망을 띄운다. 메시아 잔치의 유토피아적 성격에 포함되는 요소로는 풍성한 식사

---

45 포로기 이후, 특히 제2 성전기 유대교 문헌에 왕성하고도 지속 등장하는 이 '메시아 향연/잔치'의 모티프에 대한 개괄적인 소개로는 다음의 연구를 참조할 것: Philip Long, "Messianic Banquet Imagery in the Second Temple Period," presented at ETS Regional Meeting, 2009, Ashland Ohio; Dennis F. Smith, "Messianic Banquet," *ABD* IV, 788-791.

를 필두로 하여 고갈되지 않는 풍성하고 품질 좋은 음식 재료, 평화와 갈등의 부재, 영원한 명예, 즐거운 분위기, 그리고 이로써 온전해진 공동체 등이다.46 특히 누가복음에는 식탁 교제시의 위계적 좌석을 사회적 지위의 상징으로 보거나 함께 먹고 마시는 행위를 풍요와 사치의 상징으로 본다는 점, 나아가 사치와 풍요를 부정적 또는 긍정적 상징으로 간주하고 공동체적 식탁 교제와 음식 섬김의 행위에 상징적인 의미를 부여한다는 점 등은 그레코-로만 시대의 '심포지엄' 관련 문헌에 두루 반영되어 나오는 문학적 모티프라는 점에서 흥미로운 단면을 보여준다.47

예수에 의해 주도된 또는 예수와 함께 한 식사 장면은 이사야가 예언한 종말론적 메시아 잔치의 풍족하고 기름진 식사 메뉴와는 일정한 거리가 있어 보인다. 대표적으로 보리떡 다섯 개(또는 일곱 개)와 물고기 두 마리로 배설된 광야의 야외식사 현장(막 6:30-44, 8:1-10; 마 14:13-21, 15:32-39; 눅 9:10-17; 요 6:1-14)은 예수의 기적 이야기에 속하지만, 이 또한 많은 사람이 풍족하게 먹고 열두 광주리가 남았다는 점에서 잔치의 분위기를 풍긴다.48 물론 여기서 강조되는 것은 많은 굶주린 군중을 먹인 예수의 기적적 권능과 이를 가능케 한 그의 치열한 연민 등의 요소이다. 또한 저자가 의도한 교훈은 더불어 풍성한 나눔의 공동체적 가치일 것이다. 하지만 그렇게 공평하게

---

46 Matthias Klinghardt, "Meals in the Gospel of Luke," Soham Al-Suadi & Peter-Ben Smit eds., *T&T Clark Handbook to Early Christian Meals in the Greco-Roman World*, 108-120, 특히 111.

47 Dennis E. Smith, "Table Fellowship as a Literary Motif in the Gospel of Luke," *JBL* 106/4(1987), 613-638.

48 불트만은 이 기적 이야기의 문학적 양식을 '자연 기적'으로 분류했지만, 타이센은 이러한 기적의 유형을 '선물 기적'으로 분류하면서 기적 행위자의 '자발성', 그 분위기나 반응의 '야단스럽지 않음', 의미심장한 제스처나 마법적 테크닉 등과 같은 기적 이야기의 '핵심적 모티프의 부재' 등을 그 특징으로 꼽는다. Gerd Theissen, *The Miracle Stories of the Early Christian Tradition*, tr. by Francis McDonagh, ed. by John Riches (Philadelphia: Fortress Press, 1983), 103-106.

배설된 것이 보리떡과 물고기라는 그 소박한 식사 메뉴의 의미를 무시할 수 없다. 광야라는 공간적 배경과 신적인 은총의 기적이라는 점에서 이 식사 기적 이야기는 구약성서의 출애굽 백성들에게 공평한 양식으로 베풀어진 만나와 메추라기 등의 음식을 연상시켜준다.[49]

이러한 메뉴 목록에서 주목해야 할 점은 그것들이 기름지고 사치스럽기보다 대체로 평범한 서민들의 음식이라는 것이다. 메시아 잔치의 유토피아적 메뉴와 너무 거리가 먼 셈이다. 이는 곧 그레코-로만 사회의 심포지엄 행사에서 무엇이 이상적인 모델인가에 대해 여러 시각의 의견이 있었다는 점을 연상시켜준다. 다양하고 풍성한 메뉴로 사치스럽게 음식을 배설하는 것을 비판하면서 아예 음식이 없는 순전한 학문적 대화와 토론, 종교적 의례 등에 집중하는 것을 선호하는 견해가 있었는가 하면, 음식과 함께 먹고 마시는 즐거움이 배제된 심포지엄을 전혀 매력 없는 행사로 여겨 극구 반대하는 입장도 있었다.[50] 물론 바람직한 최선의 선택은 극단적인 절제와 과도한 음식 사치 사이로 평범한 메뉴에 소박한 음식과 함께 진행되는 심포지엄이었다.[51] 플루타르크 같은 당대의 지식인에게 이런 형태가 이상적인 행사로 간주되면서 가장 현실적인 행사였다고 볼 수 있다. 이는 마치 세례 요한의 철저한 금욕주의적 식사법이나 바리새인의 금식 장려 스타일과 고급스

---

49 야브로 콜린스는 출애굽기(16장)의 이러한 배경 이외에도 이러한 음식 기적 이야기의 문화적 영향사의 맥락에서 엘리야, 엘리사의 유사한 음식 기적 이야기(왕상 17장, 왕하 4:42-44), Euripides, *Bacchae*, 704-713, Philostratus, *Vita Apollonius*, 3.27 등의 유사 기적 이야기를 예시하며 비교, 분석한다. 그는 나아가 시편 132:15, 출애굽기 24:11, 이사야 25:6-8, 에녹 1서 10:18-19, 바룩 2서 29:4-8 등의 자료에 근거하여 이를 '메시아의 향연' 모티프와 연계지어 설명한다. Adela Yarbro Collins, *Mark: A Commentary*, 319-323.

50 Matthias Becker, "Plutarch's *Septem sapientium convivium*: An Example of Greco-Roman Sympotic Literature," Soham Al-Suadi & Peter-Ben Smit eds., *T&T Clark Handbook to Early Christian Meals in the Greco-Roman World*, 31-43, 특히 34-36.

51 플루타르크도 이러한 균형 어린 입장을 지지하면서 심포지엄 참여자들이 모두 포도주를 금하지도 않고 심하게 취하지도 않는 적절한 수준의 향연을 이상적인 모델로 선호하였다 (Plutarch, *Quaest. conv.* I.4). 앞의 논문, 36 재인용.

러운 음식 메뉴를 동원한 종말론적인 메시아 잔치의 사치스러운 유토피아
적 식사 사이에 물고기와 보리떡이라는 소박한 메뉴로 많은 사람이 함께
나누어 먹었다는 점을 조명한 것과 구조적으로 상통하는 특징이다. 예수
공동체의 성원들은 아직 골수가 가득 찬 기름진 것과 오래 묵은 포도주로
사치스러운 향연을 베풀 단계에 이르지 못한 채, 광야를 통과하면서 서로
나눠먹는 소박한 양식을 풍족히 즐기는 것만으로도 감사하며 만족해야 할
상황이었던 것이다.

IV. '마지막 식사'의 향유 신학적 지향

지금까지 예수가 선도적으로 추구한 신체적 향유의 일상적 실천이 더불
어 먹고 마시는 행위 가운데 어떻게 공동식사의 자리에 나타났는지 그의
어록과 잔치 비유 등을 통해 살펴보았다. 마지막으로 예수의 식사 자리로서
역사를 통틀어 기념비적 사건으로 의미화할 만한 사례는 그가 체포되어 죽
기 전 제자들과 함께 나눈 마지막 '마지막 식사'(the last meal)이다. 주지하
듯, 이 마지막 식사는 초청자인 예수가 자신의 육체와 관련하여 제자들에게
남긴 상징적인 어록의 제의적 재현과 함께 신학화 과정을 거쳐 '주의 만
찬'(the Lord's supper)으로, 나아가 '성만찬'(the Holy Sacrament)으로 진화해
나간 것으로 판단된다.[52]

복음서의 기록은 이 마지막 식사의 자리가 당시 유대인의 중요한 명절
이었던 유월절 식사와 포개져 있음을 환기시킨다. 그렇다면 당시 유대교의

---

[52] 이와 관련해서는 이어진, "성만찬의 기원에 대한 연구—마지막 만찬에서 예수의 식사
로," 「신학과 실천」 46(2015), 89–116; L. Michael White, "Regulating Fellowship in
the Communal Meal: Early Jewish and Christian Evidence," Inge Nielsen and Hanne
Sigismund Nielsen ed., *Meals in a Social Context*, 2nd edtion, 177–205.

관례대로 유월절 목적에 잡은 어린양 고기와 쓴 나물, 무교병 등이 주요 메뉴로 등장해야 할 텐데 이와 관련된 자세한 증거가 부재한다. 다만 예수께서 한 작은 공간에 제자들과 모여 떡을 들어 축사하고 떼어 제자들에게 나누어준 뒤, 포도주잔을 가지고 마찬가지 방식으로 나누어 먹은 것으로 기록되어 있다. 그때 선포한 어록, 즉 빵을 가리켜 '이것은 나의 몸'이라고 말하고 잔을 가리켜 '이것은 나의 피' '언약의 잔'이라고 말한 것이 이 식사 이야기의 특별한 성격을 대변해준다. 이는 도원결의처럼 특별한 혈맹의 유대를 서약하는 방식으로 서로의 피를 섞어 나눠 마시거나 밀의적 종교 제의에서 제물을 죽여 그 피를 나눠 마심으로 공동체의 입사의식을 치르는 사례를 연상시켜주기도 한다. 그러나 이러한 형식들이 무슨 대의명분에 입각하여 비장한 그 시작을 알리고 있다면, 예수의 경우는 죽음에 임박하여 자신의 공생애 마지막에 이러한 행사를 치른 것이다.

물론 여기에 양고기 같은 기름진 행사 음식이 제공되었는지 여부는 확인되지 않는다. 일반 서민의 소박한 양식인 빵과 포도주가 등장한다는 점이 죽음을 앞두고 베푼 마지막 식사 메뉴치고는 너무 평범하다. 빵과 포도주는 상징의례를 위한 간소한 메뉴이고 이후 양고기 같은 좀 더 푸짐한 유월절 명절 음식이 등장했을 것이라고 그 가능성을 높여 잡든, 아니면 그 가능성을 배제하든, 예수는 이로써 고대로부터 현재에 이르기까지 죽음을 앞둔 자들이 자신의 마지막 호흡을 확인하는 차원에서 먹고자 하는 음식을 충분히 누리고 즐기되 자신의 생애에 가장 친애하는 이들과 함께 나누어 먹는 마지막 식사의 관례에 충실했다고 볼 수 있다. 이는 인간 욕망과 감각의 생물학적 견지에 비춰봐도 충분히 이해되는 방식이다. 인간의 본능적 욕구들 중에 권력욕이나 명예욕은 물론 성욕이나 수면욕 같은 동물적 욕구가 죽음을 앞둔 이들에게 급격히 쇠락하는 것에 비해 무엇을 먹고자 하는 식욕은 마지막 순간까지 자신의 살아 있음을 확인하는 차원에서 가장 끈질기게

달라붙어 무엇을 먹고 싶은 충동을 불러일으킨다는 점에서도 보편적으로 확인되기 때문이다. 물론 예수의 경우는 늙고 병들어 자연사하지 않고 새파 랗게 젊은 30대 나이에 강압적인 경로로 죽음을 통과했다는 점에서 이러한 통상적인 식욕과 향유의 단순한 관계 구도로는 파악하기 어려운 측면이 있 다. 그러나 그가 자신의 마지막 날들을 의식하면서 공생애의 정리와 죽음 준비의 일환으로 친애하는 제자들과의 마지막 식사를 택했다는 점은 유사 한 패턴의 문화사적 맥락에서 보편적인 특성으로 공유된다.

죽음을 앞둔 자의 마지막 식사 전통은 오늘날까지 면면히 전승되어온 독특한 문화사적 내력을 가지고 있다. 오늘날 사망 선고를 받은 자에게 '잡 숫고 싶은 것 실컷 잡숫게 사드리라'고 조언하는 것은 생명의 마지막 누림 을 그 식욕의 충족과 미감의 충만에서 만끽하게 배려하는 관점이지만 고대 의 경우는 함께 생을 나눈 친지나 친구, 가족들과 함께 나누는 공동체적 우애의 현장이란 점이 더 강조된 것으로 보인다. 또한 이러한 마지막 작별 의 자리는 신에게 드리는 희생제의를 포함해 종교적인 제의를 동반하기도 하는데, 이는 죽음의 두려움에서 자신을 위무하거나 자신의 죽음이 너무 고통스럽지 않기를 바라는 기도와 함께 의도된 것이었다.

일례로 로마의 아우구스투스 황제는 자신이 죽기 전 개인적으로 거울 앞에서 자기 성찰적인 시간을 갖기도 하고 사람들에게 혹 자신으로 인해 불편함을 겪은 일이 없는지 점검한다. 또한 친구들을 초청해 함께 시간을 나누면서 자신이 인생이라는 희극을 잘 연기했는지 탐문하면서 박수갈채로 자신을 생의 무대에서 물러나게 해달라고 청하기도 한다. 물론 가족의 안부 를 묻고 아내와의 작별도 빠트리지 않는다.[53] 알렉산드로스 대왕의 경우는 자신의 죽음과 관련한 신적인 전조에 민감하게 반응하면서 자신의 마지막

---

[53] 아우구스투스 황제의 죽음에 대한 기록은 Suetonius, *The Lives of the Caesars*, II. XCIX, tr. by J. C. Rolfe (Cambridge, MA: Harvard University Press[LCL], 1989).

운명이 다가옴을 직감하면서 두려움과 슬픔에 빠지는데, 그 감정적 압박을 벗어나는 일환으로 신 앞에 기도와 희생제의를 수행하는 동시에 그의 조언을 따르지 않아 미안해한 네아르쿠스(Nearchus)를 위해 화려한 여흥을 동반한 주연을 베풀기도 했다.[54]

이와 같이 그레코-로만의 위인들이 자신의 죽음을 앞두고 친구나 친지, 가족들을 만나 함께 자리해 식사를 나누며 시간을 공유한 것은, 그 음식과 함께 마지막 식욕을 달래기 위한 목적보다는 일차적으로 자신의 죽음을 지켜봐 줄 마지막 증인들을 필요로 했기 때문이다. 이는 동시에 그들과 함께 공유한 삶의 나날들을 기리면서 죽음으로 인한 두려움이나 슬픔의 감정을 좀 더 꿋꿋이 감내하려는 의도의 발로였던 것으로 보인다. 고대 그레코-로만 사회에서는 이렇게 자기 죽음을 예견하면서 그 마지막 순간을 잘 준비한 죽음을 '좋은 죽음'(εὐθανασία)의 범주로 이해하여 일부 소수의 사람이 실천하였고, 그러한 마지막 날들의 세세한 기록이 부재한 대다수 경우는 죽은 뒤에 살아남은 유족과 친지들이 고인의 장례를 기점으로 여러 행사를 치르면서 함께 음식을 나누어 먹는 다양한 공동식사의 자리를 통해 서로간의 유대와 결속을 강화하는 게 상례였다.[55]

이러한 관점에서 제자들과 함께 나눈 예수의 마지막 식사는 여러모로

---

54 알렉산드로스 대왕의 마지막 날들에 대한 기록은 Plutarch, *Lives*, VII. LXXIII-LXXV, tr. by Benardotte Perrin (Cambridge, MA: Harvard University Press[LCL], 1949); Arrian, *Anabasis of Alexander*, VII. XXIV-XXVI, tr. by E. Iliff Robson (Cambridge, MA: Harvard University Press[LCL], 1978).

55 당시 사회적 지위의 고하에 따라 장례와 기일에 따른 공동식사의 사례는 달랐지만 다양한 식사 자리가 마련된 것은 공통된다. 거기에는 악령 퇴출을 위한 주술적 용도의 음식에서 위생적인 방어 장치 용도의 물질 등이 포함되었고, 공동식사는 대표적으로 매장이 끝난 뒤 나누는 *perideipnon*과 애도 기간이 종료되고 정상적인 일상으로 복귀하기 전 나누는 *kathedra*가 있었다. 이후 로마의 달력에 따라 각종 제물을 마련해 죽은 자를 기리는 제의적 절기로는 *Parentalia*(2월 13~21일), 이와 연계된 *Feralia, Lemuria*(5월 9, 11, 13일) 등이 있었다. Hugh Lindsay, "Eating with the Dead: The Roman Funerary Banquet," Inge Nielsen and Hanne Sigmund Nielsen ed., *Meals in a Social Context*, 67-80.

이 계통으로 기념비적 초석이라 할 만하다. 그는 유월절이라는 유대교의 명절을 배경으로 깔고 이 식사를 진행했지만 특별한 의도로 준비한 흔적이 역력하다. 유월절의 민족사적 의미를 자신의 구원사적 맥락에서 흡수하면서, 함께 나누는 빵과 포도주를 자신의 몸과 피로 표상하면서 이 마지막 식사의 의미를 기린 것이다. 그것은 그의 공생애 기간 많은 사람과 함께 나눈 식탁 교제나 광야의 공동식사 선례들의 연장선상에서 이루어진 식사이지만 동시에 자기 죽음을 의식하면서 가장 친애하는 제자들과 함께 그 시간을 공유하면서 그간 진행된 자신의 공생애적 사역을 기리고 이를 기억해줄 만한 증인을 필요로 했다. 음식과 식사를 매개로 세리와 창녀, 죄인들과 교제하면서 유대교의 완고한 배타적 정결법의 장벽을 넘어 하나님 나라의 복음을 전파함으로써 음식을 통한 감각적 즐거움이 장차 다가올 메시아의 잔치 가운데 만민들에 의해 풍성히 공유되어야 함을 역설했다면, 여기서 배설된 마지막 식사는 그 메시아의 잔치에 들어가기까지 같은 빵과 잔을 나눠 먹고 나눠 마신 자들이 한 형제자매로 긴밀하게 연대하고 결속해야 할 운명공동체의 행로를 예시하는 성격이 짙다고 볼 수 있다.

이 대목에서 중요한 점은 예수의 피와 살로 표상되는 그 공동체적 운명이 빵과 포도주란 음식으로 감각되며 나누어졌다는 사실이다. 이는 예수가 한 개체 인간으로 죽음을 앞둔 상태에 놓여 있었음에도 아직 살아서 먹을 수 있는 존재임을 현시하는 동시에, 먹고 마시는 향유적 주체로서 마지막 생명의 절박한 순간들이지만 그렇게라도 살아 있는 한 그 순간의 생명을 풍성히 누릴 수 있었음을 암시한다. 이와 같이 죽음을 앞둔 상태에서 개인으로, 또 제자들과 함께 운명공동체의 핵심 지체로 먹을 수 있는 존재로서 예수는 흥미롭게도 부활한 이후에도 제자들과 함께 음식을 먹는 상황을 연출한다(눅 24:41-43; 요 21:13). 그는 마지막 식사를 마치고 "내가 포도나무에서 난 것을 하나님 나라에서 새것으로 마시는 날까지 다시 마시지 아니하리라"(막 14:25)는 어록을 통해 이 식사의 '최후성'을 강조한 바 있다. 하지만 그는 이 세상을 떠나기 전 부활한 몸으로 제자들과 함께 먹음으로써 하나님 나라의 향연이 이 지상에서의 식욕을 매개로 먹고 마시는 감각적 향유와 무관치 않음을 역설적으로 보여주었다.

V. 요약 및 결론

부활에 대한 논쟁에서 예수는 부활한 몸이 시집 장가가는 일이 없이 천사와 같은 존재로 변화된다고 가르친 바 있다(눅 20:35-36). 이는 혼인을 통한 성관계와 자녀 출산의 가능성도 배제한 입장으로, 사후 내세의 인간에게 생명의 재생산을 위해 부여한 성욕이 단절됨을 시사한다. 그러나 앞서 언급했듯 식욕과 관련해서는 성욕과 완연히 다른 관점을 보여준다. 부활한 예수는 제자들에게 조반을 차려 먹을 것을 권유하는가 하면(요 21:12), 그 자신도 직접 음식을 섭취함으로써(눅 24:41-43) 부활 이후에도 먹는 행위는 계속 이어질 것을 암시한 바 있다. 단지 암시뿐 아니라 그는 장차 하나님 나라가 온전히 이루어진 뒤에 새 포도나무에서 나는 것으로 포도주를 만들어 제자들과 함께 먹을 것이라고 직접 단언한 바 있다(막 14:25). 이러한 연유로 이 땅에서 구현되는 하나님 나라(천국)는 먹을 것과 마실 것이 풍성한 잔치의 모티프에 빗대어 예시되었다. 실제로 그 선례적 전범이 되는 이사야의 관련 구절이 묘사한 대로 이 종말의 풍경은 고급스럽고 풍성한 메뉴가 구비된 '메시아적 향연'의 이미지로 특징지어진다.

이 논문은 이러한 맥락에서 예수에 의해 제시된 식사 관련 가르침과 예수와 함께 나눠진 공동식사에 드러난 향유 지향적 특징을 규명하고, 그 신학적 의미를 평가하는 데에 초점을 맞춰 진행되었다. 그 결과 히브리 전통, 특히 전도서를 중심으로 한 향유 신학적 면면들과 그레코-로만 시대의 유사 사상, 특히 에피큐리어니즘에 드러난 향유적 요소들이 공통으로 음식을 통한 자기 생명의 배려와 이로써 일상의 즐거움을 적극 추구하는 목적 아래 수렴되는 흐름을 파악할 수 있었다. 특히 문화사적으로 로마제국기로 들어서면서, 그리스 시대와 달리 공동체의 구성 분자로서 개인의 위치를 종속적으로 인식하는 관점에서 탈피하여 개인의 몸과 그 세부적 욕망에 능동적으로 반응하면서, 그 섭생과 보양의 관심이 대대적으로 증폭되어나가던 시대적 변화와 맞물려 이러한 먹고 마시는 향유 지향적 욕동이 활성화되어간 측면이 포착된다. 더구나 예수의 경우에도 일관되게 드러나듯, 죽음을 앞두고 나누는 공동식사의 자리 역시 '주의 만찬'이나 '성만찬'으로 그 의미가 확장되기 이전에 '마지막 식사'로서 함유한 향유적 가치를 조명해 볼 수 있다. 요컨대, 예수가 자신의 죽음이 임박했음을 예견하고 친애하는 제자들과 더불어 먹고 마시는 극진한 향유의 자리를 통해 자신의 마지막 생명을 위무하고자 하는 의도가 작용했으리라는 것이다. 그 가운데 자신의 몸과 피를 매개로 제자들을 결속시킴으로써 생사를 초월하는 신앙적 연대 의식을 고취시키고자 했을 법하다.

식사에서 생동하는 감각적 요소를 배제하면 껍데기 상징이나 제의적 장치로서 건조한 의미만 남는다. 그것이 특정한 집단의 배타적 정체성에 기초할 때 그 공동식사는 섹트적 폐쇄성으로 흐를 가능성이 높다. 이에 반하여, 예수는 그 식탁 교제의 당대적 경계를 뛰어넘어 당시 유대교의 언약 관계에 포용하기 어려웠던 죄인들과 함께 어울려 먹고 마심으로써 그 일상의 감각을 통해 하나님 나라를 그 사역의 현장에서 감각적으로 체현할 수 있었다. 그 울림과 파장이 컸던 것은, 먹고 마시는 구체적인 일상의 즐거움이 향유 지향성을 띠면서 경직된 유대교의 제의적 식사가 드러낸 배타적 장벽에 균열을 냈기 때문이다. 여기서 우리는 식사가 단지 살기 위해 먹는 동물성의 욕구를 뛰어넘어 한 공동체를 긴밀하게 결속시켜줄 뿐 아니라, 언제든지 위축될 수 있는 그 탄력성을 신선하게 유지하여 그 정체성의 반경을 확장시켜나가는 문화적인 힘으로 작용하는 생생한 현장을 확인할 수 있다.

예수에게 나타난 이러한 식사의 향유 지향적 면모는 여전히 세세한 기준으로 사람들 사이에 편을 가르면서 사소한 차이를 내세워 장벽을 쌓아 배제하고 차별하여 먹고 마시는 일조차 보편적 즐거움으로 공유되지 못하며 정치적인 당파성으로 전락한 작금의 세태에 사뭇 급진적인 메시지로 다가온다. 그가 몸의 구체적인 감각으로 참여한 공동식사와 이에 대한 가르침은 특히 편한 사람들끼리 함께 먹고 친한 사람들과 어울려 더불어 마시는, 오늘날에도 여전히 지속되는 동종교배적 식탁 교제의 인습에 도전한다. 그 일상의 즐거움이 온갖 배타적인 장벽을 넘어 하나님 나라의 향유 지향적인 가치로 적극 추구되고 공동체 단위로 온전히 실현되어야 한다는 것이 예수의 공동식사 유산이 남긴 의미심장한 교훈이라 할 것이다.

2장
나드 향유(香油)의 신체적 체험과
죽어가는 몸의 향유(享有)
─ 마가복음 14:3-9와 평행본문의 기원에 대한 재고찰

I. 문제 제기

죽음을 앞두고 있거나 죽어가는 자에게 가장 절박한 관심은 아직 자신이 살아 있다는 사실을 매 순간 감각적으로 확인하는 것이다. 그것은 구체적으로 자신의 꺼져가는 마지막 순간의 생명을 위무하고 생래적 욕망을 배려함으로써, 자신의 신체를 오로지 향유적인 대상으로 인정하고 대접하려는 시도로 이어진다. 나는 이 보편화된 욕망의 구조가 죽음에 임박한 예수의 경우에도 예외적이지 않았다는 전제 아래 이 연구를 점화하고자 한다.

예수의 신체적 향유 행위가 단순히 식사 행위에 국한해 나타난 것만은 아니다. 그의 장례를 준비한다는 복음서 저자의 예언적 논평(막 14:8)에도 불구하고 한 여인이 베다니에서 값진 향유 옥합을 깨트려 삼백 데나리온 값의 나드 향유를 예수의 머리(또는 발)에 붓고 그의 몸을 닦아준 이야기는 신체적 감각이 동원된 또 다른 향유의 중요한 예라 하겠다. 이를테면 '향유'(香油)를 붓는 여인의 행위는 단순히 예수를 융숭히 환대하는 상징적 의미를 넘어 예수의 몸에 촉각과 후각, 시각 등 다양한 감각이 동원되는 신체적 '향유'(享有)의 사건으로 조명될 수 있다. 이 지점에서 흥미로운 점은 예수가 비싼 값의 향유를 팔아 가난한 자들을 구제하는 게 좋겠다는 주변 사람의 정의로운 요청마저도 묵살한 채, 그 여인의 행위에 충분히 공감하며 이를 흔쾌히 용납했다는 사실이다.

이 연구는 복음서의 해당 에피소드에 내장된 이러한 특이점에 착안하여, 향유(香油) 사건에 나타난 향유(享有) 사상의 저변을 탐구하며 그 오래 묵은 전통의 신학적 의미를 평가해보고자 한다. 종래의 연구들은 이 헌신의 주인공인 여인의 정체에 초점을 맞추어 죄 많은 무명의 여인, 막달라 마리아, 베다니의 마리아 등 이 이야기 전승의 중층적 구조에 얽힌 편집자의 의도를 밝히거나[1] 그 실천적 맥락에서 자신의 최선의 것을 최대치로 사랑하는 분께 드리고자 한 지고한 헌신의 표상으로 강조하곤 했다.[2] 다른 한편으로는 여성주의 독법 아래 "그녀를 기념하여"라는 문구에 착안하여, 초기교회 전승에서 여성의 활약이 충분히 '기억' 또는 '기념'되지 못해온 가부장주의적 망각의 실책을 추궁하면서 그녀의 헌신에 담긴 제반 의미를 복원하려는 시도도 주목할 만하다.[3] 그러나 그 헌신이 왜 하필 3백 데나리온 이상의 나드 향유로 나타났으며, 어떤 연유로 그 향유가 예수의 몸에 발라지고, 예수가 평소와 달리 자신에게 부여된 이러한 과잉 헌신을 허용했는지, 그 내

---

1 André Legault, "Application of the form-critique method to the anointings in Galilee and Bethany (Matt 26:6-13, Mk 14:3-9, John 12:1-8)," CBQ 16/2(Apr 1954), 131-145; 채승희. "초대교회의 막달라 마리아의 표상 변화에 대한 역사적 고찰—사도들의 사도적 표상에서 참회하는 창녀의 표상으로," 「한국기독교신학논총」56(2008), 87-111.

2 앞서 언급한 사치와 낭비, 활수한 증여 등의 개념에 따라 이 본문은 '거룩한 사치' 또는 '거룩한 낭비'라는 포장으로 주 예수를 향한 극진한 헌신의 모범적 사례로 메시지화하여 신앙공동체 가운데 유통되어왔다.

3 이 계통에서 주목할 만한 연구로는 Elizabeth S. Fiorenza, *In Memory of Her: A Feminist Theological Reconstruction of Christian Origins* (New York: Crossroads, 1988).

면 풍경은 물론 그 '거룩한 사치'에 나타난 문화사적 층위의 조명은 좀처럼 시도되지 않았다. 비록 본격적인 연구는 아니었지만 본 연구자는 다른 관점에서 여기에 등장하는 '발'과 '향유' '머리털' 등의 소재를 정신분석학의 상징 기호로 읽으면서 이 이야기에 잠복되어 생동하는 에로티시즘의 자취를 읽어내고자 시도한 바 있다.[4] 그러나 이 역시 이 이야기의 한 모퉁이 해석의 기대는 부응할망정 예수가 경험한 신체적 향유의 전반에 대한 본격적인 통찰에는 미치지 못했다.

이러한 기존 연구의 지형에 비추어 본 연구가 시도하고자 하는 예수의 신체적 향유 전승에 대한 사상사적 문화사적 고찰은 비록 제한된 문맥에 관한 탐구일지라도 신선하고 창의적인 해석학이 가동되는 연구라 여겨진다. 선행 연구에서 포착하지 못한 관점의 새로움도 그렇거니와, 무엇보다 예수의 이러한 행위들이 선례가 없는 돌발적인 권위의 산물이 아니라 고대 문화의 저변에 면면히 흘러 내려온 구체적인 배경과 함께 조명될 수 있다는 점에서 그 거시적인 통찰이 유익하다. 아울러 이러한 관점은 복음서의 신학적 주제를 십자가와 대속사건, 제자도, 치유 기적 등의 담론에 국한해 살피려는 통상적 인식의 지평을 확대하여 고대 인류 문화의 상호 침투와 그 결과 펼쳐진 사상사의 맥락을 짚어보면서 신체적 향유의 추구를 통한 인간의 자기 배려라는 지속적인 관심의 발현이란 주제를 아우르는 계기가 될 수 있으리라 본다.

---

4 Dominika A. Kurek-Chomicz, "The fragrance of her perfume: the significance of sense imagery in John's account of the anointing in Bethany," *Novum testamentum* 52/4(2010), 334-354; 차정식, "향유(香油)와 향유(享有)의 에로티시즘-예수와 한 여인의 신체적 교감," 『성서의 에로티시즘』(서울: 꽃자리, 2013).

II. 배경사 고찰: 인간의 몸에 대한 공대 전통

1. 살아 있는 자의 몸에 대한 일상적 정결 예법

인간이 자신의 몸을 귀하게 보고, 이에 따라 상대방의 몸을 생명의 숙주로 존중하는 것은 얼핏 영혼의 세계를 중시하고 육신의 가치를 경홀히 여기는 종교적 전통과 무관하거나 반대되는 것 같지만 그 실상은 그리 간단하지 않다. 인간의 육신은 창세기의 암시만 더듬어 살펴도 '하나님의 형상'(imago Dei)대로 지음 받은 귀한 존재라는 의식과 흙이라는 질료로 만들어져 다시 흙으로 돌아가야 한다는 최종적 사실 사이에 적잖은 출렁임이 있어 왔다. 그리하여 인간의 육신을 중시하는 입장에서는 가령, 자신의 갈빗대로 지음 받은 하와 앞에서 아담이 "이는 내 뼈 중의 뼈요 살 중의 살이라"(창 2:23)는 선언을 통해 육신의 일체감을 고백하면서, 인간의 생명이 그 육신과 무관한 존재일 수 없음을 우회적으로 인정한다. 인간의 결혼 역시 이를 둘러싼 수많은 상징적 장치와 별도로 가장 먼저 남자와 여자가 제 부모를 떠나 한 '몸'으로 결합하는 것에 그 새로운 관계의 기본적 의미를 두었다. 나아가 사도 바울도 인간의 몸을 성적 방종의 대상으로 삼아 함부로 굴릴 수 없는 도덕적 원리를 설파하면서 "너희 몸이 성령이 거하는 하나님의 전인 줄 알지 못하느냐"(고전 3:16)라고 고린도교회 일부 교인을 질책했다.

그러나 이와 반대로 육신이라는 썩어질 숙주를 지니고 고생스럽게 한시적으로 살아가는 인간의 가난한 존재성에 대해서도 성서의 안팎에 수많은 공감대를 형성해 왔다. 그뿐 아니라 그 육체가 품고 있는 인간의 동물적 본성과 본능이 죄의 매개가 되어 온갖 탐욕과 이로 인한 타락을 불러일으킨다는 점에서 그 부정성이 도드라지기도 했다. 이러한 관점으로는 그리스도 신앙으로 새롭게 되기까지 인간의 실존을 포박하는 죄와 율법, 육신과 죽음의 상호 관계를 논한 바울의 로마서가 풍성하게 사유한 바 있다(롬 5-8).

인간이 자신의 육신을 돌보며 유익하고 즐겁게 하기 위해 하는 일은 건강을 위한 섭생, 목욕, 성적인 쾌락, 멋진 의복으로 단장하는 등의 것들이 있다.[5] 음식과 몸의 상호 관계에 대해서는 앞서 다룬 항목 가운데 별도로 취급될 것이다. 의복을 통해 자신의 몸을 돌보이게 하는 것과 관련해서는 전도서에 음식의 향유와 짝을 이루어 "네 의복을 항상 희게 하며 네 머리에 향 기름을 그치지 아니하도록 할지니라"(전 9:8)고, 정결한 의복을 통한 향유를 머리에 향 기름을 발라 윤기가 흐르고 향기가 풍기도록 하는 또 다른 신체적 향유와 나란히 언급한 바 있다. 그러나 의복의 단장이 향유의 가치를 벗어나 지나친 자기 과시의 방종으로 흐를 염려를 경계하면서, 특히 여성들의 지나친 몸단장의 허세를 경고한 다음과 같은 훈계는 이런 방면의 신체적 향유 또한 소박한 수준의 절제 필요성을 염두에 둔 것이었을 터이다: "이와 같이 여자들도 단정하게 옷을 입으며 소박함과 정절로써 자기를 단장하고 땋은 머리와 금이나 진주나 값진 옷으로 하지 말고 오직 선행으로 하기를 원하노라"(딤전 2:9-10).[6] 예수 역시 이러한 기조와 동궤의 입장을 취하면서 무엇을 입을까 염려하는 사람들을 향해 솔로몬의 모든 영광으로 입은 것조차 들꽃 한 송이의 미학적 값어치만도 못한 것으로 간주하였다(마 6:28-29).

위의 전도서 예문에서 특별히 문제시되는 것은 머리에 향 기름을 발라 자신의 몸을 단장하는 또 다른 신체적 향유의 영역이다. 이는 시편의 유명한 구절 "주께서 내 원수의 목전에서 상을 차려주시고 기름을 내 머리에

---

5 이런 관점에서 몸의 문화사적 이해를 위해서는 Daniel H. Garrison, *A Cultural History of the Human Body in Antiquity* (London: Bloomsbury Academic, 2014).

6 이러한 사치스러운 장식의 외양은 로마 시대 신여성의 유행을 좇는 풍조로 이해되었다. Bruce W. Winter, "The 'new' Roman wife and 1 Timothy 2:9-15: The search for a Sitz im Leben," *Tyndale Bulletin* 51/2(2000), 285-294.

부으셨으니 내 잔이 넘치나이다"(시 23:5)에서 연상되는 유사한 모티프이다. 여기서는 야훼 하나님이 원수의 목전에서 연회를 베풀어주시는 음식의 소재와 나란히 머리에 기름을 붓는 소재가 언급되는데, 이는 먹고 마시는 신체적 경험이 몸을 향기롭게 단장하는 기름 도유(塗油)의 경험과 함께 가장 중요한 향유적 가치임을 암시한다. 이를 메시아적 신학의 맥락에서 읽으면 구약성서 시대에 왕과 예언자, 제사장에게 그 직책을 임명할 때 도유식을 병행하는 사례를 들어 이 시편의 주인공, 나아가 메시아라 일컬어지는 인물에게 실현될 예언 구절로 풀이된다.[7]

그러나 '머리에 기름을 붓다'는 히브리어 표현(*dishanta bashemen roshi*)이 손님을 융숭하게 환대하다는 뜻의 관용적 문구라고 본다면,[8] 해당 본문의 주인공이 그 적대자들 앞에서 그동안 헝클어진 일상 가운데 고생하다가 전화위복의 기회를 맞아 다시금 그 자신이 얼마나 복되고 즐거운 상태로 회복되었는지를 비유적으로 언급한 대목으로 볼 수도 있다. 당시 유대인 사회에서는 자기 자신의 몸을 집안에서 돌보거나 밖에서 초청받은 귀한 손님을 극진하게 영접할 때 종을 시켜 먼저 발 씻을 물을 내어주고, 그다음 단계로 머리와 몸에 귀한 향유를 발라 단장케 하였다. 이는 이러한 일련의 행위를 그 몸으로 감각하는, 의미심장한 향유적 경험으로 간주한 결과였다. 또한 이는 공동체적 차원에서 무슨 중대한 일을 앞두고 목욕재계하게 하거나 개인적인 차원에서도 날마다 위생적 이유 또는 제의적 목적으로 자신의 몸에 정결례를 행하게 하던 종교적 관습과도 연계되어 있다.[9]

---

7 고대 유대교 및 초기 기독교의 도유 전통과 그 신학적 의미에 대해서는 Martin Dudley, *The Oil of Gladness: Anointing in the Christian Tradition* (Collegeville, Minn: Liturgical Pr; London: SPCK, 1993).

8 이러한 점을 고려하여 일부 현대어 영어번역본(TEV)에서는 이 구절을 "you welcome me as an honoured guest"로 번역하였다.

9 이는 팔레스타인 곳곳에 발견되는 욕조(*mikvah*)를 통해 확인되는 사실이거니와 제의적인 목적을 띤 정결례의 일환으로 이곳에서 몸을 씻었으리라 추론된다. 이는 미시나에도 규정된

2. 죽어가는 또는 죽은 자의 몸에 대한 제의적 공대

의학적 법정적 사형 선고를 받아 죽음을 앞두고 있거나 죽어가는 자의 의식 속에 가장 민감하게 다가오는 것은 살아 있는 자신의 신체적 생명에 대한 감각이다. 그것은 곧 "아직은 살아 있다"는 내면의 성찰적 자의식에서 발원하여 그 살아 있음을 확인하려는 시도로 이어진다. 이는 죽음 이후 더 이상 자신의 존재와 무관해지는 신체에 대한 연민 어린 정서와 함께 그것을 위무함으로써 삶의 감각을 첨예화하려는 욕망의 충족으로 발현된다. 그리하여 죽음을 앞둔 생명을 위로하는 방식으로, 문화사적 전통 속에 관례화된 대표적인 사례가 "잡숫고 싶은 것 실컷 잡수시도록 사드리라"는 덕담이다. 겟세마네에서 자기 죽음과의 최후 대결이 극적인 자의식 가운데 정점을 찍기 이전 단계에서, 그는 이러한 자기에의 배려에 충실했던 것으로 보인다. 이에 따라 혈통 가족보다 친밀하고 친애하였던 제자들과의 마지막 식사는, '성만찬'이라는 제의적 전례로 심화 고착되기 이전 죽음의 주체로서, 예수의 입장에서 보면 '자기애의 배려'의 일환으로 얼마 남지 않은 신체적 생명을 위로하며 그 의미를 내면화하는 과정의 일환이었다고 볼 수 있다.

그런데 일용할 양식을 먹고 마시는 것이 생존을 위해 필수조건이라면 군이 비싼 나드 향유를 몸에 발라 그 몸을 향기롭게 하는 것은 일종의 사치 행위다. 귀한 손님에게 후한 대접을 하는 것이 '머리에 기름을 붓다'라는 뜻의 히브리어에 담긴 원래 뜻이라 이해하고, 이에 따라 예수가 받은 이 향

사실이고 세례 요한의 세례와 기독교의 세례 의식에 일정한 영향을 끼쳤으리라 보지만, 지역에 따라, 가령 세포리스의 욕조들은 제의적인 목욕보다는 위생적인 차원의 일상적 목욕으로 그 용도를 달리했으리라는 조사 결과도 발표되었다. Hershel Shanks, "Ritual Bath or Swimming Pool?" *Biblical Archaeology Review* 34/3(May/Jun 2008), 18; Hanan Eshel, "They're not ritual baths," *Biblical Archaeology Review* 26/4(Jul/Aug 2000), 42-45; Karin E. Shinn, "*Miqva'ot:* Jewish origins of Christian baptism," Ph.D. dissertation, Oral Roberts University, 2012.

유 접대를 '거룩한 사치', '고귀한 낭비'로 의미화할지라도, 그것이 예외적일 망정 사치가 아닌 것은 아니다. 물론 유대인들의 풍습 속에 날마다 몸을 물에 씻어 정결함을 유지하는 '제의 목욕'이란 게 있었고, 거기에 여유를 부릴 만한 경우 향내 나는 기름을 발라 그 몸의 감각적 향유를 추구하는 사례가 있었다고 본다면 예수의 이 예외적 사치가 인간적으로 전혀 이해되지 못할 바는 아니다. 그러나 그것이 예수의 수난과 죽음에 임박하여 치러진 유일회적 사건이었다는 점에서, 이 신체적 향유의 예외성과 특이성을 찾아 자리매김해야 할 것이다. 그 제반 행위의 패턴을 추적해보면 인간에 대한 인간의 '자기 배려'(self-care)라는 측면에서 인간의 신체적 향유와 관련된 문화사적 사상사적 배경과 맥락이 잠재되어 있음을 알 수 있다.[10]

이와 같이 죽기 전에 자신의 몸을 욕망의 숙주로 존중하며 향유하려는 전통은 이미 세상을 떠나 죽은 자의 몸에 대한 가족들의 공대 관습에서도 확인된다. 고대 근동에서는 그 사자의 몸을 유향 등의 약재로 처리하여 시신의 부패를 방지하거나 아예 미라로 만들어 그 몸을 영구 보존하려는 방식으로 나타났다. 동서고금의 대체적인 전통도 그렇지만 특히 고대 근동의 관례에 비추어 시신이 적절한 예법을 따라 장사되지 못한 채 땅 위로 노출되어 부패되거나, 들짐승의 먹이가 되어버리면 신의 저주를 받아 초래된 참담한 수치로 간주되었다. 시신을 장사지내는 방식 중 하나로 화장이 있지만 유대교 사회에서 매장을 중시하는 경향은 점차 육체 부활 신앙이 확산되어간 궤적과 무관치 않아 보인다.[11] 유명한 에스겔 골짜기의 해골 환상(겔

---

10 활수한 선물의 증여와 사치, 낭비 등의 개념으로 비타산적인 경제적 실천을 정당화하는 이론은 주로 문화인류학을 비롯한 사회과학 영역에서 공급되어 왔다. 그 대표적인 이론서로 베르너 좀바르트/이필우, 『사랑과 사치와 자본주의』(서울: 까치, 1997); 마르셀 모스/이상률, 『증여론』(서울: 한길사, 2002).

11 사자의 시신을 공대하는 고대의 장례 풍습에 대해서는 Éric Rebillard, *The Care of the Dead in Late Antiquity*, tr. by Rawlings, Elizabeth Trapnell & Routier-Pucci, Jeannine (Ithaca, NY: Cornell University Press, 2012).

37:1-14)은 포로기의 이스라엘 디아스포라 성원들이 재결집하여 다시 생동하는 민족공동체로 회복되리라는 묵시적인 소망을 담아낸 것이었지만, 이런 것들이 점차 개인의 소망으로도 연계되어, 죽은 몸일망정 그것이 온전히 부활되기 위해서는 훼손되거나 폐기되지 않고 온전히 보존되어야 한다는 확신을 부여했던 것이다.

III. 복음서 나드 향유 사건의 전승사 분석

1. 마가복음과 마태복음의 경우

두 자료설이라는 주류 학설에 기댈 때 복음서에서 향유 사건 이야기가 가장 먼저 보도된 곳은 마가복음(14:3-9) 본문이라는 점에서는 이론의 여지가 없을 것이다. 여기서 제시한 이 에피소드의 공간적 배경은 예루살렘 근처 베다니라는 마을, 거기에 살던 나병환자 시몬의 집이다. 베다니라는 공간은 익숙하지만, 예수가 머물던 집의 주인 시몬과 그가 나병환자였다는 사실은 마가복음의 이전 자료에 비추어 낯설다. 마가복음의 이 본문과 마태복음 평행본문에만 등장하기 때문에 이 인물의 정체를 자세히 파악하기란 어렵다.[12] 예수가 치유한 병자들 중에 나병환자가 여러 명 있었고, 그중에 한 사람으로 이 시몬이란 인물이 베다니에 살았을 것이라는 추론 아래 그러한 전승이 이 이야기의 공간적 배경으로 각색되어 삽입된 것인지, 아니면 실제로 베다니에서 예수께서 치유해준 시몬이라는 나병환자가 있었는데 복음서의 기록에 자세히 기록되지 않은 것인지 명백하게 확인할 길이 없다.

---

12 신구약성서에 '시몬'이라는 이름의 동명이인은 13명이나 등장하는데, 이 본문의 시몬도 그 중 한 사람이다.

베다니의 시몬이라는 예수의 지역조력자(village sympathizer)의 이름과 예수께서 바리새적 정결예법의 배타적 경계를 과감하게 초월한 대표적인 사례로 '나병환자'라는 모티프를 결합시켜 이러한 배경 설정으로 편집했을 가능성도 없지 않다.[13] 특히 예수가 즐겨 했던 식탁 교제의 모티프도 함께 등장해, 이 사건이 실내 공간에서 식사하던 때에 일어났다고 그 시간적 배경까지 명확하게 제시한다.[14]

이어 등장하는 값진 향유를 부은 여인은 철저하게 익명의 '한 여자'로 표현된다. 그녀는 텍스트의 표면에 밝혀지지 않은 연유로 "순전한 나드 한 옥합"을 가지고 와서 그 옥합을 단호하게 예수 앞에서 깨트리는, 어찌 보면 과격한 행위를 선보였다(막 14:3). 그 옥합에서 나오는 향유를 예수의 머리에 부었다는 그 행위가 간단히 묘사되고 연이어 이에 대한 반응과 예수의 응답이 나머지 이야기를 채워간다. 이에 대해 불평하는 반응을 보인 인물로 익명의 '어떤 사람들', 즉 그 식사 자리에 함께했던 사람들이 거론되고, 그 불평의 요지인즉 삼백 데나리온이나 되는 값비싼 향유를 그 일회적인 행위

---

13 야브로 콜린스는 마가의 이 본문이 애당초 예수의 수난사화와 상관없는 독립적인 전승의 이야기로 파악하면서 이곳에 편집해놓은 몇 가지 배경을 소개한다. 가령, 대제사장과 서기관들의 예수 살해 음모(막 14:1-2)와 가룟 유다의 예수 배반(14:10) 사이에 전혀 다른 이야기를 삽입함으로써 청중에게 긴장감(suspense) 효과를 높이려 했다거나(Ernst von Dobschütz) 가룟 유다의 배신과 이 여인의 헌신을 날카롭게 대립시켜 '극화된 아이러니'(dramatized irony)를 보여주고 예수의 수난을 초래하는 남자 제자 열두 명과 대조되는 진정한 제자도의 길을 예시한 것(Tom Shepherd)이라는 주장 등이 그렇다. Adel Yarbro Collins, *Mark* (Minneapolis: Fortress Press, 2007), 641. 이 이야기의 해석에서 남성 제자들의 실패와 대립되는 여성 제자들의 진정한 대안적 제자도를 강조한 관점에 대해서는 E. S. Fiorenza, *In Memory of Her*, xiv.

14 박노식은 마가복음의 해당 본문을 감싸는 14:1-11이라는 확장된 틀에서 그리스 비극문학의 서사구조에 비추어 조명하면서 예수가 하나님의 아들에서 고난과 죽음을 경험해야 하는 존재로 전이되는 '반전'(reversal)과 대제사장들과 서기관들/가룟 유다의 적대적 의도와 참 제자의 헌신적 섬김이라는 원환 구조를 통해 예수의 신분과 제자도에 대한 '인식'(recognition)을 드러내고 있다고 주장한다. 박노식, "베다니 내러티브의 문학적 함의와 신학(막 14:1-11)," 「신약논단」 19/4(2012), 1015-1041.

를 통해 허비하기보다 그것을 팔아 가난한 자들에게 구제용으로 사용하는 것이 더 나았을 것이라는 책망조의 내용이다(막 14:4-5). 이에 대한 예수의 대꾸는 그들의 성난 목소리를 진정시키며 그 익명의 여자가 보인 행위를 두둔하는 것이었다. 그녀가 좋은 일을 했다며 그녀를 괴롭게 하지 말라고 분명히 선을 그었고, 그녀의 편에 서서 지지의 입장을 확실히 표했다(막 14:6). 그 지지의 입장에 대한 근거로 제시한 것은 신명기(15:1-11)의 본문을 일부 변용한 다음의 어록이었다: "가난한 자들은 항상 너희와 함께 있으니 아무 때라도 원하는 대로 도울 수 있거니와 나는 너희와 항상 함께 있지 아니하리라"(막 14:7). 한 개인의 구체적인 헌신의 증표와 이를 선하게 여긴 예수의 적극적인 향유의 의지가 추상적인 대상을 향한 막연한 구제의 의지를 압도한 형국으로 파악된다. 아울러, 여기에 상징적인 예언의 의미를 덧보태 예수는 "그는 힘을 다하여 내 몸에 향유를 부어 내 장례를 미리 준비하였느니라"(막 14:8)고 말한다. 죽은 시신이 썩지 않도록 방부적 효과를 위해 약재를 섞어 기름을 바르는 도유 행위를 다가오는 자신의 죽음과 연관시켜 사후 승인적으로 예언한 것이다.[15]

이 에피소드에서 마지막 결론구로 제시된 어록은 이 여인의 행위에 대한 기억 또는 기념의 의미를 증폭시켜 지속화할 것을 명하는 내용으로 다소 과감한 어조로 표현되었다: "온 천하에 어디서든지 복음이 전파되는 곳에는 이 여자가 행한 일도 말하여 그를 기억하리라"(막 14:9). 이 말은 과장적 수사로 보면 여인의 행위에 대한 지극한 찬사 정도로 새길 수 있다. '온 천하에'(εἰς ὅλον τὸν κόσμον)와 '그녀를 기억/기념하여'(εἰς μνημόσυνον αὐτῆς)라는 문구를 예언적인 의미로 취하면 향후 제자들의 세계선교 동선 가운데

---

15 본문의 도유 행위를 구약시대 제사장이나 왕의 사례에 견주어 예수에게 메시아적 지위의 추인과 파송의 의미로 해석하는 관점도 있지만, 이는 예수의 장례를 위한 예비적 또는 선행적 수순이라는 마가의 입장과 배치된다. R. T. France, *The Gospel of Mark*, NIGTC (Grand Rapids, MI: Wm. B. Eerdmans Publishing Co., 2002), 552.

그녀의 이 특별한 헌신의 행위를 두고두고 공동체의 토대로 삼아 지속적인 기억으로 전승시켜나가라고 권고한 맥락이 포착된다.[16]

자료비평적인 측면에서 마태복음(26:6-13)의 평행본문은 그 서사적인 패턴과 흐름이 마가복음의 본문과 거의 흡사한 형태를 드러낸다. 베다니 나병환자 시몬의 집과 식사 시간이라는 공간적 시간적 배경이 일치하고 익명의 '한 여자'가 주인공으로 등장하는 대목도 동일하다. 이후의 서사적 진행도 소소한 편집적 손질 외에 별스러운 차이는 탐지되지 않는다. 다만 여인의 그 행위에 대하여 분개한 심사로 그것을 허비로 힐난하고 구제의 명분을 내세워 책망한 부류가 마태복음의 본문에서는 불특정의 '어떤 사람들'이 아니라 예수의 '제자들'로 특정된다. 아울러, 그 여인이 그 향유 옥합을 깨트린 행위는 생략하였고 그 값비싼 향유의 종류가 '나드'라 불리는 향유이며 그 대강의 값어치가 3백 데나리온 정도 된다는 마가의 정보 역시 마태는 배제하였다. 이야기 단위에서 디테일한 정보의 구체성보다는 그 여인이 그 값비싼 향유를 예수의 머리 위에 부은 행위, 이로 인한 주변 반응과 그 행위에 의미를 부여하는 예수의 응답에 초점을 맞추었음을 확인할 수 있다.

2. 요한복음의 경우

요한복음(12:1-8)의 본문은 마가/마태복음의 본문과 기본적인 서사의 골격은 일치하면서 동시에 상당한 차이를 드러낸다. 공간적 배경으로 제시된 베다니는 마가/마태복음의 내용과 동일하지만, 예수 일행을 초청한 주체는

---

16 예수를 배반하거나 부인한 가룟 유다와 베드로의 이야기는 매우 잘 전승되고 기억되어간 데 비해 예수의 이 예언적 권고와 달리 이 여인의 예언자적 표적 행위가 제대로 기억되거나 전승되지 못한 것은 복음서의 편집적인 재현 과정에서 이 여인을 타락한 죄인으로 규정함으로써 가부장주의적인 그레코-로만의 청중 입맛에 맞게 변질되었기 때문이라는 통찰이 제시된 바 있다. E. S. Fiorenza, *In Memory of Her*, xiii.

나병환자 또는 시몬이라는 이름과 상관없는 나사로/마르다/마리아 삼 남매일가이다. 이 일이 일어난 시점도 구체적으로 '유월절 엿새 전'이라고 연대기적 시간을 명확하게 제시한다. 나아가 그 구체적인 상황도 단순히 개인 집에 초청받아 '식사를 하는'(κακειμένου αὐτοῦ) 세팅이 아니라 마치 온 동네 사람들이 주체가 되어 예수와 함께 또 다른 '만찬을 벌이는'(ἐποίησαν οὖν αὐτῷ δεῖπνον) 현장으로 조명되고 있다. 이 삼 남매 가정은 이미 요한복음 11:1-44의 나사로 부활 이야기에 등장하여, 병들어 죽어 장사까지 지낸 지 나흘이나 되어 시신이 썩으며 냄새가 나는 나사로를 일으켜 기적을 행한 베다니의 일가로 소개된 바 있다. 특히 11:2는 아직 발생하지 않은 이후의 일까지 자세하게 언급하면서 마리아와 관련하여 병든 나사로의 여동생으로 "향유를 주께 붓고 머리털로 주의 발을 닦는 자"라고 소개했다. 더 이상 익명의 '한 여자'가 아니라 실명으로 그 정체가 공개된 것이다.[17]

그런데 이 마리아는 예수의 머리가 아니라 그 발에 비싼 나드 향유를 1 리트라(litra)[18] 붓고 자신의 머리털로 예수의 발을 닦아주었다고 한다(요 12:3). 향유 자체도 3백 데나리온 정도 나가는 값비싼 것이고 귀한 물품이지만, 여기서 특별하고 예외적인 소재는 이 마리아의 머리털이다. 특히 혼인하지 않은 여성에게 머리털은 자신의 여성적 아름다움을 표상하는 신체적 일부이고 발은 바깥 외출하였다가 먼지가 많이 묻어 실내로 들어올 때 가장 먼저 씻어야 할 신체 중 가장 불결한 곳 중 하나인데, 마리아가 그 향유를 예수의 발에 부어 자신의 머리털로 그의 발을 닦아주었다는 것이다. 기이해

---

17 이와 같이 요한복음 12장의 해당 본문을 선행하는 11장의 나사로 부활 이야기, 특히 마리아와 마르다의 인물 묘사에 착안하여 마리아가 예수에게 향유를 부어 발을 문지르고 자신의 머리털로 씻어내는 행동을 이후에 이루어질 예수의 매장과 부패 없는 몸의 부활에 대한 예언적인 행위로 해석하기도 한다. Charles Homer Giblin, "Mary's Anointing for Jesus' Burial-Resurrection (John 12:1-8)," *Biblica* 73/4(1992), 560-564.

18 리트라(litra)는 로마 시대 무게를 나타내는 도량형 단위로 1 리트라가 대략 326그램 정도 된다.

보이는 이 만남의 장면은 이 두 사람을 둘러싼 그 실내 공간에 주의를 환기하면서 "향유 냄새가 집에 가득하였다"고 무언가 상징적인 분위기를 피워내고 있다.

예수와 마리아 사이에 이 도유 사건에 대한 불만 어린 반응의 악역은 여기서 마가복음의 '어떤 사람들'도 아니고, 특정되지 않은 범주로서 '제자들'도 아닌, 가룟 유다에게 부여된다(요 12:4). 그 역시 다른 앞의 버전대로 가난한 자들에게 그 비싼 향유를 팔아 구제하는 것이 더 나았을 것이라는 명분을 강조한다(요 12:5). 그러나 마가/마태복음의 해당 본문과 달리, 여기서 저자에 의한 전지적 작가 시점의 논평이 첨가되는데, 가룟 유다의 그 막은 돈궤를 맡은 자로서 그 3백 데나리온의 재원에 대한 탐욕의 발로였다는 것이다: "그는 도둑이라. 돈궤를 맡고 거기 넣는 것을 훔쳐감이러라"(요 12:6). 이어지는 7절과 8절의 내용은 앞서 나온 마가/마태복음 자료의 예수 응답을 순서를 바꾸어 "그녀를 (괴롭히지 말고) 가만히 두어라."-"나의 장례와 관련된 것"-"가난한 자들은 항상 너희와 있지만 나는 항상 있지 않다"는 순서로 채워진다. 차이점이라면 "그녀를 기억/기념하여"로 연계되는 마지막 결론구의 어록이 생략되어 있고, 향유를 부은 것이 예수의 장례를 (준비하기) 위한 것이라는 관련 발언이 "내 장례의 날을 위해 그녀가 그것을 보존하도록"(ἵνα εἰς τὴν ἡμέραν τοῦ ἐνταφιασμοῦ μου τηρήσῃ αὐτό)이라고 표현되어 있다는 것이다. 이 구절은 텍스트의 표면상으로 조명하면 마리아가 나드 향유를 예수의 발에 예비적으로 일부 부어 복선을 깔아두었으며, 남아 있는 그 향유를 잘 간수해 두었다가 나중에 자신의 죽은 시신에 부어 장례식의 필요에 부응하라는 뜻으로 새겨진다. 향유를 붓고 발을 머리털로 씻어준 행위와 향유 자체의 의미를 상징화한 저자의 의도가 얼핏 짚어지는 대목이다.

3. 누가복음의 경우

누가복음(7:36-50)의 본문은 앞의 세 본문과 평행본문이라고 하기 어려울 정도로 상당히 변이된 형태를 띠고 있다.[19] 공간적 배경으로 일단 베다니가 사라지고 갈릴리 지역 어떤 익명의 동네에 위치한 바리새인의 집이 등장한다. 물론 시점은 예수가 그 초청에 응하여 그 집에서 식사하는 동안의 실내 공간이다. 그런데 향유 옥합을 가지고 예수와 만나는 여인은 마리아와 상관없는 인물로 그 동네에 살지만, 죄를 지은 한 익명의 여자다.[20] 그녀가 무슨 죄를 지었는지 알려지지 않는다. 그녀는 예수의 동선을 사전에 파악해 그 집으로 들어와 예수 곁으로 다가서서 울면서 향유에 앞서 눈물로 그

---

19 보봉은 누가복음의 본문 분석을 통해 이 이야기와 다른 복음서의 세 가지 버전 모두 공통의 구전 자료를 근거로 편집한 것으로 본다. 그는 이 누가복음 본문을 4단락으로 세분하면서 그것이 앞서 나오는 두 가지 모티프, 즉 이스라엘의 양분(모든 백성과 세리들 vs 바리새인과 율법 교사들, 눅 7:29-30), 예수가 죄인들과 더불어 먹고 마심(눅 7:34)을 매개로 이곳에 편집되었다고 주장한다. 여기서 공통되는 서사적 얼개로 그는 다음의 요소들을 언급한다: 1) 예수가 식사에 초대받음; 2) 한 여인이 와서 예수에게 기름을 부음; 3) 이 행동이 주변에서 부정적인 반응을 유발함; 4) 예수는 그 질타당한 여인을 방어해주고; 5) 그녀의 행동을 칭찬받을 만한 것으로 인정해줌. 아울러 보봉은 이러한 일련의 분석을 토대로 이 이야기가 본래 예수의 사랑에 근거한 '신학적인' 메시지보다 예수를 향한 한 여인의 이례적인 사랑에 기초한 '인간론적' 동기로 의도된 것이었다고 추정한다. François Bovon, *Luke* 1, tr. by Christine M. Thomas (Minneapolis: Fortress Press, 2002), 291-292.

20 이 여인의 정체에 대한 누가복음의 묘사는 부정적 관점과 긍정적 관점의 평가가 엇갈린다. 페미니즘 독법으로 이 기록을 읽는 학자들은 대체로 누가가 이 여인을 성적인 대상으로 묘사하였고 죄와 참회의 대상으로 제시함으로써 여성 죄인의 대명사인 창녀 취급받는 향후의 인식적 틀을 제공한 혐의가 짙다고 비판했다. 그 연장선상에서 가부장 체제 아래 여성의 예언적 기능을 제한하고 교화와 통제의 대상으로 삼기 위한 전략의 일환으로 누가의 여성관을 총체적으로 의심하기도 한다. Teresa J. Hornsby, "The Woman Is a Sinner/The Sinner is a Woman," Amy-Jill Levine and Marianne Blickenstaff, ed., *A Feminist Companion to Luke* (Sheffield: Sheffield Academic Press, 2002), 121-132. 한편 이와 상반되는 입장에서 누가복음 7:36-50의 기록을 남녀의 종말론적 평등을 예시한 이야기로 긍정 평가하기도 한다. Sun Wook Kim, "A Discussion of Luke's Portrayal of Women and the Eschatological Equality of Men and Women in Luke 7:36-50," 「신약연구」 12/4(2013), 706-733.

발을 먼저 적신다. 연이어 자신의 머리털로 그 발을 닦고 나서 그 발에 입을 맞추기까지 한 다음 그곳 발에다 향유를 붓는다. 여기서 이 여인의 도유(塗油) 행위는 마가/마태복음의 버전처럼 머리를 대상으로 이루어지지 않고 요한복음의 예대로 발을 대상으로 하고 있다. 그 행위는 그러나 요한복음의 수순보다 좀 더 정교하게 진일보하여 먼저 예수의 현 위치를 파악하여 그 사전 정보에 따라 입실하고, 그의 발 곁으로 다가서며, 눈물을 터뜨린다. 눈물로 먼저 발을 적신 뒤 이 눈물 젖은 발을 자신의 머리털로 닦아준 다음 에서야 향유를 붓는 순서로 진행된다.

죄를 지은 여인이 이와 같이 향유를 붓고 나서 주변 반응도 앞의 세 복음서 경우와 비교하여 완전하게 달라진다. 여기서 문제를 제기한 사람은 예수를 초청한 바리새인으로 그 이름이 시몬으로 밝혀진다. 이 바리새인 시몬은 죄인을 겨냥해 값비싼 향유를 낭비한 것을 꾸짖기보다 그 죄인과 신체적인 접촉을 하여 스스로 부정을 자초한 예수의 행실을 은근히 비난한다. "이 사람이 만일 선지자라면…"(눅 7:39)이라는 가정법의 표현으로 미루어 그는 예수에게 최소한 선지자의 기대를 걸고 초청해 식사 대접을 했지만, 그 기대가 완전히 무너져버린 것처럼 반응을 보인 것이다. 이에 예수는 비유로 먼저 응답한다. 오십 데나리온 빚진 자와 오백 데나리온 빚진 자 중에 이 둘 모두에게 빚을 전부 탕감해주었을 경우 누가 더 그 사람을 사랑 하겠느냐는 수사학적인 질문과 함께 '빚 탕감'을 주제로 역공을 취하자 시몬은 정답을 말한다. 예수는 이에 자신을 초청하면서 발 씻을 물도 내어주지 않은 바리새인 시몬과 눈물/머리털/입맞춤/향유를 통해 자신에게 눈물어린 진정한 회개와 극진한 환대의 온정을 표한 죄인 여자를 비교하며 죄의 용서와 사랑의 메시지를 전달한다(눅 7:42-47).[21]

---

21 이 여인의 신체적 환대가 이렇게 상세한 수순으로 누가복음에 특별히 명시된 점을 누가복음 /사도행전의 신학적 틀에서 보면 '부지불식간에 신에게 행한 환대'(unknowing hospitality to

누가복음의 이 변이본에서 결론구는 이전의 세 복음서 경우와 달리 자신의 장례식, 여인의 행위에 대한 기억의 영속화 등에 대한 언급과 무관하게 여인의 죄 사함 선포와 "네 믿음이 너를 구원하였으니 평안히 가라"(눅 7:50)는 통상적 어법으로 짜여 있다. 이 본문은 예수에게 향유를 부은 일과 관련하여 가장 상세하게 묘사하지만 저자의 초점은 예수보다 죄인 여성에 맞추어져 있다. 특히 죄 사함이나 진정한 환대와 사랑이란 맥락에서 이 여인의 행위는 신학적으로 의미화한 것이다. 누가복음의 본문이 자리한 전체 서사적인 위치 또한 예수의 초기 갈릴리 사역 기간에 연계되어 있다. 이에 따라 누가복음의 버전은 수난으로 직결되는 예루살렘 체류 기간 내에 진행된 예수의 마지막 시간들과도 무관할뿐더러, 특히 장례를 위한 향유의 상징적 의미라서 배제된다.[22]

더구나 이 누가복음 버전의 흥미로운 특이점은 예수의 죄 사함이 이

---

god)로, 또한 이것이 하나님/예수가 환대받을 자격이 없는 외인과 이방인들에게 행한 '신적인 환대'(theoxeny)의 모방적 실천으로 해석되기도 한다. 이는 자격 있는 의로운 자와 그렇지 못한 자를 엄밀히 차별하여 환대의 여부를 권고한 당대와 후대의 유대교적 환대 전통(가령, 집회서 9:16, 11:29. 34)과 판연하게 구별되는 지점으로 누가/행전의 이야기뿐 아니라 신약성서 전반에 일관되게 강조되고 있다. Joshua W. Jipp, *Divine Visitations and Hospitality to Strangers in Luke-Acts: An Interpretation of the Malta Episode in Acts 28: 1-10*, NovT Sup 153 (Leiden: Brill, 2013), 171-182. 이러한 파격적 환대의 초기 기독교 전통은 구원의 선결 요건으로까지 확대, 심화된다. 죠수아 W. 지프/송일, 『환대와 구원-혐오·배제·탐욕·공포를 넘어 사랑의 종교로 나아가기』(서울: 새물결플러스, 2017). 나아가 이 누가복음 버전의 이야기를 역시 환대의 관점에서 조명하면서 이 여인의 위상을 예수의 여성 제자 그룹의 일원으로 상정하여 예수 선교의 후원자(patroness)로까지 확대 해석하기도 한다. 이에 대해서는 김성희, "죄 많은 여인의 환대(눅 7:36-8:3)," 「신약논단」 19/4(2012), 1043-1076.

22 이러한 차이점에 근거하여 이 이야기가 마가/마태/요한복음의 수난사화 배경과 무관한 별도의 사건으로 전승되었을 가능성도 제기된다. R. T. Francis, *The Gospel of Mark*, 550. 그러나 대체로 누가복음의 이 이야기 형성 과정에 이전 단계의 자료가 상당히 개입했을 가능성이 더 높은 것으로 추정되는 편이다. 가령, 몇몇 공통 요소로 '향유 담은 옥합'(7:37c), '향유를 부음'(7:38c), 시몬이라는 바리새인의 이름(7:36, 40) 등이 예시된다. E. S. Fiorenza, *In Memory of Her*, 128.

여인의 언술적 고백이 전혀 없는 침묵의 상태에서 눈물의 회개와 머리털/입맞춤/향유 붓기 등의 헌신적 사랑의 행위를 근거로 선포되었다는 것이다.[23] 이는 곧 이 여인의 이러한 과감하고 풍성한 행위 지향적 연출이 비유 속의 오백 데나리온 빚진 자의 사례로 연역되어, 더 많이 빚 탕감/죄 사함 받은 자가 더 많이 사랑한다는 메시지를 낳고, 또한 그것이 믿음의 증표로 용인되며, 그 믿음으로 구원을 받으리라는 바울 신학적 논리와 연계되어 있다는 점도 주목할 만하다.[24]

4. 전승사의 재구성과 장르의 문제

이상의 사복음서 기록을 토대로 향유 이야기의 전승사를 요약해 일별해 보면 몇 가지 공통 단위와 변용된 모티프들이 포착된다. 이 모든 자료에서 공통된 기본 모티프는 예수가 한 여인과 만나 향유로 발을 씻어주는 극진한 환대를 받은 경험이다. 그 시점과 공간적 배경이 예수의 수난에 근접한 예루살렘 인근의 한 마을(가령, 베다니)에서 식사하는 자리였을 가능성이 크지만 이와 유사한 사건이 다른 곳에서 또 다른 여인을 통해서 이루어졌을 가능성도 아주 배제할 수 없다. 예수를 초청한 사람은 베다니라는 장소에 친숙한 경우, 그곳에서 예수를 가장 많이 환대한 나사로/마르다/마리아 삼 남매였거나 '시몬'이라는 또 다른, 덜 알려진 사람으로 구전되었을 것이다.

---

23 이러한 이 여인의 전폭적인 사랑의 헌신에서 죄인의 이미지를 넘어 '그리스도의 이미지'를 발견하고 서사적 교훈의 초점을 죄인/창녀 여성의 참회가 아닌 예수와 시몬의 만남으로 치환하여 조명하려는 또 다른 여성주의적 논점이 있다. Barbara E. Reid, "'Do You See This Woman?": Luke 7:36-50 as a Paradigm for Feminist Hermeneutics," *Biblical Research* 40(1995), 37-49.

24 바울은 이에 대해 "죄가 더한 곳에 은혜가 더욱 넘쳤다"(롬 5:21)고 표현하지만, "사람이 마음으로 믿어 의에 이르고 입으로 시인하여 구원에 이른다"(롬 10:10)고 언술적 고백을 중시한 점에서 이 여인의 믿음/구원의 패턴과 다소 차이가 난다.

그러나 그 시몬의 정체에 대해서는 나병환자였다가 예수에 의해 치료받은 사람이었다는 전승과 바리새인 출신의 또 다른 시몬이었다는 전승이 혼재했을 가능성이 점쳐진다. 요한복음의 경우 나사로/마르다/마리아 삼 남매 가정이 배경으로 깔린다. 그중에서 마리아가 이 도유 행위를 주도한 인물로 등장하는 것은 11장에서 예수가 보여준 이들 가정에 대한 각별한 관심과 애정, 누가복음(10:38-42)의 또 다른 이 남매 전승에서 '한 가지' '좋은 편'을 택한 마리아의 신실한 모범 등이 결합하여 편집된 결과가 아닐까 추리된다.

반면 향유 붓기의 주체인 여인의 정체에 대하여 마가/마태복음뿐 아니라 누가복음마저 익명의 여인으로 묘사한 것은 그녀의 이 특출한 행위에 대해 복음이 전파되는 곳마다 기억/기념되어야 하리라는 예수의 유언이 혹여 그녀를 특별한 인물로 추앙하려는 시도로 불거질 법한 신앙적 부담으로 인해 의도적인 익명화 작업을 시도한 결과가 아닐까 짐작된다.25 이에 한 걸음 더 나아가 이 여인을 죄인이라는 부정적인 범주로 표현한 누가복음의 편집은 예수의 죄 용서와 믿음으로 인한 구원의 역사를 크게 부각시키는 동시에 그녀의 향유 붓기 전 과정에 담긴 세세한 묘사로써, 평소 그녀의 행실과 이전의 죄과에 대한 에로틱한 상상으로 독자들에게 그 사랑과 헌신의 가치를 중의적으로 비치게 할 만한 모호한 수사학적 의도가 탐지된다. 여기서 독자는, 가장 상세하게 사건의 핵심을 묘사했는데 가장 기묘한 울림으로

---

25 이러한 주인공의 익명성이란 점에서 누가복음의 본문은 마가/마태복음의 본문 전승에 의거한 듯하지만, 그 여인의 도유 행위가 예수의 머리가 아닌 발을 대상으로 했으며 도유 이후 그녀가 자신의 머리털로 그 발을 닦아주었다는 묘사는 요한복음의 본문 전승과 겹쳐진다. 이와 같이 이 이야기의 전승 과정은 단순히 특정 복음서의 내용을 다른 복음서 저자가 복제하듯 일방적으로 계승한 것이 아니라 구어 전승과 문서 전승의 복합적이고도 다층적인 과정을 거치지 않았을까 추론된다. 현재 요한복음의 본문과 누가복음의 본문 사이의 전승사적 상관관계에 대한 세밀한 비평적 분석은 없고 양자 간의 독서반응비평적인 상호텍스트성 (intertextuality)의 관점과 여성주의 비평의 관점을 접목시킨 연구가 한 편 나왔을 뿐이다. Ingrid Rosa Kitz- berger, "Love and Footwashing: John 13:1-20 and Luke 7:36-50 Read Intertexually," *Biblical Interpretation* 2/2(1994), 190-206.

문학적 효과를 유발하는, 역설의 맥락을 엿볼 수 있을 듯하다.

채승희 교수는 이 향유 이야기의 전승사적 맥락을 교부 시대로 확장시켜, 이 이야기의 주인공 여자가 점차 '회개하는 창녀'의 이미지로 고착화된 막달라 마리아와 동일시되어간 내력을 추적한 바 있다.[26] 이는 이미 누가복음의 이야기 속에서 배태되어 부활의 첫 증인이자 사도적인 권위를 부여받은 막달라 마리아의 위상을 강등시켜 부정적인 맥락으로 재구성하기 위한 편협한 가부장주의적 교권의 발로였다는 관점을 대변한다. 동시에 유대교가 예수의 탄생을 폄훼하기 위해 그의 모친 마리아를 로마 병정 판데라(Pandera)가 강간하여 예수가 사생아로 태어난 양 각색했듯이, 기독교 폄하의 연장선상에서 막달라 마리아를 그러한 부정적인 이미지로 착색하는 데초기 기독교 교부들도 일조했다는 것이다.[27] 막달라 마리아의 위상 변화에 대한 교부 시대 기독교의 궤적에 비추어 보면 특출한 여성 사도에서 참회하는 창녀의 이미지로 변환되어간 추이와 그 내부적인 동기를 가부장주의 기독교의 형성과정에서 이해할 만한 측면이다.

그러나 적어도 신약성서 내의 전승사적 흐름 속에서 막달라 마리아가 해당 본문에 끼어들 근거는 극히 미미해 보인다. 우선 막달라 마리아의 정체에 대해 신약성서가 줄 수 있는 정보 단위는 매우 빈약하다. 그의 출신 지역을 추론할 수 있는 '막달라'가 갈릴리 호수 서편의 마을로 당시 직물업이 발달했으며 도덕적으로 문란한 곳이었다는 일부 전승이 남아 있을 뿐이다. 추가로 마가복음서의 부활 이야기 중 후대 편집 자료로 알려진 한 지점에서 그녀는 일곱 귀신 들려 온전치 못한 상태에서 예수를 만나 깨끗하게

---

26 채승희, "초대교회의 막달라 마리아의 표상(表象) 변화에 대한 역사적 고찰-사도들의 사도적 표상에서 참회하는 창녀의 표상으로," 87-111. 이 죄인을 도시의 한 여자에서 죄인 여자로, 다시 창녀로 그 이미지를 각색하여 변질시킨 최초의 인물로 피오렌자는 이 이야기에 등장하는 바리새인 시몬으로 추정한다. E. S. Fiorenza, *In Memory of Her*, 129.
27 앞의 논문, 99.

고침을 받은 여자로 묘사되는데 예수의 부활을 처음으로 목격하고 증언한 인물이었다는 정도다(막 16:9).

그렇다면 누가복음 7:36-50의 이야기가 갈릴리 사역을 시공의 배경으로 깔고 있는 점, 여기에 나오는 익명의 여인이 '죄인'이라는 설정과 그녀가 예수 앞에서 행해 보인 과감한 동작들(눈물로 예수의 발 적시기/머리털로 씻어주기/발에 입 맞추기/그 위에 향유 붓기)에 암시된 파격적인 인상이 막달라 마리아를 사후 승인적으로 호출하여 그 두 인물을 동일시하였을 가능성은 다소 엿보인다.[28] 그러나 여기서 그 여인의 행위에 감응하여 예수가 죄 용서와 구원을 선포한 것과 일곱 귀신 들린 상태의 여인을 치유해줌으로써 은혜를 베푼 상황은 적절하게 상합하지 않는다. 다른 복음서 자료들과 비교하면 공간적 배경과 실명으로 등장한 인물의 정체에서 예의 막달라 마리아 연관성을 정당화할 만한 아무런 근거도 발견되지 않는다. 따라서 해당 이야기의 전승사에서 공통된 기본 단위는 마가복음을 토대로 예수의 죽음에 즈음하여 한 여인이 예수에게 나드 향유를 매개로 융숭한 신체적 환대를 제공한 이타적 행위였다고 보는 것이 합리적이다. 이 핵심 요소를 모체로 그 파격적인 행위를 보인 주인공의 정체와 주변의 등장인물, 이에 대한 사람들의 반응 등과 관련하여 다양한 구전 자료들이 형성되었을 것이다. 복음서의 현재 기록과 각 이야기의 내용은 그 자료들을 나름대로 재구성하여 편집한 결과였으리라 판단된다.[29]

공통 모티프를 토대로 이 대화 형식의 문학적 세부 양식 또는 전형적인

---

28 이 익명의 여인을 최초로 막달라 마리아와 동일시한 인물은 4세기 에프라엠(Ephraem)이라고 한다. R. T. France, *The Gospel of Mark*, 550.

29 사복음서의 이야기 간에 핵심 모티프와 인물 설정, 배경 요소 등을 주고받은 양식비평적인 상호 관계에 대한 오래전 추론적 시도로는 앞서 제시한 André Legault, "Application of the Form-critique Method to the Anointings in Galilee and Bethany (Matt 26:6-13, Mk 14:3-9, John 12:1-8)," 131-145.

장르를 규정해보면 죽어가는 자에 대한 마지막 배려의 유형으로 파악된다. 물론 여기서 향유를 부은 여인에 초점을 맞추면 이 이야기는 괴이한 신통력(prodigy)에 대한 기담의 일례로 볼 수 있다. 예수를 3년간 따라다닌 제자들을 포함해서 누구도 예수의 정체와 조만간 다가올 끔찍한 수난 및 죽음의 사건을 알아채지 못했는데 이 여인만이 그것을 알아보고 장례를 준비했으니 말이다. 이와 관련하여 로마 역사가 수에토니우스가 전하는 베스파시안 황제의 이야기는 그 대표적인 사례다.[30] 이 황제가 식사 중에 길 잃은 개 한 마리가 식탁 앞으로 와서 사람의 손을 놓고 갔다고 하며, 또 밭을 갈던 소가 멍에를 내던지고 달려와 신하들을 흩어버리더니 이 황제 앞에 경배하였다는 게 그 이야기의 골자다. 여기서 그 신통력의 주인공은 동물들로서 심지어 그런 개와 소까지 황제의 신적인 위엄을 알아보고 경의를 표한 점을 부각시킨 것이다. 이에 비해 복음서의 해당 본문에서는 그 역할을 한 여인이 수행하되 매우 세련된 방식으로 했다고 볼 수 있다.

그러나 그 여인의 신체적 환대와 극진한 섬김이 그 대상인 예수에게 초점을 맞출 때 이야기의 유형은 달라진다. 예수는 체포와 수난, 죽음을 앞두고 있으며 하루만 지나면 십자가에 처형될 운명의 비극적인 주인공으로서 매우 특별한 향유의 기회를 선용한 것이기 때문이다. 이와 같이 죽어가는 자에 대한 극진한 향유적 배려의 고전적인 사례가 소크라테스의 경우에서 탐지된다.[31] 파이돈이 전하는 소크라테스의 마지막 순간은 제자들과 사후 영혼의 불멸과 내세에 대한 긴 대화가 끝나면서 독약을 마시고 죽는 사건으로 마무리된다. 그러나 그는 독배를 마시기 전에 먼저 자기 혼자 목

---

30 Suetonius, *Lives of the Caesars*, "The Deified Vespasian," 8.4. M. Eugene Boring, Klaus Berger, Carsten Colpe eds., *Hellenistic Commentary to the New Testament* (Nashville: Abingdon Press, 1995), 145-146.

31 Plato, *Phaedo*, 116-117, tr. by David Gallop (Oxford: Oxford University Press, 1975, reprinted in 2002), 70-71.

욕하면서 곧 죽을 신체를 위무하는 자기만의 시간을 갖는다. 그다음에는 아들 셋과 집에서 일하는 여인들과의 만남을 통해 작별의 예를 표하는데, 독배가 준비되어 이를 곧 마시려 하자 제자 크리톤이 만류한다. 그리고 아직 시간이 많이 남아 있으니 서두를 필요가 없다고 하면서 그에게 한 가지 극진한 배려의 가능성을 제시한다. 실제로 처형당하는 다른 사람들이 많이 실천한 것이라면서 처형 명령이 떨어지고 나서도 실컷 식사를 즐기고 풍성하게 마시며 심지어 자신이 친애하는 자들과 함께 충분히 향락을 누릴 수 있다는 제안이었다. 이것이 그 당시 사형 집행을 받는 자들, 곧 죽어가는 자들에 대하여 통상적으로 허용되는 배려였던 것 같다. 이에 대해 소크라테스는 그들이 그렇게 하는 것이 '유익'이라고 생각했다면 그것이 그들에게 합리적이지만, 자신에게는 조금 더 삶의 시간을 늘리는 것이 전혀 '유익'이 못되기 때문에 그런 특별한 자기에의 향락적 배려의 기회를 선용하지 않는 것이 합리적이라고 보았다. 그는 이런 과잉 서비스 없이도 저 홀로 조용한 목욕과 아들들과의 만남만으로 충분히 그런 배려의 기회를 누렸다고 간주한 것이다.

이런 계통의 또 다른 사례로 플루타르크가 전하는 안토니우스의 최후를 들 수 있다.[32] 안토니우스가 전투에서 패해 피투성이가 된 몸으로 클레오파트라의 유택을 찾았을 때, 그녀는 밧줄로 그의 몸을 끌어올려 실내로 들인 뒤 침대에 눕혔다. 그다음에 그녀는 자신의 옷을 찢고, 그의 몸 위에서 자신의 가슴을 치고 쥐어뜯으며 그의 고통을 함께하고자 했다. 또 그의 피를 닦아 자기의 얼굴에 문지르며 그를 주인이라, 남편이라, 원수라 불렀다고 한다. 이에 안토니우스가 클레오파트라에게 한 부탁은 포도주 한 잔과 함께 자신의 사후 그녀의 안위에 대한 배려였다. 각자가 서로를 배려하면서 이

---

32 플루타르코스/천병희, 『플루타르코스 영웅전』, "안토니우스 전" 제77장 (서울: 도서출판 숲, 2010), 657.

비극적인 죽음의 고통의 순간을 신체적인 접촉과 포도주 한 잔으로 견디며
달래고자 했던 것이다.

IV. 나드 향유 사건의 향유 신학적 의미

1. 신체적 환대의 향유적 맥락

앞의 배경사 고찰에서 서술한 대로 인간의 신체 담론은 두 종류의 성서
적 맥락을 타고 전승되었다. 불순종과 실낙원의 현실에서 "너는 흙이니 흙
으로 돌아갈 것"(창 3:19)을 명한 창조주의 지엄한 선포는 인간의 신체에 대
한 두 가지의 상반된 반향을 낳았다. 그 한 가지 계통은 인간에게 죽음을
초래한 죄의 숙주로서 육체의 헛됨을 인생무상의 근거로 삼아 그 부조리한
무의미/탈의미를 증폭, 심화하면서 육체적 욕망을 절제, 억압하는 쪽이었
다. 이와 상응하는 또 다른 한 가지 방향으로는 그처럼 유한하고 덧없는
인간의 육체를 달래면서 위무하기 위해 그 욕망을 소박한 수준에서 풍성하
게 누리는 관점이 제기되었다. 첫째의 방향과 관련하여 인간이 추구한 가장
보편적이고 지속적인 것은 인간의 기본 욕망인 식욕, 성욕, 수면욕 등에 부
응하여 좋은 음식을 풍성하게 잘 먹고, 아름다운 이성과의 건강한 성적인
쾌락을 통해 자식을 다산하며, 일상의 노동으로 인한 수고를 편안한 수면의
쉼을 통해 반복적으로 그 욕구를 채워나가는 행위였다. 특히 잠으로 표상되
는 안식과 재충전의 필요는 개인적 신체의 안식을 골고루 균질화하는 차원
에서 안식일, 안식년, 희년 등의 법규로 제도화되었고, 삶의 통전적 맥락에
서 그 신학적 의미가 일관되게 강조된 것으로 보인다. 식욕과 성욕 등의
동물적 욕구도 지속 가능하며 안전한 기반에서 추구되어야 한다는 점을 인

정하여 물질적인 풍성한 소유의 욕구가 존중되었고, 그 물질성의 기반 위에서 남들 앞에 군림하며 지배하고자 하는 권력욕과 남들에게 인정받고자 하는 명예욕의 진로가 확보될 수 있었을 것이다. 물론 그 욕망의 극대화로 인한 부정적인 반대급부도 만만치 않아 이러한 욕망이 과도한 탐욕으로 불거져 화를 부르고 비극적인 재앙을 자초할 수 있는 위험에 대한 경계와 비판적 교훈의 메시지도 왕성한 편이었다.

이러한 욕망론적 차원에서 볼 때 향유의 기본 조건이 자기 스스로 자신의 몸에 대한 세심한 배려와 함께 작동하는 특성을 관찰할 수 있다. 그러나 그 욕망의 충족을 위해서는 그 코드에 상응하며 동참하는 타자의 존재가 필수적이다. 이를테면, 식사도 혼자서 쓸쓸히 순간적인 허기를 채우기 위해 하는 것은 동물성 차원의 즉자적인 욕구 해소 방식이지만, 여러 명이 대화하면서 화기애애한 분위기를 살려가며 하는 것은 단박에 풍성한 문화적인 의미, 즉 상호교제로서의 사회적인 의미를 띠면서 그 질적인 수준이 월등하게 높아진다. 예수가 추구한 개방적 식탁 교제는 이에 부응하는 것이었다. 그러나 그것은 대체로 남성들 위주로 함께하며 어울렸을 뿐 여성들의 흔적이 희미했고, 있었다 해도 주변에서 그 식사를 위해 음식을 만들고 식탁을 차리기 위해 섬기는 배경의 실루엣으로만 슬쩍 스쳐갈 뿐이다. 더구나 복음서의 저자와 그 연구자들이 은폐하고 있는 것은 건강한 남성으로서 예수가 지녔을 성욕과 이성에 대한 심미적인 기대감이다. 그는 마치 나실인처럼 하나님 나라의 특별한 소명을 위해 구별된 자로서 자신의 내적인 욕망을 마냥 억압하고 절제하는 것을 기본 도리로 "천국을 위해 스스로 고자 된 자"(마 19:12)로 살았어야 한다고 당연한 사실인 양 가정하는 것이다. 나아가 그가 그 강박된 경계를 벗어난 어떤 환상이나 기대를 가질 수 없는 인간이었으리라는 절대 전제가 깔려 있다. 물론 그는 여성을 바라볼 때 그 시선으로 매개되는 음욕을 경계하며, 마음속에 이미 음욕을 품은 경우 이미 간음한 것과 마찬가지라는 엄정한 어록을 남겼으니(마 5:27-28) 이 기준이 그 자신에게도 적용되어 매사 철두철미한 금욕적 채찍으로 일관하였으리라고 단정할 수 있다. 이와 관련하여 그가 공식적으로 12명의 제자를 선발하되 모두 남성으로 뽑은 점도 당시 가부장주의 사회의 당연한 귀결이었으리라고 보지만, 동시에 행여 불거질 법한 남녀 간의 성적인 유혹과 탈선의 문제도 내심 염두에 두었을 가능성이 있다.

하여 일부 영지주의 문헌에서 뒤늦게 은유적인 함의와 함께 등장하는 예수와 여성 제자의 성적인 접촉 이외에,[33] 신약성서 복음서에 예수가 이성과 접촉하면서 이른바 '메시아적 사명'이라는 공생애의 목표 이외에 별도의 인간적인 관심이나 긴밀한 신체적 접촉을 통해 자신의 심미적인 감상이나 그 이성을 매개로 한 향유적인 욕망을 투사한 예를 찾아보기 어렵다. 그럼에도 불구하고 희미할망정 그 유일한 예외가 바로 이 논문에서 다루는 본문이라고 생각한다. 선행하는 전승사 분석에서 살핀 대로 복음서 내에 등장하는 이 이야기의 복잡한 전승사적 궤적에도 불구하고 그 공통된 핵심 모티프는 예수가 한 여인을 통해 매우 파격적인 신체적 환대를 받았다는 것이고 여기에 매우 값비싼 나드 향유가 동원되었다는 사실이다. 그 구체적인 향유(香油) 환대의 방식은 복음서마다 각기 다소간 차이를 드러낸다. 그

---

33 가령, 2세기 중반에 생산된 것으로 추정되는 영지주의 문헌 빌립복음서의 한 부분에는 "예수께서 다른 제자들보다 각별하게 마리아를 사랑하였고 그녀의 입에 종종 키스를 하였다"라는 기록이 나온다. 이로 인해 여성이 예수의 이런 특별한 사랑을 받을 수 있는지 베드로에게 의문을 제기하였고 그녀가 다른 남성 제자들이 알지 못하는 비밀의 계시를 전하였는지 궁금해 하였다. 여기서 물론 입맞춤은 육체적인 에로스의 함의라기보다 '신혼방'(bridal chamber)과 마찬가지로 신령한 지식(영지)의 교환과 소통에 대한 비유적 기호였고, 예수와 막달라 마리아가 단순히 남녀의 연인관계라기보다 예수의 사후 영적 유산을 위임한 '동반자'(companion) 관계로 볼 수 있다. 나그 하마디 문헌의 막달라 마리아에 대해서는 다음을 보라: Antti Marjanen, *The Woman Jesus Loved: Mary Magdalene in the Nag Hammadi Library and Related Documents* (Leiden; New York: E. J. Brill, 1996). 나아가 신약성서와 영지주의의 상관관계에 대해서는 조재형, 『초기 그리스도교와 영지주의』(서울: 동연, 2020).

러나 예수의 공생애에 나타난 평소 일상과 달리, 이 서비스가 매우 사치스러운 낭비에 가까운 나드 향유의 도유 방식으로 극진하게 이루어졌다는 점에서는 일관된 공통점을 드러낸다. 아울러, 이 사건으로 말미암은 충격적인 파장과 그 반향은 목격자들의 인상적인 기억으로 깊이 각인되었던 것으로 보인다.

무엇보다 이 신체적 환대의 자리가 식사 자리였다는 점이 주목된다. 특별히 공동식사는 식욕의 충족과 함께 주변 사람들과 교유하며 즐거움을 누리는 자리이기에 그 자체로 이미 향유적 조건의 세팅으로 볼 수 있기 때문이다. 그러나 누가복음의 이야기에 의하면 예수는 이 식사 자리에 초청받으면서 당시의 예법대로 식탁에 둘러앉을 때 손과 발을 씻을 물과 비누 대용의 올리브 기름의 제공을 통해 기본적인 환대를 받지 못했다.[34] 여기에 등장한 한 여인은 예수의 몸에, 그것도 더럽게 여겨지는 특정 신체 부위에, 노동자 1년의 품삯에 해당할 만큼 매우 값비쌀 뿐 아니라 자신에게 매우 소중한 물품이었을 향유를 부어버림으로 예수가 그 신체적 향유를 극대화하는 기회를 제공한 것이다. 공생애 기간 중 예수의 일상 사역은 매우 분주하고 피로한 여정으로 점철되었음을 복음서는 보고한다. 예수의 수면은 배 안에서 대낮에 풍랑 속에서 이루어졌을 정도로 피로도가 높은 일상의 연속이었을 것이다. 물론 그는 "먹을 것을 탐하는 자요, 술꾼의 친구"라는 악의적인 별명 속에 때로 즐거운 공동식사의 자리에서 주변 사람들과 풍성한 즐거움

---

34 이는 당시의 기본적인 손님 초청의 예법으로 바빌로니아 탈무드의 기록에 의하면 올리브 유가 제공되지 않을 경우 식전 기도의 장애물로 인식할 정도였다(Babylonian Talmud, *Berakot* 42-43, 53b). 더구나 학자가 식사 자리에 동석하는 것은 찬란한 하나님의 임재를 누리는 특별한 은혜의 기회로 간주한 랍비가 있을 정도였다(앞의 자료, 64a). 누가복음의 죄 많은 여인이 운 것은 자신의 죄로 인한 것이 아니라 바로 자신이 존귀하게 여기는 선생인 예수가 초청받은 자리에서 이런 환대의 예법에 따른 존중을 받지 못하고 오히려 무례한 취급으로 망신당하는 걸 보았기 때문이고, 그것이 그녀의 눈물로 식탁에 앉은 예수의 발을 씻고 향유를 부은 동기였다고 해석하기도 한다. 이러한 당시의 배경 설명과 해석은 케네스 E. 베일리/박규태, 『중동의 눈으로 본 예수』(서울: 새물결플러스, 2016), 378-379.

을 누렸을 것으로 판단된다. 그러나 건강한 남성 유대인으로서 그에게 결핍된 성적 욕망의 추구는, 그의 말을 스스로 배반하는 파격적 탈선이거나, 혼인하지 않고서는 표면상 불가능한 현실이었을 것이다. 더구나 나이 서른 즈음에 긴박한 죽음을 예감하는 절박한 상황을 직시한 시점에서 그 주체가 예수 자신이든, 그의 제자들이든, 아니면 복음서 저자들의 입장에서든 그의 생명이 붙어 있는 지상적 존재로서의 마지막 순간에 풍성한 누림의 기회를 통해 '자기 배려'나 '스승의 마지막에 대한 공대'의 현장을 연출하였을 가능성은 크다고 볼 수 있다. 이러한 추론은 마가/마태복음과 요한복음의 편집 구도에서 그를 위한 향유 사건이 수난 이야기 직전에 배치된 정황과 정확하게 조응한다.

2. 죽어가는 몸의 마지막 향유 전통

한 여성과의 매우 친밀한 만남을 통해 예수의 신체적 향유가 실현된 때가 죽음을 앞둔 시점이었다는 점은 여러모로 주목할 만하다. 마가/마태복음의 기록에 의하면 익명의 여인이 융숭한 향유 서비스로 예수의 신체를 즐겁게 한 것은 그의 장례를 준비하는 차원의 암시적 복선이었다. 아울러, 이 복음서의 전승에서 그 향유를 부은 곳이 예수의 머리였다는 점은 선지자, 제사장, 왕 등에게 그 직위를 공적으로 인준하는 도유식에서 기름을 붓는 구체적인 대상이 머리였다는 사례에 비추어 메시아직을 공인한 의례로 유추할 근거가 된다. 나아가 그 여인의 그 헌신적 행위가 추후 복음이 온 세상에 선포되는 곳마다 "그녀를 기억/기념하여" 언급되리라는 결론구는 모종의 희미한 제의적 풍경을 연상시켜준다. 요컨대 장례식 준비든, 메시아 인준 의례든, 한 여인의 헌신에 대한 기념사적 메시지든, 이 이야기의 초기 전승에서 저자와 독자는 예수와 한 여인의 친밀한 온정적 만남을 공식적인 의례나 상징적인 예표로서 갈무리하고자 한 의도적 흔적이 역력하다.

그러나 요한복음과 누가복음의 전승은 예수와 여인의 향유(香油)를 통한 만남 자체에 초점을 두면서 그 행위의 향유(享有) 지향적 의미를 더욱 부각시키는 점이 특징적이다. 요한복음이 이 사건에 대한 주변 반응을 약간 단축시키거나, 상징적인 의례로서의 함의를 연성화하면서, 앞의 두 복음서처럼 향유를 붓는 데서 그치는 것이 아니라 그 향유를 여인의 머리털로 닦아주는 매우 파격적인 장면을 첨가한 것은 그 단적인 증거다. 더구나 그 향유를 부은 신체 일부가 머리가 아니라 예수의 발이었다는 점에서도 이 사건이 당시 유대인의 일상생활에서 반복되는 신체적 환대의 사례를 극적으로 서사화한 측면이 엿보인다. 누가복음의 버전이 선명하게 서술한 대로, 손님을 초청하거나 외출에서 귀가하면 바깥의 먼지로 더러워진 발을 씻을 물을 주는 것이 상례인데, 그 손님을 귀하게 여겨 아주 극진하게 환대하는 예외적인 경우, 물 대신 향유로 종에게 그 발을 씻겨주도록 배려할 수 있었기 때문이다. 그런데 문밖이 아닌 실내에서, 그것도 식사 자리에서 향유를 발에 붓고 그 젖은 부위를 여성이 머리털을 풀어 닦아준 사례는 이스라엘과 고대 근동의 어떤 문헌에서도 찾아보기 어려운 극히 예외적인 경우라 할 수 있다.

누가복음의 본문은 비록 그것이 예수의 수난과 죽음을 배경으로 깔고 있지 않지만, 마가/마태복음의 1단계 향유 헌신을 2단계로 제시한 요한복음의 선례를 더 상세하게 확장했다. 죄지은 한 여인이 예수에게 다가와 그 발에 먼저 눈물을 쏟아부음으로 적시고, 이를 자신의 머리털로 닦아준 다음, 거기에 입을 맞춘 뒤, 마지막으로 향유를 붓는 4단계의 행위로 제시한 것이다. 누가복음의 추가 설명에 의하면 이 여인은 예수가 그 초청자 바리새인 시몬의 집에 들어서면서부터 "내 발에 입 맞추기를 쉬지 않았다"(οὐ διέλιπεν καταφιλοῦσά μου τοὺς πόδας, 눅 7:45)고 말할 정도로 열정적이었고 극진하였다.[35] 이와 같이 마가/마태복음에서 볼 수 없는 신체적인 접촉이 요한복음과 누가복음의 버전에서는 매우 구체적이고 선명하게 동원된다. 그것도 여성에게 민감한 신체적인 부위인 머리털과 입술이 동원되고, 남성 예수에게 예민하게 느껴질 만한 발이라는 지체가 감각적으로 접촉된다. 또 매끄럽고 강한 향기를 풍기는 나드 향유를 통해 촉각과 후각의 극적인 자극을 유발한다. 요한복음의 표현대로 그 여인의 머리털로 발에 부어진 향유를 닦아줄 때 "그 집이 향유 냄새로 가득 채워졌다"(요 12:3)고 표현한 것은 그 여인과 예수의 만남을 통한 개인적 향유의 순간들이 공동체적 공감을 얻었다는 뜻을 에둘러 암시한 것으로 보인다.

이와 같이 예수의 신체, 즉 육체적 생명에 대한 환대는 욕망의 존재인 예수가 평생 고생하며 신산한 삶을 살다가 젊어서 죽음을 당면한 순간 인간적으로 또 남성적으로 불우한 삶이 아니었음을 시위하기 위해서라도 스스로 이행해야 할 '자기에의 배려'의 일종이었다. 동시에 그 제자들과 복음서 저자들의 입장에서도 이는 '주를 위해' 무엇인가 채워드려야 할 결핍의 요처였을 것이다. 그렇다고 독신의 예수가 공생애 막판에 충동적 일탈을 감행할 수 없는 노릇이었고, 이런 방향으로 예수의 마지막 생애를 채색할 수도 없었을 것이다. 이에 따라 그 대체적 위안물로 동원된 것이 값비싼 나드 향유의 사치스러운 낭비였고, 한 여인의 머리털과 입술이 어우러진 예수의

---

35 히브리어 성서에는 남자의 성기를 우회적으로 표현한 완곡어법(euphemism)이 많은데, 그중에는 손(사 57:8), 다리/발(사 7:20), 넓적다리(창 24:2), 궁둥이/허벅지(욥 40:17b), 무릎(겔 7:17), 뒤꿈치(렘 13:22), 육체(레 15:20), 꼬리(욥 40:17a), 정수/시내(겔 23:20), 그릇(삼상 21:6), 붓는 자(신 23:2), 새끼손가락(왕상 12:10) 등 다양하다. Geoffrey Khan ed., *Encyclopedia of Hebrew Language and Linguistics* (Leiden; Boston: E. J. Brill, 2013), 869-870. 특히 이 가운데 '발'의 완곡어법상 남성 성기 이미지는 룻기에서 보아스와 몰래 동침하고자 곡식단 쌓아놓은 곳 끝에 잠자러 누웠을 때 룻이 몰래 들어와 "그의 '발'을 열고 거기 누웠다"[개역개정: "그의 발치이불을 들고 거기 누웠더라"](룻 3:7)는 문장에서 여실히 드러난다. 더구나 근대 이후 프로이트 정신분석에서도 발은 남성 성기의 상징으로 잘 알려져 있다.

발과의 친밀한 접촉이었던 셈이다. 바로 이러한 맥락에서 예수의 몸에 값비싼 나드 향유를 부은 사건의 특이성이 돋보인다.

여기서 예수의 그 몸은 살아 있는 몸이었지만 장기적인 생존의 영위가 보장된 몸이 아니었다. 이미 수난사화의 서사적 틀이 암시하듯이 그의 몸은 긴박한 수난과 죽음을 앞둔 몸이었고, 저자와 독자의 인식망 가운데 이미 서서히 죽어가는 몸이었다. 그러나 그렇다고 그의 몸은 십자가상에 매달려 몰약 탄 포도주로 혀를 적시며 고통을 달래야 할 만큼(막 15:36) 그 신체적 감각에 관한 한 절박한 상태도 아니었다. 그는 자신의 공생애를 마무리하면서 정상적인 감각으로 얼마 남지 않은 자신의 일상을 경험하고 자신의 생명에 대한 애착을 애써 포기해버리지 않아도 되는 단계에 있었다.

물론 그의 몸은 지난 30년 가족의 생계를 위해 고된 노동에 힘써 왔고, 이후 공생애 기간 내내 가난하고 병든 자들을 돌보며 제자들을 양육하느라 분주한 나날을 보내왔다. 이른바 사치스러운 호강의 기회가 그에게 얼마나 있었는지 복음서의 기록은 침묵한다. 그러나 오직 이 대목에서 예외적으로 그는 3백 데나리온 이상의 나드 향유와 함께 등장한 한 여인과의 친밀한 만남을 통해 매우 특별한 서비스를 받은 것이다. 특히 요한복음의 전승 이후, 그 여인이 향유를 예수의 몸에 붓는 데서 그치지 않고(머리든, 발이든) 여인의 아름다움을 표상하는 치렁치렁한 머리털로 그의 발을 닦아주는 장면은 특기할 만하다. 이는 그레코-로만 문헌에 비추어 특별히 성적으로 도발적인 암시가 아닌 헌신적 열정의 표현으로 보더라도 이미지 자체는 에로틱한 게 사실이다.36 이는 또한 다른 한편으로 얼핏 구약성서 아가의 묘사

---

36 지중해 연안의 당시 풍습에 비추어 풀어 늘어뜨린 여성의 머리털은 성적으로 암시적인 행위, 종교적인 헌신의 표현, 혼인하지 않은 소녀의 헤어스타일, 애곡의 표증, 곤경이나 임박한 위험에 직면한 상징적인 표현, 신이나 유력한 남성의 호의를 간청하는 방식, 주술과 연관된 헤어스타일, 종교적인 입문식에서 자연스러운 상태에 자신을 드러내는 수단, 세례받는 물속으로 마귀나 이물질을 들려놓는 것에 대한 예방조치 등 그 내포적 함의가 다양하다. 공통된 점은 공개적으로 여성이 머리를 풀어 내리는 것은 관례적으로 예의 바른 모습의 반대

를 연상시키는 에로틱한 감각을 선사한다.[37] 타나토스(Θάνατος)의 욕망이 에로틱한 향유의 절정에서 만난다면, 예수의 경우 십자가상에서보다는 그 만남의 감각을 생생하게 체현하고 내면화할 수 있었던 바로 이 시점이었을 것으로 판단된다.

V. 요약 및 결론

나드 향유를 매개로 죽음을 앞둔 예수의 몸과 한 여인의 몸은 이렇듯 다소 기이하게 만났다. 이는 독자의 관점에 따라 극진한 헌신과 사랑의 표현으로, 또는 예수의 죽음을 미리 준비하는 예언적 행위로 해석할 수 있다. 그러나 나는 문화사적 관점에서 이 행위를 조명했다. 먼저 여인의 입장에서 향유를 부으면서 행한 일은 자신이 사랑하거나 존경하는 사람을 향한 극진한 호의와 환대의 행위이며, 또 예수의 입장에서는 대단히 풍성한 신체적 향유의 경험이라 볼 수 있다. 이 경험의 특이성은 예수가 당시 유명한 공인(公人)이었고 그 여인이 낯선 익명의 사인(私人)이었다는 데만 국한되는 것이 아니다. 그 예수의 몸이 한 번도 경험하지 못한, 3백 데나리온 이상의 물질성을 동반한 인간적인 호강과 사치를 수난과 죽음을 앞두고 한꺼번에

이미지에 가깝고 반드시 그런 것은 아니지만 어떤 극단성이나 주변성의 상태를 표현한다고 한다. Charles H. Cosgrove, "A Woman's Unbound Hair in Greco-Roman World, with Special Reference to the Study of the "Sinful Woman" in Luke 7:36-50," *JBL* 124/4(2005), 675-692.

37 실제로 요한복음의 이 이야기를 포함해 복음서의 주요 모티프와 이미지에서 아가의 영향을 받고 있는 흔적이 적지 않게 확인된다. Peter J. Tomson, "The Song of Songs in the Teachings of Jesus and the Development of the Exposition on the Song," *New Testament Studies* 61/4(Oct 2015), 429-447. 특히, 여인의 머리털이 표상하는 심미적인 감각은 아가 7:5의 다음 구절에 확연하게 제시된다: "머리는 갈멜산 같고 드리운 머리털은 자줏빛이 있으니 왕이 그 머리카락에 매이었구나."

받고 있다는 점이 더욱더 특이하고 각별한 것이다.

이를 '거룩한 사치' 또는 '성스러운 낭비'라는 역설적인 문구 속에 가두어 이해하는 것으로는 불충분하다. 신학적인 맥락에서 조망하면 평생 가난한 자를 위해 선한 삶을 살아온 사람이 죽기 전 막판에 이러한 특별한 환대와 향유의 경험을 한다는 것은 공정한 하나님의 기대에 근거한 '보상신학'의 일환으로 볼 수 있다. 그러나 보다 넓은 거시적인 문화사적 흐름 속에 이러한 이야기의 패턴을 분석해보면 그 의미가 그리 단순치 않다. 그것은 굳이 중뿔나게 선하거나 의로운 헌신의 삶을 살지 않은 사람이라 할지라도 엄중한 죽음의 현실에 직면해서는 그 몸의 마지막 욕망에 관대해야 한다는 관점이다. 스스로 체현하든, 환대에 의해 제공되든, 그 생명의 마지막 자취인 그 몸의 감각이 살아 작동하는 한 그 몸은 최선의 방식으로 공대받아야 한다는 공통 요소가 그 맥락의 언저리에 잠재되어 있다는 것이다. 나는 이러한 관점의 해석을 뒷받침하기 위해 고대 그레코-로만 사상사와 히브리 전통의 맥락에 비추어 나름의 근거를 제시해 논증했다. 특히 예수 당시 1세기 로마 사회에서 개인의 신체에 대한 성찰적 자의식이 심화되고 개인주의에 입각한 쾌락과 향유의 자유가 널리 퍼졌다는 점을 배경사적 측면에서 주목할 필요가 있다. 전도서를 주축으로 강조된바 융숭한 물질적 매개를 통해 일상 가운데 유한한 존재로서 자신의 신체를 달래며 위무하는 신체적 향유의 실천 모티프 역시 예수와 그 여인의 특이한 행위를 이해하는 사상사적 태반이 될 수 있다.

순전히 심층 심리적 근거 위에서 보면 허무주의와 쾌락주의는 쌍생아라고 볼 수 있다. 덧없이 유한한 자신의 존재성을 숙려하며 깊이 내면화할수록 한시적인 육체성의 삶은 한층 더 소중하게 다가오며 살아생전 풍성하게 누려보려는 향유 지향적 욕망이 작동하기 마련이다. 이것이 죽음에 직면하며 이에 대한 성찰적 자의식이 민감해진 시점에서 그동안 유예되거나 외면해온 각종 신체적 향유의 기회를 선용하게 만드는 구체적인 동인이다. 십자가의 대속적 죽음과 이를 통한 우주적 구원의 사명이라는 그 죽음의 교리적 의미를 넘어 예수를 자기 죽음의 실존적 주체로서 자리매김해보면, 그 역시 이러한 인간의 보편적 욕망과 무관치 않았으리라 여겨진다.

더구나 '천국을 위하여 고자 된 자'라는 특정 범주로 자신의 공적인 사명을 정체성의 보루로 삼았을 경우, 그에게 마지막으로 허여된 예외적 사치와 낭비, 에로틱한 접촉을 통한 신체적 심미적 체험의 배려는 예수 자신에게 소중한 기회로 다가왔을 것이다. 설사 그것이 예수 스스로 자처하기 난감한 현장이었다고 할지라도 그를 스승으로 섬기며 많은 것을 포기한 채 따라다닌 제자들이나 민족의 메시아 또는 세상의 구세주로 숭배한 복음서 저자들의 입장에서는 마땅히 챙겨드려야 할 마음의 빚으로 남아 있었으리라 본다. 바로 이 점이 이 이야기의 숨겨진 역사적 진실의 일부였다는 것이고, 그러한 연유로 이 이야기에 등장하는 여인의 특이한 섬김의 행위가 여러 층위로 확대, 심화, 증폭되었으리라는 것이다.

3장
'향유'와 '극기'의 대립 구도에 비추어 본 신앙적 경건의 좌표
— 아리스토텔레스와 디모데전서 6:17의 ἀπόλαυσις 개념을 중심으로

I. 문제 제기

여느 종교도 그렇지만 기독교 신앙 역시 '절제'를 그 신앙과 삶의 미덕으로 존중한다. 사도 바울이 말한 성령의 열매 중 '절제'의 미덕이 차지하는 비중이 작지 않다.[1] 그런데 종교적 권위가 강고하게 남발되어 그 영향이 극단으로 흐르다 보면 그 절제는 제도적 억제가 되고, 그것의 한 형태로 금욕주의의 이념이 양산된다. 다양한 방식의 금욕주의가 종교의 그늘에서 서식해왔음은 주지의 사실이다.[2] 여기에 자신을 무한정 착취하는 자본제적

---

1 가령, 바울은 갈라디아서 5:22-23에 성령의 아홉 가지 열매를 언급하면서 사랑과 희락과 화평과 오래 참음과 자비와 양선과 충성과 온유와 함께 맨 끝에 '절제'를 언급하는데 이는 앞의 모든 열매를 포함해 그리스도인의 윤리적 미덕까지 절제의 테두리 안에서 행사되어야 함을 암시한다. '절제'(ἐγκράτεια)는 본래 운동 경기하는 선수들이 이기기 위해 철저하게 자신의 몸을 단련하는 극기의 훈련을 가리켰는데, 바울 역시 이러한 관점에서 절제의 미덕을 또 다른 곳에서 강조한 바 있다. "이기기를 다투는 자마다 절제하나니 그들은 썩을 승리자의 관을 얻고자 하되 우리는 썩지 아니할 것을 얻고자 하노라"(고전 9:25).

노동은 계급의 상하를 막론하고 '피로사회'를 고착시켰고, 멈춤이 없이 달리면서 추구해온 활동 지향적 삶의 절대화 속에 우리를 둘러싼 체제는 자신의 존재에 대한 사색적 배려를 상실하면서 '향기 없는 시간'의 포로로 살도록 강요해온 측면이 없지 않다.[3] 반면 욕망을 향한 적절한 절제의 규범이 망실되면 쾌락의 추구는 극대화하는 방향으로 치달아 심지어 자신의 쾌락을 위해 타인의 생명권을 짓밟는 방종과 방탕의 폐단을 낳는다. 이른바 쾌락주의와 금욕주의의 양극단에 포진한 생활의 규범과 가치가 한 공동체의 건강한 존립과 발전에 적잖은 해악의 요소로 작용해왔음은 의문의 여지가 없다. 절제가 금욕주의로 발전하고, 생명의 향유가 쾌락주의로 고착되는 경로는 의외로 간단하지 않다. 그것은 이념과 제도가 관여하고 시대마다 세대별로 분기하며 반복되는 가치의 변화와 상관되기 때문이다. 더 나아가 이두 유형의 종교적 윤리적 실천 양상이 피차 중첩되는 요소를 품고 있기에그 상호 관계를 이분법적으로 나눠 이해하기가 쉽지 않다.[4]

그럼에도 불구하고 쾌락주의와 금욕주의는 숱한 오해와 왜곡된 인식의 소문 속에 번성해왔다. 이러한 이분법적 굴절의 맥락에서 종교와 경전의 권위를 등에 업고 우리는 생명의 가치를 빛과 그림자의 영역으로 갈라치며 한쪽의 규율을 내세워 다른 쪽의 가치를 억압하는 일에 익숙해진다. 더 큰

---

2 고대 금욕주의에 대해서는 Vincent L. Wimbush & Richard Valantasis ed., *Asceticism* (Oxford: Oxford University Press, 2002); Vincent L. Wimbush, *Ascetic Behavior in Greco-Roman Antiquity* (Philadelphia:Fortress Press, 1990).

3 이러한 인문학적, 사회심리적 통찰에 관해서는 한병철/김태환,『피로사회』(서울: 문학과지성사, 2012);『시간의 향기』(서울: 문학과사회, 2013).

4 가령, 고대 쾌락주의 사상을 대표하는 에피큐리언 철학만 봐도 인간 삶의 지고한 목표를 행복에 두고 본성적 감각과 욕망에 충실한 쾌락의 추구를 역설했지만, 그 비조 에피쿠로스가 육식을 금하고 결혼을 사양한 금욕적인 삶을 중시하였고, 그 추종자들 역시 그 쾌락의 향유가 다분히 자기 절제를 주축으로 정신적 평정심(ἀταραξία)과 육체적 고통 없는 상태(ἀπονία)를 지향했다는 사실은 종종 망각된다. Tim O'Keefe, *Epicureanism* (Oakland, CA: University of California Press, 2009); Peter Preuss, *Epicurean Ethics: Katastemic Hedonism* (Lewiston, NY: Edwin Mellen Press, 1994).

구원과 해방의 목표를 위해 절제와 금욕의 도리를 쫓아 신앙적 미덕을 살려야 한다는 취지는 이내 일상의 자잘한 욕망에까지 영향을 미쳐 억압의 코드로 횡행하기 일쑤이다. 마찬가지로 쾌락의 문화가 번성해 풍기문란과 각종 방탕한 삶의 양상을 증폭시킨다는 도덕적 비판 속에 '쾌락' 본연의 생명 지향적 가치도 곧 뭉개지고 망실되기 십상이다. 이는 나아가 고도의 금욕주의적 외양 속에 음험한 변태적 쾌락을 도모하는 이율배반의 위선적 삶의 태도를 양산하기도 하는데, 오늘날 '개독교' 현상의 일환으로 겪고 있는 각종 성직 스캔들은 그 빙산의 일각에 불과하다.

이러한 배경에 기초하여 이 연구는 초기 기독교의 금욕주의 신앙과 이에 역류하려는 쾌락의 향유라는 또 다른 패턴의 신앙적 흐름을 대립 구도로 설정하여 그 역동적인 얽힘의 지형을 분석하고 그 당대적 맥락 속에 이 갈등의 정체를 규명하고자 한다. 그 해석학적 열쇠로 나는 ἀπόλαυσις라는 개념을 선택하여 그것이 아리스토텔레스의 문헌(특히 그의 *Nichomachian Ethics*와 *Eudemian Ethics*)에 어떻게 정의되고, 후기 바울 서신의 하나인 디모데전서 6:17에서 어떻게 재활용되고 있는지, 나아가 그 전반적인 배경과 취지는 무엇인지 당대 기독교 사상사의 맥락에 비추어 조명해 보고자 한다. 아리스토텔레스에 의해 감각적 쾌락의 향유 내지 향락으로 이해된 이 개념은 디모데전서의 맥락에서 물질적인 부요함의 "모든 것을 우리에게 향락/향유를 위하여 베풀어주시는 하나님"(6:17)이라는 독특한 문구 속에 특수한 신학적 함의를 전달하는데 그 의미 자체가 심도 있는 탐구를 요청한다. 더구나 디모데전서를 비롯한 목회서신이 바울 사후 그의 신학을 제도권 교회 속에 수렴하여 가부장주의적 교권의 체계를 수립해나가는 정황 속에 생산된 것이었다면, 이러한 하나님 이해는 바울 신학의 한 측면을 극단화한 과도한 금욕주의의 이단적 흐름에 제동을 걸면서 이 세속적 탐욕을 경계하는 지점 가운데 신앙과 경건의 표준적 좌표를 설정하고자 한 저자의 고뇌와 당시 공동체의 결단을 반영한다고 볼 수 있다. 이 연구는 그 일련의 추이를 추적하면서 초기 기독공동체의 신학적 지향을 가늠해보고자 한다.

II. '향유'와 '금욕'의 사상사적 전개

1. 아리스토텔레스의 ἀπόλαυσις 개념과 헬레니즘의 '극기' 전통

흔히 '향락', '향유', '즐김' 등으로 번역되는 헬라어 ἀπόλαυσις는 아리스토텔레스에 의해서 밀도 있게 정의되고 논의되었다. 그는 이 개념을 애당초 금욕의 반의어로 조명하기보다 인간의 행복에 관여하는 조건 내지 절제의 미덕과 상관하여 다루었다. 아리스토텔레스는 그의 대표적인 저서 *Nicomachian Ethics* 1118a, 30에서 "무절제한 사람이 기쁨을 느끼는 것"으로 이 개념을 정의하면서 그것이 "모두 촉각을 통해서 일어나며, 먹는 것과 마시는 것, 이른바 성애적인 것 안에서 일어난다"고 보았다.[5] 이는 그가 설정한 4대 덕목 중 '절제'에 위협적인 요인인 동시에 무절제가 관여하는 감각으로 "감각들 중 가장 널리 공유되는 것"이고, "우리가 인간의 반경이 아니라 동물의 영역에서 갖는 것이므로 비난받아 마땅한 것"으로 간주했다. 동물적인 쾌락의 감각적 향유로서 이와 같이 정의된 ἀπόλαυσις는 신체 훈련을 목적으로 몸을 마사지하거나 따뜻하게 하는 행위처럼 몸 전체에 관련된 것이 아니라 특정 부분에 국한하여 동물적인 쾌락을 추구하는 행위로 보다 구체화하여 설명된다.[6]

---

5 한글 번역은 아리스토텔레스/강상진·김재홍·이창우, 『니코마코스 윤리학』 (서울: 도서출판 길, 2012), 114.
6 앞의 책, 같은 쪽.

한편 아리스토텔레스는 또 다른 윤리학 저서인 *Eudemian Ethics* 1216a, 30-37에서 인간의 행복에 관여하는 보편적인 삶의 양식 세 가지를 꼽는다. 여기서 그는 정치적인 삶의 양식, 철학적인 삶의 양식과 함께 감각적인 '향유'(ἀπόλαυσις)의 삶의 양식을 제시했다.7 이것은 몸의 쾌락과 관련된 즐거움으로 이해되고 있는데 아리스토텔레스는 그 본성과 특질, 그 즐거움을 구하는 수단 등이 자명하다고 보면서 다음과 같은 질문을 던졌다: 그 감각적 쾌락들이 인간의 행복에 기여하는가; 기여한다면 어떻게 기여하는가; 고귀한 삶이 어떤 쾌락과 긴밀하게 연계되어 있다면 그것은 이러한 종류의 감각적인 쾌락이 확실한가; 아니면 그 쾌락은 어떤 다른 방식으로 누려져야 하는가; 이와 비교하여 행복한 사람의 삶을 즐겁게 만든다고 사람들이 합리적으로 믿는 쾌락과 단순히 고통이 없는 상태는 다른 종류의 것인가.8

여기서 아리스토텔레스는 ἀπόλαυσις를 한 가지 삶의 양식으로 규정하면서 인간의 행복에 어떤 식으로든 관여하는 것으로 전제하고 있다. 그것은 정치와 철학의 영역과 다른 차원의 신체적인 감각에 연루되는데 행복에 관여하는 요인으로서의 평가는 그리 후하지 않은 듯하다. 가령, 아리스토텔레스는 쾌락을 선으로, 고통을 악으로 보는 관점에서 쾌락의 누림이 행복에 결부된다고 보지만 그것이 신체적 욕망에 국한된 감각적인 쾌락이거나 감정과 연관된 쾌락일 경우는 이 점에서 아리스토텔레스는 플라톤에 비해 쾌락과 그 향유에 대해 비교적 관대한 입장을 취한 것으로 보인다. 플라톤이 쾌락을 행복한 삶의 이상적 목표에 도달하는 도구적인 '과정'으로 이해했다면, 아리스토텔레스는 그 자체로 독립적인 '활동'(ἐνέργεια)으로 보았다. 그

---

7 T. E. Page et al ed., *Aristotle: The Athenian Constitution, The Eudemian Ethics, On Virtues and Vices* [LCL], tr. by H. Rackham (Cambridge: Harvard University Press, 1935), 214-215.
8 앞의 책, 같은 쪽.

리하여 육체의 욕망에 따른 감각적인 쾌락조차도 과도하게 무절제한 방향으로 나아가지 않고 적절하게 통제할 수 있다면 삶의 행복에 기여할 수 있다고 본 것이다. 이는 쾌락 자체를 죄악시하거나 그 자체의 가치를 부정하는 고대철학의 극단적인 입장들에 비해 매우 균형 잡힌 시각을 반영한다.

ἀπόλαυσις에 대한 아리스토텔레스의 이러한 양가적 입장은 곧 자신의 감정과 삿된 욕망을 억제하는 극기와 금욕의 이상적인 목표와 연계되어 나타난다. 그레코-로만의 현철들은 거의 일관되게 쾌락의 비합리적인 부분이 인간의 본성을 부정적으로 감염시켜 우주적 이성의 뜻에 어긋나는 길로 가게 하거나 육체의 감각적인 욕구에 충실한 노예적 정신을 양산한다고 보았다. 이에 저항하여 자신의 육체와 정신을 단련시켜야 한다는 게 그들의 공통된 지향점이었다. 과도한 쾌락으로 떨어지지 않도록 제동장치가 필요하다고 본 것이다. '절제'와 '극기' 등의 의미로 해석되는 헬라어 ἐγκράτεια는 문자적으로 풀면 자기 자신이나 어떤 것을 압도하며 그 위에서 자신이 행사하는 '권력' 또는 '권세'(κρατ-)를 가리킨다. 요컨대 그 문자적인 함의인 즉 자신의 모든 욕망이나 충동, 비이성적인 기질을 통제의 권한 내에 갈무리함으로써 극기하는 자세를 뜻한다고 볼 수 있다. 이는 소크라테스 철학에서 중추적인 핵심 덕목으로 강조되었고, 아리스토텔레스 또한 이 개념을 구체적으로 '현명함'(σωφροσύνη)과 구별하여 상세히 정의하면서 감각적인 쾌락의 선용을 위해 그 덕목의 필요성을 길게 논증하였다. 특히 '더러운 쾌락'(φαύλη ἡδονή)을 향한 충동을 경계하기 위해 이 덕목의 가치는 필수적이었다.[9]

스토아 사상가들에 이르러 이 덕목은 비록 '현명함'의 덕목에 종속적인 덕목으로 취급되었지만, 헬레니즘 철학의 이상적인 개념으로 정착하기에 이른다. 요컨대 철인의 이상적인 자기훈련의 목표로서, ἐγκράτεια는 자유

---

9 이상의 개념 정의는 Grundmann, "ἐγκράτεια," *TDNT* vol. 1, 339-342.

롭고 독립적인 인간의 이상으로 확장되어 아무것에도 지배당하지 않으면서 자유롭게 모든 것을 다스리는 사람의 필수적인 덕목으로 이해되었다.[10] 이에 따라 그들은 음식, 성욕 등 감각적인 쾌락, 인간의 변덕스러운 감정에 영향받는 자아의 충동적 욕동을 절제하되 이성에 반하는 과도하고도 '더러운 쾌락'에 맞서 싸워 자유로운 정신을 유지하는 것을 중시하였다. 그 영향 아래 유대교 철학을 재조명한 알렉산드리아의 필론은 행복의 대전제로 이 덕목을 강조하면서 이를 모든 인간 욕망에 대한 영적 우월성의 증거로 설명하였다. 그는 영혼과 정신을 중시하고 물질세계를 비하하는 신플라톤주의의 우주론적 이원론에 입각하여 ἐγκράτεια가 모든 물질적인 욕구를 폐기하는 것을 목표로 한다고 보았다.[11] 이는 곧 종교적인 금욕주의의 이상과 연계되어 나타나는데, 당시 유대교의 금욕주의 종파인 에세네파와 영지주의의 영향을 받은 헤르메스 종파의 문헌자료에서도 탐지되는 덕목이다. 특히 신참 입문자들에게 영혼의 거듭남을 위해 이 극기의 훈련이 필수적인 요소로 강조되기도 하였다.

헬레니즘의 영향을 받은 유대교에서는 이 개념이 성적인 쾌락과 다른 과도한 육신의 욕망으로부터 절제를 암시하는 맥락에서 종종 사용되었다. 그 연장선상에서 세례 요한은 후대에 선구적인 '극기형 금욕주의자'(an Encratite ascetic)로 조명되었다.[12] 바울은 이 덕목을 성령의 아홉 가지 열매 중 하나로 꼽았으며(갈 5:23), 성욕과 혼인 문제에 대한 맥락에서는 주로 성적인 욕망을 절제한다는 의미로 이 어휘를 사용하였다(고전 7:9). 그는 흥미롭게도 아리스토텔레스가 쾌락의 유용성에 반하는 기준으로 삼은 '무절제'(ἀκρασία)라는 어휘로써 동일한 주제를 논하는 맥락에서 성적인 충동과

---

10 앞의 글, 340.
11 앞의 글, 341.
12 앞의 글, 같은 쪽.

그 만족을 추구하는 행위를 암시하였다(고전 7:5).[13] 바울을 포함하여 고대 그리스와 헬레니즘 시대의 사상가들은 공통적으로 이러한 극기를 실현하기 위해 훈련이 필요하다는 점을 인정하였다. 그것은 사도행전에 묘사된 바울의 증언에 의하면 하나님은 물론 사람들과 불화하지 않고 양심에 거리낌 없이 살기 위해, 나아가 그들을 향한 자신의 의무를 소홀히 하지 않기 위해 꾸준히 힘써야 하는 목표였다(행 24:16). 이러한 극기나 절제의 훈련을 자신의 욕정을 길들이고 옳은 일을 행하기 위해 생각과 충동을 통제하는 헬레니즘 시대의 전문적인 자기단련법으로 흔히 ἄσκησις라는 헬라어로 표현되었다.[14] 그 핵심적 함의는 자신의 감각적 욕망을 충족시켜줄 만한 물질적인 가치, 본능적인 욕구를 포기하고 궁핍을 자처하며 스스로 몸을 징벌하듯 가혹하게 다루는 자발적인 훈련을 가리킨다.[15] 이러한 내용은 고스란히 후대 금욕주의 사상(종교)의 기조로 정착해갔고, 일반 대중을 향해서는 '배움'(μάθησις), '본성'(φύσις)과 함께 인간 교육의 3대 기조 가운데 하나로 정착해나갔다.

2. 히브리 전통의 '향유' 모티프와 금욕주의

창세기의 창조 명령은 '생육하고 번성하라. 이 땅에 충만하라'는 양적 번식이나 번영에만 머물러 있는 것이 아니었다. 그것은 에덴의 환경에 암시되어 나오듯, 하나님의 주권을 표상하는 선악과를 제외하고 땅에서 나는 모든 채소와 실과를 마음껏 먹고 누리는 적극적인 향유의 삶이었다. 이를테면 1%의 금기와 99%의 향유를 추구하는 생태공동체의 삶이었다고 볼 수

---

13 앞의 글, 342.
14 이 단어는 육신의 금욕적인 단련을 가리키는 개념으로 '경건'(εὐσέβεια)과 대립적인 맥락에서 디모데전서 4:8에 사용되었다.
15 Windisch, "ἀσκέω," *TDNT* vol. 1, 494-495.

있다.[16] 적어도 창세기의 해당 기록을 살펴보면 에덴의 거주는 별다른 주택의 건축이 필요하지 않은, 그 생태 공간 자체가 거주처가 되었다. 의복 없이 발가벗은 신체의 노출이 부끄러움의 조건이 되지 않는 환경이었다. 그러던 것이 실낙원 이후 이 땅이 더 이상 먹을 것을 순순히 내지 않는 '가시덤불과 엉겅퀴'의 땅이 되어버렸다(창 3:18). 채집경제만으로도 일용할 양식이 보장된 자연의 혜택은 더 이상 인간에게 땀을 흘리지 않아도 보장된 향유의 조건으로 제공될 수 없었다. 이후 성서의 인간사가 전하는 삶은 탐욕과 죄악을 규제하여 공동체의 화평을 보장하는 규율 지향적인 구조로 짜여졌다. 가령, 하지 말아야 할 것과 먹지 말아야 할 것을 규제한 율법의 다양한 조항(레 11:1-47)은 그만큼 개인과 개인의 욕망이 부대끼면서 탐욕으로 번져 한 개인의 향락을 극대화할수록 타인의 생명권과 생존권이 침해를 받는 갈등의 현실을 전제한 것이었다. 균질적인 행복의 삶이 누구에게나 자동으로 보장되는 평등주의의 가치는 애써 조정하고 타협해서 차선의 수준이나마 지켜내야 하는 공동체의 목표가 된 것이다.

그러나 일상의 노동과 보람의 지평에서 향유 지향적인 가치가 송두리째 포기된 것은 아니었다. 이는 일상적인 영역과 특수한 영역에 두루 배려된 것인데, 전자의 경우는 안식일/안식년/희년의 정신과 각종 절기에 풍성한 음식 나눔을 통해 신산한 노역의 보상을 배려한 사례에서 확인된다.[17] 후자

---

16 이러한 해석적 관점으로 차정식, 『기독교 공동체의 성서적 기원과 실천적 대안』(서울: 짓다, 2015), 79-86.

17 이러한 '안식'의 향유신학적 의미에 대해서는 K. A. Strand ed., *The Sabbath in Scripture and History* (Washington DC: E. P. Dutton, 1982); Gerhard F. Hasel, "Sabbath," *ABD* vol. 5, 849-856; 아브라함 요수아 헤셸/김순현, 『안식』(서울: 복있는사람, 2007); Christopher J. H. Wright, "Sabbatical Year," *ABD* vol. 5, 857-861; [idem], "Year of Jubilee," *ABD* vol. 3, 1025-1030. 풍성한 음식 나눔은 일반 절기 규례뿐 아니라 십일조를 먹음의 대상으로 묘사한 대목에서 잘 드러나는데(신 14:22-29, 26:12-15), 이에 의하면 십일조는 소와 양의 고기, 포도주와 독주 등의 음식을 장만하여 레위인을 비롯한 히브리인뿐 아니라 객과 고아, 과부 등의 사회경제적 소외층도 포함해 더불어 먹고 마심으로 샬롬을 이루

의 경우는 신명기 20:1-9의 전승에 잘 예시되어 있다. 전쟁터에 나가 적군과 싸우기 위해 군병을 모집할 때 새집을 짓고 낙성식을 행하지 못한 자, 포도 원을 만들고 그 과실을 먹어보지 못한 자, 여자와 약혼하고 결혼하지 못한 자 등을 빼주라고 한 것은 그들이 전사하여 노동의 결실을 누리지 못하거나 생명의 감각적 즐거움을 맛보지 못한 채 전사해버릴 것을 우려한 까닭이었 다.[18] 내세 지향적 보상을 염두에 둔 기독교 신앙에 비추어 보면 예외적이고 파격적인 조치라 할 수 있다. 이 땅에서 누리는 일상적인 삶의 향유에 이 정도의 배려가 있었다는 사실과 특히 가난하고 소외된 사회경제적인 약자의 인권에 대해 각별한 관심을 기울이고 있는 율법 조항들은 창조신학적인 관 점에서 이 땅의 생명이 누리고자 하는 향유 지향적인 가치가 하나님 은총의 분깃으로 점유하는 몫이 뚜렷했음을 암시한다.

물론 국가권력 체제가 수립되고 계급이 분화하여 이해관계의 양상이 더욱 복잡하게 얽혀갈수록 금기의 규율은 더 강하게 사람들의 삶을 통제하 고 속박해갔을 것이다. 나실인과 레갑 족속의 선례에서 보듯(민 6:1-23; 렘 35장), 종교적인 명분으로 설정된 금기 지향적인 삶의 스타일도 나름의 전통 으로 전승되어갔다. 위반된 규율은 공동체를 분열과 혼란의 상황으로 몰아 갔고, 이를 극복하기 위해서, 더욱 가열 찬 권력 통제 시스템 속에 개체

는 축제의 재원이었다. 이종록, "십일조로 이루는 샬롬-신 26:12-15를 중심으로," 「신학사 상」 132(2006 봄호), 83-108.

18 폰 라트의 논평에 따르면 신랑이나 어떤 일을 처음 개시하는 사람이 특이할 정도로 마귀에 게 위협을 받는다는 믿음은 고대에 널리 퍼져 있었다고 한다. 이러한 사람들은 주술적 동기 와 제의적 순결성이란 관심 아래 군인 징발과 그 효율성 차원에서 애당초 배제되었으리라 는 추론이 가능하다. 그러나 상기 본문에서 이러한 고대 풍습이나 믿음은 부각되지 않고 다 분히 인도적인 차원에서 군인 배제 기준이 제시되고 있다. 이러한 인도적인 기준(신 20:45-7, 9)은 신명기 이전의 전승으로 보는 데 비해, 두려움과 허약한 마음으로 징집에서 빼야 할 기준으로 제시한 20:8은 신명기적 아이디어로 구별하기도 한다. Gerhard von Rad, *Deuteronomy: A Commentary*, tr. by Dorothea Barton (London: SCM Press, Ltd., 1966), 132.

생명이 체제 유지와 강화의 필요에 동원되기 일쑤였다. 그러나 그 와중에서도 생명 본연의 가치와 목적에 결부된 향유 지향적인 열망은 쉽사리 소멸하지 않았다. 전도서의 통찰에 엿보이는 대로, "사람마다 먹고 마시는 것과 수고함으로 낙을 누리는 그것이 하나님의 선물인 줄"(전 3:13) 깨닫고 바로 그 낙을 누리는 향유적 삶이야말로 "선하고 아름다움"(전 5:18)의 가치로 승화되기에 이른다. 특히 물질적인 소유의 풍성함을 인간이 수고하여 얻어 누릴 만한 몫으로 여기고 이를 "하나님의 선물"로 표현한 다음의 구절은 풍부한 재물을 향유적 가치로 인간에게 베풀어주시는 하나님을 묘사한 디모데전서 6:17의 신학적 배경을 정확하게 담아내고 있다.

> 사람이 하나님께서 그에게 주신 바 그 일평생에 먹고 마시며 해 아래에서 하는 모든 수고 중에서 낙을 보는 것이 선하고 아름다움을 내가 보았나니 그것이 그의 몫이로다. 또한 어떤 사람에게든지 하나님이 재물과 부요를 그에게 주사 능히 누리게 하시며 제 몫을 받아 즐거워하게 하신 것은 하나님의 선물이라. 그는 자기의 생명의 날을 깊이 생각하지 아니하리니 이는 하나님이 그의 마음에 기뻐하는 것으로 응답하심이니라(전 5:18-20).

전도서의 이 구절은 잘못 관리하거나 사업의 불운으로 재물을 잃은 사람에 대한 이야기(전 5:13-17)와 재물을 잃지 않았지만 관심을 집중해 그것을 즐길 수 없었던 사람에 대한 이야기(전 6:1-6) 사이에 전환적인 연결고리 역할을 한다는 점에서 시사적이다.[19] 요컨대, 재물을 풍부하게 소유하는 것과 그것을 풍성하게 누리는 것은 차원이 다르다는 것이다. 이 "신학적인" 단락

---

19 이 구절에 대한 이러한 분석을 포함한 제반 연구로 Norbert Nohfink, S. J., "Qoheleth 5:17-19-Revelation by Joy," *CBQ* 52/4(1990), 625-635. 이 논문의 주장에 의하면 전도서의 하나님이 전하고자 하는 핵심 요지가 5:20에 나타나 있으며 그것은 인간의 기쁨을 통해 드러내는 신적인 계시라는 것이다.

에서 재물을 소유하게 하는 분도, 그것을 풍성하게 누리게 허락하는 분도, 그것을 소유하게 하지만 제대로 누리는 것을 허락하지 않는 분도 모두 하나님이라는 점이 강조된다. 이는 또한 부유한 자뿐 아니라 가난한 자 역시 자신이 누릴 만한 몫의 부가 있음을 암시함으로써("어떤 사람에게든지") 전도서의 물질적인 부에 대한 이해가 구제를 염두에 둔 공공후원 기금을 위한 '사회정치적인 프로그램'에 호의적이었음을 알 수 있다.[20]

이와 같이 전도서에서 물질적인 부요함에 기반을 둔 감각적 향락의 지향점은 마침내 "너는 가서 기쁨으로 네 음식물을 먹고 즐거운 마음으로 네 포도주를 마실지어다. … 네 의복을 항상 희게 하며 네 머리에 향 기름을 그치지 아니하도록 할지니라"(전 9:7)는 적극적 명령으로 나타나 이것이 하나님의 기쁨과 상통한다는 점을 확인해준다. 그뿐 아니라 아가가 풍성하게 보여주는 성애적인 즐거움 역시 신체 부위를 묘사하는 아름다운 비유적 이미지와 함께 십분 긍정되는 대목에서 향유 지향적 삶의 가치관은 정점에 이른다.[21] 이러한 면면들은 다른 한편으로 성도덕의 타락과 음행에 대한 신랄하고도 지속적인 심판 경고, 더욱 엄중한 절제를 통한 의로운 삶의 가치와 병행되면서 신약성서 시대로 전승되어간 추이가 읽혀진다.

신약성서 시대 세례 요한으로 대표되는 금욕주의적 삶이 그의 차림새인 낙타털옷과 가죽 띠, 메뚜기와 석청 등의 음식과 의복 묘사에 특징적으로 투사된 점이 흥미롭다(막 1:6).[22] 그는 광야의 외치는 소리로 이러한 금욕적

---

20 이에 대해 크뤼거는 전도서의 이러한 프로그램이 재산 소유의 문제에 초연한 무관심의 자세를 강조한 당시 지배적인 헬레니즘 철학의 지론이나 계급 없는 유토피아 사회로의 도피를 강조한 입장, 나아가 혁명적인 방식의 재산 재분배를 지향하는 이념과 구별된다는 점을 주목한다. Thomas Krüger, *Qoheleth: A Commentary*, tr. by O. C. Dean Jr. & ed. by Klaus Baltzer, Hermeneia (Minneapolis: Fortress Press, 2004), 123.

21 구약성서 아가의 이러한 특징에 대해서는 차정식, "발견과 예찬으로서의 사랑: 아가의 담대한 에로티시즘," 『성서의 에로티시즘』 (서울: 꽃자리, 2013), 167-189; Roland E. Murphy, "Song of Songs," *ABD* vol. 6, 150-155.

기치하에 종교적 권위를 살려 세례로써 '회개의 열매'를 촉구하는 하나님 나라 운동에 진력하였다. 동일하게 하나님 나라의 메시지에 집중한 나사렛 예수 역시 이스라엘과 맺은 언약의 갱신과 토라 전통의 회복을 강력하게 주창하였지만 이를 이루어가는 삶의 양태와 방식은 금욕주의의 대척점에 자리한 향유 지향적 일상의 삶이었다. 그 요체가 "혼인 집 손님들이 신랑과 함께 있을 때에 금식할 수 있느냐. 신랑과 함께 있을 동안에는 금식할 수 없느니라"(막 2:19)는 한 마디에 응축되어 있다. 아울러 예수를 가리켜 비난조로 "먹기를 탐하고 포도주를 즐기는 사람이요 세리와 죄인의 친구"(마 11:19)라고 표현한 이미지에 투사된 대로 사람들과 어울리는 예수의 일상은 감각적 삶의 향유를 풍성하게 긍정하는 쪽에 가까웠다.[23]

나아가 예수가 하나님 나라의 비유 속에 여러 차례 언급한 삶의 자리는 혼인 잔치, 왕의 큰 잔치 등처럼 더불어 어울리며 즐겁게 먹고 마시는 공동체적 향연의 자리였다. 물론 그는 혼인하지 않음으로써 또 다른 측면에서 천국을 위해 자발적인 독신의 삶을 선택한(마 19:12) 자신의 위상을 우회적으

---

22 세례 요한의 옷차림은 대체로 엘리야 이미지의 재현으로 간주되고, 그가 먹은 음식은 당시 에세네파 일월들의 사례와 공통된 것으로 이해된다. 그러나 이것을 매개로 고대 근동과 유대인 일반 가운데 널리 식용된 메뉴인 메뚜기와 꿀이 마치 세례 요한과 에세네파 사이에 직접적인 상관관계가 있었던 것처럼 과장할 필요는 없다. James A. Kelhoffer, "Did John the Baptist Eat like a Former Essene?: Locust-eating in the Ancient Near East and at Qumran," *Dead Sea Discoveries* 11/3(2004), 293-314.

23 예수의 이 어록은 예수 자신이 과연 이렇게 부정적인 이미지로 스스로 낙인찍음으로써 (self-stigmatization) 그 의식적이고 자발적인 행위 가운데 그의 당대 체제를 향해 정치 · 사회적, 경제적 저항의 메시지를 소통하고자 했는지 여부에 대한 논쟁을 유발한다. Stephan Witetschek, "The Stigma of a Glutton and Drunkard: Q7,34 in Historical and Sociological Perspective," *Ephemerides theologicae Lovanienses* 83/1(Apr. 2007), 135-154. 아울러, 술꾼 예수의 이미지에 담긴 당대적 평가를 위해 과도하게 포도주를 많이 마셔 취하는 것과 철저하게 금주하여 삼가는 것 사이에 지혜로운 자는 어떤 선택을 하는가, 지혜로운 자도 취하는가 등에 대한 쟁점도 그레코-로만 지식 세계(특히 필론과 세네카의 담론)에 비추어 조명되기도 한다. Thomas E. Phillips, "'Will the Wise Person Get Drunk?': the Background of the Human Wisdom in Luke 7:35 and Matthew 11:19," *Journal of Biblical Literature* 127/2(Sum. 2008), 385-396.

로 내비치기도 하였다. 세례 요한의 사례가 규율적인 삶의 전통을 반영한다면 예수의 경우는 향유와 금기의 전통이 골고루 탐지된다고 볼 수 있다.

이후 오순절 사건 이후 교회공동체가 그 선교적 영토를 넓혀가는 상황에서 예수 그리스도의 복음을 앞세운 전도의 열정은 일상적인 삶의 품목과 내용, 그 향유 지향적인 소박한 가치들을 다 삼켜버렸다. 복음의 팽창이 거대한 흐름을 형성하면서 그 속에 함께 먹고 마시며 일상의 평범한 즐거움을 추구하는 모습은 극도로 절제된 나머지 거의 눈에 띄지 않을 지경이다. 가령, 사도 바울은 채소만 먹느냐, 육식도 하느냐의 주제로 생긴 논쟁적 맥락에서 "하나님의 나라는 먹는 것과 마시는 것이 아니요 오직 성령 안에 있는 의와 평강과 희락이라"(롬 14:17)고 선포했다. 이 한마디의 함의 가운데 하나님 나라의 대의명분 아래 추구되어온 감각적 삶의 향유라는 가치는 축소되고 희생된다. 그러한 금욕적인 추세가 강화된 배경은 예수 재림의 기대와 맞물린 긴박한 종말 신앙이었다.

비록 예루살렘 교회공동체가 실천한 대로 날마다 함께 모여 떡을 떼며 신령한 교제를 나누는 모범적인 선례가 있었지만 바울 서신이 전하는 먹고 마시는 초기 기독공동체의 모습은 고린도교회의 경우가 예시하듯 그리 소망스러운 것이 아니었다. 차별과 배제, 혼란과 무질서 등이 심지어 주의 만찬이란 자리에서 불거지기도 하였다(고전 11:17-34). 특히 긴박한 종말의 도래를 고대하면서 혼인(또는 재혼)하는 것도 비록 죄짓는 것으로 정죄 받지 않았지만, 독신으로 머무는 것이 더 나은 선택으로 권장될 정도였다(고전 7:25-26, 39-40). 이를 뒷받침하는 바울의 종말론적 논리인즉 영뿐만 아니라 몸도 순결하게 보존하는 것이 장차 더 큰 보상을 받게 되리라는 기대였다(고전 7:34).[24] 이러한 욕망의 절제와 금욕의 신학은 응당 몸과 관련된 제반 삶의

---

24 그러나 바울의 금욕주의는 미셸 푸코가 지적한 대로 "규칙 체계에 대한 순종"으로서의 도덕률이 아니라, 당시 로마 엘리트의 자기정체성과 달리, 그리스도의 몸에 참여하는 몸들로

가치를 존중할 만한 여유를 확보하는 데 장애물이 되었다. 설상가상으로 자신의 신체적 처녀성이나 특정 음식을 삼가는 금기적 실천을 내세워 공동체 내에 자신의 우월한 종교적 권위를 시위하려는 금욕주의의 물결이 긴박한 종말 신앙과 결부되어 매우 절박하고 강파른 삶의 지형을 구축해나간 것으로 추론된다.25 아가의 성애적 풍경이 '영적으로' 또는 '알레고리적으로' 전유되어 신랑인 그리스도와 신부 된 교회공동체의 신실한 언약적 관계로 재해석된 것은 이러한 동시대적인 배경을 깔고 있었다.

III. 디모데전서 6:17과 향유의 신학

1. 디모데전서 6:17의 맥락과 기존 해석

디모데전서 6:17에서 저자는 "이 세대에서 부유한 자들"을 향해 "마음을 높이지 말고 정함이 없는 재물에 소망을 두지 말" 것을 명하라고 당부한다. 이는 앞서 언급한바 "돈을 사랑함이 일만 악의 뿌리"(딤전 6:10)라는 지적과 연계되어 있다. 물질적인 풍요로 그 마음이 교만해져 재물에 대한 탐욕에 빠지고 신앙적 경건과 동떨어진 세속의 삶으로 전락할 것을 우려한 교훈으로 이해된다. 구체적으로 "정함이 없는 재물"이 무엇을 가리키는지 확실하지 않지만, 그것의 취득과 사용에 있어 정당한 명분이 없이 탐욕의 빌미가

서 이를테면 창녀들과 몸을 섞지 않음으로써 그리스도인 남성들이 새로운 윤리적 주체로서 자아를 형성해가는 과정이었다고 볼 수 있다. 이런 통찰은 Halvor Moxnes, "Asceticism and Christian Identity in Antiquity: A Dialogue with Foucault and Paul," *JSNT* 26/1(2003), 3-29.

25 이런 관점의 연구로 Jung-Sik Cha, "The Ascetic Virgins in 1 Corinthians 7:25-38," *Asia Journal of Theology* 12(1998), 89-117.

되는 과도한 물질적인 쾌락의 대상이라고 추측할 수 있다. 이러한 평범한 초기교회의 교훈에 잇대어 저자는 재물 자체보다 삶의 필요조건에 관한 한 그 물질적인 풍요의 "모든 것을 우리에게 향유를 목적으로 풍성하게 베풀어 주시는 하나님"에 관심의 초점을 맞출 것으로 요구한다. 이어지는 디모데전서 6:18이 "선을 행하고 선한 사업을 많이 하고 나누어주기를 좋아하며 너그러운 자가 되게 하라"고 부자들에게 권고하는 것을 보면 저자의 초점은 부자들이 힘써야 할 물질적인 구제 활동인 것처럼 보인다.

그러나 이는 직전 구절에서 하나님을 묘사하는 물질적인 향유의 풍성함이 '우리에게' 두루 베풀어진다는 보편적인 진술과 동격으로 보기 어려운 측면이 있다.[26] 굳이 그 연결고리를 찾자면, 물질적인 향유의 풍성함이라는 하나님의 은혜 가운데 가난한 자들을 향해 활수한 구제 활동이라는 종속변수가 포함된다는 식으로 설명할 수 있다. 그러나 디모데전서의 전체적인 맥락에서 살펴보면 마치 음식과 결혼에 대한 금욕주의적인 태도에 반하여 그것을 창조주 하나님의 선한 창조 역사의 연장선상에서 긍정했듯이, 돈이나 물질적인 재화 자체가 악한 것이 아니라 본래 우리 삶의 풍성한 향유를 위한 은총의 일부이었음을 에둘러 수용함으로써 재물의 우상화 비판이 물질적인 금욕주의의 선포로 오해되지 않도록 수사학적 균형을 맞추고자 했을 가능성이 크다.

디벨리우스/콘젤만은 예의 구절을 주석하면서 여기에 사용된 핵심 어휘 ἀπόλαυσις를 '헬레니즘적 표현'이라고 간단히 규정할 뿐, 그 표현의 세세한 의미와 맥락을 상설하지 않았다.[27] 초기 기독교에서 물질적인 재화와 부의

---

26 바로 이러한 이유로 돈을 사랑하는 것을 경계하고 자족할 것을 권고한 교훈(딤전 6:6-10)을 목회자에게 또 활수한 베풂과 나눔을 강조한 예의 본문(딤전 6:17-18)은 부유한 교인들에게 따로 적용하려는 시도는 무리가 있다. 이광진, "디모데전서의 경제 윤리," 「신약논단」 8/1(2001, 봄), 103-122, 특히 120-121. 이 논문은 서신 전체의 경제적인 모티프를 개괄적으로 해설할 뿐 6:17의 사상적 배경과 의의, 그 심층적 의미를 제대로 다루지 않는다.

문제는 적잖은 관심의 대상으로 논의되어왔다. 헹엘(Martin Hengel)의 저작이 그 사회사적 양상을 보여주었거니와,[28] 이와 별도로 사도 바울이 주도한 초기 교회들의 경제적 코이노니아를 활성화한 모금 캠페인의 주제는 예수의 재물관과 누가복음-사도행전의 코이노니아 이해와 더불어 왕성한 주목을 받아왔다. 그러나 본문에 나오는 "우리에게 향유를 목적으로 모든 것을 베풀어주시는 하나님"의 독특한 신학적 이미지에 대해서는 별도의 집중적인 조명을 가한 본격적인 연구가 제출된 바 없다. 다만 예외적으로 이 본문을 디모데전서 전체의 맥락에서 개괄적으로 다룬 논문이 한 편 나왔을 뿐이다.[29] 그러나 이 논문은 디모데전서 6:3-21의 주제인 '경건을 이득의 수단으로 사용하려는 자들에 대한 경고' '부자가 되고자 하는 유혹과 그 위험' '돈을 사랑하는 것의 위험에 대한 경고' 등의 맥락에서 해당 본문을 소화함으로써 그 신학적 이미지의 독특한 예외성을 별도의 주제로 조명하지 못했다.

물론 단편적으로 주석적인 조명을 가하면서 그 의미의 외연을 다양하게 추적한 시도들은 간간이 엿보인다. 가령, 하르나크는 일찍이 이 구절의 내용과 주제가 생뚱맞게 결론부에 튀어나온 점을 이상하게 여겨 이 구절이 본래 6:2a 또는 6:10 이후 삽입된 구절이었거나 교회 내에 축적된 부의 문제를 다루기 위해 후대에 첨가된 것으로 보았다.[30] 디모데전서 6:15-16이 결론에 붙은 송영구인데 이러한 구절이 그 직후에 배치된 것이 어색하다고 본 것이다. 그러나 디모데전서 1:17의 경우에 이와 유사한 배열 구조가 선례

27 Dibelius/Conzelmann, *The Pastoral Epistles*, tr. by Philip Buttolph and Adela Yarbro (Phiadelphia: Fortress Press, 1972), 91.

28 M. Hengel, *Property and Riches in the Early Church: Aspects of a Social History of Early Christianity*, tr. by Bowden (Philadelphia: Fortress, 1974).

29 P. Dschulnigg, "Warung vor Reichtum und Ermahung der Reichen: 1 Tim 6:6-10, 17-19 in Rahmen des Schlussteils 6:3-21," *BZ* 37(1993), 60-77.

30 이하의 내용은 William D. Mounce, *Pastoral Epistles*, WBC vol. 46 (Nashville: Thomas Nelson, 2000), 365-368의 주석적 요지를 약술한 것이다.

로 나와 있기 때문에 오늘날의 매끈한 편집 논리에 맞춰 그 어색함을 후대의 첨가물로 간주하는 게 무조건 능사가 아니다.

마운스(William D. Mounce)는 본문 6:17c의 내용이 하나님께 소망을 두는 삶을 강조한 선행구절 4:10, 5:5의 주제와 밀접히 연계되어 있으며, 특히 음식과 혼인의 금욕주의를 반박한 4:3의 주장과 상통한다고 주장한다.[31] 특히 '모든 것'(πάντα)의 의미와 관련해, 그는 그것이 인간이 원하는 최대치의 모든 것이 아니고 나아가 하나님이 그 모든 것을 채워줄 의무가 없다고 본다. 왜냐하면 앞서 저자가 인간의 필요를 음식과 의복의 생활필수품에 국한해 규정해놓았기 때문이다(딤전 6:8). 이 '모든 것'은 오히려 인간이 소유하고 누리는 모든 것이 예외 없이 하나님의 선물임을 강조하는 수사적 과장 내지 암시라는 것이다. 이러한 맥락의 연장선상에서 '향락'(ἀπόλαυσις)의 함의도 비록 그것이 '관능적인 즐거움'을 뜻하는 어휘이긴 하지만 그 개념의 부정성을 감안할 때 감각의 향유를 강조하기보다 하나님의 선한 창조와 그 의도된 선한 목적을 부인하는 극단적인 금욕주의의 오류를 지적하기 위한 용도라고 그는 해석한다. 그 주제는 이미 디모데전서 4:3-5에서 적시되었는데, 해당 본문 역시 그것과 동일 맥락에서 봐야 한다는 주장이다. 그러나 거기서는 음식과 혼인의 금욕주의가 문제시되고 있는 점에 비해 6:17이 물질적인 부와 재화의 문제를 다룬다는 점이 다른데, 그의 주장은 그 차이를 소홀히 여기고 있다.

마운스는 또한 "우리에게"("그들에게"가 아니라)의 의미를 적극적으로 해석하여 물질적인 향유의 복락이 특정 대상에게 국한된 것이 아니라 모두에게 열려 있는 보편성을 강조한 것으로 본다. 그러나 그렇게 풍족한 물질적인 재화를 소유한 사람은 예나 지금이나 많지 않거니와, 그러한 부자들 가운데 그 모든 재물을 소유와 탐욕의 대상이 아닌 향유의 대상으로 인식하는

---

31 앞의 책, 366.

부자는 희소하며, 더구나 그것이 하나님이 베풀어주신 선물이라고 인정하는 부자는 더욱더 희소하다. 이에 대해 피(G. Fee)는 이 본문을 18절과 연계 선상에서 파악하여 전도서 5:18-20과의 사상적 유사점을 주목한다. 즉 모든 사람에게 그러한 물질적인 향유가 가능해지려면 부자가 활수하게 자신의 것을 빈자들에게 나누어 향유의 평등이 실현되어야 하는데, 이를 위해서는 구제가 필수적인 선결 요건이고 구제로 나누는 재물에는 하늘의 보상이 있을 것이라는 믿음이 여기 투사되어 있다는 것이다.[32] 그렇다면 하나님은 현재의 향유와 미래의 보상을 동시에 주시는 분이라는 전제가 그 행간에 깔려 있다고 볼 수 있다. 이러한 견지에서 본문의 핵심 요지는 부자가 되려는 욕망은 그릇되고 위험하지만, 단순한 부의 소유는 본래 죄악된 것이 아니라는 히브리 전통의 되새김질과 다를 바 없다. 다만 부자는 이 세대 가운데 종말론적 현실에 비추어 행해야 하는데 그것이 바로 활수한 나눔과 베풂, 곧 구제 활동이라는 결론이다. 이는 17절의 구제 활동을 16절의 물질적 향유의 일부로 포함시킬 때 성립되는 관점이다. 앞서 정의한 대로 ἀπόλαυσις의 개념이 타인의 몸이 아닌 자신의 몸에 관여하는 감각적 향락에 초점이 맞추어진 점에 비추어 볼 때, 이러한 해석은 하나의 모범답안을 뭉뚱그려놓은 인상이 짙다.

한편 이 구절의 맥락적 함의를 '하나님의 경제'(οἰκονομία θεοῦ)란 관점에서 조명한 주석이 있다.[33] 존슨(Luke Timothy Johnson)은 "이 세대의 부유한 자들"이라는 저자의 언급이 인간의 부가 본질상 한시적이고 의지할 수 없는 불확실성을 띤다는 꾸준한 성서의 전통(눅 12:13-31; 약 1:19-12, 4:13-17, 5:1-6)에 입각한 것임을 상기시킨다. 그러나 이러한 인식은 하나님이 세상의

---

32 앞의 책, 367.

33 Luke Timothy Johnson, *The First and Second Letters to Timothy*, AYB (New Haven & London: Yale University Press, 2001), 309-310의 주석 내용.

가난한 사람을 택하셔서 믿음에 부요하게 하시고 하나님 나라의 상속자로 삼으셨다는 야고보서 2:5의 경우와 극적으로 대조된다. 이에 따라 존슨은 디모데전서 6:17의 본문이 하나님의 경제의 "극적인 전환"을 염두에 둔 표현으로 본다. 요컨대, 모든 창조 세계의 목적이 향유를 위한 것이지만, 그 향유의 주체가 궁극적으로 인간이라기보다 하나님이라는 점을 강조한 것이라는 다소 엉뚱한 추론을 제시한 것이다. 이 세상의 물질적인 풍성함과 부요함조차 인간을 위한 선물이기에 앞서 하나님의 즐거움을 충만하게 하는 대상이라는 주장이다(잠 8:30-31). 이러한 관점에서 존슨은 본문의 '모든 것'(πάντα)이 하나님의 보편적 혜택(딤전 4:4)을, '우리에게'(ἡμῖν)가 인간을 위한 하나님의 섭리적 돌봄을, '풍성하게'(πλουσίως)는 하나님의 혜택이 이 세대의 불확실한 부와 달리 고갈되지 않고 충분히 의지할 수 있는 성격의 것임을 가리키는 뜻으로 풀이한다. 마지막으로 전치사구 '향유를 위하여'(εἰς ἀπόλαυσιν)는 하나님의 혜택이 무엇을 겨냥하는지 그 목적을 적시한 것으로 해석한다. 이러한 주석적 토대 위에서 하나님의 경제가 궁극적으로 하나님의 향유에 초점을 맞추어 작동되고, 인간 역시 그러한 하나님을 본받아 구제로써 선을 행하면 자신의 미래를 위해 '고상한 기초'를 쌓아놓는 것이라고 보았다.

그러나 이러한 존슨의 관점은 하나님의 창조 세계에 내장된 그 물질성의 풍요함이 하나님께 향유의 조건이 될 수 있는가 라는 의문을 남긴다. 비록 '하나님의 경제'란 개념이 이즈음 삼위일체 교리를 '페레코레시스'(περιχώρησις)의 관점에서 재해석하면서 삼위 하나님의 자족적인 관계를 설명하는 틀로 사용되기도 하지만, 그것이 이 창조 세계를 향해서는 구원의 '경륜'이란 의미로 융통되는 편이다. 더구나 본문에서 '모든 것'의 베풂의 대상이 되는 '우리'와 그 베풂의 목적으로 제시된 '향유를 위하여'라는 전치사구는 그 문법적인 거리가 멀지 않다. 하나님의 그 시혜적 행위가 자발적인 의지의 발로라는 점에서 이는 물론 하나님의 즐거움일 수 있지만 그 즐거움의 내용이 몸의 욕망을 동반하는 감각적인 향유나 향락일 수는 없는 노릇이다. 따라서 존슨이 적시한바, 인간을 위한 하나님의 돌봄이란 주제가 이 본문의 맥락에 적절히 어울리지만, 그럼에도 불구하고 그것은 몸과 욕망을 지닌 인간으로서 흔히 누리고, 또 마땅히 누려야 할 그 감각적 향유의 주체로서 '우리'의 존재를 기꺼이 인정했다고 보아야 한다.

마지막으로 주목해볼 만한 연구는 말헤르버(Abraham J. Malherbe)의 논문이다.[34] 그는 이 2부작의 논문에서 디모데전서 해당 본문의 전반적인 맥락과 그 교훈이 헬레니즘 시기의 '도덕철학'(moral philosophy) 내용과 유사하다고 지적한다. 물질적인 부를 통한 감각적 향락의 절제와 그 적절한 향유를 두루 강조하는 균형 어린 관점, 이를 통한 시혜적 나눔 등의 교훈이 두루 그런 유사점의 증거로 제시된다. 그러나 그 "모든 것을 우리에게 향유를 위하여 베풀어주시는 하나님"의 이미지와 그 신학적 함의가 예의 도덕철학적 관점에 비추어 특이한 점만을 언급할 뿐, 그 예외적 특이성의 배경과 의미, 신학적 의의 등에 대한 평가로까지 나아가지 못한 점이 아쉽다.

2. 디모데전서의 반(反)금욕주의와 가부장주의 신학

디모데전서의 역사적 기원과 관련하여 역사비평학계의 대체적인 통설은 바울의 이후 세대에 그의 신학적 유산을 계승, 발전시키며 시대의 정황에 맞게 적용해나가는 과정에서 바울의 이름을 가탁하여 그의 공동체 내 한 저자에 의해 생산된 후기 바울 서신 또는 제2 바울 서신의 하나로 보는 것이

---

34 Abraham J. Malherbe, "Godliness, Self-sufficiency, Greed, and the Enjoyment of Wealth: 1 Timothy 6:3-19," Part I & II, NovT 52/4 (2010), 376-405; NovT 53/1 (2011), 73-96.

다. 특히 디모데전후서와 디도서는 그 내용과 성격상 교회공동체에 질서를 세워 내실을 강화하고 변화해가는 대외적 환경에 적용해나가기 위해 매우 구체적인 규범과 규율을 세워나갈 필요가 있었다. 이러한 필요에 부응하는 차원에서 당면한 사안을 처결하고 조정하는 '목회적' 관심사가 특징적으로 나타나기에 이를 묶어 '목회서신'(The Pastorals)이란 명칭이 부여되었다. 그 가운데 가장 분량이 많고 내용이 다양한 디모데전서의 이면에 깔린 '삶의 자리'로 주목할 만한 통찰은 맥도날드(Dennis R. McDonald)에 의해 제기되었다.

맥도날드에 의하면 디모데전서의 표면적 논점들은 당시 바울신학의 이후 세대들 간에 진행된 주도권 경쟁의 추이를 보여주는데, 가령 '바울과 테클라 행전'을 비롯한 외경행전과 대립 관계에서 그 강조점의 차이로 드러난다.[35] 특히 신앙생활의 규범과 스타일에서 바울이 강조한 종말론적 긴박성이란 기준으로 음식과 재물, 성적인 욕망과 결혼 등의 사안을 신속히 지나가는 '세상의 형적' 가운데 복합적, 중층적으로 이해한 점이 후대에 해석상의 이견을 노출했다. 이런 것들은 한편으로 머잖아 사라질 인간 세상의 유한한 것들이므로 거기에 매이지 않고 '주 안에서' 초월적 자유를 행사해야 할 대상이었지만, 동시에 다른 한편으로 '주 안에서' 수용할 만한 것이기도 했다. 이를테면 그들은 바울의 가르침을 받아 '주 안에서' 혼인하지 않은 채 독신으로 거하고 죽을 때까지 고기를 먹지 않고 물질적인 부요함을 누릴 수도 있었지만, 마찬가지로 '주 안에서' 혼인하고 성교하고 자식 낳아 기르며 감사함으로 모든 음식을 받고 빈천함 가운데서도 자족할 수 있었다.[36]

---

35 Dennis Ronald MacDonald, *The Legend and the Apostle: The Battle for Paul in Story and Canon* (Philadelphia: The Westminster Press, 1983). 이와 관련하여 외경행전의 저자와 그 배후의 주체적인 인물들을 '과부'로 설정해 이 문서의 성격과 그 배후의 사회상을 규명한 연구로 Stevan L. Davies, *The Revolt of the Widows: The Social World of the Apocryphal Acts* (Carbondale IL: Southern Illinois University Press, 1980).

그러나 선대의 전통에 대한 승계는 대체로 외곬으로 치우쳐 급진적인 흐름을 타는 경향이 있는 터라, 외경행전에 비친 후대 바울공동체의 모습은 주의 재림과 세상의 종말을 갈급하게 고대하면서 결혼을 아예 포기하고 독신을 서원해 스스로 과부를 자처하는 '처녀-과부' 집단이 양적으로 강세를 띠는 추이였다. 이에 따라 결혼 자체가 기피 내지 금기 대상이 되는 금욕주의적인 분위기도 강화되어간 것으로 보인다. 음식 규례 역시 보수적인 금기 조항이 강화되면서 특정 음식에 대한 기피 경향이 강화되거나 금식과 금욕에 대한 과도한 강조로 인해 음식이라는 물질적인 가치를 폄하하는 흐름도 이른바 '바울 좌파'의 신학적 경향에 영향을 끼쳤을 것이다. 이와 결부되어 이 세상의 물질적 가치를 송두리째 부인하며 부와 부자를 그 자체로 정죄하는 극단적인 경향으로 치달았을 가능성도 점쳐진다.

이러한 배경을 깔고 디모데전서를 '거울 독법'(mirror reading)으로 읽으면 이 가운데 무엇보다 급진적인 여성들, 특히 '처녀-과부들'을 견제하는 가부장주의적 보수세력의 인식이 강력하게 투사된다. 저자는 대외적으로 "임금들과 높은 지위에 있는 모든 사람을 위하여" 간구와 기도와 도고와 감사를 꾸준히 실천함으로써 안정된 체제 내에서 "고요하고 평안한 생활"을 도모하는 것이 필요하다고 보았다(딤전 2:1-2). 나아가 공동체 내부적으로는 남자들이 "분노와 다툼이 없이 거룩한 손을 들어 기도하기를" 구하면서도 여자들에게는 소박한 옷단장, 검소한 몸단장을 통해 단정할 것을 주문함

---

36 디모데전서의 금욕주의에 대한 입장은 이전에 교회를 낳은 아버지상(고전 4:15)으로 동역자인 디모데에게 지시한 "그리스도 예수 안에서의 나의 길"을 직접 모방하기보다 이미 과거에 속한 그 시절의 금욕적 지침을 당대 교회의 형편에 맞게 "자가 교정"(Selbstkorrektur)하는 차원에서 또 다른 형태의 금욕주의와 삶의 스타일을 제시한 것으로 볼 수 있다. Hans-Urlich Weidemann, "Engelsgleiche, Abstinente- und ein moderater Weintrinker: Asketische Sinnproduktion als literarische Technik im Lukasevangelium und im 1. Tomotheusbrief," [idem] ed., *Asceticism and Exegesis in Early Christianity: The Reception of New Testament Texts in Ancient Ascetic Discourse* (Göttingen: Vandenhoeck & Ruprecht, 2013), 21-68.

으로써 관심의 초점을 달리했다(딤전 2:8-9). 비록 '선행'을 여성 신자들에게도 권하지만 "여자는 일체 순종함으로 조용히" 남자들에게 배워야 하고 "여자가 가르치는 것과 남자를 주관하는 것"을 불허할 정도로 완고한 가부장주의적인 입장을 견지하였다(딤전 2:10-12). 그 성서적 근거로 저자는 에덴의 타락 시에 아담이 아니라 하와가 죄에 먼저 빠져 속은 사실과 창조 시에 하와보다 아담이 먼저 지음을 받았다는 점을 제시한다(딤전 2:13-14). 이와 같이 남녀의 위계상 우열을 분명히 설정한 연후 여자들이 "정숙함으로써 믿음과 사랑과 거룩함에 거하"고 그 결과 혼인하여 "해산함으로 구원을 얻으리라"고 선포한다(딤전 2:15). 여기에서 저자의 초점은 결국 여성들이 남자의 가부장권 아래 복속되어 정숙한 행실로 훈육되어 결혼으로 한 남자의 아내가 되고 자녀를 낳아 양육하는 기능에 복무하도록 독려하는 것이었음을 확인할 수 있다.[37]

마찬가지 맥락에서 과부의 자격요건을 재규정하여, 비록 서원을 통해 '처녀-과부'로 명부에 등재된 이들까지라도 60세라는 나이 규정과 '선한 행실의 증거'를 통해 검증할 것을 요구한다. 여기에 더 치명적인 조항은 '한 남편의 아내였던 자'라는 규정이다(딤전 4:9-10). 이 규정에 따르면 종말신앙과 금욕주의 이념에 따라 이전에 왕성하게 양산된 기존의 '처녀-과부'들은 해당되지 않기 때문이다. 그래서 저자는 처녀-과부에 해당되는 젊은 과부들로 "시집가서 아이들 낳고 집을 다스"려 대적에게 비방할 기회를 조금도 주지 말라고 권한다(딤후 4:14). 여성들이 가정을 포기하고 방랑하는 전도자로 나서거나 교회공동체의 외곽에 과도한 열정으로 세력을 키우며 할거할 경우 기독교가 가정 파괴적인 반사회 집단으로 낙인찍힐 우려가 있었다. 또 이들의 소극적인 성무일망정 그것에 대한 최소한의 봉양 책임을

---

37 해산을 통한 구원론의 상세한 배경과 저자의 의도에 대해서는 차정식, "해산함으로 얻는 구원?-딤전 2:15," 『거꾸어 읽는 신약성서』(서울: 포이에마, 2015).

감당할 재정적인 압박이 컸을 것으로 추리된다.38

물론 디모데전서의 가부장주의 신학은 '처녀-과부'로 자처한 독신 여성들의 혼인을 장려하고 그들의 복종적 규율을 강화하는 태도에만 국한된 것은 아니었다. 이러한 탈금욕주의 성향은 음식과 재물에 대한 관심으로도 나타났다. 저자는 이러한 금욕주의적 주장을 하는 자들을 "믿음에서 떠나 미혹하는 영과 귀신의 가르침"을 따르는 이단자로 규정하면서 그들을 "자기 양심이 화인을 맞아서 외식함으로 거짓말하는 자들"로 정죄한다(딤전 4:1-2). 특히 그들이 "어떤 음식물을 먹지 말라고" 부추기는 지점에서는 단호하게 "(모든) 음식물은 하나님이 지으신 바니, 믿는 자들과 진리를 아는 자들이 감사함으로 받을 것"이라고 대응한다. 나아가 그 근거로 "하나님이 지으신 모든 것이 선하매 감사함으로 받으면 버릴 것이 없"고 금기시된 음식조차도 "하나님의 말씀과 기도로 거룩하여 진다"는 창조신학적 원리와 제의적 효능을 제시한다(딤전 4:4-5). 이러한 맥락에서 금욕주의자들과 가난을 경건의 증표로 인식한 레갑 족속 유의 유대주의자들에게 금기시된 포도주마저 치유 효과를 위해 "조금씩 쓰라"(딤전 5:23)고 권고할 정도로 개방적인 지침을 준다.39

---

38 초기 기독교회의 삶의 자리에서 이 '처녀-과부들'의 위상과 역할에 대한 드문 연구로 Charlotte Methuen, "The 'Virgin Widow'-A Problematic Social Role for the Early Church?" *Harvard Theological Review* 90/3(1997), 285-298.

39 이 구절에서 바울의 포도주 허용은 창조주의 선물로서 포도주의 유익함을 긍정한 전통(시 104:15; 잠 31:6)과 그로 인한 방종의 위험을 경계한 전통(시락 19:2) 사이에서 예외적인 사례를 찾아내 관용적인 입장과 현실적인 적용의 맥락을 살핀 결과였다고 볼 수 있다. Andreas Merkt, "Reading Paul and Drinking Wine," Hans-Ulrich Weidemann ed., *Asceticism and Exegesis in Early Christianity*, 69-77.

IV. 신학적 균형추로서의 ἀπόλαυσις 지향

혼인과 음식에 대해 개방적이고 그 진정한 가치를 적극적으로 방어하던 저자는 물질적인 부에 대해서는 신랄하게 비판하는 입장으로 돌아선다. 이에 대한 저자의 단호한 입장은 "돈을 사랑함이 일만 악의 뿌리"(딤전 6:10)[40]라는 언명에서 확연하게 부각된다. 이는 물질적인 부 자체가 악해서가 아니라 이로 인해 "해로운 욕심"이 유발되고 탐심에 미혹되어 마침내 파멸로 치닫게 하기 때문이다(딤전 6:8-9). 여기에서 우리는 저자가 음식에 대한 관용의 원리를 내세운 것이나, 결혼을 통한 가정의 육성을 강조한 것 모두 성적인 방종과 탐욕적인 과식을 긍정한 것이 아니었음을 알 수 있다. 그는 "먹을 것과 입을 것"의 필요가 충족되는 최소한의 물질적인 필요를 염두에 두었을 뿐이다. 저자는 물질적 부에 대한 탐심과 관련하여 이러한 경계와 절제의 교훈이 행여 음식을 포함한 물질적인 가치 자체를 부정하는 자가당착의 논리로 오해될까 봐 마지막에 다시 물질적인 풍요함을 갖춘 부자들에게 출구를 제시한다. 그것은 이 세대에 부자들이 종말론적 신앙을 견지할 때 그 소망을 "정함이 없는 재물"에 두지 말고 하나님께 두어야 한다는 요지로 압축된다. 그런데 그 하나님은 단지 "우리에게 향유를 목적으로 모든 것을 부요하게 주시는 분"으로 묘사된다.

이와 같이 그 부의 목적과 지향이 '우리'를 그 대상으로 하는 '향유'(ἀπόλαυσις)에 있다는 것은 하나님의 창조 목적과 부응하는 사실이지만 두 가지 점에서 놀랍다. 첫째는 이 서신이 가부장주의 신학의 틀 위에서 결혼과 음식에 대해 관용적 입장을 취하면서도, 이미 돈/재물에 대해서는

---

40 이 어록은 당시 철인들의 교훈 가운데 금언으로 자주 등장하는 것과 유사하다. 대표적인 것은 궤변론자 비온(Bion)이 말했다고 전해지는 다음의 어록인데 여러 버전으로 다양하게 탐지된다: "돈을 사랑하는 것은 모든 악의 고향이다." Dibelius/ Conzelmann, *The Pastoral Epistles*, 85-86.

"먹을 것과 입을 것"에 국한된 금욕적인 차원에서 경고하였다는 점이다. 둘째는 이 물질적인 부요함의 소유권이 일단 부자들에게 있는데, 그것이 풍성한 향유의 대상이 되기 위해서는 '우리'에게 두루 나누어져야 한다는 암시를 깔고 있다는 점이다. 이어지는 18절에서 '선행', '선한 사업'을 강조하고 "나누어주기를 좋아하고 너그러운 자가 되게 하라"고 명령하는 데서 알 수 있듯이, 저자는 활수한 구제와 베풂의 실천을 통해 '우리의 풍성한 물질적 향유'라는 창조의 목적이 달성될 수 있다고 본 것이다. 이런 방식으로 저자는 생명의 향유와 욕망의 절제/극기 사이를 오가면서 그리스도인의 생활윤리에 균형을 잡고 있다.

여기서 저자는, 아직 이루어지지 않은 목표이지만, 부자들의 물질적인 부가 활수하게 나눠질 경우 '우리' 모두에게 풍성한 향유를 가능케 하리라고 미래지향적으로 예견한 것일까.[41] 또 그것이 하나님의 창조 목적에 비추어 이 땅의 물질세계에 바람직한 목표라고 인식한 것일까. 아니면 이는 "우리에게 향유를 위하여 모든 것을 풍성하게 제공하신 하나님"의 본래 뜻이 왜곡되어 이 땅의 소수의 부자가 재물을 독점하고 있으니, 그것을 재분배하여 골고루 나눌 경우 애당초의 목적대로 우리 모두에게 그런 물질적인 풍성한 향유가 가능해지리라고 전망한 것일까.[42] 후자의 경우라면, 저자가 앞서 제시한 "먹을 것과 입을 것이 있은즉 족한 줄로 알라"는 교훈은 풍성한 물질적인 향유와 동떨어진 것일 텐데, 어떻게 이러한 의미와 상합할 수 있을까. 그렇지 않으면 앞의 최소주의적 물질적 필요 충족은 검소한 절제와 극기 훈련을 통해 실현 가능한 현실적인 기대치이고, 우리 모두에게 풍성하게 누려지는 물질적인 향유는 종말에서야 이루어질 수 있는 이상적인 목표치

---

41 이러한 목표는 야고보서(2:5-6, 5:1-6)에 의하면 이 지상의 현실 가운데 실현 불가능하다.
42 이러한 목표는 예수의 하나님 나라 비전 아래 예수를 따르고자 하는 제자들에게 공히 요구되었던 것 같지만(막 10:17-22) 그것이 실질적으로 얼마나 이루어졌는지는 불분명하다.

라고 보아야 하는 것일까.

여기서 우리는 향유(ἀπόλαυσις)의 개념이 디모데전서 전반에 걸쳐 극기와 절제, 또 그 실천적 훈련을 실제 생활에 적용하는 신학적인 균형추로 작용하고 있음을 볼 수 있다. 흥미로운 점은 아리스토텔레스와 그 이후 헬레니즘 사상에서 행복과 정신적인 자유를 위해 일관되게 강조해온 절제/극기(ἐγκράτεια)와 그 실천적 훈련(ἄσκησις)이란 주제 아래 그 반대편의 방종이나 무절제(ἀκρασία)에 대항하여 적절한 향유/향락(ἀπόλαυσις)을 추구하는 대상으로 디모데전서의 경우와 마찬가지로 결혼과 성욕, 음식, 물질적인 소유 등이 주로 예시되었다는 것이다. 그것은 물질계와 정신계를 첨예하게 이원화한 플라톤과 달리, 아리스토텔레스 이후 고대 그레코-로만의 사상 세계에서 적절한 균형과 질서를 따라 추구될 경우 인간의 행복에 유익하게 작용할 수 있다는 교훈을 남겼다. 물론 신플라톤주의나 신피타고라스주의 사상이 당시 종교계로 유입되면서 다시 극단적인 이원론의 교리와 금욕주의적 원리가 세력을 떨치기도 하였다.[43] 나아가 어느 선에서 인간의 욕망이 조율되어야 적절한 것인지, 어느 정도 충족되어야 그것이 균형 있게 삶의 이상적 목표에 부합하고 바람직한 것인지 일정한 과제를 남겨놓았다.

이러한 사상적 판도와 그 영향 아래 사도 바울은 기독교 신앙이 요구하는 경건의 좌표를 조율하면서 세상의 형적이 금세 지나가리라는 종말론적 감각을 가지고 금욕과 절제의 미덕을 강조했다. 이러한 맥락에서 그는 형제의 유익과 공동체의 평화를 위해서라면 평생 고기를 먹지 않겠노라는, 음식과 관련해서도 일견 단호한 소신을 피력한 바 있다(고전 8:13). 또한 "하나님 나라는 먹는 것과 마시는 것에 있지 않다…"(롬 14:7-8)는 식의 로마서 어록

---

43 이러한 초기 기독교 금욕주의의 헬라적 배경과 관련해서는 오래전 연구이지만 여전히 유효한 다음의 자료를 참조하라: Joseph Ward Swain, "The Hellenic Origins of Christian Asceticism," Ph.D. dissertation (Columbia University, New York, 1916).

이 후세대에 어떤 영향을 끼쳤을지 미루어 짐작할 수 있다. 그러나 한 세대가 지나 디모데전서 집필 당대의 상황은 달라졌다. 바울의 신학을 급진적으로 전유한 일군의 세력이 교회공동체의 기틀을 흔들고 가부장주의적 교권을 위협할 만한 상황에서, 저자와 그 배후의 공동체는 과도하게 범람하는 금욕적 '처녀-과부' 집단에 대응하여 결혼을 강조하고 혈통가족을 부양해야 할 상황에 직면했다. 특정 음식으로 인한 금욕주의적 공세도 창조신학의 원리를 통해 그 예봉을 꺾어야 하는 현실이었다. 그러나 물질적 부에 대한 입장은 애매한 구석이 있었다. 무엇보다 교회공동체 내에 많은 구성원에게 물질적으로 베풀어주고 과부들을 공궤하며 생계의 책임을 져줄 만큼 재정 형편이 넉넉하지 않았다. 사도행전에서 이런 문제와 관련해 중요한 역할을 했던 바나바 같은 후원자 확보가 시급했겠지만 찾아내기가 만만치 않았을 게 분명하다. 바로 이러한 맥락에서 저자는 이 세대의 부자들을 향해 발언한 것이다.

현재 공동체의 재정만으로는 '먹을 것과 입을 것'의 필요를 채우는 것만으로도 감지덕지였다. 그렇다고 교우들이 부정한 방식으로 축재하고 물질적인 부의 탐욕에 눈이 먼다면 이는 작은 것을 얻고자 큰 것을 놓쳐버리는 패착이 될 터였다. 그렇다면 그 재정 부족의 상태를 타개하기 위해서, 또 공동체 안팎의 빈자들을 구제하기 위해서, 부유한 자들의 부가 본디 그들뿐 아니라 "우리에게 향유를 위해 풍성하게 베풀어주시는 하나님"의 공동 자산이었음을 깨우쳐 나눔과 구제를 활성화하는 것이 최선의 대책이었을 것이다. 그 결과, 하나님은 음식뿐 아니라 돈과 재물 일반까지도 선하게 만드신 분으로 인식된다. 이러한 관점에서 조명하면 하나님께 그 재물이 선한 까닭은 그것이 부자들뿐 아니라 우리 모두에게 균등하게 풍성한 향유를 제공하는 선물이 되기 때문이라는 창조신학적 통찰도 적용 가능해진다. 비록 돈을 사랑함이 일만 악의 뿌리가 되지만 그 돈을 우리에게 베푸시는 하나님의 선한 뜻과 그 돈이 우리의 풍성한 물질적 향유라는 본래 목적에 부응한다면 이는 선행과 선한 사업의 도구가 될 수 있다는 논리가 이로써 설득의 근거를 얻는다. 여기서 '우리'라고 하는 그 향유의 포용적 대상과 물질의 부정성을 극복하는 '향유'(ἀπόλαυσις)라는 본질적 가치, 나아가 이를 하나님의 뜻에 맞춰 운용할 수 있는 '극기/절제'(ἐγκράτεια)의 미덕과 그 실천적 훈련(ἄσκησις)은 물질적 부의 이중성과 형평성을 가늠하는 또 다른 조율의 잣대라고 볼 수 있다.

V. 요약 및 결론

이 세상의 모든 가치는 그것이 숭고하게 여겨질수록 인간의 역동적인 욕망과 깊이 연루되어 있음을 볼 수 있다. 문제는 그 욕망이 일정한 패턴으로 고착된 것이 아니라 끊임없이 굽이치며 변덕을 부리고 그 실체를 자주 은폐한다는 것이다. 따라서 가치 지향적인 주장의 이면에는 항상 자가당착의 모순과 연루된 욕망의 아이러니가 깃들어 있다. 이를테면 예수는 가난한 자의 복을 선포하며 무소유의 제자도를 강조했지만, 그런 그들을 먹여 살리고 그 사역을 후원하기 위한 물질적인 부담은 항상 별도의 고려 사항으로 엄존하였다. 초대교회의 공동체 생활 역시 모든 사람이 필요에 따라 재물을 공동으로 사용함으로 "가난한 자가 하나도 없었다"는 이상적인 목표가 외면상 구현되었지만(행 4:34), 거기에는 바나바를 비롯한 부유한 큰손의 기부자들이 바친 재물이 뒷받침되었다. 이런 연고로 기부자의 후원이 미진하고 공동재물 사용자들의 숫자가 기하급수적으로 늘어나는 마당에 외부의 핍박과 가뭄 등의 자연재해까지 겹치게 되면서 얼마 지나지 않아 예루살렘 교회 공동체는 가난한 성도의 집단으로 전락하게 된 것이다(갈 2:9-10).

이러한 이면의 세부 역사와 그 단계적 진상을 염두에 둔다면, 바울 사후 그의 공동체가 겪던 재정상의 형편을 타개하기 위한 고육지책으로 발견한 향유 지향적인 하나님의 이미지는 그 내부의 현실적인 고충과 함께 신학적인 돌파구를 제시한 셈이었다. 이는 동시에 플라톤과 아리스토텔레스, 에피쿠로스 또 그 이후 인간의 행복을 위한 선결 조건 중 그 감각적인 향유의 욕망이 개입하는 정도에 대한 사상사적 논쟁의 추이와도 어느 정도 결부된 대응 방식이었을 것으로 판단된다. 요컨대 결혼과 독신의 문제, 채식주의를 포함한 음식에 대한 금욕적 자세의 문제는 역사적 바울의 급진적인 종말론적 자세 일변도에서 벗어나 오히려 혼인을 적극 장려하고 모든 음식을 감사함으로 받으면 문제 될 것이 없는 방향으로 조율되어간 추이를 엿볼 수 있다. 이는 디모데전서 6:17의 경우, 비록 아리스토텔레스의 ἀπόλαυσις 개념과 그 지향점을 참조한 것이라 할지라도, 생명의 창조주로서 하나님이 만물의 창조를 통해 인간 생명의 풍요한 누림을 허락하고 이를 복되게 했다는 히브리 신학 전통을 재발견해 적용한 측면이 강하다. 이로써 저자는 한편으로 일만 악의 근원인 돈의 사랑을 통한 방종을 제어하고 극기와 절제의 미덕을 간직하면서도, 다른 한편으로 부유한 자들의 풍요한 재물에 신학적 명분을 부여하여 활수한 나눔과 베풂을 독려하는 방향으로 공동체 재정의 확충과 그 구성원들 간의 균형 잡힌 경제 공생체를 도모한 것으로 판단된다.

이러한 저자의 고뇌 어린 방향 조율이 하나님의 신적 이미지를 "모든 것을 우리에게 향유를 목적으로 풍성하게 베풀어주시는 하나님"으로 조탁했다는 점은 오늘날 종교적 현실, 특히 기독교의 가치 충돌이란 현실에 비추어 매우 시사적이다. 한 극단에서는 이른바 번영신학과 기복주의 신앙에 휩쓸려 인간의 욕망이 공공의 가치를 세우는 선한 의욕으로 발동하기보다 거친 탐욕으로 전락하여 이 세상의 빛과 소금이 되기는커녕 오히려 이 세상의 걱정거리를 더하는 현상이 범람한다. 반면 또 다른 극단에서는 인간의 욕망을 억누르는 엄숙주의 신앙 형태가 이런저런 고고한 명분에 사로잡혀 현대판 금욕주의 이데올로기로 횡행하면서 적잖은 억압의 기제로 작용하고 있다. 이 양자 간 균열로 인한 실상은 은폐된 욕망의 가면 속에 신앙생활이 인지부조화의 온상처럼 겉돌면서 그 사회적 기여보다 문란을 조장하는 데 일조한다는 것이다. 그 가운데 교회를 향한 대사회적 신뢰도는 점점 더 추락하는 추세이다. 절제 어린 기독교적 에피큐리어니즘을 염두에 둔 디모데전서 저자의 고민이 바로 오늘날 우리들의 고민일 수 있는 이유가 여기에 있다. 다분히 가부장주의적 세계관을 지닌 그가 자본으로 대표되는 이 세속적 주류가치에 항체를 유지하면서 그것의 공익적 가치와 그 현실적 운용 전략에 눈뜨고 이를 용인하는 향유 지향적인 하나님의 이미지를 조탁했다는 점은 분명 아이러니다. 하지만 그 아이러니의 맥락은 최선으로 공동체의 활로를 뚫어내고자 했다는 점에서 나름의 진정성 있는 신학적 통찰로 평가된다.

4장
사후 낙원의 물질적 향유 이미지와 그 신학적 의의
— 플라톤의 Φαίδων과 요한계시록 사례의 비교를 중심으로

I. 문제 제기: 사후 낙원의 꿈

이른바 '역사적 예수' 연구의 담론은 응당 하나님 나라/천국의 역사적 개념에 대한 천착으로 이어졌고, 근래 복음서의 이 개념에 대한 연구는 사후의 내세 지향적인 전통적 의미를 탈각시키고 이 지상의 인간 삶의 역사적 현장에 왕 되신 하나님의 주권적 통치가 온전히 실현되길 갈망한 종말론적 희망에 초점을 맞추어 정착되어왔다. 그 가운데 성서 속의 내세 신앙은 그 좌표가 혼란스러워졌고 내세의 신앙을 추구하는 자들은 '예수 천당, 불신 지옥'이란 구호에 고답적으로 집착하는 부류로 인식되는 경향이 생겼다. 그러나 이 땅에서 타계주의 신앙의 대명사로 전락한 이 구호의 냉소적인 틀을 벗고 보면 기독교 신앙의 자장 안에서 내세의 낙원은 이 세상살이가 힘겹고 고달플 때 이 세상을 벗어나 위로받고 싶은 도피처로서 유일한 대안 이었다.[1] 그러다가 외세의 폭압이나 전쟁 또는 경제적 궁핍 등과 같은 이

---

[1] 모든 종교는 원시종교든 고등종교든 이러한 내세 낙원의 열망을 인간의 실존적 한계상황과

세상살이의 한계상황을 면한 상태에서 물질적/심리적으로 웬만큼 살 만해지는 듯한 환경이 조성되면서 사후 내세보다는 '지금', '여기'에서 이루어지는 복지의 낙원이 다급한 관심사로 전환해나갔다고 볼 수 있다. 이 지점에서 특히 예수의 '하나님 나라' 메시지가 이 시대 상황에 잘 조응했다.

학문적인 맥락에서는 신약성서의 사후 내세 모티프가 요한계시록의 내용을 포함하여, 주로 구약성서와 유대교의 묵시문학적 종말신앙의 배경에 비추어 그 상호연관성을 비평적으로 논의하는 방향이 주조를 이루었다. 또한 오늘날의 생태신학적인 관심사나 정치신학적 논점과 연계시켜 요한계시록의 종말론적 내세신앙의 관심사마저 '현재화'하는 데 주력한 감이 짙다. 그 가운데 정작 가장 중요한 논점 중의 하나가 경시되곤 한다. 곧 기독교의 영생사상과 내세사상에 가장 큰 영향을 끼친 플라톤의 파이돈에 나오는 영혼불멸설과 내세 낙원의 종교적 상상력과 그 상관관계에 대한 천착이 거의 외면당해온 것이다. 이러한 상황은 플라톤 사상의 얼개로 성경의 내용을 교리화하고 고대 신학을 집대성한 아우구스티누스 이후 그 상관관계를 당연한 것으로 치부하거나, 아니면 그 발상의 뿌리가 다른 것으로 외면해온 결과가 아닌가 한다. 이러한 의혹을 품고 이 연구는 서구의 종교적 내세사상에 가장 큰 그늘을 드려온 플라톤의 영혼 불멸/환생 사상과 기독교의 내세 신앙에 가장 큰 몫을 차지해온 요한계시록의 낙원, 곧 신천지/새 예루살렘성의 비전을 서로 병립시켜 비교, 검토, 분석, 비평하고자 한다. 이 연구는 하기에 따라 매우 광범위한 작업일 텐데 일단 그 미답의 영역을 개척하는 시도만으로도 유의미하다고 본다. 이러한 사정을 염두에 두면서 이 연구는 다음의 몇 가지에 초점을 맞춰 진행하고자 한다.

종말론적 희망이란 차원에서 보편적으로 담아내고 있다. Christopher M. Moreman, *Beyond the Threshold: Afterlife Beliefs and Experiences in World Religions* (Lanham, MD: Rowman & Littlefield Publishers, 2017).

첫째, 이 연구는 플라톤의 파이돈과 요한계시록의 새 예루살렘 도성(새 하늘과 새땅)에 나타난 내세의 물질적인 풍요와 향유 이미지를 비교 분석함으로써 사후 내세에 대한 고대의 종교적 상상력의 일단을 해부해보고자 한다.

둘째, 그 비교 분석을 통해 이 연구는 지상적 삶의 가난함과 내세적 삶의 풍성함의 대립 구도 또는 지상적 삶의 풍성한 시혜와 내세적 삶의 풍성한 보상이라는 성서적 내세 신앙의 역사적 기원을 추적하고자 한다. 이와 더불어 오늘날 지상적 삶의 극단적 금욕주의와 내세적 삶의 예외적이고 특권적인 보상으로 고착되거나 지상적 삶의 이기적 풍요함과 내세적 삶의 특혜적 향유라는 기형적 패턴으로 변질되어 온 현실에 대한 성서신학적 성찰을 모색하는 데 연구의 또 다른 초점이 있다.

셋째, 이러한 면면한 종교사적 흐름 속에 공유되었던 내세 지향적 상상력의 탐구를 통해 이 연구는 기독교의 배타적 독자성을 반성하고, 금생에서든 내세에서든 이른바 '행한 대로 받는다'는 보상신학의 기제를 합리적으로 자리매김하며 기독교 신앙의 윤리적 충실성을 고양시키는 신학적 맥락을 제공하고자 한다.

넷째, 또 한 가지 부수적 목적으로 이 연구는 물질과 정신, 보화와 영혼으로 대립적이고 상극적인 양 인식해온 이분법적 도식을 지양하고 물질적 가치가 정신과 영혼의 세계로 개입하여 그 전반을 풍요롭게 하는 이치를 활성화할 뿐 아니라, 정신적 영적 가치가 물질의 건조한 중립성에 온기를 공급하여 그것의 향유적 가치를 고양하는 방향으로 종교적 상상력을 탄력 있게 조율해보고자 한다.

II. 플라톤의 Φαίδων에 나타난 신천지 낙원

1. 영혼불멸사상과 낙원의 관계

플라톤은 파이돈(Φαίδων)과 다른 연관 저작들 속에서 인간의 죽음을
유익한 것으로 보는 이유에 대해 사후 내세에 지속하는 영혼의 불멸을 그
근거로 들었다.[2] 그는 인간이 육체를 구성하는 물질적 요소와 구별되는 영
혼을 지닌 존재로 이해하였다. 나아가 그는 인간의 그 영혼이 불멸성을 품
은 채 육체 속에 포박되어 살다가 죽음과 함께 해방을 맞아 낙원으로 들어
간다고 믿었다. 고대 그리스의 신화적 세계관에 둘러싸여 화려한 문학적
이미지로 묘사된 이러한 내세와 영혼 불멸의 사상은 플라톤이 정초한 영혼
의 형이상학적 체계와 맞물려 있다.[3] 특히 그것은 영혼 선재 사상과 밀접하
게 연계되어 있으며, 그 연결고리로서 매개 역할을 한 것이 이른바 영혼
환생설이었다. 이러한 영혼의 환생과 낙원의 관계는 일찌감치 오르페우스
종교(Orphism)에서 발원한 것인데[4] 이후 피타고라스로 계승되었고, 그 신앙

---

2 이러한 관점과 관련하여 『소크라테스의 변명』과 『파이돈』에서 죽음이 유익한 이유 두 가지
  중 내세의 영혼 불멸 이외에 또 다른 하나인 '소멸'(annihilation)이 정당한 합리적 근거가
  될 수 있는지 플라톤의 입장 변화 또는 차이 여부에 대한 논란이 있다. Emily Austin, "Piety
  and Annihilation in Plato's *Phaedo*," *Apeiron* 52/4(2019), 339-358.

3 신화적 판타지에 입각한 시인들의 시적 세계를 경멸한 플라톤이었지만 그의 철학에서 시적
  인 상상력이 충일한 신화와 논리적인 추론의 철학이 마치 수사학과 철학의 양면적 상관관계
  처럼 바람직한 '지혜'(σοφία)의 창출이란 지점에서 상합하고 보완되는 것을 확인할 수 있
  다. Rui Zhu, "Myth and Philosophy: From a Problem in Phaedo," *Journal of the
  American Academy of Religion* 73/2(2005), 453-473.

4 오늘날 우리에게도 익숙한 영혼과 육신의 분리, 내세 응보, 영혼 불멸, 영혼의 환생, 속죄, 정화,
  영혼의 구원 등과 같은 신앙적 요소들은 호메로스적 올림피아 전통 종교와 무관한 것으로 오
  르페우스 종교에 그 태반을 두고 있는 것으로 평가된다. 문혜경, "오르페우스(Orpheus) 종교
  의 특징과 사상적 전승," 「서양고대사연구」 34(2013), 183-210; Radcliffe G. Edmonds III,
  "A Lively Afterlife and Beyond: The Soul in Plato, Homer, and Orphica," *Platon et la
  Psychè: Etudes Platoniciennes* 11(2014).[https://journals.openedition.org/etudespla

적 알짬에 플라톤은 보다 상세하게 그 사상적 디테일과 서사적 내용물을 채워 영육이원론적 맥락에서 인간의 사후 세계와 생전 세계를 조명했던 것이다.[5]

플라톤의 저작 파이돈은 소크라테스가 독배를 들고 죽기까지 영혼의 불멸에 대한 믿음을 변증하면서, 그 영혼이 순환하는 시간을 거쳐 다시 태어나는 길고 복잡한 여정과 그 영혼이 머무는 낙원의 공간을 대화체의 형식 가운데 신화적인 서사로 제시한다. 플라톤이 대변하는 소크라테스의 관점에 의하면 인간의 영혼은 본질상 불멸하지만 죽음 이전과 이후에 면밀하고 세심한 돌봄이 필요하다. 무엇보다 죽음이라는 것은 영혼의 불멸성을 믿는다면 신이 보낸 뜻밖의 선물로 악한 자들도 악과 분리될 수 있으니까 유익한 점이 있다는 것이다. 나아가 육신이란 물질적 구성물이 불멸하는 영혼을 포박하는 감옥과 같이 생명을 유한한 육체적 삶의 한시성에 가두는 셈이므로 죽음이란 그 감옥에서 해방되는 사건으로 긍정적으로 인식될 만했다. 따라서 이러한 소크라테스/플라톤의 전통을 고전적인 삶/죽음의 모델로 인식한 후대의 현철에게 여러모로 "죽은 것도 유익"이란 인식이 충분히 수긍될 수 있었던 셈이다.[6]

---

toniciennes/517?lang=en#entries].

5 흔히 영혼의 환생론이나 윤회설이 동양 종교인 힌두교와 불교의 교리로 생각하는 경향이 있지만, 피타고라스-플라톤으로 이어지는 영혼의 형이상학적 체계에도 이런 교설이 존재했다. 이후 이것은 헬레니즘 시대의 사상 채널을 경유하여 유대교와 기독교에도 적잖은 영향을 끼친 것으로 추론된다. 그러나 그 차이도 명백한데 가령 피타고라스의 환생 사상은 영혼의 환생을 전생의 삶에 대한 보상이나 징벌의 결과, 곧 업(karma)의 연기론적 관계가 아니라 새로운 생의 경험을 쌓고 지식과 지혜를 얻는 차원에서 긍정적으로 이해하였다. Caterina Pellò, "The Lives of Pythagoras: A Proposal for Reading Pythagorean Metempsychosis," *Rhizomata* 6/2(2018), 135-156. 환생 사상이 유대교와 기독교를 어떻게 통과해갔으며 그 사상사에 어떤 흔적을 남겼는지에 대해서는 차정식, 『신약성서의 환생 모티프와 그 신학적 변용』(서울: 한들출판사, 2007).

6 죽음을 '유익'이라고 보거나 '최선'이라고 보는 시각, 사는 것에 아무런 유익이 없다는 식의 표현을 통해 죽음을 긍정적으로 인식하는 관점은 그레코-로만의 문헌에 매우 광범위하게 퍼

이렇게 죽음과 함께 육체를 벗어난 각자의 영(πνεύμα)이 그를 어떤 곳으로 데려가는데, 그곳은 흔히 타르타로스(Tartarus)로 칭해지는 심판의 장소이다.[7] 이후 죽은 자들이 일차로 집합한다는 하데스(Hades)로의 여행이 시작된다.[8] 여기서는 또 다른 가이드가 그들을 다시 순환하는 불멸과 환생의 시간 속으로 안내한다. 그 여정이 단순한 외길이 아닌 것은 그사이에 수많은 샛길과 갈림길이 많아 복잡하기 때문이다. 생전에 현명한 삶을 살아 질서정연하게 영혼을 갈무리한 자는 그 과정을 잘 통과하지만 반대로 육체의 욕망에 떨어진 영혼은 저항과 고난의 우여곡절 끝에 자기 뜻에 반하여 강제

져 있다. 사도 바울의 빌립보서 1:21에서도 비록 맥락은 상이할지라도 동일하게 반복된다. 바울이 자신의 죽음 가능성을 상정하며 사용한 어휘 '유익'(κέρδος)이란 헬라어 어휘를 똑같이 사용하면서 죽음을 긍정한 작가만 해도 소포클레스(Sophocles, *Antigone* 460-464), 플라톤(Plato, *Apology* 40C-D, E), 요세푸스(Josephus, *Jewish Antiquities* 15.158), 파우사니아스(Pausanias, *Messenia* 7.10-11), 앨리안(Aelian, *Varia* Historia 4.7), 리바니우스(Libanius, *Oratio* 26, 595A; 27, 597D) 등 다양하다. D. W. Palmer, "To Die Is Gain (Philippians 1:21)," *NovT* 17/3(1975), 203-218.

7 이 타르타로스는 죽은 자의 영혼들이 회집하여 일차적인 심판과 분류가 이루어져 다시 여정이 분기하는 중간 장소인데 땅 아래로 이어진 강들로 연결되어 있다. 참된 내세의 땅과 그 영혼들의 거주처는 그들의 인지 역량과 도덕적인 조건에 합치되는 지형과 기후로 이루어진 다섯 군데의 독특한 영역으로 구별된다. 타르타로스를 비롯해 플라톤이 파이돈에서 조형한 내세의 새 땅의 지리적 환경과 지형적 분포, 그 특색에 대해서는 Elizabeth Pender, "The Rivers of Tartarus: Plato's Geography of Dying and Coming-back-to-Life," Catherine Collobert, Pierre Destrée, Francisco J. Gonzalez eds., *Plato and Myth: Studies on the Use and Status of Platonic Myths* (Leiden: E. J. Brill, 2012), 199-233.

8 헬라어 '하데스'(Ἅ.δες)는 죽은 자의 세계 또는 지옥 세계를 관장하는 신의 이름으로도 사용되고 그 신이 다스리는 음부의 공간을 통칭하기도 한다. 이 명칭은 '보이지 않는 것'이란 뜻인데 '부유한 자'란 뜻의 '플루토'(Pluto) 또는 '플루톤(Pluton)라는 별칭으로도 불린다. 고대 그리스 신화에서 이 신은 티탄 크로노스와 레아 사이에 태어난 아들로 제우스, 포세이돈, 데메테르, 헤라, 헤스티아 등과 형제지간으로 알려져 있다(https://www.britannica.com/topic/Hades-Greek-mythology).
그러나 파이돈에서 플라톤이 철학자가 하데스에 사는 삶이야말로 최선의 삶이라고 여긴 점으로 미루어 이 하데스의 이미지가 부정적이기보다 긍정적인 측면이 강하다고 볼 수 있다. 구교선, "하데스에서 철학자의 영혼은 즐거운 삶을 사는가?-플라톤『파이돈』의 경우," 「철학탐구」 61(2021), 63-105.

로 그 여정에 따라가게 된다. 특히 불순한 영혼이나 살인 행위 같은 나쁜 짓을 저지른 자는 여행의 동반자나 가이드 없이 오랫동안 혼란 속에 방황하며 역경을 겪은 뒤에야 목적지에 도달하게 된다. 그러나 절제된 삶을 산 순결한 영혼은 여행의 동반자나 가이드로 신들을 만나 적절한 곳에 일찌감치 정착하게 된다. 이와 같이 파이돈에서 제시하는 사후의 내세는 현세의 하늘/땅과 다른 새로운 땅과 하늘로, 복잡한 여정을 밟아 도달하게 될 '참된 하늘과 참된 땅'(true heaven, true earth)으로 묘사된다.

플라톤의 신화적 상상력에 기대면, 이렇게 신천지에 도달하게 된 사자 (死者)의 영혼은 이 세상살이를 통해 축적한 삶의 모든 기억을 다 지우고 죄와 악, 상처와 원한 등에 물들거나 찌든 영혼의 수선 과정을 거친다. 바로 그 역할을 담당하는 곳이 정화소(purgatory)라 할 수 있다.9 이 과정은 그 묵은 흠결의 경중에 따라 간단하게 치러지기도 하고 오래 걸리기도 한다. 그 모든 과정을 통과한 영혼은 이른바 '거듭남'의 상태에서 제우스 신의 명령 또는 권유에 의해, 다른 관점에서는 자신의 의지와 결단에 따라 지상에 새로 태어나는 생명에 들어가 환생할 기회를 얻기도 한다는 것이다. 물론 이 땅에서 훌륭한 철인의 삶을 살아 영혼의 연단을 충분히 받은 사람들은 사후에 이런 환생의 반복적 연단 과정 없이 낙원의 가장 아름다운 곳으로 직행하여 지복을 누리는 예외적인 상황이 인정되기도 한다.

이렇게 볼 때 플라톤이 통찰한 '낙원'(παράδεισος)은 기독교 신앙에서 말하는 대로 사자의 영혼이 머무는 영원한 생명의 전당이 아니라 이미 살고 있는 지상의 생명체가 선재하여 머물던 탄생 이전의 공간인 동시에 지상의

---

9 플라톤의 이 개념은 파이돈에 처음으로 등장하는데 훗날 천당이나 지옥 그 어느 쪽에도 들어가지 못하는 자들이 그 도덕적 채무를 탕감하기 위해 속죄할 수 있는 곳으로 교부 히폴리투스 등이 제시한 이래 기독교, 특히 가톨릭교회의 교리로 채택되었다. 죽은 자들에게 그리스도가 복음을 전파했다는 신약성서 베드로전서(3:19, 4:6)의 일부 구절에 대한 해석이 가교역할을 하면서 이러한 접속이 가능했던 것으로 보인다. Joshua C. Thurow, "Atoning in Purgatory," *Religious Studies* 53/2(2017), 217-237.

삶을 마감한 사자의 영혼이 더 나은 생명으로 회복하여 새롭게 태어날 준비를 하는 갱생의 장소인 셈이다. 아울러, 흥미로운 점은 이 영혼의 전당으로서 설정된 플라톤의 낙원이 지상과 지하, 하늘이란 3차원적 세계관에 입각한 후대의 상상력 가운데 파생되어 진화해온 대로 지상의 공간과 유리된 저 하늘의 어떤 초월적 공간이 아니라는 것이다.[10] 그것은 또 다른 플라톤의 저작인 크리톤에 등장하는 소크라테스가 처형 직전 감옥에서 꿈꾼 대로 이 세상의 생을 동떨어진 매우 환상적이고 아름다운 초월성을 띤다고 볼 수도 있을 것이다. 그러나 적어도 사후 내세의 가장 정밀하고 풍성한 묘사를 담고 있는 파이돈에서는 그 초월적 세계마저도 지상과 긴밀하게 연결되는 현세의 물질적 세계 이면의 감추어진 세계로 묘사된다는 점이 흥미롭다.

이러한 배경에 비추어, 누가복음의 예수가 자신을 알아본 강도 1인에게 "네가 오늘 나와 함께 낙원에 있으리라"(23:43)고 언급한 그 낙원과 사용된 어휘는 정확하게 일치하지만, 그 내포적 함의는 다소 다를 수 있다. 여기서 그 '낙원'이 사람이 죽어 사후에 가는 세계임은 서로 같지만, 누가복음에 그 내세의 낙원이 어떤 세계이며 어떤 경로로 들어가는지 상세하게 언급되지 않는다. 이른바 거지 나사로의 비유(눅 16:19-31)에서도 죽은 나사로가 가는 내세는 천사들에게 받들려 '아브라함의 품'에 안기는 유대교적 맥락에서 비유적인 표현으로 묘사될 뿐이다. 나아가 이는 탐욕적인 부자가 들어가는 음부(Hades)의 고통스러운 지하세계와 대조적이다. 여기서 구체적으로 낙원으로 적시되지 않았지만, 나사로의 그 사후세계는 강도가 들어가리라고 누가복음의 예수가 선언한 그 낙원이란 개념과 일치한다고 할지라도 천사

---

10 참된 땅과 참된 하늘로 요약되는 플라톤의 낙원 신화가 어떤 지리적 공간 구조로 짜여 있으며 그것이 육체의 유한성과 영혼의 불멸성이란 교훈적인 메시지와 어떤 상관관계가 있는지에 대해서는 관련 학계에서 여전히 다양한 토론이 진행되고 있다. Sara Brill, "The Geography of Finitude: Myth and Earth in Plato's Phaedo," *International Philosophical Quarterly* 49/1(2009), 5-23.

들에게 받들려 들어가는 천상의 어떤 세계로 상상된다. 이는 바울 사도의 묵시적 간증에서도 확인되는 점이다. 사도 바울은 죽기도 전에 어떤 특수한 상황에서 엑스터시의 환상 체험을 한 것으로 보인다. 그 가운데 그는 자신이 3층 하늘에 위치한 '낙원'을 경험한 이야기를 기록한 바 있다. 이 경험담은 유대교 묵시문학의 주요 구성요소 중 하나인 '하늘 여행' 모티프의 맥락에서 이해할 수 있는데 거기서 이루 형언할 수 없는 놀라운 계시의 말씀을 들었다는 것이다(고후 12:1-4).

2. 낙원의 구조와 물질적 이미지

플라톤의 파이돈이 그리는 낙원은 수많은 강의 물길과 동굴, 땅속의 복잡한 지형과 지질을 통과하여 이 세상과 연계되어 있으면서도 동떨어진 어떤 이상적인 세계를 상정한다.[11] 아울러, 그곳은 죽은 자의 영혼만이 들어갈 수 있고 그 낙원 여행의 궁극적인 목적은 지상의 삶에서 퇴락한 영혼을 갱생하여 거듭난 상태로 환생하는 데 있다. 이 점에서 플라톤의 천지관은 요한계시록 등의 유대-기독교 묵시문학과 달리 하늘에서 내려오는 방식이 아니라 사후의 영혼이 미지의 세계를 찾아 떠나는 여행과 탐구의 대상이다. 이 새 하늘은 사방으로 균형과 일치를 이루어 그 중앙에 땅을 품고 치우치지 않게 지탱해주며 그리하여 공기나 다른 힘의 도움 없이도 떨어지지 않고 둥글게 머물러 있다. 현세의 인간이 살아가는 땅은 바다에 둘러싸인 작은 지역에 불과하지만, 그 바깥은 물과 안개와 공기로 채워져 흐르는 다양한 규모와 형태의 허공으로 이어져 있다. 인간이 살아가는 현세의 땅은 세상의

---

11 내세의 참된 땅에 대한 세세한 묘사는 파이돈의 109부터 본격적으로 제시된다. 아래 서술한 내용은 비교 연구를 위해 대강의 개요를 긴요한 부분 위주로 요약했다. Plato, *Phaedo*, tr. with notes by David Gallop (New York: Oxford University Press, 1975).

찌끼들이 모이는 하나의 허공일 뿐, 진실한 영혼이 머물게 될 순수한 공간은 아니다. 그곳은 인간의 연약함과 아둔함으로 에테르(αἰθήρ), 곧 대기의 정상에 도달할 수 없기에 허공의 공기를 하늘로 착각하며 살아갈 뿐이다. 이 땅은 그리하여 돌과 바위, 모래, 진흙, 수렁 등이 뒤섞여 부패하고 마모되어가는 불순한 세상을 이루지만, 영혼이 다다르게 될 내세의 땅과 그 속의 것들은 이와 비교할 수 없을 정도로 순결하고 아름답게 그려진다.

소크라테스는 그 내세의 낙원을 '참된 땅'(true earth)으로 표현하며 '지금의 색깔보다 밝고 순결하고 다양한 색깔로 어우러진 12개의 가죽 공'에 비유해 설명한다.[12] 이에 따르면 그곳은 백묵이나 백설보다 더 흰색에, 자주색 황금색 등 더 다양하고 아름다운 색상으로 구성되어 있다. 그 다양한 색상 사이로 반짝이는 물과 공기로 가득 찬 지표면에 나무가 비율을 맞춰 아담하게 자라고 꽃과 열매 또한 그렇게 아름답게 피어나며 산들은 부드럽고 투명한 색상으로 균형 잡힌 아름다움을 드러내는 곳이 바로 낙원의 풍경이다. 그 산에 박힌 돌들은 루비, 벽옥, 에메랄드 등의 다양한 보석인데 좀먹거나 썩지 않고 곰팡이로 부식되지 않는 금과 은도 풍부하다. 각종 식물과 동물 역시 마찬가지로 싱싱하고 건강하게 자라며, 이곳에 머무는 영혼은 시력과 청력, 지혜 등에서 현세의 인간보다 훨씬 더 압도적으로 우월하다. 그뿐 아니라 숲과 신전에는 신들이 실제로 거하며 신탁의 말씀이나 예언을 통해 신에 대한 앎과 소통이 왕성하여 얼굴과 얼굴이 대면하듯 확연하다.[13]

---

12 플라톤의 파이돈에서 내세 낙원의 대표적인 표상인 '참된 땅'(true earth)은 철학적 대화를 통해 컴컴한 무지로부터의 해방을 견인할 수 있다는 지성적이고 신학적인 차원의 '희망'을 제공함으로써 이로 말미암는 '영혼 교육의 기술'(psychagogy)을 연마할 수 있다는 메시지를 품고 있다. Joseph M. Forte, "The *Phaedo*, the True Earth Myth, and Hope," Presentation Paper at NNEPA 2017 Annual Meeting; [idem] "Turning the Whole Soul: Platonic Myths of the Afterlife and Their Psychagogic Function," Ph. D. dissertation (The Catholic University of America, 1997).

13 여기서 우리는 사도 바울이 종말의 구현을 염두에 두고 "지금은 거울로 보는 것 같이 희미하나 (온전한 것이 이루어지는) 그때에는 얼굴과 얼굴을 대하여 볼 것이다"(고전 13:13)라고

이러한 땅의 다양한 허공이 현세의 땅보다 훨씬 더 깊고 넓은 곳에 사방으로 뻗어 있으며 지하세계의 채널로 연계되어 있다고 한다. 땅속으로 난 깊은 구멍으로 모든 강물이 함께 흘러 들어가고 흘러나오는 곳이 바로 타르타로스(Tartarus)라는 장소이다. 그 주변에는 뜨겁고 차가운 물이 흐르는 강들이 있고 진흙으로 된 액체가 흐르는 라바 강도 있다. 그중에서 가장 큰 네 개의 강이 있는데, 첫째가 오케아노스(Oceanus)로 가장 바깥쪽으로 둥글게 흐르는 강이다. 둘째는 아케론(Acheron)으로 사막을 관통해 흐르다 지하로 스며 그 물이 아케루시안(Acherusian) 호수에 당도하는데, 여기가 바로 모든 죽은 자들이 당도해 머무는 곳이다. 셋째는 피리플레게톤(Pyriphlegethon)으로 끓는 불의 물과 진흙탕이 흘러 타르타로스로 방출된다. 넷째는 코키투스(Cocytus)로 피리플레게톤의 반대편에서 타르타로스로 흘러드는 강이다.[14]

사람이 죽어 영혼이 육체를 떠나면 먼저 아케론강을 따라 배를 타고 아케루시안호수에 도착하여 '정화' 과정을 거친다. 잘못한 것이 있으면 벌칙을 치러 사면을 받고, 선행이 있으면 이에 대한 보상을 받는다. 그러나 신성모독이나 살인 등의 중범죄를 저지른 자는 타르타로스로 던져져 두 번 다시 그 모습을 볼 수 없게 된다. 그런가 하면 부모에게 분에 받쳐 폭행한 뒤 여생을 참회한 사례처럼 중대 범죄지만 치유가 가능한 경우나 살인죄지만 정상이 참작되는 경우는 타르타로스에 떨어져 1년간 정화 과정을 거친 후 물결에 실려 다시 갱생의 여정을 밟게 된다. 살인죄를 저지른 영혼은

전망한 말을 연상해볼 수 있다.

14 플라톤의 『국가』(Πολιτεία, The Repulbic, 10.621)에서는 망각의 강인 레테(Lethe)의 강이 더 추가되어 다섯 개의 강이 나온다. 레테의 강은 아멜레스(Ameles) 강이라고도 칭해지는데 지하세계로 내려가는 히포노스(Hypnos) 동굴 주변을 휘감아 돌고 있다. 이 강물을 마시면 지상의 삶에서 생긴 모든 기억을 다 잃고 근심 없는 상태가 된다고 한다. 플라톤의 이 자료에서는 레테의 강이 추가된 것 외에도 오케아노스 강이 스틱스(Styx)라는 다른 이름으로 등장한다.

코키투스강을 따라, 부모를 거역한 죄를 지은 영혼은 피리플레게톤 강을 따라 각기 이동한 뒤 아케루시안호수로 이동하는 경로를 밟는다. 그 과정에서 먼저 자신이 누군가 죽이거나 상해를 입힌 자의 영혼을 불러 탄원하며 그들을 설득하면 저주가 그쳐 그 호수로 수용된다. 반면, 그들을 설득하지 못하면 타르타로스로 되돌아가 잘못을 저지른 대상을 설득할 때까지 수반되는 고통을 감내해야 한다. 이는 심판관이 심판 대상자들에게 현세에서 행한 대로 보응 받게 하는 방식으로 이해된다.

한편 현세에서 예외적으로 거룩한 삶을 산 사람들은 땅의 이런 지역에서 해방되어 땅 위에서 순결한 거처에 도달하는 것으로 묘사된다. 특히 철학으로 현세에서 자신의 영혼을 돌보며 정화해온 자들은 사후의 내세에서 훨씬 더 아름다운 곳에 당도하여 전 생애를 육체 없이, 즉 환생의 반복적 과정 없이 즐겁게 살아가게 된다. 이러한 내세의 삶을 염두에 두면서 선함을 추구하며 지혜롭게 살아야 하는 것은 이들에게 허락된 상급이 상당하고 그 소망이 대단하기 때문이다. 이에 따라 지상의 삶을 통해 영혼이 육체적 쾌락을 거부하고 그 표피적 장식을 낯설게 여기며 학문의 즐거움을 추구하면서 인내, 정의, 용기, 관용, 진리로 자신의 영혼을 연단하면 운명이 그 사람을 하데스(Hades)로 부를 때 아무 거리낌 없이 담대하게 더 나은 낙원의 세계로 나아갈 수 있으리라는 것이다. 이것이 플라톤의 영혼불멸설을 뒷받침하는 사후 낙원 사상의 요체이며, 영육이원론에 근거한 죽음 훈련의 교육적 기대효과다.[15]

이상에서 볼 수 있듯 플라톤이 그린 낙원은 당시 수준의 지리학과 지형학에 잇닿은 신화적 세계관을 반영한 것이라고 볼 수 있다. 바다로 둘러싸인 육지, 강물의 흐름, 화산과 지진 등의 지각 활동에 대한 경험적 지식에

---

15 조상식, 차미영, "플라톤의 『국가(政體)』와 『파이돈』에 나타난 죽음교육론적 시사점," 「교육사상연구」 23/3 (2009), 373-391.

근거하여 그는 인간의 욕망으로 오염되지 않은 바다 건너의 순수한 이상향을 낙원으로 그려낸 것이다. 그곳이 바다 건너 있다는 점에서 격리와 격절의 공간으로 얼핏 초월성을 띠는 듯하다. 그러나 땅속의 균열 틈새로 난 수많은 통로로 연결되어 있다는 점에서 이는 지상에 내재하는 낙원의 이미지를 걸치고 있다. 그 낙원이 딱히 '지상'의 낙원인 것은 거기에 이르는 길과 다다른 그곳의 풍경이 산과 강, 숲과 호수는 물론 현세에서 경험하는 금과 은, 각종 보석 등과 같이 아름다운 자연과 값비싼 귀중품 등으로 가득 찬 것으로 묘사되기 때문이다. 이러한 물질적 이미지는 육체적 욕망과 죄악으로 타락하고 오염된 지상의 삶을 정화하며 지치고 상한 영혼들이 위로받을 만한 보상의 기제로 그 상징적 의미를 해석할 수 있다. 더구나 그 순수한 자연 세계의 지상낙원도 이 세상의 현세적 삶 가운데 영혼이 성취한 미덕의 수준에 따라 그 보상의 등급이 정해진다는 점에서 차등적이다. 특히 신성모독자와 살인자에게 아예 그곳에 도달할 기회조차 주어지지 않은 채 중간의 대기지점(Tartarus)에 유폐되거나 소멸한다는 점에서 이는 얼핏 종말론적 심판의 성격도 띤다.

III. 요한계시록에 나타난 낙원상

1. 종말론적 대안으로서의 신천지와 새 예루살렘성

요한계시록은 종말의 때에 이루어질 심판의 과정을 여러 단계로 설정하여 제시한다. 그 과정은 곧 이 세상의 환란에 맞선 성도의 연단을 위한 과정이지만 동시에 구원의 기회를 얻지 못한 자들을 위해 여러 단계에 걸쳐 제공하는 패자부활전의 성격이 짙다. 그리하여 마침내 심판의 정점에 다다르면 마지막으로 하나님의 말씀대로 살다가 순교한 영웅들, 짐승의 표를 받지 않고 신앙의 지조를 지킨 자들을 위주로 1천 년 동안 왕노릇 하는 이른바 '천년왕국'의 시기를 '첫째 부활'의 때로 거친 뒤(계 20:1-6) 곡과 마곡의 싸움을 통해 마귀 세력의 최후 패망을 예고한다(계 20:7-10). 이후 처음의 땅과 하늘이 사라지고 새 하늘과 새 땅의 도래가 이루어질 즈음 크고 흰 보좌 앞에서 죽은 자들이 심판을 받는데, 그 기준은 생명책에 기록된 그들의 '행위'다. 여기서 심판대로 죽은 자들을 내주는 출처로 설정된 것은 '바다', '음부'(Sheol) 그리고 의인화된 '사망'이란 세계. 이 생명책의 심판 기준은 이중적이다. 여기에 그 이름이 기록되지 않은 자들은 고통의 수렁인 '불못'에 던져지고, 또 거기에 이름이 기록된 자들은 그 행위에 따라 심판을 받는다. 요컨대 이름이 기록된 자들은 하나님의 나라를 상속받게 되고 그 행위에 따라 상급을 받게 되지만, 그 이름이 기록되지 않은 자들은 하나님의 나라를 상속받지 못하고 그 행위에 따라 형벌을 받게 되리라는 것이다. 형벌을 자초하여 '둘째 사망'의 대상에 해당하는 그 악인의 범주로 저자는 "두려워하는 자들과 믿지 아니하는 자들과 흉악한 자들과 살인자들과 음행하는 자들과 점술가들과 우상 숭배자들과 거짓말하는 모든 자"(계 21:8)을 예로 들고 있다.[16] 이러한 악행의 유형은 살인, 성적인 부도덕, 주술적인 점복, 우상숭배 등으로 요약되는데, 이는 십계명과 이를 적용한 초기 기독교의 악덕 범주와 큰 틀에서 일치한다.[17]

---

16 여기에 심판받게 될 악인의 범주는 다른 곳 22:5의 목록과 거의 일치하는데, '두려워하는 자들'(겁쟁이들)과 '믿지 않는 자들'(불신자들)은 요한계시록에서 여기에만 나온다. 두려워하는 겁쟁이는 고대 그리스 세계에서 도덕적인 폄하의 표적이 되었다. 이 추가적인 두 악인 범주는 추측하건대 마태복음(8:26)에서 갈릴리 항해 중 풍랑을 만나 겁을 먹고 아우성치는 제자들에게 예수가 전한 다음의 구절과 긴밀히 상관되어 있다: "어찌하여 무서워하느냐? 믿음이 작은 자들아." David E. Aune, *Revelation* 17-22, WBC 52C (Nashville, Dallas: Thomas Nelson, Inc., 1998), 1131.

17 앞의 책, 같은 쪽.

이렇게 심판의 관문을 통과한 자들에게 예비된 낙원의 공간을, 요한계시록은 혼돈과 흑암의 상징으로서의 바다가 배제된 '새 하늘과 새 땅'이라고 명명한다.[18] 이 새 하늘과 새 땅은 이전 창조의 역사가 갱생되거나 그것을 대체하는 새 창조의 지평을 가리킨다. 특히 새 땅과 관련하여 뒷부분에 생명의 강과 생명 나무들이 풍성하게 자라 결실하는 생태적인 공간 이미지들을 보면 이는 에덴과 함께 에덴을 넘어서고, 새롭게 이스라엘 역사 속에 재건된 성전과 함께, 그 성전을 넘어 만민을 향한 생태선교적 비전을 품고 있다.[19]

또 그 공간 내에서 "새 예루살렘성이 하나님께로부터 하늘에서 내려온다"(계 21:2)고 묘사한다. 새 예루살렘은 모든 시련을 감내하고 구원의 관문을 통과한 죽은 영혼들을 위해 예비한 하나님의 선물인 셈이다. 이 새 예루살렘성의 정체에 대해서는 주로 유대적 배경에 비추어 수많은 연구가 이루어졌고 다양한 관점의 해석이 제출되었다. 그런데 그 공통분모는 이 성채의 구조와 내용과 특성이 구약성서와 중간기 유대교 문헌의 예루살렘 성 관련 이미지

---

18 새 하늘과 새 땅의 세상에서는 더 이상 바다가 보이지 않는 특이점을 드러내는데 이와 관련하여 여러 추론이 나와 있다. 그 가운데 한 가지는 출애굽의 홍해 사건과 같이 이스라엘 언약 백성들의 구원을 방해하는 부정적인 이미지가 작용한 결과로 추론하는 것이다. 그런가 하면 요한계시록 4-20장에 나오는 바다의 다층적인 이미지에 대한 분석에 의거하여 하나님의 새 창조 역사 속에 창세기 1장의 태초의 창조와는 다른 유형론적 특징을 드러내려는 의도라는 해석도 있다. 그런가 하면 구약성서와 신약성서에서 물, 특히 흉용하는 바다의 물 이미지는 하나님의 창조 질서와 지상 인간의 샬롬을 끊임없이 위협하는 혼돈과 파괴, 악의 상징적 표상으로 일관되게 인식되어온 성서적 배경과 연관되지 않을까 폭넓게 이해할 수도 있다. 이러한 관점의 연구들로 차례대로 다음을 참조할 것: Dave Matthewson, "New Exodus as a Background for "The Sea Was No More" in Revelation 21:1c," *TRINJ* 24 NS(2003), 243-258; Jonathan Moo, "The Sea That is No More Rev 21:1 and the Function of Sea Imagery in the Apocalypse of John," *NovT* 51(2009), 148-167; Jon D. Levenson, *Creation and the Persistence of Evil: The Jewish Drama of Divine Omnipotence* (SanFrancisco: Harper & Row, 1988).

19 Gregory K. Beale, "Eden, the Temple, and the Church's Mission in the New Creation," *JETS* 48/1(2005), 5-31.

들, 특히 포로기 이후 예루살렘 성 재건을 통한 민족 회복의 종말론적 기대와 관련하여 다양한 자료들이 용해된 간텍스성(intertextuality)의 결과물이라는 것이다.[20] 그중에서도 신부 이미지, 포로기 이후 재건될 성전 이미지, 새 창조의 이미지 등과 같은 상징이 이방인까지 포함하는 구원사의 맥락에서 변형되어 제시된 것으로 보는 관점도 있다.[21] 특히 신랑인 그리스도를 맞이하는 신부 이미지로 새 예루살렘 성을 묘사한 것은 요한계시록 내에서뿐 아니라[22] 이를 넘어서는 오래된 연원과 배경을 품고 있다.[23] 그런가 하면 에덴으로의 퇴행적 복귀가 아니라 다가오는 미래 세계에 생명을 주는 전향적 새 창조의 비전으로 보거나,[24] 바빌론의 혼돈으로 흩어진 다양한 족속이 다시 모여 이와 대조적인 구도 아래 하나의 백성으로 통합되는 완성체의 표상으로 해석되기도 한다.[25] 이렇게 하나님의 구원사의 완성이란 관점에서 구원받은 백성에 초점을 맞추고 보면 새 예루살렘 성은 특별한 장소라기보다 장소로 대체된 사람들의 표상인 셈이다.[26]

요한계시록 21:11 이하에 묘사된 그 도성의 특징으로는 하나님의 영광으

---

20 Ryan S. Schellenberg, "See the World Whole: Intertextuality and the New Jerusalem (Revelation 21-22)," *Perspectives in Religious Studies* 33/4 (2006), 467-476.

21 Celia Deutsch, "Transformation of Symbols: The New Jerusalem in Rv 21.1-22.5," *Zeitschrift für die neutestamentliche Wissenschaft und die Kunde der älteren Kirche* 78/1-2 (1987), 106-126.

22 Ruben Zimmermann, "Nutial Imagery in the Revelation of John," *Biblica* 84/2(2003), 153-183.

23 이 신부 혼인식 이미지를 이사야서(54:11-12, 61:10)의 배경에 비추어 해석하기도 한다. Jan Fekkes III, ""His Bride Has Prepared Herself": Revelation 19-21 and Isaian Nuptial Imagery," *JBL* 109/2(1990), 269-287.

24 Craig R. Koester, "Revelation's Vision of New Jerusalem: God's Life-Giving Reign for the World," *Word & World* 40/2(2020), 112-119.

25 Andrea Hock, "From Babel to the New Jerusalem (Gen 11,1-9 and Rev 21,1-22,5)," *Biblica* 89/1 (2008), 109-118.

26 Robert H. Gundry, "The New Jerusalem: People as Place, Not Place for People," *NovT* 29/3(1987), 254-264.

로 가득 차 있고, 그 빛깔이 벽옥과 수정같이 맑고 귀한 보석의 빛을 띠고 있으며 크고 높은 성곽의 형태를 갖추고 있다. 여기서 성이라 함은 '도시'(πόλις)를 가리키고, '성곽'(τεῖχος)은 돌을 쌓아 올린 성벽을 일컫는다. 그 도시의 크기가 가로/세로 12,000스타디온(약 2,160km)의 정사각형 구조로 짜여 있고, 성벽은 벽옥으로 쌓아 올려 144규빗(약 65m)의 매우 높은 규모로 상상된다. 이 성곽의 질서정연함은 그 대칭 구조로 확인되는데, 동서남북 사방에 각 3개씩 큰 진주로 장식된 문이 도합 열두 개 있고 열두 천사가 지키는 그 문에는 각기 열두 지파의 이름이 새겨져 있다. 전체 도성 또한 열두 사도의 이름이 각기 새겨진 열두 기초석 위에 정금과 맑은 유리처럼 투명하게 축조되어 있다.[27] 성곽의 열두 기초석 또한 각종 보석이 그 재료로 등장하는데 벽옥, 남보석, 옥수, 녹보석, 홍마노, 홍보석, 황옥, 녹옥, 담황옥, 비취옥, 청옥, 자수정 등이 여기 포함된다. 이 보석들의 상징적 의미와 관련해서는 매우 다채로운 의미 부여가 시도되었는데 다들 나름의 유의미한 상징 해석을 담아내고 있다.[28] 여기서는 보석에 담긴 썩지 않는 견고한 성질과

---

[27] 이러한 다양한 보석이 도성의 기초석으로 제시된 본문(계 21:14, 19-20)이 후대의 편집과정에 삽입된 것으로 주장하는 견해도 있긴 하다. 그러나 이는 재건된 성전의 기초석을 묘사한 이사야서의 일부 텍스트를 저자가 참고하여 포개 읽어 교회공동체를 세운 사도적 기초석으로 전유한 결과로 보인다: "너 곤고하며 광풍에 요동하여 안위를 받지 못한 자여, 보라. 내가 화려한 채색으로 네 돌 사이에 더하며 청옥으로 네 기초를 쌓으며 홍보석으로 네 성벽을 지으며 석류석으로 네 성문을 만들고 네 지경을 다 보석으로 꾸밀 것이며…"(사 54:11-12). 아울러 이 보석 이미지는 쿰란 문헌(4QpIsaiah7)에서도 회복된 성전 이미지와 연관하여 제시된 바 있다. David Matthewson, "A Note on the Foundation Stones in Revelation 21.14, 19-20," *JSNT* 25/4(2003), 487-498; J. A. Draper, "The Twelve Apostles as Foundation Stones of the Heavenly Jerusalem and the Foundation of the Qumran Community," *Neotestamentica* 22(1988), 41-63.

[28] 한 연구사적 요약을 보면 보석의 상징적 함의에 대해 악마를 쫓는 주술적 신표로서 지닌 성능, 천체의 별을 지칭하는 점성술적 상징물과 신탁적 기능, 신천지 도성의 고귀함과 영광스러움을 표현하는 수단이나 정화된 하나님의 백성 등을 가리키는 것으로 추론한다. William W. Reader, "The Twelve Jewels of Revelation 21:19-20: Tradition History and Modern Interpretations," *JBL* 100/3 (1981), 433-457.

순결하고 영원한 견고함의 통상적 함의로써 구약의 열두 지파로 표상되는 이스라엘 족속이 신약의 열두 사도의 리더십 기반 위에 선 교회와 통합된 모습을 구체적으로 암시하는 듯하다. 이러한 화려한 건축 양식과 구조, 재료, 나아가 문과 벽과 기초석 등은 얼핏 에스겔서의 새 성전 측량 비전을 연상시켜주는데, 이로써 저자는 유대인과 이방인들이 다양하게 모여 동등한 위상으로 연합한 교회공동체의 비전을 보여주고자 한 것이다.[29]

이 도성의 한가운데 성전이 따로 없는데 하나님과 어린양 그리스도가 성전 자체라서 밤이 없이 환한 영광의 빛을 발하기 때문이다(계 21:22).[30] 여기서 어린양의 보좌 이미지는 공간적 역학 구도상 당시 교회를 핍박하던 로마의 제국적 이미지에 대항하는 메시지를 전한다. 이는 또한 우상숭배의 억압적 상황에서도 하나님과 어린양을 향한 예배의 중심적 가치를 독자/청중에게 상기시켜주는 기능을 한다.[31] 나아가 그 어린양의 보좌에서 생명수가 흘러나와 강을 이루는데 그 물은 값없이 원하는 모든 이들에게 제공된다(계 21:6).[32] 또 그 생명수 강물의 좌우로 생명나무가 늘어서 12가지 열매를 맺으며 그 잎사귀는 만국을 치유하는 효능을 가지고 있다(계 22:2).[33] 오로지

---

29 이러한 건축적 수사학에 대해서는 Külli Tõniste, "Measuring the Holy City: Architectural Rhetoric in Revelation 21:9-21," *Conversations with the Biblical World* 34(2014), 269-293.

30 이처럼 예전과 같은 건물 형태의 성전 없이 하나님과 어린양이 성전 자체라고 인식한 이 파격적 발상은 요한계시록의 종말 신앙이 곧 강제와 억압이 아닌 "자유와 친교의 송신기지"로서 새로운 교회론과 연계되어 있음을 암시한다. Michael St. A. Miller, "Eschatology and Ecclesiology: Reflections Inspired by Revelation 21:22," *Encounter* 64/2(2003), 109-138.

31 Erin Palmer, "Imagining Space in Revelation: The Heavenly Throne Room and New Jerusalem," *Journal of Theta Alpha Kappa* 39/1(2015), 35-47.

32 이러한 생명수의 무료 제공은 "오호라, 너희 목마른 자들아. 물로 나아오라. 돈 없는 자도 오라. 너희는 와서 사먹되 돈 없이, 값없이 와서 포도주와 젖을 사라"(사 55:1)는 이사야의 예언을 상기시켜준다.

33 여기서 생명수 강과 생명 나무의 이미지는 그 기원상 창세기(2:9-14)의 유사 이미지를 연상

생명책에 기록된 자들만 만국의 영광과 존귀를 가지고 그 성문으로 들어가 하나님과 어린양 예수 앞에 경배와 찬양을 올리는 구원의 완성된 그림이 연상된다. 여기서 한 가지 주목할 흥미로운 점은 그렇게 만국의 영광과 존귀를 가지고 그 성문으로 들어가는 만민들이 온전하게 변화된 영혼들이 아니라는 사실이다. 또 그 내세의 공간이 무결점의 완벽한 세계가 아니라 나름의 질고와 상처가 남아 있어 치료가 필요하다는 것이다.[34] 이는 마치 플라톤의 파이돈에서 개별적인 영혼이 사후 낙원에 이르러 지상의 삶 가운데 얻은 상처를 치유하고 도덕적 채무를 털어버리는 공간으로 묘사된 정화소 (purgatory)의 기능에 상응하는 듯하다. 그리하여 생명수 나무의 잎사귀가 그런 치유 약재로 비치되어있는 것이고, 그 열매 또한 식용으로 풍성하게 결실하리라고 상상해볼 수 있다.

시켜주지만, 이는 나아가 에스겔서(47:1, 9-12)의 성전 비전에 나오는 유사 장면과 긴밀하게 연동되어 있다. 이러한 생태적인 회복의 비전은 모든 역사적 상처와 파괴가 치유되어 싱그런 자연환경 속에 하나님과 그 백성들의 거주처로 거듭난 새 예루살렘 성의 도시공간과 생태 파괴적이고 자연 착취적인 정치경제체제로 인해 속히 탈출해야 하는 바빌론(=로마)이라는 부정적인 도시 공간의 대립 구도 아래 에덴동산의 자연 친화적 이상이 예루살렘이라는 도시 속에 구현된 형태를 보여준다. 아울러, 이 낙원은 자연/시골과 문명/도시의 화해라는 메시지도 머금고 있다. Barbara R. Rossing, "River of Life in God's New Jerusalem: An Ecological Vision for the Earth's Future," *Mission Studies* 16/1(1999), 136-156. 이 논문은 나아가 이 새로운 낙원의 비전 속에 바다가 없어지는 것과 관련해서도 바닷길을 통한 해상무역으로 끊임없이 착취의 정치경제 구조가 존속되던 당시 로마의 제국적 체제가 파국에 이르러 청산된 의미로 해석한다(143).

34 여기서 '만국', '만민'으로 번역한 헬라어 어휘 ἔθνη는 다수의 이방인 족속을 가리킨다. 그들은 그리스도 안에서 구원받은 이스라엘 언약 백성들과 합류하여 하나님을 예배할 족속들로 다양한 나라를 이뤄오면서 역사적 흥망성쇠 가운데 숱한 전쟁을 치렀고 살상의 가해/피해 당사자들로 치료받아야 할 필요가 있다. 요한계시록의 신천지와 새 예루살렘 비전이 이와 같은 만민/만국의 회복과 구원을 말하는 데 비해 직전의 19-20장은 모든 민족과 나라들의 멸망과 심판을 언급하는 이 대조적 구도에 대해 해석이 구구하다. 일부 학자는 보편적 구원이 보편적 심판에 선행하거나 전자가 후자를 압도한다고 주장하지만 이와 달리 두 요소가 팽팽한 수사학적 긴장 관계 속에 독자들의 선택을 채근하는 측면이 있다고 보기도 한다. Dave Matthewson, "The Destiny of the Nations in Revelation 21:1-22:5: A Reconsideration," *Tyndale Bulletin* 53/1(2002), 121-142.

종합적으로 살펴보면 여기서 제시된 새 예루살렘 성의 각종 이미지는 창세기의 에덴동산, 에스겔서의 회복된 성전 환상, 다니엘의 묵시적 비전, 이사야의 새 하늘과 새 땅의 모티프 등과 연계되는 수일한 이미지들이 간텍스성의 편집방식을 통해 우주적으로 재구성된 결과로 이해된다. 굳이 그 도성을 '새 예루살렘'이라 칭한 것은 두 번이나 파괴되어 멸망한 예루살렘 성과 성전의 비극적 역사 체험이 갱생된 희망으로 투사된 결과일 것이다. "내가 만물을 새롭게 하노라"(계 21:5)는 선언으로 미루어 이 신천지와 새 예루살렘 성은, 기존의 창조 세계를 무화하거나 모조리 소멸시키고 '무로부터' 새롭게 천지를 다시 창조한다(creatio ex nihilo)는 뜻으로 보기 어렵다. 오히려 기존의 창조 세계를 변혁시키고 갱생하여 내세의 삶이 하늘이 아닌 지상의 창조 세계와 밀접하게 연계된 현실로 이해하는 것이 합리적이다.[35] 이 비전은 그리하여 최후 심판의 종말론적 기대로 이 땅의 창조 세계를 방기하기보다 오히려 언약 백성들이 여전히 청지기로서 돌봄의 책임을 감당해야 하는 은유적인 차원으로 해석된다.[36]

표면상 여기서 누리는 내세의 삶은 눈물과 애통, 사망과 고통, 저주와 어둠이 없는, 지복과 열락의 상태로 연상된다. 나아가 이 세상에서 박탈되었던 희소한 물질적인 향락이 풍성한 충만으로 보상받는 풍경이 엿보인다. 물질적인 궁핍과 초라함으로 결손을 느끼거나 치욕을 당하지 않아도 될 만큼 도성 전체가 이 세상에서 가장 귀하다는 보석으로 가득 채워진 것은 그동안 신실하게 살기 위해 포기했던 물질적인 향유의 풍성한 대가로 파악

---

35 Matthew L. Erickson, "The New Jerusalem Is No Heaven," *Word & World* 40/2(2020), 172-179. 그는 이 내세의 실체에 대하여 "하나님이 인간과 세상을 취하여 창조의 거부로 끌리는 우리의 유혹을 초월하는 새로운 현실로 인도하신다"고 서술한다. 유사한 관점으로 G. B. Caird, *The Revelation of the St John the Divine* (San Francisco: Harper & Row, 1966), 279.

36 Gale Z. Heide, "What Is New about the New Heaven and the New Earth?: A Theology of Creation from Revelation 21 and 2 Peter 3," *JETS* 40/1(1997), 37-56.

된다. 그러나 그것을 개별적으로 더 소유하기 위해 시기하거나 다투지 않아도 될 것은 그것들이 이제 희소가치의 물건들이 아니라 곳곳에 충만하여 아무도 탐낼 필요가 없기 때문이다. 소유 지향적인 성향과 정반대로 풍부한 물질적 향유가 저절로 보장되는 환경이 새 예루살렘 성의 핵심 이미지를 이룬다. 이것은 저자가 그곳을 통합된 하나님의 언약 백성이 사는 거주지로 강조한 것이라기보다 언약 갱신이라는 예언자적 희망을 실현하는 현장으로 조명하면서 가혹한 핍박에 시달리는 성도들의 제자도를 진작시키려는 수사학적 의도로 파악된다.[37]

2. 파이돈과 요한계시록의 낙원상 비교

플라톤의 파이돈과 요한계시록이 묘사한 사후 낙원의 차이점은 명확하다. 첫째, 요한계시록의 '새 하늘과 새 땅'은 이전 하늘과 땅이 사라지거나 파멸된 자리를 대체하면서, 이전 세계와 단절되거나 그 현실을 초월한 전혀 다른 대안적 세계를 보여준다. 반면 파이돈의 사후 세계로 제시된 '참된 하늘과 참된 땅'은 이전 세상의 연장선상에서 조명되는 미지·미답의 공간으로, 인간의 죄악으로 오염되거나 무지로 인해 타락하지 않은 순결한 원형질의 낙원을 가리킨다. 둘째, 요한계시록의 새 예루살렘 도성은 이스라엘의 역사 체험이 반영되어 새롭게 갱신되는 도성의 이미지를 띠고 있는 데에 비해, 파이돈에서 플라톤이 전망한 사후의 낙원 공간은 역사적 경험보다 신화적인 이야기의 조합, 재구성으로 투사된 유토피아 세계에 가깝다. 셋째, 파이돈의 내세에서 사후에 영혼이 심판을 받는 시점이 각 개체 생명의 죽음

---

37 Ryan D. Harker, "Intertextuality, Apocalypticism, and Covenant: The Rhetorical Force of the New Jerusalem in Rev 21:9-22:5," *Horizons in Biblical Theology* 38(2016), 45-73.

과 함께 영혼이 육체를 벗어나는 각기 다른 시점으로 설정된 데 비해, 요한계시록에서는 지상의 모든 생명이 우주적 종말과 함께 한꺼번에 심판대 앞에 서게 되는 부활 이후의 동일 시점을 상정한다. 넷째, 요한계시록의 종말은 이전에 여러 차례 제시된 기회의 정점이기에 마지막으로 그 운명이 갈리며 그렇게 선별된 사람들이 만국의 영광과 함께 그 낙원으로 들어가거나 징벌을 받을 불못으로 떨어진다. 이에 비해 파이돈에서는 각 개인의 행위에 따른 미세한 등급과 차이가 상정되고 다양한 정화나 구제 절차를 통해 심판의 관문을 통과하여 그 수준에 적합한 내세로 들어가거나 지옥의 수렁으로 떨어진다. 다섯째, 요한계시록의 내세 공간은 한 분 하나님과 어린양 예수가 성전이 되어, 별도의 예배 공간 없이 회복된 생태적 자연의 신천지가 곧 예배의 현장이자 환경으로 제공되는 열린 공간이다. 반면 파이돈에서는 곳곳에 생전에 섬기던 신들에게 헌당한 신전들이 다양하게 존재하며, 비록 자신이 섬기는 신들과 살아생전의 경험보다 더 긴밀하고 열린 소통을 할 수 있지만, 예배 장소는 신전 건물이라는 닫힌 공간으로 설정된다는 점이 다르다.

이러한 차이점에도 불구하고 이 두 자료에 반영된 내세의 낙원은 다음과 같은 흥미로운 공통점을 내포하고 있다. 첫째, 요한계시록과 파이돈의 경우 공통으로 모든 죽은 자들에게 심판의 관문이 기다리고 있으며 그 심판의 기준은 '행위'에 따라 이중적으로 또는 다양하게 적용된다. 둘째, 내세의 낙원은 현세의 부패하고 오염된 세상의 자연환경과 달리 순결하고 맑고 투명한 빛깔과 아름다운 색상의 다채로운 금은보석으로 충만한 공간이다. 이 사후 세계는 결핍된 물질적 가치를 탐할 필요가 없이 그 생태적 환경과 여건 자체만으로 풍성하게 누릴 수 있는 넉넉한 향유의 공간이며, 이는 이 세상에서 쌓아온 선한 덕행에 대한 보상의 선물로 제공된다는 것이다.[38]

---

38 모든 종교는 그 믿음의 헌신이나 이타적 봉사, 예물 봉헌, 희생적 죽음 등을 매개로 생전 또

셋째, 현세에서 적대적이거나 희미한 신과 인간의 관계가 얼굴과 얼굴을 마주 보듯이 확연한 소통과 우애 어린 신뢰의 관계로 재정립되며, 싱싱한 과실을 먹고 결핍을 치유하는 현세의 제반 삶의 활동은 물론 신적 존재를 향한 종교 제의적 행위도 그렇게 월등한 환경과 관계 아래 지속된다는 것이다.[39] 넷째, 그 낙원은 죽음과 육체적 삶의 고통이 제거된 열락의 내세 공간이지만, 개별 단위든 민족과 국가 단위든, 지상의 삶 가운데 얻은 상처와 고통 또는 채무를 여전히 치유하고 정화하며 탕감해야 하는 장치를 갖추고 있다는 점이다. 요한계시록에서 그 장치는 생명수 강물, 생명 나무의 실과와 잎사귀 등의 생태적인 소재로 나타나는 데 비해 파이돈에서는 정화소의 형태로 제시된다. 다섯째, 내세의 최종 도착지에 이르기까지 임박한 생전의 종말이나 이미 개인적 종말을 고한 사후의 여정에서 여러 우여곡절의 경로를 거쳐야 하고, 그 가운데 통과해야 할 연단과 심판의 관문이 있으며, 이를 통해 패자부활전의 기회가 있음을 암시한다는 점이 또한 유사하다.

이러한 차이점과 공통점을 염두에 두고 볼 때 다음의 몇 가지 추론이 가능하리라 본다. 요한계시록의 저자는 예수 그리스도의 재림과 함께 도래

는 사후의 보상을 약속한다. 특히 종교적 신앙의 이유로 받은 핍박이나 다양한 억압적 환경에서 겪은 고난에 대해서는 현세의 그 손실과 고통을 상쇄할 만한 내세의 파격적 보상이 제시되는 사례도 흔하다. 유대교에 이은 초기 기독교의 보상신학도 이 기본 원리의 틀을 선회하는데 특히 지상에서 신앙을 지키기 위해 자신의 재산을 약탈당하거나 이로 인한 극빈의 물질적 가난을 강요당한 희생자들에게 이와 같은 물질적인 환경의 화려함은 또 다른 보상의 기제라고 할 수 있다. 물질적 박탈과 보상의 대등한 상관 구조에 대한 디테일을 일반화하기는 어렵지만, 이에 대한 종교사회학적 연구로 Charles P. Flynn & Suzanne R. Kunkel, "Deprivation, Compensation, and Conceptions of an Afterlife," *Sociological Analysis* 48/1(1987), 58-72.

39 이 생명 나무 잎사귀의 치유적 효능은 죽음까지 정복한 하나님의 구원 사역이 완성된 이 신천지의 공간에서 얼핏 모순적인 요소로 비칠 수 있다. 이에 대해 자크 엘륄은 그 치유 이미지는 구원받은 인간이 여전히 피조물일 뿐 하나님이나 그리스도가 아님을 암시하는, 그러니까 '유한성'의 치유를 가리킨다. 하나님만이 영원한 생명의 근원일 뿐 인간은 "늘 다시 시작하는" 유한성을 지닌 존재로 그것의 저주로부터 해방될 필요는 여전하다는 것이다. 자크 엘륄/유상현, 『요한계시록 주석: 움직이는 건축물』(서울: 한들출판사, 2000), 285.

할 종말의 시점을 역사의 파국과 함께 새로운 갱생과 회복의 차원으로 인식했다. 하나님이 그의 왕적 주권을 온전히 실현하는 구원의 정점을 창세기의 에덴동산, 에스겔의 성전 환상 등과 같은 유대교적 이미지에 의존하여 공간적으로 재구성한 것도 사실이다. 특히 새 예루살렘 성의 비전이 역사 속에서 겪은 이스라엘 민족의 전쟁과 멸망, 외세의 억압에서 온전히 해방된 견고한 공동체의 회복을 갈구한 결정체였다는 점은 명백하다. 그러나 동시에 온갖 시련과 죽음을 거치고 도달하는 최종적인 사후의 내세가 질병과 죽음, 신산한 인생의 각종 고난과 고통이 더 이상 존재하지 않는 지고한 쾌락과 향유의 생명으로 펼쳐지리란 점에서 파이돈이 묘사한 낙원상과 일정한 영향 관계가 있어 보인다. 물론 거기로 들어가는 주체가 파이돈의 경우 플라톤의 교리에 걸맞게 육신의 감옥에서 해방된 불멸하는 영혼이지만 요한계시록의 경우는 그리스도 안에서 부활하여 영적인 몸으로 변화한 전인격적 생명체라는 점이 각기 다르다.

이와 관련하여 흥미로운 또 다른 비교의 준거점은 파이돈과 요한계시록이 그리는 낙원상이 공통으로 생태신학적인 함의를 띤다는 사실이다. 이 낙원은 간단히 말해 역사적으로 체험한 이 세상과 동떨어진 초월적인 세계이면서 동시에 이 세상과 긴밀하게 연관된 세계라는 역설적인 모습으로 다가온다. 요한계시록은 이와 관련하여 새 하늘과 새 땅의 도래와 함께 이전 하늘과 땅은 더 이상 보이지 않는다고 진술함으로써 과거의 세상이 사라진 것처럼 묘사한다. 그러나 그것은 동시에 "내가 만물을 새롭게 하노라"(계 21:5)는 또 다른 선언에 비추어 보면 완전히 사라졌다기보다 멸망 당한 뒤 새롭게 갱생된 형태로 회복된 하늘과 땅이라고 보는 것이 더 합리적이다. 다시 말해 새 하늘과 새 땅의 비전은 이전 첫 하늘과 옛적의 땅이 인류의 역사를 통해 망가지고 오염된 세상의 청산을 목표로 한다. 또한 현실에서 살아간 생명체들이 죄악 가운데 고난과 죽음과 부패를 경험할 수밖에 없었던 현실을 너끈하게 극복한 상태로 하나님의 주권 아래 새로이 거듭나고 회복된 신천지 세계를 지향한다. 이전의 구태의연한 죄악 세상인 인간계의 극복과 새로운 모습으로의 갱생이란 점에서 새 예루살렘 성의 비전도 마찬가지다. 예루살렘 성은 1천 년 넘게 역사의 이끼로 덮인 옛 이스라엘의 수도요 시온주의가 발흥한 터전이었지만, 요한계시록의 새 예루살렘 성은 더 이상 이스라엘 족속과 유대인들에게 국한된 삶의 현장이 아니다. 그리스도 안에서 만물을 충만케 이루어가는 하나님의 백성들이 이방인과 유대인의 경계를 넘어 온전히 한 예배자로 회복되고 통일된, 인류의 터전으로 진화한 공간적 결정체가 바로 새 예루살렘 성인 셈이다.[40]

이에 비해 플라톤의 파이돈이 그려 보여준 낙원은 한 개체의 인간 생명이 죽어 그 영혼이 들어가는 내세라는 점에서 다분히 종말론적이지만, 그 새 하늘과 새 땅이 세상의 태초 상태에 이미 조성되어 있었다는 점에서 동시에 감추어진 태초론적 신화의 세계라 할 수 있다. 물론 파이돈의 낙원 역시 요한계시록의 경우와 마찬가지로 이 세상과 격절한 별도의 세계로 이승의 삶이 도달할 수 없는 곳이란 점에서 다분히 초월적 공간이다. 그러나 그 세계는 이 땅의 균열 난 틈새를 통해 바다 너머의 세계로 연결되어 있다는 점에서 이 땅의 세계와 상호 소통적이다. 그 세계는 태초의 오염되지 않은 순수한 자연을 그대로 간직하고 있다. 또 그 자연은 인간의 영혼에 위협적이지 않고 마냥 쾌적한 도심의 주거 환경을 제공한다. 이는 요한계시록에서 보여주는 생명수 강가에 늘어선 생명 나무의 이미지와 사시사철 열리는 과일의 풍성함, 그 잎사귀에 담긴 치유의 효능 등에 투영된 생태적 환경과 일맥상통한다. 요컨대 인간계와 자연계의 불화와 갈등이 종식되고 생태환경의 회복이 온전히 실현되거나 더 이상 회복할 필요가 없이 건강하

---

40 Dave Matthewson, "The Destiny of the Nations in Revelation 21:1-22:5: A Reconsideration," 121-142.

게 지속 가능한 환경이 제공되는 낙원이라는 것이다.[41] 아울러, 파이돈이 제시한 대로 그곳에 있는 신전에서 신들과의 만남이나 소통도 더 이상 희미하지 않고 명확하다는 점에서 요한계시록의 하늘 성전과 하늘 예배의 비전과 상통한다. 다시 말해 그 낙원에서의 신앙은 이 땅에서의 종교적인 의례와 제의적 관습을 넘어선 지경에서 저절로 신실해지는 즉각적 경건을 보장한다는 것이다.

IV. 보상적 사후 낙원의 향유신학적 의의

사후 내세의 물질적 풍요를 위시한 종교적 보상의 약속에 대한 관심사가 기독교, 특히 성서신학 분야에서 미약해지게 된 한 가지 배경으로 '하나님 나라'/'천국' 신학의 열풍을 들 수 있다. 예수의 복음에 핵심적인 내용으로 거론되는 '하나님 나라'(마태복음에서는 '천국')는 하나님이 이 땅의 왕으로 임하여 친히 다스린다는 왕적 통치의 개념으로 매우 왕성하게 조명되어왔다.[42] 신약성서학의 이러한 통찰이 본격화되기 이전에, 현재의 보수적인 다수 진영에서는 여전히 하나님 나라든, 천국이든 그 개념을 사후에 들어갈 내세의 천당 개념과 동일시하여 인식해왔다. 그러나 이후 이 개념이 하나님

---

41 구기정, "생태학적 관점에서 본 요한계시록의 땅 이야기," 「신약연구」 12/1(2013), 131-157; Barbara R. Rossing, "River of Life in God's New Jerusalem: An Ecological Vision for the Earth's Future," 136-156.

42 이 주제는 전통적인 리버럴 주류학계뿐 아니라 복음주의 학계에서도 매우 왕성하게 논의되어왔다. 최근 성서신학의 중요한 일환으로 전개되어온 하나님 나라 신학의 흐름을 집약하여 조명한 자료로 다음을 참조할 것: Nicholas Perrin, *The Kingdom of God: A Biblical Theology* (Grand Rapids, MI: Zondervan Academic, 2019). 국내에서도 1970년대 민중신학의 열풍 이후 1980년대부터 하나님 나라 신학의 담론이 번지면서 이 방면의 주제로 수많은 번역서, 저서, 논문들이 출간되었다. 그 대표적인 사례로 김세윤, 김회권, 정현구, 『하나님 나라 복음』(서울: 새물결플러스, 2013).

의 왕적 주권의 역사적 실현, 즉 하나님의 왕권이 지상의 현실에 개입하여 이 땅의 제반 혼란을 평정하고 직접 통치하게 되리라는 종말론적 역사적 개념으로 재정립되면서 이 땅에서의 삶 자체가 중요해졌다. 더불어, 하나님 나라의 신학적 관점에서 이 땅의 불의와 혼란을 넘어서는 하나님의 공의와 평화가 중시되었고, 개인적 삶의 윤리적 책임과 행복의 가치는 물론 하나님 의 공변된 뜻을 함께 이루어내기 위한 공동체적 연대가 강조되었다. 이 주 제에 관한 수많은 연구 결과 기독교 신자들의 관심사는 점점 더 이 땅의 일에 집중하여 지상에 이미 임했거나 온전히 실현하게 될 하나님의 나라, 아니면 역사의 발전에 맞물려 이 땅에 장차 도래할 하나님의 왕적 주권과 그 통치에 초점이 모아졌다.

예수의 하나님 나라 운동이 유대인과 유대교의 면면한 역사 가운데 이 러한 종말론적 희망을 품고 이 땅의 현실을 변혁하고 갱신하는 데 일차적인 관심이 있었던 것은 이제 부인할 수 없는 사실로 보인다. 그러나 그렇다고 복음서의 예수가 남긴 유산 가운데 사후의 내세에 대한 관심이 전혀 없었던 것은 아닌 듯하다. 그 자료의 역사적 진정성 문제가 항시 거론되지만, 일단 액면 그대로 복음서 자료를 취해보자면, 예수는 부자와 거지 나사로의 비유 (눅 16:19-31)를 통해 이 땅에서 누린 물질적인 삶의 향유 내용 또는 그 형태 와 반비례하여 사후 세계의 심판을 경고하였고, 이에 따른 공정한 보상이 어떻게 드러날지 교훈한 바 있다. 마찬가지로 양과 염소의 심판 비유(마 25:31-46)에서도 이 땅에서 지극히 작은 자들에게 베푼 물질적인 선행의 여 부가 어떻게 장차 행한 대로 보상하는 심판관의 기준에 따라 그 대가를 돌려받게 될지 명확하게 보여준다. 따라서 하나님의 나라가 역사의 종말론 적 파국으로 실현되리라고 전망하든지, 아니면 이 역사 속에서 전복적 갱신 이나 급진적 변혁의 방식으로 구현되리라고 믿든지, 이와 별도로 개개인이 장차 죽음과 함께 기대하는 내세에의 관심을 기독교에서, 또 성서에서 완전히 지울 수는 없는 것이다. 또한 요한복음 서장의 그리스도 선재설에 반영된 플라톤의 '영혼선재설'과 요한복음에 '이 사람이 날 때부터 맹인이 된 것이 그의 죄 때문인가, 그의 부모의 죄 때문인가'(요 9:2)라는 제자들의 물음에 전제된 '영혼환생설'의 흔적도 당시 종교사적 맥락에서 충분히 탐구의 대상이 될 만하다.[43]

　　다만 복음서에 나타난 하나님 나라/천국의 비전은 그 보상신학적 체계에 비추어 보더라도 요한계시록의 낙원과 비교하여 뚜렷한 차이점을 드러내는 것도 사실이다. 이는 구원의 실현 상태와 일정한 연관이 있다. 복음서의 하나님 나라/천국은 실현된 종말론이든, 미래적 종말론이든, 아니면 개인적 종말론이든, 그 최종적인 구원의 성취가 유예되거나 고작 현실에서 맛보기 수준으로 선취되는 모습으로 나타난다. 흔히 천국 비유로 인식되는 예수의 잔치 비유가 대표적인 사례이다. 여기서 그 천국의 잔치는 한 고을이나 왕국의 (혼인) 잔치로 빗대어지는데, 그 강조점이 누가 참여하고 참여하지 않느냐에 있고 하객들 또한 푸짐하게 음식을 먹고 마시며 한순간 그 잔치 분위기를 누리는 정도로 국한된다. 그 외에도 땅에서 예상치 않은 순간 보물을 발견한다든지(마 13:44), 멀리 떠나 매우 진귀한 진주를 찾아가 얻는다든지(마 13:45-46), 물고기를 그물 가득 잡아서 먹을 만한 것과 그렇지 못한 것을 선별한다든지(마 13:47-48) 하는 천국/하나님 나라 비유에서도 예수의 주 활동 무대였던 갈릴리 지역의 민중이 겪은 일상사의 경험 가운데 연역한 어떤 구원의 목표와 통찰력, 주체적 결단의 중요성이 강조된다. 나아가 그로 인해 경험할 만한 삶의 어떤 극적인 기쁨의 반응을 부각시킬

---

43 이 주제에 대한 연구는 앞서 예시한 차정식, 『신약성서의 환생 모티프와 그 신학적 변용』. 아울러 이러한 관점에서 나온 기독교 사상사, 종교사적 저술로는 Elizabeth Clare, *Reincarnation: The Missing Link in Christianity* (Corwin Springs, MT: Summit University Press, 1997); Sylvia Cranston ed., *Reincarnation: The Phoenix Fire Mystery* (Pasadena, CA: Theosophical University Press, 1994).

뿐, 그것을 풍성하게 누리는 현실적 체감과는 거리가 멀다. 그러나 요한계시록의 낙원은 질서정연하게 구축된 공간 내에 이 세상에서 진귀하다는 온갖 금은보석으로 치장된 환경을 화려하게 누리며 이 세상살이에서 결핍된 것들을 충분하게 보상받는 풍경으로 묘사된다. 나아가 그 공간은 거기에 들어간 하나님의 백성들이 오염되지 않은, 정갈하고 생태적인 환경에서 살되, 지상의 삶이 겪어낸 음울한 고통과 죽음의 경험에서 해방된 구원의 완성태를 풍성하게 누릴 수 있는 향유 지향적 삶의 전당으로 투사되어 있다. 이는 물론 아무런 대가 없이 주어진 공짜 선물이 아니라 핍박과 고난의 현실을 감내하며 순교까지 각오한 끝에 쟁취한 보상의 선물이라는 점에서 정치신학적 해방의 함의도 담겨 있다.44 나아가 이 비전이 그 정점의 카타르시스 효과를 문학적 수사로 유도하면서 당면한 불의한 현실에 대한 극적인 저항의 메시지를 타전하는 측면도 짚어볼 수 있다.45 복음서에서 그려진 천국/하나님 나라의 보상이 비유된 약속의 종말론적 희망과 이를 '선취'하는 경험으로서의 보상이라면, 요한계시록의 신천지와 새 예루살렘 성의 낙원은 그 존재 자체로 온전하게 실현되고 체험되는 보상이라고 할 수 있다.

현재 기독교의 복음 전파 현장에 투사된 상황을 조명해보건대, 상기한 어떤 방식으로든 하나님 나라의 비전이나 낙원의 기대가 이 땅의 일반 신자들에게 보편적으로 광범위하게 드러난다고 볼 수 없다. 그들 다수는 여전히 세속적인 기복주의 신앙과 내세의 막연한 영생 복락을 기대하는 교리적 확신에 붙잡혀 있는 듯하다. 이 단순명료한 신앙의 논리에는 이 땅에서도 부

---

44 요한계시록의 구원/구속 메시지를 이러한 정치적 해방이란 관점에서 재조명한 연구로 Elisabeth Schüssler Fiorenza, *The Book of Revelation: Justice and Judgement* (Philadelphia: Fortress Press, 1985).

45 1세기 말 소아시아 기독교 공동체가 처한 핍박과 순교의 위기 상황에서 요한계시록이 역사문학적 사회심리학적 맥락에서 이러한 수사적 기능을 수행하고 있다는 연구가 있다. Adela Yarbro Collins, *Crisis & Catharsis: The Power of the Apocalypse* (Philadelphia: The Westminster Press, 1984).

유하게 잘 먹고 잘살 뿐 아니라 내세에서도 풍성하게 영생과 복락을 누리며 현세의 좋은 생을 최대한 이어가고 싶어 하는 욕망이 숨겨져 있다. 또한 이러한 신앙논리적 전개 과정을 종종 '구원'이란 개념과 접맥시켜 이해하기도 한다. 그러나 적어도 신약성서의 내세 신앙은 이와 다른 모습을 보여주는 것이 분명해 보인다. 거기에는 일관된 전복적 논리가 작동한다. 가령, 낮은 자가 높은 자로 뒤집어지고, 부유한 자가 가난한 자로 내쳐지는 전복적 상황의 기대는 비단 하나님 나라의 질서에만 나타나는 것이 아니라 사후 내세의 세계에서도 극적으로 투사되어 나온다. 그런데 놀라워라! 신약성서의 요한계시록이 보여주는 내세 낙원의 세계와 플라톤이 사후 영혼의 거처로 묘사한 낙원의 세계가 매우 흡사한 구조와 패턴 속에 생태적인 회복과 물질적인 화사함의 이미지로 치장되어 등장한다는 것이다.

여기에는 그 내세적 세계관과 이를 묘사하는 세세한 이미지의 차이점에도 불구하고 사후세계에 대한 어떤 신학적 상상력이 공유되어 전승된 측면이 있어 보인다. 그 가운데 금은보석으로 치장된 건축 구조물의 물질적인 외양의 화사함이 강조되는 것은, 복음서에서 요한계시록에 이르는 신약성서의 경우, 일관되게 향유 지향적 보상신학이 개입한 결과다. 이 땅에서 자신의 것을 공동체를 위해 아낌없이 희사하고 가난한 자의 구제에 내어준 대로 더 좋은 것으로 내세에 보상받든지, 그 자발적인 가난한 삶의 현실을 감내한 대가로 내세에서 그 결핍을 더욱 풍성한 것으로 충족받든지, 그 종교 심리적 공통 요소는 향유이고 보상이란 것이다. 이는 플라톤이 파이돈에서 그린 금은보석의 환경처럼 태곳적 이 땅의 이면이나 바다 건너편 감추어진 이상세계에서 그런 것들이 전혀 희귀하지 않고 풍성하게 널려 있는 광물질로서 누구나 누릴 수 있다는 지질학적 상상력의 사례와 다소 상이한 편차를 보이는 게 사실이다. 그러나 이 또한 이 세상에서 덕을 쌓느라 일부러 멀리하거나 누리지 못한 물질세계를 그 내세에서나마 풍성하게 누릴 수 있

으리라는 종말론적 향유의 희망을 내장하고 있다는 점은 요한계시록의 보상신학적 비전과 일맥상통한다.[46]

V. 요약 및 결론

비록 사상적 기반과 시대적 배경은 다를지라도 요한계시록의 신천지/새 예루살렘 성의 낙원과 플라톤이 그보다 대략 500년 전 앞서 조형한 파이돈의 사후 낙원은 그 적잖은 차이점에도 불구하고 공통점이 많이 드러난다. 특히 그 사후 내세의 풍경이 오염되지 않은 생태적인 자연환경과 희소하고 화려한 금은보석들로 꾸려진 향유 지향적 세계라는 점은 매우 흡사한 공통요소로 판단된다. 요한계시록의 상기 본문은 지금까지 주로 구약성서 유사 자료의 유사 이미지들을 1세기 후반 황제숭배를 강요한 로마제국의 핍박에 맞선 소아시아 교회들의 저항이란 맥락에서 창의적으로 재구성한 결과로 인식되었다. 이에 따라 이 본문이 주로 구약성서의 배경사와 유대교적 맥락에서 다각도로 조명되어온 것은 당연하다. 그러나 여기서 제시된 보상신학의 메커니즘을 면밀하게 분석해보면 기성종교, 특히 기독교의 종말론적 세계관에서 많이 전파되어온 영혼과 물질(육체), 금생과 내세, 하늘과 땅, 금욕/금기와 향유 등의 이분법적 가치관은 많이 과장되거나 부분적으로 왜곡된 인식의 산물이란 점이 분명하게 드러난다. 설사 그것이 독자의 이해를 돕고

---

46 이러한 화려한 금은보석으로 된 내세의 낙원 세상은 종교사적으로 보면 여러 종교적 보상의 주제로 편재하는데 불교의 극락 풍경도 이와 상통한다. 정토사상을 대표하는 대승경전 대무량수경에는 마음의 공이나 깨닫거나 보는 열반 상태도 아닌 구체적인 극락세계를 묘사하면서 칠보로 된 갖가지 나무와 금, 은, 유리, 파려, 산포, 마노, 자거로 된 나무, 금나무에 은잎과 꽃과 열매가 열리거나 은나무에 금잎과 꽃과 열매가 열리는 풍경을 보여준다. 차정식, "보석으로 된 천국의 세계관-마음의 천국에서 신천지의 새 예루살렘성까지," 『신약성서의 사회경제사상』 (서울: 한들출판사, 2000), 407-435, 특히 432 각주 97.

극적인 교훈을 부각시키기 위해 그러한 이분법적 조명을 가한 것일지라도 그 실체적 진실인즉 이 모든 것이 두루 하나님의 창조 세계 안에서 융합적으로 긍정되고 회복되고 갱생되어야 할 소중한 가치라는 것이다. 그러나 동시에, 분석한 두 자료를 관통하는 내세 지향적 세계관은 현재의 타락하고 오염된 나라와 세상과 백성의 삶을 넘어 초월적인 '새 하늘과 새 땅' 또는 '참된 하늘과 참된 땅'의 유토피아적 대안을 제시한다는 점에서 현세적 삶의 질서와 근본적으로 구별되는 차이를 상정한다.

또 한 가지 분명한 사실은 사후 내세의 삶이 현세의 삶 가운데 행한 것들에 대한 최종적 심판과 최후의 보응이란 점에서, 요한계시록과 파이돈의 비전이 이 땅에서 임하거나 실현되어가는 하나님 나라/천국의 '이미/아직'의 변증법적 역설 구도를 넘어선 자리에 노정된다는 것이다. 다시 말해 예수가 제자들에게 자신의 소유와 부모 형제를 포기한 자에게 약속한 현세와 내세의 보상(막 10:29-30)이란 기준으로 보건대, 이 사후 내세의 보상은 현세의 보상과 차원이 다르다. 현세의 보상이란 아무리 최상으로 주어져도 부족하거나 결핍의 상황이 대부분이다. 더 많은 다른 경우 이 땅에서의 신실한 삶, 헌신적이고 이타적인 희생의 삶에 대한 현세의 대가는 핍박과 박탈이란 극단의 손실로 드러나기 십상이다. 굳이 이를 '보상'이라 칭한다면, 그것은 자기의 신자다운 삶의 도리를 다하고 명분을 챙겼으므로 명예로운 삶이었다는, 자족적인 것일망정 구체적인 실속이 결여된 허름한 보상일 뿐이다.

이에 비해 요한계시록과 파이돈이 종말론적 환상으로 보여준 내세의 보상인즉 가장 공정하고 최종적인 것으로 믿을 만한 내용이다. 특정 범주에 해당하는 죄와 악의 대상자들은 일찌감치 탈락하거나 소멸한다. 또 이 땅에서 인간이 겪을 실존적 한계상황(질병, 고통, 슬픔, 죽음 등)은 충분히 극복된 상태로 지고의 복락이 예견된다. 물론 파이돈의 내세는 영혼이 다시 환생하여 지상의 육체적 삶을 되풀이하는 순환 구도로 진행되지만, 요한계시록의 내세는 그 순환 대신 영원한 생명의 향유만이 약속된다. 그러나 그것이 존재론적 완벽함의 상태가 아닐 듯 짐작되는 것은 파이돈의 '정화소'와 요한계시록의 치유하는 생명 나무 잎사귀의 이미지가 남기는 여운 때문이다. 거기에도 최종적인 완성과 온전한 샬롬의 지경에 이르기까지 회복해 나가야 할 여정이 암시되는 것이다. 이러한 2%의 여운과 미묘한 불확실성의 여지와 함께 이 두 자료에 투영된 내세적 삶의 상징들은 이 땅의 결핍을 풍요로 바꾸고, 이 땅의 희소한 물건들을 당연한 일상으로 누리면서 살아가야 할 애당초 생명의 존재 목적을 십분 체현한다. 아울러 모두 함께 서로의 생명을 돌보면서 살아가야 하는 윤리적인 책무와 생태 지향적인 삶이 그 영생이란 샬롬의 지평에서 만난다. 이는 결국 수미상관의 구조 속에 하나님의 창조와 그 종말이 서로 맞물리는 형태로 그 이후 펼쳐질 새로운 대안적 삶의 희망을 암시하고 있다.

5장
'사탄에게 넘겨줌'의 의미와
초기 기독교의 저주 의식
─ 고린도전서 5:4-5와 디모데전서 1:20을 중심으로

I. 문제 제기

초기 기독교의 신앙 풍속도에는 오늘날의 경우에 비추어 생소하거나 이질적인 요소들이 없지 않다. 가령, 고린도전서(15:29)에서 바울은 죽은 자를 위해 세례를 받는 당대의 종교적 관행에 대해 언급한 바 있다. 이러한 관행의 타당성 여부를 따지지 않고 바울은 이를 실천하는 당사자들에게 죽은 자의 부활에 대한 신앙이 있음을 방증하는 근거로 삼고 있긴 하다. 그러나 그 관행의 세세한 사정에 대한 추론은 그리 간단치 않다. 죽은 자가 예수를 믿었는데 세례를 받지 못해 살아 있는 가족이 대신 세례를 받았다는 것인지, 예수를 믿지 않고 죽은 가족이나 친인척 가운데 비록 그 육신은 불신앙 상태에서 죽었을망정 그 영혼이라도 천상의 정화소(purgatory)를 거쳐 거듭나길 바라는 (환생의?) 소망에서 대신 세례를 받았다는 것인지 불분명하다.[1]

---

1 이 구절에 대해서는 고대 교부들로부터 현대의 주석가들에 이르기까지 광범위하고 다양한 해석이 제출되어왔다. 이 구절에 관한 연구사적 요약과 최근의 연구 동향에 대해서 Adam

여하튼 오늘날 기독교 세례 의식에 비추어 이런 관행이 생소하고 심지어 이단적으로 비치는 것 또한 사실이다. 또 다른 예를 들자면 신약 외경문헌인 '바울과 테클라 행전'을 보면 테클라는 바울에게 세례를 받지 못한 상태에서 세례를 통해 구원받기를 바라는 간절한 갈망 가운데 폭우 속으로 자기 몸을 던져 스스로 세례를 주고 세례를 받는다. 이른바 '자기 세례'(self-baptism)라 칭하는 이 세례의 유형은 오늘날의 세례 원칙에 비추어 뜬금없고 낯선 개념이다. 그러나 특수한 경우에 예외적으로 허용되었을 가능성이 앞서 든 예로써 점쳐진다.

필자는 이 장에서 이와 같이 초기 기독교 공동체의 신앙 관습과 정서상 나름 익숙하고 자연스러웠지만, 그 이후의 기독교 역사 가운데 맥이 끊겨 오늘날의 상황에 비추어 지극히 낯설고 어색한 신앙생활의 또 다른 풍속도를 탐구한 것이다. 특히 교회공동체 또는 그 일개 성원이 기도나 주술적 방식으로 적대자로 낙인찍힌 특정 상대를 저주하는 공동체와 개인 차원의 종교적 의식이 있었다는 가설을 세워 바울 서신의 두 본문을 통해 자세히 검증해보고자 한다. 그 본문은 고린도전서 5:4-5와 디모데전서 1:20인데, 여기서 그 맥락은 상이하지만 "사탄에게 넘겨주다"라는 표현이 공통으로 사용되고 있다. 특정한 개인을 사탄에게 넘겨준다는 것은 그 표현 자체로 무엇을 의미하는 것일까. 또 그 극단적인 표현을 무릅쓰게 했을 정도로 그 본문의 이면에 깔린 구체적인 상황은 무엇이었을까. 그것이 단순한 바람이

C. English, "Mediated, mediation, unmediated: 1 Corinthians 15:29: the history of interpretation, and the current state of biblical studies," *Review & Expositor* 99/3(2002), 419-428; Joel White, "'Baptized on Account of the Dead': The Meaning of 1 Corinthians 15:29 in Its Context," *JBL* 116/3(1997), 487-499; John D. Reáume, "Another Look at 1 Corinthians 15:29, 'Baptized for the Dead,'" *Bibliotheca sacra* 152(1995), 457-75; Richard E. DeMaris, "Corinthian Religion and Baptism for the Dead (1 Corinthians 15:29): Insights from Archaeology and Anthropology," *JBL* 114/4(1995), 661-682.

나 기원이 아니라 공동체 차원 또는 권위 있는 개인의 구체적인 행동이었다면 이로써 추구한 목적과 목표는 무엇이었을까. 그것이 바울이 공유한 유대교와 헬레니즘 세계의 대중 종교와 그 주술적 현장과 잇닿아 있었고, '저주' 의식이라는 뚜렷한 형태로 그 내용을 채울 수 있다면 이는 초기 기독교의 종교적 발전 과정에서 어떤 의미를 띠는 것일까. 이러한 초기 기독교의 이면에 깔린 신앙 풍속도가 내 추론과 맞아떨어진다면 그것이 바울의 구원론 이해를 어떻게 심화, 확장할 수 있을까. 이 연구는 이러한 일련의 질문들을 머금고 진행될 것이다.

II. 예비적 고찰

1. 사탄에게 내어줌-출교, 징계?

사탄은 최초로 욥기에 하나님의 심부름꾼으로 등장한다. 그는 '하나님의 아들들'과 함께 하나님 앞에 서서 세상사를 나누는데 의인 욥과 관련해서 사탄은 해치려는 의도를 품고 있었다. 하나님은 그를 옹호했고 사탄은 그가 대가 없이 하나님을 경외할 리 없다며 욥의 시험을 부추긴다. 이에 하나님은 욥의 재산과 자식, 심지어 신체를 매개로 사탄에게 시험을 하도록 허락하는데 그때 사용된 표현 문구가 욥을 "사탄에게 내어주었다"는 것이다.[2] 물론 하나님은 그의 생명 자체를 건드리지 말라는 한계를 설정해주었다. 생명이 멸해 죽지 않을 정도로 시험하라는 것이었다. 이 단계에서 사탄

---

2 '사탄에게 내어줌'이라는 표현의 동일성에 근거하여 욥기의 본문을 고전 5:4와 디모데전서 1:19의 해석 배경으로 삼아 징계와 교육이란 맥락에서 이해하려는 관점이 제출되기도 하였다. Verlyn D. Verbrugge, "Delivered over to Satan," *Reformed Journal* 30/6(1980), 17-19.

은 하나님의 심부름꾼으로 등장해서 하나님의 주문을 대행한다.[3]

그러나 이후 묵시문학을 통해 사탄은 타락한 천사의 기원을 가지고 하나님께 패역한 악의 세력을 표상하는 이름으로 점점 더 고착되어 간다.[4] 그는 하나님의 명령에 따라 고분고분 순종하는 것이 아니라 하나님과 그의 말씀을 따르는 빛의 자녀들에 대적하며, 그들을 멸망으로 인도하는 데 주도적인 역할을 한다. 하나님의 나라가 이 땅에 온전히 실현되고 하나님의 통치 주권이 온전히 이 땅의 죄악 세력을 제압하여 최후의 승리를 거두기까지, 사탄은 끊임없이 인간 세계를 죄악으로 물들여 파괴하고 영혼을 미혹하여 타락시키며 멸망의 길을 따르도록 부추기는 어둠의 세력을 선도한다. 질병 역시 사탄의 궤계와 무관치 않다(눅 13:16). 복음서에 예수께서 더러운 영, 귀신 등으로 불리는 악한 영을 물리치고 축귀로써 생명을 회복시키거나 직접 베드로를 향하여 '사탄아 물러가라'고 명한 것을 보면(막 8:33) 당대 대중 종교 내에서 바알세불과 마찬가지로 사탄이 사람에게 붙어 영혼을 미혹시키고 하나님 나라의 확장을 끊임없이 훼방하는 악령의 우두머리쯤으로 인식되었음을 알 수 있다.

복음서와 바울 서신에서 사탄은 가룟 유다와 같은 사람에게 들어가고 (요 13:27), 천사처럼 꾸며 자신을 가장하며(고후 11:14-15), 사람의 연약함을 미끼로 속이거나 시험한다(고전 7:5; 고후 2:11). 또 그 사탄은 사도의 앞길을 막아 훼방하기도 하는 것처럼 묘사되고(살전 2:18) 어떤 사람들은 사탄에게 자신의 영혼을 전적으로 맡겨 '돌아갔다'고 표현한다(딤전 5:15).[5] 기독교 묵

---

3 욥기에 나오는 사탄의 역할이 신적 명령의 '대행자'인지 적극적인 '집행관'인지 논란의 여지가 있다. Ryan E. Stokes, "Satan, YHWH's Executioner," *JBL* 133/2(2014), 251-270.

4 사탄에 대한 성서적 전통과 역사적 전개 양상에 대해서는 Victor P. Hamilton, "Satan," *ABD* vol. 5, 985-989; Florian Kreuzer, "Der Antagonist: der Satan in der Hebräischen Bibeleine bekannte Größe?." *Biblica* 864(2005), 536-544; 이윤경, "벨리알과 사탄의 역사적 개념 변천 연구," 『한국기독교신학논총』 76(2011), 35-54.

5 바울의 사탄 이해에 대해서는 Derek R. Brown, *The God of This Age: Satan in the Church*

시주의적 세계관에 의하면 예수 그리스도 안에서 구속함을 얻은 언약 공동체의 백성들이 빛의 자녀로 하나님께 속한 자들이라면 그 공동체 바깥에서 그리스도의 구원과 무관한 이들은 사탄의 세력권 안에서 깊은 영향을 받고 있다고 할 수 있다. 이러한 영적인 세력 판도와 대결 구도에 대해 에베소서는 예수를 믿기 이전의 상태를 "공중의 권세 잡은 자"를 따르던 시기로 특징지으면서(엡 2:2), 예수를 믿는 신자들이 전신갑주를 입고 그 사탄의 세력과 연루된 "통치자들과 권세들과 이 어둠의 세상 주관자들과 하늘에 있는 악의 영들"을 대적하여 싸울 것을 종용한다(엡 6:12).

사탄과 관련된 이러한 서술과 묘사에 암시하듯이, 사탄은 결국 성도들이 가까이해서는 안 되는 가공할 만한 죄악의 세력으로 미혹당하지 않도록 조심하고 경계해야 할 대상이며, 싸워 이겨내야 할 '악의 축' 같은 존재다. 이에 바울은 종국적으로 하나님이 사탄을 우리의 발아래 짓밟아 승리하게 하시리라는 확신을 전한 바 있다(롬 16:25). 그런데 신약성서의 두 구절만은 사탄을 향해 적극적으로 '거래'를 하듯이 특정인을 '내어준다'고 표현한다. 고린도전서 5:4-5와 디모데전서 1:20이 그 본문이다. 여기에 사용된 헬라어 동사 παραδίδωμι는 흔히 예수께서 가룟 유다에게 배신을 당하여 적대자들에게 넘겨지는 과정을 묘사할 때 사용된다(막 14:42, 44).[6] 이러한 맥락에서 그 넘겨짐은 전자의 경우 '배반'이라는 부정적인 모티프를 그 함의로 머금고 있는 데 반해 후자의 경우 단절의 부정성에 대비되는 연속의 긍정성을 품고 있다. 그런데 바울은 적극적으로 그 배반을 감행하여 특정인을 다른 누구도 아니고 가공할 원수의 우두머리인 사탄에게 "넘겨주었다" 또는 "넘겨주라"고 말하고 있으니 이는 사탄과 관련된 표현 중에 가장 이색적이고

---

and Letters of the Apostle Paul (WUNT 2/409; Tübingen: Mohr Siebeck, 2015).

6 그 밖에도 이 헬라어 단어는 초기 기독교의 특정한 내적인 '전승'을 가리킬 때 긍정적인 함의로 사용된다(고전 15:3).

특이한 경우라 할 수 있다.

"사탄에게 넘겨준다"는 말의 의미에 관한 학자들의 대체적 추론은 공동체로부터 쫓아내는 '출교' 처분을 에둘러 가리킨다고 보는 것이다.[7] 실제로 고린도전서 5장에서 바울은 자기 아비의 아내, 즉 의붓어미와 동침하는 사람의 음행에 대해 바울은 "그 일 행한 자를 너희 중에서 물리치지 아니하였느냐"(고전 5:2) "외인들은 하나님이 판단하시려니와 이 악한 사람은 너희 중에서 내어쫓으라"(고전 5:13)고 강력하게 명령하는 것으로 미루어 본문의 이면에 깔린 상황이 출교와 무관하지 않은 것만은 분명하다.[8] 그런데 이런 자를 사탄에게 내어줌으로써 바울이 기대한 결과는 "(그 사람의) 육신은 멸하고 영은 주 예수의 날에 구원 얻게 하려 함이라"(고전 5:5)는 것이다. 이 표현은 꽤 흥미롭고도 모호한 상황을 연출한다. 사탄에게 내어줌을 당한 욥은 생명은 멸절되지는 않았지만, 극단의 고통스러운 시련을 겪었다. 그런데 여기서 자기의 의붓어미와 음행을 저지른 이 당사자는 육신이 멸망 당해 죽게 되고 그 영은 주 예수의 심판 날에 구원을 얻게 된다는 뜻이 아닌가. 그러면 플라톤의 영육이원론에 따라 그렇게 육신은 흙으로 돌아가고 영혼은 하늘로 올라가 '정화소'(purgatory, 연옥)에서의 연단과 회개를 통해 구원받을 만한 정결한 상태로 거듭난다는 뜻인가. 이 사람에 대한 공동체의 판결이, 이를테면 공동체에 헌납할 재산을 감추었다가 베드로의 사망 선고로 즉각 죽어버린 아나니아와 삽비라 같은 경우(행 5:1-11)를 염두에 둔 사망 선고란

---

7 이 엄한 추방령이 저주의 의식과 함께 이루어졌으리라는 추론적 암시를 제시한 첫 학자는 콘젤만이었다. Hans Conzelmann, *1 Corinthians*, trans. by James W. Leitch (Philadlephia: Fortress Press, 1975), 97. 아울러, C. K. Barrett, *A Commentary on the First Epistle to the Corinthians* (Peabody, MA: Hendrickson Publsihers, 1968), 126.

8 이 출교 처분의 전통은 그 법적인 공식뿐 아니라 일관되게 '성적인 부도덕', 즉 음행(πορνεία)에 대한 일관된 비판적 입장을 견지하면서 공동체의 신앙적 정결함과 정체성을 수호하고자 한다는 점에서 두루 신명기적 전통에 의거해 있음을 확인할 수 있다. Peter S. Zaas, ""Cast out the Evil Man from Your Midst"(1 Cor 5:13b)," *JBL* 103/2(1984), 259-261.

말인가. 이는 혹 인생의 혼이 위로, 그 영이 하나님께로 올라간다는 전도서 (3:2, 12:7)의 통찰을 풀어놓은 말은 아니었을까. 또는 모든 사람이 진리를 알고 구원받기를 바라는 하나님의 마음(딤전 2:4)을 이렇게 대변한 것은 아닐까. 다른 한편으로는 이 육과 영의 개념을 교회론적인 차원에서 해석하여 육을 교회의 자기 자랑과 같은 육적인 지향으로 보고 영을 성령으로 해석하는 관점이 가능하다.[9] 또 한 가지 관점은 종말론적 견지에서 육을 죄와 저주와 사망으로 특징지어지는 구원 이전의 질서를 암시하는 것으로 보고, 영을 의와 축복과 생명을 표상하는 구원의 질서를 뜻하는 개념으로 해석하는 것이다.[10]

이에 비해 디모데전서 1:20에서는 '사탄에게 내어줌'의 의미가 육신의 멸망, 즉 죽음과 직결되기보다 징계의 맥락에서 제시된다. 후메내오와 알렉산더라는 적대자들에게 그것은 일종의 '훈계'(παιδευθῶσιν)를 목적으로 하는 것이었는데, 이로써 신성모독이나 복음 전도에 훼방이 되지 않도록 하고자(μὴ βλασΦημεῖν) 사전 조치를 취한 것이다. 그런데 이는 앞서 고린도전서의 상황과 달리 공동체 전체가 모여 바울의 영적인 참여와 함께 무슨 출교 조치를 선포하는 맥락이 아니다. 바울 개인이 이미 중대한 허물이 확인된 특정인 둘에게 권위를 가지고 무슨 조치를 취했다는 것인데 그것이 '사탄에게 내어주었다'라는 문구 속에 표현된 것이다. 바울이 에베소에 머물러 있을 때 이런 조치를 취했다는 것인지, 아니면 멀리 떠나있는 중에 이들에 대한 정보를 듣고 원격으로 영적인 권위를 내세워 그렇게 했다는 것인지는 확인하기 어렵다. 그러나 분명한 점은 출교나 이를 통한 사망이 아니라 징계를 통한 차단 조치의 일종이었으리라는 것이다.[11] 따라서 '사탄에게 내어

---

9 이러한 관점의 대표적인 해석으로 Barth Campbell, "Flesh and Spirit in 1 Cor 5:5: An Exercise in Rhetorical Criticism of the NT," *JETS* 36/3(1993), 331-342.

10 Guy Prentiss Waters, "Curse Redux? 1 Corinthians 5:13, Deuteronomy, and Identity in Corinth," *WTJ* 77(2015), 237-250.

줌'의 의미인즉, 극단적인 징계 조치로서 출교나 이보다 강도가 약한 훈육성 징계 조치와 연관되어 있지만, 그 자체나 그것을 시행하는 방법은 아니었으리라는 것이다. 그것은 개인이든, 공동체든, 적법한 상황에서 적법한 권위에 근거하여 누구나 할 수 있었던 매우 강력한 대응 방식으로 그 상대가 공동체의 신앙 질서에 극악무도한 상황을 초래한다는 전제 아래 그 대응은 적극적인 대항으로서 영적인 전투의 형식을 취했으리라고 추론해볼 수 있다.

2. 저주-공동체 보존과 정체성 확립의 수단

개인과 공동체가 공히 수행할 수 있고 공동체의 특정한 개인을 향해 공동체를 방어하면서 동시에 공동체에 해를 끼치는 그를 공격할 수 있는 적절한 수단이 무엇일까. 나는 '사탄에게 내어줌'의 의미가 오래 참을수록 곪아 터질 공산이 큰 공동체의 암적 존재를 궤멸시키거나 가열 찬 연단의 기회를 제공하여 회개케 하는 방식으로 '저주'의 맥락에서 새겨질 수 있다고 본다. 1세기 고대의 지중해 연안 지역에 펼쳐진 대중 종교의 흔적들이 다양한 주술적 내용을 담은 파피루스 문서로 남아 있다. 그 내용의 상당 부분은 기도와 주문, 특별한 주술적 처방으로 자기의 사사로운 뜻을 이루고자 하거나 욕망을 실현하기 위한 것들이다. 그중에는 자신을 해코지하려

---

11 고린도전서 5:4-5의 해석적 맥락도 이와 같이 저주와 출교 자체보다 교회 내 권징을 통해 공동체 내의 죄를 다스리고 출교라는 극단적 조치를 무릅쓰면서까지 회개와 구원의 길을 열어두고자 한 것이었다는 주장이 가능하다. Simon J. Kistemaker, ""Deliver this Man to Satan"(1Cor 5:5): A Case Study in Church Discipline," *The Master's Seminary Journal* 3/1(1992), 33-46. 마찬가지의 관점으로 Verlyn D. Verbrugge, "Delivered over to Satan," 17-19. 특히 후자의 고찰에 의하면 시몬 마구스의 경우(행 8:20)처럼 알렉산드로스와 후메내오의 경우와 유사하거나 보기에 따라 더 심한 상황에서도 회개와 회복이라는 단서를 남겨놓았음을 주목한다.

하거나 자신에게 악한 일을 행한 대적자를 보복하기 위한 주술과 주문이 있었는데 그것이 언어화되는 경우 기도의 형식을 띤 저주로 표현되기 일쑤였다.

이러한 저주의 형태는 유대교와 초기 기독교에도 들어와, 이른바 영적인 자기방어와 적대자 공략에 일정한 역할을 수행한다. 우리는 예수가 열매 맺지 못한 무화과나무를 저주한 사실을 알고 있다(막 11:12-14, 20-21). 이러한 예수의 행위에 담긴 상징적 의미를 예루살렘 성전과 이스라엘의 멸망에 대한 예언과 결부시켜 해석하곤 하지만,12 그 상징적 의미와 무관하게 저주의 행위 자체가 예수에게 생소하지 않았음을 여기서 상기할 필요가 있다.

사도 바울은 그의 서신에서 세 번 저주의 언사를 구사했다. 먼저 갈라디아서에서 그는 갈라디아 공동체에 틈입하여 할례의 복음을 선전하며 교인들을 미혹한 이른바 유대주의자들을 향해 "우리나 혹 하늘로부터 온 천사라도 우리가 너희에게 전한 복음 외에 다른 복음을 전하면 저주를 받을지어다"(갈 1:8, 9)라고 저주를 두 차례 반복했다. 이는 천사와 자기 자신까지도 개입시켜 그 신중함과 함께 저주의 공변성과 효용성을 높인 경우인데,13 이로써 할례와 기타 율법의 행위가 아니라 그리스도 안에서 믿음으로 의롭다 칭함을 얻는 공동체의 교리적 기초를 재확인하고 공동체의 정체성을 공고히 다져야 하는 생존의 위기를 돌파하고자 한 것이다. 바울이 개척한 갈라디아교회로 침투하여 교인들을 할례의 복음으로 미혹케 하였던 자들은 바울과 갈라디아 교인들 사이를 이간질하여 서로 간에 의혹과 불신을 조장

---

12 이 이야기의 이러한 상징적 해석을 대표하는 연구로 William R. Telford, *The Barren Temple and the Withered Tree: A Redaction-critical Analysis of the Cursing of the Fig-Tree Pericope in Mark's Gospel and Its Relation to the Cleansing of the Temple Tradition* (Sheffield: JSOT Press, 1980).

13 바울이 이렇게 조건부 저주에 '자기 저주'까지 여기에 포함시킨 것은 타인을 저주하지 말 것을 명한 초기 기독교 전통(롬 12:14; 마 5:44; 눅 6:27; 약 3:9)을 반영한 듯하다. H. D. Betz, *Galatians* (Phildelphia: Fortress, 1979), 53.

하고자 하였다. 이에 바울은 성령의 자유를 훼손하고자 했던 대적자들과 그들의 미혹에 넘어가 할례를 받은 일부 갈라디아교회 교인을 질타하면서 갈라디아 신앙공동체의 순수성을 보존하고 자신의 사도적 위상도 이와 더불어 더 확고하게 재구축하고자 했다. 여기서 "… 다른 복음을 전하면…"이라는 조건절로 썼지만, 바울은 이미 발생한 '다른 복음'의 침투에 대해 저주함으로써 갈라디아교회에 발생한 '실제 상황'을 다루고 있음을 암시한다.[14] 바울은 '다른 복음'을 전하는 그들이 주 예수 그리스도의 복음과 전혀 상관없는 대상임을 선포하고 이들을 '사탄에게 내주는' 효과를 선취할 수 있게 된 것이다.

또 하나는 고린도전서 16:22로 "누구든지 주를 사랑하지 아니하면 저주를 받을지어다"라는 축원문이다. 여기서 주를 사랑하지 않는 사람들을 구체적으로 특정하지 않았지만 12:3의 예대로 하나님의 영으로 충만하다고 하면서 "예수는 저주를 받으라"고 말하는 자들을 염두에 두고 있는 듯하다. 아울러, 여기서 일반적인 선포로 제시된 저주의 말은 예수 그리스도의 몸 된 교회공동체를 세우기보다 분열과 무질서를 조장하여 무너뜨리는 데 일조하는 공동체 안팎의 가시적 또는 잠재적 대적들을 겨냥한 것 같다. 이들을 염두에 두면서 가정법의 표현 아래 교회를 수호하고 지탱하려는 수사학적 표현이 이 저주의 언사로 나타난 것이다.[15] 그것이 마지막 인사말과 함께 최후의 통첩처럼 전달되고 있다는 점에서, 이는 사도적 권위를 실어 고린도교회를 사랑의 교회로 보존하고자 하는 바울의 열망을 담아낸 기원이라 할 수 있다.

이러한 축원 문구의 형식을 따르지는 않았지만, 로마서 9:3에서 바울이

---

14 Betz, *Galatians*, 53.

15 위의 갈라디아서 유사 예문처럼 이 저주 구절 역시 이어지는 '마라나타'의 외침과 마찬가지로 예전적인 맥락에서 사용되었을 가능성이 점쳐진다. Hans Conzelmann, *1 Corinthians*, 300.

"나의 형제 곧 골육의 친척을 위하여 나 자신이 저주를 받아 그리스도에게서 끊어질지라도 원하는 바로라"라고 고백한 대목이 또 하나의 예로 거론될 수 있다. 여기서 바울은 이스라엘 동족이 그리스도를 믿지 않는 슬픔과 고통을 호소하면서 자신이 제물이 되어 동족을 구할 수 있다면 그 일을 감행할 수 있다는 도저한 결기를 내비친다. 이 대목에서 흥미로운 점은 자신이 저주를 받는 것이 '그리스도에게서 끊어지는 것'에 비견되고 있다는 사실이다. 이는 곧 그리스도와의 언약적 관계가 단절되는 것을 가리키는데, 그것이 저주의 결과와 동일하다고 본 것이다. 다시 말해 바울은 자기 자신이 자신의 생명을 그리스도와 맺은 언약에서 끊어내어 그리스도와 영적으로 대척점에 있는 사탄에게 내어주는 상황이 발생하는 경우 그것을 곧 '저주'라고 인식했다는 말이다.[16]

바울이 원하는 이 선택을 결행하여 실제로 자기를 저주하며 그런 기도를 했다고 할지라도 그 저주의 효용성은 타당성을 근거로 하기에 실제로 실현되었을 리 만무하다. 그 선택이 하나님의 공의에 합치되지 않았을 터이기 때문이다. 그러나 여기서 극단적인 상상을 하자면 바울의 자기 저주가 실현되어 그가 그리스도에게서 지상에서 육신의 삶이 급작스레 끝나게 될지라도 그 영은 살아나 구원을 받으리라는 믿음을 지녔을 것이라고 추정해 볼 수 있다.

---

16 비록 이 기도 형식의 간구가 '가정법'을 띠고 있으며 실제로 일어날 가능성이 없는, 따라서 바울이 이렇게 기도했을 리 없으리라고 이해되지만, 이 대목이 모방하는 출애굽기 32:31-33의 요지를 살펴보면 이러한 '저주'는 일차적으로 그 대상이 하나님의 진노를 받아 그 생명책에서 삭제돼 멸절됨을 의미하는 동시에 해당 종교적 공동체로부터 추방됨을 가리켰다. Robert Jewett, *Romans* (Mineapolis: Fortress Press, 2007), 560.

III. 본문 분석: 추방에서 교정으로

1. 고린도전서 5:4-5

본문을 둘러싼 상황은 5장 전체의 맥락에서 재구성해볼 수 있다. 고린도 교회에 한 구성원이 자신의 의붓어미와 동침함으로 음행을 저질러왔고, 교회의 구성원들은 이를 승인해온 것으로 보인다. 바울은 이 상황을 교회공동체의 교만으로 단정짓고 이를 오히려 '자랑'으로 삼는 교회를 꾸짖는다. 그의 처방은 단호하게 "이를 행한 자를 너희들 가운데서 제거"하는 것이 당연하다는 것이었다. 바울은 이미 이 건에 대해 개인적인 판단을 마친 상태에서 교회공동체를 향해 일정한 수습 절차를 요구한다. 이를 위해 교회가 먼저 모이되 '주 예수의 이름으로' 함께 자리를 같이하고, 바울은 육신으로 동참하지 못하지만 '영'으로 함께 참여하겠다고 말한다. 아울러 바울은 "우리 주 예수의 권세"가 그 가운데 임재할 것으로 확신하는데, 이는 그 자리가 공적인 판결과 그 판결의 공동체적 집행을 위한 장임을 암시한다. 거기서 고린도교회가 공적으로 판결하고 처리해야 할 일은 의붓어미와 동침하는 음행을 저지른 사람을 사탄에게 내어주는 것이다(고전 5:5). 이러한 판결은 5장의 말미에 "사악한 자를 너희 가운데서 쫓아내라"(고전 5:13)는 명령에서 재확인되듯이 공동체에서 추방하는 '출교'를 가리키는 것이 명백하다.

그러나 그렇게 공개적으로 출교를 결정하고 그 해당자를 교회의 성원으로 인정하지 않는다고 선포하는 것이 전부였을까. "사탄에게 내어준다"는 것은 이를 추인하는 의식적인 절차가 있었으리라는 것을 짐작하게 한다. 그 방법은 공개적인 저주로, 신명기 27장에 뿌리를 둔 저주를 선포하는 기도의 형식을 취했을 가능성이 높다. 이러한 저주 의식은 아간의 저주와 멸망처럼 즉각적인 처형으로 이어진 사례도 있지만 이스라엘의 신정통치 체제와 유대교의 율법 사회에서 줄곧 시행되어온 선민주의 이념의 관행이었다. 그러다가 포로기 이후 회당공동체에서 율법에 위반되는 극단적인 범죄 사항에 대해 유사한 전통이 이어져, 돌로 쳐 죽이는 공개처형과 함께 공동체의 구성원으로 인정하지 않는 '출교' 조치는 사회적 사망 선고로 중하게 인식되었다. 그리하여 70년 이후 잠니아(Jamnia 또는 Yavneh)를 중심으로 새롭게 출발한 바리새-랍비 유대교의 전통에서도 18개 축원문이 만들어져, 그중에서 12번째 축원문이 정통 교리를 벗어난 것으로 여겨진 그룹, 즉 기독교도를 비롯한 이단 종파를 저주하는 내용으로 채워졌다.[17] 그러나 이러한 저주의 기도가 곧 출교 조치와 동일시된 것은 아니었던 것 같다. 이러한 저주 기도에 동참하길 원하지 않는 자들이 스스로 물러나, 회당공동체 예배에서 일정 기간 배척당한 상태로 완전한 추방 대상이 되기까지 조정 기간이 있었다. 그러나 아비의 아내 곧 모친과 성관계를 갖는 것과 같은 중범죄의 경우, 미시나는 처형을 통해 완전한 제거를 명할 정도로 심각한 사안으로 규정했다. 그러니까 유대교의 전통에 비추어 출교와 저주 의식은 전자가 후자에 의해 추인되거나 후자를 통해 전자의 결정이 종교적인 권위를 획득하는 상호보완적인 관계였으리라 짐작된다.

콜린스 교수는 토라의 중대 조항이나 공동체의 규율을 어긴 사람을 추방 또는 출교시키는 제반 절차와 연관시켜 "사탄에게 넘겨준다"는 표현을 해석하면서 쿰란 공동체와 당시 항간에 유행한 마법 파피루스 문서를 통해

---

17 이는 유대교의 대표적인 기도문으로 18개라는 의미의 *Shemoneh Esreh*, 서서 드리는 기도라는 뜻의 *Amidah*, 기도라는 의미의 *Tephillah* 등으로 다양하게 불리는데 하루 3번 드려야 할 것으로 규정되었다. 70년 로마 군대에 의해 포위된 예루살렘성을 빠져나온 랍비 요하난 벤 자카이(R. Yohanan ben Zakkai)가 잠니아에 유대교의 근거지를 확보한 뒤 미시나 시대에 만들어졌는데 특히 그리스도인들(*Nazarim*)을 포함해 이단 세력을 정죄하는 저주의 기도문은 그의 후계자인 가말리엘 2세(대략 80~120)에 의해 만들어진 것으로 알려져 있다. 그러나 이후의 연구에 의하면 이 저주 기도문은 잠니아 이전 단계에 사두개인들을 비판하는 문구로 기원했다는 주장이 제기되기도 했다. David Instone-Brewer, "The Eighteen Benedic- tions and the *Minim* before 70 CE," *JTS* 54/1(2003), 25-44.

자세히 검증하였다.[18] 가령, 헬라어로 된 마법 문서에 보면 제 명을 못 채우고 죽은 자의 무덤에 준비한 반지를 묻으면서 이와 같이 주문을 외웠다고 한다: "죽은 자의 영아, 네가 누구든지, 내가 너에게 아무개를 넘겨주니 그가 이러저러한 것을 하지 못하게 하라."[19] 여기서 '넘겨주다'(παραδίδωμι)는 고린도전서 5:5의 본문에 사용된 것과 동일한 어휘이자 마법 문서에서 주술을 거는 대상자에게 적용되는 전문용어로 사용된다. 이는 미드라시의 예에서도 유사하게 나타나는데 "이스라엘 백성이 홍해를 무난하게 건널 수 있도록 욥을 사탄에게 넘겨주었다"는 표현이 그것이다.[20] 여기에서 욥이나 반지는 주문을 거는 당사자나 특정한 대상이 그 소원을 이루거나 이루지 못하게 하는 미끼나 매개 같은 것이다. 그것을 죽은 사자의 영이나 마귀, 사탄 등에게 넘겨준다는 것은 그 자체가 일종의 저주로 그 넘겨진 것을 마음대로 훼손하도록 방기하거나, 적극적으로 부추긴다는 의미를 담고 있다.

바울에게 사탄에게 누구를 넘겨주는 그 목적이나 명분은 앞서 다룬 서신의 저주 문구에 나타난 대로, 공동체를 순결하게 보존하고 그 성원들을 거룩한 언약 백성으로 지켜내는 것이었다. 그것이 특정한 개인에 의해 훼방을 받으니, 마치 가루 반죽을 부풀게 하는 작은 누룩처럼 그것을 제거하는 특단의 조치를 취함으로써 전체 또는 다수의 공동체적 가치를 수호하고자 한 것이다. 고린도전서 5:5의 본문에서, 그렇게 사탄에게 넘겨주는 주술로

---

18 Adela Yarbro Collins, "The Function of "Excommunication" in Paul," *HTR* 73/1-2(1980), 251-263.

19 이 자료는 다이스만(Deismann)의 고전적 저서 *Light from the Ancient East*(1910)에 의해 최초로 채록된 것으로 알려져 있다. C. K. Barrett, *First Epistle to the Corinthians*, 126. 그러나 이와 유사한 형태로 죽은 자의 영을 매개로 저주의 주술을 거는 사례는 마법 파피루스 문서에 다양하게 탐지되는 것으로 드러난다. Hans Dieter Betz, *The Greek Magical Papyri in Translation: Including the Demotic Spells: Texts(Volume 1)*, 2nd edition (Chicago: University of Chicago Press, 1996).

20 *Exod. Rab.* 21(84a). Adela Yarbro Collins, "The Function of "Excommunication" in Paul," 256에서 번역, 재인용.

써 기대하는 결과는 두 가지였다. 그 하나는 즉각적인 효과로 '육신의 멸망'(εἰς ὄλεθρον της σαρκός)이었고, 그 결과로 예상되는 종말론적 기대는 "주의 날에 그 영이 구원을 받게 되는 것"이었다. 여기서 콜린스는 전자의 '육신의 멸망'을 그 당사자의 죽음을 가리킨다고 해석하면서 후자의 '영'을 그 사람의 영이 아닌 하나님의 영, 곧 성령으로 보았다. 그러나 "성령이 구원을 받는다"는 말은 어쩐지 좀 어색하지 않은가. 혹자는 육신의 멸망과 영의 구원이라는 이분법적 도식이 바울의 통전적 인간 이해에 위반된다는 점을 들어 굳이 이 육과 영의 주체를 따로 설정하여 해석하고자 한다. 요컨대, 바울이 육신과 영이라는 말을 인간의 특정 부분을 가리키는 용어로 사용하지 않고 전인격적인 인간을 염두에 두었다는 것이다. 바울에게 종말 시점의 부활 대상도 영 자체가 아니라 '신령한 몸'(σῶμα πνευματικόν)이라는 점에서 몸의 죽음을 영의 부활로 대체할 수 없다는 주장도 제기된다.[21]

그러나 나는 선행하는 관점들에 동의하지 않는다. 바울의 이러한 표현은, 그의 교리적 인간론의 특정한 표준과 무관하게, 바울이 당시 대중 종교의 민간신앙적 세계관과 호흡한 측면에서 조명할 필요가 있다. 바울 시대의 초기 기독교 공동체는 내부에서 일탈한 구성원들을 어떻게 징계하고 징벌하는가에 대한 권위 있는 체계가 필요했다. 이는 구약성서를 포함해 당대 유대교의 여러 가지 사례와 기준에 터하여 형성되어가는 중이었다고 볼 수 있다. 아간의 경우에 준하여 아나니아와 삽비라처럼 권위 있는 선포와 함께 즉각 죽음에 이르는 경우도 있었고, 시몬 마구스처럼 심판과 멸망을 선포 받았지만 회개의 여지를 남겨놓는 경우도 있었다. 그런가 하면 마태복음

---

21 고린도전서의 해당 본문을 '저주/죽음'의 관점에서 해석하는 것에 대해 자세한 비평과 논박을 제시하면서 시종일관 징계 차원의 '추방'이란 견지에서 조명한 연구로 James T. South, "A Critique of 'Curse/Death' Interpretation of 1 Corinthians 5:1-8," *NTS* 39(1993), 539-561. 또한 Guy Prentiss Waters, "Curse Redux? 1 Corinthians 5:13, Deuteronomy, and Identity in Corinth," 특히 246-247.

18:15-20의 경우처럼 세 단계를 거쳐 2~3인의 증인을 요구하여 복합적인 수순을 설정하기도 하였다. 이 모든 것은 최악의 가능성과 최선의 희망을 염두에 두고 '저주'의 효능을 주의 권능 가운데 온전히 맡긴 가운데 생겨난 처방들이었다고 볼 수 있다. 마치 욥에게도 재산과 가족, 자신의 건강 등을 순차적으로 시험받게 하도록 사탄에게 넘겨주는 단계가 설정되었듯이, 이 제 교회는 공동체적 차원에서 물의를 빚은 구성원을 징계하는 과정에서 저 주의 기도를 통해 그 결과를 온전히 주의 권능에 맡기면서 합당한 선에서 공정한 판결을 주문했던 셈이다. 이러한 관점에서 보면 '육신의 멸망'은 아나니아와 삽비라의 경우처럼 즉각적인 죽음을 암시하는 최악의 가능성이요, '그 영의 구원'은 내세의 정화소를 통해서든 하나님의 자비하심에 의거해서든, 종말론적인 구원의 소망을 대변하는 최후의 기대사항을 표현한 것이라 할 수 있다. 물론 그사이에 회개와 갱생의 요소가 잠재적 변수로 상정된다.[22]

2. 디모데전서 1:20

디모데전서의 저자로 표기된 바울은 이 서신을 통해 에베소에 남겨둔 아들 같은 동역자 디모데에게 교회의 목회 사역에 관한 여러 관심사를 두고 훈계하며 적대자들을 경계할 것을 당부한다. 본문 1:12-20에서 먼저 자신의 회심과 구원에 개입한 하나님의 오래 참으심과 은혜에 감사하면서 옥중에서 고난을 감내하는 자신의 경우가 "영생 얻는 자에게 본이 되게" 하려는 목적에 있음을 역설한다. 바울은 디모데에게 선한 싸움을 감당할 것을 권하

---

22 또 한 가지 가능성은 자신의 죽음을 속죄의 수단으로 용인한 당시 랍비유대교의 전통인데 그리스도 예수의 십자가를 통한 대속의 의미를 최우선의 교리로 중시한 바울이 얼마나 이 자속(自贖)의 가능성에 공감하고 어느 정도 수용했는지는 의문이다. 이러한 관점에서 가룟 유다의 자살이 지닌 자속적 효과를 논한 D. Daube, "Death as Release in Judaism," *NovT* 5(1962), 82-104.

면서 믿음과 양심을 강조하는데, 이 믿음과 양심에 파산한 인물로 후메내오와 알렉산더를 거론한다. 이전에 쓴 친필 서신에서 자신과 교회의 적대자들을 비판할 때조차 실명을 감추고 익명으로 표현한 선례와 달리, 여기서 바울은 그 대적자를 실명으로 거론하는 동시에 그들의 잘못을 직설적으로 다루며 그 해법까지 제시한다.[23] 이 두 사람을 저자 바울이 에베소에 있었을 때 치리했다는 것인지, 아니면 거길 떠난 상태에서 뒤늦게 다른 채널로 그 악행에 대하여 들은 바가 있어 원격으로 징계했다는 것인지 불분명하다. 직접 당사자를 만나 현장에서 직접 상황을 파악하지도 않은 채 그들을 사탄에게 내어주었다는 것이 좀 경솔하게 비치는지라, 후자보다 전자의 추론이 더 끌릴 법하다. 그러나 에베소에서 그런 조치를 취했다면 디모데도 익히 그 상황을 알았을 텐데 굳이 이 사실을 상기시켜야 할 필요가 없었을 것이다. 고린도전서 5:4-5에서도 바울은 원거리에서 입수한 정보에 근거하여 음행을 저지른 상대를 향해 동일한 조치를 취하도록 종용한 바 있다. 이 점을 감안할 때 후자의 경우도 충분히 가능성이 있다.

앞의 고린도전서 본문과 다른 점은 여기서 바울이 디모데나 에베소교회의 교우들에게 이 두 사람을 출교하고 "사탄에게 내어주라"고 말하지 않는다는 것이다. 바울은 이미 그들을 "사탄에게 내어주었다"고 회고조로 말한다. 물론 그 근거는 양심과 믿음에 파산한 것이었다. 구체적으로 이들 인물이 어떤 상황에서 저자와 엮이게 되었고 무슨 잘못을 저지른 것인지 알

---

23 이들의 이름은 디모데후서(2:17)에서 언급된 부류와 동일한 범주로 추측되며 그들의 대표적인 오류는 교리적인 이단, 즉 거짓된 가르침(false teaching)으로 압축되는데(딤전 4:14) 그 대표적인 주장으로는 결혼의 거부, 음식에 대한 금욕적 태도, 부활의 소망에 대한 영성화를 비롯한 열광주의 행태 등이 포함된다. 그 역사적 실체에 대해 학자들은 대개 영지주의의 한 원시적 형태로 추론하는데 혼합주의적 유대교나 방종적이고 탈선적인 자유주의(libertinism)으로 보는 소수 의견도 있다. Martin Dibelius and Hans Conzelmann, *The Pastoral Epistles*, tr. by Philip Buttolph and Adela Yarbro (Philadelphia: Fortress, 1972), 33-34, 65-67.

수 없다. 20절에 언급한 대로 "다시는 하나님을 모독하지 못하게(개역개정은 "훼방하지 못하게") 하려는" 뜻에 비추어 그들이 신성모독과 관련된 어떤 교리적 탈선을 한 것이 아닐까 추측해볼 수 있다. 그 자세한 내막의 설명도 없이 실명으로 이들을 찍어 '사탄에게 내어준' 사연이 궁금하지만, 이는 당시 다른 교인들과 후세에 귀감이 되게 하려는 수사학적 의도를 반영하는 듯하다. 여하튼 바울은 후메내오와 알렉산더를 사탄에게 넘겨주는 저주의 기도로써 그들의 잘못에 합당한 징계를 받도록 했던 것 같다.

그러나 흥미롭게도 그들이 받아야 할 징계는 육신의 멸망, 즉 죽음과 같이 가혹한 것이 아니었다. 공동체에서 출교시킨 것인지도 확인할 길이 없다. 사탄에게 넘겨준다는 것은 공동체 바깥의 세상 권세를 주관하는 사탄의 주관 아래 방기한다는 의미이므로[24] 출교 역시 하나의 가능성으로 따져볼 수 있겠다. 하지만 본문에서는 다소 연성화한 동사 παιδευθῶσιν을 사용한다. 이는 교육적 목적의 징계를 뜻하는데,[25] 교리적 탈선이 인식의 오류로 불거진 것이라면 충분히 교정의 가능성이 있다고 본 것이다. 극단적인 조치로서의 출교가 아니었다면 그들은 공동체 내에서 성만찬 식탁이나 일반 예배에서 배제되거나 다른 방식으로 일정한 기간 근신과 외면 대상으로 방기되었을 가능성이 있다.

여기서 한 가지 확인할 수 있는 점은 특정 대상을 사탄에게 내어주는 저주 기도의 실천이 공동체 전체의 모임 가운데 공식적인 절차로만 추진된 것이 아니라는 사실이다. 그것이 공동체의 생존과 관련하여 중차대한 사안일 경우 공동체 전체의 회집 가운데 출교라는 극단적인 조치를 취할 수 있지만, 사도 개인으로서 징계할 수 있는 훈계적 차원의 저주는 공동체의

---

24 바울은 실제로 로마서 1:22, 24에서 해당 헬라어 어휘(παραδίδωμι)를 이와 같이 '신적인 방기'라는 맥락에서 사용한 바 있다.

25 콘젤만/디벨리우스는 이 구절의 본질을 '징계를 통한 교육'(education through punishment)이란 맥락에서 찾는다. Conzelmann/Dibelius, *The Pastoral Epistles*, 34.

특정한 모임에 한시적으로 배제하는 조치를 통해 시험과 연단의 과정을 거쳐 다시 갱생할 기회를 주기도 했다는 것이다. 이는 구약성서와 랍비 유대교, 쿰란 공동체의 징계 사례에서도 확인되는 것으로 징계의 등급과 수준이 사안마다 다르게 설정되어 시행되었음을 암시한다. 동시에 스승과 제자 간의 경미한 사안에 대해서는 지도자로서 권위를 가지고 개인적 징계가 허용되기도 했음을 미루어 짐작할 수 있다. 요컨대, 고린도전서 5:4-5에서 디모데전서 1:20에 이르는 시간적 흐름과 역사적 변천 속에 공동체의 징계에 대한 신학적 인식과 시행 방식이 '사탄에게 내어줌'이라는 대중 종교의 주술적 배경을 지닌 공통의 상징적 표제 아래 다변화되어간 추이를 짚어볼 수 있다.

특히 디모데전서의 삶의 자리로 절박했던 거짓 선생들의 거짓 교설이 난무하면서 교회공동체의 질서가 어지럽혀질 우려가 커져간 당대의 상황에 비추어 사도와 감독, 교사 등의 권위 있는 직분에 따라붙는 초월적인 권능에 대한 외경 어린 기대가 커졌을 법하다. 그리하여 공동체의 저주 의식은 개인의 카리스마적 저주 기도의 행위로 개별화되어가면서 교회의 가르침과 그 특정한 표준에서 일탈한 가르침과 행위에 교정의 기능을 수행했을 것으로 추리된다. 특히 신앙적 교리적 일탈 행위를 육신의 질병이나 가족의 고난, 불운의 사고나 사업의 파산 등과 같은 불행에 연계시켜 저주의 실효성이 커질수록 그 사안을 집행하는 영적 리더의 권위가 강화되는 기대효과가 있었을 것이다.[26] 이는 나아가 공동체에 개입하는 하나님의 권능에 대한 경외감을 높여 그 성원들이 응집된 구심점을 향해 단합하고, 내부의 결속을 다지되 그 에너지로 공동체의 정체성을 수호하고, 그 순결성을 보존하는 데에 이바지했을 것이다. 물론 그 과정에서 공동체의 징계와 치리의 규범을

---

26 실제로 바울은 주의 만찬에서 주의 몸을 분별하지 않고 먹고 마시는 사람에게 내릴 심판을 경고하면서 그들 가운데 이미 몸이 약한 사람과 병든 사람, 죽은 사람이 많다고 주술적인 저주의 효능을 강조한 바 있다(고전 11:29-30).

체계화하고 그 목적을 죽음이나 출교와 같은 극단적인 방식에서 교정과 혁신에 맞추어 공동체의 갱신 수단으로 조정하며 발전시켜나간 측면도 주목할 만하다.

IV. 저주 기도와 저주 의식의 신학적 함의

이상의 분석과 고찰을 통해 논의한 대로 고린도전서 5:4-5와 디모데전서 1:20의 표현 "사탄에게 내어줌"이 당대 배경에서 특정 대상을 출교시키거나 징계하기 위한 저주 기도와 저주 의식이었다면 그 신학적 함의를 따져볼 필요가 있다. 흔히 저주라고 하면 증오와 경멸의 최대치를 우려내어 관계의 단절은 물론 파멸을 간구하는 최악의 기원으로 인식되는 경향이 있다. 따라서 이러한 방식으로 상대방을 대한다는 것은 예수의 원수사랑 계명에도 위배되지만, 오래 참으시고 자비와 인애를 본성으로 하는 하나님의 뜻과도 배치되기에 신학적인 문제가 유발된다. 특히, 하나님과 원수가 된 죄악의 최고 화신인 사탄에게 누군가를 내어줌으로써 그의 수하에 머물게 한다는 것은 철저한 방기의 선택으로 회복 불가의 사망 선고와 다를 바 없다는 점에서 하나님과 그를 믿는 사람들에게 잔인한 인상을 주기 십상이다. 그러나 사탄이 하나님의 심부름꾼으로 인식되거나, 하나님의 원수처럼 흉포하게 굴지만 종말론적 국면에서 무저갱에 던져질 열등한 영적 권세라고 전제한다면, 마치 욥을 사탄에게 넘겨주도록 결정한 선례대로 성도의 저주 기도를 받아들여 특정 개인을 사탄에게 넘겨준다 할지라도, 큰 그림 속에서 보자면 그의 생사 진로나 회복 여부도 하나님의 주권 내에 속한다고 볼 수 있다. 다만 그 사람의 목숨이 사탄에게 넘겨짐으로써 단순히 육체적 질고나 가족적 재앙 차원을 넘어 완전한 파멸에 이르러 육신으로 죽게 될 때 살아

생전 회개의 기회를 놓치게 되므로 내세에 어떤 영적인 소생의 가능성이 있을지에 대해 복잡한 신학적 쟁점이 발생한다. 물론 플라톤의 영혼불멸설을 받아들여 내세의 정화소 기능을 통해 죽은 자의 영이 회개하여 갱생할 기회를 부여받는다거나 이를 '연옥'의 교리로 수용해 패자부활전을 인정한 가톨릭교회의 경우, 나아가 만인구원설을 신봉하는 입장에서는 별문제가 될 게 없다.[27] 그러나 살아생전 그리스도 신앙을 견지했느냐 여부 하나로 내세의 운명이 갈리는 개신교회의 교리 전통이나 그리스도 안에서 죽은 자의 부활을 전망하며 장차 주의 재림 시 '신령한 몸'으로 죽은 자들이 살아나 주의 잔치에 참여한다는 바울의 묵시주의적 종말신앙에 비추어보면, 예의 신플라톤주의적 교리와 그 아류는 설 자리를 잃는다.

이러한 교리적 애매함을 해소하기 위해, 바울과 그 이후 초기 기독교는 사탄에게 내어주는 저주 기도와 그 의식을 징계와 시험/연단이라는 맥락에서 갈무리해가면서 그 단계와 등급을 조심스럽게 배려하는 방향으로 조율하여, 이 전통을 제도권 예배 의식이나 개인적 경건의 실천 맥락에 수용해나간 것이 아닌가 추론된다. 디모데전서 1:20에서 후메내오와 알렉산더의 파산한 양심과 믿음을 겨냥해 바울이 사탄에게 내어준 목적으로 하나님을 향한 참람한 모욕적 언사와 그 교리적 탈선을 교정해 '훈육 받게' 하려는 뜻을 명시한 것이 그 대표적인 증거라 할 만하다. 이러한 흐름 속에 초기교회는 당시 대중 종교의 주술적 민간신앙과의 접점 속에서 저주를 제도화, 양식화한 것인데, 그 전승사적 맥락을 따져보면 이는 훨씬 더 이전의 히브리 전통으로 소급된다. 신명기 27장에 나오는 언약식의 일부로서 필수적인 고전적 저주 양식도 그 한 기원이 되겠지만, 민수기의 발람과 발락의 저주

---

27 '영혼불멸설' '정화소' '환생' 등의 플라톤주의적 개념이 신약성서와 어떻게 만나고 결별해 나갔는지에 대해서는 차정식, 『신약성서의 '환생' 모티프와 그 신학적 변용』(서울: 한들출판사, 2007).

이야기,[28] 시편의 수많은 탄원시에 등장하는 저주의 모티프 역시 풍성한 저주문학의 자료를 공급했다. 특히 이 양식으로 분류되는 탄원시편의 기도와 간구들은 고대의 주술적 민간신앙 가운데 유행한 패턴을 차용하였다. 누구에게 저주를 걸어 그가 이러저러한 일을 하도록/못하도록 하는 패턴에 부응하되 억울하게 대적에게 당하거나 위태로운 상황에 처한 사람이 대적자를 향해 거친 언사를 동원하여 그가 하나님의 심판을 받아 파멸되길 간구하며 저주하는 형식을 취하고 있다.[29] 이렇듯, 구약의 탄원시편에 나오는 저주 기도들은 생사의 위기에 처한 당사자가 하나님의 의로운 심판에 호소하면서 원한을 풀어주길 갈망하는 신원의 형식을 띤다는 점이 특징적이다.

바울의 저주 기도를 통해 살핀 대로 신약시대에, 저주는 개인적인 원한이나 억울함 같은 동기가 내면에 작용할지라도 궁극적으로 교회공동체의 정체성 옹호와 순결성 보존이라는 특정한 명분에 부응했다는 점이 유달리 돋보인다.[30] 앞에서 예시한 세 가지 저주의 모티프 모두 바울이 개척한 교회공동체가 신학적 정체성의 위기에 처해 분열과 갈등을 겪고 있거나 동족 이스라엘의 구원이라는 중차대한 목표가 어긋나 까마득한 역행의 상황으로 치닫고 있는 현실을 뒤집고자 하는 열정의 발로였다. 가령, 갈라디아서의 저주 문구는 자기 저주를 포함해 그 문제를 유발한 당사자를 공동체와 분리하여 단호하게 배제하려는 의도가 역력하다. 자기 저주를 굳이 포함시킨

---

28 이 저주 이야기에 대해서는 윤동녕, "민수기 22-24장에 표현된 발람의 역할 연구," 「구약논단」 19/4(2013), 205-229.

29 구약성서 시편의 '저주' 모티프에 대해서는 Alex Luc, "Interpreting the Curses in the Psalms," *Journal of the Evangelical Theological Society* 42/3(1999), 395-410; J. Carl Laney, "A Fresh Look at the Imprecatory Psalms," *Bibliotheca Sacra* 138/549(1981), 35-45.

30 바울 서신에 나오는 저주 문구에 대한 연구로는 차정식, "바울 서신의 축원문구와 기도신학," 「신약논단」 9/2(2002), 443-474. 이 논문은 다음의 제목으로 저자의 저서에 재수록됨: "축원에 담긴 기도신학의 풍경," 『마음의 빛을 부르는 기도-신약성서의 기도와 신학』 (서울: 대한기독교서회, 2003).

것은 자신이 그 저주의 집행자로 하나님의 심판을 대리하지 않고 심판자이신 하나님이 가장 공정하게 현안을 처결해주기를 기대하면서 저주 기도의 공변성을 높이기 위한 방책이었을 것이다.

저주의 신학적 의의는 저주하는 자가 저주받기를 원하는 자를 향해 뻗치는 파괴적인 욕동과 무관치 않다. 그것은 곧 배제의 논리에 해당하며 우월한 비판적 자의식과도 연동된다. 그 가운데 피해자와 가해자의 관계 속에 생겨난 억울한 원한이 초월적인 권능에 의지하여 신원되고, 불의하고 사악한 자의 세력이 꺾이길 기대하는 저주의 동기가 생겨난 것이다. 그러나 이것이 신앙공동체의 조직 논리와 결부되면 내부의 불순물을 바깥으로 내침으로써 그 공동체의 정체성이 보존되고 그 순결함이 유지되리라는 기대가 앞서 작용했다. 그 와중에 그 대상자의 생명이 파멸되는 것까지 무릅쓰면서 사탄에게 특정한 개인을 내어주는 저주의 의식을 용인했다. 그것이 공동체 출교와 병행되면서 그 저주의 대상자는 하나님의 자비하심 가운데 회개의 기회를 얻을 수도, 그렇지 못한 채 파멸로 치닫게 될 수도 있었다. 또한 저주의 개별적인 남발이 그리스도의 대속의 은혜와 사랑의 힘을 약화시키고 공동체의 포용반경을 옹색하게 만들 우려도 생겨났을 법하다. 게다가 섣부른 오판 가운데 저주의 자리에 엉뚱한 사람을 희생자로 양산하여 하나님의 구원 사역을 그르칠 위험도 없지 않았을 것이다.

이에 저주의 방식으로서 사탄에게 누구를 내어주는 기원은 공동체 전체의 회합이나 그 지도자에게 국한해 시행하거나 공동체의 질서를 세워야 할 중대한 사안을 중심으로 징계와 연단의 차원에서 그 수위가 조정되어간 것으로 추론된다. 마태복음 18장의 예대로 단계적인 절차를 밟아 죄를 저지른 내부 구성원에 대한 합리적인 징계 수순이 공동체 단위의 저주 의식이나 특정 지도자 개인의 저주 기도를 대체해나간 흔적도 탐지된다. 아무리 신실해도 최후의 심판자가 될 수 없는 신앙공동체의 구성원들이 내부의 어려운 문제가 생겼는데도 이에 응하여 아무런 판단도 행동도 하지 않은 채 상황을 방기할 수 없었을 것이다. 그런 불가피한 현실 가운데 사탄에게 내어주는 그 저주의 형식을 활용하는 차선의 선택이 경우에 따라 요청될 수 있었다. 그러나 이는 초기교회공동체의 예외적인 신앙적 풍속으로 대중 신자들 가운데 편의적인 주술로 자리를 잡아갔지만[31] 공교회의 공식적인 처방으로는 그 입지가 점점 더 약화되어간 것으로 추리된다. 바울의 복음이 기본적으로 유대인과 이방인을 두루 포함하는 구원의 보편성을 지향했고 그것이 하나님의 우주적 충만을 향해 완성되어가는 것으로 보았기 때문이다. 만유 가운데 만유와 함께 만유를 넘어 항존하시는 하나님에 대한 인식과 함께 무한과 영원을 향해 뻗어가는 구원사적 충만의 범주는 '사탄'과 '저주'를 내세운 그 예외적인 대중요법에 구애되지 않았던 것이다.

V. 요약 및 결론

지금까지 고린도전서 5:4-5와 디모데전서 1:20 두 본문을 중심으로 "사탄에게 넘겨줌" 문구의 의미를 당대의 맥락에서 살펴보았다. 그 '맥락'과 관련하여 '출교'와 '징계'라는 폭넓은 학계의 공감대가 있어왔지만 그것을 구체적으로 시행하고 효력을 발생시키는 방법적 장치로서 '저주'라는 기도 의식이 있었으리라는 가설을 세워 이를 다각도로 검토하였다. 언약을 위반할 시 공동체로부터 추방하면서 선포하는 공동체적 저주의 전통이 신명기 27장까지 소급된다는 점을 확인하였고, "사탄에게 넘겨준다"는 표현이 욥

---

31 신약성서와 대중적 주술의 상호연관성에 대해서는 Han-Josef Klauck, *Magic and Paganism in Early Christianity: the World of the Acts of the Apostles* (Minneapolis: Fortress Press, 2003).

기의 경우처럼 생명의 멸절 이외에 가혹한 방식으로 시험하고 연단하는 신적인 방식과 일정한 연관이 있다는 사실도 살펴보았다. 아울러 '넘겨주다'(παραδίδωμι)라는 단어가 쿰란문서, 랍비유대교 문헌, 항간의 대중 종교에서 유행한 주술적 마법 파피루스 문서 등에서 특정 개인을 대상으로 어떤 소원을 이루고자 하는 경우, 초월적 존재에게 그 영혼을 의탁하는 표현으로 종종 사용했음이 밝혀졌다. 물론 소소한 자구상의 차이는 있지만, 이는 초월적인 존재자에게 어떤 개인의 영혼을 넘겨줌으로써 인간의 한계 너머의 사안과 관련하여 특정한 방향의 일 처리를 위임하는 통상적인 방식이었으리라 사료된다.

바울은 이러한 대중적인 차원의 주술적 대증요법을 "그리스도 안에서" 치환하여 공동체적 또는 개인적 차원의 영험을 높이는 데 활용한 것으로 추정된다. 고린도전서 5:4-5의 경우 의붓어미와 상습적 동침을 일삼은 자에게 공동체적 차원의 출교를 명령하는 과정에서 "사탄에게 넘겨주라"는 말로 공동체적 치리 의식의 일부 절차를 명했던 것이고, 디모데전서 1:20의 경우는 후메내오와 알렉산더의 교리적 탈선에 개입하면서 사도적 권위를 발휘하여 엄히 징계하는 차원에서 이 두 사람을 "사탄에게 넘겨주었다"고 말한 것이다. 그것이 사도 바울의 경우 저주와 자연스레 연결되는 것은 그의 서신에 이미 저주의 언어가 심상치 않게 나름의 수사학적 의도를 가지고 사용되고 있었기 때문이다. 그러나 항간의 대중 종교에 나타난 주술적 저주 의식과 달리, 바울의 경우 저주는 저주 자체가 목적이 아니었다. 바울은 그 저주의 일차적 목표가 징계든 출교든, 당사자에게 최후의 돌파구로 패자부활전의 여운을 남겨두었다. 바울공동체에 저주 의식의 궁극적인 목적이 한 영혼을 파멸시키는 데 있는 것이 아니라 결국 회개하여 구원받게 하려는 데 있었음은 "그 육신은 멸망 당해도 그 영이 구원받게 하려 함"이라는 바울의 유보적 단서 조항 가운데 잘 확인된다.

이 두 사안에 공통된 목표는 이러한 처방 그리고 그에 따른 영적 행동과 처결을 통해 사도의 권위를 강화하고 공동체적 규율을 세우는 데 있었을 것이다. 특히 이 저주의 대상으로 언급되고 실질적으로 이러한 처결을 받은 사람들 중에 혹독한 질고에 시달리거나 사망한다든지 가정의 삶이 파산하는 지경에 이르는 경우가 더러 생겼다면 공동체 성원들은 그 저주의 효용성을 상기하며 큰 경각심을 갖게 되었을 것이다. 이로써 살아계신 하나님의 권세와 이에 어필한 저주 기도 의식의 권위도 인증받는 부대 효과와 함께, 그 결과 공동체 내부의 결속과 단합이 강화되었으리라 예상된다. 물론 그 저주의 기원대로 결과가 나타나지 않을 경우 하나님이 사탄으로 하여금 그러한 저주의 내용대로 재앙이 임하길 허락하지 않은 것으로, 즉 하나님의 뜻에 합치되지 않는 것으로 받아들여 넘어가는 출구가 있었을 것이다.

오늘날 "목사를 괴롭게 하면 그 사람의 3대에 이르러 저주를 받게 된다"느니 "십일조를 떼어먹으면 저주를 받아 사업이 폭삭 망하는 어려움을 겪는다"느니 하는 '사탄에게 넘겨줌'의 현대판 클리셰들이 종종 신앙생활의 미묘한 변수로 언급되거나 때로 이로 인해 구설수에 오르기도 한다. 고대 1세기의 신화적인 세계관 가운데 융통된 저주의 주술과 그 수사적 클리셰가 21세기 과학적 세계관으로 무장한 신자들에게 문자 그대로 통용될 리 없을 것이다. 설사 특정한 저주가 먹혀들어 아무개 대상자가 끔찍한 재앙을 입었다손 치더라도, 그것을 과장되게 일반화할 수는 없는 노릇이다. 여기에는 사탄에게 넘겨주는 하나님의 뜻과 관련된 복잡한 신정론적 쟁점과 더불어 그 부정적 결과를 극대화하는 것이 그리스도의 사랑에 걸맞지 않는다는 신학적 윤리학의 문제가 결부되어 있다. 다만 우리는 한 생명의 파멸이라는 극단적 상황에서 그 죄악의 대가로 그 해당자의 피를 묻히는 악역을 하나님께 맡기지 않고 사탄에게 넘겨주어 대행시키려 한 1세기 대중 신자들의 신학적 상상력의 한 가닥 편린을 얼핏 엿볼 수 있을 뿐이다.

참고문헌

1부 ι 인간, 복음, 예수

1장 · 인간 예수의 자화상과 그 신학적 함의

김수천. "누가의 문서에 나타난 기도의 신학 ─ 역사 변혁의 원동력으로서의 기도." 「신학과 실천」 28(2011), 353-379.

유은호. "누가복음에 나타난 기도의 영성." 「신학과 실천」 32(2012), 571-606.

전병희. "마가가 본 예수의 부자상과 마가공동체의 이중전략: 마가복음 10:17-27을 중심으로." 「신약연구」 10/1(2011), 89-112.

조흥만. "『변론』에서 소크라테스의 죽음관에 대한 새로운 조명." 「철학연구」 132(2014), 185-208.

차정식. "향유(香油) 그리고 향유(享有)." 『묵시의 하늘과 지혜의 땅-예수신학 비평』, 287-298. 서울: 대한기독교서회, 2001.

_____. "예수의 반(反)헬레니즘과 탈식민성." 「한국기독교신학논총」 24 (2002), 101-138.

투르니에, 미셸/김화영 . 『짧은 글, 긴 침묵』. 서울: 현대문학사, 2004.

한철흠. "마가복음 10:17-31 다시 읽기 ─ 부자는 진정한 구도자였나?" 「한국기독교신학논총」 110(2018), 107-134.

Bregman, Lucy. *Death in the Midst of Life: Perspectives on Death from Christianity and Depth Psychology*. Grand Rapids, MI: Baker Book House, 1992.

Cha, Jung-Sik. "Beyond the World of Evil: The Jacobian Theology of the Tongue in James 3:1-12." *CTC Bulletin* 15/1(1998), 73-86.

Crump, David. *Jesus the Intercessor: Prayer and Christology in Luke-Acts*. Tübingen: J. C. B Mohr, 1992.

Cullmann, Oscar. *Prayer in the New Testament*. Tr. by John Bowden. Minneapolis: Fortress Press, 1995.

Evans, Craig A. *Mark 8:17-16:20*, WBC 34B. Nashville: Thomas Nelson Publishers, 2001.

Freud, S. "Our Attitude towards Death." *The Complete Psychological Works of Sigmund Freud*. Ed. by James Strachey, vol. XIV. London: The Hogarth Press, 1995, 289-300.

Gaventa, B. R. "Galatians 1 and 2: Autobiography as a Paradigm." *NovT* 28/4(1986), 309-326.

Gnilka, J. *Das Evangelius nach Markus*. Zürich, Eisiedeln, Köln: Benziger; Neutirchen-Vluyn: Neukirchener Verlag, 1979.

Han, Kyu Sam. "Theology of Prayer in the Gospel of Luke." *Journal of the Evangelical Theological Society* 43/4(2000), 675-693.

Jaquette, James L. "Life and Death, 'Adiaphora.' and Paul's Rhetorical Strategy." *NovT* 38/1(1996), 30-53.

Jeremias, Joachim. *The Prayers of Jesus*. London: SCM Press, Ltd, 1967.

Koptak, Paul E. "Rhetorical Identification in Paul's Autobiographical Narrative: Galatians 1.13-2.14." *JSNT* 40(1990), 97-115.

Köster. "σπλάγχνον κτλ." *TDNT* VII, 548-559.

Longenecker, Richard N. *Contours of Christology in the New Testament*. Grand Rapids, MI: Eerdmans, 2005.

Lucian. IV, *Essays in Portraiture Defended* [LCL].

McKenny, Gerald P. "The Rich Young Ruler and Christian Ethics: A Proposal." *Journal of the Society of Christian Ethics* 40/1(2020), 59-76.

Moltmann, Jürgen. *Jesus Christ for Today's World*. Tr. by Margaret Kohl. Minneapolis: Fortress Press, 1994.

Murphy, Roland. *Ecclesiastes*, WBC 23A. Dallas, TX: Word Books, 1992.

O'Brien, P. T. "Pryaer in Luke and Acts." *Tyndale Bulletin* 24(1973), 111-127.

Rhaner, Karl & Metz, Johann B. *The Courage to Pray*. London: Burns & Oates, 1980.

Saldarini, A. J. "Last Words and Death-bed Scenes in Rabbinic Literature." *JQR* 68(1977), 28-45.

Sandnes, Karl Olav. *Early Christian Discourses on Jesus' Prayer at Gethsemane- Courageous, Committed, Cowardly?* Leiden; Boston: Brill, 2016.

Seow, Choon-Leong. *Ecclesiastes*, AB. New York: Doubleday, 1987.

Stanley, Alan P. "The Rich Young Ruler and Salvation." *Bibliotheca sacra* 163/649(2006), 46-62.

Voorwinde, Stephen. *Jesus' Emotions in the Gospel*. London: T&T Clark, 2011.

Witeschek, Stephan. "The Stigma of a Glutton and Drunkard: Q 7, 34 in Historical and Sociological Perspective." *Ephemerides Theologicae Lovanienses* 83/1(2007), 135-154.

2장 · 예수의 여행 경로와 그 동양 신학적 함의

김영민. 『보행』. 서울: 철학과현실사, 2001.

나요섭, 『산, 예수 그리고 하늘나라』. 대구: 나의주, 2000

렐프, 에드워드/김덕현·김현주·심승희. 『장소와 장소 상실』. 서울: 논형, 2005.

박노식. "마가복음의 공간 함의: 신학과 은유." 「신약논단」 21/4(2014), 925-954.

이동수. "구속사에서 갈릴리의 위치." 「생명과 말씀」 20(2018), 75-104.

차정식. "한국에서 신학의 길 찾기―예수의 그 길에 기대어." 「기독교사상」 562 (2005/10), 264-281.

_____. "생성기 기독교의 선교지형에 비추어본 지방화와 세계화의 문제." 「한국기독교신학논총」 40(2005), 129-162.

Choi, Hung-Sik. "A Study of δικαιωσυνή in Matthew." *Korea Journal of Christian Studies* 39(2005), 47-64.

Corbo, Virgilio C. "Capernaum." *ABD* 1, 866-869.

Davies, G. I. "Wilderness Wanderings." *ABD* 6, 912-914.

Donaldson, Terence L. *Jesus on the Mountain: A Study in Matthean Theology*. JSNTSup 8; Shefield: JSOT Press, 1985.

Dozeman, Thomas B. "Geography and History in Herodotus and in Ezra-Nehemiah." *JBL* 122(2003), 449-466.

_____. "The Wilderness and Salvation History in the Hagar Story." *JBL* 117(1988), 22-43.

Dunn, James D. G. *Jesus, Paul and the Law: Studies in Mark and Galatians*. Louisville: Westminster/John Knox Press, 1990.

Fitzmeyer, Joseph A. *The Gospel According to Luke X-XXIV*. AB; Garden City: Doubleday, 1985.

Freyne, Seán. "Hellenistic/Roman Galilee." *ABD* 2, 895-901.

_____. "The Geography of Restoration: Galilee-Jerusalem Relations in Early Jewish and

Christian Experience." *NTS* 47(2001), 289-311.

Gibson, J. B. "Jesus' Wilderness Temptation According to Mark." *JSNT* 53(1994), 3-34.

Horsely, Richard A. *Galilee: History, Politics, People*. Valley Forge: Trinity Press International, 1995.

Kaltemark, Max. *Lao Tzu and Taoism*. Tr. by Roger Greaves. Stanford: Stanford University Press, 1965.

Kim, Heup Young. *Christ & the Tao*. Hong Kong: Christian Conference of Asia, 2002.

Kojin, Karatani. *Architecture as Metaphor: Language, Number, Money*. Tr. by S. Kohso. Boston: The MIT Press, 1995.

Marcus, Joel. *The Way of the Lord: Christological Exegesis of the Old Testament in the Gospel of Mark*. Louisville: Westerminster/John Knox Press, 1992.

Nicholson, Godfrey C. *Death as Departure: The Johannine Descent-Ascent Schema*, SBLDS 63. Chico: Scholars Press, 1983.

Palmer, Martin. *The Elements of Taoism*. Rockport: Element Books, 1991.

Plummer, Alfred. *A Critical and Exegetical Commentary on the Gospel According to St. Luke*. Edinburgh: T&T Clark, 1977.

Richardson, Peter. "What has Cana to to with Capernaum." *NTS* 48(2002), 314-331.

Strange, James F. "Sepphoris." *ABD* 5, 1090-1093.

"The House of Peter: The Home of Jesus in Capernaum?." https://www.biblicalarchaeology.org/daily/biblical-sites-places/biblical-archae-ology-sites/the-house-of-peter-the-home-of-jesus-in-capernaum/[2021-08-05 검색].

The Texts of Taoism, Part I: *The Tao Te Ching of Lao Tzu; The Writings of Chuang Tzu* (Books I-XVII). Tr. by James Legge. New York: Dover Publications, 1962.

Wright, N. T. "Paul, Arabia, and Elijah (Galatians 1:17)." *JBL* 115(1996), 683-692.

3장 · '그리스도의 죄수' — 바울의 자화상과 그 신학적 맥락

김덕기. "빌립보서 2:6-11절의 최근 연구 동향 — 형식, 배경사, 신학적 윤리를 중심으로." 「장신논단」 44/1(2012), 33-58.

노태성. "디모데후서의 저작 상황 — 겉옷과 책 그리고 데마가 떠난 이유를 중심으로." 「신약논단」 14/1(2007), 135-158.

박영호. "다시 돌아보는 빌립보서의 집필 동기: 바울의 대적자들의 정체와 에바브로디도의 수사적 기능." 「피어선신학논단」 5/2(2016), 24-47.

서동수. "바울 서신에 나타난 유토피아의 상징인 '형제' 개념 — 빌레몬서의 사례에 비추어." 「신학과 사회」 27/2(2013), 175-216.

신영복. 『감옥으로부터의 사색』. 서울: 돌베개, 1998.

차정식. "바울의 자화상." 『바울신학 탐구』 (서울: 대한기독교서회, 2005), 15-61.

최영숙. "바울의 고난과 하나님의 능력." 「신약논단」 17/2(2010), 395-425.

현경식. "빌립보서에 나타난 본받음의 윤리." 「신약논단」 22/3(2015), 781-808.

Abbott, T. K. *A Critical and Exegetical Commentary on the Epistles to the Ephesians and to the Colossians*. Edinburgh: T & T Clark, 1977.

Barrett, C. K. *The Second Epistle to the Corinthian*s. Peabody, MA: Hendrickson Publishers, 1973.

Barth, Markus. *Ephesians 1-3*, AB 34. Garden City, NY: Doubleday, 1982.

Beajour, Michel. *Poetics of Literary Self-Portrait*. New York: NYU Press, 1992.

Betz, Hans Dieter. "An Autobiographical Memorandum (Phil 3:1b-21)." *Studies in Paul's Letter to the Philippians*, WUNT 343. Tübingen: Mohr Siebeck, 2015), 47-67.

_____. *Paul's Concept of Freedom in the Context of Hellenistic Discussions about the Possibilities of Human Freedom*, Protocol of the 26th Colloquy. Berkely, CA: A Print Book, 1977.

Cha, Jung-Sik. "Jesus' Self-portrait as a Human and Its Theological Implications." *Korea Journal of Christian Studies* 51(2007), 101-116.

Croy, N Clayton. ""To Die Is Gain"(Philippians 1:19-26), Does Paul Contemplate Suicide?" *JBL* 122/3(2003), 517-532.

de Boer, Martinus C. "Images of Paul in the Post-Apostolic Period." *CBQ* 42(1980), 359-380.

Dibelius, Martin & Hans Conzelmann. *The Pastoral Epistles*. Tr. by Philip Buttolph and Adela Yarbro. Philadelphia; Fortress Press, 1972.

Dodd, Brian J. "Christ's Slave, People Pleasers and Galatians 1.10." *NTS* 42(1996), 90-104.

Droge, Arthur J. "MORI LUCRUM: Paul and Ancient Theories of Suicide." *NovT* 30(1998), 263-286.

Duff, Paul Brooks. "Metaphor, Motif, and Meaning: The Rhetorical Strategy behind the Image "Led in Triumph" in 2 Corinthians 2:14." *CBQ* 53(1991), 79-92.

_____. "Apostolic Suffering and the Language of Processions in 2 Corinthians 4:7-10." *BTB* 21/4(1991), 158-165.

Exum, E. & Talbert, C. "The Structure of Paul's Speech to the Ephesian Elders (Acts 20,18-35)." *CBQ* 29(1967), 233-236.

Foucault, Michel. *Discipline and Punish: The Birth of Prison*. New York: Vintage Books, 1995.

Gaventa, B. R. "Galatians 1 and 2: Autobiography as Paradigm." *NovT* 28/4(1986), 309-326.

Haenchen, Ernst. *The Acts of Apostles: A Commentary*. Philadelphia: The Westminster Press, 1971.

Knox, John. "Acts and Pauline Letter Corpus." in *Studies in Luke-Acts,* eds. Leander E.Keck & J. Louis Martyn, 279-287. Philadel- phia: Fortress Press, 1980.

Koptak, Paul E. "Rhetorical Identification in Paul's Autobiographical Narrative Galatians 1:13-2:14)." *JSNT* 40(1990), 97-115.

Lock, Walter. *A Critical and Exegetical Commentary on the Pastoral Epistles*. Edinburgh: T & T Clark, 1973.

Martin, Ralph P. *A Hymn of Christ: Philippians 2.5-11 in Recent Interpretation and in the Setting of Early Christian Worship*. Downers Grove, IL: Intervarsity Press, 1983.

Oden, Thomas C. *First and Second Timothy and Titus*. Louisville: John Knox Press, 1989.

Scott, J. M. "The Triumph of God in 2Cor 2.14: Additional Evidence of Merkabah Mysticism in Paul." *NTS* 42(1996), 260-281.

Vielhauer, Philipp. "On the "Paulinism" of Acts." in *Studies in Luke-Acts*, eds. Leander E.Keck & J. Louis Martyn, 33-50. Philadelphia: Fortress Press, 1980.

Vincent, Marvin R. *The Epistle to the Philippians and Philemon*. Edinburgh: T & T Clark, 1976.

Wansink, Craig S. *Chained in Christ: The Experience and Rhetoric of Paul's Imprisonments*. Sheffield: Sheffield Academic Press, 1996.

Wild, Robert A. "The Warrior and the Prisoner: Some Reflections on Ephesians 6:10-20." *CBQ* 46(1984), 284-298.

4장 · '속사람'의 신학적 인간학과 대안적 인성 계발

강성영. "소비사회의 인간 이해: '광고'를 통해 본 욕구와 한계의 변증법." 「신학사상」 138 (2007 가을), 203-224.

권연경. 『행위 없는 구원?』. 서울: SFC, 2006.

라캉, 자크/권택영 편역. 『욕망이론』. 서울: 문예출판사, 1995.

르네 지라르/김진석·박무호. 『폭력과 성스러움』. 서울: 민음사, 1997.

바디우, 알랭/현성환. 『사도 바울』. 서울: 새물결, 2008.

박경미. "신약성서에 나타난 '외국인' 개념과 초대 기독교인의 자기의식의 표지로서의 '외국인'." 「신학사상」 113(2001 여름), 122-148.

송기득. 『인간』. 천안: 한국신학연구소, 1984.

_____. 『예수와 인간화』. 서울: 현존사, 1989.

_____. 『사람다움과 신학하기』. 서울: 대한기독교서회, 1997.

_____. 『그리스도교 신학과 인간 해방』. 서울: 대한기독교서회, 1998.

이향명. "생태적 인간과 기독교교육의 방향." 「신학사상」 131(2005 겨울), 257-282.

차정식. "대를 잇는 희생의 한 계보." 『예수와 신학적 상상력』. 파주: 한국학술정보, 2008, 308-325.

Abbott, T. K. *The Epistles to the Ephesians and to the Colossians*. Edinburgh: T. & T. Clark, 1979.

Barrett, C. K. *The Second Epistle to the Corinthians*. Peabody, MA: Hendrickson Publishers, 1973.

Betz, H. D. "The Concept of the 'Inner Human Being'(ὁ ἔσω ἄνθρωπος) in the Anthropology of Paul." *NTS* 46/3(2000), 315-341.

_____. *The Sermon on the Mount*. Minneapolis: Fortress Press, 1995.

_____. "Transferring a Ritual: Paul's Interpretation of Baptism in Romans 6." in *Paul in His Hellenistic Context*, ed. Troels Engberg-Pedersen, 84-118. Minneapolis: Fortress, 1995.

Bultmann, Rudolf. *Theology of the New Testament*. Tr. by Kendrick Grobel. New York: Charles Scribner's Sons, 1951, 1955.

Collins, Adela Yarbro. *Mark,* Hermeneia. Minneapolis: Fortress Press, 2007.

Fitzmyer, Joseph A. *Romans*. New York: Doubleday, 1993.

Harrison, James R. "The Brothers as the "Glory of Christ" (2 Cor 8:23): Paul's *Doxa* Terminology in Its Ancient Benefaction Context." *NovT* 52(2010), 156-188.

Jeremias, J. "ἄνθρωποξ" *TDNT* vol. 1, 364-367.

Jewett, R. *Paul's Anthropological Terms*. Leiden: E. J. Brill, 1971.

Lincoln, Andrew T. *Ephesians*, WBC 42. Nashville: Thomas Nelson, 1990.

Lohse, E. *Colossians and Philemon*. Tr. by W. R. Poehlmann & Robert J. Karris. Philadelphia: Fortress Press, 1971.

Wilckens, "ὑποκρίνομαι, ὑποκριτής." *TDNT* vol. 8, 559-571.

5장 · 예수와 바울의 '복음'과 그 맥락들

김세윤. 『그리스도와 가이사』. 서울: 두란노, 2009.

김회권·남기업 외. 『희년, 한국사회, 하나님 나라』. 서울: 홍성사, 2012.

롱네커, 브루스 W. & 스틸, 토드 D./박규태, 『바울 — 그의 생애 서신 신학』. 서울: 한국성서유니온, 2019.

박찬웅. "씨 뿌리는 자의 비유(막 4:3-20)." 「신약논단」 16/2(2009), 399-425.

서동수. "인간의 심성과 하나님의 나라 — 마가복음 4:1-20의 씨 뿌리는 비유를 중심으로." 「신약논단」 13/2(2006), 319-351.

송영목. 『하나님 나라 복음과 교회의 공공성』. 서울: SFC, 2020.

이도영. 『코로나19 이후 시대와 한국교회의 과제』. 서울: 새물결플러스, 2020.

조태연. "땅이 모두를 품다 — 씨 뿌리는 자 비유의 해석." 「신약논단」 24/4(2017), 775-811.

차정식. 『묵시의 하늘과 지혜의 땅: 예수신학 비평』. 서울: 대한기독교서회, 2001.

_____. "생성기 그리스도교의 선교지형에 비추어 본 지방화와 세계화의 문제." 「한국기독교신학논총」 40(2005/7), 129-162.

_____. "동족의 빛과 그림자 — 바울과 이스라엘의 경우." 『바울신학 탐구』. 서울: 대한기독교서회, 2005, 223-253.

_____. "바울 선교의 정치·외교적 역학관계." 『하나님 나라의 향연』. 서울: 새물결플러스, 2009), 59-88.

_____. ""사탄에게 넘겨줌"의 의미와 초기 기독교의 저주 의식 — 고린도전서 5:4-5와 디모

데전서 1:20을 중심으로." 「신약논단」 26/2(2019), 413-447.

트웰프트리, 그레이엄 H./이용중. 『초기 기독교와 축귀 사역』. 서울: 새물결플러스, 2020.

티센, 매튜/이형열 역. 『죽음의 세력과 싸우는 예수』. 서울: 새물결플러스, 2021.

Barclay, John M. G. *Paul and the Gift*. Grand Rapids, MI: Eerdmans, 2017.

_____. *Pauline Churches and Diaspora Jews*. Grand Rapids, MI: Eerdmans, 2016.

Betz, Hans Dieter. "The Sermon on the Mount in Matthew's Interpretation." in *The Future of Early Christianity: Essays in Honor of Helmut Koester*, eds. Birger A. Pearson et al. (Minneapolis: Fortress, 1991), 258-275.

_____. "Matt. 6:22-23 and Ancient Greek Theories of Vision." *Essays on the Sermon on the Mount*. Tr. by L. L. Welborn. Minneapolis: Augsburg Fortress Publishing, 1985, 71-87.

_____. "In Defense of the Spirit: Galatians as a Document of Early Christian Apologetics." *Gesammelte Aufsätze 3: Paulinische Studien*. Tübingen: J. C. B. Mohr Siebeck, 1994, 98-109.

_____. *The Greek Magical Papyri in Translation: Including the Demotic Spell*. Chicago: The University of Chicago Press, 1996.

Borg, Marcus, *Jesus: A New Vision*. San Francisco: Harper, 1991.

Brown, Raymond Edward. *The Community of the Beloved Disciple: The Life, Loves and Hates of an Individual Church in New Testament Times*. Paulist Press, 1978.

Bultmann, Rudolf. *Jesus Christ and Mythology*. London: Scribner, 1958.

Dunn, James D. G. *The New Perspectives on Paul*. Grand Rapids, MI: Eerdmans, 2007.

_____. *Neither Jew nor Greek: A Contested Identity*. Grand Rapids, MI: Eerdmans, 2015.

France, R. T. *The Gospel of Mark*, NIGTC. Grand Rapids, MI: Wm. B. Erdmans, 2002.

Goldworthy, Adrian. *Pax Romana: War, Peace and Conquest in the Roman World*. New Haven, CT: Yale University Press, 2016.

Holloway, Paul A. *Philippians*. Minneapolis: Fortress, 2017.

Horsely, R. ed. *Paul and Empire: Religion and Power in Roman Imperial Society*. Harrisburg: Trinity Press International, 1997.

_____. *Jesus and Empire*. Minneapolis: Fortress, 2002.

Hunt, Cherryl, Horrell, David G. and Southgate, Christopher. "An Environmental Mantra?:

Ecological Interest in Romans 8:19-23 and a Modest Proposal for Its Narrative Interpretation." *JTS* 59/2(2008), 546-579.

Käsemann, Ernst. *Commentary on Romans*, tr. by Geoffrey W. Bromiley. Grand Rapids, MI: Wm. B. Erdmans, 1994.

Ker, Donald P. "Paul and Apollos-Colleagues or Rivals?" *JSNT* 77(2000), 75-97.

Kim, Seon Yong. *Curse Motifs in Galatians: An Investigation into Paul's Rhetorical Strategies*. Tübingen: Mohr Siebeck, 2020.

Koester, Helmut. *Ancient Christian Gospels: Their History and Development*. Philadelphia: Trinity Press International, 1990.

Marchesini, Roberto. *Beyond Anthropocentrism: Thoughts for a Post-human Philosophy*. Minesis International, 2019.

Michell, Margaret M. *Paul and the Rhetoric of Reconciliation*. Louisville: Westminster John Knox Press, 1993.

Nicholson, Godfrey C. *Death as Departure: The Johannine Descent-Ascent Schema*. Chico: Scholars Press, 1983.

Park, Eung Chun. *Either Jew or Gentile*. Louisville: Westminster John Knox Press, 2003.

_____. *The Mission Discourse in Matthew's Interpretation*. Tübingen: J. C. B. Mohr Siebeck, 1995.

Thompson, Marianne Meye. "Eternal Lifel in the Gospel of John." *Ex auditu* 5(1989), 35-55.

Trumbower, Jeffrey A. *Born from above: the Antropology of the Gospel of John*. Tübingen: J. C. B. Mohr Siebeck, 1992.

Willitts, Joel. "Matthew and Psalms of Solomon's Messianism: A Comparative Study of First-century Messianology." *Bulletin for Biblical Research* 22/1(2012), 27-50.

Wolter, Michael. *Paul: An Outline of His Theology*. Tr. by Robert L. Brawley. Waco, TX: Balyor University Press, 2015.

Wright, N. T. *Paul: In Fresh Perspective*. Minneapolis: Fortress Press, 2009.

_____. "Paul's Gospel and Caesar's Empire." in *Paul and Politics: Ekklesia, Israel, Imperium, Interpretation*, ed. R. Horsely, 160-183. Harrisburg: Trinity Press International, 2000.

2부 ┃ 감정, 상처, 치유

1장 · 고대 히브리 사상과 헬레니즘에 비추어 본 '감정'의 세계

강신주.『강신주의 감정수업: 스피노자와 함께 배우는 인간의 48가지 얼굴』. 서울: 민음사,
    2013.

강준만.『감정독재』. 서울: 인물과사상사, 2013.

그린스팬, 미리암/이종복 역.『감정공부: 슬픔, 절망, 두려움에서 배우는 치유의 심리학』. 서
    울: 뜰, 2008.

김정우.『성서주석: 잠언』. 서울: 대한기독교서회, 2007.

김찬호.『모멸감: 굴욕과 존엄의 감정사회학』. 서울: 문학과지성사, 2014.

김태훈.『사자의 부르짖음: 예언자 아모스의 선포와 삶』. 서울: 한국성서학연구소, 2012.

메르클레, 롤프·볼프, 도리스/유영미 역.『감정사용설명서: 부정적 감정을 다스리는 치유의
    심리학』. 서울: 생각의 날개, 2010.

바바렛, 잭 엮음/박형신.『감정과 사회학』. 서울: 이학사, 2009.

스미스, 존 편집/정성욱.『신앙감정론: 조나단 에드워즈 전집 제1권』. 서울: 부흥과개혁사,
    2005.

스피노자 B./황태연.『에티카』. 전주: 비봉출판사, 2014.

씨맨스, 데이비드 A.『상한 감정의 치유』. 서울: 두란노, 2011.

엄찬호·최병욱.『인문학의 치유 역사』. 춘천, 강원대학교출판부, 2013.

이종록.『용서와 회개』. 파주: 한국학술정보, 2007.

_____.『이 뼈들이 능히 살겠느냐』. 서울: 한국성서학연구소, 2000.

채은하.『전도서: 한국장로교총회창립 100주년기념 표준주석』. 서울: 한국장로교출판사,
    2013.

Aune, David C. "Mastery of the Passions: Philo, 4 Maccabees and Earliest Christianity." Wendy
    E. Helleman ed. *Hellenization Revisited: Shaping a Christian Response within
    the Greco-Roman World*. Lanham: University Press of America, 1994, 125-158

Boling, Robert G. *Judges*. The Anchor Bible 6A; New York: Doubleday & Co., 1974.

Booth, P. "The Voice of the Serpent: Philo's Epicureanism." Wendy E. Helleman ed.
    Hellenization Revisited: Shaping a Christian Response within the Greco-Roman

World*. Lanham: University Press of America, 1994, 159-172.

Brennan, Tad. "The Old Stoic Theory of Emotions." Sihvola and Engberg-Pedersen ed. *The Emotions in Hellenistic Philosophy*. Dordrecht, Boston, and London: Kluwer Academic Publishers, 1998, 30-31

Colish, M. L. *The Stoic Tradition from Antiquity to the Early Middle Age*, 2 vols. Leiden: E. J. Brill, 1985.

Collins, John J. "The Zeal of Phinehas: The Bible and the Legitimation of Violence." *JBL* 122/1(2003), 3-21.

_____. *Between Athens and Jerusalem*. New York: Crossroad, 1983, 187-194.

Crenshaw, James L. *Old Testament Wisdom: An Introduction*. Louisville: Westminster John Knox Press, 1998.

Dahood, Mitchell. *Psalms III(101-150)*. The Anchor Bible; Garden City, New York: Doubleday, 1970), 33.

Dillon, J. and Terian, A. "Philo and the Stoic Doctrine of Eupatheiai." *Studia Philoica* 4(1967-77), 17-24.

Erskine, Andrew. "Cicero and the expression of grief." Susanna Morton Braund and Christopher Gill, ed. *The Passions in Roman Thought and Literature*. Cambridge: Cambridge University Press, 1997, 36-47.

Fowler, D. P. "Epicurean Anger." Susanna Morton Braund and Christopher Gill, ed. *The Passions in Roman Thought and Literature*, 16-35.

Graver, Margaret R. *Stoicism and Emotion*. Chicago & London: The University of Chicago Press, 2007.

_____. *Cicero on the Emotions: Tusculan Disputations 3 and 4*. Chicago and London: The University of Chicago Press, 2002.

Konstan, David. *The Emotions of the Ancient Greeks: Studies in Aristotle and Classical Literature*. Toronto, Buffalo, London: University of Toronto Press, 2006.

Krüger, Thomas. *Qoheleth: A Commentary*. Tr. by O. C. Dean Jr. & Ed. by Klaus Baltzer. Minneapolis: Fortress Press, 2004.

MacMullen, Ramsey. *Roman Social Relations 50 B.C. to A.D. 284*. New Haven: Yale University, 1974.

Mays, James L. *Psalms. Interpretation: A Biblical Commentary for Teaching and Preaching*. Louisville: John Knox Press, 1994.

Munteanu, Dana LaCourse. *Tragic Pathos: Pity and Fear in Greek Philosophy and Tragedy*. New York: Cambridge University Press, 2012.

Nussbaum, Martha. "The Stoics on the Extirpation of the Passions." *Apeiron* 20(1987) 129-177.

Propp, William H. C. *Exodus 19-44*. The Anchor Bible; New York: Doubleday, 2006.

Redditt, Paul. "The Concept of *Nomos* in Fourth Maccabees." *Catholic Biblical Quarterly* 45(1983), 249-250.

Schleiermacher, F. *On Religion: Speeches to Its Cultured Despisers*. Tr. by John Oman. New York: Harper & Brothers, 1958.

Schmeller, Thomas. "Stoics, Stoicism." *ABD* 6, 210-214.

Skehan, Patrick W. & di Lella Alexander A. *The Wisdom of Ben Sira*. The Anchor Yale Bible 39; New Haven & London: Yale University Press, 2010.

Skinner, John. *A Critical and Exegetical Commintary on Genesis*, 2nd edition. Edinburgh: T. & T. Clark, 1980.

Speiser, E. A. *Genesis*. The Anchor Bible; Doubleday & Company, Inc.; Garden City, New York, 1982.

Stowers, S. K. "4 Maccabees." *Harper's Biblical Commentary*. San Francisco: Harper & Row, 1988, 923-934.

Sweeney, Marvin A. *Zephaniah: A Commentary*. Ed. by Paul D. Hanson. Minneapolis: Fortress Press, 2003.

Tieleman, Teun. *Chrysippus' On Affections: Reconstruction and Interpretation*. Leiden: Brill, 2003.

von Rad, Gerhard. *Genesis: A Commentary*. Tr. by John H. Marks. London: SCM Press, 1961.

Westermann, Claus. *Praise and Lament in the Psalms*. Louisville: Westminster John Knox Press, 1987.

_____. Claus. *Roots of Wisdom: The Oldest Proverbs of Israel and Other Peoples*. Louisvilles: Westminster John Knox Press, 1995.

Wilson, Marcus. "The Subjugation of Grief in Seneca's 'Epistles'." Susanna Morton Braund and Christopher Gill, ed. *The Passions in Roman Thought and Literature*. Cambridge:

Cambridge University Press, 1997, 48-67.

Winston, David. *The Wisdom of Solomon*. The Anchor Yale Bible; New Haven & London: Yale University Press, 2011.

2장 · 예수의 감정 표현에 나타난 신학적 인간론

강신주. 『감정수업: 스피노자와 함께 배우는 인간의 48가지 얼굴』. 서울: 민음사, 2013.

김찬호. 『모멸감: 굴욕과 존엄의 감정사회학』. 서울: 문학과지성사, 2015.

Attridge, Harold W. *The Epistle to the Hebrews*. Philadelphia: Fortress Press, 1989.

Betz, Hans D. "Jesus and the Purity of the Temple (Mark 11:15-18): A Comparative Religion Approach." *JBL* 116/3(1997), 455-472.

Brown, Raymond E. *The Gospel according to John I-XII*. New Haven and London: Yale University Press, 2006.

Bultmann, R. "λύπη." *TDNT*, vol. IV, 313-324.

Buschmann, Gerd. *Martyrium Polycarpi-Eine Formenkritische Studie*. Berlin, New York: Walter de Gruyter, 1994.

Cha, Jung-Sik. "Jesus' Self-portrait as a Human and Its Theological Implications." *Korea Journal of Christian Studies* 51(2007), 101-116.

_____. "Confronting Death: The Story of Gethsemane in Mark 14:32-42 and Its Historical Legacy." Ph.D. dissertation, The University of Chicago, 1996.

Fitzmyer, Joseph A. *The Gospel according to Luke I-IX. Garden City*, New York: Doubleday, 1981.

George, David G. "Jesus' Lack of Emotion in Luke: The Lukan Redactions in Light of the Hellenistic Philosophers." Ph.D. dissertation, The University of Notre Dame, 2009.

Graver, Margaret R. *Stoicism and Emotion*. Chicago & London; The University of Chicago Press, 2009.

_____. *Cicero on the Emotions: Tusculan Disputations 3 and 4*. Translated and with commentary by Margaret Graver. Chicago & London: The University of Chicago Press, 2002.

Haenchen, Ernst. *John 2*. Tr. by Robert W. Funk. Philadelphia: Fortress Press, 1984.

Jeremias, Joachim. "Hbr 5:7-10." *ZNW* 43-44(1950-53), 107-111.

Konstan, David. *The Emotions of the Ancient Greeks*. Toronto Buffalo London: University of Toronto Press, 2006.

Lee, Jae Hoon. *The Explorations of the Inner Wounds-Han*. New York: The Oxford University Press, 1994.

Luz, Urlich. *Matthew 8-20*. Tr. by James E. Crouch. Minneapolis: Fortress Press, 2001.

_____. *Matthew 21-28*. Tr. by James E. Crouch. Minneapolis: Fortress Press, 2005.

Marcus, Joel. *Mark 1-8*. New Haven and London: Yale University Press, 2005.

_____. *Mark 8-16*. New Haven and London: Yale University Press, 2009.

Moltmann, Jürgen. *Jesus Christ for Today's World*. Tr. by Margaret Kohl. Minneapolis: Fortress Press, 1994.

Origen, "Against Celsus." in Alexander Roberts & James Donaldson eds. *Ante-Nicene Fathers: The Writings of the Fathers down to A.D. 325*. New York: The Christian Literature Company, 1890.

Pannenberg, Wolfhart. *Anthropology in Theological Perspective*. Tr. by Matthew J. O'Connell. Philadelphia: The Westminster Press, 1985.

Park, Andrew S. *The Wounded Heart of God: The Asian Concept of Han and the Christian Doctrine of Sin*. Nashville: Abingdon Press, 1993.

Köster, H. "σπλάγχνον κτλ." *TDNT* vol. VII, 548-559.

Sanders, E. P. *Jesus and Judaism*. Philadelphia: Fortress Press, 1985.

Son, Chan Hee. *Haan of Minjung Theology and Han of Han Philosophy: In the Paradigm of Process Philosophy and Metaphysics of Relatedness*. University Press of America, 2000.

The Apostolic Fathers(LCL), vol. 1. Tr. by Kirsopp Lake. Cambridge, Massachusetts: Harvard University Press, 1945.

Voorwinde, Stephen. *Jesus' Emotions in the Gospels*. New York: Bloomsbury T & T Clark, 2011.

_____. *Jesus' Emotions in the Fourth Gospel*. New York: Bloomsbury T & T Clark, 2005.

Yu, Seung Won. "Paul's Pneumatic Epistemology: Its Significance in His Letters." Ph.D. dissertation, Duke University, 1998.

3장 · 바울의 감정 표현에 나타난 심리 조율과 심리 치유의 수사학

차정식. "상처와 권위, 혹은 예수의 '흔적' — 갈라디아서 6:17." 『예수와 신학적 상상력』. 파
주: 한국학술정보, 2008, 390-401.

_____. "고대 히브리 사상과 헬레니즘에 비추어 본 '감정'의 세계 — 신약성서의 '감정' 이해
를 위한 배경사적 고찰." 「신약논단」 22/2(2015), 283-337.

최영숙. "바울의 고난과 하나님의 능력." 「신약논단」 7/2(2010), 395-424.

Ascough, Richard S. "A Question of Death: Paul's Community—building Language in 1
Thessalonians 4:13-18." *JBL* 123/3(2004), 509-530.

Barrett, C. K. *A Commentary on the First Epistle to the Corinthians*. Peabody, MA:
Hendrickson Publishers, 1968.

Barrier, Jeremy W. "Marks of Oppression: A Postcolonial Reading of Paul's Stigmata in Galatians
6:17." *Biblical Interpretation* 16(2008), 336-362.

Barton, Stephen C. "Eschatology and the Emotions in Early Christianity." *JBL* 130/3(2011),
571-591.

Berzon, Todd S. "'O, Foolish Galatians': Imagining Pauline Community in Late Antiquity."
Church History 85/3(2016), 435-467.

Betz, Hans Dieter. "Second Epistle to the Corinthians." *ABD* 1, 1148-1154.

_____. *Galatians: A Commentary on Paul's Letter to the Churches in Galatia*.
Philadelphia: Fortress Press, 1979.

Blank, Sheldon H. "Men against God: the Promethean Element in Biblical Prayer." *JBL*
72/1(1953), 1-13.

Bloomquist, L. Gregory. "Subverted by Joy: Suffering and Joy in Paul's Letter to the Philippians."
Interpretation 61/3(2007), 270-282.

Bockmuehl, Makus. "1 Thessalonians 2:14-16 and the Church in Jerusalem." *Tyndale Bulletin*
52/1(2001), 1-31.

Bonneau, Norman. "The Logic of Paul's Argument on the Curse of the Law in Galatians
3:10-14." *NovT* 39/1(1997), 60-80.

Bornkamm, G. *Die vorgeschichte des sogenannten zweiten Korintherbriefes*, reprinted in
    Geshichte und Glaube: Gesammelte Aufsätze, vol. 4. Munich: Chr. Kaiser Verlag,
    1971, 162-194.

Cha, Jung Sik, ""Some Aspects of Theological Anthropology in Jesus' Emotions." 「한국기독교
    신학논총」 103(2017), 373-398.

Brennan, Ted. "The Old Stoic Theory of Emotions." J. Sihvola and T. Engberg-Pedersen ed. *The
    Emotions in Hellenistic Philosophy.* Dordrecht/Boston/London: Kluwer Academic
    Publishers, 1998, 21-70.

Bultmann, Rudolf. "λύπη." *TDNT* vol. 4, 313-324.

Burke, Trevor J. "Pauline Paternity in 1 Thessalonians." *Tyndale Bulletin* 51/1(2000), 59-80.

_____. *Family Matters: A Socio-Historical Study of Kinship Metaphors in 1
    Thessalonians*, JSNT supplement vol. 247. New York: T. & T. Clark International,
    2003.

Croy, N. Clayton. ""To Die Is Gain"(Philippians 1:19-26): Does Paul Contemplate Suicide?."
    JBL 122/3(2003), 517-531.

DiCicco, Mario M. *Paul's Use of Ethos, Pathos, and Logos in 2 Corinthians 10-13*. Mellen
    Biblical Press Series 31; Lewiston/ Queenston/ Lampeter: Mellen, 1995.

Droge, Arthur J. "Mori Lucrum: Paul and Ancient Theories of Suicide." *NovT* 30 (1988),
    262-286.

Esler, Philip Francis. "Making and Breaking an Agreement Mediterranean Style: A New Reading
    of Galatians 2:1-14." *Biblical Interpretation* 3/3(1995), 285-314.

Fee, Gordon D. *Paul's Letter to the Philippians*. Grand Rapids, MI: Wm. B. Eerdmans
    Publishing Co., 1995.

Fitzgerald, John T. ed. *Passions and Moral Progress in Greco-Roman Thought.* London:
    Routledge, 2008.

Getty, Marry Ann. "Paul and the Salvation of Israel: A Perspective on Romans 9-11." *CBQ*
    50/3(1988), 456-469.

Glad, Clarence E. *Paul and Philodemus: Adaptability in Epicurean and Early Christian
    Psychagogy*. Leiden: Brill, 1995.

Harril, J. Albert "Coming of Age and Putting on Christ: the t*oga virilis* Ceremony, Its Paraenesis, and Paul's Interpretation of Baptism in Galatians." *NovT* 44/3(2002), 252-277.

Hwang, Jin Ki. "Balancing between λύπη and ἀγάπη in 2 Corinthians." 「성경원문연구」 35(2014), 329-346.

Jacquette, James L. "Life and Death, Adiaphora, and Paul's Rhetorical Strategies." *NovT* 38/1(1996), 30-54.

Jewett, Robert. *Romans: A Commentary*. Minneapolis: Fortress Press, 2007.

Konradt, Matthias. "Zur Datierung des sogenannten antiochenischen Zwischenfalls." *Zeitschrift für die neutestamentliche Wissenschaft und die Kunde der älteren Kirche* 102/1(2011), 19-39.

Lampe, Peter. "Roman Christians of Romans 16." Karl P. Donfried, ed. *The Romans Debate*, revised and expanded edition. Peabody, MA: Hendrickson Publishers, 1991, 216-230.

Longenecker, Bruce W. "Different Answers to Different Issues: Israel, the Gentiles and Salvation History in Romans 9-11." *JSNT* 36(1989), 95-123.

Malherbe, Abraham J. *The Letters to the Thessalonians*, AYB vol. 32B. New Haven & London: Yale University Press, 2000.

_____. "Gentle as a Nurse: The Cynic Background to 1 Thess 2." *NovT* 12/2(1970), 203-217.

Mangan, Edward A. "Was Saint Paul an Invalid?" *CBQ* 5/1(1943), 68-72.

Martin, Troy W. "Whose Flesh? What Temptation? (Galatians 4.13-14)." *JSNT* 74(1999), 65-91.

Mitchell, Margaret M. *Paul and the Rhetoric of Reconciliation: An Exegetical Investigation of the Language and Composition of 1 Corinthians*. Tübingen: J. C. B. Mohr, 1991.

O'Brien, Keli S. "The Curse of the Law (Galatians 3.13): Crucifixion, Persecution, and Deuteronomy 21.22-23." *JSNT* 29/1(2006), 55-76.

O'Brien, Peter T. "Romans 8:26, 27: A Revolutionary Approach to Prayer?" *The Reformed Theological Review* 46/3(1987), 65-73.

Palmer, D. W. "To Die Is Gain' (Philippians i 21)." *NovT* 17(1975), 203-218.

Perkins, Judith. *The Suffering Self: Pain and Narrative Representation in the Early Christian Era*. London: Routledge, 1995.

Peterson, Brian K. "Conquest, Control, and the Cross: Paul's Self-Portrayal in 2 Corinthians

10-13." *Interpretation* 52/3(1998), 258-270.

Reumann, John. *Philippians*, AYB 33B. New Haven & London: Yale University Press, 2008.

Smith, Christopher Colby. "Ἐκκλεῖσαι in Galatians 4:17: The Motif of the Excluded Lover as a Metaphor of Manipulation." *CBQ* 58/3(1996), 480-499.

Smith, Edgar Wright. "Form and Religious Background of Romans 7:24-25a." *NovT* 13/2(1971), 127-135.

Theissen, Gerd "Social Integration and Sacramental Activity: An Analysis of 1 Corinthians 11:17-34." *The Social Setting of Pauline Christianity: Essays on Corinth*. Tr. by John H. Schutz. Philadelphia: Fortress Press, 1982, 145-174.

_____. *Psychological Aspects of Pauline Theology*. Tr. by John P. Galvin. Philadelphia: Fortress Press, 1987.

Vegge, Ivar. *2 Corinthians, a Letter about Reconciliation: A Psychagogical, Epistolographical, and Rhetorical Analysis*. Tübingen: Mohr Siebeck, 2008.

Wansink, Craig S. *Chained in Christ: The Experience and Rhetoric of Paul's Imprisonments*. NTSup 130; Sheffield: Sheffield Academic Press, 1996.

Welborn, L. L. "The Identification of 2 Corinthians 10-13 with the 'Letter of Tears'." *NovT* 37/2(1995), 138-153.

_____. "Paul's Caricature of his Chief Rival as a Pompous Parasite in 2 Corinthians 11.20." *JSNT* 32/1(2009), 39-56.

_____. "Paul's Appeal to the Emotions in 2 Corinthians 1.1-2.13; 7:5-16." *JSNT* 82(2001), 31-60.

_____. "Paul and Pain: Paul's Emotional Therapy in 2 Corinthians 1.1-2.13; 7.5-16 in the Context of Ancient Psychagogic Literature." *NTS* 57(2011), 547-570.

Whitenton, Michael R. "Figuring Joy: Gratitude as Medicine in 1 Thessalonians 2:1-20." *Perspectives in Religious Studies* 39/1(2012), 15-23.

Zoccali, Christopher. "And So All Israel Will Be Saved': Competing Interpretations of Romans 11.26 in Pauline Scholarship." *JSNT* 30/3(2008), 289-318.

4장 · 생성기 기독교의 '부활' 신앙 모티프와 그 전개 과정

김세윤·김회권·정현구. 『하나님 나라 복음: 신구약을 관통하는 하나님의 다스림』. 서울: 새 물결플러스, 2013.

김회권. 『하나님 나라 신학의 관점에서 읽는 모세오경』 1. 서울: 대한기독교서회, 2005.

차정식. "'사탄에게 넘겨줌'의 의미와 초기 기독교의 저주 의식 — 고린도전서 5:4-5와 디모 데전서 1:20을 중심으로." 「제20차 한국오순절신학회 학술발표회 자료집」(2017. 10. 23), 73-98.

_____. 『신약성서의 '환생' 모티프와 그 신학적 변용』. 서울: 한들출판사, 2007.

최재덕. "역사적 예수의 부활에 대한 연구자들의 주장들과 이에 대한 고찰." 「선교와 신학」 47(2019), 387-426.

Ascough, Richard S. "A Question of Death: Paul's Community—building Language in 1 Thessalonians 4:13-18." *JBL* 123/3 (2004), 509-530.

Betz, Hans Dieter. "Origin and Nature of Christian Faith according to the Emmaus Legend." *Interpretation* 23/1(1969), 32-46.

Bovon, François. *Luke 3: A Commentary on the Gospel of Luke 19:28-24:53*. Tr. by James Crouch & ed by Helmut Koester. Minneapolis: Fortress Press, 2012.

Brown, Raymond E. *The Gospel according to John, xiii—xxi*. Garden City, NY: Doubleday, 1970.

_____. *The Death of Messiah: From Gethsemane to the Grave*, vol. 2. New York: Doubleday, 1994.

Bruce, F. F. *The Gospel of John*. Grand Rapids, Michigan: W. B. Eerdmans, 1984.

_____. *1&2 Thessalonians*. WBC vol. 45 (Colombia: Nelson Reference & Electronic, 1982.

Bultmann, Rudolf. *Theology of the New Testament*, vol 1, 2. New York: Charles Scribner's Sons, 1951, 1955.

Collins, Adela Yarbro. *Mark: A Commentary*. Ed. by Harold W. Attridge. Minneapolis: Fortress Press, 2007.

Cullmann, Oscar. *Immortality of the Souls or Resurrection of the Dead?: The Witness of the New Testament*. London: The Epworth Press, 1958.

Gillman, John. "Signals of Transformation in 1 Thessalonians 4:13-18." *CBQ* 47/2(1985),

263-281.

Harris, Murray J. "2 Corinthians 5:1-10: Watershed in Paul's Eschatology?" *Tyndale Bulletin* 22(1971), 32-57.

Haws, Molly. "'Put Your Finger Here': Resurrection and the Construction of the Body." *Theology & Sexuality* 13/2(2007) 181-194.

Levenson, Jon. *Resurrection and the Restoration of Israel: The Ultimate Victory of the God of Life*. New Haven: Yale University Press, 2008.

Lunn, Nicholas P. *The Original Ending of Mark: A New Case for the Authenticity of Mark 16:9-20*. Cambridge; Eugene, OR: James Clarke & Co., 2014.

Luz, Ulrich. *Matthew 21-28: A Commentary*. Tr. by James E. Crouch & ed. by Helmut Koester. Minneapolis: Fortress Press, 2005.

Lüdemann Gerd L. *What Really Happened to Jesus: A Historical Approach to the Resurrection*. Tr. by John Bowden. Louisville, Kentucky: Westminster John Knox Press, 1995.

Martin-Achard, Robert. "Resurrection(Old Testament)." Tr. by Terrence Prendergast, *ABD* vol. 5, 680-684.

Nickelsburg, George W. E. "Resurrection(Early Judaism and Christianity)." *ABD* vol. 5, 684-691.

_____. *Resurrection, Immortality, and Eternal Life in Intertestamental Judaism and Early Christianity*, expanded edition. Cambridge, MA: Harvard Divinity School, 2007.

Oepke. "ἀνάστασις." *TDNT* vol. 1, 368-372.

_____. "ἐγείρω." *TDNT* vol. 2, 333-339.

Perrin, Norman. *The Resurrection according to Matthew, Mark and Luke*. Minneapolis, MN: Augsburg Fortress Press, 2009.

Plevnik, Joseph. " The Taking up of the Faithful and the Resurrection of the Dead in 1 Thessalonians 4:13-18." *CBQ* 46/2(1984), 274-283.

Reaume, John D. "Another Look at 1 Corinthians 15:29, 'Baptized for the Dead'." *Bibliotheca Sacra* 152/608(1995), 457-475.

Sieu, Anthony Nguyen. "'Do Not Hold on to Me': John 20:17 Revisited." *Landas* 24/2(2010),

145-169.

Wenham, David. "The Resurrection Narratives in Matthew's Gospel." *Tyndale Bulletin* 24(1973), 21-54.

5장 · 마음 또는 천태만상의 광활한 내면세계

구형찬. "종교적 마음과 사회적 마음: 진화인지적 접근." 「종교문화비평」 35(2019), 13-47.

박소진. " '마음'의 학문적 재발견: 개인과 집단의 마음 그리고 한마음." 「문화와 사회」 22 (2016), 59-97.

박완규. "마음과 몸에 관련된 몇 가지 생각." 「동서철학연구」 36(2005), 175-197.

안희영. "현대 서구사회에서의 마음챙김 활용 — 불교 전통과 현대 마음챙김 접근법을 중심 으로." 「불교학연구」 33(2012), 489-517.

에스콜라, 티모/ 김학철 역. 『내러티브 신약 신학 — 유배와 회복의 메타내러티브 탐구』. 서 울: 새물결플러스, 2021.

유승무. "'마음'의 사회학적 재발견과 '합심(合心)'의 소통행위론적 이해: 조선왕조실록의 용례 분석에 근거하여." 「사회사상과 문화」 28(2013), 1-47.

이기흥. "마음인문학의 철학사상적 토대에 대하여: 마음공부론을 중심으로." 「철학탐구」 57(2020), 201-246.

이석호. "마가복음 4:12에 인용된 이사야 6:9-10의 의미." 「신약논단」 15/3(2008), 605-634.

이성미. "『장자』를 통해 본 마음과 교육." 「교육철학연구」 36/1; 신정근, "공자의 '마음' 논의: 흰 마음과 검은 마음." 「동양철학연구」 72(2012), 33-56.

정창욱. "Quotation of Isaiah 6:9-10 in Matthew 13:14-15." 「성서원문연구」 26(2010), 137-154.

차정식. "영적인 예배?, 합리적 종교! — 롬 12:1-2." 『거꾸로 읽는 신약성서』. 서울: 포이에마, 2015, 199-211.

한규석. "마음의 연구와 심리학: 마음의 문화심리적 분석에 바탕한 심리의 작용 틀." 「한국 심리학회지」 27/2(2008), 281-307.

황금중, 팜흐우쭝. "'마음교육론'의 학문적 성격과 전망." 「교육학연구」 42/4(2004), 1-33.

Barrett, C. K. *A Commentary on the First Epistle to the Corinthians*. Peabody, MA: Hendrickson Publishers, 1968.

_____. *A Commentary on the Second Epistle to the Corinthians*. Peabody, MA: Hendrickson Publishers, 1973.

Behm. "καρδία." *TDNT* vol. III, 608-613.

_____. "νους." *TDNT*, vol. IV, 951-960

Betz, Hans Dieter. "Christianity as Religion: Paul's Attempt at Definition in Romans." *JR* 71/3(1991), 315-344.

Bultmann, Rudolf. *Theology of the New Testament*, vol. 1. Tr. by Kendrick Grobel. New York: Charles Scribner's Sons, 1951.

Cha, Jung Sik. "Beyond the World of Evil: The Jabobian Theology of the Tongue in James 3:1-12." *CTC Bulletin* 15(1998), 73-86.

Dibelius, Martin & Conzelmann, Hans. *The Pastoral Epistles*. Tr. by Philip Buttolph & Adela Yarbro. Philadelphia: Fortress Press, 1972.

Dunn, James D. G. *Romans* 1-8, WBC 38A. Dallas, TX: Word Books, 1988.

_____. *Romans* 9-16, WBC 38B. Dallas, TX: Word Books, 1988.

France, R. T. *The Gospel of Mark*, NIGTC. Grand Rapids, MI: Eerdmans, 2002.

Park, Eugene Eung-Chun. "A Soteriological Reading of the Great Commandment Pericope in Matthew 22:34-40." *Biblical Research* 54(2009), 61-78.

Yu, Seung Won. "Paul's Pneumatic Epistemology: Its Significance in His Letters." Ph.D. dissertation, Duke University, 1998.

3부 ı 욕망, 향유, 극기

1장 · 먹고 마시는 일상적 향유와 예수의 신학적 지향

그로프, 엘리자베스 T./홍병룡. 『먹고 마시기: 모두를 위한 매일의 잔치』 일상의 신학 3. 서울: 포이에마, 2012.

김선정. "잔치의 실패와 주인의 수치(눅 14:12-24)." 「한국기독교신학논총」 58(2008), 101-145.

레비나스, 엠마누엘/강영안. 『시간과 타자』. 서울: 문예출판사, 1996.

이어진. "성만찬의 기원에 대한 연구 — 마지막 만찬에서 예수의 식사로." 「신학과 실천」

46(2015), 89-116.

짐멜, 게오르그/김덕영 · 윤미애. "식사의 사회학." 『짐멜의 모더니티 읽기』. 서울: 새물결, 2005.

차정식. 『기독교 공동체의 성서적 기원과 실천적 대안』. 서울: 짓다, 2015.

_____. "음식과 식사 — 그 짧은 인간학과 긴 신학." 『일상과 신학의 여백』. 서울: 두란노아 카데미, 2010, 36-46.

_____. "음식과 식사의 신학적 지형학 — 신약성서를 중심으로." Canon& Culture 2/2(2008), 99-135

크리스텐센, 두에인 L./정일오. 『신명기 1:1-21:9, WBC 6』. 서울: 솔로몬, 2003.

푸코, 미셸/문경자 · 신은영. 『성의 역사 2: 쾌락의 활용』. 서울: 나남, 2004.

Arrian. *Anabasis of Alexander*, VII. XXIV-XXVI. Tr. by E. Iliff Robson. Cambridge, MA: Harvard University Press[LCL], 1978.

Bauckham, Richard. "The Parable of the Royal Wedding Feast (Matthew 22:1-14) and the Parable of the Lame Man and the Blind Man(*Apocryphon of Ezekiel*)." *JBL* 115/3(1996), 471-488

Becker, Matthias. "Plutarch's *Septem sapientium convivium*: An Example of Greco-Roman Sympotic Literature." Soham Al-Suadi & Peter-Ben Smit eds. *T&T Clark Handbook to Early Christian Meals in the Greco-Roman World*. London: T&T Clark, 2019, 31-43.

Betz, Hans Dieter. *Galatians*, Hermeneia. Philadelphia: Fortress Press, 1979.

Bradley, Keith. "The Roman Family at Dinner." Inge Nielsen and Hanne Sigismund Nielsen ed. *Meals in a Social Context*, 2nd edtion. Aarhus, Denmark: Aarhus University Press, 2001, 36-55.

Crossan, John Dominic. *In Parables: The Challenge of the Historical Jesus*. Sonoma, California: Polebridge Press, 1992.

Dibelius, Martin & Conzelman, Hans. *A Commentary on the Pastoral Epistles*. Tr. by Philip Buttolph and Adela Yarbro. Philadelphia: Fortress Press, 1972.

Dubois, Page. "Popular Beliefs about the Human Body in Antiquity." Daniel H. Garrison ed., *A Cultural History of the Human Body*. London: Bloomsbury, 2014, 107-132.

Helsel, Browning. "Enjoyment and Its Discontents: Ecclesiastes in Dialogue with Freud on the

Stewardship of Joy." *Journal of Religion and Health* 49/1(Mar 2010), 105-116.

Holmes, Brooke. "Medical Knowledge and Technology." Daniel H. Garrison ed. *A Cultural History of the Human Body*, London: Bloomsbury, 2014, 83-105.

Jenks, Alan W. "Eating and Drinking in the Old Testament." *ABD* II, 250-254.

Jeremias, Joachim. *The Parables of Jesus*. Tr. by S. H. Hooke, revised edition. London: SCM Press, 1962.

Klinghardt, Matthias. "Meals in the Gospel of Luke." Soham Al-Suadi & Peter-Ben Smit eds. *T&T Clark Handbook to Early Christian Meals in the Greco-Roman World*. London: T&T Clark, 2019, 108-120.

Lindsay, Hugh. "Eating with the Dead: The Roman Funerary Banquet." Inge Nielsen and Hanne Sigmund Nielsen ed. *Meals in a Social Context*, 2nd edition, Aarhus, Denmark: Aarhus University Press, 2001,67-80.

Long, Philip. "Messianic Banquet Imagery in the Second Temple Period." Presented at ETS Regional Meeting, 2009, Ashland Ohio.

Mann, Thomas W. "Not by Word Alone: Food in the Hebrew Bible." *Interpretation* 67/4(Oct 2013), 351-362.

McHugh, Mary. "Epicurianism and Food." Paul B. Thompson, David M. Kaplan eds., *Encyclopedia of Food and Agricultural Ethics*. Springer International Publishing AG, 2014, 1-9(온라인 버전).

Meek, Russel. "Fear God and Enjoy His Gifts: Qohelet's Edenic Vision of Life." *Criswell Theological Review* 14/1(Fall 2016), 23-34.

O'Keefe, Tim. *Epicureanism*. Oakland, CA: University of California Press, 2009.

Olson, Daniel C. "Matthew 22:1-14 as Midrash." *CBQ* 67(2005), 435-453.

Perrin, Norman. *Rediscovering the Teaching of Jesus*. New York & Evanston: Harper & Row, 1967.

Plutarch. *Lives*, VII. LXXIII-LXXV. Tr. by Benardotte Perrin. Cambridge, MA: Harvard University Press[LCL], 1949.

Rosenblum, Jordan D. *The Jewish Dietary Laws in the Ancient World*. Cambridge: Cambridge University Press, 2016.

Sabo, Ellen. "Reading and Writing Qohelet: Reflections on the Heart, Pleasure, and Death." Ph.

D. dissertation, University of Alberta, 2013.

Sanders, E. P. *Jesus and Judaism*. Philadelphia: Fortress, 1985.

Schramm, Gene. "Meal Customs: Jewsih Dietary Laws." *ABD* IV, 648-650.

Smith, Dennis E. "Table Fellowship as a Literary Motif in the Gospel of Luke." *JBL* 106/4(1987), 613-638.

_____. "Messianic Banquet." *ABD* IV, 788-791.

_____. "Greco-Roman Meal Customs." "Greco-Roman Sacred Meals." *ABD* IV, 650-655.

Suetonius. *The Lives of the Caesars*, II. XCIX. Tr. by J. C. Rolfe. Cambridge, MA: Harvard University Press[LCL], 1989.

Theissen, Gerd. *The Miracle Stories of the Early Christian Tradition*. Tr. by Francis McDonagh, ed. by John Riches. Philadelphia: Fortress Press, 1983, 103-106.

Wendland, Ernst R. "'Blessed is the man who will eat at the feast in the kingdom of God'(Lk 14:15): Internal and external intertextual influence on the interpretation of the Christ's parable of the Great Banquet." *Neotestamentica* 31/1(1997), 159-194.

White, L. Michael. "Regulating Fellowship in the Communal Meal: Early Jewish and Christian Evidence." Inge Nielsen and Hanne Sigismund Nielsen ed. *Meals in a Social Context*, 2nd edtion, Aarhus, Denmark: Aarhus University Press, 2001, 177-205.

2장 · 나드 향유(香油)의 신체적 체험과 죽어가는 몸의 향유(享有)

김성희. "죄 많은 여인의 환대(눅 7:36-8:3)." 「신약논단」 19/4(2012), 1043-1076

모스, 마르셀/이상률.『증여론』. 서울: 한길사, 2002.

박노식. "베다니 내러티브의 문학적 함의와 신학(막 14:1-11)." 「신약논단」 19/4(2012), 1015-1041.

베일리, 케네스 E./박규태.『중동의 눈으로 본 예수』. 서울: 새물결플러스, 2016.

조재형.『초기 그리스도교와 영지주의』. 서울: 동연, 2020.

좀바르트, 베르너/이필우.『사랑과 사치와 자본주의』. 서울: 까치, 1997.

죠수아 W. 지프/송일.『환대와 구원─혐오·배제·탐욕·공포를 넘어 사랑의 종교로 나아가기』. 서울: 새물결플러스, 2017.

차정식. "향유(香油)와 향유(享有)의 에로티시즘-예수와 한 여인의 신체적 교감."『성서의 에로티시즘』. 서울: 꽃자리, 2013.

채승희. "초대교회의 막달라 마리아의 표상 변화에 대한 역사적 고찰―사도들의 사도적 표상에서 참회하는 창녀의 표상으로." 「한국기독교신학논총」56(2008), 87-111.

플루타르코스/천병희. 『플루타르코스 영웅전』, "안토니우스 전" 제77장. 서울: 도서출판 숲, 2010.

Boring, M. Eugene. Klaus Berger, Carsten Colpe eds., *Hellenistic Commentary to the New Testament*. Nashville: Abingdon Press, 1995.

Collins, Adela Yarbro. *Mark*. Minneapolis: Fortress Press, 2007.

Cosgrove, Charles H. "A Woman's Unbound Hair in Greco-Roman World, with Special Reference to the Study of the "Sinful Woman" in Luke 7:36-50." *JBL* 124/4 (2005), 675-692.

Dudley, Martin. *The Oil of Gladness: Anointing in the Christian Tradition*. Collegeville, Minn: Liturgical Pr; London: SPCK, 1993.

Eshel, Hanan. "They're not ritual baths." *Biblical Archaeology Review* 26/4(Jul/Aug 2000), 42-45.

Fiorenza, Elizabeth S. *In Memory of Her: A Feminist Theological Reconstruction of Christian Origins*. New York: Crossroads, 1988.

France, R. T. *The Gospel of Mark*, NIGTC. Grand Rapids, MI: Wm. B. Eerdmans Publishing Co., 2002.

Garrison, Daniel H. *A Cultural History of the Human Body in Antiquity*. London: Bloomsbury Academic, 2014.

Giblin, Charles Homer. "Mary's Anointing for Jesus' Burial- Resurrection (John 12:1-8)." *Biblica* 73/4(1992), 560-564.

Hornsby, Teresa J. "The Woman Is a Sinner/The Sinner is a Woman." Amy-Jill Levine and Marianne Blickenstaff, ed. *A Feminist Companion to Luke*. Sheffield: Sheffield Academic Press, 2002, 121-132.

Jipp, Joshua W. *Divine Visitations and Hospitality to Strangers in Luke-Acts: An Interpretation of the Malta Episode in Acts 28:1-10*, NovT Sup 153. Leiden: Brill, 2013), 171-182.

Khan, Geoffrey ed. *Encyclopedia of Hebrew Language and Linguistics*. Leiden; Boston: E.

J. Brill, 2013, 869-870.

Kim, Sun Wook. "A Discussion of Luke's Portrayal of Women and the Eschatological Equality of Men and Women in Luke 7:36-50." 「신약연구」 12/4(2013), 706-733.

Kitzberger, Ingrid Rosa. "Love and Footwashing: John 13:1-20 and Luke 7:36-50 Read Intertexually." *Biblical Interpretation* 2/2(1994), 190-206.

Kurek-Chomicz, Dominika A. "The fragrance of her perfume: the significance of sense imagery in John's account of the anointing in Bethany." *Novum testamentum* 52/4(2010), 334-354.

Legault, André, "Application of the Form-critique Method to the Anointings in Galilee and Bethany(Matt 26:6-13, Mk 14:3-9, John 12:1-8)." *CBQ* 16/2(1954), 131-145.

Marjanen, Antti. *The Woman Jesus Loved: Mary Magdalene in the Nag Hammadi Library and Related Documents*. Leiden; New York: E. J. Brill, 1996.

Plato. *Phaedo*, Tr. by David Gallop. Oxford: Oxford University Press, 1975, reprinted in 2002, 116-117.

Rebillard, Éric. *The Care of the Dead in Late Antiquity*. Tr. by Rawlings, Elizabeth Trapnell & Routier-Pucci, Jeannine. Ithaca, NY: Cornell University Press, 2012.

Reid, Barbara E. ""Do You See This Woman?": Luke 7:36-50 as a Paradigm for Feminist Hermeneutics." *Biblical Research* 40(1995), 37-49.

Shanks, Hershel. "Ritual Bath or Swimming Pool?" *Biblical Archaeology Review* 34/3(May/Jun 2008), 18

Karin E. Shinn, "*Miqva'ot*: Jewish Origins of Christian Baptism." Ph.D. dissertation, Oral Roberts University, 2012.

Tomson, Peter J. "The Song of Songs in the Teachings of Jesus and the Development of the Exposition on the Song." *New Testament Studies* 61/4(Oct 2015), 429-447.

Winter, Bruce W. "The 'New' Roman Wife and 1 Timothy 2:9-15: The Search for a Sitz im Leben." *Tyndale Bulletin* 51/2(2000), 285-294.

3장 · '향유'와 '극기'의 대립 구도에 비추어 본 신앙적 경건의 좌표

김광진. "디모데전서의 경제 윤리." 「신약논단」 8/1(2001, 봄), 1-28.

아리스토텔레스/강상진 김재홍 이창우. 『니코마코스 윤리학』. 서울: 도서출판 길, 2012.

이종록. "십일조로 이루는 샬롬-신 26:12-15를 중심으로." 「신학사상」 132(2006 봄호), 83-108.

차정식. "발견과 예찬으로서의 사랑: 아가의 담대한 에로티시즘." 『성서의 에로티시즘』. 서울: 꽃자리, 2013, 167-189.

_____. 『기독교 공동체의 성서적 기원과 실천적 대안』. 서울: 짓다, 2015.

한병철/김태환 역. 『피로사회』. 서울: 문학과 지성사, 2012.

_____. 『시간의 향기』. 서울: 문학과 사회, 2013.

헤셸, 아브라함 요수아/김순현. 『안식』. 서울: 복있는사람, 2007.

Cha, Jung-Sik. "The Ascetic Virgins in 1 Corinthians 7:25-38." *Asia Journal of Theology* 12(1998), 89-117.

Davies, Stevan L. *The Revolt of the Widows: The Social World of the Apocryphal Acts*. Carbondale IL: Southern Illinois University Press, 1980.

Dschulnigg, P. "Warung vor Reichtum und Ermahung der Reichen: 1 Tim 6:6-10, 17-19 in Rahmen des Schlussteils 6:3-21." *BZ* 37(1993), 60-77.

Dibelius/Conzelmann. *The Pastoral Epistles*. Tr. by Philip Buttolph and Adela Yarbro. Phiadelphia: Fortress Press, 1972.

Grundmann. "ἐγκράτεια." *TDNT* vol. 1, 339-342.

Hasel, Gerhard F. "Sabbath." *ABD* vol. 5, 849-856.

Hengel, M. *Property and Riches in the Early Church: Aspects of a Social History of Early Christianity*. Tr. by Bowden. Philadelphia: Fortress, 1974.

Johnson, Luke Timothy. *The First and Second Letters to Timothy*, AYB. New Haven & London: Yale University Press, 2001.

Kelhoffer, James A. "Did John the Baptist Eat like a Former Essene?: Locust-eating in the Ancient Near East and at Qumran." *Dead Sea Discoveries* 11/3(2004), 293-314.

Krüger, Thomas. *Qoheleth: A Commentary*. Tr. by O. C. Dean Jr. & ed. by Klaus Baltzer, Hermeneia. Minneapolis: Fortress Press, 2004.

MacDonald, Dennis Ronald. *The Legend and the Apostle: The Battle for Paul in Story and Canon*. Philadelphia: The Westminster Press, 1983.

Malherbe, Abraham J. "Godliness, Self-sufficiency, Greed, and the Enjoyment of Wealth: 1

Timothy 6:3-19." Part I & II, *NovT* 52/4 (2010), 376-405; *NovT* 53/1 (2011), 73-96.

Merkt, Andreas. "Reading Paul and Drinking Wine." Hans-Ulrich Weidemann ed. *Asceticism and Exegesis in Early Christianity: The Reception of New Testament Texts in Ancient Ascetic Discourse*. Göttingen: Vandenhoeck & Ruprecht, 2013, 69-77.

Methuen, Charlotte. "The 'Virgin Widow'-A Problematic Social Role for the Early Church?" *Harvard Theological Review* 90/3(1997), 285-298.

Mounce, William D. *Pastoral Epistles*, WBC vol. 46. Nashville: Thomas Nelson, 2000.

Moxnes, Halvor. "Asceticism and Christian Identity in Antiquity: A Dialogue with Foucault and Paul." *JSNT* 26/1(2003), 3-29.

Murphy, Roland E. "Song of Songs." *ABD* vol. 6, 150-155.

Nohfink, Norbert S. J. "Qoheleth 5:17-19-Revelation by Joy." *CBQ* 52/4(1990), 625-635.

O'Keefe, Tim. *Epicureanism*. Oakland, CA: University of California Press, 2009.

Page, T. E. et al ed. *Aristotle: The Athenian Constitution, The Eudemian Ethics, On Virtues and Vices* [LCL]. Tr. by H. Rackham. Cambridge: Harvard University Press, 1935.

Phillips, Thomas E. "'Will the Wise Person Get Drunk?': the Background of the Human Wisdom in Luke 7:35 and Matthew 11:19." *JBL* 127/2(2008), 385-396.

Preuss, Peter. *Epicurean Ethics: Katastemic Hedonism*. Lewiston, NY: Edwin Mellen Press, 1994.

Strand, K. A. ed. *The Sabbath in Scripture and History*. Washington DC: E. P. Dutton, 1982.

Swain, Joseph Ward. "The Hellenic Origins of Christian Asceticism." Ph.D. dissertation. Columbia University, New York, 1916.

von Rad, Gerhard. *Deuteronomy: A Commentary*. Tr. by Dorothea Barton. London: SCM Press, Ltd., 1966.

Weidemann, Hans-Urlich. "Engelsgleiche, Abstinente- und ein moderater Weintrinker: Asketische Sinnproduktion als literarische Technik im Lukasevangelium und im 1. Tomotheusbrief." [idem] ed. *Asceticism and Exegesis in Early Christianity: The Reception of New Testament Texts in Ancient Ascetic Discourse*. Göttingen: Vandenhoeck & Ruprecht, 2013, 21-68.

Wimbush, Vincent L. *Ascetic Behavior in Greco-Roman Antiquity*. Philadelphia: Fortress Press, 1990.

Wimbush, Vincent L. & Valatasis, Richard ed. *Asceticism*. Oxford: Oxford University Press, 2002.

Windisch. "ἀσκέω." *TDNT* vol. 1, 494-495.

Witetschek, Stephan. "The Stigma of a Glutton and Drunkard: Q 7,34 in Historical and Sociological Perspective." *Ephemerides theologicae Lovanienses* 83/1(Apr. 2007), 135-154.

Wright, Christopher J. H. "Sabbatical Year." *ABD* vol. 5, 857-861.

_____. "Year of Jubilee." *ABD* vol. 3, 1025-1030.

4장 · 사후 낙원의 물질적 향유 이미지와 그 신학적 의의

구교선. "하데스에서 철학자의 영혼은 즐거운 삶을 사는가? ─ 플라톤『파이돈』의 경우." 「철학탐구」 61(2021), 63-105.

구기정. "생태학적 관점에서 본 요한계시록의 땅 이야기." 「신약연구」 12/1(2013), 131-157.

김세윤·김회권·정현구.『하나님 나라 복음』. 서울: 새물결플러스, 2013.

문혜경. "오르페우스(Orpeus) 종교의 특징과 사상적 전승." 「서양고대사연구」 34(2013), 183-210.

엘룰, 자크/유상현.『요한계시록 주석: 움직이는 건축물』. 서울: 한들출판사, 2000.

조상식·차미영. "플라톤의『국가(政體)』와『파이돈』에 나타난 죽음교육론적 시사점." 「교육사상연구」 23/3(2009), 373-391.

차정식. "보석으로 된 천국의 세계관 ─ 마음의 천국에서 신천지의 새 예루살렘성까지."『신약성서의 사회경제사상』. 서울: 한들출판사, 2000, 407-435.

_____.『신약성서의 환생 모티프와 그 신학적 변용』. 서울: 한들출판사, 2007.

Aune, David E. *Revelation 17-22*, WBC 52C (Nashville, Dallas: Thomas Nelson, Inc., 1998.

Austin, Emily. "Piety and Annihilation in Plato's *Phaedo*." *Apeiron* 52/4(2019), 339-358.

Beale, Gregory K. "Eden, the Temple, and the Church's Mission in the New Creation." *JETS* 48/1(2005), 5-31.

Brill, Sara. "The Geography of Finitude: Myth and Earth in Plato's Phaedo." *International Philosophical Quarterly* 49/1(2009), 5-23.

Caird, G. B. *The Revelation of the St John the Divine*. San Francisco: Harper & Row, 1966.

Clare, Elizabeth. *Reincarnation: The Missing Link in Christianity*. Corwin Springs, MT: Summit University Press, 1997.

Collins, Adela Yarbro. *Crisis & Catharsis: The Power of the Apocalypse*. Philadelphia: The Westminster Press, 1984.

Draper, J. A. "The Twelve Apostles as Foundation Stones of the Heavenly Jerusalem and the Foundation of the Qumran Community." *Neotestamentica* 22(1988), 41-63.

Deutsch, Celia. "Transformation of Symbols: The New Jerusalem in Rv 21.1-22.5." *Zeitschrift für die neutestamentliche Wissenschaft und die Kunde der älteren Kirche* 78/1-2 (1987), 106-126.

Erickson, Matthew L. "The New Jerusalem Is No Heaven." *Word & World* 40/2(2020), 172-179

Cranston, Sylvia ed. *Reincarnation: The Phoenix Fire Mystery*. Pasadena, CA: Theosophical University Press, 1994.

Edmonds, Radcliffe G. III. "A Liverly Afterlife and Beyond: The Soul in Plato, Homer, and Orphica." *Platon et la Psychè: Etudes Platoniciennes* 11(2014). [https://journals.openedition.org/etudesplatoniciennes/517?lang=en#entries]

Fekkes, Jan III. ""His Bride Has Prepared Herself": Revelation 19-21 and Isaian Nuptial Imagery." *JBL* 109/2(1990), 269-287.

Fiorenza, Elisabeth Schüssler. *The Book of Revelation: Justice and Judgement*. Philadelphia: Fortress Press, 1985.

Flynn, Charles P. & Kunkel, Suzanne. "Deprivation, Compensation, and Conceptions of an Afterlife." *Sociological Analysis* 48/1(1987), 58-72.

Forte, Joseph M. "The *Phaedo*, the True Earth Myth, and Hope." Presentation Paper at NNEPA 2017 Annual Meeting.

_____. "Turning the Whole Soul: Platonic Myths of the Afterlife and Their Psychagogic Function." Ph.D. dissertation, The Catholic University of America, 1997.

Harker, Ryan D. "Intertextuality, Apocalypticism, and Covenant: The Rhetorical Force of the New Jerusalem in Rev 21:9-22:5." *Horizons in Biblical Theology* 38(2016), 45-73.

Heide, Gale Z. "What Is New about the New Heaven and the New Earth?: A Theology of Creation from Revelation 21 and 2 Peter 3." *JETS* 40/1(1997), 37-56.

Hock, Andrea. "From Babel to the New Jerusalem (Gen 11,1-9 and Rev 21,1-22,5)." *Biblica* 89/1 (2008), 109-118.

Koester, Craig R. "Revelation's Vision of New Jerusalem: God's Life-Giving Reign for the World." *Word & World* 40/2(2020), 112-119.

Levenson, Jon D. *Creation and the Persistence of Evil: The Jewish Drama of Divine Omnipotence.* SanFrancisco: Harper & Row, 1988.

Matthewson, Dave. "The Destiny of the Nations in Revelation 21:1-22:5: A Reconsideration." *Tyndale Bulletin* 53/1(2002), 121-142.

_____. "New Exodus as a Background for "The Sea Was No More" in Revelation 21:1c." *TRINJ* 24 NS(2003), 243-258.

Matthewson, David. "A Note on the Foundation Stones in Revelation 21.14, 19-20." *JSNT* 25/4(2003), 487-498.

Miller, Michael St. A. "Eschatology and Ecclesiology: Reflections Inspired by Revelation 21:22." *Encounter* 64/2(2003), 109-138.

Moo, Jonathan. "The Sea That is No More Rev 21:1 and the Function of Sea Imagery in the Apocalypse of John." *NovT* 51(2009), 148-167.

Moreman, Christopher M. *Beyond the Threshhold: Afterlife Beliefs and Experiences in World Religions.* Lanham, MD: Rowman & Littlefield Publishers, 2017.

Palmer, D. W. "To Die Is Gain (Philippians 1:21)." *NovT* 17/3(1975), 203-218.

Palmer, Erin. "Imagining Space in Revelation: The Heavenly Throne Room and New Jerusalem." *Journal of Theta Alpha Kappa* 39/1(2015), 35-47.

Pellò, Caterina. "The Lives of Pythagoras: A Proposal for Reading Pythagorean Metempsychosis." *Rhizomata* 6/2(2018), 135-156.

Pender, Elizabeth. "The Rivers of Tartarus: Plato's Geography of Dying and Coming-back-to-Life." Catherine Collobert, Pierre Destrée, Francisco J. Gonzalez eds. *Plato and Myth: Studies on the Use and Status of Platonic Myths.* Leiden: E. J. Brill, 2012, 199-233.

Perrin, Nicholas. *The Kingdom of God: A Biblical Theology.* Grand Rapids, MI: Zondervan Academic, 2019.

Plato. *Phaedo.* Tr. with notes by David Gallop. New York: Oxford University Press, 1975.

Reader, William W. "The Twelve Jewels of Revelation 21:19-20: Tradition History and Modern Interpretations." *JBL* 100/3 (1981), 433-457.

Rossing, Barbara R. "River of Life in God's New Jerusalem: An Ecological Vision for the Earth's Future." *Mission Studies* 16/1(1999), 136-156.

Schellenberg, Ryan S. "See the World Whole: Intertextuality and the New Jerusalem (Revelation 21-22)." *Perspectives in Religious Studies* 33/4 (2006), 467-476.

Thurow, Joshua C. "Atoning in Purgatory." *Religious Studies* 53/2(2017), 217-237.

Tõniste, Külli. "Measuring the Holy City: Architectural Rhetoric in Revelation 21:9-21." *Conversations with the Biblical World* 34(2014), 269-293.

Zhu, Rui. "Myth and Philosophy: From a Problem in Phaedo." *Journal of the American Academy of Religion* 73/2(2005), 453-473.

Zimmermann, Ruben. "Nutial Imagery in the Revelation of John." *Biblica* 84/2(2003), 153-183.

5장 · '사탄에게 넘겨줌'의 의미와 초기 기독교의 저주 의식

윤동녕. "민수기 22-24장에 표현된 발람의 역할 연구. 「구약논단」 19/4(2013), 205-229

이윤경. "벨리알과 사탄의 역사적 개념 변천 연구." 「한국기독교신학논총」 76 (2011), 35-54.

차정식. "바울 서신의 축원문구와 기도신학." 「신약논단」 9/2(2002), 443-474.

_____. 『신약성서의 '환생' 모티프와 그 신학적 변용』. 서울: 한들출판사, 2007.

Barrett, C. K. *A Commentary on the First Epistle to the Corinthians*. Peabody, MA: Hendrickson Publsihers, 1968.

Betz, Hans Dieter. *Galatians*. Phildelphia: Fortress, 1979.

_____. *The Greek Magical Papyri in Translation: Including the Demotic Spells: Texts*(Volume 1), 2nd Edition. Chicago: University of Chicago Press, 1996.

Brown, Derek R. *The God of This Age: Satan in the Church and Letters of the Apostle Paul*. WUNT 2/409; Tübingen: Mohr Siebeck, 2015.

Campbell, Barth. "Flesh and Spirit in 1 Cor 5:5: An Exercise in Rhetorical Criticism of the NT." *JETS* 36/3(1993), 331-342.

Collins, Adela Yarbro. "The Function of "Excommunication" in Paul." *HTR* 73/1-2(1980), 251-263.

Conzelmann, Hans. *1 Corinthians*. Tr. by James W. Leitch. Philadlephia: Fortress Press, 1975.

Daube, D. "Death as Release in Judaism." *NovT* 5(1962), 82-104.

DeMaris, Richard E. "Corinthian Religion and Baptism for the Dead (1 Corinthians 15:29): Insights from Archaeology and Anthropology." *JBL* 114/4(1995), 661-682.

Dibelius, Martin & Conzelmann, Hans. *The Pastoral Epistles*. Trans. by Philip Buttolph and Adela Yarbro. Philadelphia: Fortress, 1972.

English, Adam C. "Mediated, mediation, unmediated: 1 Corinthians 15:29: the history of inter-pretation, and the current state of biblical studies." *Review & Expositor* 99/3(2002), 419-428.

Hamilton, Victor P. "Satan." *ABD* vol. 5, 985-989.

Instone-Brewer, David. "The Eighteen Benedictions and the *Minim* before 70 CE." *JTS* 54/1(2003), 25-44

Jewett, Robert. *Romans*. Minneapolis: Fortress Press, 2007.

Kistemaker, Simon J. "Deliver this Man to Satan"(1Cor 5:5): A Case Study in Church Discipline." *The Master's Seminary Journal* 3/1(1992), 33-46.

Klauck, Han-Josef. *Magic and Paganism in Early Christianity: the World of the Acts of the Apostles*. Minneapolis: Fortress Press, 2003.

Kreuzer, Florian. "Der Antagonist: der Satan in der Hebräischen Bibeleine bekannte Größe?" *Biblica* 864(2005), 536-544.

Laney, J. Carl. "A Fresh Look at the Imprecatory Psalms." *Bibliotheca Sacra* 138/549 (1981), 35-45.

Luc, Alex. "Interpreting the Curses in the Psalms." *Journal of the Evangelical Theological Society* 42/3(1999), 395-410.

Reáume, John D. "Another Look at 1 Corinthians 15:29, 'Baptized for the Dead'." *Bibliotheca sacra* 152(1995), 457-475.

Stokes, Ryan E. "Satan, YHWH's Executioner." *JBL* 133/2(2014), 251-270.

South, James T. "A Critique of 'Curse/Death' Interpretation of 1 Corinthians 5:1-8." *NTS* 39(1993), 539-561.

Telford, William R. *The Barren Temple and the Withered Tree: A Redaction-critical Analysis of the Cursing of the Fig-Tree Pericope in Mark's Gospel and Its Relation to the Cleansing of the Temple Tradition.* Sheffield: JSOT Press, 1980.

Verbrugge, Verlyn D. "Delivered over to Satan." *Reformed Journal* 30/6(1980), 17-19

Waters, Guy Prentiss. "Curse Redux? 1 Corinthians 5:13, Deuteronomy, and Identity in Corinth." *WTJ* 77(2015), 237-250.

White, Joel "'Baptized on Account of the Dead': The Meaning of 1 Corinthians 15:29 in Its Context." *JBL* 116/3(1997), 487-99.

Zaas Peter S. ""Cast out the Evil Man from Your Midst"(1 Cor 5:13b)." *JBL* 103/2(1984), 259-261.

찾아보기